Werner Jann

Staatliche Programme und „Verwaltungskultur“

Beiträge zur sozialwissenschaftlichen Forschung

Band 49

Für meine Eltern

Westdeutscher Verlag

Werner Jann

Staatliche Programme und „Verwaltungskultur“

Bekämpfung des Drogenmißbrauchs und der Jugendarbeitslosigkeit in Schweden, Großbritannien und der Bundesrepublik Deutschland im Vergleich

Westdeutscher Verlag

CIP-Kurztitelaufnahme der Deutschen Bibliothek

Jann, Werner:
Staatliche Programme und "Verwaltungskultur":
Bekämpfung d. Drogenmissbrauchs u. d. Jugendarbeitslosigkeit in Schweden, Grossbritannien u. d. Bundesrepublik Deutschland im Vergleich/Werner Jann. -
Opladen: Westdeutscher Verlag, 1983.

(Beiträge zur sozialwissenschaftlichen Forschung; Bd. 49)

ISBN-13: 978-3-531-11662-4 e-ISBN-13: 978-3-322-88670-5
DOI: 10.1007/978-3-322-88670-5

NE: GT

Die vorliegende Untersuchung wurde zum Teil im *Forschungsinstitut für öffentliche Verwaltung* bei der Hochschule für Verwaltungswissenschaften in Speyer durchgeführt. Sie wurde durch einen Reisekostenzuschuß der DFG unterstützt.

Umschlaggestaltung: Hanswerner Klein, Opladen
Lengericher Handelsdruckerei, Lengerich

V O R B E M E R K U N G

Es kommt immer noch vor, daß aus der gelungenen Kombination von innovativem Erkenntnisinteresse und empirisch ausgerichtetem Forschungsfleiß beachtliche Arbeiten entstehen. Die von Werner Jann verfaßte Studie zur "Verwaltungskultur" erhöht den inhaltlichen und methodischen Kenntnisstand der Politik- und Verwaltungswissenschaft beträchtlich. Der Verfasser

- *bietet eine gelungene Aufarbeitung und Diskussion der aktuellen Konzepte und Kategorien der Policy- oder Programmforschung;*
- *zeigt, wie diese Konzepte bei international vergleichenden, empirischen Studien sinnvoll eingesetzt werden können, d.h. er leistet auch einen wichtigen Beitrag zur derzeitigen Diskussion über Comparative Public Policy;*
- *trägt durch die vorzügliche Verarbeitung der einschlägigen Literatur und durch eigene empirische Erhebungen zur Klärung, Operationalisierung und Dimensionierung des Konzepts der Verwaltungskultur bei;*
- *und liefert schließlich mit sechs vergleichend angelegten Fallstudien umfangreiches Material über die Ausgestaltung der Policies in den Bereichen Jugendarbeitslosigkeit und Drogenmißbrauch wie über die nationalen Modalitäten der Politikformulierung und Politikdurchführung in den drei untersuchten Ländern (Schweden, Großbritannien und Bundesrepublik Deutschland).*

Die bemerkenswerteste Leistung gelingt Werner Jann wohl in der Verknüpfung der vielfältigen Komponenten zu einem in dieser Form bisher nicht vorhandenen, empirisch gestützten Konzept verwaltungskultureller Besonderheiten hoher Erklärungskraft. Seine methodisch reflektierten, vorsichtigen, gleichzeitig aber auch eindeutigen Aussagen zu unterschiedlichen Typen von Verwaltungskultur und zu deren Einfluß auf staatliche Policies, sind ein wichtiger Schritt auf dem Wege zu einer international vergleichenden empirischen Policy-Forschung. Es ist zu hoffen, daß weitere Untersuchungen die hier vorgelegten Konzepte, Methoden und Ergebnisse kritisch verwerten und weiterentwickeln.

CARL BÖHRET

G L I E D E R U N G

INHALT

TEIL III - ERGEBNISSE

.-.-.-.-.-.-.

VERZEICHNIS DER ABBILDUNGEN

VERZEICHNIS DER ABKÜRZUNGEN

Abkürzungen von speziellen schwedischen und englischen Institutionen und Begriffe werden im Anhang im Glossar erläutert.

AA	- Arbeitsamt
ABM	- Arbeitsbeschaffungsmaßnahmen
AFG	- Arbeitsförderungsgesetz
AG	- Arbeitgeber
AN	- Arbeitnehmer
ANBA	- Amtliche Nachrichten der Bundesanstalt für Arbeit
APlFG	- Ausbildungsplatzförderungsgesetz
BA	- Bundesanstalt für Arbeit
BAFöG	- Bundesausbildungsförderungsgesetz
BBiG	- Berufsbildungsgesetz
BGA	- Bundesgesundheitsamt
BGBl	- Bundesgesetzblatt
BIBB	- Bundesinstitut für Berufsbildung
BLK	- Bund-Länder-Kommission für Bildungsplanung
BKA	- Bundeskriminalamt
BMA	- Bundesminister für Arbeit
BMBW	- Bundesminister für Bildung und Wissenschaft
BMJFG	- Bundesminister für Jugend, Familie und Gesundheit
BMWI	- Bundesminister für Wirtschaft
BTDrs.	- Bundestagsdrucksache
BtMG	- Betäubungsmittelgesetz
BVerfG	- Bundesverfassungsgericht
DHS	- Deutsche Hauptstelle gegen die Suchtgefahren
EG	- Europäische Gemeinschaften

GA	- Gesundheitsamt
GVBl	- Gesetz- und Verordnungsblatt
IDV	- Individualism Index
ILO	- International Labour Office
IMA	- Interministerielle Arbeitsgruppe
KIM	- Konferenz der Innenminister
KMK	- Kultusministerkonferenz
LAA	- Landesarbeitsamt
LAM	- Landesarbeitsminister
LGM	- Landesgesundheitsminister
LHS	- Landeshauptstelle gegen die Suchtgefahren
LIM	- Landesinnenminister
LJM	- Landesjustizminister
LKM	- Landeskultusminister
LSA	- Landessozialamt
LSM	- Landessozialminister
LWM	- Landeswirtschaftsminister
LZGA	- Landeszentrale für gesundheitliche Aufklärung
MAS	- Masculinity Index
MittAB	- Mitteilungen aus der Arbeitsmarkt- und Berufsforschung
OECD	- Organisation for Economic Cooperation and Development
PAS	- Politisch-admininstratives System
PDI	- Power Distance Index

PMS - Policy-Making-System
PSAP - Psycho-soziales Anschlußprogramm

QUAGO - Quasi-governmental Organisation
QUANGO - Quasi-non-governmental Organisation

RP - Regierungspräsident / Regierungspräsidium

STAR - Ständige Arbeitsgruppe Rauschgift beim BKA

UAI - Uncertainty Avoidance Index

WHO - World Health Organisation

ZIP - Zukunftsinvestitionsprogramm

TEIL I THEORIE UND METHODE

1. Erkenntnissinteresse und Aufbau der Untersuchung

Ausgangspunkt dieser Untersuchung ist die zunächst banale Beobachtung, daß unterschiedliche Länder anscheinend ganz unterschiedliche Wege bei der Bearbeitung gleichartiger Probleme einschlagen. Auf der einen Seite ist zu vermuten, daß die Probleme, denen sich die industriell hoch entwickelten westlichen Demokratien stellen müssen, zumindest in den meisten westeuropäischen Ländern sehr ähnlich ausgeprägt sind, während auf der anderen Seite schon bei oberflächlicher Betrachtung auffällt, daß diese gleichartigen Probleme in den verschiedenen Staaten unterschiedlich bearbeitet werden, d.h. unterschiedliche politisch-administrative Problemlösungen hervorrufen.

Im Zentrum der Untersuchung steht die Frage nach systematischen Unterschieden des Problemlösungsverhaltens einzelner Länder. Diese Fragestellung hat zwei unterschiedliche Dimensionen. Auf der einen Seite geht es um z.B. organisatorische, personelle oder prozedurale Voraussetzungen politisch-administrativen Handelns, auf der anderen Seite geht es um dieses Handeln selbst, d.h. um Politikinhalte, um materielle Aufgabenerfüllung und die Aktivitäten des politisch-administrativen Systems, wie sie z.B. in Gesetzen, Programmen, Plänen u.ä. festgelegt sind und mehr oder weniger exakt durchgeführt werden. Die vorliegende Untersuchung ist am Schnittpunkt dieser Fragestellungen angesiedelt, d.h. es interessieren die Zusammenhänge zwischen den Voraussetzungen, den politisch-administrativen Strukturen und Prozessen, und den Politikinhalten. Nicht so sehr *was* die jeweiligen Länder machen steht im Mittelpunkt des Interesses, sondern *wie* sie es machen.

Empirischer Ansatzpunkt der Untersuchung ist dabei allerdings die Frage der inhaltlichen Problembearbeitung. Es interessiert, was als Ergebnis des politischen Prozesses "herauskommt", d.h. mit einem modernen angelsächsischen Begriff, die staatlichen Policies. Gefragt wird, wie diese Policies aussehen, nicht wie sie zustande kommen. Damit steht diese Untersuchung in der Tradition der vor allem aus dem angelsächsischen Bereich importierten Policy-Forschung und der damit verbundenen Hinwendung zu inhaltlichen Fragen der Politik.

Spezifischer Ansatzpunkt der Untersuchung ist die verschiedentlich geäusserte Vermutung, daß es länderspezifische Muster der Problembewältigung gibt, d.h. daß nicht so sehr die materiellen Anforderungen eines Politikbereichs (z.B. Gesundheitspolitik) als vielmehr die Tradition der "administrativen Kultur" eines Landes für die Ausformung der jeweiligen staatlichen Policies von Bedeutung sind. Diese Hypothese ist in den letzten Jahren verschiedentlich formuliert worden [1], am explizitesten, wenn auch ohne Benutzung des Begriffs, vielleicht von Ashford:

"... what a country is doing seems to have very little association with how it does it. There is probably more similarity across policies for one country in how policies are formed and implemented than there is for the same policy across several countries." 2)

Ashford weist auch auf die interessanten theoretischen Implikationen hin, die aus dieser Hypothese, sollte sie sich als richtig erweisen, folgen. Wenn es nämlich gelingt, die wichtigen strukturellen Ähnlichkeiten zwischen allen oder den meisten Policies in einem Land zu identifizieren, wenn also die charakteristischen Merkmale der Policies eines Landes bekannt sind, sind Hypothesen der folgenden Art nicht mehr ausgeschlossen:

"if country 'X' undertakes any activity it will take the form of 'Y'; or conversely, when we find a policy process that derivates markedly from the structure 'Y', we could expect that the actors and results in the policy problem greatly conflict with existing norms." 3)

Obwohl Aussagen der einfachen Form, wie sie sich Ashford vorstellt, wohl zumindest vorläufig nicht zu erwarten sind, wird doch die vermutliche theoretische Ergiebigkeit des Konzepts lich: wenn nationale Muster der Strukturen und Prozesse der Problemlösung identifiziert werden, sind zumindest Wahrscheinlichkeitsaussagen über die Erfolgschancen bzw. Schwierigkeiten bestimmter ins Auge gefaßter politisch-administrativer Lösungen möglich.

Eine solche Fragestellung ist dabei durchaus nicht nur "konservativ" angelegt, d.h. es wird nicht nur gefragt "was geht bei uns nicht, was brauchen wir überhaupt nicht zu versuchen?", sondern die Aufmerksamkeit wird auch und gerade auf die Möglichkeiten und Bedingungen von Veränderungen gerichtet. Wenn man die vorherrschenden Strukturen und Prozesse identifiziert hat und alternative Lösungen kennt, kann man diejenigen "kritischen" Problembereiche und Bedingungen angeben, an denen eine Veränderungsstrategie zunächst ansetzen müßte, um erfolgreich zu sein. Gleichzeitig wird die Aufmerksamkeit aber auch darauf gelenkt, daß in anderen Ländern erfolgreich praktizierte Problemlösungen und Vorgehensweisen nicht ohne weiteres von einem politischen System ins andere übertragen werden können, d.h. was in Land 'A' erfolgreich praktiziert wird, muß in Land 'B' noch lange nicht sinnvoll oder auch nur machbar sein.

Am Anfang der Untersuchung stehen daher zwei Hypothesen:

- einmal die Vermutung, daß gleichartige Probleme in verschiedenen Ländern unterschiedlich bearbeitet werden,
- zum anderen, daß es spezifische Problemlösungsmuster einzelner Länder gibt.

Die zweite Hypothese, daß Erarbeitung und Durchführung politisch-administrativer Problemlösungen (im Sinne von Policies) im internationalen Vergleich durch ziemlich konstante nationale Muster bestimmt sind und daß Policies im internationalen Vergleich eher Ähnlichkeiten innerhalb eines Landes als innerhalb eines Problem- oder Politikbereichs aufweisen, ist in der Literatur gelegentlich mit dem Konzept der "Verwaltungskultur" umschrieben worden [4]. Verwaltungskultur wurde dabei sowohl zur Beschreibung wie zur Erklärung dieser spezifischen nationalen Besonderheiten herangezogen, d.h. unterschiedliche Policies können sowohl als Folge wie als Ausdruck oder Elemente unterschiedlicher Verwaltungskulturen interpretiert werden.

Die vorliegende Untersuchung möchte zur Klärung und Konzeptionalisierung des (oder der) Konzepte der Verwaltungskultur beitragen. Die Beantwortung der zentralen Untersuchungsfrage nach systematischen Unterschieden und nationalen Besonderheiten von Policies in unterschiedlichen Ländern und deren mögliche Erklärung soll im Rahmen einer theoretisch angeleiteten und methodisch reflektierten empirischen Untersuchung erfolgen. Ausgehend von diesen Zielsetzungen ergibt sich der Aufbau der Untersuchung.

Zunächst erfolgt im zweiten Kapitel eine erste Klärung des Konzepts der Verwaltungskultur. Ausgehend vom verwandten Konzept der Politischen Kultur und ähnlicher Konzepte werden drei unterschiedliche Bedeutungen von Verwaltungskultur herausgearbeitet. In der bisherigen Diskussion bezeichnet Verwaltungskultur sowohl gesamtgesellschaftliche Einstellungen und Werte gegenüber der Verwaltung, Einstellungen und Werte in der Verwaltung als auch Muster des Verhaltens in und gegenüber der Verwaltung, verbunden mit einer bestimmten Form gesellschaftlicher Institutionen und institutionellen Verhaltens.

Im dritten Kapitel werden die Elemente und die Vorgehensweise der empirischen Erhebungen erläutert und begründet. Ausgehend von einer kurzen Diskussion der Fragestellungen, Konzepte und Besonderheiten der Policy-Forschung wird zur weiteren konzeptionellen Klärung ein einfaches Modell des "Policy-Making" entwickelt und wird anhand dieses Modells die Fragestellung der Untersuchung präzisiert, indem insbesondere die zentralen abhängigen und unabhängigen Variablen identifiziert werden. Es wird begründet, warum politische Programme Ansatzpunkt der empirischen Erhebung und damit zentrale abhängige Variable der Untersuchung sind.

Vorteile und Probleme vergleichender Untersuchungen werden

anhand einer kurzen Diskussion des Vergleichs als Methode und als Disziplin der Politik- und Verwaltungswissenschaft aufgezeigt. Aufgrund der verschiedenen theoretischen und methodologischen Vorüberlegungen wird deutlich, daß eine international vergleichende Vorgehensweise, d.h. vergleichende Fallstudien auf der Grundlage der Methode der "most similar cases", zur Beantwortung der Fragestellung der Untersuchung geeignet ist.

Eine international vergleichende Vorgehensweise im Rahmen der Policy-Forschung ist sowohl aus der Sicht der "Praxis" wie der "Wissenschaft" attraktiv und wird daher zunehmend angewendet. Aus der Sicht der Praxis besteht in erster Linie ein Interesse daran, möglichst umsetzbare Handlungsanleitungen für aktuelle Probleme zu erlangen, d.h. die Frage "was können wir von den anderen lernen?" steht im Vordergrund. Die praktische Relevanz und Aktualität einer solchen Fragestellung dokumentiert sich vor allem durch die in den letzten Jahren verstärkt vergebenen international-vergleichenden Gutachten [5)] und verschiedene vergleichende Veröffentlichungen supranationaler Organisationen [6)], die sich mit Fragen der inhaltlichen Ausgestaltung verschiedener Politikbereiche beschäftigen. Mit anderen Worten: es wird zunehmend ins Ausland geblickt um herauszufinden, wie man dort mit den anstehenden Problemen fertig wird.

Demgegenüber liegt der Schwerpunkt des Interesses der mehr policy-orientierten Wissenschaft eher darin, das Wissen über die Möglichkeiten und Bedingungen der Formulierung, Implementierung und Wirkungen staatlicher Politiken (im Sinne von Policies) zu vermehren. Man nimmt an, daß man durch vergleichende Betrachtung die Auswirkungen unterschiedlicher Strukturen und Prozesse analysieren kann. Die Bedeutung der Fragestellung zeigt sich hier vor allem in der rapiden Entwicklung eines eigenen Forschungszweiges, der sich vorrangig diesen Fragen widmet, der sog. "Comparative Public Policy" [7)].

In ihrer allgemeinsten Form beschäftigt sich Comparative Public

Policy mit der "cross-national study of how, why, and to what effect government policies are developed" [8]. Unsicherheit besteht allerdings noch darüber, inwieweit die im Rahmen dieser internationalen Vergleiche erstellten Fallstudien dazu geeignet sind, zu der Entwicklung einer allgemeinen Theorie des "public policy making" beizutragen, bzw. ob die Entwicklung einer solchen Theorie überhaupt möglich oder auch nur anzustreben ist [9]. Fernziel einer solchen Theorie wäre die systematische Erklärung und Voraussage der Bedingungen und Möglichkeiten der Entwicklung, Durchführung und Ergebnisse staatlicher Politiken in verschiedenen Bereichen und verschiedenen politischen Systemen. Die politische Wissenschaft ist zweifellos zur Zeit noch weit von einer solchen Theorie entfernt, so daß selbst die Realität des Ziels infrage gestellt werden kann. Trotzdem ist es m.E. sinnvoll zu versuchen, durch theoretisch angeleitete systematische Vergleiche Teile einer solchen Theorie zu entwickeln. Ein in diesem Zusammenhang besonders ergiebiger Ansatzpunkt erscheint das Konzept der "Verwaltungskultur" zu sein.

Die vorliegende Studie ist dabei in erster Linie explorativ angelegt. Es geht zunächst um die genauere Definition eines wissenschaftlichen Problems und um den Versuch, zur Lösung dieses Problems beizutragen. Im Zentrum des Interesses stehen daher Fragen nach der Konzeptionalisierung von Verwaltungskultur und nach der Vergleichbarkeit von Policies. Ziel der Untersuchung ist es, empirisch informierte und plausible Hypothesen zu generieren und gleichzeitig die Konzepte der Policy-Forschung, die die empirischen Erhebungen anleiten und deren Grundgerüst bilden, anzuwenden und wenn möglich weiter zu entwickeln.

Im vierten Kapitel wird die präzise Ausgestaltung und Anlage der Fallstudien erläutert. Es wird gezeigt, daß die Voraussetzungen der Vergleichbarkeit sowohl durch die Auswahl der Länder Schweden, Großbritannien und Bundesrepublik Deutschland wie durch die Auswahl der Untersuchungsbereiche "Drogenmißbrauch" und "Jugendarbeitslosigkeit" weitgehend gegeben sind. Gleichzeitig wird durch die Referierung empirisch vergleichender Studien versucht plausibel zu begründen, daß zwischen den drei ausgewählten Ländern erhebliche Unterschiede bezüglich der grundlegenden Orientierungsmuster in und gegenüber der öffentlichen Verwaltung zu erwarten sind. Damit ist eine Voraussetzung des gewählten Untersuchungsdesigns, nämlich möglichst große Varianz der unabhängigen Variablen und möglichst Gleichwertigkeit der intervenierenden Variablen, weitgehend erfüllt.

Besonderes Gewicht wird auf die Konzeptionalisierung und Dimensionierung der abhängigen Variablen, d.h. der Programme gelegt. Die Bedeutung der konzeptionellen Vorklärungen im Rahmen dieser Arbeit ergibt sich aus dem Stand der politikwissenschaftlichen Forschung, insbesondere der Policy-Forschung, und der Problematik vergleichender Forschung. Zu recht wird in Studien über vergleichende Politikwissenschaft und vergleichende Methoden immer wieder darauf hingewiesen, daß sinnvolle Vergleiche nur auf der Grundlage expliziter und operationaler Konzepte möglich sind. Politische Phänomene in unterschiedlichen Staaten können nur verglichen werden, wenn präzise und operationale Definitionen der verwendeten Konzepte vorhanden sind. Es ist sicherlich nicht zufällig, daß die wichtigsten Anregungen für umfassende Konzeptionalisierungen politischer Systeme im Bereich vergleichender Forschung entwickelt wurden [10]. Konzeptionalisierungen, d.h. die Identifizierung relevanter Kategorien und der Dimensionen ihrer möglichen Ausprägungen, sind daher keine abstrakte Systematisierungsspielerei, sondern eine notwendige (allerdings nicht hinreichende) Voraussetzung des Vergleichs und damit auch der Theoriebildung:

"Concepts are words for abstract ideas that help us to structure our thoughts. A field of study that is poor in concepts is unlikely to make much progress." 11)

Der <u>zweite Teil</u> der Untersuchung umfaßt die zentralen Ergebnisse der empirischen Erhebungen. Die staatlichen Programme zur Bekämpfung des Drogenmißbrauchs und der Jugendarbeitslosigkeit in Schweden, Großbritannien und der Bundesrepublik Deutschland werden jeweils in der Form einzelner Fallstudien dargestellt und analysiert. Grundlage sind die im vierten Kapitel entwickelten und diskutierten Konzepte, so daß die Fallstudien vergleichbar aufgebaut sind. Im Anschluß an eine chronologische Darstellung der wichtigsten staatlichen Maßnahmen im Untersuchungszeitraum (Materialteil) und eine Zuordnung dieser Maßnahmen zu unterschiedlichen Policy-Typen werden jeweils die Formen, Ziele, Akteure und Instrumente der Programme ausführlich behandelt.

Die Beschreibung der Ausgestaltung der Policies in den jeweiligen Politikbereichen und Ländern ist dabei auch ein eigenständiges Untersuchungsziel. Durch die möglichst genaue und vergleichende Darstellung der Programme und ihrer einzelnen Elemente wird, unabhängig von der theoretischen Interpretation, deskriptives Wissen zur Verfügung gestellt, das bisher in dieser Form nicht vorhanden war.

Gleichzeitig ermöglicht die vergleichende Darstellung und Analyse von Policies in sechs Fallstudien aber auch einen ersten "Test" der grundlegenden Konzepte. Es zeigt sich, inwieweit in der Diskussion befindliche Unterscheidungen, z.B. von Policy-Typen oder Steuerungsinstrumenten, tatsächlich angewendet werden können bzw. welche Probleme der Definition und der Operationalisierung noch nicht gelöst sind. Damit versucht diese Untersuchung auch zur empirisch angeleiteten theoretischen Klärung der Konzepte der Policy-Forschung, insbesondere der Programmforschung, beizutragen.

Dabei ist nicht zu verkennen, daß es sich hier in Wirklichkeit nicht einfach um ein zweistufiges Verfahren gehandelt hat in dem Konzepte zuerst theoretische abgeleitet, d.h. deduktiv entwickelt, und dann in empirischen Fällen angewendet wurden. Statt dessen gab es während der ganzen Arbeit ein Wechselspiel zwischen den theoretischen Konzepten der Policy-Forschung und ihren möglichen Ausprägungen und den konkreten Fallstudien, wobei die Fallstudien von den Konzepten angeleitet wurden, die empirischen Befunde aber auch immer wieder zur Revidierung der bisher angewandten Konzepte führten. Die Untersuchung ist daher in einem Wechselspiel theoretisch-deduktiver und empirisch-induktiver Vorgehensweise entstanden.

Der dritte Teil der Arbeit enthält schließlich eine systematische Zusammenfassung der Ergebnisse der Fallstudien, d.h. einen Gesamtüberblick über die untersuchten Länder und Politikbereiche. Die einzelnen Elemente der Programme werden jeweils vergleichend behandelt und es wird versucht, länderspezifische Besonderheiten zu identifizieren und im Lichte der grundlegenden gesellschaftlichen Einstellungen und Werte in und gegenüber der Verwaltung zu interpretieren.

Abschließend wird versucht, allgemeine länderspezifische Charakteristika der Policies berauszufiltern und es wird diskutiert, ob diese tatsächlich als spezifische nationale Verwaltungskulturen interpretiert werden können, ob überhaupt eine Klärung des Konzepts der Verwaltungskultur gelungen ist, und wie gegebenenfalls die Erklärungskraft eines solchen Konzepts einzuschätzen ist.

2. Konzepte der "Verwaltungskultur"

2.1. Ausgangspunkt "Politische Kultur"

Konzepte und Fragestellungen der "Verwaltungskultur" stehen in engem Zusammenhang mit der Renaissance des Konzepts der "Politischen Kultur" im Rahmen der politischen Wissenschaft. Es ist daher sinnvoll, einen kurzen Überblick über diesen aktuellen Forschungszweig als Ausgangspunkt der Überlegungen zu nehmen. "Verwaltungskultur" und "Politische Kultur" stehen offensichtlich in einer engen Beziehung zueinander und Verwaltungskultur kann - trotz aller Unterschiede der Konzepte - nicht ohne den Rückgriff auf politische Kultur erläutert und definiert werden.

"Politische Kultur" ist wahrscheinlich eines der in den letzten Jahren am meisten diskutierten und bekanntesten Konzepte der politischen Wissenschaft. Ein einfacher, aber deswegen trotzdem untrüglicher Indikator dafür ist zum einen die in der letzten Zeit in diesem Bereich veröffentlichte Literatur [1], zum anderen die Popularisierung des Begriffs, die deutlich wurde, als die Zeitschrift "Der Spiegel" eine mehrteilige Serie über die politische Kultur in der Bundesrepublik veröffentlichte [2]. Der Begriff ist seitdem in die politische Alltagssprache eingegangen, z.B. indem Politiker sich gegenseitig für einen "Verfall der politischen Kultur" verantwortlich machen oder einen "Niedergang der politischen Kultur" konstatieren. Es gibt keine Einführung in die politische Wissenschaft mehr, die dieses Konzept nicht ausführlich würdigt [3]. Auch in der wissenschaftlichen Forschung sind in den letzten Jahren zum ersten Mal seit längerer Zeit wieder umfassendere vergleichende Studien zu Problemen der politischen Kultur erschienen [4].

Das Konzept der "politischen Kultur" soll hier aber nicht allein als Ausgangspunkt der Überlegungen genommen werden, weil es aktuell und weit verbreitet ist, sondern in erster Linie, weil es einen verhältnismäßig umfassenden Konsens über die Bedeutung dieses Konzepts gibt. Es besteht in der politischen Wissenschaft weitgehend Einigkeit über Inhalte und Elemente des Konzepts, und dieser nicht so selbstverständliche Zustand soll die Grundlage für eine Klärung des noch nicht so abgeklärten und eindeutig definierten Konzepts der "Verwaltungskultur" liefern.

Unter politischer Kultur versteht man im allgemeinen die Gesamtheit der Meinungen, Einstellungen und Werte in einer gegebenen Gesellschaft gegenüber dem politischen System, d.h. das Konzept umfaßt in erster Linie Muster von Orientierungen gegenüber dem politischen System [5]. Der Begriff, wie er hier verwendet wird, geht auf Gabriel A. Almond zurück, der ihn zum ersten Mal 1956 verwendet und zusammen mit Sidney Verba 1963 in einer umfassenden Studie ausführt und anwendet [6]. Dort heißt es:

"We appreciate the fact that anthropologists use the term culture in a variety of ways, and that by bringing it into the conceptual vocabulary of political science we are in danger of importing its ambiguities as well as its advantages. Here we can only stress that we employ the concept of culture in only one of its many meanings: that of psychological orientation toward social objects. When we speak of the political culture of a society, we refer to the political system as internalized in the cognitions, feelings, and evaluations of its population."

Und weiter unten:

"The political culture of a nation is the particular distribution of patterns of orientation toward political objects among the members of the nation." 7)

An dieser Definition der politischen Kultur hat sich seitdem im Prinzip nichts geändert. In ihrem Standardwerk "The Civic Culture" untersuchen Almond/Verba die politische Kultur in fünf Staaten (USA, Großbritannien, Bundesrepublik Deutschland, Italien, Mexiko) und konfrontieren die gefundenen Orientierungen mit ihrem Idealbild einer "Bürgerkultur" (civic culture). Sie unterscheiden dabei als Dimensionen politischer Orientierungen

- kognitive ("knowledge of belief about the political system"),
- affektive ("feelings") und
- evaluative Orientierungen ("judgments and opinions about

political objects that typically involve the combination of value standards and criteria with information and feelings") [8],

und als Objekte politischer Orientierungen

- das gesamte politische System,
- die politischen Inputs,
- die Outputs und
- die eigene Stellung im politischen Prozeß.

In einer neuen Veröffentlichung [9] spricht Almond in diesem Zusammenhang auch von "system culture", "process culture" und "policy culture".

In letzter Zeit ist darüber hinaus die Unterteilung in Meinungen ("beliefs"), Einstellungen ("attitudes") und Werte ("values") üblich geworden, wobei in Anlehnung an Rokeach [10] diese als auf einer zentral-peripheralen Achse liegend angesehen werden. Meinungen sind dabei die oberflächlichsten, Werte die am tiefsten gehenden "Prädispositionen zu Handlungen", während Einstellungen eine mittlere Position einnehmen. Nach diesem Verständnis ist ein "Wert" z.B. die grundlegende Bekenntnis zur "freiheitlichen Gesellschaftsordnung", eine "Einstellung" z.B. die über einen längeren Zeitraum konstante Präferenz zu einer politischen Partei und eine "Meinung" eine bestimmte Auffassung zu einem tagespolitischen Ereignis [11].

Von den verwandten Ansätzen der Vorurteils-, Nationalcharakter- und Ideologieforschung [12] unterscheidet sich der Ansatz der politischen Kultur in erster Linie dadurch, daß es ihm nicht um die Vorurteile und Meinungen geht, die bestimmte Gruppen voneinander oder über bestimmte Phänomene haben, sondern um die allgemeinen Einstellungen gegenüber dem politischen System. Außerdem geht er nicht davon aus, daß politische Kulturen Ausfluß eines statischen Nationalcharakters oder bestimmter feststehender Persönlichkeitsstrukturen sind, sondern daß diese gelernt werden und weigehenden Wandlungen unterworfen sind. Bei der politischen Kultur geht es nicht um die Verteilung bestimmter Persönlichkeiten oder Persönlichkeitsstrukturen in einer Gesellschaft, sondern um die in dieser Gesellschaft (oder einer ihrer Gruppen) insgesamt vorherrschenden Meinungen, Werte usw.. Schließlich interessieren nicht nur Ideologien, sondern alle politischen Werthaltungen in einer Gesellschaft ungeachtet ihrer Konsistenz und ihres inneren Zusammenhangs, wobei sogar explizit davon ausgegangen wird, daß in sich konsistente Wertsysteme, d.h. Ideologien, in einer Gesellschaft eher die Ausnahme sein werden.

Politische Kultur soll also die Gesamtheit aller Meinungen, Einstellungen und Werte bezeichnen, die in einer gegebenen Gesellschaft zu einem gegebenen Zeitpunkt anzutreffen sind [13)], oder, in einer etwas einfacheren Form:

"Political culture consists of assumptions about the political world." 14)

Elkins/Simeon bezeichnen politische Kultur daher als ein "mind set"

"Which has the effect of limiting attention to less than the full range of alternative behaviors, problems, and solutions which are logically possible" 15),

d.h. eine bestimmte Disposition des Geistes, die bestimmte politische Verhaltensweisen erleichtert und wahrscheinlich macht, andere erschwert oder ausschließt. So hat die politische Kultur u.a. Einfluß auf das Verhalten der Individuen in ihren politischen Rollen, auf die Inhalte und Formen politischer Forderungen und Unterstützungen sowie auf die Reaktion auf politische Outputs, z.B. Gesetze oder staatliche Leistungen [16)]. Mit den Worten Ehrmanns ist politische Kultur daher

"the link between what happens in the mind of individuals and how political institutions function." 17)

Die politische Kultur einer Nation ist insbesondere durch die Geschichte geformt worden und wird durch die laufenden sozialen, politischen und ökonomischen Prozesse verändert. Eine besondere Bedeutung kommt in diesem Zusammenhang der Sozialisation zu, d.h. dem Prozeß der Strukturierung von sozialen Verhaltensformen und das Verinnerlichen von Werten und Normen [18], der oft ganz explizit in Bezug auf das Konzept der Kultur bzw. politischen Kultur definiert wird. So versteht Behrmann unter politischer Sozialisation:

> " .... die Prozesse, innerhalb deren die Kenntnisse, Glaubensüberzeugungen, Gefühlshaltungen, Werte, Normen und Symbole, die das politische Handeln orientieren, regeln und deuten, von Sozialisationsagenten an Sozialisationssubjekte vermittelt, von diesen erlernt und zum Teil verinnerlicht werden." 19)

Wichtig für das Konzept der politischen Kultur ist schließlich die Unterscheidung zwischen dem politischen System und seinen gesellschaftlichen, orientierungsmäßigen Grundlagen. Das Konzept der politischen Kultur hat zum Teil im Laufe der Zeit eine umfassendere und nicht mehr so eindeutige Bedeutung wie ursprünglich gewonnen. Es dient nicht nur zur Charakterisierung von Einstellungen gegenüber dem politischen System, sondern beschreibt dieses als Ganzes [2o]. Dies indem z.B. die Modalitäten der politischen Regelung gesellschaftlicher Konflikte in verschiedenen politischen Kulturen identifiziert werden (Lehmbruch 1967: Konkurrenzmodell, Proporzmodell, hierarchisch-bürokratisches Modell) oder indem das Verhältnis Eliten/Massen und Merkmale des Pluralismus in die Definition politischer Kulturen eingehen (Lijphart 1968: depolitisierte, consociationale, centripetale und centrifugale Demokratie, vgl. auch Eckstein 1966: Konsensus-Systeme, mechanisch-integrierte Systeme und "community systems"). Die Bedeutung dieser Konzepte der politischen Kultur liegt darin, daß sie übergreifende Charakteristika politischer Systeme definieren.

Dies entspricht nicht mehr dem ursprünglichen Konzept der politischen Kultur. Um einer Begriffsverwirrung vorzubeugen und zur möglichst eindeutigen Klärung des Konzepts soll hier unter <u>politischer Kultur i.e.S.</u> nur eine der gesellschaftlichen Voraussetzungen von Politik, nämlich die Einstellungen, Meinungen und Werte eines politischen Systems verstanden werden. Politische Kultur umfaßt daher nicht die einzelnen Institutionen,

Strukturen oder Rollen dieses Systems, genauso wie sie auch nicht das Verhalten der Systemmitglieder umfaßt [21].

Diese Unterscheidung ist für das Konzept der Verwaltungskultur von einiger Wichtigkeit. Sie entspricht der Unterscheidung von Almond/Powell, die bei der Betrachtung politischer Systeme ausdrücklich "culture" und "structure" unterscheiden. Auch sie reservieren das Konzept der Kultur allein für die wertmäßigen Grundlagen politischen Handelns; dieses Handeln selbst, d.h. die Aktivitäten, die ein System erst konstituieren, die u.U. eine gewisse Regelmäßigkeit des Verhaltens, der Intentionen und Erwartungen erkennen lassen, fällt für sie unter das Konzept der Struktur. Die grundlegende Einheit des politischen Systems ist für sie die politische Rolle, und eine Sammlung von Rollen (a set of roles) ergibt dann eine Struktur. Ein Parlamentarier oder ein Verwaltungsbeamter verkörpern so bestimmte Rollen des politischen Systems, ein Parlament oder ein Ministerium sind Strukturen dieses Systems [22].

Anstelle von Rolle und Struktur könnte man auch von "Amt" und "Institution" sprechen, aber diese Begriffe beziehen sich eher auf legale oder ideale Normen, denen Rolleninhaber und Organisationen des politischen Systems entsprechen sollen, während Rolle und Struktur sich mehr auf das aktuelle Verhalten beziehen sollen. Rechtliche Regelungen und ideale Normen beeinflussen dieses Verhalten, aber sie beschreiben es nicht erschöpfend.

Diese konzeptionellen Vorklärungen, die im Rahmen der strukturell-funktionalen Systemtheorie entwickelt wurden, sind für die weitere Strukturierung der Vorgehensweise dieser Untersuchung wichtig, sie werden in diesem Zusammenhang wieder aufgegriffen und weiterentwickelt [23]. Zum jetzigen Zeitpunkt, bei der Klärung des Konzepts der politischen Kultur, ist in erster Linie festzuhalten, daß politische Kultur i.e.S. nur die Voraussetzungen politischen Handelns und Verhaltens umfassen soll, nicht dieses Handeln und Verhalten selbst.

Die Unterscheidung zwischen politischer Kultur, d.h. politischen Orientierungen und politischem Verhalten wird vor allem im um-

2.2. Weitere Konzepte von "Kultur"

Die Abrenzung des Konzepts der politischen Kultur hat gezeigt, daß in diesem Zusammenhang der Begriff "Kultur" in einer ganz bestimmten, eingegrenzten Art und Weise verstanden wird. In einer umfassenden Übersicht über gebräuchliche Kulturbegriffe, in der Hunderte von verwendeten Begriffen nachgewiesen werden, definieren Kroeber/Kluckhohn als Synthese dieser Begriffe Kultur als

> "patterns, explicit and implicit of and for behavior, acquired and transmitted by symbols constituting the distinctive achievement of human groups including their embodiment in artifacts; the essential core of culture consists of traditional ... ideas and especially their attached values; culture systems may, on the one hand, be considered as products of action, on the other as conditioning elements of future action". 29)

In einer früheren, oft zitierten Fassung hatte Kluckhohn Kultur definiert als

> "patterned ways of thinking, feeling and reacting, acquired and transmitted mainly by symbols, constituting the distinctive achievements of human groups, including their embodiments in artifacts; the essential core of culture consists of traditional (i.e. historically derived and selected) ideas and especially their attached values". 30)

Beide Definitionen zusammen, die zu den klassischen Definitionen der Kultur gehören und immer noch als grundlegend angesehen werden können, zeigen, daß in dieser in erster Linie durch die angelsächsische Anthropologie beeinflußten Denkrichtung "Kultur" sowohl die wertmäßigen Grundlagen gesellschaftlichen Handelns ("values") wie auch dieses Handeln selbst ("behavior") und die daraus erwachsenen Strukturen ("artifacts") umfaßt.

Kultur wird hier also zunächst traditionell als Gesamtheit der Lebensäußerungen eines Volkes oder einer bestimmten Gruppe aufgefaßt [31]. Dieses umfassende Verständnis von Kultur wurde allerdings durch die behavioristisch orientierte vergleichende Kulturforschung differenziert und modifiziert.

So unterscheidet Triandis [32] in diesem Zusammenhang "subjektive" von "objektiver" Kultur, d.h. die "subjektiven" Werte von ihrem Ausdruck in "objektiven" Artefakten. "Subjective culture" wird definiert als

"a cultural group's characteristic way of perceiving its social environment" 33),

und als Element dieser "subjective culture" werden u.a. genannt: attitudes, beliefs, concepts, categorizations, evaluations, expectations, memories, opinions, percepts, role perceptions, stereotypes und values. Diese Aufzählung erinnert sehr an die o.g. wichtigsten Aspekte der politischen Kultur. [34] Wenn man diese Definition zugrunde legt zeigt sich, daß politische Kultur also nur einen Teil des umfassenden Kulturbegriffs umfaßt, nämlich nur den subjektiven. Hier soll daher zwischen Kultur i.e.S., zu der auch die politische Kultur gehört, und Kultur i.w.S., zu der z.B. auch das politische System gehört, unterschieden werden. Wie sich zeigen wird ist diese Unterscheidung für ein adäquates Verständnis von "Verwaltungskultur" von Bedeutung.

In der "vergleichenden" oder "allgemeinen Kulturforschung" (wie diese Forschungszweige vorläufig genannt werden sollen), dominieren seit einiger Zeit die Forschungseinrichtungen, die sich vorrangig oder ausschließlich mit Kutlur i.e.S. befassen und damit als vergleichbar mit dem Konzept der politischen Kultur angesehen werden können. In einer Definition von Geertz heißt es:

"... culture is best seen not as complexes of concrete behavior patterns - customs, usages, traditions, habit clusters - ... but as a set of control mechanisms - plans, recipes, rules, instructions (what computer engineers call "programs") - for the governing of behavior". 35)

Eine ähnliche Definition wird von Hofstede verwendet, der von "mental programs" ausgeht, wobei er annimmt, daß

"each person carries a certain amount of mental programming which is stable over time and leads to the same person showing more or less the same behavior in similar situations". 36)

Kultur ist für ihn dann

"the collective programming of the mind which distinguishes the members of one human group from another". 37)

Damit ist für Hofstede Kultur das Bindeglied zwischen universellen Elementen menschlicher "mentaler Programmierung" (z.B. Lachen, Weinen - Mechanismen, die allen oder fast allen Menschen gemein sind) und individuellen Persönlichkeitsmerkmalen, die jeden Menschen eindeutig von anderen unterscheiden. Zwischen diesen beiden Extremen liegen mentale Programme, die einer größeren Zahl, nicht aber allen Menschen gemein sind.

Es ist deutlich, daß diese eindeutige und begrenzte Auffassung von Kultur als "mental programs" übereinstimmt mit der oben zitierten Definition von politischer Kultur als "mind set". Allerdings bezog sich diese Definition nur auf ein Subsystem der Gesamtgesellschaft, nämlich das politische System. Es scheint also sinnvoll zu sein zwischen "gesamtgesellschaftlicher Kultur", d.h. Mentalprogrammen, Orientierungen etc. zu unterscheiden, die die gesamte Gesellschaft umfassen, und Kulturen, die nur Subsysteme umfassen, d.h. zwischen "Systemkultur" und "Subsystemkultur".

In diesem Sinne wäre politische Kultur eine spezifische Subsystemkultur (oder Subkultur), und tatsächlich ist auch verschiedentlich angemerkt worden, daß der korrekte Begriff eigentlich politische Subkultur sei, der nur aus Bequemlichkeit mit politischer Kultur abgekürzt wird. Politische Kultur ist damit eine Teilmenge der allgemeinen Kultur, sie verhält sich zur Kultur wie das politische System zum sozialen System als Ganzem [38]. Schon Almond/Verba haben diese Unterscheidung gesehen und angemerkt, anstelle von politischer Kultur könne man selbstverständlich auch ökonomische Kultur oder religiöse Kultur untersuchen als jeweils spezifischen

"set of orientations toward a special set of social objects and processes". 39)

Denkbar sind daher sowohl Untersuchungen über "Systemkulturen" als auch über alle möglichen gesellschaftlichen Subsysteme, d.h. die Ermittlung gesamtgesellschaftlicher Orientierungen gegenüber gesellschaftlichen Subsystemen.

Tatsächlich gibt es einige Untersuchungen, die sich mit allgemeinen gesamtgesellschaftlichen Orientierungen, Werten usw., d.h. "Systemkulturen" auseinandersetzen. Einen umfassenden Überblick über diesen Bereich bietet Hofstede in seinem Werk "Cultures Consequences" [40]. Gesellschaftliche Subsysteme sind demgegenüber in diesem Zusammenhang nur sehr ungleichmäßig untersucht worden. So sind dem Verf. keine speziellen Untersuchungen z.B. der ökonomischen und religiösen Kultur, d.h. vergleichende Untersuchungen von Einstellungen gegenüber der Ökonomie, der Religion usw., bekannt. Untersucht wurden in diesem Bereich insbesondere folgende Subsysteme:

- in erster Linie das politische System mit den ausführlich diskutierten Untersuchungen über politische Kultur;

- daneben gibt es Untersuchungen über unterschiedliche Rechtssysteme unter dem Begriff der "legal culture" definiert als

  "the values and attitudes which bind the system together, and which determine the place of the legal system in the culture of the society as a whole" 41);

- schließlich Untersuchungen über Meinungen und Einstellungen gegenüber und in großen Organisationen unter dem Begriff der "organisational culture", manchmal auch "managerial culture" [42].

Denkbar, und auch verschiedentlich vorgeschlagen, sind in diesem Zusammenhang schließlich auch Untersuchungen der vorherrschenden Meinungen und Einstellungen gegenüber der öffentlichen Verwaltung bzw. Bürokratie, als "administrative culture". Diese wäre dann wiederum eine Teilmenge der politischen Kultur, d.h. sie umfaßt nach einer Definition von Peters

"those aspects of the political culture that effect the functioning of administration". 43)

Dies ist aber, wie zu zeigen ist, nicht die einzige denkbare und vorgeschlagene Konzeption von "Verwaltungskultur", tatsächlich wird das Konzept meistens in einer ganz anderen Bedeutung verwendet.

Denkbar und verschiedentlich vorgeschlagen ist nicht nur die Untersuchung von Einstellungen gegenüber gesellschaftlichen Subsystemen, sondern die Untersuchung von Werten, Meinungen usw. in Subsystemen, d.h. abgegrenzten gesellschaftlichen Kollektiven. Die gewöhnliche Einheit der Untersuchung von Kulturen sind Nationen, d.h. es geht um deutsche, englische, schwedische usw. politische Kultur, Organisationskultur oder insgesamt gesellschaftliche Kultur. Möglich und sinnvoll sind aber auch Untersuchungen der Kulturen einzelner Bevölkerungsgruppen, Klassen oder auch z.B. Organisationen oder Verwaltungen. So gibt es Untersuchungen über territoriale Untereinheiten (z.B. amerikanische Staaten oder kanadische Provinzen), bestimmte Bevölkerungsgruppen (Studenten, religiöse Minderheiten oder auch politische Eliten), Klassen ("working class culture") und Organisationen [44). Die Untersuchung der Einstellungen in bestimmten Subsystemen oder Kollektiven ist offensichtlich etwas ganz anderes, als die Untersuchung der gesellschaftlichen Einstellungen über diese Subsysteme. Genau diese unterschiedlichen Konzepte werden aber oft miteinander vermischt.

Organisationskultur definiert als

> "vorherrschende Muster von Tätigkeiten, Interaktionen, Normen, Empfindungen (...), Einstellungen, Überzeugungen, Werten und Produkten" 45)

meint daher die Kultur einer bestimmten Organisation! Diese hat mit der oben definierten "organizational culture" nur bedingt etwas zu tun.

Genau die gleiche Problematik ergibt sich für die Konzepte "Bürokratiekultur" oder "Verwaltungskultur". Darunter werden nämlich nicht nur die in einer Gesellschaft vorhandenen Einstellungen und Orientierungen gegenüber der öffentlichen Verwaltung/Bürokratie verstanden (die Begriffe werden hier zunächst wie in der

Umgangssprache unreflektiert als Synonyme behandelt), sondern oft auch die in einer Bürokratie/Verwaltung oder auch in allen Bürokratien und Verwaltungen vorhandenen Orientierungen. Diese sind aber immer eine Teilmenge der Gesamtgesellschaft. Die beiden Kulturen hängen sicherlich eng miteinander zusammen, dürfen aber nicht unreflektiert gleichgesetzt werden.

Verwaltungskultur hat daher bisher zwei unterschiedliche Bedeutungen

- zum einen kann man darunter die in einer Gesellschaft vorhandenen Orientierungen gegenüber der öffentlichen Verwaltung verstehen (Verwaltungskultur I)

- zum anderen die in einer Verwaltung (oder allen Verwaltungen gemeinsam) vorhandenen Orientierungen (Verwaltungskultur II).

Der erste Gebrauch des Begriffs entspricht dem der "politischen Kultur", der zweite eher dem umgangssprachlichen Verständnis (Verwaltungskultur als Kultur der Verwaltung). Es gibt aber noch eine weitere Definition des Konzepts der Verwaltungskultur, die von den o.g. Konzepten abweicht. In der bisher am weitesten verbreiteten Definition der "administrative culture" definiert Erhard Blankenburg diese als

"a term summarizing pattern of behavior and configurations of societal institutions" 46).

In dieser Definition wird Verwaltungskultur eindeutig in der umfassenderen Bedeutung von Kultur gesehen, die oben als Kultur i.w.S. bezeichnet wurde. Hier geht es nicht (nur) um Einstellungen und Werte, sondern Verhaltensmuster und Institutionen werden als Elemente der Kultur betrachtet. Diese Auffassung soll hier als Verwaltungskultur i.w.S. bezeichnet werden (Verwaltungskultur III).

Die Entscheidung, welche Definition von Verwaltungskultur man vorzieht und welches Konzept man daher verwenden will, ist natürlich willkürlich. Es gibt keine "richtige" oder "falsche"

Definition von Verwaltungskultur, die Wahl des Konzepts hängt aber eng mit dem jeweiligen Erkenntnisinteresse zusammen.

Zunächst ist zu klären, ob Verwaltungskultur, oder allgemeiner "Kultur" als deskriptive oder erklärende Kategorie gebraucht werden soll. Wenn Kultur rein beschreibend verwendet wird, ist jedes der o.g. Konzepte denkbar und sinnvoll. Das Problem wird aber schwieriger, wenn Kultur als erklärende, d.h. als unabhängige Variable eingesetzt wird. Dann interessieren z.B. die Folgen bestimmter Orientierungen, und diese können dann wiederum als Kultur (i.w.S.) bezeichnet werden.

Am Beispiel der politischen Kultur kann man aufzeigen, was durch Kultur alles erklärt werden könnte. So kann man unterscheiden:

- individuelles Verhalten und Einstellungen (z.B. politische Teilnahme)
- Charakteristika politischer Institutionen (Hierarchie, Organisationsform)
- Charakteristika des politischen Prozesses (Konflikthaftigkeit, Entscheidungskriterien)
- Charakteristika der verfolgten Politiken (Policies), (regulativ oder informativ, was sind öffentliche Aufgaben)
- Charakteristika des Systems (Stabilität, Demokratie); 47)

Man muß also sehr genau unterscheiden, was bei einer Untersuchung über "Kultur" die abhängige Variable sein soll. Es ist problematisch, wenn diese gleichzeitig als Element der Kultur definiert ist. Weiter ist zu berücksichtigen, daß die abhängigen Variablen nicht unabhängig voneinander sind, sondern wiederum in einem gegenseitigen Abhängigkeitsverhältnis stehen. Genauso wirken diese wieder zurück auf die vorhandene Kultur. Eine Untersuchung, in der Kultur nicht nur als beschreibendes, sondern auch als erklärendes Konzept eingesetzt werden soll, wenn also die Folgen von kulturellen Unterschieden interessieren (und erst dann wird das Konzept ja interessant), muß große Sorgfalt bei der Definition des Konzepts und der abhängigen, d.h. der zu erklärenden Phänomene, aufgewandt werden.

In Abb.2.2 werden in Anlehnung an Hofstede [48] die verschiedenen Elemente der bisher herausgearbeiteten Kulturkonzepte noch einmal zusammengefaßt. Die hier als "Folgen" von Kultur i.e.S. zusammengefaßten Elemente können in der Terminologie von Almond/Powell auch als "structure" bezeichnet werden. Offensichtlich stellten die aufgeführten Beispiele nur eine kleine willkürliche Auswahl aller denkbaren gesellschaftlichen Strukturen dar, die durch kulturelle Faktoren im Sinne von Einstellungen und Werten beeinflußt werden. Diese große Allgemeinheit und Abstraktion des Konzepts kann aber nur noch einmal verdeutlichen, daß zentrale Voraussetzung empirischer Untersuchungen in diesem Bereich eine eindeutige und abgegrenzte Definition der Untersuchungskonzepte ist.

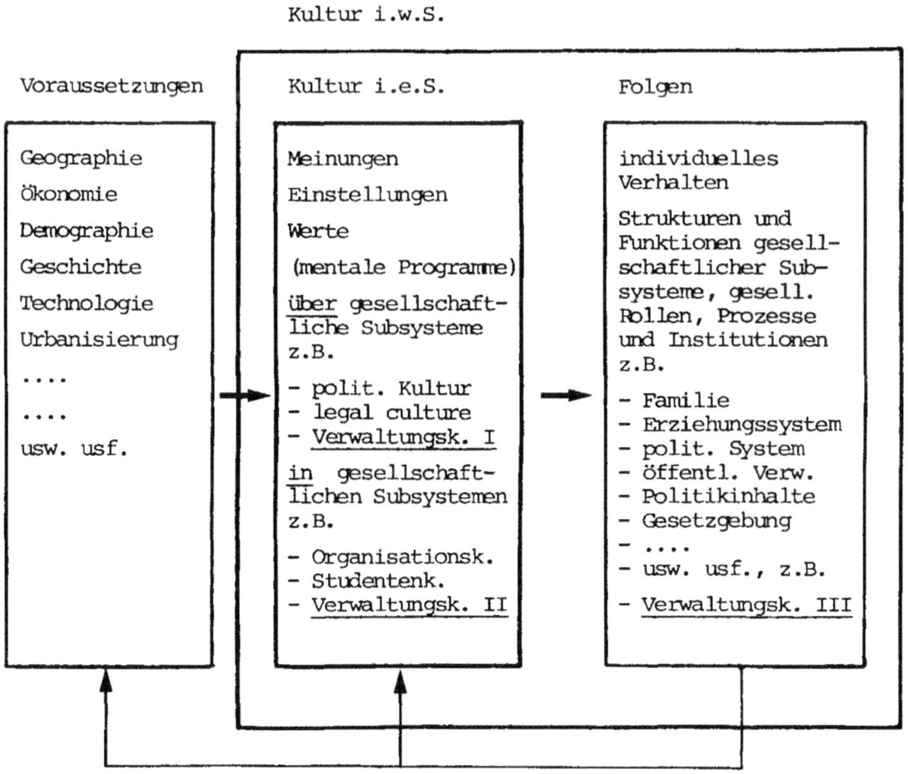

Abb. 2.2: Voraussetzungen und Folgen von Kultur [49]

Natürlich bedeuten die Pfeile in Abb.2.2 nicht, daß zwischen den verschiedenen Blöcken, z.B. zwischen Kultur und Struktur eindeutige und deterministische Beziehungen bestehen. Sie sollen nur verdeutlichen, daß gegenseitige Abhängigkeiten vermutet werden können.

Aus der Abbildung wird deutlich, wie kulturelle Muster im Sinne von "mental programs" stabilisiert werden. Voraussetzungen und Folgen von Kultur können als ein homeostatisches, d.h. sich selbst regulierendes System aufgefaßt werden. Durch die vorherrschenden Meinungen, Einstellungen und Werte werden Struktur und Funktion gesellschaftlicher Institutionen festgelegt, diese wiederum haben starke Rückwirkungen auf die in einer Gesellschaft vorherrschenden Orientierungen. Wenn sich ein solches System in einem Quasi-Gleichgewicht befindet, können Gruppen oder Völker ihre Identität über hunderte oder sogar tausende Jahre bewahren. Hofstede nennt als Beispiel für solche Stabilität trotz verheerender äußerer Einflüsse Juden, Zigeuner und Basken [5o].

Bevor die für diese Untersuchung gewählte Abgrenzung und Eingrenzung der Konzepte erläutert wird, sollen kurz einige wenige Bemerkungen über die möglichen Methoden einer empirischen Untersuchung dieser Konzepte gemacht werden.

Hofstede unterscheidet in Anlehnung an Galtung vier Strategien zur Untersuchung von Kultur i.e.S., d.h. Einstellungen und Werten bzw. mentalen Programmen [51]. Untersuchungsobjekte können entweder "Worte", d.h. mündliche oder schriftliche Äußerungen, oder "Taten" sein, d.h. beobachtbare Aktivitäten. Diese wiederum können "natürlich" sein, d.h. normale menschliche Aktivitäten, die nur für diese Untersuchung beobachtet und ausgewertet werden, oder "provoziert", d.h. extra für diese Untersuchung unternommen worden sein. Abb. 2.3zeigt in einer Matrix die aus dieser Unterscheidung sich ergebenden Untersuchungsstrategien.

	"provoziert"	"natürlich"
"WORTE"	(1) Interviews, Fragebogen	(2) Inhaltsanalyse von Reden, Diskussionen, Dokumenten, Büchern
"TATEN"	(3) Experimente im Labor, Feldexperimente	(4) direkte Beobachtung, deskriptive Statistik

Abb. 2.3 : Strategien der Untersuchung von Kultur (nach Hofstede 1980, S. 17)

Aus der Übersicht geht hervor, daß der "klassische" Ansatz der Untersuchung von Kultur in der Analyse "provozierter Worte" besteht, d.h. daß i.d.R. versucht wird, Kultur durch Umfragen zu erfassen. In dieser Tradition stehen auch die bekannten Untersuchungen über politische Kultur (Almond/Verba haben z.B. in jedem der untersuchten Länder ca. 1.000 Personen befragt). Es gibt auch Beispiele für Untersuchungsansätze, die in die anderen Kästchen der Übersicht gehören, so z.B. die Inhaltsanalyse von Kinderbüchern (2) [52] oder die Beobachtung des Verhaltens von Patienten in Wartezimmern (4) [53]. Untersuchungsansätze des Kästchens (3) werden in erster Linie im Rahmen der Sozialpsychologie verwendet. [54]

Untersuchungsansätze zur Beschreibung unterschiedlicher Kulturen müssen dabei nicht vergleichend sein. So können sehr wohl Aussagen über die politische Kultur eines Landes im Rahmen einer Einzellandstudie erarbeitet werden. Genausowenig ist natürlich die Verwendung quantitativer Methoden notwendig. Eine ganze Reihe instruktiver Studien über politsche Kultur geht allein von einer qualitativen Analyse von Beobachtungen aus [55]. Allerdings sind solche Studien viel schwerer intersubjektiv zu überprüfen und die Subjektivität des Verfassers spielt, gewollt oder ungewollt, eine viel größere Rolle als bei quantitativen Untersuchungen.

Während bei beschreibenden Studien eine vergleichende Vorgehensweise nicht notwendig ist, ist sie bei erklärenden Studien der einzig gangbare Weg [56].

Zu beachten ist, daß es auch bei der Beobachtung und Analyse von "Taten" um die diesen zugrunde liegenden Werte geht, d.h. daß es um Untersuchungsstrategien zur Ermittlung von Kultur i.e.S. geht. Bei der Untersuchung von Kultur i.w.S. sind prinzipiell die gleichen Strategien möglich, allerdings ist hier das Untersuchungsfeld noch erheblich weiter.

2.3. "Verwaltungskultur" in dieser Untersuchung

Als nächstes ist zu klären, welches der bisher herausgearbeiteten Konzepte von "Verwaltungskultur" im Rahmen dieser Untersuchung verwendet werden unddie weitere Vorgehensweise anleiten soll. Bisher sind folgende Konzepte unterschieden worden:

- Verwaltungskultur als die in einer Gesellschaft vorhandenen Werte, Einstellungen, Meinungen (kurz Orientierungsmuster) gegenüber und relevant für öffentliche Verwaltung. Träger der Verwaltungskultur ist die gesamte Bevölkerung, im Prinzip ist diese Verwaltungskultur nur eine Teilmenge der politischen Kultur (hier bezeichnet als Verwaltungskultur I).

- Verwaltungskultur als die in einer (oder allen) Verwaltungen vorhandenen Orientierungsmuster. Träger dieser Verwaltungskultur sind damit die Mitglieder bestimmter Organisationen; Verwaltungskultur ist eine spezifische Form von Organisationskultur (Verwaltungskultur II).

- Verwaltungskultur als bestimmte Muster des Verhaltens in und gegenüber der öffentlichen Verwaltung, verbunden mit einer bestimmten Form gesellschaftlicher Institutionen und institutionellen Verhaltens (Verwaltungskultur III). Diese Auffassung von Verwaltungskultur geht über den Kulturbegriff i.e.S. hinaus, im Rahmen der klassischen Systemtheorie ist diese Verwaltungskultur nicht mehr Teilmenge der gesellschaftlichen Kultur, sondern der gesellschaftlichen Struktur, sie kann als eine Folge der Verwaltungskultur i.e.S. aufgefaßt werden.

Im Rahmen dieser Untersuchung sollen daher Verwaltungskultur I und Verwaltungskultur II als unabhängige Variable angesehen werden, während in Übereinstimmung mit dem im ersten Kapitel erläuterten Erkenntnisinteresse der Schwerpunkt des Interesses auf Verwaltungskultur III als abhängige Variable liegen soll.

Es geht in erster Linie um die Problemlösungskapazität unterschiedlicher politisch-administrativer Systeme, d.h. nicht so sehr die orientierungsmäßigen Grundlagen des Verwaltungshandelns als dieses Handeln selbst bzw. die Folgen, die diese Orientierungen haben, stehen im Zentrum des Interesses. Abb.2.4 verdeutlicht noch einmal die Zusammenhänge, dort sind noch einmal die unterschiedlichen Konzeptionalisierungen von Verwaltungskultur zusammengefaßt. Daraus wird deutlich, daß der Schwerpunkt dieser Untersuchung nicht im Bereich der Verwaltungskultur i.e.S. liegt, sondern einen weiteren Begriff der Verwaltungskultur zur Grundlage hat.

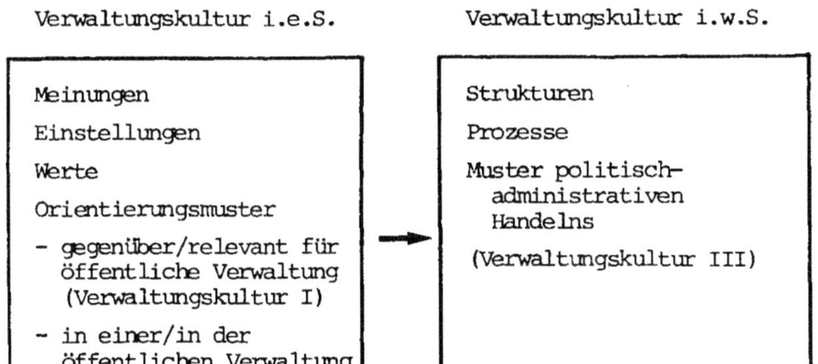

Abb.2.4 : Konzepte der Verwaltungskultur

Es ist offensichtlich, daß Verwaltungskultur i.w.S. immer noch ein viel zu umfassendes und ungenaues Konzept ist, als daß es zur Anleitung und Strukturierung empirischer Untersuchungen dienen könnte. Es ist daher für die weitere Vorgehensweise unabdingbar zu klären, welche denkbaren Elemente der Verwaltungskultur i.w.S. in die weitere Untersuchung einbezogen werden sollen. Bevor diese Klärung im nächsten Kapitel vorgenommen wird, soll aber vorab die hier skizzierte Fragestellung verortet werden.

Indem Verwaltungskultur i.e.S. in ihren beiden möglichen Ausprägungen hier als unabhängige Variable angesehen wird und nur unterschiedliche Ausprägungen der Verwaltungskultur i.w.S. (spezifisch nationale Strukturen, Prozesse und Muster politisch-administrativen Handelns) als abhängige Variable interessieren, wird implizit die Hypothese unterstellt, daß Verwaltungshandeln "culture bound" ist, d.h. Verwaltungen abhängig von der jeweiligen nationalen Kultur funktionieren. Die Culture-Bound-These spielt seit einigen Jahren insbesondere im Rahmen der Organisationssoziologie und der damit verbundenen Managementforschung eine wichtige Rolle.

Ausgangspunkt für diese These und die dahinter liegende Fragestellung dürfte in vielen Fällen die Erfahrung multi-nationaler Konzerne gewesen sein, daß die im Mutterland erfolgreichen Managementkonzepte und organisatorischen Regeln sich nicht ohne weiteres auf andere Länder, insbesondere ganz fremde Kulturkreise wie Asien oder Afrika, übertragen lassen [57)].

Die zentrale Hypothese besagt, daß Organisationen kulturell abhängig sind, d.h. daß grundlegende gesellschaftliche Einstellungen und Werte einen Einfluß ausüben, sowohl auf das Verhalten der Individuen in Organisationen sowie auf Art und Weise der von diesen wahrgenommenen Aufgaben [58)].

Es erscheint einleuchtend, diese Hypothese auch auf öffentliche Verwaltungen zu übertragen. Allerdings bedeutet dies nicht, daß sämtliche Unterschiede zwischen Organisationen in unterschiedlichen Ländern auf kulturelle Werte zurückgeführt werden können;

sie besagt aber, daß Strukturen und Funktionen von Organisationen nicht durch eine universelle Rationalität festgelegt sind. Auf die öffentliche Verwaltung übertragen bedeutet dies, daß Verwaltungshandeln in unterschiedlichen Ländern sich auch bei der Annahme von "ceteris paribus" Bedingungen, d.h. z.B. bei der Bewältigung gleichartiger Probleme, unterscheidet.

Neben der "culture bound" wird auch die entgegengesetzte, die sog. "culture free" These vertreten. Diese besagt ganz grob zusammengefaßt, daß die Struktur einer Organisation in erster Linie vom sog. Kontext (z.B. Größe oder Aufgabe) abhängt, in einer einfachen Formulierung:

" ... if Indian organizations were found to be less formalized than American ones, bigger Indian units would still be more fomalized than smaller Indian units" 59).

Dies besagt aber nicht, daß kulturelle Faktoren keinen Einfluß haben, sondern nur, daß Kontextvariablen wichtiger sind als kulturelle Variablen. Die "Culture-Bound"-Hypothese geht hingegen davon aus, daß kulturelle Faktoren auch die Beziehungen zwischen strukturellen Charakteristika und Kontextfaktoren beeinflussen [60].

Die hier vertretene Hypothese besagt also implizit, daß gerade diejenigen Einstellungen und Werte, die in oder gegenüber der öffentlichen Verwaltung eines bestimmten Landes verhältnismäßig unsichtbar sind, weil sie von einem Großteil der Mitglieder oder Adressaten geteilt werden, für die jeweilige öffentliche Verwaltung von besonderer Bedeutung sind. Gerade diejenigen Orientierungsmuster, die für bestimmte Länder und die dort vorhandenen öffentlichen Verwaltungen charakteristisch sind, könnten einen besonders großen Einfluß auf Strukturen und Prozesse dieser Verwaltungen haben; gerade diejenigen Annahmen und Werte, die nie hinterfragt werden, sind vielleicht besonders wichtig und für Verwaltungshandeln erklärungskräftig. [61]

Wie diese Hypothese empirisch zu testen ist, soll im nächsten Kapitel gezeigt werden.

3. Elemente und Vorgehensweise der Untersuchung

3.1. Präzisierung der Fragestellung: Ansatzpunkt "Policies"

Die im Rahmen dieser Studie interessierende Frage lautet vorläufig, ausgedrückt in der bisher entwickelten Terminologie: Haben unterschiedlich ausgeprägte Verwaltungskulturen i.e.S., d.h. Meinungen, Einstellungen und Werte in und gegenüber der öffentlichen Verwaltung in unterschiedlichen Ländern Einfluß auf das Verwaltungshandeln in diesen Ländern? oder, anders gewendet: gibt es unterscheidbare Verwaltungskulturen i.w.S., d.h. relativ konstante Muster des Problemlösungsverhaltens in unterschiedlichen Ländern.

Als nächster Schritt ist diese Fragestellung zu präzisieren und zu operationalisieren; es ist festzulegen, welche Aspekte der Verwaltungskultur i.w.S. als abhängige Variable betrachtet werden sollen und welche Ausprägungen hier besonders interessieren sollen. Es ist einleuchtend, daß Verwaltungskultur i.w.S. zunächst auch noch ein viel zu umfassendes und undifferenziertes Konzept ist, als daß es als Anhaltspunkt einer empirischen Untersuchung verwendbar wäre.

Ausgehend vom oben definierten Erkenntnisinteresse dieser Untersuchung ist deutlich, daß nationale Strukturen und Prozesse des Verwaltungshandelns nicht per se im Zentrum des Interesses stehen, sondern in erster Linie ihr Beitrag zur Bewältigung der anstehenden Probleme interessiert. Zentrales Erkenntnisobjekt sind daher nie allein Merkmale der Verwaltung oder des politisch-administrativen Systems, sondern immer auch die materielle Dimension der Politik, die Politikinhalte oder mit einem modernen Wort die jeweiligen "Policies". Gefragt wird daher nach den Folgen unterschiedlicher Strukturen und Prozesse des politisch-administrativen Systems für die jeweiligen Politikinhalte, für die jeweilige Bewältigung der anstehenden Probleme. Die öffentliche Verwaltung interessiert nicht in erster Linie als eigenständiges Erkenntnisobjekt, sondern in ihrer Bedeutung für die inhaltliche Ausgestaltung von Politik.

Untersuchungsziel der vorliegenden Untersuchung ist es daher nicht nur, zur Klärung, Dimensionierung und Operationalisierung des Konzepts Verwaltungskultur beizutragen, sondern die Auswirkungen unterschiedlicher Verwaltungskulturen (als "unabhängige Variable") auf die jeweils in Erwägung gezogenen und durchgeführten Politikinhalte und Politikinstrumente, d.h. Policies (als "abhängige Variable") zu untersuchen. Zentraler Ansatzpunkt ist die Frage nach systematischen Unterschieden zwischen Policies in unterschiedlichen Ländern.

Bevor im folgenden gezeigt wird, wie Policies als Teilaspekt der Verwaltungskultur i.w.S konzeptionalisiert und damit international verglichen werden können, welche theoretischen Konzepte und insbesondere welche Ausprägungen der in der Theorie enthaltenen Merkmalsdimensionen dabei eine Rolle spielen, sollen kurz zentrale Aspekte der in den letzten Jahren vor allem in den USA entwickelten Policy-Forschung skizziert werden, um den Rahmen der vorliegenden Untersuchung, aus dem heraus Vorgehensweise und Fragestellung entwickelt werden, zu verdeutlichen. Der besondere Interessenschwerpunkt dieser Forschungsrichtung wird deutlich, wenn man sich die unterschiedlichen Bedeutungen des deutschen Begriffs "Politik" vor Augen führt [1]. Im Englischen ist es möglich, zwischen mindestens drei unterschiedlichen Bedeutungen von "Politik" zu unterscheiden. Einmal ist damit der Prozeß der Austragung von Konflikten, der Durchsetzung von Interessen und Zielen gemeint ("politics", Beispiel: "Politik ist schmutzig"); zum zweiten wird damit die Ordnung des politischen Systems, des Normengefüges und der Organisationsform bezeichnet ("polity", z.B. die politische Ordnung des Grundgesetzes) und schließlich umfaßt Politik auch den inhaltlichen Aspekt, die Art und Weise staatlicher Aktivitäten, der Zukunftsbewältigung, der Problemlösung und ihrer Instrumente ("policy", z.B. in zusammengesetzten Begriffen wie Wohnungsbaupolitik, Gesundheitspolitik usw.).

Dieser dritte Aspekt der Politik ist lange von der klassischen polititschen Wissenschaft kaum untersucht und problematisiert worden. Zentrale Aspekte waren bis Anfang der siebziger Jahre entweder das politische Institutionengefüge oder der politische Kampf um Macht, Einfluß und Interessendurchsetzung, d.h. eher die Politics- oder Polity-Dimension von Politik.

Die inhaltliche Wendung der Politikforschung, oder vielleicht besser: das erwachte Interesse an den Folgen und Wirkungen von Politik wurden erstmals deutlich durch die Etablierung des Forschungszweiges "Policy Science" Anfang der siebziger Jahre [2]. Policy Science soll hier als Spezialfall von Policy Forschung aufgefaßt werden, weil ihr Erkenntnisinteresse prinzipiell auf Beratung und Verbesserung zukünftiger politischer Entscheidungen gerichtet ist, also in erster Linie eine "ex ante" Perspektive vorherrscht (daher ist auch die Bezeichnung "ex ante policy analysis" denkbar und gebräuchlich). Policy Science war und ist ihrem Programm nach eine empirisch informierte, praxisrelevante, interdisziplinäre und handlungsorientierte Beratungswissenschaft, die Politikern direkt Entscheidungshilfen sowohl in Form rezeptnaher Handlungsanweisungen wie auch weitreichender alternativer Gesellschaftsentwürfe vermitteln will [3].

Von dieser auf aktuelle Beratung der Politik ausgerichteten Variante der Policy-Forschung ist der sozialwissenschaftliche Ansatz der ex post Analyse materieller Politik zu unterscheiden, der sich nicht nur mit den Prozeßdimensionen von Politik und den gegebenen Strukturen und Institutionen beschäftigt, sondern insbesondere die inhaltliche Dimension ("content") einbezieht [4]. Das Untersuchungsobjekt dieser Policy-Forschungen wird im angelsächsischen Sprachgebrauch oft mit dem Begriff "public policy" bezeichnet. Darunter werden gewöhnlich sämtliche öffentlichen Aktivitäten in materiellen Politikbereichen verstanden, wie z.B. Wirtschafts-, Arbeits-, Sozial-, Bildungspolitik.

Für den im Englischen weitverbreiteten und eingeführten Begriff der Public Policy gibt es im Deutschen bisher keine offensichtliche und allgemein akzeptierte Übersetzung. Die wörtliche Übersetzung mit "öffentliche Politiken" scheidet aufgrund der Vieldimensionalität des deutschen Politikbegriffs aus. Die von verschiedenen Seiten vorgeschlagenen Begriffe wie "öffentliche

Entscheidungspolitiken" oder "spezielle" bzw. neuerdings "materielle Verwaltungspolitik" [5] erscheinen nicht ganz treffend oder zumindest zu speziell, um sich im Sprachgebrauch durchsetzen zu können. Eingängiger und erfolgversprechender scheint zu sein, den Bereich Public Policy ausgehend von der wissenschaftlichen Beschäftigung zu identifizieren. In der letzten Zeit sind dafür insbesondere die Begriffe Politikfeldanalyse [6] und Programmforschung geprägt worden [7]. Es scheint einleuchtend zu vermuten, ohne daß diese These hier näher begründet werden könnte, daß der "Boom" der Policy-Forschung eng mit der Ausweitung staatlicher Tätigkeiten in Richtung auf mehr sozialstaatliche Interventionen in immer mehr Bereichen zusammenhängt bzw. sogar eine direkte Folge dieser wachsenden Staatstätigkeit ist. Dabei scheint auch offensichtlich , daß in der Phase des eher unbekümmerten Wachstums staatlicher Interventionen und Leistungen die eher ex-ante ausgerichtete "Policy Science" dominiert, während in Phasen, in denen staatliche Leistungen aus unterschiedlichsten Gründen problematisch werden oder problematisiert werden, die eher reflektive ex-post orientierte "Policy Analyse" dominiert, insbesondere die auf Korrektur bestehender Policies ausgerichteten Bereiche Implementations- und Evaluationsforschung sowie "Termination". Diese Entwicklung ist sowohl in den USA (Reformprogramme und Policy Science der sechziger und beginnenden siebziger Jahre) wie mit einer gewissen zeitlichen Verzögerung auch in der Bundesrepublik Deutschland zu erkennen (Politik der inneren Reformen und "Aktive Politik" der sechziger/siebziger Jahre gegenüber Desillusionierung und Politikfeldforschung/Evaluation sowie Aufgabenkritik heute).

Policy-Forschung mit dem speziellen Ansatzpunkt der materiellen Politik, der Handlungsinhalte oder Aufgabenerfüllung der öffentlichen Verwaltung [8], weist dabei zumindest zwei unterschiedliche Dimensionen auf, eine eher materiell/speziell und eine eher instrumentell/generell orientierte [9].

Bei der materiellen Analyse wird ausgehend von bestimmten Politik- oder Problembereichen untersucht, wie staatliche Policies in diesem speziellen Bereich aussehen oder sinnvollerweise aussehen sollten, welche Wirkungen sie haben usw. Solche Fragestellungen sind in den Bereichen Wohnungsbaupolitik, Verkehrspolitik, Gesundheitspolitik, Sozialpolitik und ähnlichen Bereichen seit langem relevant, und diese Bereiche sind daher weitgehend von wissenschaftlichen Disziplinen dominiert, die für die jeweiligen Politikbereiche "zuständig" sind oder sich zumindest zuständig fühlen. In bestimmten Bereichen haben daher Architekten, Ingenieure oder Ökonomen als Politikberater eine lange Tradition (z.B. bei uns Ökonomen im Bereich Sozialpolitik).

Bei der instrumentellen Analyse steht hingegen die Frage im Vordergrund, welche Instrumente den staatlichen Akteuren überhaupt zur Verfügung stehen, welche allgemeinen Eigenschaften oder Wirkungen Policies haben und wie sie durchgeführt werden, d.h. es geht um Ergebnisse, die tendenziell für alle Politikbereiche gelten. Selbstverständlich sind beide Fragestellungen nicht eindeutig zu trennen, wer sich mit den Inhalten von Politik beschäftigt, muß sich auch mit den Instrumenten sowie den Bedingungen ihrer Entstehung und Durchsetzung abgeben und umgekehrt. Trotzdem scheint es wichtig zu sein, beide Fragestellungen auseinander zu halten:

- was wird gemacht/ sollte gemacht werden?
  (materiell/spezielle Dimension) und

- wie wird es gemacht/ sollte es gemacht werden?
  (instrumentell/generelle Dimension).

Offensichtlich haben beide Fragestellungen jeweils eine empirische (deskriptive) und eine normative (präskriptive) Dimension. Es wäre töricht, eine der beiden leugnen zu wollen, denn jede Präskription enthält notwendigerweise deskriptive Annahmen, wie jede empirische Analyse, auch wenn sie nur das Bestehende kritisieren will, normative Implikationen hat.

Das Hauptinteresse einer policy-orientierten Politik- und Verwaltungswissenschaft liegt in diesem Zusammenhang auf den strukturellen und prozessualen Bedingungen der Politikformulierung und -durchführung, bzw. auf den möglichen Zusammenhängen zwischen Prozessen und Strukturen der Politikformulierung und -durchsetzung, sowie instrumentellen und inhaltlichen Merkmalen von Policies.

Während sich Policy-Forschung bisher in vielen Bereichen noch kaum mit inhaltlichen Fragen der Politik beschäftigt hat und das Feld weitgehend den "zuständigen Fachleuten" überlassen hat (etwa Wirtschaftspolitik, Sozialpolitik, Schulpolitik), gibt es andere Bereiche, in denen Policy-Forschung auch explizit inhaltliche Fragen behandelt [10].

3.2. Konzeptionelle Vorklärungen: Elemente des "Policy-Making"

Nachdem bisher geklärt wurde, daß der Ansatzpunkt der Untersuchung unterschiedlicher Verwaltungskulturen i.w.S. materielle Politiken, d.h. Policies sein sollen, ist als nächstes zu verdeutlichen, welche Kategorien der Policy-Forschung in diesem Zusammenhang verwendet und welche Elemente des umfangreichen Prozesses der Entstehung, Durchsetzung und Wirkung von Politik i.S. von Policy im Rahmen dieser Untersuchung behandelt werden sollen. Zur Strukturierung der weiteren Vorgehensweise erscheint es sinnvoll zu sein, ein einfaches Modell des politischen Systems bzw. spezieller des "Policy-Making-Systems" als Ausgangspunkt der Überlegungen zu nehmen. In diesem Modell werden die wichtigsten Konzepte der Policy-Forschung aufgeführt und ganz grob angegeben, wie sie miteinander verbunden sind. Dabei ist auf den heuristischen Charakter eines solchen "Modells" hinzuweisen. Es geht nicht darum, sämtliche im Rahmen des public-policy-making relevanten Faktoren zu kategorisieren, zu Typen zusammenzufassen und schließlich in ihren gegenseitigen Abhängigkeiten umfassend darzustellen, sondern das zentrale Erkenntnisinteresse ist es zu zeigen, welche Variablen oder Variablenblöcke in bisher vorhandenen Untersuchungen jeweils identifiziert wurden bzw. im Zentrum des Interesses standen. Zweck der Begriffsbildung und Kategorisierung ist also in erster Linie, die weitere empirische Arbeit anzuleiten und zu strukturieren.

Das hier zugrunde gelegte Modell ist in erster Linie die vereinfachte Zusammenfassung vorhandener, vor allem im Rahmen systemtheoretisch angeleiteter Untersuchungen entwickelter Modelle [11]. Der Urvater aller dieser Modelle wurde von David Easton 1965 vorgestellt, der die Stellung des politischen Systems in der Gesamtgesellschaft zum ersten Mal in der Form eines kybernetischen Regelkreises mit Inputs, Outputs, Environment und Feedbacks darstellte.

Das Easton'sche Modell ist im Laufe der Zeit verfeinert worden, aber die Grundstruktur der drei zentralen Elemente Input, Output und dazwischen das politische System (später auch als Withinput oder Conversion bezeichnet) blieb erhalten. Sie ist auch Grundlage des hier erarbeiteten Modells, das in seiner Gesamtheit in Abb.3.1 dargestellt wird.

Insbesondere sind die Überlegungen von Almond/Powell, die ihr kategoriales Modell ganz explizit für die vergleichende Analyse politischer Systeme entwickelt haben und deren Unterscheidung zwischen "Kultur" und "Struktur" schon Ausgangspunkt der Überlegungen des letzten Kapitels waren, bei der "Konstruktion" des Modells berücksichtigt worden, ohne daß allerdings der für diese Autoren spezifische strukturell-funktionale Ansatz übernommen worden wäre [12].

In letzter Zeit wurde die Brauchbarkeit und Relevanz bisher entwickelter Modelle zur Untersuchung staatlicher Politiken verschiedentlich angezweifelt:

"Some books dealing with public policy introduce their subject by presenting a simplified model of the policy-making-process, usually a diagram of boxes and arrows surrounded by numerous floating bodies. Ours does not. The reason is that no policy model with which we are acquainted can be realistically applied to the broad range of policy problems ...." 13)

Die Aussage der Autoren ist sicherlich richtig. Tatsächlich existiert bisher noch kein adäquates Modell des public-policy-making, das alle in diesem Prozeß relevanten Faktoren (Variablen) und vor allem die zwischen diesen bestehenden Abhängigkeiten und Beziehungen zufriedenstellen würde. Trotzdem ist aus diesem Mangel gerade nicht der Schluß zu ziehen, auf solche Modelle überhaupt zu verzichten; denn dies würde implizit bedeuten, die Entwicklung systematischer Theorie zumindest vorläufig aufzugeben.

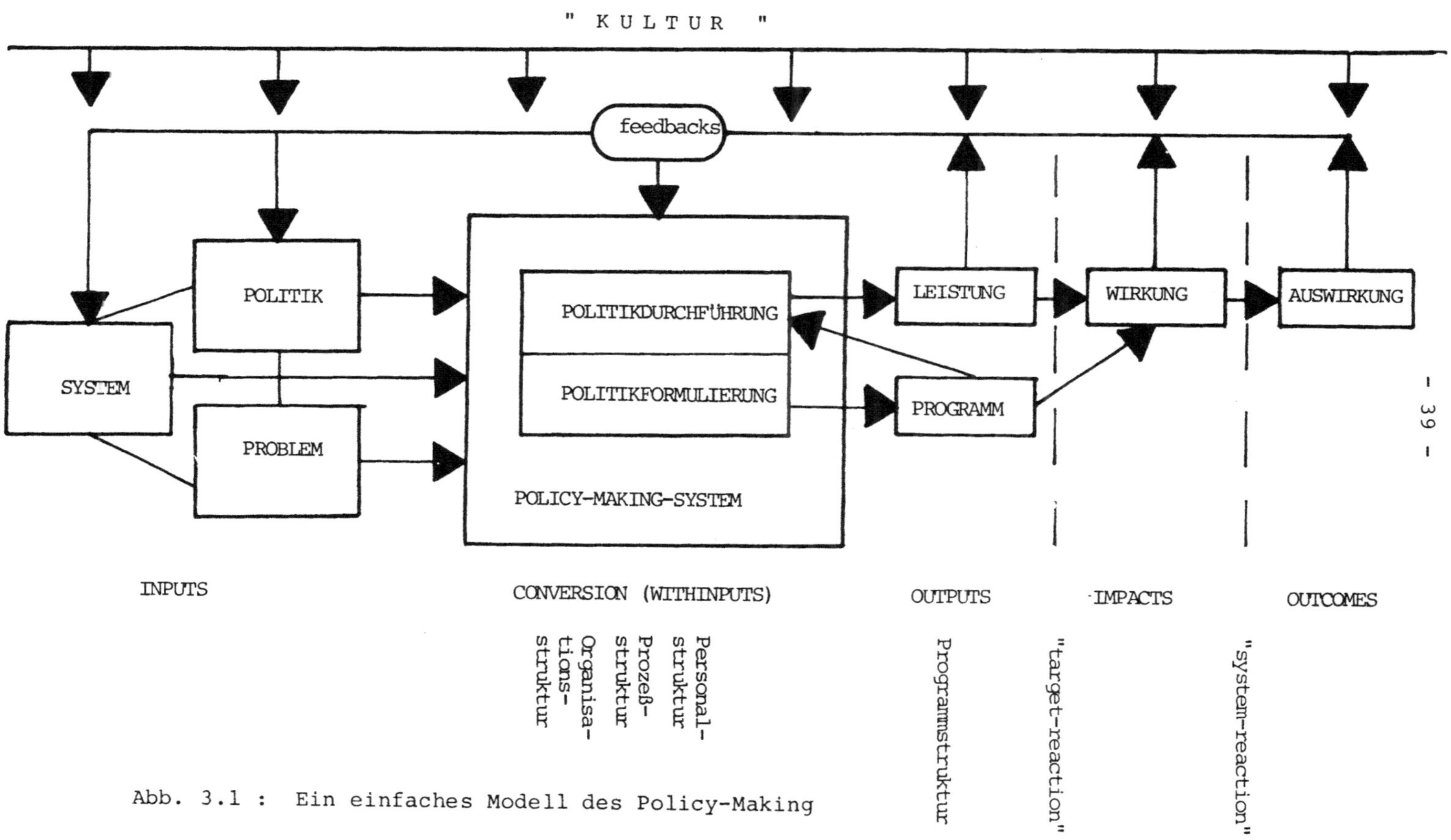

Abb. 3.1 : Ein einfaches Modell des Policy-Making

Wenn hier also trotzdem ein Diagramm "of boxes and arrows surrounded by numerous floating bodies" präsentiert wird, dann nicht, um die Komplexität und Vielfalt des Untersuchungsgegenstandes von vornherein zu begrenzen und damit die Wirklichkeitsnähe des Modells infrage zu stellen, sondern um deutlich zu machen, welche Variablen bisher in verschiedenen Modellen als relevant herausgestellt wurden und welche in der Policy-Forschung verhältnismäßig unumstritten sind, sowie um zu verdeutlichen, welche Elemente im Rahmen dieser Untersuchung eine Rolle spielen, welche berücksichtigt werden können und sollen, welche als unabhängige, abhängige und intervenierende Variablen angesehen werden und welche Schlußfolgerungen aufgrund dieser Konzeptionalisierung für die weitere Vorgehensweise gezogen werden.

3.2.1. Das "Policy-Making-System"

Grundlage der Kategorisierung muß zunächst eine Abgrenzung des sog. "Policy-Making-Systems" (PMS) von einer Umwelt sein. Eine solche Abgrenzung ist im Rahmen systemtheoretischer Überlegungen von zentraler Bedeutung, aber auch besonders schwierig, da Systeme ja gerade nicht durch Institutionen und Personen, sondern durch (formelle und informelle) Strukturen und Rollen sowie durch die in diesen wahrgenommenen Funktionen bestimmt sind. Ausgangspunkt ist dabei ein funktionales Verständnis von Politik, daß diese als "Policy-Making" versteht, d.h. als Prozeß, in dem lösungsbedürftige Probleme artikuliert, politische Ziele formuliert, alternative Handlungsmöglichkeiten entwickelt und schließlich als verbindliche Festlegung gewählt werden. Als deutsche Übersetzung dieses "Policy-Making-Prozess" ist der Begriff "Politik-Erzeugungsprozeß" vorgeschlagen worden [14]. Zu fragen ist also, in welchem Teilsystem der Gesellschaft (als Gesamtsystem) dieser Policy-Making-Prozess abläuft.

Zur Verdeutlichung der speziellen Fragestellung soll kurz das Konzept des "Politisch-Administrativen-Systems" (PAS) definiert werden, um am Beispiel dieses vielleicht bekannteren und gebräuchlicheren Terminus die Unterschiede zum hier verwendeten Konzept des PMS herauszuarbeiten.

Ausgehend vom allgemeinen systemtheoretischen Ansatz kann man das PAS als funktionelles Teilsystem des Gesamtsystems Gesellschaft definieren, für das es Steuerungsleistungen erbringt (z.B. gegenüber dem ökonomischen und dem sozio-kulturellen Subsystem). Das PAS ist ein zentrales Konzept der Politikwissenschaft, da sich gezeigt hat, daß die Begriffe Staat, Regierung, Exekutive usw. jeweils durch spezifische, legale, institutionelle und theoretische Bedeutungen vorgeprägt sind und daher die umfassende Analyse politischer Vorgänge eher behindern als fördern. Die Aufmerksamkeit wird mit diesem Konzept auf die Gesamtheit der politischen Aktivitäten in einer Gesellschaft gerichtet, d.h. insbesondere informelle Strukturen und Prozesse, Einstellungen und die Beziehungen zwischen der politischen Sphäre und ihrer Umwelt werden einbezogen. Elemente des PAS sind u.a. politische Führung und Verwaltung (=Exekutive), Parlamente, Vertretungskörperschaften und ausgelagerte staatliche Institutionen (= Government), aber auch Gerichte, Parteien, Interessengruppen. Die Abgrenzung erfolgt nicht institutionell, sondern nach den jeweils im Gesamtzusammenhang wahrgenommenen Funktionen (Beitrag zur Erhaltung des Gesamtsystems) [15].

Das engere Konzept des Policy-Making-Systems wird hier verwendet, um deutlicher zu machen, daß zentrale Elemente des "traditionellen" politischen Systems wie Parteien, Interessengruppen, Wahlen usw. hier zur Systemumwelt (genauer zu den "Inputs") gerechnet werden sollen, um eine präzisere Trennung zwischen "Input-" und "Conversion-" (Umwandlungs-)strukturen zu ermöglichen. Unter Policy-Making-System werden daher hier diejenigen Strukturen und Rollen, d.h. u.a. öffentlichen Institutionen und Akteure subsumiert, die mit der Entwicklung oder Durchführung staatlicher Politiken beschäftigt sind [16]. Im Einzelfall ist es nicht immer ganz einfach, eine Institution (z.B. das Parlament oder einen Parlamentsausschuß) oder sogar eine einzelne Person in verschiedenen Rollen (z.B. als Verbandsvertreter und als Abgeordneter) eindeutig dem politisch-administrativen System bzw. dem engeren Konzept des Policy-Making-Systems zuzuordnen. Die Unterscheidung soll hier in erster Linie dazu dienen zu verdeutlichen, daß klassische Elemente des PAS auch als das PMS beeinflussende Variablen [17] aufgefaßt werden können.

Nach der Terminologie von Almond/Powell [18] gehören die Strukturen und Institutionen, in denen die von ihnen so benannten Funktionen "interest articulation" und "interest aggregation" ablaufen, in dem hier gewählten Modell zu den Input-Charakteristika. Aufgaben oder Funktionen des PMS sind allein "policy formulation" (auch "policy formation") und "policy implementation". Gerade diese beiden Aspekte, im deutschen mit "Politikformulierung" und "Politikdurchführung" (auch "Politikdurchsetzung") wiedergegeben, spielen im Rahmen der Analyse des Policy-Making in den letzten Jahren eine entscheidende Rolle.

Unter Politikfomulierung versteht man dabei diejenige Phase des Politikerzeugungsprozesses, in der aus artikulierten Problemen, Vorschlägen oder Forderungen, d.h. aus Inputs der einen oder anderen Art schließlich mit dem Anspruch der Verbindlichkeit ausgestattete staatliche Handlungsprogramme oder rechtliche Regelungen für den nicht-staatlichen Bereich werden. Die Ergebnisse, der Output der Politikformulierung, können ganz allgemein als "Programme" bezeichnet werden. Im englischen Sprachgebrauch werden diese Ergebnisse auch als "Policy" bezeichnet. Nach den hier verwendeten Definitionen ist diese Bezeichnung nicht ganz korrekt und trägt etwas zur Verwirrung bei. Es sollte daher immer unterschieden werden zwischen dem gesamten Output des Policy-Making-Systems, d.h. Policies i.w.S. und dem Output des Politikformulierungsprozesses, d.h. den Programmen (oder Policies i.e.S.). Als relevante Akteure dieses Prozesses sind neben Politikern und Interessenvertretern insbesondere die Verwaltung selbst als "politische Verwaltung" zu nennen.

Die Politikdurchführung (Implementation) ist demgegenüber die logisch und hierarchisch der Politikformulierung nachgeordnete Phase des Politikerzeugungsprozesses, in der beschlossene Programme (oder "Policies") durchgeführt werden. Die Bedeutung der Politikdurchsetzung (oder Politikdurchführung - die Begriffe werden hier synonym verwendet) besteht darin, daß politisches Handeln offensichtlich durch Zielvorgaben, Handlungsprogramme, Gesetze usw. nicht endgültig steuerbar ist und daher in dieser

Phase politische Programme und deren Intentionen verzögert, verändert oder sogar vereitelt werden können, z.B. weil in der Phase der Politikformulierung unterlegene Interessen sich hier durchsetzen können [19]. Analytisch ist es sinnvoll zu unterscheiden zwischen:

- Programmkonkretisierung (z.B. Erlaß von Ausführungsverordnungen, Aufstellung von Plänen aber auch richterliche Gesetzesinterpretation),
- Bereitstellung von Ressourcen (z.B. Finanzen, Personal, Organisation) und der
- eigentlichen Ausführung (rechtswirksame Einzelfallentscheidung, unmittelbare Leistungserbringung usw.).

Es ist müßig darüber zu diskutieren, wo prinzipiell Politikformulierung aufhört und Politikdurchsetzung anfängt, da ja generell die Verbindung zwischen beiden Phasen vielfältig und interdependent ist. Diese Frage ist nur im Einzelfall per Definition zu entscheiden. Relevante Akteure bei der Politikdurchsetzung sind neben den vollziehenden Behörden insbesondere die Adressaten der jeweiligen Politik.

Der Prozeß des "Policy-Making" oder der Politikerzeugung kann daher in zwei analytisch getrennte, ansonsten aber vielfältig verbundene und verflochtene Prozesse, nämlich den der Politikfomulierung und den der Politikdurchführung unterschieden werden. Diese beiden Prozesse sind wiederum verbunden mit bestimmten konstanten Stukturen, d.h. in diesem Fall i.d.R. Institutionen und Ämtern, in denen diese Prozesse ablaufen. Besonders verbreitet, wohl auch wegen der mit der verhältnismäßig großen Abstraktheit verbundenen generellen Anwendbarkeit, ist die Unterscheidung nach folgenden Strukturen:

- Personalstruktur, d.h. die allgemeinen Charakteristika der öffentlichen Bediensteten, die Bedingungen der Anstellung, Erfahrungen, Ausbildungen, etc. des Personals,
- Organisationsstruktur, d.h. der formale Aufbau der Kommunikationsbeziehungen, die Zuständigkeitsverteilung, Hierarchien, Dezentralisierung usw.,

- Prozeßstruktur, d.h. festgelegte Abläufe des administrativen Handelns, die Verfahrensregeln, Prozeduren, Entscheidungstechniken usw. 20)

Aus dem bisher Gesagten ergibt sich, daß Verwaltungskultur i.w.S. damit definierbar ist, als national spezifische

- Personalstruktur,
- Prozeßstruktur oder
- Organisationsstruktur,

und zwar jeweils der Prozesse der Politikformulierung oder der Politikdurchführung. Dies ist selbstverständlich zunächst eine recht abstrakte Definition, allerdings erlaubt sie die Unterscheidung unterschiedlicher Ansatzpunkte der Erforschung von Verwaltungskultur und gibt vor allem die Möglichkeit, die Ausprägungen unterschiedlicher Verwaltungskulturen für die hier definierten Merkmalsdimensionen zu ermitteln.

3.2.2. Inputs

Auf der Input-Seite des Politikerzeugungsprozesses können ganz grob drei miteinander verflochtene und nicht ganz präzise voneinander zu trennende Konzepte unterschieden werden: Charakteristika des Systems, der Probleme und der "Politik".

Systemcharakteristika als ein Element der Inputs umschreiben in erster Linie allgemeine Merkmale des jeweiligen gesamtgesellschaftlichen Systems, von denen angenommen wird, daß sie die Aktivitäten des PMS und insbesondere dessen Outputs entscheidend beeinflussen. Zu denken ist z.B. an die ökonomische Situation, Industrialisierungsgrad, Bildungsgrad, Klassenstruktur der Bevölkerung, Einkommensverteilung oder auch kulturelle Orientierungen. Insbesondere wurde in verschiedenen Studien versucht nachzuweisen, daß quantifizierbare Aggregatdaten für die Ausprägung des jeweiligen Outputs von größerer Erklärungskraft sind als z.B. Merkmale des PMS oder der "Politik".

Der Begriff Problemcharakteristika nimmt demgegenüber die Vielzahl der dem Policy-Making-System vorgegebenen Probleme, auf die dieses reagiert (oder auch nicht), als zentrales Element des Inputs auf. Bisher gibt es noch keine zufriedenstellende Typologie dieser Probleme, obwohl vermutet werden kann, daß die Ausprägung der jeweiligen Policy nicht zuletzt von der Ausprägung der jeweiligen Problemsituation abhängt [21]. In der angelsächsischen Literatur werden die Problemsituationen auch als "policy issues" bezeichnet.

Die dritte Kategorie der Politikcharakteristika meint schließlich die eher traditionellen Elemente der Politik, die i.d.R. - bei institutioneller Abgrenzung - als Teile des politischen Systems bzw. des PAS angesehen werden. Ausgehend von der anfänglichen Differenzierung des deutschen Politikbegriffs sind hierunter "politics" und "policy" zu verstehen, die vermutlich zur Ausformung der Policies einen nicht unbedeutenden Teil beitragen. Ohne hier die verschiedenen Versuche der Systematisierung dieser Politikcharakteristika nachvollziehen zu können, sollen ganz grob zur Veranschaulichung nur folgende Elemente unterschieden werden:

- Institutionen (Parteien, Verbände, Wähler, Massenmedien, Interessentenorganisationen, Parlamente, Eliten, usw.)
- Meinungen, Einstellungen, Normen (u.a. Politische Kultur) oder auch
- Instrumente (politische Willensbildung unterschieden in permanent/ad hoc oder organisiert/nicht organisiert, z.B. Demonstrationen, Petitionen, ziviler Ungehorsam, insbesondere auch die Probleme der Machtausübung).

Es wird deutlich, daß diese Politikcharakteristika auf der einen Seite nicht unabhängig von den schon erwähnten Problem- und Systemcharakteristika sind (Pateienfragmentierung kann als Systemressource aufgefaßt werden; Probleme werden dem Policy-Making-System i.d.R. über Elemente der "Politikcharakteristika" vermittelt) und auf der anderen Seite auch hier eine Unterscheidung in Strukturelemente und Prozeßelemente möglich wäre. Die Flußgrößen, d.h. die "eigentlichen" Inputs wären dann die Easton'schen Kategorien "demands" und "supports" (d.h. die Input-Funktionen).

Deutlich wird aber auch, daß die hier aufgeführten "Input-Charakteristika" auch jeweils eine orientierungsmäßige, "kulturelle" Seite haben oder zumindest haben können. Ein Aspekt der Politikcharakteristika und damit ein wichtiger Input-Faktor ist ohne jeden Zweifel die politische Kultur des jeweiligen Landes, ein Aspekt der Systemcharakteristika ist die Verankerung des Systems in den Meinungen, Einstellungen und Gefühlen der Systemmitglieder, ein Aspekt der Problemcharakteristika schließlich ist die Frage, ob und wann ein Problem von den Systemmitgliedern als ein Problem aufgefaßt wird.

Die aufgeführten Inputs, d.h. System-, Problem- und Politikcharakteristika können daher nach der in Kapitel 2 eingeführten Unterscheidung auch in "Struktur" und "Kultur" unterschieden werden. Systemstrukturen, Problemstrukturen und Politikstrukturen sind sicherlich wichtige Inputs des Policy-Making-Systems, aber sie bilden diese Inputs nicht allein ab. Analytisch davon zu trennen, in Wirlichkeit natürlich eng damit verbunden, sind die mit diesen Strukturen bei den Systemmitgliedern, d.h. der Bevölkerung verbundenen Orientierungen, Einstellungen, Werte usw.

Hieraus ergibt sich auch, daß damit Kultur i.e.S., in der oben definierten Bedeutung, einen wichtigen Aspekt der Inputs des PMS ausmacht. Verwaltungskultur i.e.S. als gegenüber der öffentlichen Verwaltung zu konstatierende Orientierungsmuster, kann in diesem Zusammenhang als Element der politischen Kultur und damit der Politikcharakteristika aufgefaßt werden.

3.2.3. Outputs

Bleibt als letztes noch zu verdeutlichen, was beim Policy-Making-System schließlich "heraus kommt", die endgültigen Outputs. Gerade dieser Apekt ist ja bei der hier fomulierten Fragestellung nach den Policies von entscheidender Bedeutung. Aufgrund der Systematisierung des PMS ist deutlich, daß zunächst zu unterscheiden ist zwischen:

- Output der Politikfomulierung, der zur Vereinfachung und um Verwirrung vorzubeugen allgemein als Programm bezeichnet werden soll (ganz abgesehen davon, ob er in Programmform vorliegt, d.h. darunter sind Gesetze, Absichtserklärungen, Zielbestimmungen usw. zu verstehen; und

- Output der Politikdurchsetzung, der in Ermangelung geeigneter Termini am besten als Implementationsoutput bezeichnet wird (dazu gehört Programmkonkretisierung, Bereitstellung von Ressourcen, Verteilung von Mitteln, Anwendung von Normen, Bewilligungen, Ablehnungen, Einzelfallentscheidungen usw.). Als deutscher Begriff soll hier vorläufig staatliche Leistung vorgeschlagen werden.

Beide Outputs zusammen, d.h. sowohl Programme wie Implementationsoutput, sollen hier in Übereinstimmung mit der oben gegebenen sehr breiten Definition als Policies bezeichnet werden. Es soll allerdings noch einmal darauf hingewiesen werden, daß diese Bezeichnung vielleicht etwas ungewöhnlich ist, da unter Policies bei vielen Autoren nur der Output der Politikformulierung gefaßt wird (Policies i.e.S.).

Um die gesamten Ergebnisse und Resultate des Policy-Making-Systems in den Griff zu bekommen, ist es allerdings notwendig, weitere Ebenen von Wirkungen und Auswirkungen politischer Programme und deren Durchführung zu identifizieren. Als sinnvoll hat sich dabei die Unterscheidung zwischen Output, Impact und Outcome erwiesen [22]. Ganz grob kann unterschieden werden zwischen:

- Output, das sind Aktivitäten des Policy-Making-Systems, die unmittelbar auf Akteure dieses Systems zurückzuführen sind (nach dieser Begrifflichkeit Programme und Implementationsoutput), d.h. Leistungen;

- Impact, das sind Wirkungen (besser: Veränderungen), die bei den Adressaten der jeweiligen Politik zu beobachten sind, d.h. zwischen Output und Impact ist jeweils die Reaktion der Zielgruppe ("target reaction") einzubeziehen; und schließlich

- Outcome, das sind die (umfassenden) Auswirkungen [23] der staatlichen Aktivitäten auf sämtliche Betroffenen der jeweiligen Politik, aber auch auf den Zustand des gesamten Systems oder Subsystems, d.h. beabsichtigte und vor allem unbeabsichtigte Auswirkungen. Zwischen Output und Outcome müssen daher die kausalen Mechanismen einer "system reaction" in die Untersuchung einbezogen werden.

Wichtig ist, daß auch Output, Impact und Outcome keine "self defining concepts" sind, sondern daß sie für jeden Bereich und für jede Fragestellung konkret definiert werden müssen. Trotzdem erscheint es sinnvoll, auf dieser Unterscheidung zu bestehen, weil sie verdeutlicht, daß Ergebnisse der Politikformulierung und -durchführung auf verschiedenen Ebenen in der Gesamtgesellschaft auftreten und analysiert werden müssen. Aus der Erörterung der Output-Dimension geht auch hervor, daß als relevante Elemente nicht nur staatliche, sondern in hohem Maße auch nicht-staatliche Akteure zu beachten sind (etwa Unternehmen, Verbände, Adressaten usw.). Die "target reaction" [24] ist nicht nur für das Zustandekommen des Impact ausschlaggebend, sondern ist zum Teil schon integraler Bestandteil des Implementationsprozesses. Die Kategorie der "Prozesse" weist damit über den Rahmen des Policy-Making-Systems als rein staatliche Institution (d.h. eine institutionelle Abgrenzung) hinaus, denn auch der Politikformulierungsprozeß ist selbstverständlich nicht auf die staatlichen Akteure beschränkt [25].

Die hier behandelten "Inputs" (System-, Problem- und Politikcharakteristika) sowie Outputs, Impacts und Outcomes werden in der angelsächsischen Literatur oft auch zum "policy-environment" (Politikumwelt) gerechnet. Um das systemtheoretische Modell vollständig zu machen, fehlen dann nur noch die feedbacks, die target und/oder system reaction zurückmelden, bzw. aufgrund externer Einflüße auf jede Phase oder jedes Element des Politikerzeugungsprozesses einwirken können.

3.2.4. Zusammenfassung: Elemente der Untersuchung

In Abb.3.1 werden noch einmal die bisher erläuterten Elemente des Policy-Making zusammengefaßt. Dieses einfache Modell und die daran entwickelten Begrifflichkeiten, daran soll noch einmal erinnert werden, sollte keine abstrakte Spielerei oder Begriffsjongliererei sein, sondern soll dazu dienen, die weitere empirische Arbeit anzuleiten, indem wichtige Elemente der Untersuchung und ihre mögliche gegenseitige Abhängigkeit skizziert werden.

Auf der Seite der Inputs des Policy-Making-Systems werden System-, Problem- und Politikcharakteristika unterschieden. Von jedem dieser Faktorenbündel ist anzunehmen, daß es Einfluß auf Formulierung, Durchführung, Inhalte und Wirkungen von Politikinhalten haben wird. Innerhalb des Policy-Making-Systems werden die Prozesse der Politikformulierung und Politikdurchführung unterschieden, deren Outputs wiederum differenziert werden in Programme als Output der Politikformulierung und Leistung sowie daran anschließend Wirkung und Auswirkung als Output der Politikdurchführung. Innerhalb des Policy-Making-Systems können darüber hinaus die Strukturen des Personals, der Organisation und der Verfahren unterschieden werden.

Neben diese Unterscheidung von Personalstruktur, Prozeßstruktur und Organisationsstruktur als sinnvolle Analyseebenen von Verwaltung, tritt in der Literatur i.d.R. als vierte Ebene die Programmstruktur. In der Programmstruktur werden die Aufgaben der öffentlichen Verwaltung (oder hier des Policy-Making-Systems) sowie die Art und Weise ihrer Erfüllung festgelegt [26]. Aus Abb.3.1 wird deutlich, daß Programmstruktur als Synonym für den Output des Policy-Making-Systems angesehen werden kann, zumindest für den der Politikformulierung, der ja auch hier als Programm bezeichnet wird.

Im Prinzip könnte der gesamte Output des PMS mit dem Begriff Policy-Struktur bezeichnet werden, denn Output des PMS oder auch eingeschränkt der öffentlichen Verwaltung(en) sind eben nicht nur Programme, sondern in noch viel größerem Maße Entscheidungen und Leistungen, die im Rahmen der Durchführung der Programme erbracht werden. Als Teil des politisch-administrativen Systems ist die öffentliche Verwaltung eben nicht allein durch die Programmstruktur (neben den übrigen erwähnten Strukturen) gekennzeichnet, die sie gegenüber ihrer Umwelt invariant hält, sondern die übrigen Policies, verstanden als Implementations-Output gehören dazu. Aus Gründen der Übersichtlichkeit und da diese Bezeichnungen für den weiteren Verlauf der Untersuchung unerheblich sind, soll auf diese weiteren Differenzierungen aber hier verzichtet werden.

Abb.3.1 verdeutlicht aber nicht nur, welche Faktoren und Elemente im Rahmen einer Analyse des Policy-Making wahrscheinlich relevant sind, sie ermöglicht auch eine grobe Verortung der im vorigen Kapitel herausgearbeiteten verschiedenen Konzepte der Verwaltungskultur.

Verwaltungskultur i.w.S. als besondere Muster gesellschaftlicher Institutionen und institutionellen Verhaltens, d.h. im Sinne der Definition von Blankenburg, kann demnach in spezifische Muster der Personal-, Prozeß- und Organisations- sowie Programmstruktur unterschieden werden. Die oben gegebene sehr vorläufige Definition von "Verwaltungskultur" als konstante nationale Muster der Problembearbeitung bzw. relativ dauerhafte Strukturen und Prozesse politisch-administrativen Handelns ist genau hier einzuordnen. Insbesondere wird deutlich, daß Verwaltungskultur i.w.S. nicht nur inneradministrative Strukturen umfaßt, sondern eben auch Programmstrukturen (oder wenn man so will auch Policy-Strukturen).

Wenn man Verwaltungskultur im Sinne der oben definierten Alternativen enger auffaßt, d.h. als orientierungsmäßige Grundlage des Verwaltungshandelns, ist sie allerdings im Rahmen des Modells ganz anders zu verorten. Abhängig von der jeweils verwendeten Unterscheidung zwischen Kultur und Struktur, nach der Kultur entweder als Element oder als Voraussetzung der verschiedenen Strukturen aufgefaßt werden kann, ist Verwaltungskultur I (Orientierungsmuster gegenüber und relevant für öffentliche Verwaltung) Element der politischen Kultur und damit Element bzw. Pendant der Politikcharakteristika. Verwaltungskultur II als die innerhalb einer oder der öffentlichen Verwaltung vorfindbaren Orientierungsmuster ist dann Teilmenge bzw. Pendant der in den jeweiligen Verwaltungen unterschiedenen Strukturen, d.h. der Personal-, Organisations- und Prozeßstruktur [27].

Wenn man die oben dargelegte strenge Trennung zwischen Struktur und Kultur anwendet, gehören Verwaltungskultur I und II zu den Voraussetzungen der jeweiligen Strukturen und sind damit im Prinzip eine besondere Kategorie der Inputs. Diese Auffassung ist in Abb. 3.1 durch eine besondere Darstellung der verschiedenen kulturellen Faktoren angedeutet. Die Darstellung verdeutlicht darüber hinaus, daß kulturelle, d.h. orientierungsmäßige Faktoren einen nicht zu unterschätzenden Einfluß auf den gesamten Prozeß des Policy-Making ausüben. So dürften sie z.B. auch für die Akzeptanz von Entscheidungen und die Wirkung bestimmter staatlicher Aktivitäten ("target" und "system reaction") von einiger Bedeutung sein.

Die Abbildung bzw. das darin wiedergegebene Modell des Policy-Making sollte aber auch verdeutlichen, daß eine empirische Untersuchung von Verwaltungskultur sich beschränken muß und daß zunächst zu klären ist, welche Aspekte der Verwaltungskultur untersucht und welche Elemente in die Untersuchung einbezogen werden sollen. Die extensive begriffliche Abklärung sollte zeigen, daß abhängig davon, welches Konzept der Verwaltungskultur zugrunde gelegt wird, unterschiedliche Elemente des Policy-Making-Systems als Untersuchungsobjekte infrage kommen und unterschiedliche Fragen gestellt werden müssen.

Aus dem Modell wird auch deutlich, daß eine scharfe Abgrenzung des Untersuchungsbereichs vorgenommen werden muß, um Verwaltungskultur überhaupt empirisch analysieren zu können. Es wurde gezeigt, daß Verwaltungskultur, insbesondere in den unterschiedlichen denkbaren und vorgeschlagenen Ausprägungen des Konzepts als Element oder Pendant fast aller im Modell des Policy-Making definierten Konzepte aufgefaßt werden kann. Ein solches umfassendes und undifferenziertes Konzept kann nicht Grundlage einer Untersuchung sein. Man kann empirisch nicht gleichzeitig sämtliche Elemente eines Modells untersuchen. Es ist notwendig, bestimmte Elemente als unabhängige, andere als abhängige und u.U. bestimmte als intervenierende Variable zu definieren, um so mögliche gegenseitige Abhängigkeiten erst analysierbar zu machen.

Ausgehend vom oben ausführlich erläuterten Erkenntnisinteresse dieser Untersuchung soll hier der Output des Policy-Making-

Systems im Zentrum des Interesses als abhängige Variable stehen, und zwar soll sich die Untersuchung auf den Output der Politikformulierung, die Programme beschränken.

Die Beschränkung auf diesen Bereich bzw. die Ergebnisse der Politikformulierung scheint aus mehreren Gründen sinnvoll zu sein. Zum einen muß jede staatliche Politik, bevor sie implementiert wird, zunächst einmal formuliert werden. Auch wenn die Bedeutung der Implementation für staatliche Politiken nicht unterschätzt werden darf [28)], so ist doch die Politikformulierung notwendige Voraussetzung aller staatlicher Handlungen, auch wenn diese oft unzureichend, rudimentär und weitgehend durch "Implementationsakteure" dominiert sein mag. Damit im Zusammenhang steht die Tatsache, daß gerade Aspekte der Polititkformulierung (Gesetz- und Verordnungsflut, Regelungswut staatlicher Organe, Bürokratisierung) in letzter Zeit zunehmend im Zentrum öffentlicher Kritik stehen. Eine vergleichende Studie administrativen Handelns, die die Politikformulierung aussparen und als Ausgangspunkt die Politikimplementierung nehmen würde, stünde damit in Gefahr, "das Pferd am Schwanz aufzuzäumen" und damit wichtige Aspekte der Verwaltungskultur außer acht zu lassen.

In diesem Zusammenhang ist daran zu erinnern, daß bisher Verwaltungskultur als besonders relevant für die Prozesse der Politikdurchführung angesehen wird [29)]. Eine solche Fragestellung setzt aber eigentlich voraus, daß das, was implementiert wird, zunächst einmal gleich oder zumindest vergleichbar ist. Falls aber schon der Output der Politikformulierung, die Programme (Gesetze, Verordnungen, Ziele usw.) von Land zu Land sehr unterschiedlich sind, ist es problematisch, die unterschiedliche Implementation dieser unterschiedlichen Programme zu untersuchen. Unterschiedliche Implementationsstrukturen können in den Programmen angelegt sein und insbesondere ein abweichender Implementations-Output sowie nicht vergleichbare Wirkungen und Auswirkungen können u.U. eher durch Merkmale der unterschiedlichen Programme als durch Merkmale der Implementation erklärt werden.

Eine Analyse der nationalen Besonderheiten von Programmen als ein Element einer spezifischen nationalen Verwaltungskultur ist also prinzipiell eine wichtige Voraussetzung weitergehender Analysen der Durchführungsprozesse. Erst wenn deutlich ist, inwieweit Programme in den untersuchten Ländern systematische Unterschiede aufweisen, kann eine Untersuchung der Durchführungsprozesse und Strukturen sowie ihre Bedeutung sinnvoll durchgeführt werden.

Ein Nebeneffekt der Konzentration auf Programme als zentrales Untersuchungsobjekt besteht darin, daß zur Klärung des Konzepts der "Programme" und ihrer Bedeutung beigetragen werden kann. Policy-Forschung der letzten Jahre hat sich in erster Linie mit Fragen der Implementation und Evaluation bestehender Politiken beschäftigt, dabei aber oft die Probleme der zugrunde liegenden Programme vernachlässigt. Mängel der Durchführung oder der Wirkung von Policies wurden in erster Linie durch Mängel der Implementationsstrukturen und Probleme des Wirkungsfeldes erklärt, während die zugrunde liegenden Mängel der Programmstruktur oft nicht hinreichend angesprochen wurden [3o)]. Gerade auf dem Gebiet der Programme scheint daher ein sowohl konzeptioneller wie empirischer Nachholbedarf zu bestehen, zu dessen Behebung diese Untersuchung ein wenig beitragen möchte. Programme, bzw. in anderer Terminologie Programmstrukturen als Elemente der Verwaltungskultur i.w.S. werden daher im Rahmen der vorliegenden Untersuchung als abhängige Variablen definiert und stehen im Entrum des Interesses.

Als die wichtigsten unabhängigen Variablen werden im Sinne der Culture-Bound-These kulturelle Faktoren angenommen, d.h. als Hypothese wird vermutet, daß Programmstrukturen entscheidend durch kulturelle Faktoren, in erster Linie durch die hier so bezeichnete Verwaltungskultur I und II beeinflußt sind. Die möglicherweise von Land zu Land sich zeigenden systematischen Unterschiede auf der Ebene der Programme werden als Ausdruck und Ausprägung unterschiedlicher Verwaltungskulturen i.w.S. interpretiert (abhängige Variable) und die Gründe dieser Unterschiede werden in Differenzen der Verwaltungskulturen i.e.S. vermutet (unabhängige Variablen).

Die verschiedenen Input-Charakteristika sollen dabei nicht als unabhängige Variablen, sondern als intervenierende Variablen betrachtet werden. Im Rahmen der Untersuchung kommt es daher darauf an, das Untersuchungsdesign so zu wählen, daß sie die abhängigen Variablen möglichst wenig beeinflussen bzw. im Verlauf der Untersuchung möglichst vernachlässigt werden können. Im nächsten Abschnitt wird zu zeigen sein, wie diese Ziel zumindest näherungsweise erreicht werden soll. Ähnlich sollen die Strukturen und Prozesse der Politikdurchführung sowie die resultierenden Outputs, Impacts und Outcomes so weit möglich aus der empirischen Untersuchung ausgeklammert werden und auch nur höchstens als intervenierende Variablen des Prozesses der Politikformulierung inbetracht kommen.

Der Prozeß der Politikformulierung bzw. die darin unterschiedenen Strukturen können als abhängige Variable gegenüber den Input-Strukturen betrachtet werden. Ihre vermutlich unterschiedliche Ausprägung ist auch Ausdruck unterschiedlicher Verwaltungskulturen. Diese werden aber in der vorliegenden Untersuchung nicht getrennt erhoben. Auf offenkundige Unterschiede wird zwar i.d.R. hingewiesen, aber hier interessiert in erster Linie, ob unterschiedliche Programmstrukturen feststellbar sind. Erst wenn diese nachgewiesen werden können, hat ja die Untersuchung der unterschiedlichen Strukturen der Politikformulierung einen Sinn oder zumindest praktische Relevanz.

Die verschiedenen Strukturen des Politikformulierungsprozesses sollen daher auch als intervenierende Variablen aufgefaßt werden. Methodologisch sind sie eine Erweiterung der Antezedensbedingungen, der Wenn-Komponente oder der unabhängigen Variablen. Hier wird unterstellt, daß die entscheidenden Unterschiede der Strukturen der Politikformulierung auf kulturelle Unterschiede zurückgeführt werden können und als Ausprägungen unterschiedlicher Verwaltungskulturen interpretiert werden können. Wenn diese

Hypothese nicht stimmt, die Strukturen sich also überhaupt nicht, aus anderen Gründen oder nicht systematisch unterscheiden, müßten sie als eigenständige unabhängige Variablen behandelt werden. Dann wären aber auch keine national-spezifischen Ausprägungen der Programmstruktur feststellbar [31].

Die aufgestellten methodologischen Überlegungen über die Beziehungen der verschiedenen Elemente der Untersuchung, aufgegliedert in abhängige, unabhängige und intervenierende Variable sollten allerdings nicht darüber hinwegtäuschen, daß es sich hier ja nicht um eine quantitative Untersuchung handelt und die Ergebnisse daher höchstens auf der Ebene der Plausibilität angesiedelt sind. Die Überlegungen verdeutlichen nur, welche Hypothesen der Untersuchung zugrunde liegen und welcher Art eventuelle Ergebnisse sein könnten. Methodische Exaktheit kann aufgrund der gewählten Untersuchungsmethode [32] nicht erreicht werden.

Zentraler Ansatzpunkt der Untersuchung sind die Programmstrukturen. Es soll gezeigt werden, ob und in welcher Hinsicht sich Programme in verschiedenen Ländern prinzipiell unterscheiden. Erst in zweiter Linie sollen diese Unterschiede durch die Einbeziehung unabhängiger Variablen erklärt werden.

Es mag verwunderlich sein, daß eine empirische Untersuchung an den abhängigen Variablen ansetzt, und die unabhängigen Variablen zunächst als gegeben voraussetzt. In diesem Fall sprechen aber einige Argumente für diese Vorgehensweise. Zunächst ist es wichtig, empirisch überhaupt nachzuweisen, daß es Unterschiede in den Programmstrukturen, d.h. der Verwaltungskultur III zwischen unterschiedlichen Ländern gibt, denn nur dann ist es sinnvoll, weiter nach Unterschieden in Verwaltungskultur I und II zu suchen. Falls es keine Unterschiede im Problemlösungsverhalten unterschiedlicher Staaten gibt, sind zwar immer noch deutliche Unterschiede in den Orientierungen in oder gegenüber der öffentlichen Verwaltung denkbar, sie sind aber für eine praxisrelevante, an politischem Handeln orientierte Forschung nicht mehr so interessant. Erst wenn nachgewiesen werden kann, welche

Strukturen und Prozesse politisch-administrativen Handelns sich im Vergleich verschiedener Staaten deutlich unterscheiden, kann nach den Gründen dieser Unterschiede, d.h. nach Verwaltungskultur i.e.S. geforscht werden. Dabei darf auch nicht übersehen werden, daß u.U. andere Gründe, d.h. ganz andere unabhängige Variablen für Varianzen des Verwaltungshandelns verantwortlich sind, als gerade Verwaltungskultur i.e.S.

3.3. Vorteile und Probleme vergleichender Fallstudien

3.3.1. Vorgehensweise: Vergleichende Fallstudien

Nachdem bisher der Ansatzpunkt "Policy" vorgestellt und begründet wurde und die in diesem Zusammenhang relevanten Konzepte erläutert wurden, soll es im folgenden darum gehen, die konkrete Ausgestaltung der im Teil II dieser Studie referierten empirischen Untersuchungen zu diskutieren und zu begründen. Während es in den beiden vorhergehenden Kapiteln eher um die Fragestellung und die theoretischen und konzeptionellen Grundlagen der Untersuchung ging, sollen abschließend die methodologischen Erwägungen offen gelegt werden.

Die in Teil II referierte empirische Untersuchung der Ausgestaltung unterschiedlicher Policies in verschiedenen Ländern, in der die bisher entwickelten Fragestellungen und Konzepte einem empirischen Test unterworfen werden, ist als vergleichende Fallstudie unter Einbeziehung von sechs Fällen durchgeführt worden. Sie umfaßt als Untersuchungsfelder die Länder

- Bundesrepublik Deutschland,
- Großbritannien und
- Schweden

und als spezielle Untersuchungsobjekte die Bereiche

- Drogenmißbrauch und
- Jugendarbeitslosigkeit.

Zunächst sollen, ausgehend von einer Diskussion

bisheriger Erfahrungen und Einschätzungen vergleichender Studien, die Vorteile und Probleme dieser Vorgehensweise erläutert, sowie die Auswahl der Länder und Problembereiche ausgehend von methodologischen Erwägungen begründet werden.

Die Durchführung der Untersuchung als Vergleich, d.h. als Beitrag zu der sich entwickelnden Disziplin Comparative Public Policy , erscheint besonders erfolgversprechend, weil durch eine vergleichende Vorgehensweise die Generierung von theoretisch angeleiteten und emprisch gehaltvollen Hypothesen über die Zusammenhänge zwischen Verwaltungskultur i.e.S. und Programmstrukturen oder m.a.W. über die Auswirkungen unterschiedlicher Strukturen und Kulturen auf Policies am ehesten möglich erscheint. Denkbar wäre auch die Beschreibung der Verwaltungskultur und der Policies nur eines Landes, z.B. Schwedens, und die Generierung der Hypothesen im Rahmen einer detaillierten Fallstudie, doch erscheint diese Vorgehensweise beim derzeitigen Stand der Erkenntnis, bei dem ja die grundlegenden Konzepte der Verwaltungskultur und der Policies noch ziemlich ungeklärt sind, als problematisch.

Statt der Konzentration auf ein spezielles Land und einen speziellen Politikbereich, soll hier eine andere Vorgehensweise gewählt werden, die eher auf eine "Verbreiterung" als eine "Vertiefung" des vorhandenen Wissens ausgerichtet ist. Durch die Ausdehnung der Untersuchung auf drei Länder und zwei Politikbereiche soll soweit wie möglich gewährleistet werden, daß die Aussagen der Untersuchung einen allgemeineren Charakter erhalten.

Aus diesem Grund sind die in die Untersuchung einbezogenen Fälle, d.h. sowohl die Länder als auch die Politikbereiche nach den Prinzipien der most similar cases ausgewählt worden [33].

Um überhaupt eine brauchbare vergleichende Untersuchung durchführen zu können, ist es notwendig, einen eindeutigen konzeptionellen Rahmen zu entwickeln, anhand dessen der Vergleich durchgeführt werden kann. Dieser konzeptionelle Rahmen umfaßt in dieser Untersuchung die Konzeptionen der Policy-Forschung. Er dient der Strukturierung und Beschreibung der in den verschiedenen Ländern und Politikbereichen ermittelten Phänomene und ermöglicht dadurch erst die Generierung von Hypothesen [34].

Die im Rahmen dieser Untersuchung gewählte Vorgehensweise der vergleichenden Untersuchung von insgesamt sechs Fällen (zwei Politikbereiche in drei Ländern) versucht daher gleichzeitig drei Zielsetzungen zu verwirklichen

- die Bereitstellung neuen Wissens durch eine verhältnismäßig ausführliche Beschreibung fremder Phänomene,
- die Kumulation und Vergleichbarkeit dieses Wissens durch eine umfassende Konzeptionalisierung, und
- gleichzeitig der Versuch, aufgrund dieser Beschreibung und Konzeptionalierung zur Generierung empirisch gehaltvoller Thesen beizutragen, d.h. der Erklärung.

Insgesamt beruht diese Vorgehensweise auf der Überzeugung, daß zum jetzigen Zeitpunkt weder umfassende theoretische Modellentwürfe noch detaillreiche Fallstudien notwendig sind, sondern eher in die Breite gehende beschreibende Übersichtsstudien, die gleichzeitig die Konzeptionalisierung vorantreiben und erklärende Hypothesen entwickeln. Dabei liegt das Schwergewicht der Untersuchung im Bereich der Beschreibung, so daß, selbst wenn die theoretischen Ergebnisse der Untersuchung problematisch sind, sie immerhin noch durch die in ihr enthaltenen deskriptiven Informationen über die Ausgestaltung unterschiedlicher Policies in unterschiedlichen Ländern von Interesse sein kann.

3.3.2. Vergleich als Methode: "most similar cases"

Zunächst ist die Frage zu klären, ob "Vergleich" im Rahmen dieser Untersuchung als Methode oder als Disziplin der Politik- bzw. Verwaltungswissenschaft aufgefaßt werden soll. Diese Frage ist in der politikwissenschaftlichen Diskussion durchaus umstritten.

Es gibt kaum eine Darstellung der vergleichenden Regierungslehre, der "comparative policies" oder auch "vergleichenden Verwaltungswissenschaft", die nicht mit dem Hinweis auf Aristoteles beginnt, der als erster vergleichende Politikwissenschaft betrieben habe, in dem er die Verfassungen der verschiedenen griechischen Stadtstaaten verglichen und unterschiedlichen Typen zugeordnet hat [35]. Als weitere Urväter und damit als Beweis für die lange Tradition vergleichender Betrachtung politischer Phänomene werden darüber hinaus gerne Machiavelli, Montesquieu oder Tocqueville genannt. Diese zumindest immer wieder beschworene lange Tradition vergleichender Forschung bedeutet allerdings nicht, daß Klarheit oder Konsens über Gegenstand oder Methoden der vergleichenden Politikwissenschaft bestehen würde, eher das Gegenteil ist der Fall [36].

Von verschiedenen Wissenschaftlern wird die These vertreten, daß wissenschaftliche Arbeit grundsätzlich vergleichend ist, z.B. von Stein Rokkan:

> "Jede These in den Sozialwissenschaften impliziert irgendeine Form von Vergleich". 37)

Die Bildung empirischer Theorien ohne Vergleich wird demnach als prinzipiell unmöglich angesehen. Jede Beschreibung eines Einzelfalles und selbst noch die abstraktesten Spekulationen sind durch Erfahrungen, die aus Vergleichen stammen, angereichert [38], oder wie es W.J.M. Mackenzie ausdrückt:

> "... one cannot not compare. (...) When we begin to study government with curiosity, at the same instant we begin to compare ..." 39)

Ausgehend von dieser Überlegung wird die Idee einer speziellen vergleichenden Methode zurückgewiesen:

> "... for anyone with a scientific approach to political phenomena the idea of an independent comparative method seems redundant because the scientific approach is unavoidably comparative" 4o).

Die gegensätzliche Position, die u.a. von Lijphart vertreten wird, lehnt diese Auffassung des Vergleichs als zu allgemein und damit nichtssagend ab und versucht stattdessen, die vergleichende Methode als eine mögliche spezielle Methode der Politikwissenschaft zu beschreiben und von anderen Methoden abzugrenzen. Lijphart unterscheidet zunächst experimentelle von nicht-experimentellen Methoden. Wenn als grundlegende Elemente einer empirischen Untersuchung die Zahl der Fälle unddie Zahl der in Verbindung mit jedem Fall behandelten Variablen angenommen werden, zeichnet sich die experimentelle Methode dadurch aus, daß sie eine möglichst große Zahl der unabhängigen Variablen kontrolliert (z.B. im Labor) und die Auswirkungen einer begrenzten Anzahl (manipulierter) Variablen auf die abhängigen Variablen untersucht [41].

Allerdings ist die Kontrolle und insbesondere die kontrollierte Manipulation unabhängiger Variablen in der Politikwissenschaft im Normalfall ausgeschlossen; im Rahmen politikwissenschaftlicher Untersuchungen kann nicht mit Menschen oder politischen Institutionen experimentiert werden. Stattdessen kommen hier drei unterschiedliche Variationen nicht-experimenteller Methoden zur Anwendung:

- die <u>statistische Methode,</u> bei der die Zahl der Fälle erhöht und die Variablen quantifiziert werden, so daß statistische Zusammenhänge zwischen abhängigen und unabhängigen Variablen entdeckt werden können;
- die Methode der <u>Fallstudie</u>, die sich auf einen einzelnen Fall konzentriert und dabei versucht alle relevanten Variablen zu erfassen und schließlich
- die <u>vergleichende Methode</u>, die anhand einer begrenzten Anzahl von Fällen Zusammenhänge zwischen einer begrenzten Anzahl von Variablen zu erkennen versucht.

Vereinfacht könnte man daher die drei nicht-experimentellen Methoden als auf einem Kontinuum liegend betrachten. Auf der einen Seite die statistische Methode (möglichst viele Fälle/begrenzte Zahl von Variablen), auf der anderen die Fallstudie (ein Fall/möglichst viele Variablen) und dazwischen die vergleichende Methode. Wenn die Anzahl der Fälle erhöht wird, nähert sich die vergleichende Methode der statistischen Methode an, insbesondere wenn die Variablen quantitativ erfaßt werden. Die Unterscheidung wird dann hinfällig. Auf der anderen Seite kann die vergleichende Methode auch als eine Ansammlung von Fallstudien aufgefaßt werden, wobei die einzelnen Fälle mit den gleichen Konzepten und nach einem gemeinsamen Raster untersucht werden sollten, so daß sie vergleichbar sind.

In diesem Zusammenhang wird ein generelles Dilemma empirischer, auf systematische Erklärung beobachtbarer Phänomene ausgerichteter Forschung deutlich:

- auf der einen Seite erscheint es wünschenswert, so viele Variablen und deren Ausprägungen wie möglich in eine Untersuchung einzubeziehen, weil nur so eine gewisse Wirklichkeitsnähe gewahrt bleibt; je weniger Variablen, desto weniger erklärungskräftig ist im Prinzip eine Untersuchung;

- auf der anderen Seite dürfen Untersuchungen, um überhaupt noch "intellektuell manipulierbar" zu sein, nur eine begrenzte Anzahl von Variablen enthalten 42). Durch eine Aufzählung von Variablen, die alle aufeinander einwirken (können), ist im Prinzip noch kein Beitrag zu einer systematischen Erklärung und damit zur Entwicklung theoretischer Aussagen geleistet.

In den Sozialwissenschaften wird dieses Dilemma auf der einen Seite dadurch umgangen, daß man versucht, die jeweiligen Phänomene in ihrer historischen Einmaligkeit jeweils so korrekt wie möglich zu beschreiben und zu erklären, d.h. kein für den jeweiligen Fall evtl. relevantes Detail auszulassen. Dies ist die traditionelle Erarbeitung empirischer Zusammenhänge anhand von Fallstudien, die insbesondere im Bereich der Geschichtswissenschaft Anwendung findet [43].

Auf der anderen Seite wird versucht, die Komplexität der realen Welt von vornherein zu reduzieren, indem man sich auf wenige relevante Variablen konzentriert und die anderen, in irgendeiner Weise sicherlich auch noch relevanten Faktoren, außer acht gelassen werden. Dies ist die insbesonder in der Ökonomie verbreitete Untersuchungsmethode anhand von ceteris paribus Annahmen und Modellen.

Die bisher in der Politischen Wissenschaft am weitesten verbreiteste Methode war die Untersuchung anhand von Fallstudien, wobei implizit angenommen wurde, daß eine ausreichende Anzahl von Fallstudien zu einer "kritischen Masse" an empirischem Wissen und diese dann schließlich zur Entwicklung empirisch-gehaltvoller Theorien führen würde. Diese Hoffnung hat sich allerdings bis heute noch nicht erfüllt. Der Grund dafür dürfte vor allem darin zu suchen sein, daß durch die verschiedenen Fallstudien nicht tatsächlich Wissen kumuliert wurde, sondern daß die Ergebnisse oft unverbunden und unvergleichbar nebeneinander stehen. Selbstverständlich geht jede noch so einzelfallbezogene Fallstudie von theoretischen Annahmen und impliziten Theorien aus, d.h. auch dort gibt es Hypothesen über wichtige Variablen, deren Ausprägungen und möglichen Abhängigkeiten. Da die zentralen Variablen, Ausprägungen und Abhängigkeiten aber selten explizit angegeben oder auch nur ausreichend reflektiert werden, sind die Ergebnisse dieser Fallstudien im Prinzip nicht vergleichbar. Jede Fallstudie erzählt ihre Geschichte., aber verallgemeinerbare Schlüsse, d.h. Theorie, ergibt sich daraus nicht.

Demgegenüber gehen Untersuchungen, die zu theoretischen Modellen der politischen Wirklichkeit führen wollen, oft von extrem vereinfachten ceteris paribus Annahmen aus, deren Wirklichkeitsferne von weitem sichtbar ist und die daher auch leicht zu kritisieren und abzulehnen sind.

Ausgehend von diesen vielbeklagten Mängeln bisheriger empirischer Forschungen [44], wird als Ausweg aus diesen Dilemmata empirischer Untersuchungen die vergleichende Vorgehensweise angesehen [45]. Durch eine vergleichende Vorgehensweise sollen gleichzeitig die Probleme einer isolierten Fallstudie, nämlich interessante Geschichten ohne theoretische Erklärungskraft, und abstrakte Modellbildung bzw. theorielose Datenhuberei (im Falle statistischer Untersuchungen) vermieden werden. Die vergleichende Methode steht dabei aber vor dem Problem, daß einer begrenzten Zahl von Fällen i.d.R. eine sehr große Zahl von Variablen gegenübersteht, oder m.a.W. zu viele Variablen die relevant sein können, aber zu wenige Fälle, um zu erkennen, welche Variablen wichtig und erklärungskräftig und welche unwichtig sind.

Lijphart schlägt zur Bewältigung dieses Problems vergleichender Untersuchungen (many variables, small N), d.h. zur Erhöhung der Durchführbarkeit und Erklärungskraft vergleichender Untersuchungen unterschiedliche Strategien vor. Deren wichtigste ist die Methode der "most similar cases".

Der Ansatz der "most similar cases" beinhaltet, daß nur vergleichbare Fälle einer Analyse unterzogen werden, und zwar sollten die Fälle so ausgewählt werden, daß die Unterschiede der unabhängigen Variablen, deren Bedeutung für bestimmte abhängige Variablen untersucht werden soll, möglichst groß sind, während die übrigen Variablen, die u.U. auch noch von Bedeutung sein könnten, sich möglichst ähneln sollen. M.a.W. werden die Fälle danach ausgewählt, daß sie sich in allen Merkmalen außer denen, deren Auswirkungen untersucht werden sollen, möglichst ähneln (d.h. "most similar" sind). Der Vorteil dieser Vorgehensweise besteht darin, daß eine gewisse Annäherung an die experimentelle Methode erreicht wird; ein Großteil der unabhängigen Variablen wird kontrolliert (oder soll zumindest kontrolliert werden), während die Varianz der interessierenden unabhängigen Variablen erhöht wird [46].

Gegen die Methode der "most similar cases" werden drei zentrale Kritikpunkte vorgebracht [47]:

- auch wenn die Unterschiede zwischen Fällen begrenzt sind, werden sie immer noch groß genug sein, um eine eventuelle Variation der abhängigen Variablen zu "überdeterminieren", d.h. ausreichend vergleichbare Fälle können nie gefunden werden;

- die Methode erlaubt nur partielle Generalisierungen, d.h. die Hypothesen gelten jeweils nur unter ganz bestimmten Bedingungen (eben denjenigen, in denen sich die Fälle ähneln) und schließlich

- vergleichbare Fälle sind so selten, daß die Suche nach ihnen mögliche Hypothesen und damit den Erkenntnisgegenstand der Forschung stark einschränkt.

Mit Lijphart wird hier die Meinung vertreten, daß jeder dieser Kritikpunkte gerechtfertigt ist, daß sie aber den Ansatz der "most similar cases" nicht grundätzlich infrage stellen können. Selbst wenn "Überdetermination" und partielle Generalisierungen nicht auszuschließen sind, sind - solange noch interessante Fragestellungen im Rahmen dieser Methode bearbeitet werden können - die Erkenntnisse nicht von der Hand zu weisen. Gerade wenn der Erkenntnisstand und die Kumulation vorhanden Wissens sehr gering sind, ist die vergleichende Methode dieser Art von großem Wert.

Diese Aussage gilt insbesondere dann, wenn die vergleichende Methode nicht in erster Linie zum Testen etablierter Hypothesen verwendet wird, sondern eher zur Generierung empirisch gehaltvoller und theoretisch angeleiteter Hypothesen. Gerade diese heuristische Funktion vergleichender Vorgehensweise ist im Rahmen dieser Untersuchung intendiert und wird immer wieder als sinnvoller Ansatzpunkt empfohlen:

> "Rather than imitating experimental control, a more promising use of comparative study is to extend the investigator's experience, to make him aware of more possibilities and social capacities, and thus to help his imagination of question-prompting, cause seeking and effect measuring alternatives, rational models, ideal types, utopies und other useful functions. The function of comparison is less to stimulate experiment than to stimulate imagination. ... Comparison is strongest as a choosing and provoking, not a proving, device: a system for questioning, not for answering." 48)

3.3.3. Vergleich als Disziplin: "Comparative Public Policy"

Neben der vergleichenden Methode umfaßt der Begriff "vergleichende Politikwissenschaft" aber auch, und oft in erster Linie, die Entwicklung einer eigenständigen Disziplin der politischen Wissenschaft. Disziplin und Methode dürfen in diesem Zusammenhang nicht verwechselt werden; so ist durchaus denkbar, daß die vergleichende Methode in anderen Disziplinen der Politikwissenschaft (etwa Außenpolitik) angewendet wird, während in der Disziplin auch andere als die vergleichende Methode denkbar sind (etwa statistische Methoden oder sogar Fallstudien einzelner Länder ohne expliziten Vergleich; gerade diese Variante war zumindest zeitweise in der "comparative politics" Forschung sehr populär).

Die Entwicklung einer speziell auf den Vergleich, und zwar auf den Vergleich unterschiedlicher Länder oder Staaten, ausgerichteten Disziplin der Politikwissenschaft, d.h. comparative politics als Teilbereich und nicht als Methode der Politikwissenschaft, nahm ihren Ausgangspunkt in den USA in der Zeit nach dem zweiten Weltkrieg. Parallel dazu verlief, zumindest in den USA, wo diese Disziplin ihren eindeutigen Schwerpunkt hatte, die Entwicklung der vergleichenden Verwaltungswissenschaften (comparative public administration). Die weitgehende Übereinstimmung der Entwicklung und der Probleme dieser beiden Disziplinen steht in Zusammenhang mit dem Selbstverständnis amerikanischer Verwaltungswissenschaft, in dem Verwaltung als ein zentrales Element des gesamten politischen Systems aufgefaßt wird und daher Verwaltungswissenschaft, insbesondere vergleichende Verwaltungswissenschaft, als ein wichtiger Bereich vergleichender Politikwissenschaft gilt. Vgl. z.B. Ferrel Heady, der diese Auffassung explizit vertritt:

" ... any attempt to compare national administrative systems must acknowledge the fact that administration is only one aspect of the operation of the political system. This means inevitably that comparative public administration is linked closely to the study of comparative politics, and must start from the base provided by the current stage of development of comparative studies of whole political systems." 49)

Der Unterschied zwischen "comparative politics" und "comparative public administration" liegt weniger im Bereich der Methode oder der Erfolge bzw. Mißerfolge, hier ist sogar eine außerordentlich große Übereinstimmung festzustellen, sondern im zentralen Untersuchungsobjekt. Anhand der Abb.3.1, S. 40, kann dieser Unterschied verdeutlicht werden:

- comparative politics hat sich in erster Linie mit den Inputs des politischen Systems beschäftigt. Traditionelle Fragestellungen waren dabei das Problem der demokratisch-theoretischen Qualität dieser Input- Strukturen, der ungleichen Machtverteilung, der Durchsetzungschancen bestimmter Interessen usw., ausgehend von der Frage nach den Systemfunktionen Sozialisation, Rekrutierung, Interessen-Artikulation und Aggregation sowie Kommunikation. Die "conversion functions" des politischen Systems wurden weitgehend außer acht gelassen, wie auch der jeweilige Output, die Qualität der Policies, kaum interessierte;

- comparative public administration beschäftigte sich demgegenüber fast ausschließlich mit den Binnenstrukturen und -prozessen des Policy-Making-Systems i.e.S., d.h. der Verwaltungen, ohne allerdings einen Konsens über grundlegende Funktionen zu erreichen und oft auch ohne die Rahmenbedingungen des Verwaltungshandelns in die Analyse einzubeziehen. Wichtigster Ansatzpunkt war in diesem Zusammenhang die Bürokratie. Fokus des Vergleichs war die Leistungsfähigkeit der jeweiligen Bürokratien 5o).

Der große Aufschwung, den die Disziplinen der vergleichenden Politikwissenschaft und Verwaltungswissenschaft nach dem zweiten Weltkrieg vor allem in den USA durchgemacht haben, kann wahrscheinlich am ehesten durch exogene Faktoren erklärt werden. Die Entwicklungsländer mit ihren speziellen Problemen gerieten in das Aufmerksamkeitsfeld der politischen Wissenschaft, und "development" wurde damit der zentrale Ansatzpunkt der Entwicklung der vergleichenden Untersuchungen [51)]. Die Entwicklung der Disziplinen wurde dabei sicherlich durch eine in den fünfziger und sechziger Jahren herrschende etwas naive Reform-Euphorie gegenüber den Entwicklungsländern und den in diesem Zusammenhang reichlich fließenden öffentlichen Mitteln unterstützt [52)].

Insbesondere die vergleichende Politikwissenschaft erhielt wichtige Anregungen und übte gleichzeitig einen entscheidenden Einfluß auf die gesamte politische Wissenschaft aus, z.B. indem wichtige Entwicklungen der Systemtheorie (Easton, Almond) verarbeitet und weiterentwickelt wurden und indem die neuen quantitativen Methoden der "behavioral revolution" einen entscheidenden Einfluß auf das Wissenschaftsverständnis der Disziplin ausübten. Eine ähnliche Entwicklung war aber auch im Bereich der vergleichenden Verwaltungswissenschaft zu konstatieren oder wurde zumindest von herausragenden Vertretern der Wissenschaft angestrebt. So konstatierte Riggs 1962 drei weitgehend als wichtig und relevant akzeptierte Trends:

- ein Wechsel von eher normativen zu eher empirischen Ansätzen, d.h. eine Zunahme beschreibender und analysierender Information gegenüber preskriptiver Darstellung;
- der Übergang von idiographischen zu nomothetischen Ansätzen, d.h. Studien konzentrierten sich nicht mehr auf den einzelnen Fall, sondern auf die Entdeckung von Regelmäßigkeiten, Generalisierungen und Gesetzen (dies entspricht methodologisch dem Übergang von der Methode der Fallstudien zur vergleichenden Methode) und schließlich
- die Zunahme von "ecological" Untersuchungen gegenüber "non-ecological" Untersuchungen, d.h. die umfassendere Einbeziehung der Umwelt der Administration in die Untersuchungen. 53)

Die Gründe für die außergewöhnlich schnelle Entwicklung der vergleichenden Politik- und Verwaltungswissenschaft in den fünfziger und sechziger Jahren dürfte daher neben den erwähnten exogenen Gründen auch in einigen Vorteilen vergleichender Untersuchungen gelegen haben. Das neue Wissenschaftsverständnis mit seiner Betonung empirischer (wenn möglich quantitativer) Forschung und seinem Ziel der Entdeckung von Gesetzmäßigkeiten oder zumindest Generalisierungen war durch die konsequente Anwendung der vergleichenden Methode zumindest teilweise umzusetzen. Gleichzeitig bestand eine erhebliche Nachfrage nach Wissen über fremde Länder und nach Handlungsanleitungen für Politik und Verwaltung in diesen Ländern, so daß auch die praktische Verwertbarkeit der Untersuchungen ansatzweise gegeben schien.

Genau diese Gründe scheinen auch für den Aufschwung der neuen Disziplin "comparative public policy" verantwortlich zu sein. Ausgehend von der gestiegenen Nachfrage nach gesicherterem Wissen über "public policies", d.h. über Politikinhalte, ihre Ursachen und Folgen, die in Verbindung steht mit der problematisch werdenden Bewältigung der Probleme moderner Industriegesellschaften (Stichworte "Regierbarkeit" oder "overload"), entwickelt sich eine neue Disziplin, die sich von ihren Vorgängern vergleichende Politikwissenschaft und vergleichende Verwaltungswissenschaft vor allem dadurch unterscheidet, daß weder Input noch Conversion im Zentrum des Interesses stehen, sondern Outputs des politischen Systems bzw. des Policy-Making-Systems und daß als Vergleichsobjekte weniger Entwicklungsländer, sondern eher vergleichbare Industriegesellschaften untersucht werden, weil man sich am ehesten von ihnen Anregungen zur Problembewältigung verspricht.

Die Entwicklung der Disziplin "comparative public policy" steht also in Übereinstimmung mit der generellen Entwicklung der Politik- und Verwaltungswissenschaft, in der die Untersuchung der Policies immer mehr ins Aufmerksamkeitsfeld gelangt. Diese Entwicklung, die im Rahmen der Verwaltungswissenschaft mit dem Schlagwort von "public administration" zu "public policy" und im Rahmen der Politikwissenschaft von "politics" zu "policies" gekennzeichnet werden kann, verdeutlicht gleichzeitig eine Annäherung der Disziplinen Politik- und Verwaltungswissenschaft anhand der Beschäftigung mit dem gleichen Gegenstand, nämlich Policies. Sowohl Politik- wie Verwaltungswissenschaft beschäftigt sich mit der Formulierung, Implementierung und Evaluierung staatlicher Politiken [54).

Comparative Public Policy ist nur die vergleichende Variante dieses neuen Forschungsschwerpunktes. Die Vorteile der vergleichenden Untersuchung staatlicher Policies sind dabei die klassischen Vorteile vergleichender Vorgehensweisen:

- durch den Blick auf fremde Länder wird das Verständnis für Besonderheiten, Vorteile und Probleme des eigenen Systems geschärft. Erst durch den Vergleich können Gegebenheiten, die sonst für selbstverständlich und unveränderbar angesehen werden, infrage gestellt werden;

- gleichzeitig wird das Verständnis für andere Länder und den in ihnen gebräuchlichen Policies erhöht. Gerade dieser Aspekt ist im Zeitalter der verstärkten internationalen Zusammenarbeit und der Verflechtung und gegenseitigen Abhängigkeit staatlicher Politiken nicht zu unterschätzen;

- schließlich wird durch diese Art der Vorgehensweise die Aufmerksamkeit auf alternative Arten staatlicher Aufgabenerfüllung, auf vielleicht bisher nicht erkannte Wahlmöglichkeiten gelenkt. Durch den Blick auf andere Systeme sollen Vorhersagen über alternative staatliche Handlungsmöglichkeiten sowie zu erwartende Konsequenzen ermöglicht werden.

Der besondere Vorteil der "Comparative Public Policy" liegt darüber hinaus darin, daß die vergleichende Vorgehensweise besonders geeignet erscheint, die klassische Fragestellung der Policy-Forschung zu beantworten, nämlich ob, und wenn ja, welche Zusammenhänge bestehen zwischen Strukturen, Prozessen und (neuerdings) Kultur politisch-administrativer Systeme und den von ihnen hervorgebrachten, begünstigten oder benachteiligten Politikinhalten, d.h. Policies.

Die Fragestellungen der vergleichenden und der allgemeinen Analyse von Public Policies sind dabei im Prinzip gleich. Heidenheimer/Heclo/Adams haben dafür die schon zitierte eingängige Formel

" the ... study of how, why, and to what effect government policies are developed". 55)

gefunden. Damit sind die zentralen Themen der Policy-Forschung angedeutet. Es geht um die Frage

- nach dem "wie" staatlicher Policies, d.h. nach deren Inhalt (content),
- nach dem "warum", d.h. nach den Einflußfaktoren auf staatliche Policies (determinants) und
- nach dem "wozu", d.h. nach den Folgen und Wirkungen (impacts) staatlicher Politik.

Damit diese möglichen Vorteile vergleichender Untersuchungen auch tatsächlich eingelöst werden können, sind allerdings auch einige Probleme vergleichender Untersuchungen genauer zu analysieren. Ausgangspunkt können dabei die bisherigen Erfahrungen mit der vergleichenden Politik- und Verwaltungswissenschaft sein. Im Zusammenhang mit den dort gemachten Erfahrungen und ausgehend von den bisher vorliegenden Ergebnissen dieser beiden Disziplinen werden insbesondere zwei Problemkomplexe immer wieder betont. Auf der einen Seite sind die bisher vorliegenden Untersuchungen gekennzeichnet durch Probleme der Informationsgewinnung und Vergleichbarkeit, auf der anderen Seite durch Theorielastigkeit.

Probleme der Informationsgewinnung und Vergleichbarkeit ergeben sich z.B. aus der unterschiedlichen Benennung von Institutionen, Funktionen und Strukturen in unterschiedlichen Ländern und der damit verbundenen Tatsache, daß unterschiedliche Funktionen durch unterschiedliche Strukturen wahrgenommen werden können. Diese Entdeckung bildet zwar die Grundlage der im Rahmen der vergleichenden Forschung verwendeten und entwickelten Systemtheorie [56], aber damit sind die Probleme der Vergleichbarkeit nur benannt, nicht behoben. Voraussetzung des internationalen bzw. interkulturellen Vergleichs sind operationale Konzepte, mit denen die verschiedenen Phänomene in den einzelnen Ländern vergleichbar gemacht werden können, oder mit den Worten von Jean Bondel

> "a yardstick against which governmental systems could be individually measured and thereby compared." 57)

Grundlage des Vergleichs müssen präzise operationale Definitionen der zu vergleichenden Phänomene sein [58], d.h.

> "conceptual clarity is a sine qua non for formulation and testing hypotheses that can be tested in more than one national context." 59)

Gerade diese Bedingung, der klaren und operationalen Konzeptionalisierung vergleichbarer Untersuchungen wird bisher nur sehr selten erfüllt. Wenn aber die grundlegenden Konzepte einer Untersuchung, d.h. Systematisierungen und Typologien, implizite Hypothesen und theoretische Annahmen, die bei jeder Untersuchung vorhanden sind, nicht explizit gemacht werden oder sogar zum Teil noch nicht einmal reflektiert sind, können die in verschiedenen Studien vorhandenen Erkentnisse nicht akkumuliert und zu einer systematischen Theorie integriert werden [60].

So sind bisherige Studien eher dadurch gekennzeichnet, daß etwas überspitzt gesagt, jede Untersuchung ihre eigenen Konzepte und Kategorien bildet, worunter selbstverständlich die Vergleichbarkeit und damit die Kumulierbarkeit von Wissen leidet. Sigelman charakterisiert z.B. die Vorgehensweise der bisherigen vergleichenden Verwaltungswissenschaft folgendermaßen:

"Different scholars with different research perspectives use different instruments to interview different types of bureaucrats in examination of different problems in different nations." 61)

Eng verbunden mit dieser unzureichenden Konzeptionalisierung vergleichender Untersuchungen ist die Tatsache, daß ein Großteil der bisherigen vergleichenden Studien im Prinzip überhaupt nicht vergleichend sind. Es handelt sich um Fallstudien eines einzelnen Landes, anhand derer oft ein konzeptioneller Begriffsrahmen entwickelt wird, der dann aber nicht auf andere Länder übertragen wird. Eine quantitative Bestandsaufnahme sämtlicher Artikel des "Journal of Comparative Administration" in seiner fünfjährigen Geschichte hat ergeben, daß ca. 70 % der Studien nur ein Land umfaßten, d.h. traditionelle Fallstudien waren. 15 % der Studien behandelten zwei Länder und nur weitere 15 % drei und mehr Länder [62)]. Ähnlich faßt Feldman die Bemühungen der vergleichenden Politikwissenschaft zusammen:

"Journals such as Comparative Politics rarely publish articles that actually compare. Rather, case studies derived from various countries propose models others may, but rarely do, choose to adopt." 63)

Heady summiert die Bemühungen der vergleichenden Verwaltungswissenschaft dahingehend, daß es nicht gelungen sei, ein "Paradigma" der Forschung zu entwickeln, an dem sich Untersuchungen orientieren können, daß eine Kumulation des bisherigen Wissens daher kaum stattgefunden hat und daß weder die Grenzen, d.h. des Untersuchungsgegenstandes der vergleichenden Verwaltungswissenschaft noch die Untersuchungsregeln konsensfähig definiert seien [64)]. Er setzt sein Vertrauen in weitere Untersuchungen; wenn genügend Untersuchungen vorliegen nimmt er an, werden auch die konzeptionellen Fragen gelöst werden können:

"A real consensus will emerge if and when work done in the field leads to it in a cumulative fashion, but premature urging of it as the top priority would be counterproductive." 65)

Genau dieser Ansicht wird von Hugh Heclo widersprochen. Er bezweifelt das Vertrauen darauf, daß ein konzeptioneller Rahmen sich quasi selbständig entwickeln würde, wenn erst einmal sozusagen eine kritische Masse von Studien vorhanden ist, d.h. er hält nichts von

"... the implicit premise, or hope that once a certain critical mass of descriptive studies had been reached theory would almost automatically break through." 66)

Die Schlußfolgerung aus diesen Einschätzungen der bisherigen Bemühungen für diese Untersuchung ist, daß ein klares und operationales Begriffsraster eine unverzichtbare Voraussetzung einer vergleichenden Untersuchung sein sollte. Die Schaffung und Klärung eines solchen Vergleichsrasters ist das Hauptanliegen des nächsten Kapitels [67)].

Die Notwendigkeit eines konzeptionellen Rahmens der Untersuchungen ist aber gleichzeitig Ursache eines weiteren Kritikpunktes bisheriger vergleichender Studien, nämlich die vorherrschende <u>Theorielastigkeit</u>. Auf der einen Seite werden Studien kritisiert, die vergleichen ohne ausreichende konzeptionelle Vorarbeiten, auf der anderen Seite wird beklagt, daß aufgrund zu umfangreicher theoretischer Überlegungen überhaupt nicht verglichen wird. Sigelman charakterisiert in diesem Zusammenhang einen Großteil der vorhandenen Literatur mit dem Schlagwort "getting ready to get ready", d.h. vor lauter Vorbereitung auf den Vergleich, findet er selber überhaupt nicht statt. Für ihn sind die Bemühungen um theoretische Klarheit, der

"seemingly never ending quest of an all-inclusive analytical framework ... positively perverse"

und er zitiert zustimmend das Stoßgebet eines anderen Forschers

"O Lord, deliver us from further conceptualisation and lead us not into new approaches." 68)

Ähnlich beklagt auch Ridley, daß die meisten Forscher sich verpflichtet fühlen, ihre Untersuchungen innerhalb eines eigenen konzeptionellen Rahmens durchzuführen, damit aber der Entwicklung theoretischer Aussagen der vergleichenden Politikwissenschaft eher im Wege stehen, als diese voranzutreiben:

" most researchers seem to feel honour-bound to use their own framework, thus vitiating their contribution to the development of a scientifically based comparative politics." 69)

Ridley behauptet, daß die wissenschaftliche Beschäftigung mit fremden Regierungs- und Verwaltungssystemen auf unterschiedlichen Ebenen sinnvoll und möglich ist, nämlich

- als bloße Beschreibung fremder Phänomene:

  "... there is a legitimate form of comparison, that is essentially stories about strange places (people, events, institutions) told for their own sake;" 7o)

- als Untersuchung spezifischer Übereinstimmungen und/oder Unterschiede, um zu sehen, ob es woanders nicht "bessere" Institutionen, Regeln oder Ideen gibt:

  "the straight forward descriptive comparison of specific institutions with relatively unsophisticated evaluation and perhaps some thought about transferability " 71)

- oder als Ausgangspunkt zur Erstellung umfassender Theorien über politische Systeme:

  "... there is comparison that is intended to develop scientific theory"; 72)

Etwas vereinfacht kann man diese drei Intentionen vergleichender Untersuchungen mit den Schlagwörtern

- Beschreibung,
- Bewertung und
- Erklärung

umschreiben [73)].

Ridley's Vorwurf ist nun, daß die Bedeutung des ersten Ansatzpunktes unterschätzt und sogar diskreditiert wird, der zweite weitgehend außer acht gelassen wird und stattdessen zu viele Energien auf die dritte Ebene, d.h. Vergleich als Vorstufe einer "Grand Theory", verwendet wird.

Dieser Vorwurf soll im Rahmen der vorliegenden Untersuchung ernst genommen werden. Zwar handelt es sich prinzipiell um einen Vergleich der dritten Kategorie, d.h. Ziel der Untersuchung sind allgemeine Aussagen über die Auswirkungen von Verwaltungskulturen, d.h. der Erklärung von Policies. Gleichzeitig wird aber großes Gewicht auf den beschreibenden Teil der Untersuchung gelegt, der den eigentlichen empirischen Schwerpunkt der Studie ausmacht. Allerdings soll im Rahmen dieser Untersuchung nicht versucht werden, die Gegebenheiten in den unterschiedlichen Ländern auch zu bewerten (einmal abgesehen von der Bewertung, die unbewußt durch die Auswahl, Darstellungsweise, Schwerpunktsetzung u.ä. des Autors in die Untersuchung eingeht). Eine explizite Bewertung müßte von normativen und praktischen Kriterien ausgehen, die den Erfahrungshorizont des Autors weit überschreiten würden.

Auch die Überbetonung konzeptioneller Arbeit auf Kosten empirischer Untersuchungen soll im Rahmen dieser Studie vermieden werden. Die hier intendierte vergleichende Untersuchung soll daher versuchen, zwischen den Klippen des Vergleichs ohne Konzeption und der Theorie ohne Empirie hindurchzusteuern.

4. Anlage der Fallstudien

4.1. Vergleichbarkeit

4.1.1. Auswahl der Länder

Das wichtigste Kriterium, das bei der Auswahl der Länder zu beachten war, ist aufgrund des Ansatzes der "most similar cases" die Vergleichbarkeit. Daraus folgt, daß sich die zu untersuchenden Länder in möglichst vielen Faktoren ähneln sollen und die Zahl der intervenierenden Variablen, d.h. der unterschiedlichen Rahmenbedingungen möglichst klein sein sollte. Gleichzeitig sollten die vermutlichen Unterschiede der hier insbesondere interessierenden unabhängigen Variablen, d.h. der Verwaltungskulturen, möglichst groß sein, um identifizierbare Varianzen der Policies mit einiger Sicherheit auf angebbare Faktoren der Verwaltungskultur zurückführen zu können.

Am Beispiel der Abb. 3.1,S. 39 kann dieses Ziel verdeutlicht werden:

- die abhängigen Variablen sind im Rahmen dieser Untersuchung die Policies, präziser die Programme; um hier Unterschiede feststellen zu können, ist es erwünscht, daß sich
- die unabhängigen Variablen, d.h. Verwaltungskultur i.e.S. in den einzelnen Fällen d.h. Ländern möglichst voneinander unterscheiden, während
- die übrigen intervenierenden Variablen, wie insbesondere die Input-Charakteristika, möglichst gleichartig sind.

In etwas präsiserer Begrifflichkeit können daher Programmstrukturen und Verwaltungskultur i.e.S. als operative, d.h. interessierende Variablen aufgefaßt werden, während die übrigen Elemente des "Modells" wenn möglich kontrolliert, d.h. zu Parametern gemacht werden sollen [1).

Trotz aller Bedenken gegen dieses Vorgehen, weil erfahrungsgemäß "die Zahl der in Betracht kommenden Einflußvariablen im Verlauf der empirischen Erhebungen in einem Maße explodiert , daß demgegenüber die über die Auswahl der Untersuchungseinheiten unternommene Anstrengung um eine Reduktion des Variablenfeldes" kaum zu Buche schlagen, soll dieses Verfahren hier trotzdem angewendet werden , denn Hucke/Wollmann betonen zurecht, daß vergleichende Studien nur dann als analytisch ergiebig und entwicklungsfähig anzusehen sind, wenn es gelingt, ihre heuristische Offenheit und Variabilität konzeptionell und methodisch zu disziplinieren [2], und nach ihrer Ansicht

"ist ein 'disziplinierender' Schritt in der Anlage von Fallstudien darin zu sehen, daß - in Kenntnis der begrenzten Einlösbarkeit einer methodisch rigorosen ceteris-paribus-Klausel angesichts der verwickelten und vielfältigen Zusammenhänge im 'natürlichen' Handlungsfeld - nicht darauf verzichtet wird, eine Annäherung an eine vergleichende Untersuchungsanordnung und -vorgehensweise anzustreben." [3]

Die untersuchten Länder sollten sich daher in möglichst vielen Faktoren - ausgenommen die Verwaltungskultur - ähneln, damit Unterschiede der Policies auf Faktoren der Verwaltungskultur zurückgeführt werden können. Die Auswahlkriterien begrenzen die Vergleichsmöglichkeiten im Prinzip auf "westliche", "kapitalistische" und "liberal-demokratische" Systeme. Dies bedeutet nicht, daß es zwischen Entwicklungsländern und z.B. der Bundesrepublik Deutschland nicht erhebliche Unterschiede in der Verwaltungskultur gäbe, eher im Gegenteil, aber es wird sehr schwer sein, die Bedeutung dieser Unterschiede in einer vergleichenden Untersuchung festzustellen, da "Systemcharakteristika", und damit auch "Probleme" und "Politik" in diesen Ländern ganz andere sind als bei uns. Ähnlich ist es methodologisch sehr problematisch, die Bedeutung der Verwaltungskultur im Vergleich mit Staaten des "realen Sozialismus" festzustellen. Die Rahmenbedingungen sind zu verschieden, als daß kausale Hypothesen möglich wären. Auswahlkriterien sind daher möglichst gleichartige ökonomische, soziale und politische Entwicklungen, wobei implizit vermutet wird, daß daraus auch gleichartige Problemsituationen und sozio-ökonomische Randbedingungen des administrativen Handelns erwachsen.

Die Konzentration auf Vergleiche zwischen westeuropäischen Ländern ist verschiedentlich von Wissenschaftlern empfohlen worden, z.B. schreibt Ridley:

"Despite all the differences between the cultures in which their administrations operate, West European states have much in common" 4)

und er nennt als Beispiele

- advanced (complex and industrialized) economies with considerable mixed-economy elements;
- urbanised societies with relatively high levels of education, high standards of living and extensive social services;
- liberal-democratic politics with party and interest group participation in policy-making and with formalised protection of citizens' rights;
- legal-rational administrative systems with large and highly qualified bureaucracies subject to a wide variety of parliamentary and legal controls;
- extensive state intervention in economic and social affairs as a result of their complexity, the expectations of the public and the acceptance of considerable responsibility by the bureaucracy itself. 5)

Ohne jeden Zweifel treffen diese Gleichartigkeiten auf die hier ausgewählten Länder Bundesrepublik Deutschland, Großbritannien und Schweden in hohem Maße zu. Es ist sogar die These angebracht, daß diese drei Länder sich ähneln wie kaum andere westeuropäische Länder. Dies könnte durch eine Reihe von statistischen Meßgrößen wie z.B. Staatsverbrauch, Erwerbsquote, Bruttosozialprodukt pro Kopf der Bevölkerung u.ä. untermauert werden, obwohl man sicherlich auch immer wieder Meßgrößen finden wird, nach denen die Bundesrepublik eher mit Frankreich oder z.B. den Benelux-Ländern vergleichbar ist. Aufgrund der Beliebigkeit der Auswahl unterschiedlicher Meßgrößen soll hier auf eine statistische Begründung der Länderauswahl verzichtet werden.

Statt dessen wird die These vertreten, daß im Bereich der westeuropäischen Länder absolute Vergleichbarkeit (d.h. lupenreine ceteris-paribus Bedingungen) nicht vorgefunden werden kann, daß daher eine gewisse Vergleichbarkeit der Grundvoraussetzungen ausreichen muß. Diese ist sicherlich zwischen den hier ausgewählten Ländern gegeben, und es ist nicht ohne weiteres ersichtlich, daß diese Vergleichbarkeit durch die Einbeziehung anderer Länder entschieden verbessert werden könnte.

Ein größeres Problem, neben der sozio-ökonomischen und politischen Vergleichbarkeit, stellt die Übereinstimmung geographischer Gegebenheiten dar, wobei davon ausgegangen wird, daß Verwaltungshandeln auch und wahrscheinlich zu nicht geringen Teilen, durch Faktoren wie Bevölkerungszahl, Fläche und Bevölkerungsdichte beeinflußt ist. Aus Abb. 4.1 wird deutlich, daß hier Schweden sehr abweichende Grundbedingungen aufweist und daher die Vergleichbarkeit zumindest eingeschränkt erscheint. Daß Schweden trotzdem sinnvoll in die Untersuchung einbezogen werden kann, ergibt sich aus anderen Faktoren [6].

	Bundesrepublik Deutschland	United Kingdom	Schweden	Frankreich	Italien
Bevölkerung in Mio.	61,4	55,9	8,3	53,1	56,5
Fläche in 1000 Km^2	249	244	450	547	301
Einwohner je Km^2	247	229	18	97	187

Abb. 4.1: Grunddaten Europäischer Länder im Vergleich [7]

(Nach : Statistisches Jahrbuch 1979, S. 600,
alle Zahlen für 1977.)

Ein weiteres Problem, das mit den geographischen Gegebenheiten in Verbindung steht, von diesen aber nicht vollständig determiniert wird, ist der Verwaltungsaufbau. Abb. 4.2 zeigt, daß die Anzahl der unteren Verwaltungseinheiten (sprich Kommunen) durch Bevölkerungszahl und Fläche beeinflußt ist, daß aber hier auch andere Faktoren eine Rolle spielen, wie das Beispiel Großbritannien zeigt (GB stimmt in den geographischen Gegebenheiten verhältnismäßig gut mit der Bundesrepublik Deutschland überein, weist aber einen abweichenden Verwaltungsaufbau auf).

Im Zusammenhang dieser Untersuchung kann daher der unterschiedliche Verwaltungsaufbau als Anzeichen unterschiedlicher Verwaltungskulturen i.w.S. aufgefaßt werden, wobei diese Unterschiede u.U. auf spezielle kulturelle Faktoren (Verwaltungskultur i.e.S.) zurückgeführt werden könnten. Damit wird ein zweites Problem vergleicher Untersuchungen, die nach dem Design der "most similar cases" organisiert sind, deutlich. Es genügt nicht, in möglichst vielen Faktoren gleich zu sein, sondern es ist erwünscht, daß sich die ausgewählten Länder in den zentralen unabhängigen Variablen, d.h. hier in der Ausprägung der Verwaltungskultur, unterscheiden.

	Bundesrepublik Deutschland	Großbritannien	Schweden
1. Ebene	11 Länder	(3) *	-
2. Ebene	25 Regierungsbezirke	-	24 Län (staatlich)
3. Ebene	324 Kreise und kreisfreie Städte	66 Counties	23 Landstingskommuner (kommunal)
4. Ebene	3.417 Gemeinden	435 Districts	277 Primärkommuner

Abb. 4.2 : Regionale Verwaltung in der Bundesrepublik Deutschland, Großbritannien und Schweden.

(Nach: Wagener 1981a, S. 149, Cross/Mallen 1978, S. 14, Statskontoret 1980, S. 291 ff., und eigenen Berechnungen.)

* Großbritannien besteht aus England, Wales und Schottland, vgl. Smith/Stanyer 1976, S. 94; siehe auch Glossar S. 658.

Im Rahmen dieser Untersuchung kommt es zunächst darauf an, die Ausprägungen der Variablenblöcke System-, Politik- und Problemcharakteristika, d.h. der Input-Strukturen, die ja als unabhängige Variablen aufgefaßt werden können, möglichst zu kontrollieren bzw. gleich zu halten. Soweit möglich ist dies durch die Beschränkung auf vergleichbare westeuropäische Staaten geschehen, obgleich offensichtlich ist, daß die hier ausgewählten Staaten hinsichtlich dieser Einflußgrößen noch erhebliche Varianz aufweisen. Dieser schwerwiegende Nachteil muß inkauf genommen werden, da vergleichbarere Untersuchungseinheiten, d.h. Fälle, nicht vorhanden sind. Die Problematik der Vergleichbarkeit muß bei der Interpretation der Ergebnisse berücksichtigt werden. Da Anspruch der Untersuchung nicht die exakte Überprüfung eindeutiger Hypothesen ist, sondern es in erster Linie um die Generierung empirisch gehaltvoller Hypothesen auf der Ebene der Plausibilität geht, ist diese Vorgehensweise vertretbar.

In den nächsten Abschnitten wird erläutert, wie die Vergleichbarkeit hinsichtlich der Problemcharakteristika erhöht werden kann, während gleichzeitig die Unterschiede der zentralen unabhängigen Variablen, der Verwaltungskultur, möglichst groß sind. Hinsichtlich der intervenierenden Variablenblöcke des Prozesses der Politikfomulierung (Personal-, Prozeß- und Organisationsstruktur) ist anzumerken, daß diese, wie am Beispiel des regionalen Verwaltungsaufbaus gezeigt, als "Black Box" behandelt werden. Ausgehend von der oben aufgestellten "Culture-Bound-These" wird angenommen, daß diese (d.h. Elemente der Verwaltungskultur i.w.S.) mit der Verwaltungskultur i.e.S. korrelieren und daher für die hier vorherrschende Fragestellung vernachlässigbar sind. Hier interessieren ja in erster Linie die Auswirkungen auf die Programmstrukturen, die durch eine solche Beziehung, wenn es sie tatsächlich gibt, vermutlich nur stärker ausfallen.

4.1.2. Auswahl der Objektbereiche

Als Ansatzpunkte vergleichender Policy-Studien sind zunächst zwei unterschiedliche Vorgehensweisen denkbar:

- zum einen die Untersuchung am Beispiel verschiedener Politikbereiche (policy areas), z.B. Transportpolitik, Wohnungsbaupolitik, Sozialpolitik usw. 8)

- zum anderen am Beispiel bestimmter staatlicher Aufgaben oder Funktionen, z.B. Planung, Kontrolle, Koordination. 9)

Beide Vorgehensweisen sind kritisiert worden, weil sie auf der einen Seite Abgrenzungs- und Definitionsprobleme aufwerfen (in den einzelnen Ländern werden z.B. die Grenzen zwischen Raumordnungspolitik und regionaler Wirtschaftspolitik unterschiedlich definiert - falls sie überhaupt exakt auszumachen sind) [10], während auf der anderen Seite wichtige Interdependenzen zwischen verschiedenen Politikbereichen oder staatlichen Funktionen nur unzureichend wahrgenommen werden. Das Problem der selektiven Perzeption und damit der Ausklammerung u.U. wichtiger Abhängigkeiten trifft daher die Forscher, die ihre Untersuchungen in der einen oder anderen Weise "sektoral" organisieren, genauso, wie die von ihnen dafür kritisierte Praxis:

"Government agencies organized sectorally are blind to the implications of a project, and scholars organizing their studies along government lines have no better vision." 11)

Ein Ausweg aus diesem Dilemma besteht darin, als Ausgangspunkt der Untersuchung spezielle, möglichst begrenzte Probleme zu nehmen. Der Vorteil einer solchen Vorgehensweise liegt darin, daß sowohl die in den verschiedenen Ländern unterschiedlich von diesem Problem betroffenen Politikbereiche, genauso wie die unterschiedlich wahrgenommenen staatlichen Funktionen in den Aufmerksamkeitsbereich des Forschers gelangen. Im Rahmen dieser Untersuchung werden daher unterschiedliche Policies nicht anhand bestimmter Politikbereiche oder -funktionen untersucht, sondern anhand der Bewältigung konkret anstehender, abgegrenzter Probleme.

In diesem Zusammenhang wird wiederum die oben angesprochene Schwierigkeit der begrenzten Anzahl der Fälle aktuell. Eine mögliche Vorgehensweise wäre es, sich ein zur Zeit in allen Ländern aktuelles Problem (z.B. Jugendarbeitslosigkeit) auszusuchen, und dann jeweils die staatliche Problembewältigung zu untersuchen. In diesem Fall wäre die Anzahl der untersuchten Fälle gleich der Anzahl der untersuchten Länder. Da aber die Intention dieser Untersuchung in einer etwas umfassenderen Fragestellung besteht, nämlich eher eine "Verbreiterung" als eine "Vertiefung" des Wissens beabsichtigt ist, erscheint es sinnvoll, auch die Anzahl der zu untersuchenden Probleme zu erhöhen., d.h. mehr als ein aktuelles Problem und dessen Bearbeitung in den einzelnen Ländern zu untersuchen. So wird im Prinzip die Zahl der untersuchten Fälle und damit auch die empirische Basis der Untersuchung verdoppelt.

Die dabei als Ausgangspunkt der Untersuchung infrage kommenden Probleme müssen verschiedenen Anforderungen genügen:

- sie müssen in allen in die Untersuchung einbezogenen Ländern relevant sein, da nur so eine Vergleichbarkeit der Problemlösungen gewährleistet ist,
- sie müssen möglichst aktuell sein, damit der Zeithorizont, der bisher zur Bearbeitung zur Verfügung stand, einigermaßen vergleichbar ist,
- sie müssen möglichst konkret und damit abgrenzbar sein, damit der Nachvollzug des policy-making nicht zu aufwendig und gleichzeitig wiederum zu beliebig wird.

In Anlehnung an Abb. 3.1 können diese Aufforderungen wiederum dahingehend formuliert werden, daß die Dimension der Problemcharakteristika jeweils möglichst gleich gehalten werden soll, so daß u.U. feststellbare Unterschiede in der Bearbeitung der Probleme nicht durch unterschiedliche zugrunde liegende Probleme, sondern durch unterschiedliche Verwaltungskulturen erklärt werden können.

Die hier ausgewählten Problembereiche

- Jugendarbeitslosigkeit und
- Drogenmißbrauch

scheinen die aufgestellten Kriterien recht gut zu erfüllen.

Jugendarbeitslosigkeit ist in allen drei hier unterscuchten Ländern im Laufe der siebziger Jahre zu einem zentralen innenpolitischen Problem geworden. Abb. 4.3 zeigt, daß der Prozentsatz jugendlicher Arbeitsloser (hier definiert als die Altersgruppe zwischen 15 und 24 Jahren) sich nach 1970 verdoppelte, zum Teil sogar verdreifachte. Zwar ist das Ausmaß des Problems in den untersuchten Ländern durchaus unterschiedlich, aber die plötzliche Verschärfung des Problems findet in allen drei Ländern statt. Auch der Zeitraum der Problementstehung und -verschärfung sowie auch die Problementwicklung sind weitgehend identisch. Zwar scheint Schweden in seiner Entwicklung etwas früher zu liegen als die beiden anderen Länder, aber der Untersuchungszeitraum wird doch ziemlich eindeutig definiert. Er umfaßt die Bekämpfung der Jugendarbeitslosigkeit seit deren Verschärfung Anfang der siebziger Jahre.

In den Fallstudien in Teil II wird ausführlich zu zeigen sein, inwieweit Probleme und vor allem Problemwahrnehmung in den untersuchten Ländern tatsächlich übereinstimmen. Nach den vorliegenden Daten und vorhandenen Übersichten ist aber zu vermuten, daß der Problembereich Jugendarbeitslosigkeit die oben definierten Anforderungen weitgehend erfüllt. Dafür spricht z.B. auch, daß OECD und EG in den siebziger Jahren erhebliche Anstrengungen auf diesem Gebiet unternommen haben [12].

	1965	1970	1973	1976	1977	1978	1979
BRD	0,2	0,4	1,0	5,2	5,4	4,8	3,8
GB	1,2	2,9	2,8	8,5	9,4	8,9	8,0
S	2,3	2,9	5,3	3,7	4,4	5,5	5,0

Abb. 4.3: Jugendarbeitslosigkeit seit 1965, in %. [13]
(Nach : OECD 1980b, S. 14)

Für den Bereich des zunehmenden Drogenmißbrauchs gibt es m.W. keine vergleichbaren Daten. [14]

Für die Vergleichbarkeit der in den untersuchten Ländern auftretenden und sich verschärfenden Probleme spricht aber u.a. die in diesem Bereich verabschiedete prinzipielle Gesetzgebung. Aus Abb. 4.4 geht hervor, daß alle drei hier untersuchten Länder ihre grundlegenden Drogengesetze in den zwanziger Jahren verabschiedeten und sich erst Ende der sechziger Jahre genötigt sahen, diese zu reformieren. In allen drei Ländern wurden diese Gesetze in den folgenden Jahren weiteren Veränderungen unterworfen [15].

BRD	GB	S
1929	1926	1923
1972	1967	1968
1981	1971	1969
		1972

Abb. 4.4 : Übersicht über prinzipielle Drogengesetzgebung [16]

Auch für den Bereich Drogenmißbrauch ergibt sich daher ein einheitlicher Zeithorizont, der den Zeitraum der Verschärfung des Problems seit Ende der sechziger Jahre umfaßt.

Inwieweit die Problembereiche in den untersuchten Ländern tatsächlich miteinander vergleichbar waren und die oben definierten Anforderungen erfüllten, konnte vertiefend selbstverständlich erst im Verlauf der Fallstudien untersucht werden. Dabei zeigte sich, daß die Ausgangshypothesen der Untersuchung, die von einer weitgehenden Vergleichbarkeit ausgingen, weitgehend bestätigt wurden [17].

4.2. Unterschiede

Die Untersuchung hängt aber nicht nur von der Vergleichbarkeit der Rahmenbedingungen (intervenierende Variablen) ab, sondern auch von deutlichen Unterschieden der relevanten unabhängigen Variablen, hier der vermuteten Unterschiede in Verwaltungskultur I und II. Zwar gibt es m.W. bisher noch keine umfassenden deskriptiven Untersuchungen hierzu (die Unterscheidung wurde ja auch erst hier zur Klärung der konzeptionellen Fragen eingeführt), aber es gibt einige vergleichende Teiluntersuchungen auf diesen Gebieten, die darüber hinaus Aussagen über politisch-administratives Verhalten, d.h. Verwaltungskultur III beinhalten.

Diese Untersuchungen sollen hier verhältnismäßig ausführlich referiert werden, um zu verdeutlichen, daß tatsächlich von relevanten Unterschieden der Verwaltungskultur I und II in den hier untersuchten Ländern ausgegangen werden kann. Es soll also versucht werden, eine der zentralen Hypothesen der Untersuchung, die die Grundlage und Legitimation für das weitere empirische Vorgehen liefert, durch die Einbeziehung der Ergebnisse anderer Untersuchungen zumindest weitgehend plausibel zu machen.[18)]

Für den Aspekt der Verwaltungskultur I, d.h. Untersuchungen über Werte, Einstellungen usw. gegenüber und relevant für öffentliche Verwaltung gibt es leider m.W. keine einschlägigen Untersuchungen. Verwaltungskultur in diesem Sinne kann ja als Teilmenge der politischen Kultur aufgefaßt werden, aber die bisher im Rahmen der politischen Kultur unternommenen größeren Untersuchungen beschäftigen sich relativ selten mit der öffentlichen Verwaltung und berücksichtigen leider nie alle drei im Rahmen dieser Untersuchung interessierenden Länder (Bundesrepublik Deutschland, Großbritannien, Schweden)[18a)]

Es gibt allerdings eine umfassende Studie über gesamtgesellschaftliche Kultur i.e.S. von Hofstede, in der eine Reihe von Aussagen gemacht werden, die für die öffentliche Verwaltung relevant sind. Die Ergebnisse dieser Studie, die eine große Anzahl vorhandener Studien zusammenfaßt und auf diesen aufbaut, soll daher als Ausgangspunkt der Überlegungen genommen werden.

Für den Bereich der Verwaltungskultur II, d.h. Werte, Einstellungen usw. in der öffentlichen Verwaltung gibt es eine Anzahl von Studien, die von einer international zusammengesetzten Forschergruppe unter der Leitung von Putnam durchgeführt wurden, und in denen die politischen Einstellungen von Ministerialbeamten in Westeuropa untersucht wurden. Dies ist zwar nur eine Teilmenge der Verwaltungskultur II, aber trotzdem für diese Untersuchung relevant [19]; die wichtigsten Ergebnisse sollen daher für diesen Bereich als Ausgangspunkt genommen werden.

4.2.1. Verwaltungskultur I: Grundlegende Einstellungen und Werte

Die bisher umfassendste vergleichende Untersuchung über grundlegende gesellschaftliche Einstellungen und Werte, d.h. der "societal culture" oder der gesamtgesellschaftlichen Kultur i.e.S. wurde 1980 von Geert Hofstede [20] vorgelegt. Grundlage dieser Untersuchung sind mehrere Befragungen, die ein multinationaler Konzern unter seinen Mitarbeitern in insgesamt 67 Ländern durchführen ließ, von denen allerdings aufgrund zu kleiner Grundgesamtheiten "nur" 4o in die Untersuchung einbezogen wurden. In den beiden größten Befragungen wurden jeweils ca. 60.000 Mitarbeiter befragt. Die Ergebnisse dieser Umfrage, in der u.a. auch nach arbeits- und organisationsbezogenen Werten sowie allgemeinen gesellschaftlichen Einstellungen gefragt wurde, hat Hofstede durch weitere Befragungen kleinerer Samples ergänzt. Von besonderem Interesse ist, daß er seine eigenen Ergebnisse mit insgesamt über 80 weiteren Untersuchungen gesellschaftlicher Einstellungen und Werte konfrontiert, und somit gleichzeitig eine umfassende Übersicht über Forschungen im Bereich kultureller Werte liefert. Von diesen 80 Studien sind 38 quantitativ vergleichend, deren Daten mit denen eigener Erhebungen verglichen und meistens auch korreliert werden.

Die übrigen Untersuchungen sind entweder quanitative Studien oder Einzelländerstudien, deren Ergebnisse zur Erklärung, Ergänzung oder Untermauerung der Thesen herangezogen werden [21].

Hofstede identifiziert vier grundlegende Dimensionen nach denen die dominanten Wertsysteme in den untersuchten 4o Nationen unterschieden und geordnet werden können und die auf der Orientierungsebene die menschlichen Werte und Einstellungen strukturieren sowie auf der Handlungsebene gesellschaftliche Organisationen, Institutionen und Verhältnisse auf vorhersehbare Weise beeinflussen. Ausgangspunkt ist jeweils die Konstruktion eines Index auf der Grundlage der ursprünglichen Befragungen [22]. Die Dimensionen, von denen Hofstede annimmt, daß sie grundlegend für gesellschaftliche Orientierungen sind und daher auch weitere Einstellungen und Werte verhältnismäßig gut erklären können ("erklaren" hier im Sinne der Aussagekraft statistischer Korrelationen), und die Indizes, die diese Dimensionen abbilden sollen, sind

- Power Distance Index (PDI), d.h. Machtgefälle,
- Uncertainty Avoidance Index (UAI), Vermeidung von Ungewißheit,
- Individualism Index (IDV), Individualismus und
- Masculinity Index (MAS), Maskulinität.

Aufgrund dieser Indizes wird jedes Land durch einen bestimmten Wert auf einer Skala plaziert, z.B. der Power Distance Index (PDI, d.h. Machtgefälle als gesellschaftlich akzeptierter Wert) umfaßt die Werte 94 für die Philippinen bis 11 für Österreich; auf dieser Skala hat die Bundesrepublik Deutschland den Wert 35.

Die Plazierung einzelner Länder auf der Skala der jeweiligen Indizes wird dann durch Heranziehung weiterer Untersuchungen versucht zu verdeutlichen oder zu erklären. Aus anderen, wenn möglich international vergleichenden Untersuchungen, werden Fragen oder Fragenkomplexe herangezogen, die mit der jeweiligen Indexplazierung in Verbindung gebracht werden können, diese u.U. bestätigen, umschreiben oder auch infrage stellen. Auf diese Art und Weise ergeben sich eine Reihe von Umschreibungen, weiteren Bedeutungen oder auch verwandten kulturellen Einstellungen und Werten der ursprünglichen Indizes (Connotations). Auf der Grundlage dieser Konnotationen des ursprünglichen Index wird dann eine idealtypische gesellschaftliche Norm der jeweiligen Dimension gesellschaftlicher Orientierung entworfen, und werden, wiederum auf der Grundlage vorhandener Untersuchungen, die möglichen Ursachen und - in diesem Zusammenhang besonders interessant - die möglichen Folgen dieser kulturellen Werte skizziert.

Insgesamt umfaßt die Untersuchung für jede Dimension (jeden Index) also jeweils fünf Schritte:

- die Ermittlung eines Indexwertes für jedes der vierzig Länder auf der Grundlage der ursprünglichen Befragung,
- die Heranziehung weiterer Untersuchungen zur Ermittlung mit dem ursprünglichen Index verbundener Einstellungen und Werte,
- die Konstruktion einer allgemeinen gesellschaftlichen Norm auf der Grundlage des Indexes und der damit übereinstimmenden weiteren Untersuchungen,
- die Formulierung von Hypothesen über den Ursprung dieser gesellschaftlichen Norm durch Heranziehung weiterer empirischer Studien sowie schließlich
- die Formulierung von Hypothesen über mögliche Konsequenzen für die Gesamtgesellschaft, für Religion, Philosophie und Ideologie sowie für Organisationen wiederum aufgrund von weiteren empirischen Studien.

Abb. 4.5 zeigt die Werte der vier Indizes für die hier interessierenden Länder, wobei jeweils der Umfang des jeweiligen Index durch die beiden Extrempositionen angegeben ist. In Abb. 4.6 ist die Position der Länder jeweils ganz grob verbalisiert. Daraus wird deutlich, daß die Bundesrepublik sich durch einen eher höheren Wert des Unsicherheitsindexes auszeichnet, Großbritannien einen besonders hohen Individualitätsindex und Schweden einen extrem niedrigen (tatsächlich den niedrigsten) Maskulinitätsindex aufweist.

Aufgrund dieser verhältnismäßig eindeutigen Unterschiede der wertmäßigen Orientierungen in den drei untersuchten Ländern, können dann weitere Hypothesen entwickelt werden. Sie basieren auf den von Hofstede aufgestellten Hypothesen, die die allgemeinen Charakteristika der jeweiligen gesellschaftlichen Norm und deren Folgen definieren.

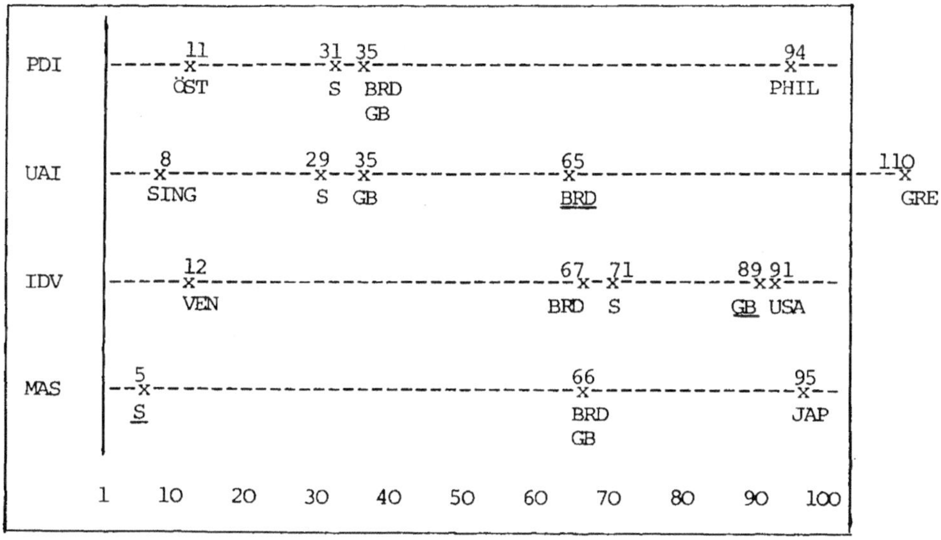

Abb. 4.5 : Übersicht über die Plazierung auf der Indexskala von Hofstede

Dabei interessieren in diesem Zusammenhang nicht sämtliche Ausprägungen, sondern das Schwergewicht wird auf der Plazierung der uns interessierenden Länder auf den verschiedenen Indizes, auf den damit vermutlich verbundenen Einstellungen und Werten sowie auf den möglichen Konsequenzen für Gesamtgesellschaft und insbesondere Organisationen und Verwaltungen liegen. Damit wird auch deutlich, daß Hofstedes Ergebnisse als Beitrag zur Verwaltungskultur I, d.h. als gesamtgesellschaftliche Orientierungen in Bezug auf öffentliche Verwaltungen interpretiert werden können. Hofstede bezieht sich zwar nirgendwo ausdrücklich auf die öffentliche Verwaltung, aber da sein

	PDI	UAI	IDV	MAS
BRD	niedrig/ mittel	mittel/hoch	mittel	hoch
GB	niedrig/ mittel	niedrig/ mittel	hoch	hoch
S	niedrig	niedrig/ mittel	mittel/hoch	niedrig

Abb. 4.6. : Grobe Plazierung auf der Indexskala von Hofstede

wichtigster Ansatzpunkt (und auch das Untersuchungsobjekt seiner eigenen Studien) Großorganisationen in verschiedenen Ländern waren, kann ein Teil seiner Ergebnisse zumindest als Organisationskultur, die ja wiederum ein Teil der Verwaltungskultur sein kann, aufgefaßt werden. Außerdem sind selbstverständlich die allgemeinen gesellschaftlichen Orientierungen, wie sie hier herausgearbeitet werden, für die Problemstellung "Verwaltungskultur" von besonderem Interesse.

Die besondere Bedeutung und Relevanz der Studie von Hofstede liegt darin, daß auf der Grundlage einer doch verhältnismäßig begrenzten Datenbasis umfassende Dimensionen konstruiert und durch Indikatoren operationalisiert werden und diese vielleicht etwas "mutigen" Konstrukte durch die Heranziehung einer großen Anzahl weiterer Untersuchungen einem umfassenden Plausibilitätstest unterzogen werden. Hofstede scheut sich nicht, weitreichende Schlüsse aus seinem Material zu ziehen, ist aber gleichzeitig immer in der Lage, aufgrund der Kumulation bisheriger Untersuchungen weitere Belege oder Hinweise für seine Aussagen zu liefern. Die Thesen sind damit nicht "bewiesen", bewegen sich aber auf einem hohen Plausibilitätsniveau. Gerade dies macht sie für weitere empirische Forschungen so anregend und wertvoll.

Die besondere Bedeutung für die vorliegende Untersuchung ergibt sich aus der Tatsache, daß hier in einer umfassenden Untersuchung nicht nur die hier speziell interessierenden Untersuchungsobjekte (Bundesrepublik Deutschland, Großbritannien, Schweden) umfassend repräsentiert sind und gleichzeitig auch in einem internationalen Zusammenhang gesehen werden können, sondern das darüber hinaus versucht wird, Schlußfolgerungen für das politische System, für allgemeine theoretische Orientierungen in einer Gesellschaft und insbesondere für gesellschaftliche Organisationen zu ziehen. Es werden nicht nur allgemeine Dimensionen gesellschaftlicher Kultur aufgestellt und Länder nach diesen Dimensionen geordnet, sondern es werden auch die möglichen Folgen dieser unterschiedlichen kulturellen Orientierungen diskutiert, d.h. die Untersuchung bewegt sich auch hinüber in den Verhaltensbereich.

Im folgenden sollen aufgrund der Ergebnisse Hofstedes und der von ihm referierten Untersuchungen mögliche Hypothesen skizziert werden. Dabei ist zu beachten, daß die umfassende Untersuchung von Hofstede hier in einer ganz eingeschränkten und speziellen Art und Weise interpretiert und referiert wird. Die von ihm für 40 Länder ermittelten Wertigkeiten von vier Indizes interessieren nur für die drei hier untersuchten Länder; die von ihm allgemein fomulierten, mit hohen oder niedrigen Indexwerten verbundenen Einstellungen und Werte sowie Konsequenzen werden auf die hier interessierenden Länder übertragen und als Hypothesen für deren unterschiedliche Kulturen interpretiert. Diese wissenschaftstheoretisch vielleicht etwas problematische und sicherlich sehr grobe Vorgehensweise erscheint gerechtfertigt, wenn es dabei in erster Linie um die Generierung von Hypothesen und um die Anleitung der weiteren Vorgehensweise geht.

Wichtig ist auch, daß in den folgenden Übersichten (siehe Abb. 4.8 - 4.10) jeweils nur ein Teil der von Hofstede postulierten Konnotationen und Konsequenzen referiert wird und diese Aussagen darüber hinaus noch stichwortartig verkürzt sind [23]. Das

Verfahren soll zunächst am Power Distance Index (PDI) etwas ausführlicher erläutert werden.

Die erste Dimension nach der die umfassenden Werte und Einstellungen in Nationen unterschieden werden, ist die Akzeptanz gesellschaftlicher und individueller Machtunterschiede, die in einem Power Distance Index (PDI) gemessen wird. In Ländern mit einem niedrigen PDI haben Werte und Aussagen wie "gesellschaftliche Ungleichheit sollte minimiert werden" oder "alle sollten gleiche Rechte haben" einen höheren Stellenwert und finden mehr Zustimmung, als in hohen PDI-Ländern. In den ersteren wird Macht und deren offensichtliche Ausübung eher negativ bewertet; es wird dagegen positiv bewertet, Macht nicht auffällig zur Schau zu stellen, während in Ländern mit einem hohen PDI Macht sowie deren betonte Zurschaustellung keinem besonderen Legitimationszwang unterliegt und weitgehend akzeptiert wird.

Abb. 4.5 zeigt, daß die hier interessierenden Länder verhältnismäßig gleichartige Werte des PDI aufweisen, d.h. keine großen Unterschiede in der gesellschaftlichen Akzeptanz von Machtgefälle erkennen lassen. Im Verhältnis zu Ländern anderer Kulturkreise, z.B. aus Südamerika oder Asien, die in der Untersuchung von Hofstede eine große Rolle spielen, handelt es sich bei ihnen um eher niedrige PDI-Länder. Großbritannien und die Bundesrepublik liegen sogar auf dem gleichen Wert, während die Akzeptanz von Machtgefälle in Schweden etwas niedriger ist [24].

Hofstede referiert eine ganze Reihe von Untersuchungen, deren Ergebnisse mit dem PDI zumindest teilweise korrelieren und von denen er daher annimmt, daß sie auf mit dem PDI verbundene Einstellungen und Werte hinweisen. Dabei ist zu betonen, daß diese mit der Dimension "Akzeptanz von Machtgefälle" verbundenen Einstellungen und Werte i.d.R. nur auf der Grundlage von Untersuchungen in sehr wenigen Ländern vermutet werden. Wenn diese insgesamt auf den jeweiligen Wert des PDI bezogen werden und damit Tendenzaussagen für sämtliche untersuchten Länder gemacht werden, liegt darin ein erhebliches Element der Vorhersage.

So stellt Hofstede aufgrund weiterer empirischer Untersuchungen u.a. folgende Hypothesen auf: Länder mit niedrigem PDI, d.h. einer niedrigeren Akzeptanz von Machtgefälle zeichnen sich gegenüber Ländern mit hohem PDI wahrscheinlich u.a. aus durch:

- geringeres Gewicht auf Gehorsam der Kinder,
- geringeres Gewicht konformen Verhaltens,
- größere Bereitschaft Vorgesetzten zu widersprechen,
- größeres gegenseitiges Vertrauen,
- negativere Bewertung genauer Überwachung durch Vorgesetzte und
- informelle Beteiligung an Entscheidungen möglich ohne formelle Partizipation.

Aufgrund der unterschiedlichen Plazierungen z.B. Schwedens und der Bundesrepublik Deutschland kann daher in einem weiteren Schritt der Vorhersage vermutet werden, daß diese Charakteristika die schwedischen Gesellschaft im Vergleich zur bundesrepublikanischen beschreiben. Tatsächlich können diese Hypothesen bei erstem Anschein ein hohes Maß an Plausibilität für sich in Anspruch nehmen [25].

Von besonderem Interesse sind die Konsequenzen einer hohen oder niedrigen Ausprägung des PDI für das politische System, für Philosophie und Wissenschaft sowie für Organisationen, die Hofstede aufgrund der Auswertungen weiterer Untersuchungen postuliert.

Danach zeichnen sich Länder mit einem niedrigeren PDI u.a. aus durch:

- politische Parteien mit relativ schwachen Flügeln,
- verhältnismäßig großem Gewicht von Parteien die soziale Gleichheit vertreten (gewöhnlich Sozialdemokraten),
- ein auf Einkommensverteilung ausgerichtetes Steuersystem und
- pragmatische Gewerkschaften.

Ohne jeden Zweifel treffen diese Charakteristika, die Aussagen über Länder nach ihrer Plazierung auf dem Index des Machtgefälles zulassen, verhältnismäßig gut auf die Bundesrepublik zu.

Deutlich ist aber auch, daß sie auf Schweden, das einen noch geringeren PDI-Index aufweist, wahrscheinlich noch besser zutreffen. Auch hier haben die Vorhersagen eine gewisse Plausibilität für sich.

Besonders relevant sind schließlich die Aussagen, die für die Konsequenzen in Organisationen gemacht werden. So wird die Hypothese aufgestellt, daß in Ländern mit einem höheren PDI in Organisationen folgende Merkmale zu beobachten sind:

- größere Zentralisation,
- steilere Organisationspyramiden,
- höherer Anteil an Vorgesetzten und
- größere Einkommensunterschiede.

Tatsächlich spricht einiges dafür, daß im Rahmen der öffentlichen Verwaltung diese Unterschiede zwischen der Bundesrepublik Deutschland und Großbritannien auf der einen Seite und Schweden auf der anderen Seite zu beobachten sind.

Bezüglich der Zentralisierung sind Aussagen schwierig, da kein objektives Maß zur Verfügung steht. Allerdings ist das schwedische System mit der Fülle voneinander und vom Ministerium unabhängigen Behörden [26] und der extrem dezentralisierten Form der Politikformulierung [27] allem Anschein nach tatsächlich weniger zentralisiert, als das britische System der jeweiligen direkten Verantwortung der einzelnen Ministerien oder das deutsche System, mit formeller Dezentralisierung im Rahmen des Föderalismus, aber tatsächlicher "Ressortkumpanei" [28].

Deutlicher sind die Aussagen bezüglich der Steilheit der Organisationspyramide, d.h. der Anzahl der Hierarchieebenen und dem Anteil der Vorgesetzten am Beispiel der Organisation von Ministerien plausibel zu machen. Abb. 4.7. zeigt die normalen Hierarchieebenen von Ministerien in Schweden, Großbritannien und der Bundesrepublik Deutschland. Die viel "flachere" Pyramide in Schweden ist eindeutig. Nun mag diese mit Besonderheiten der schwedischen Ministerialorganisation zusammenhängen (kleine Ministerien, sämtliche Durchführungsaufgaben sind auf unabhängige Behörden ausgelagert), aber der vorausgesagte Befund der geringeren Anzahl hierarchischer Ebenen ist trotzdem eindeutig. Genauso folgt aus dieser geringeren Zahl der Ebenen und dem flacheren Organisationsaufbau auch, daß die Anzahl von Vorgesetzten und damit wahrscheinlich auch die Einkommensunterschiede in Schweden geringer sind als in den übrigen hier interessierenden Ländern.

In Schweden gibt es unterhalb der Leiter der kleinsten Einheiten, d.h. der "Huvudmännen" für Universitätsabsolventen, nur noch eine Ebene, die sog. Kansliraad oder Departementsraad (die Bezeichnung richtet sich nach der Art der Aufgabe). In Großbritannien gibt es immerhin zwei oder drei Stufen (Administration Trainee, Higher Executive Officer, Senior Executive Officer - die letzte Stufe kann übersprungen werden), bei uns auch mindestens drei Stufen (Regierungsrat, Oberregierungsrat, Regierungsdirektor).[28a)]

SCHWEDEN	GROẞBRITANNIEN	BUNDESREPUBLIK DEUTSCHLAND
Statsraad Statssekreterare	Minister Junior Minister Permanent Secretary 2nd Perm. Secretary	Minister Parl. Staatssekretär Staatssekretär
Integrerat Sakomraade/ Enhet (Huvudman = Kansliraad/Departementsr.)	(Deputy Secretary/ Director)	Abteilung (Abteilungsleiter = Ministerialdirektor)
	Division (Under Secretary)	Unterabteilung (Unterabteilungsleiter = Ministerialdirigent/ Ministerialrat)
	Branch (Assistent Secretary)	Referat (Referatsleiter = Ministerialrat/Regierungsdirektor
	Section (Principal)	

Abb. 4.7 : Hierarchieebenen in Ministerien

Die hier angeführten Beispiele dürfen nicht als Beweis der von Hofstede vorausgesagten Folgen unterschiedlicher "Power Distance Norm" oder Akzeptanz des Machtgefälles mißverstanden werden, aber sie zeigen, daß sich aufgrund dieser Einstellungsdimensionierung durchaus vorläufig plausible Aussagen machen lassen.

Diese hier aufgrund der verhältnismäßig geringen Unterschiede des Power Distance Index entwickelten vorläufigen Hypothesen, können durch die viel deutlicheren Unterschiede der Untersuchungsländer in den anderen Dimensionen, in denen jeweils ein Land erheblich von den anderen abweicht, ergänzt werden. Die von Hofstede als mit einer eher höheren (oder niedrigeren) Ausprägung der jeweiligen Indizes identifizierten gesellschaftlichen Einstellungen und Werte und die damit verbundenen Verhaltensweisen und Strukturen werden jeweils für das betreffende Land aufgeführt und als Hypothesen für dieses Land angenommen.

Aus den Abb. 4.5 und 4.6 (s.S. 89-90) geht hervor, daß sich die Bundesrepublik Deutschland von Schweden und Großbritannien vor allem durch einen verhältnismäßig hohen Wert des "Uncertainty Avoidance Index" (UAI) auszeichnet. Dieser Index soll die in einer Gesellschaft vorhandene Toleranz gegenüber Ungewißheit messen.

Gesellschaften mit einem niedrigen UAI akzeptieren eher die im täglichen Leben unvermeidbare Ungewißheit. Dort wird jeder Tag genommen wie er nun einmal ist, während in Ländern mit einem hohen UAI, d.h. einem hohen Verlangen nach der Vermeidung von Ungewißheit, diese als eine kontinuierliche Bedrohung aufgefaßt wird, die zu bekämpfen und zu verringern ist [29].

Abb. 4.8 faßt sowohl die nach Auffassung Hofstedes mit einem hohen UAI-Wert, d.h. geringe Toleranz gegenüber Ungewißheit, wie ihn z.B. die Bundesrepublik aufweist, verbundenen Einstellungen und Werte wie auch wahrscheinliche Konsequenzen für Gesellschaft und Organisationen zusammen. Allerdings sind aus der Fülle der von

Hofstede angeführten Hypothesen hier nur diejenigen ausgewählt, von denen anzunehmen ist, daß sie für die hier interessierende Fragestellung besonders aussagekräftig sind. Die Unterscheidung zwischen Einstellungen/ Werten und Verhaltensweisen/ Strukturen ist dabei nur sehr grob. Sie hat eher heuristischen Wert.

Jede dieser Hypothesen wird von Hofstede durch eine oder mehrere vorhandene Untersuchungen belegt. Die einzelnen Untersuchungen auf deren Grundlage diese Hypothesen formuliert wurden, können hier nicht ausführlich referiert werden. Zu beachten ist allerdings, daß die Hypothesen i.d.R. aufgrund von Untersuchungen formuliert wurden, die nur eine geringe Anzahl von Ländern umfassen und zwar fast nie die hier interessierenden Länder. Trotzdem scheinen diese Hypothesen mit einer gewissen Plausibilität Einstellungsunterschiede zwischen der Bundesrepublik Deutschland auf der einen und Schweden und Großbritannien auf der anderen Seite zu reflektieren und es lassen sich auch - wiederum auf der Ebene der Plausibilität - Belege für diese Unterschiede finden. Z.B. bestätigt Inglehart den größeren Generationsunterschied in Deutschland gegenüber anderen europäischen Ländern [30)] und auch die besondere Präferenz und das Vertrauen in Spezialisten bei uns ist verschiedentlich bemerkt worden [31)].

Allerdings soll hier jetzt nicht der Versuch gemacht werden, mehr oder weniger plausible Argumente oder Untersuchungsergebnisse für die Richtigkeit der aus dem Material von Hofstede generierten Hypothesen aufzuführen. Diese Vorgehensweise wäre auch wissenschaftstheoretisch problematisch. Statt dessen geht es hier nur darum, diese Hypothesen herauszuarbeiten, damit sie als Grundlage und Anleitung für die weitere empirische Untersuchung dienen können.

Abb. 4.8 : Grundlegende Einstellungen und Werte - Hypothesen zur Bundesrepublik Deutschland

hoher UAI (Uncertainty Avoidance Index), dh.h. geringere Toleranz gegenüber Ungewißheit

<u>damit verbundene Einstellungen und Werte:</u>

- mehr Angst vor der Zukunft,
- mehr Widerstand gegen Veränderungen,
- Führungskräfte sollten aufgrund von Seniorität ausgewählt werden,
- mehr Angst vor Versagen,
- weniger Risikobereitschaft,
- mehr Ehrgeiz im Hinblick auf persönlichen Erfolg,
- lieber Spezialisten als Generalisten,
- hierarchische Strukturen sollten klar sein und respektiert werden,
- klare Anforderungen und Instruktionen werden bevorzugt,
- Regeln sollen nicht gebrochen werden,
- Konflikte in Organisationen sollten vermieden werden,
- pessimistische Einschätzung des Umfangs der Initiative, Ambitionen und Führungsqualitäten normaler Leute,

<u>damit verbundene Verhaltensweisen und Strukturen:</u>

- Bürger mehr von staatlichen Stellen abhängig,
- Beamte mißtrauisch gegenüber der Politik,
- ausgeklügeltes Rechtssystem,
- Suche nach absoluter Wahrheit,
- Aktivitäten in Organisationen mehr strukturiert,
- mehr schriftliche Regeln,
- größere Anzahl von Spezialisten,
- Organisationen sollten so einheitlich wie möglich sein,
- Führungskräfte beschäftigen sich mehr mit Details,
- Führungskräfte weniger bereit individuelle und riskante Entscheidungen zu treffen,
- geringe Flexibilität des Arbeitsplatzes,
- mehr Macht durch Kontrolle von Ungewißheit,
- mehr rituelles Benehmen,

(nach: Hofstede 1980, S. 176 ff.)

Abb. 4.9 zeigt die Hypothesen, die sich aus dem in Großbritannien - im Verhältnis zu Schweden und der Bundesrepublik Deutschland - hohen Individualitätsindex ableiten lassen. Der "Individualism Index" (IDV) mißt, inwieweit in einer Gesellschaft dem Individuum eine größere Bedeutung beigemessen wird als kollektiven Strukturen. So geht man in Ländern mit einem hohen IDV, wie Großbritannien, eher davon aus, daß die Individuen im großen und ganzen selbst für sich und ihre engste Familie sorgen, während in Ländern mit einem niedrigeren IDV von kollektiven Strukturen, wie z.B. Großfamilien, Sippen, aber auch Organisationen erwartet wird, daß sie das Individuum beschützen und ihm helfen. Auch die hier formulierten Hypothesen scheinen beim ersten Anschein eine gewisse Plausibilität für sich zu haben, auch hier dienen sie zunächst als "Merkposten" für die weitere Arbeit.

Abb. 4.10 schließlich zeigt Hypothesen, die sich aus dem extrem niedrigen Wert des "Masculinity Index" (MAS) für Schweden im Vergleich zu den beiden anderen Ländern ergeben. Der MAS soll verdeutlichen, inwieweit in einer Gesellschaft eher "weibliche" Werte und Einstellungen, wie z.B. die Bevorzugung eher sozialer und personeller Werte, gegenüber eher "männlichen" Orientierungen, wie z.B. eine größere Leistungsbereitschaft oder materielle Orientierungen, vorherrschen. Es ist hier nicht der Platz über die Konstruktion und Definition dieses Indexes zu diskutieren, aber grundlegend für ihn ist, daß die gleiche systematisch unterschiedliche Verteilung von Werten und Einstellungen, die in vielen Gesellschaften zwischen Männern und Frauen zu beobachten ist, auch zwischen Gesellschaften deutlich wird. In diesem Zusammenhang ist es Schweden, das vor allen von Hofstede untersuchten Staaten den niedrigsten "Makulinitätsindex", d.h. die größte Bevorzugung "weiblicher" Werte aufweist.

Auch hier wiederum weisen die aufgrund dieser unterschiedlichen Werte des MAS abgeleiteten Hypothesen eine verhältnismäßig große Plausibilität bei erstem Anschein auf.

Abb. 4.9 : Grundlegende Einstellungen und Werte - Hypothesen zu Großbritannien

hoher IDV (Individualism Index), d.h. Individualität ist wichtiger als Kollektivität

damit verbundene Einstellungen und Werte:

- persönliches Leben (und Zeit) wird höher bewertet,
- eher emotionale Unabhängigkeit vom Arbeitgeber,
- kleinere Organisationen bevorzugt,
- Führungskräfte bewerten Eigenständigkeit ("autonomy") höher,
- Führungskräfte unterstützen moderne Führungsmethoden (z.B. Eigeninitiative der Beschäftigten, Gruppenarbeit)
- Vergnügen, Zuneigung werden als Lebensziele Pflicht, Expertise und Prestige vorgezogen,
- eher universelle Einschätzung der Mitmenschen (gegenüber Ingroup/Outgroup)
- Protest-Potential größer als Repressions-Potential,

damit verbundene Verhaltensweisen und Strukturen:

- größere berufliche Mobilität,
- Arbeiterbewegung eher zersplittert,
- Organisationen begleiten Individuum nicht von der Wiege bis zur Bahre,
- Befinden der Individuen nur gering durch Organisationen beeinflußt,
- Interessen der Organisationsmitglieder werden nicht in erster Linie durch die Organisation wahrgenommen,
- Individuelle Initiative wichtiger als Loyalität und Pflichtbewußtsein,
- Beförderung eher für außenorientierte als für innenorientierte Organisationsmitglieder,
- Beförderung eher nach "Marktwert" als nach "Seniorität" (Anciennität),

(nach: Hofstede 1980, S. 230 ff.)

Abb. 4.10 : Grundlegende Einstellungen und Werte - Hypothesen zu Schweden

niedriger MAS (Masculinity Index), d.h. "weibliche" Ziele (wie interpersonelle Beziehungen, soziale Dienstleistungen) sind wichtiger als "männliche" Ziele (z.B. sozialer Aufstieg, Verdienst)

damit verbundene Einstellungen und Werte:

- Beziehungen zu Vorgesetzten, Kooperation, freundliche Atmosphäre wichtiger als Verdienst, Anerkennung, Aufstieg und Herausforderung,
- Glaube an Gruppenentscheidungen,
- geringere Leistungsmotivation,
- Leistung eher definiert durch menschliche Kontakte und lebenswerte Umwelt,
- Arbeit spielt geringere Rolle (arbeiten um zu leben)
- lieber weniger Arbeitszeit als mehr Geld,
- weniger Stress durch Arbeit,
- eher Sympathie für Schwache und Hilfsbedürftige,
- die Ansicht "die Leute wollen nicht arbeiten" wird abgewiesen,
- mehr Frauen in Führungspositionen,
- weniger Wertunterschiede zwischen Männern und Frauen,
- gleichartigere Rollenverteilung zwischen Männern und Frauen in Kinderbüchern,

damit verbundene Verhaltensweisen und Strukturen:

- "besser sein" als andere wird weder materiell noch sozial belohnt,
- mehr Hilfe für die dritte Welt,
- Erhaltung der Umwelt wichtiger als ökonomisches Wachstum,
- "small is beautiful",
- gleichmäßigere Rollen- und Aufgabenverteilung zwischen Männern und Frauen,
- Karrierestreben geringer ausgeprägt und mehr verteilt,
- mehr Frauen in besser bezahlte jobs,
- geringerer Stress am Arbeitsplatz,
- weniger Arbeitskämpfe

(nach: Hofstede 1980, S. 288 ff.)

Die hier für jedes der drei Untersuchungsländer aufgestellten Hypothesen, in denen aufgrund unterschiedlicher und (für das betreffende Land jeweils gegenüber den beiden anderen Ländern) abweichender Plazierung auf den Dimensionen gesellschaftlicher Orientierung auf bestimmte Ausprägungen nationaler Kulturen relevant für Verwaltungen und bestimmte Konsequenzen für gesellschaftliche Verhaltensweisen und Strukturen geschlossen wurde, machen eine grundlegende Hypothese dieser Untersuchung, daß nämlich die drei hier untersuchten Länder bezüglich der Verwaltungskultur sich unterscheiden, sehr plausibel. Ausgehend von Hofstedes Untersuchung und den von ihm zur Ergänzung herangezogenen weiteren Untersuchungen ist zu vermuten, daß die Bundesrepublik Deutschland, Großbritannien und Schweden bezüglich ihrer relevanten Einstellungen und Orientierungen gegenüber der öffentlichen Verwaltung erhebliche Unterschiede aufweisen.

Gleichzeitig können die hier skizzierten Hypothesen zur Interpretation und Erläuterung der in Teil II herausgearbeiteten Unterschiede der Policies dieser Länder herangezogen werden. (S.Kap.11)

4.2.2. Verwaltungskultur II: Einstellungen und Werte in der öffentlichen Verwaltung

Nach der oben getroffenen Unterscheidung (vgl. 2.3.) umfaßt das andere Konzept der Verwaltungskultur die in einer (oder "der") öffentlichen Verwaltung zu konstatierenden Orientierungsmuster, d.h. die vorherrschenden Meinungen, Einstellungen und Werte der Mitglieder des betroffenen öffentlichen Dienstes. Obwohl es im Rahmen der vergleichenden Verwaltungswissenschaft inzwischen eine ganze Reihe sowohl international vergleichender Studien als auch einzelne Länderstudien über den öffentlichen Dienst gibt, ist dieser spezielle Bereich bisher nur sehr wenig untersucht worden.

Die vorliegenden Studien unterscheiden i.d.R. nicht zwischen Orientierungsmustern und Handlungsmustern bzw. beschäftigen sich fast ausschließlich mit Handlungsmustern, d.h. in der Terminologie von Almond/Powell mit Strukturen, wie z.B. Ausbildung, Bezahlung, Rekrutierung, Verhälntnis zur Politik und zur Öffentlichkeit, rechtliche Stellung usw. [32].

Oben wurde argumentiert, daß diese Aspekte wichtige Hinweise auf eine zugrunde liegende Verwaltungskultur geben können bzw. selbst als Elemente einer bestimmten Verwaltungskultur i.w.S. aufgefaßt werden können. In diesem Abschnitt soll es allerdings um Studien der Verwaltungskultur i.e.S., d.h. um Studien über die Kultur bestimmter Verwaltungen gehen. Zu diesem Bereich gibt es einige wenige Länderstudien, die aufgrund von Eindrükken und Impressionen oder auch Literaturstudien versuchen, die vorherrschenden Orientierungen in bestimmten Verwaltungen qualitativ nachzuzeichnen [33], aber nur sehr wenige umfassende und vergleichende Studien, die mit einem quantitativen Instrumentarium, ähnlich wie bei dem Bereich der politischen Kultur, versuchen, sich diesem Problem zu nähern.

Eine Übersicht über vergleichende Studien dieser Art liefert Robert D. Putnam [34], der allerdings nicht nur die Mitgliedeer von Verwaltungen, sondern insgesamt alle wichtigen Mitglieder politischer Eliten untersucht, d.h. die "normalen" Mitarbeiter der Verwaltung, die ja vielleicht für die Verwaltungskultur von besonderer Bedeutung sind, spielen bei ihm keine Rolle [35].

Die Zahl der für Verwaltungskultur i.e.S. und für diese Untersuchung interessanten Studien wird noch weiter eingeschränkt, wenn die Bedingung der Vergleichbarkeit der ermittelten Daten aufgestellt wird und wenn schließlich die Auswahl der relevanten Länder auf Schweden, Großbritannien und die Bundesrepublik Deutschland beschränkt wird. In diesem Bereich gibt es m.W. nur eine größere vergleichende Studie über die politischen Einstellungen der Ministerialbeamten in Westeuropa, die von Robert D. Putnam geleitet wurde [36]. Die politischen Einstellungen, oder präziser die für Politik relevanten Einstellungen von höheren

Ministerialbeamten sind eindeutig eine wichtige Teilmenge der Verwaltungskultur II und daher für diese Untersuchung von Bedeutung.

Im Rahmen der von Putnam geleiteten Untersuchung, die die Länder USA, Großbritannien, Frankreich, Bundesrepublik Deutschland, Niederlande, Schweden und Italien umfaßt, wurden Interviews mit einer größeren Anzahl von Politikern und höheren Ministerialbeamten durchgeführt [37]. Ausgangspunkt der Untersuchung war eine idealtypische Unterscheidung der Verwaltungsbeamten in "klassische" und "politische" Bürokraten. Der Typus des <u>klassischen Beamten</u> wurde durch folgende Aspekte charakterisiert:

- monistisches Verständnis des "nationalen" oder des Staatsinteresses,
- Glaube an objektive Standards für technische Praktikabilität, Recht und Gerechtigkeit als Voraussetzung der Verwirklichung des Gemeinwohls,
- Probleme können rein sachlich gelöst werden,
- Beamte sollten über jeden Parteienzwist erhaben sein,
- dann können ihre Entscheidungen unzweideutig objektiv, unvoreingenommen und daher richtig sein.

Zusammengefaßt:

"Der Beamte des 'klassischen Typs' steht den Institutionen politischer Macht, Parlamenten, Parteien, Interessengruppen und Verbänden mißtrauisch oder sogar ablehnend gegenüber. Die geräuschvollen, von Inkompetenz begleiteten Praktiken der Parteipolitiker erscheinen ihm bestenfalls sinnlos, im schlimmsten Falle aber den wahren und immerwährenden Interessen des Staates sogar abträglich." 38)

Der Typus des <u>politischen Beamten</u> ist demgegenüber durch folgende Charakteristika gekennzeichnet:

- Anerkennung der pluralistischen Verfaßtheit des öffentlichen Interesses,
- Akzeptanz des Vorhandenseins konfligierender Interpretationen des Gemeinwohls und des Vorhandenseins konfligierender Gruppeninteressen als genuinen Bestandteil moderner Gesellschaften,

- der Einfluß politischer Gruppen auf den Willensbildungsprozeß wird als legitim angesehen.

Zusammenfassend:

"Er anerkennt die Notwendigkeit des am Verhandlungstisch erreichten politischen Kompromisses, er schreckt aber notfalls nicht davor zurück, mit allen ihm möglichen Mitteln die von ihm favorisierte politische Strategie zu verteidigen und seinen politischen Vorteil zu wahren." 39)

In Schlagworten zusammengefaßt können die klassischen Beamten als "procedure oriented" und "rule oriented", die politischen Beamten als "problem oriented" oder "program oriented" bezeichnet werden [40].

Zur Feststellung, inwieweit die Beamten der jeweiligen Länder mehr dem Typus des "klassischen" oder des "politischen" Beamten ähneln, wurden verschiedene Indizes gebildet. Wichtig ist in diesem Zusammenhang der "Index of Tolerance for Politics" = ITP, der ein Ausdruck der Einstellungen der Beamten zu ihrer politischen Umwelt sein sollte. Er wurde aus den Antworten auf Fragen des standardisierten Fragebogens gebildet. Einige für diese Untersuchung relevante Fragen und die Verteilung der Antworten auf die uns interessierenden Länder sind in Abb. 4.11 enthalten. Als Ergebnis ist zunächst festzustellen, daß sich die Bundesrepublik Deutschland, Großbritannien und Schweden in bezug auf ihren ITP nicht sehr umfassend unterscheiden. Die Werte sind

- Schweden .58
- Bundesrepublik .59
- Großbritannien .62

Wie dicht diese Länder zusammenliegen zeigt sich z.B. daran, daß der entsprechende Wert für Italien bei .26 liegt, d.h. daß dort die Toleranz gegenüber der Politik und ihren Einflußnahmen auf die Verwaltung viel geringer ist als in den von uns untersuchten Ländern.

Zustimmung zu folgenden Aussagen in % :	BRD	GB	S
Die Einmischung von Politikern in Angelegenheiten, die zu dem eigentlichen Geschäftsbereich von Beamten zählen, ist ein beunruhigendes Moment des gegenwärtigen öffentlichen Lebens	43	9	36
Für die Lösung gegenwärtiger wirtschaftlicher und sozialer Probleme ist es unabdingbar, technischen Erwägungen den Vorrang vor politischen Faktoren zu geben	49	22	32
Obwohl Parteien in der Demokratie eine wichtige Rolle spielen, tragen sie häufig nutzlos zur Zuspitzung von politischen Konflikten bei	30	53	53

Abb. 4.11 : Politische Toleranz von Beamten [41)]

Neben dem politischen Toleranzindex wurde auch ein "Index of Programmatic Commitment" = IPC konstruiert, aus dem hervorgehen soll, inwieweit die Beamten der jeweiligen Länder politischen Idealen und programmatischen Zielen einen größeren Stellenwert beimessen und damit eher dem Typus des politischen Beamten zuzurechnen sind . Einige zur Konstruktion dieses Indexes herangezogene hier relevante Fragen sind in Abb. 4.12 enthalten. Die Werte für die uns interessierenden Länder sind

- Schweden .61
- Bundesrepublik .46
- Großbritannien .49

Der entsprechende Wert für Italien ist .32.

Zustimmung zu folgenden Aussagen in % :	BRD	GB	S
Stärke, Durchsetzungskraft und Effizienz einer Regierung sind wichtiger als ihr spezifisches Programm	46	51	23
Politik ist die Kunst des Möglichen. Deshalb sollten sich die Führer eines Landes um das wirklich kurzfristig Machbare kümmern und nicht ehrgeizigen Idealen langfristig programmierter Projekte nachlaufen	45	41	10

Abb. 4.12 : Programmatische Einstellung von Beamten [41)]

Aus diesen beiden referierten Indizes geht hervor, daß Großbritannien, Schweden und die Bundesrepublik Deutschland in der jeweiligen Verteilung ihrer Beamten auf die Typen "klassisch" oder "politisch" keine großen Unterschiede aufweisen. Im Vergleich z.B. zu Italien sind die deutschen Beamten, gemessen an ihrer "politischen Toleranz" und ihrer "Programmorientierung" nicht merkich mehr "klassisch" orientiert als ihre Kollegen in Großbritannien und Schweden. Diese Einschätzung wird durch weitere Indizes (z.B. einem "Index für elitäres Denken") und die Kodierung der Antworten in den offenen Interviews noch unterstützt. Bezüglich der Rollenauffassung der Beamten in den von uns untersuchten Ländern scheinen also keine tiefgreifenden Unterschiede zu bestehen. In allen drei Ländern gibt es zwar noch "klassische" Beamte, aber ihre Zahl vermindert sich und dominierend sind die "politischen" Beamten:

"Es gab bei der Auswertung aller Daten keine Anzeichen dafür, daß deutsche Beamte weniger egalitär, weniger liberal, weniger politisch verantwortungsbewußt oder programmatisch orientiert seien als ihre britischen oder schwedischen Kollegen." 42)

Dieses Ergebnis ist etwas überraschend, da ja gerade die deutschen Beamten oft als Verkörperung des klassischen Beamtenideals angesehen werden und da auch die Untersuchungen von Wildenmann und Steinkemper ein Übergewicht der klassischen Bürokraten in der Bundesrepublik zum Ergebnis haben.

So hat z.B. Wildenmann 1967/68 bei der Frage nach dem "öffentlichen Dienst als Garant des Gemeinwohls" noch 53 % positive Antworten erhalten, während dies bei Putnam nur noch 17 % sind. Bei der Frage nach der "Gefährdung des Gemeinwohls durch Interessenverbände" gab es bei Wildenmann 63 % Zustimmung, bei Putnam nur 24 % [43].

Putnam erklärt diese Diskrepanz durch den großen Altersunterschied in den beiden Befragungsgrundgesamtheiten. Während bei seiner Befragung ca. 50 % der Beamten 50 Jahre und jünger war, waren es bei Wildenmann nur 8 %. Für ihn werden daher im Rahmen eines Generationenwechsels in der Bundesrepublik Deutschland die klassischen Bürokraten gegen "modern" politische Beamte ausgewechselt. Eine weitere Interpretation, die sich anbietet, ist die Differenzierung nach der hierarchischen Stellung der jeweils untersuchten Beamten. Während Putnam in erster Linie leitende Beamte der Bundesministerien untersucht hat, ist das Sample bei Wildenmann breiter (aus den Angaben geht die genaue Auswahl der Befragten bei Wildenmann nicht hervor). Der Unterschied könnte also auch darin begründet sein, daß sich bei den Spitzenbeamten (die z.T. auch dienstrechtlich "politische Beamte" sind) der Typus des "politischen" Bürokraten durchgesetzt hat, das Gros der Beamten aber immer noch eher dem Typus "klassischer" Bürokrat zuzuordnen ist [44].

Insgesamt spricht daher einiges dafür, daß die Daten und Interpretationen Putnams in bezug auf die Anzahl der klassischen Bürokraten in der bundesdeutschen öffentlichen Verwaltung eher etwas zu optimistisch sind. Eine differenziertere Betrachtung ergibt sich auch, wenn man sich die Verteilung der Prozentzahlen der einzelnen Länder genauer ansieht, und weiteren Fragen, die z.T. in Abb. 4.13 dokumentiert sind, einbezieht.

Zustimmung zu folgenden Aussagen in % :	BRD	GB	S
In einer so komplizierten Welt wie der unsrigen ist es unsinnig, dem Normalbürger noch mehr Kontrollmöglichkeiten über die Regierungsgeschäfte einzuräumen	38	44	20
Die Freiheit politischer Meinungsäußerung ist kein allgemein verbürgtes Grundrecht, weshalb der Staat seine Anwendung sorgsam regeln sollte	33	22	5
Nur durch sozialen Konflikt kann in einer modernen Gesellschaft Fortschritt erzeugt werden	73	54	14

Abb. 4.13: Politische Einstellungen von Beamten [45)]

Eine grobe thesenartige Zusammenfassung der bisher referierten Antworten ergibt die in Abb. 4.14 bis 4.16 aufgeführten sehr groben Charakteristika der Einstellungen in der Ministerialbürokratie der jeweiligen Länder.

Abb. 4.14 : Einstellungen von Ministerialbeamten - Hypothesen zu Schweden
- die <u>Einmischung von Politikern</u> wird eher abgelehnt, - <u>technische Erwägungen</u> werden für eher wichtig gehalten, - die <u>Rolle der Parteien</u> wird eher für schädlich gehalten, - <u>politische Programme</u> sind wichtig, - <u>langfristige Politik</u> ist wichtig, - <u>Bürgerkontrolle</u> der Regierungsgeschäfte ist sinnvoll, - <u>Freiheit politischer Meinungsäußerung</u> ist extrem wichtig, - die <u>Bedeutung von Konflikten</u> wird gering bewertet.

Abb. 4.15 : Einstellungen von Ministerialbeamten Hypothesen zu Großbritannien

- die Einmischung von Politikern wird akzeptiert,
- politische Faktoren werden für wichtiger gehalten als technische Erwägungen,
- die Rolle der Parteien wird gering bewertet,
- politische Programme werden sehr gering bewertet
- kurzfristige Politik ist wichtiger als langfristige Pläne,
- sozialer Konflikt ist für Fortschritt wichtig,
- mehr Bürgerkontrolle der Regierungsgeschäfte ist unsinnig.

Abb. 4.16 : Einstellungen von Ministerialbeamten Hypothesen zur Bundesrepublik Deutschland

- die Einmischung von Politikern in Angelegenheiten der Beamten wird abgelehnt,
- technische Erwägungen sind wichtiger als politische Faktoren,
- die Rolle der Parteien wird akzeptiert,
- politische Programme werden für verhältnismäßig unwichtig gehalten,
- kurzfristige Politik ist wichtiger als langfristige Pläne,
- Freiheit politischer Meinungsäußerung ist nicht so wichtig,
- Notwendigkeit sozialer Konflikte für den Fortschritt wird anerkannt.

Die Zusammenfassung dieser Einstellungen in Abb. 4.17 verdeutlicht, daß zwischen den hier untersuchten Ländern tatsächlich noch erhebliche Unterschiede bestehen. So unterscheiden sich britische Ministerialbeamte von deutschen (und auch schwedischen) dadurch, daß die "Einmischung von Politikern in Angelegenheiten der Beamten" nicht abgelehnt wird und auch nicht an den Vorrang "technischer Erwägungen" geglaubt wird. Auffällig ist, daß in der Bundesrepublik die politischen Parteien positiver bewertet werden als in Schweden und Großbritannien. Dies kann vielleicht durch die viel größere Anzahl an Parteimitgliedern erklärt werden. Überspitzt formuliert: in der Bundesrepublik sind viele Beamte (aus hier nicht interessierenden Gründen) Mitglied einer Partei und stehen diesen daher grundsätzlich positiv gegenüber; in anderen Bereichen vertreten sie aber trotzdem "klassische" bürokratische Ideale (Politik ist bei der "sachgerechten" und "technisch richtigen" Lösung von Problemen eher hinderlich). Aufgrund der Betrachtung der Ergebnisse der einzelnen Fragen kann daher bezweifelt werden, ob in der Bundesrepublik tatsächlich die "klassischen" Bürokraten gegenüber den "politischen" Bürokraten auf dem Rückzug sind. Bestimmte "klassische" Werte und Einstellungen scheinen in der Bundesrepublik immer noch mehr verbreitet zu sein, als in den anderen untersuchten Ländern.

Schweden unterscheidet sich dabei von den beiden anderen Ländern durch die starke Betonung von Bürgerkontrolle (wohl auch als Partizipation zu interpretieren), und von Freiheit in der politischen Meinungsäußerung. Gleichzeitig wird die Bedeutung langfristiger Politik und politischer Programme hervorgehoben, während soziale Konflikte eher negativ bewertet werden.

Aufgrund dieser Teilergebnisse scheint es gerechtfertigt zu sein, von erheblichen Unterschieden in den Orientierungen und Einstellungen der Ministerialbeamten in den hier untersuchten Ländern, und damit von unterschiedlicher Verwaltungskultur im Sinne von "Kultur der Verwaltung" auszugehen. Zwar sind diese

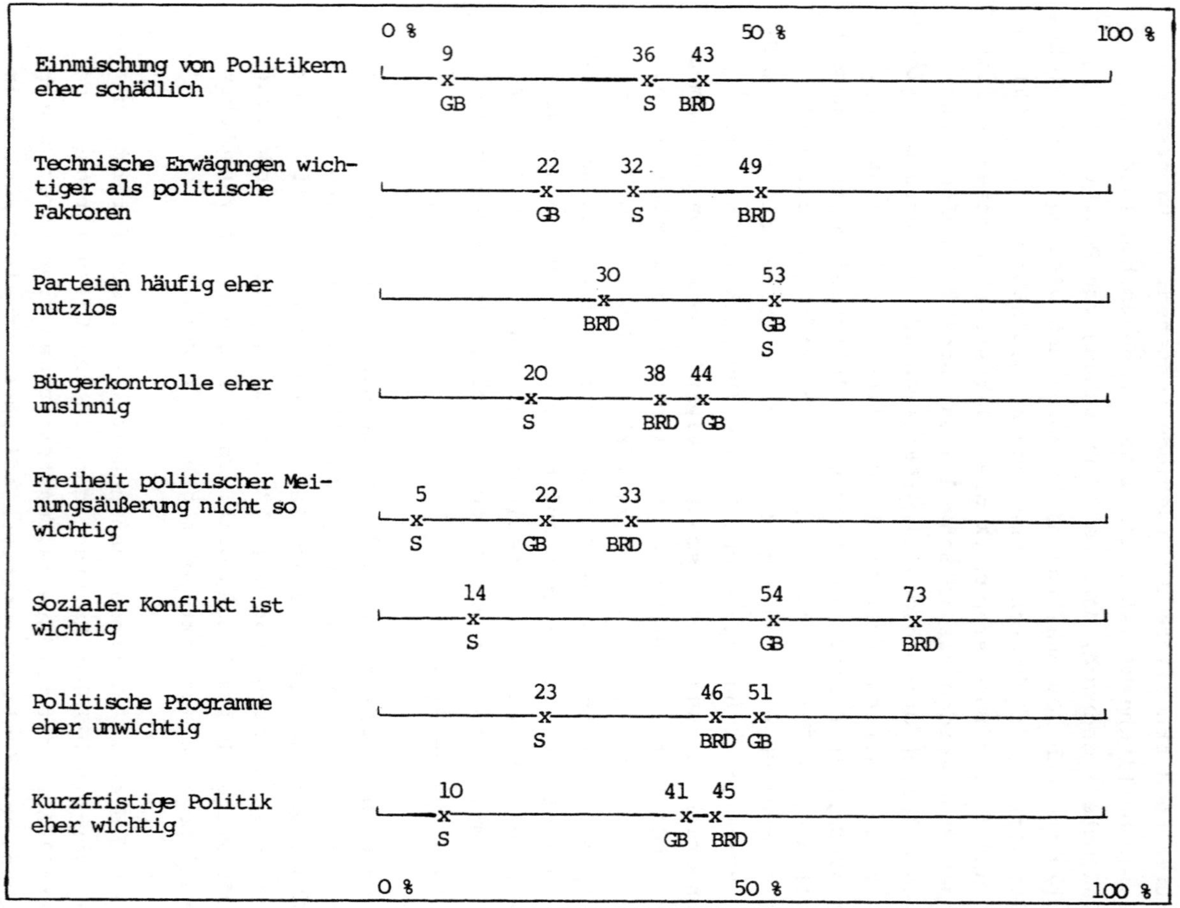

Abb. 4.17: Einstellungen von Beamten im Vergleich 46)

Unterschiede bisher noch nicht umfassend untersucht und dokumentiert worden (zumal die Untersuchungen von Putnam und seinen Partnern noch nicht abschließend veröffentlicht worden sind), aber für die hier intendierte Studie genügt es, auf der Ebene der Plausibilität Unterschiede in den Verwaltungskulturen I und II nachgewiesen zu haben. Die dabei auf der Grundlage vorhandener Untersuchungen aufgestellten groben Hypothesen über Ausprägungen dieser Verwaltungskulturen (vgl. die Abb. 4.14 - 4.16), sollen bei der Interpretation der Ergebnisse der Fallstudien im Teil III wieder herangezogen werden.

4.3. Programme als abhängige Variable

Nachdem die wichtigsten Elemente der Untersuchung und die zwischen ihnen vermuteten Beziehungen definiert sind und plausibel gemacht wurde, daß von Unterschieden der unabhängigen Variablen, nämlich der Verwaltungskulturen i.e.S. ausgegangen werden kann, bleibt als letzter Teil der Konzeptionalisierung der Untersuchung die genauere Aufschlüsselung der abhängigen Variablen, der Programme.

Im Rahmen dieser Untersuchung interessieren in erster Linie ja nicht die Verwaltungskulturen i.e.S. der untersuchten Länder, sondern welche Folgen diese unterschiedlichen Verwaltungskulturen unter Umständen für die Ausgestaltung der Policies dieser Länder haben. Unterschiedliche Verwaltungskulturen i.w.S. in der Form unterschiedlicher Programmstrukturen und Policies können erst dann nachgewiesen werden, wenn Dimensionen der Variable "Programm" und deren mögliche Ausprägungen identifiziert sind. Eine solche Dimensionierung ist nicht unproblematisch, denn bisher gibt es trotz verschiedener Vorschläge und einer inzwischen recht umfangreichen Diskussion, noch keine weitgehend akzeptierte Unterscheidung von Policytypen oder Elementen von Policies. Die schon 1968 getroffene Feststellung von Lewis Froman:

" 'Policy' is simply not a word that has yet required the status of a variable" 47)

scheint daher leider auch noch heute den Diskussionsstand zu charakterisieren. Trotzdem ist es für eine empirische Untersuchung unabdingbar, strukturierende Dimensionen zu definieren, und im folgenden soll daher zunächst eine verbreitete allgemeine Kategorisierung von <u>Policies</u> referiert und auf ihre Brauchbarkeit für diese Untersuchung geprüft werden, um daran anschließend eine genauere Aufschlüsselung der hier interessierenden <u>Programmstrukturen</u> oder <u>Programmelemente</u> vorzunehmen.

4.3.1. Policy-Typen

Fast alle Versuche sämtliche staatlichen Policies zu wenigen Kategorien zusammenzufassen, sind durch eine von Lowi entwickelte Typologie inspiriert worden [48]. Lowi unterscheidet prinzipiell nur 4 Typen von Policies, nämlich distributive, regulative, constituent und redistributive. Die Unterscheidungen dieser vier Typen wird nach der Wahrscheinlichkeit (likelihood) der Anwendung von Zwang (coercion) bzw. nach der Art der Anwendung (applicability) von Zwang vorgenommen. Lowi kommt aufgrund dieser Unterscheidung zu folgendem Schema:

		Applicability of Coercion: Coercion works through	
		Individual Conduct	Environment of Conduct
Likelihood of Coercion	Remote (indirect)	Distributive	Constituent
	Immediate (direct)	Regulative	Redistributive

Abb. 4.18 : Die Lowi Typologie der Public Policies [49]

Lowi's zentrale These lautet "policy determines politics", d.h. die Art der Policy bestimmt das Konfliktniveau und damit die Politics-Dimension. Die Aufgabe der politischen Wissenschaft sieht er darin, Policies (und die diesen zugrunde liegenden Problemsituationen) danach zu typisieren, welches Konfliktniveau sie erzeugen und dementsprechend Policy-Making Systeme nach ihrer Fähigkeit zu unterscheiden, diese Konflikte lösen zu können [50]. Nur ausgehend von dieser Fragestellung ist Lowi's Typologie verständlich, da er zu ihrer Erzeugung typische "Politics"-Kategorien (nämlich Zwang) verwendet. Bestimmte Typen von Policies sind also nach Lowi's Überzeugung nicht zu trennen von - um in der hier entwickelten Nomenklatur zu bleiben - bestimmten "Politikcharakteristika".

Im Rahmen dieser Untersuchung interessieren allerdings nicht - wie bei Lowi - die Auswirkungen bestimmter Policies auf den politischen Prozeß, sondern es geht zunächst nur um die kategoriale Aufschlüsselung vorhandener Policies oder m.a.W. um eine deskriptive Typologie. Auch für diese viel einfachere Fragestellung gibt Lowi's Typologie einige Anregungen, obwohl er seine Policy-Typen nicht sehr ausführlich beschreibt. Trotzdem soll eine kurze Charakterisierung der Lowi'schen Typen vorgenommen werden [51]:

- distributive Policy ("give things away") ist demnach gegeben, wenn einer oder mehreren Gruppen etwas gegeben wird ohne daß deutlich wird, wem etwas genommen wird ("these statutes embody no rule, only authorize a process or designate privilege"),

- regulative Policy ("restrict available alternatives") hingegen umfaßt Verhaltensregeln, die u.U. durch Sanktionen durchgesetzt werden können ("... rules of conduct, with sanctions"),

- redistributive Policy ("take from one group of people and give to another") ist dann gegeben, wenn sowohl deutlich wird, wer von einer Policy profitiert wie auch, wer sie bezahlt ("... rules of classification or categorization"),

- konstitutive Policy schließlich meint Regelungen, die interne Verhältnisse des Policy-Making System betreffen oder z.B. durch Propaganda wirken ("... rules about rules, or rules about powers" 52).

Bevor auf die Vorzüge und Schwachpunkte dieser Policy-Typologie eingegangen wird, sollen einige weitere Systematisierungen kurz referiert werden, die ihren Ausgangspunkt von der Lowi-Typologie nehmen, diese aber mit anderen Politikcharakteristika in Beziehung setzen oder durch weitere (bzw. andere) Policy-Typen ergänzen [53]. Besonders bekannt geworden sind Typologien von Salisbury bzw. Salisbury/Heinz. Salisbury nimmt als Ausgangspunkt seiner Einteilung nicht die Wahrscheinlichkeit oder die Art der Anwendung von Zwang, sondern Charakteristika des Entscheidungssystems ("Decicional System") und der Anforderungsstrukturen ("Demand Pattern"). Beide unterscheidet er danach, ob sie integriert oder fragmentiert sind und kommt dann zu folgendem Schema:

		Demand Pattern	
		integrated	fragmented
Decisional System	integrated	Redistribution	Regulation
	fragmented	Self-Regulation	Distribution

Abb. 4.19: Die Salisbury Typologie der Public Policies [54]

Aufgrund anderer Einteilungskriterien kommt Salisbury also zu fast den gleichen Typen von Policies wie Lowi. Allerdings sind für ihn "constitutional policies" ("policy decisions which establish or revise authority structures") nur ein Spezialfall der "regulative policies". Statt dessen führt er den neuen Typus der

- self-regulative Policy ein, bei der der zu regulierende Tatbestand den beteiligten Interessen zur eigenen Regulierung überlassen wird. Dies ist nach Salisbury eine Folge der Tatsache, daß der Bedarf nach Regulierung in diesem Fall zwar ziemlich einheitlich und abgegrenzt ist (integrated), aufgrund des fragmentierten Entscheidungssystems aber eine redistributive Politik nicht durchzusetzen ist bzw. den beteiligten Interessen eher Nachteile bringen dürfte.

Salisbury/Heinz haben diese Typologie 1970 noch einmal revidiert. Sie kommen zu denselben vier Typen von Policies, (redistributiv, distributiv, selbst-regulierend und regulierend), unterscheiden sie diesmal allerdings nicht nach der Art des Entscheidungssystems, sondern nach den Kosten der Entscheidungsfindung (Cost of Reaching Decision), die hoch oder niedrig sein können. Ihre Typologie sieht dann folgendermaßen aus:

		Cost of Reaching Decision	
		low	high
Demand Pattern	integrated	Redistribution	Self-Regulation
	fragmented	Distribution	Regulation

Abb. 4.20 : Die Salisbury/Heinz Typologie der Public Policies [55)]

Während die bisher vorgestellten Typologien wenig Aufmerksamkeit auf die Charakteristika der einzelnen Policies verwendet haben (die Ihnen wohl ohne weiteres einleuchtend erschienen) und statt dessen sich auf Charakteristika der Input-Strukturen bzw. des Entscheidungssystems, die mit diesen Policies korrespondieren, konzentriert haben, hat Sabatier, ausgehend von den gleichen Policy-Typen, mehr die charakteristischen Merkmale dieser Policies in das Zentrum der Aufmerksamkeit gerückt. Er unterscheidet dabei Policies nach der

- Allokation von Gütern und Dienstleistungen und
- der Regulierung von Verhalten

bzw. nach der resultierenden Verteilung der Nutzen und Kosten als

- "Zero-sum" (Gewinner und Verlierer sind eindeutig und die entstehenden Kosten und Nutzen heben einander insgesamt auf) oder

- "Non zero-sum" (Gewinner und Verlierer sind nicht eindeutig, alle können gleichzeitig etwas gewinnen).

Seine Typologie sieht folgendermaßen aus:

		Intrinsic Nature of Policy Outputs	
		Allocates goods or services	Regulates behavior
Intended and/ or authorized Distribution of costs and benefits	Non zero-sum	Distributive	Self-regulatory
	Zero-sum	Redistributive	Regulatory

Abb. 4.21 : Die Sabatier Typologie der Public Policies [56)]

Sabatier versucht auch jeweils Beispiele für diese Policy-Typen anzugeben. So nennt er (jeweils bezogen auf amerikanische Erfahrungen und Verhältnisse) als Beispiel für:

- distributive Policies: Beschaffung von Verteidigungsmaterial, Forschungsausgaben, technische Hilfsprogramme, Programme zum Ausbau von Flüssen und Häfen;

- redistributive Policies: progressive Einkommenssteuer, Sozialgesetzgebung, "Community Action Program of the War on Poverty";

- regulatorische Policies: Umweltschutzgesetzgebung, Verbraucherschutz, Anti-Diskriminierung von Farbigen und Frauen;

- selbst-regulatorische Policies: "Licensing boards" (bei uns z.B. freiwillige Selbstkontrolle der Filmindustrie, Kassenärztliche Vereinigung).

Die ursprüngliche Typologie von Lowi, das zeigen die Differenzierungen und Veränderungen der anderen Wissenschaftler, hat die theoretische Diskussion über Inhalte von Policies sowie ihre möglichen Folgen (und implizit auch Ursachen) sehr angeregt und bisher auch weigehend bestimmt. Sie ist aber auch heftig kritisiert worden, wobei der zentrale Vorwurf gegen Lowi und die von ihm abgeleiteten Typologisierungen weniger die theoretische Überzeugungskraft der Kategorien war, die allgemein sehr hoch eingeschätzt wurde, sondern eher die problematische Operationalisierung, die die konkrete und eindeutige Zuordnung einzelner staatlicher Aktivitäten zu den herausgearbeiteten Typen erschwert bzw. unmöglich macht [57].

Die Schwierigkeiten der Operationalisierung können verdeutlicht werden an den Problemen, die sich ergeben, distributive und redistributive bzw. distributive und regulierende Policies zu unterscheiden. Bei näherer Überlegung zeigt sich, daß distributive Politiken, d.h. Policies, bei denen irgend ein Gut verteilt wird, immer auch ein Element der Umverteilung, der Redistribution enthalten. Wenn es sich bei der jeweiligen Policy um Geldleistungen (Transfers oder Incentives) handelt oder auch um staatliche Leistungen, ist dies ganz offensichtlich. Diese müssen ja finanziert werden, und durch diesen Prozeß (z.B. durch Steuern oder Staatsverschuldung) ergeben sich distributive Wirkungen. Selbst eine Finanzierung durch (im Extremfall) Inflation, hat umverteilende Wirkungen.

Die Kategorien "distributiv" und "redistributiv" schließen einander im Normfall daher nicht aus, was eine eindeutige Zuordnung empirischer Phänomene, z.B. eines bestimmten Gesetzes oder Programms, zu einer der beiden Kategorien erschwert, wenn nicht unmöglich macht.

Das gleiche Problem ergibt sich bei der Unterscheidung zwischen "regulierenden" und "distributiven" Policies. Wenn durch politische Programme reguliert wird, wird i.d.R. auch verteilt. Durch Regulierungen werden zwar nicht unbedingt Geld, Güter oder Leistungen verteilt, aber z.B. Macht, Einfluß oder Lebenschancen. Zur Verdeutlichung kann auf die verteilenden Wirkungen der Regelungen von z.B. Arbeitslosenhilfe oder auch Wehrpflicht hingewiesen werden. Im Prinzip werden nur Rechte und Pflichten definiert, die Auswirkungen sind eindeutig distributiv. Ein weiteres, vielleicht etwas abgelegeneres Beispiel wäre die Regulierung des Zugangs zu Wäldern und Seeufern. Offensichtlich ist dies eine in ihrem Kern distributive Maßnahme [58].

Die angeführten Beispiele weisen auf einen mit den Operationalisierungsschwierigkeiten verbundenen Schwachpunkt der Typologien hin, sie unterscheiden nicht zwischen den Intentionen einer Policy und den tatsächlichen Wirkungen und Auswirkungen. Wie soll aber eine Policy eingeordnet werden, deren Intention vielleicht regulativ war, deren Wirkungen aber eindeutig redistributiv sind, weil bestimmte Bevölkerungsgruppen davon profitieren? eine Beschränkung der Analyse auf die Intentionen ist problematisch, da ja ganz andere als die herausgestellten Ziele einer Politik zu ihrer Verabschiedung geführt haben können (in diesem Zusammenhang sei an den symbolischen Gebrauch von Politik erinnert) oder auch ursprüngliche Intentionen im Prozeß der Durchführung von Politik verändert werden können.

Die hier aufgeführten Kategorisierungen leiden daher, wie aus dieser knappen Zusammenfassung der wichtigsten Kritikpunkte hervorgehen sollte, unter der zentralen Schwierigkeit, sie adäquat zu operationalisieren, weil ihre Bedeutung nicht ganz eindeutig festgelegt ist und weil die einzelnen Kategorien sich nicht eindeutig ausschließen. Aus diesem Grund hatten bisher alle Forscher, die versucht haben, konkrete staatliche Aktivitäten diesen Typen zuzuordnen, enorme Probleme. So einleuchtend diese Kategorien in der Theorie sind, so schwierig ist es zu entscheiden, ob z.B. die Erhebung einer bestimmten Steuer zu den distributiven oder redistributiven Policies gehört oder ob sie nicht u.U. in erster Linie regulativ wirksam ist, weil sie vorhandene Alternativen wirksam einschränkt.

Ein Beispiel für diese Schwierigkeiten liefert ein Artikel von Blondel u.a. [59], in dem z.B. behauptet wird, daß 14 % der Gesetzgebung in Schweden distributiv seien, während 11 % redistributiv sind. In einem anderen Versuch, die Lowi'sche Typologie in einer empirischen Untersuchung anzuwenden, haben schwedische Wissenschaftler sämtliche Regierungsvorschläge der letzen 10 Jahre [60] jeweils einer Kategorie zugeordnet [61]. Obwohl die Zuordnung der konkreten Vorschläge nicht unproblematisch war, behaupten die schwedischen Wissenschaftler, daß es möglich war, jeden der 735 Vorschläge dieser Jahre einer (und nur einer) der genannten Kategorien zuzuordnen. Bemerkenswert ist, daß in dieser Untersuchung die Kategorie "redistributive Policies" leer blieb. In keinem der Vorschläge wurde offen angegeben, wer "profitiert" und wer "verliert".

In einem Kommentar zu der Untersuchung von Blondel u.a. ist daher auch die These vertreten worden, daß die in dieser Untersuchung festgestellten Unterschiede weniger reale Merkmale reflektieren, sondern eine Folge der problematischen Operationalisierbarkeit der Kategorien sind. Sie haben sich vielleicht deswegen ergeben, weil fünf verschiedene Menschen die Kodierung vorgenommen haben [62]. Die vollkommen anderen Ergebnisse der späteren schwedischen Untersuchung scheinen diese Hypothese zu untermauern.

Trotz der dargestellten Probleme der Typologien von Lowi und den darauf aufbauenden Typologien, soll im Rahmen dieser Untersuchung der Versuch unternommen werden, die jeweils ermittelten Policies einer (oder wenn nötig mehreren) der vorgestellten Typen zuzuordnen, d.h. die Policies sollen danach unterschieden werden, ob es sich vorrangig um

- regulative,
- redistributive,
- distributive,
- konstitutive oder
- selbst-regulierende

Policies handelt. Der Versuch soll trotz der referierten erheblichen Mängel der Typologien und insbesondere ihrer Operationalisierung unternommen werden, um zu überprüfen, ob und inwieweit sich diese Unterscheidungen, auf deren theoretische Ergiebigkeit ja große Hoffnungen gesetzt werden, empirisch nachweisen lassen. Es handelt sich damit um einen weiteren empirischen

Test der vieldiskutierten Klassifikationsschemata, wobei es in erster Linie darum geht zu überprüfen, ob diese Schemata tatsächlich geeignet sind, zur Unterscheidung von Policies beizutragen. Es erscheint wenig sinnvoll zu sein, die Lowi'schen und verwandten Typologien immer wieder theoretisch zu diskutieren, während bisher noch viel zu wenig Anwendungen dieser Typologien bekannt sind [63].

Aufgrund der bekannten Operationalisierungsschwierigkeiten soll es nur darum gehen, die Policies ganz grob nach der überwiegenden Intention einzuordnen. Dabei werden auch ganz bewußt die von Lowi sowie die von Salisbury, Salisbury/Heinz und Sabatier vorgeschlagenen Schemata nicht unterschieden. Es wird von sämtlichen o.g. fünf möglichen Ausprägungen von Policies ausgegangen. Ziel der Klassifikation soll zunächst sein nachzuweisen, ob sich die hier untersuchten Policies im Rahmen dieser Typologien einfangen lassen. Erst danach wird gefragt, wie die Verteilung auf die unterschiedlichen Kategorien ist und ob dabei nationale Besonderheiten zu erkennen sind. Die zugrunde gelegten Kurzdefinitionen sind in Abb. 4.22 zusammengefaßt.

Bezeichnung	Beschreibung
redistributiv	Umverteilung; es ist deutlich, welche gesellschaftliche Gruppe profitiert und welche verliert
distributiv	Verteilung; mehrere Gruppen profitieren ohne daß deutlich wird, wer benachteiligt wird
regulativ	Verhaltensregeln, die durch Sanktionen durchgesetzt werden können
konstitutiv	Regelungen über interne Verhältnisse des Policy-Making-System
selbst-regulierend	Regulierung durch die Betroffenen ohne direkte staatliche Beteiligung

Abb. 4.22 : Übersicht über Policy-Typen (nach Lowi)

4.3.2. Programmstruktur

Im Mittelpunkt der vorliegenden Untersuchung stehen allerdings nach der oben getroffenen Abgrenzung [64] nicht allgemein "Policies" sondern der Output der Politikformulierung, hier als Programme bezeichnet oder in der weitverbreiteten Begrifflichkeit der Systemtheorie Programmstrukturen. Programmstrukturen umfassen nach König "die Aufgaben der öffentlichen Verwaltung und damit die strukturellen Prämissen für die inhaltliche Richtigkeit des Verwaltungshandelns" [65]. Der Strukturbegriff wird in dieser Untersuchung im Sinne der Systemtheorie verwendet, er bezeichnet auf der einen Seite "das Prinzip, welches der Ordnung der Regeln betreffend soziales Verhalten zugrunde liegt", d.h. in diesem Sinne lassen sich unterschiedliche Programmstrukturen (z.B. länderspezifisch) voneinander unterscheiden. Auf der anderen Seite bezeichnet Struktur den Sachverhalt, "das die Ordnung der Regeln bzw. die Geltung des Prinzips der Regelzuordnung relativ dauerhaft ist", d.h. Struktur stabilisiert Verhaltenserwartungen und ist daher über gewisse Zeiträume relativ konstant. Beide Aspekte sind für die vorliegende Untersuchung von Bedeutung [66].

Ziel dieser Untersuchung ist es, genau diese Strukturen, d.h. die über die Zeit relativ konstanten länderspezifischen Prinzipien zu entdecken.

Zu diesem Zweck ist es allerdings notwendig, zunächst Klarheit über das Konzept der Programme zu erlangen. Durch Programme wird staatliches Handeln programmiert, d.h. mehr oder weniger verbindlich festgelegt. Hier soll von einer möglichst breiten Definition staatlicher Programme ausgegangen werden, wie sie z.B. von Derlien vorgeschlagen wurde. Danach sind Programme

> "eine Menge von gemeinsam auf eines oder mehrere deklarierte Ziele ausgerichteten Aktionen des Regierungs- oder Verwaltungssystems" 67).

Ein Programm besteht daher aus verschiedenen Aktionen oder Maßnahmen [68], die unterschiedlichste Formen und Charaktere annehmen können. Sie können normative, budgetäre, organisatorische, personelle u.a. Aspekte umfassen [69]. Ein Programm kann darüber hinaus unterschiedlich stark differenziert sein, sowohl in der vertikalen (z.B. Zielhierarchie, Reichweite) wie in der horizontalen Dimension (Programmelemente, Politiksektoren). Es ist davon auszugehen, daß nur im Ausnahmefall ein Programm als konkrete, faßbare Einheit vorliegt:

> "In vielen Fällen ist dagegen das 'Programm' ein Konstrukt des Forschers, der seine Elemente aus einem oder auch mehreren Gesetzen oder auch anderen Quellen wie politischen Absichtserklärungen, Plänen, verwaltungsinternen Anweisungen, Entscheidungen über Mittelallokationen u.a.m. zusammensucht, wobei ein gemeinsamer Zielbezug als verbindende Klammer fungiert". [70]

Es wird trotzdem weiter davon ausgegangen, daß ein Programm analytisch in folgende Elemente aufgeschlüsselt werden kann:

- es legt eine Anzahl (potentieller) <u>Maßnahmen</u> fest,
- es kann in unterschiedlichen <u>Programmformen</u> auftreten,
- es versucht mehr oder weniger klar definierte <u>Ziele</u> zu erreichen,
- es betrifft bestimmte <u>Akteure und Adressaten</u> des Politikfeldes und
- es enthält bestimmte <u>Steuerungsinstrumente</u>.

Die Unterscheidung dieser Elemente beruht weniger auf theoretischen als auf pragmatischen Erwägungen. Es wird davon ausgegangen, wie der Output der Politikformulierung normalerweise aussieht, welche Elemente in ihm eine Rolle spielen, und aufgrund dieser vortheoretischen Überlegungen sind diese Elemente identifiziert worden. Die Festlegung von Maßnahmen, Programmen, Zielen, Akteuren und Adressaten und Instrumenten eines Politikbereichs entspricht dabei einer Konzeptionalisierung des Prozesses des Policy-Making als Abfolge von Aktivitäten [71], wobei unklar bleibt, in welcher Reihenfolge diese Schritte ablaufen [72]. Zumindest wird angenommen, daß diese oder ähnliche Schritte im

Prozeß der Politikformulierung durchlaufen werden, auch wenn es die Regel sein dürfte, daß Elemente fehlen, ineinander übergehen oder in anderer zeitlicher Reihenfolge ablaufen [73]. Diese Elemente spielen daher eine Rolle als normative Anforderungen oder "idealtypischer Ablauf" des Prozesses der Politikformulierung. Im Vergleich mit diesem Phasenmodell kann festgestellt werden, welche Phasen nicht stattgefunden haben, welche Schritte im Prozeß der Politikformulierung keine Rolle gespielt haben. Es scheint daher nur logisch zu sein, daß diese Kategorien nicht nur als Phasen der Politikformulierung aufgefaßt werden, sondern auch bei der inhaltlichen Beschreibung von Programmen (als Output der Politikformulierung) wieder auftauchen und als zentrale Elemente dieser Programme interpretiert werden können [74].

Im folgenden sollen diese unterschiedlichen Policy-Elemente und ihre denkbaren Ausprägungen etwas genauer vorgestellt werden. Ziel der Diskussion der einzelnen Programmelemente ist es, Merkmale zu identifizieren, deren unterschiedliche Ausprägungen Hinweise auf unterschiedliche Verwaltungskulturen liefern könnten. Dabei werden zunächst ohne theoretische Stringenz und ohne Nachweis, warum bestimmte Merkmale und deren unterschiedliche Ausprägungen relevant sein könnten, die einzelnen Elemente vorgestellt und, wenn nötig, weiter differenziert. Ausgehend vom heuristischen Charakter der Studie, der es ja in erster Linie darum geht, zur Generierung tragfähiger Hypothesen beizutragen, werden Merkmale, in denen Policies unterschiedlicher Politikbereiche und insbesondere unterschiedlicher Länder sich unterscheiden könnten, zunächst nur aufgelistet. Im empirischen Teil der Studie geht es dann darum herauszufinden, ob überhaupt spezifische nationale Unterschiede der Programme festzustellen sind. Für diese empirische Bestandsaufnahme der Policies in verschiedenen Ländern und Politikbereichen soll hier die Grundlage gelegt werden. M.a.W. wird hier das "Netz" geknüpft, mit dem im empirischen Teil der Untersuchung Unterschiede der Policies und damit der Verwaltungskulturen i.w.S. "eingefangen" werden sollen. [74a]

A. Maßnahmen

Die Unterscheidung von "Maßnahmen" und "Programmen" als Elemente des Politikformulierungsoutputs erscheint vielleicht überraschend, da eigentlich dieser Output unter der Bezeichnung "Programme" zusammengefaßt wird. Trotzdem ist sie sinnvoll, denn die "kleinste Einheit" dieser Outputs sind einzelne Maßnahmen, nicht größere Programme. Als erstes wird daher bei der Beschreibung unterschiedlicher Policies gefragt, welche staatlichen Maßnahmen in einem bestimmten Politikbereich intendiert sind, welche Maßnahmen auf der Verlautbarungsebene angekündigt sind. (Im Rahmen der Implementations-Untersuchung wäre dann zu fragen, welche der angekündigten Maßnahmen wie durchgeführt werden.)

Die Frage nach den Maßnahmen eines Politikbereichs macht deutlich, daß Maßnahmen auf ganz unterschiedliche Art und Weise zu Programmen zusammengefaßt werden können. Ein Programm kann auf der einen Seite aus einer einzelnen staatlichen Maßnahme bestehen (z.B. Förderung einer ganz bestimmten Gruppe arbeitsloser Jugendlicher durch eine bestimmte Ausbildung) oder eine große Anzahl von Maßnahmen zusammenfassen (z.B. das bundesdeutsche Arbeitsförderungsgesetz, das die Fördermöglichkeiten für alle möglichen Problemgruppen des Arbeitsmarktes festlegt).

Darüber hinaus kann nicht davon ausgegangen werden, daß die Aktivitäten eines bestimmten Politik- oder Problembereichs jeweils in eindeutig definierten und abgegrenzten Programmen zusammengefaßt sind. Vielmehr ist wahrscheinlich, daß Policies (i.e.S.) in einer Vielzahl unterschiedlicher Programme festgelegt werden und daß z.B. Programme eines bestimmten Politikbereichs gleichzeitig Festlegungen für andere Bereiche treffen (Beispiele: die Zollgesetze enthalten wichtige Festlegungen des Politikbereichs Drogenmißbrauch; der Politikbereich "Jugendarbeitslosigkeit" wird u.a. auch durch Bestimmungen der Schulgesetze und Lehrpläne beeinflußt).

Die Beschreibung des Outputs der Politikformulierung kann daher nicht ihren Ausgangspunkt in der Beschreibung von Programmen nehmen. Damit würden staatliche Aktivitäten, die nicht in eindeutigen, einem Politikbereich zugeordneten Programmen festgelegt sind, und insbesondere kleinere ad-hoc Aktivitäten, die nicht den Status eines umfassenden Programms beanspruchen können, nicht in das Aufmerksamkeitsfeld des Forschers gelangen. So ist z.B. ein Teil der staatlichen Aktivitäten eines Politikfeldes nur im Rahmen des jährlichen Budgets programmatisch verankert.

Durch die Konzentration auf Maßnahmen als Ansatzpunkt der Beschreibung von Policies werden schließlich die Schwierigkeiten vermieden, die sich aus der unterschiedlichen Auffassung über politische Programme in unterschiedlichen Politikbereichen und Ländern ergeben. Was eigentlich ein politisches Programm ausmacht, ab wann man von einem Programm sprechen kann und wie Programme ausgeformt sein sollten ist bisher weitgehend ungeklärt und kontrovers. Erst durch den Ansatzpunkt "intendierte Maßnahmen" kann gezeigt werden, in welchen unterschiedlichen Formen Programme möglich und denkbar sind. Ein Programm besteht immer aus einer Menge (intendierter) Maßnahmen, wobei der Konkretisierungsgrad der Beschreibung der einzelnen Maßnahmen selbstverständlich unterschiedlich ist.

Maßnahmen als Grundelement der Analyse politischer Programme sind insbesondere von Herbert König vorgeschlagen worden. Sie erscheinen seiner Ansicht nach:

"nach dem derzeitigen Stand methodischer Erkenntnis als die kleinste, in sich homogene politische Aktionseinheit oberhalb der Ebene der reinen Aktivitäten, ja auch oberhalb der Ebene exekutiver Projektbescheide". 75)

Maßnahmen als Analyseeinheit von Programmen darf dabei nicht, worauf König ausdrücklich hinweist, mit Einzelentscheidung, Gesetzesanwendung oder Programmdurchführung verwechselt werden. Hier geht es um Maßnahmen als Element politischer Programme.

Der sinnvollste Einstieg in die Beschreibung der Policies unterschiedlicher Politikbereiche und Länder scheint daher die Aufzählung sämtlicher in dem jeweils interessierenden Zeitraum und Politikbereich intendierten staatlichen Maßnahmen zu sein, d.h. ein umfassender Maßnahmenkatalog. Ausgehend von diesem Maßnahmenkatalog können dann die weiteren Elemente der Policies wie Programme, Ziele, Instrumente usw. identifitziert werden.

Die Beschreibung der Programme auf der Grundlage der in ihnen enthaltenen Maßnahmen gibt den Blick dafür frei, daß z.B. aufeinander folgende Programme mit dem gleichen Namen ganz unterschiedliche Maßnahmen enthalten und daß z.B. in unterschiedlichen Ländern zwar Probleme durch ähnliche Maßnahmen bekämpft werden, diese aber in ganz verschieden geschnittenen Programmen festgelegt und miteinander verbunden sind.

Eine staatliche Maßnahme umfaßt im Idealfall alle weiteren Elemente der Programmebene. Mit ihr sollen bestimmte Ziele erreicht werden, es werden Akteure und Adressaten festgelegt, die von der Maßnahme betroffen sind, sie umfaßt bestimmte Steuerungsinstrumente und Regelungen über eine eventuelle Finanzierung. Während es bei einem Programm, das ja i.d.R. unterschiedlichste Maßnahmen umfaßt, oft schwierig ist, es einem bestimmten Policy-Typ zuzuordnen, ist dies bei Maßnahmen normalerweise nicht problematisch. Maßnahmen zeichnen sich gerade dadurch aus, daß sie nur einen Typ staatlicher Aktivitäten umfassen. Die Zuordnung konkreter staatlicher Aktivitäten zu den oben definierten Policy-Typen ist also am ehesten auf der Ebene der Maßnahmen möglich. Die Ebene der Programme ist hierfür ungeeignet, weil in unterschiedlichen Ländern staatliche Programme vermutlich ganz unterschiedliche Umfänge und Konkretisierungsgrade umfassen, d.h. Programme in ganz unterschiedlichen Formen auftreten.

B. Programmformen

Staatliche Programme sind nach dem bisher Gesagten zunächst

einmal Maßnahmenbündel. Die zentrale Frage, die sich daher bei der vergleichenden Beschreibung politischer Programme in unterschiedlichen Politikbereichen und Ländern ergibt, besteht darin zu klären, was eigentlich als Programm bezeichnet wird oder was man als Programm bezeichnen kann. Staatliche Programme, darauf soll hier noch einmal ausdrücklich hingewiesen werden, liegen i.d.R. nicht in einer einheitlichen Form (z.B. als Gesetz) vor, sondern sind eine analytische Kategorie, ein Konstrukt des Forschers. Ohne eine Verständigung darüber, was alles ein Programm ausmachen kann, welche Form es annehmen kann, sind allerdings Vergleiche der Policies, und damit der Programme, in verschiedenen Ländern nicht denkbar. Ein Programm kann in Gesetzesform formuliert sein, aber dies wird der seltenere Fall sein. Zumindest besteht ein Programm fast nie aus einem Gesetz allein. Zu einem Programm können Rechtsverordnungen und Verwaltungsvorschriften gehören, es kann die Form eines formell beschlossenen Plans haben (z.B. Rahmenplan der "Gemeinschaftsaufgabe Verbesserung der regionalen Wirtschaftsstruktur") oder sogar als "Programm" bezeichnet werden ("Mittelhessenprogramm"). Schließlich kann ein Programm auch alle diese Elemente als "Kaskade von Rechtsvorschriften" [76], enthalten, d.h. zu einem Programm können auch bestimmte "Rechtsnormen im Umfeld" gehören [77].

Denkbare Ausprägungen von Programmen wären daher z.B.

- Gesetze,
- Verordnungen,
- Regierungserklärungen,
- inneradministrative Pläne usw. usf.

Wenn Policies in unterschiedlichen Ländern und Politikbereichen verglichen werden sollen, ist daher zunächst festzustellen, in welcher <u>Form</u> diese Policies formuliert sind. Weitere Merkmale der Form eines Programms sind z.B. die Frage, ob ein Programm zeitlich oder örtlich begrenzt ist, d.h. die zeitliche und örtliche <u>Geltungsdauer</u> (z.B. Modellversuch). Interessant ist auch, auf welcher Ebene das Programm formuliert wurde (z.B. Parlament, Regierung, Ministerium, Behörde) und ob bzw. welche Lern- und Veränderungsmechanismen eingebaut wurden. Neben der Anzahl der Programme eines Politikbereichs (gibt es einige wenige umfassende Programme oder sehr viele kleine und begrenzte) interessieren schließlich die Art und Weise der Veröffentlichung, die Verbindlichkeit sowie die Regelungstiefe der jeweiligen Programme [78].

Auf der Grundlage dieser Merkmale soll versucht werden, relevante Unterschiede der Programme in unterschiedlichen Politikbereichen und Ländern zu ermitteln.

Ein besonderes Problem ist in diesem Zusammenhang die übergreifende Charakterisierung der Programme. Die gebräuchliche Einteilung nach den in ihnen vorherrschenden Policy-Typen (regulative, distributive, redistributive Programme usw.) oder Instrumenten (Anreizprogramme, Ge- und Verbotsprogramme, Leistungsprogramme usw.) wird hier für nicht sehr hilfreich gehalten, denn es kann zumindest vermutet werden, daß Programme in unterschiedlichen Ländern eine Reihe unterschiedlicher Maßnahmen enthalten und sich daher nicht eindeutig einer dieser Kategorien zuordnen lassen [79]. Sinnvoller erscheint demgegenüber, insbesondere wenn es darum geht, länderspezifische bzw. politikbereichsspezifische Unterschiede zwischen Programmen zu identifizieren, eine mehr allgemeine Kategorisierung. Um die Beschreibung und Bewertung der unterschiedlichen Programme und Programmformen in den Fallstudien vorab zu sturkturieren, sollen folgende Dimensionen unterschieden werden:

- Umfang, d.h. wie viele Aspekte, Problembereiche, Bezüge werden durch das Programm berührt? Auf einer dichotomen Skala wären die Extrempunkte auf der einen Seite "umfassend/integriert" (das Programm berührt viele gesellschaftliche Bereiche), auf der anderen Seite "begrenzt/isoliert" (das Programm berührt nur einen isolierten Aspekt). 8o)
- Erneuerung, d.h. inwieweit ist das Programm verändernd, enthält es neue und neuartige staatliche Aktivitäten. Extrempunkte wären "verändernd/innovativ" (das Programm betritt

Neuland) und "bewahrend/anpassend" (das Programm ändert höchstens Marginalien). 81)

- Beteiligung, d.h. inwieweit sind bei der Formulierung und Durchführung des Programms gesellschaftliche Gruppen, Institutionen oder auch andere administrative Einheiten beteiligt. Extrempunkte wären "umfassend/weitgehend" (Beteiligung gesellschaftlicher Gruppen ohne Einschränkung) und "begrenzt/eingeschränkt" (nur die Verwaltung ist mit dem Programm befaßt).

- Eingriffsdichte, d.h. wie genau, detailliert und spezifiziert sind die Festlegungen des Programms. Extrempunkte wären "allgemein/offen" (das Programm enthält wenig detaillierte Festlegungen) und "detailliert/genau" (das Programm läßt fast keine Handlungsspielräume). 82)

Die in den Fallstudien identifizierten und analysierten Programme sollen jeweils anhand dieser Dimensionen grob charakterisiert werden, da vermutet wird, daß aufgrund unterschiedlicher Verwaltungskulturen I und II zwischen den Ländern Unterschiede zu beobachten sind.

C. Ziele

Ein weiteres Element zur Unterscheidung von Policies sind die in ihnen explizit oder implizit enthaltenen Ziele. Dabei ist zu beachten, daß die in der Gesamtheit der Maßnahmen eines Politikbereichs verfolgten Ziele nicht unbedingt mit denen in den Programmen des Politikbereichs dazu formulierten Zielen übereinstimmen müssen.

In den Fallstudien soll jeweils versucht werden, sowohl die in den Programmen artikulierten als auch die durch die konkreten Maßnahmen präferierten Zieldimensionen herauszuarbeiten. Es ist durchaus denkbar, daß auf der "Verlautbarungsebene" andere Schwerpunkte staatlicher Tätigkeit gesetzt werden, als mit den konkreten staatlichen Aktivitäten.

Ausgangspunkt der Analyse der Ziele eines bestimmten Politikbereichs sollte jeweils die Reflektion der im Rahmen dieses Bereichs behandelten Probleme sein. Dabei ist unerheblich, ob es sich um reale Probleme handelt (z.B. Arbeitslosigkeit) oder nur um vermeitliche, in Wirklichkeit vielleicht nicht existente Probleme. Eindeutig ist, daß ein Problem vom Policy-Making-System perzipiert oder auch nur (aufgrund von Eigeninteressen der Akteure dieses Systems) erfunden werden muß [83], denn ohne ein perzipiertes externes (oder auch internes) Problem wird das Policy-Making-System nicht aktiv, produziert keinen Output und damit auch keine Programme. Daher soll hier die Dimension "Problem" als unverzichtbare Voraussetzung eines politischen Programms und staatlicher Maßnahmen angesehen werden. Dies, darauf sei hier noch einaml hingewiesen, bedeutet nicht, daß jedes Programm die von ihm behandelten Probleme explizit macht oder auch nur, daß diese bei jedem Programm klar erkennbar wären. Hier geht es nur darum, daß Probleme als analytische Kategorie ein zentraler Bestandteil von Programmen und Policies sind und daher bei der Analyse berücksichtigt werden sollten.

Die zentralen, von den politischen Akteuren perzipierten Problemdimensionen können daher ein sinnvoller Ausgangspunkt der Analyse der mit staatlichen Maßnahmen und Programmen verfolgten und in ihnen artikulierten Ziele sein. Auch diese müssen nicht unbedingt in jedem Programm explizit oder auch nur eindeutig und widerspruchsfrei auffindbar sein. In der Literatur gehört die Klage über vage, vieldimensionale, widersprüchliche usw. Ziele inzwischen zu den Gemeinplätzen [84]. Trotzdem sind Ziele eine wichtige Kategorie bei der Analyse politischer Programme, denn auch die Feststellung, daß Ziele nicht klar erkennbar sind oder im Verlauf der Programmdurchführung außer acht gelassen werden, ist relevant.

Analytisch kann man unterscheiden zwischen Oberzielen, die für sämtliche Politikbereiche gelten, z.B. weil sie im GG formuliert sind ("freie Entfaltung der Persönlichkeit") oder weil sie Teil eines Regierungsprogramms sind ("solidarische Gesellschaft"). Diese Oberziele sind allerdings in der Regel so abstrakt formuliert, daß sie als Handlungsanleitung kaum taugen. Zu den Oberzielen könnte man auch allgemeine Ziele eines Politikbereichs rechnen (z.B. "Arbeit für alle"). Von Oberzielen können analytisch Programmziele unterschieden werden. Während Oberziele ganz allgemein Aussagen über einen erwünschten Outcome machen, definieren Programmziele diesen Outcome konkreter (z.B. bezogen auf bestimmte Zeiträume oder Gebiete oder für bestimmte Bevölkerungsgruppen).

Von allgemeineren Programmzielen können wiederum Ergebnisziele unterschieden werden, die angeben, welche Wirkungen durch einzelne Maßnahmen oder Programmelemente erreicht werden sollen. In diesem Sinne sind die mit einem Programm intendierten Wirkungen nichts anderes als operational formulierte Ziele. Im Idealfall werden in einem Programm für jede Maßnahme folgende Elemente genau definiert:

- das zu verändernde Objekt,
- die Änderungseinrichtung,
- der gewünschte Veränderungsgrad und
- die Zeitperiode, in der die Änderung erreicht werden soll [85].

In der Regel werden Wirkungen allerdings nicht in dieser detaillierten und operationalisierten Form angegeben, und wenn intendierte Wirkungen genannt werden, ist oft nicht eindeutig, in welcher Beziehung diese zu den Programmzielen stehen. In der bisher entwickelten Terminologie können die mit einem Programm intendierten Wirkungen daher auch als Impact-Ziele bezeichnet werden, da durch sie definiert wird, welcher Impact durch die Aktivitäten des Policy-Making-System, d.h. durch die einzelnen Maßnahmen, erreicht werden soll.

Als letzte Zielebene können schließlich Vollzugsziele unterschieden werden. Diese definieren, wie der konkrete Implementations-Output, die staatlichen Aktivitäten und Leistungen, beschaffen sein sollte, damit die inhaltlichen Ziele (Impacts und Outcomes) erreicht werden können. Vollzugsziele können daher auch als Output-Ziele bezeichnet werden. Sie legen m.a.W. fest, durch welche konkreten staatlichen Aktivitäten die oben definierten Ziele erreicht werden sollen. Im Bereich der Förderung kann man z.B. folgende Dimensionen der Output-Ziele unterscheiden:

- räumlich (wo wird gefördert?)
- sachlich (was wird gefördert?)
- instrumentell (wie wird gefördert?)
- zeitlich (wann wird gefördert?)
- institutionell (von wem wird gefördert?)
- Adressaten (wer wird gefördert?)
- Volumen (wie hoch wird gefördert?) [87]

Diese Festlegungen des Implementations-Outputs lassen sich ohne Schwierigkeiten auch auf andere mögliche Steuerungsinstrumente übertragen, z.B. auf regulative Maßnahmen (statt "gefördert" jeweils "bestraft"). Da diese Output-Ziele festlegen, wie ein Programm im Detail durchgeführt werden soll, können sie auch als Implementationsanforderungen interpretiert werden [88].

Die verschiedenen Zielebenen eines Programms, d.h. die Abfolge von Ober-, Programm-, Ergebnis- und Vollzugszielen können als Ausdruck des in einem Programm enthaltenen Wirkungsmodells interpretiert werden. Unter Wirkungsmodell sollen hier die theoretischen Annahmen über die Struktur des Handlungsfeldes verstanden werden, d.h. das System der (impliziten oder expliziten) wenn-dann-Annahmen, an dem sich die im Rahmen eines Programms unternommenen Aktivitäten und Maßnahmen ausrichten [89].

Diese kausalen Annahmen, von denen die meisten Programme eine ganze Anzahl enthalten, werden im Idealfall durch die Zielstruktur der Programme offen gelegt, d.h. die Annahme "wenn die Verwaltung x macht, wird y geschehen", wird über die Kette Vollzugsziele, Ergebnisziele, Programmziele und Oberziele nachvollziehbar.

In der Regel besteht aber über die unterstellten Wirkungsketten große Unsicherheit, sodaß von vornherein fraglich ist, ob sich die analytische Trennung der verschiedenen Zielebenen bei der Analyse der konkreten Programme durchführen läßt. Auf der anderen Seite lassen sich aufgrund der verlautbarten Zielstruktur der Programme Aussagen über das hinter dem Programm stehende Wirkungsmodell machen.

Die vergleichende Beschreibung der Ziele der Maßnahmen und Programme in den untersuchten Ländern soll neben der Analyse von Zielen auf der Verlautbarungsebene in erster Linie an den Inhalten ansetzen, d.h. es soll gefragt werden, ob in den gleichartigen Problembereichen andere inhaltliche Zielsetzungen angestrebt werden. Zu diesem Zweck werden, ausgehend von den weitgehend identischen Problemdimensionen der Bereiche Jugendarbeitslosigkeit und Drogenmißbrauch, allgemeine Zieldimensionen entwickelt und die einzelnen Maßnahmen jeweils diesen Dimensionen zugeordnet.

Dabei muß eine Gefahr der wissenschaftlichen Analyse und Darstellung politischer Ziele wenn möglich vermieden werden, und zwar daß nämlich u.U. ex post eine Rationalität und Hierarchie der verschiedenen politischen Ziele - und damit eine Konsistenz des Zielsystems - konstruiert wird, die in der tatsächlichen historischen Entwicklung der Programme und ihrer Abfolge nicht vorhanden und auch nicht intendiert war.

Neben den inhaltlichen Aspekten der Zielsysteme der einzelnen Bereiche sollen schließlich jeweils einige Bemerkungen zu deren allgemeinen Charakteristika gemacht werden, wobei in Anlehnung an den vorigen Abschnitt, jeweils Umfang, Erneuerung und Eingriffsdichte kurz behandelt werden sollen.

D. Akteure

Ein weiteres wichtiges Element der Beschreibung bzw. des Vergleichs von Programmen sind die in ihnen enthaltenen Angaben über die Akteure bzw. die Adressaten des jeweiligen Politikbereichs und deren Verbindungen untereinander. Programme umfassen i.d.R. analytisch zu unterscheidende Teilbereiche:

- neben Angaben über die mit einem Programm oder einzelnen

Maßnahmen beabsichtigten Wirkungen bei bestimmten Adressaten und deren Zustandekommen (sog. Wirkungsmodell, vgl. den vorigen Abschnitt),

- enthalten sie Angaben über die mit der Durchführung des Programms oder der Maßnahme betrauten Akteure und deren Aufgaben (sog. Durchführungsmodell).

Unter Durchführungsmodell sollen hier in erster Linie die in Programmen und/oder einzelnen Maßnahmen explizit oder (meistens) implizit enthaltenen Angaben über die vorgesehene Implementationsstruktur verstanden werden, d.h. eingeschlossen sind die darin enthaltenen Vermutungen über die kausalen Beziehungen zwischen Organisation, Personal und Prozeduren, mit denen ein gewünschter Implementations-Output am besten erreicht werden kann. So liegt z.B. der Entscheidung, die Durchführung eines Programmes nicht den Gemeinden sondern z.B. einer Sonderbehörde zu übertragen, die Vermutung zugrunde, daß diese Institutionen "besser" geeignet sind, den erwünschten Output zu bringen als andere.

"Die Implementationsstruktur könnte man als das strukturierte Aktorensystem definieren, das ein Programm umsetzt. Die Aktoren sind meist Organisationenen, jedoch in vielen Fällen nicht staatliche, sondern frei gesellschaftliche (häufig als Verbände oder Vereine organisiert)." 90)

Das Durchführungsmodell definiert daher in erster Linie die Akteure und Implementatoren, die bei der Durchfürhung des Programms/der Maßnahme zu beteiligen bzw. verantwortlich sind [91]. Ein Programm bzw. eine Maßnahme muß, bevor sie wirksam werden kann, zunächst einmal implementiert werden, d.h. es muß festgelegt werden wer durchführt, wie die Durchführung organisiert ist, welche Verfahren vorgesehen sind und welches Personal beteiligt ist.

Bei der Aufschlüsselung der denkbaren Merkmale und Unterscheidungen von Implementationsstrukturen wird deutlich, daß es sich hier um einen Teil der generellen Strukturen des Policy-Making-Systems handelt, nämlich der schon erwähnten Organisations-, Personal- und Prozeßstrukturen [92], allerdings nur für den Bereich der Politikdurchführung. D.h. im Rahmen der Programmstruktur werden Festlegungen für die übrigen grundlegenden Strukturen getroffen.

Hier soll in diesem Zusammenhang in erster Linie die Organisationsstruktur, d.h. der in den Programmen festgelegte Aufbau der kommunikativen Beziehungen interessieren. Die Beschränkung hat in erster Linie pragmatische Gründe, denn selbstverständlich lassen sich unterschiedliche Verwaltungskulturen auch und nicht zuletzt in Personal- und Prozeßstrukturen auffinden. Da aber Grundlage der Analyse Programmstrukturen sein sollen, interessieren nur die in diesem Zusammenhang, d.h. für bestimmte Programme relevanten, Organisationsstrukturen. Es geht um die in den Programmen festgelegten Organisationsstrukturen bzw. um Organisationsstrukturen, im Rahmen derer die Programme durchgeführt werden sollen.

Dabei ist noch einmal zu betonen, daß es hier nicht um eine Implementationsuntersuchung geht, d.h. es interessiert nicht die tatsächliche Durchführung, sondern die in den Programmen vorgesehenen Akteure und Adressaten. Bei der Analyse von Implementationsstrukturen kann man unterscheiden zwischen den formal vorgesehen, den faktisch und den in funktioneller Hinsicht (vermutlich) optimalen Beziehungen zwischen den beteiligten Akteuren [93]. Hier interessieren also nur die formal vorgesehenen Strukturen, obwohl die Grenzen sicherlich fließend sind, z.B. wenn "formal" informelle Kommunikationsbeziehungen vorgesehen sind oder zumindest erwartet werden . Auch bezüglich der Organisationsstruktur interessiert wiederum ein Teil, nämlich das Zusammenspiel unterschiedlicher öffentlicher und privater Akteure, die Makroorganisation, und nicht die interne Differenzierung dieser Akteure, die Mikroorganisation [94].

Bei der vergleichenden Beschreibung der Akteure und Adressaten der jeweiligen Policies sollen vor allem vier Aspekte im Zentrum der Aufmerksamkeit stehen. Zunächst soll nach der Anzahl der Akteure gefragt werden, d.h. nach der Einfachheit bzw. Kompliziertheit der Implementationsstruktur. Dabei spielen auch

Zuständigkeitsregelungen eine Rolle; gefragt wird, ob sie einfach und klar sind oder verworren und uneinheitlich.

Weiter interessiert, ob es lokale oder regionale Handlungsspielräume gibt, d.h. inwieweit die Programmdurchführung in den Programmen zentralisiert oder dezentralisiert angelegt ist. Dies ist insbesondere auch ein Problem der Autonomie der jeweiligen Akteure. Eng verbunden hiermit ist die Frage nach der Auslagerung oder Verselbständigung von Verwaltungsträgern, d.h. inwieweit staatliche oder private Träger oder vor allem Zwischentypen in die Programmdurchführung einbezogen werden, bzw. als Akteure der jeweiligen Programme auftreten sollen.

Das Problem der verselbständigten Verwaltungsträger ist in der verwaltungswissenschaftlichen Diskussion der letzten Jahre im angelsächsischen Bereich vor allem unter den Stichworten "Quagos" und "Quangos" diskutiert worden [95].

Es ist sicherlich nicht zufällig, daß diese Diskussion vor allem in den USA und Großbritannien begann, denn gerade dort ist seit dem 2. Weltkrieg eine schier unübersehbare Anzahl dieser "Fringe Bodies", die weder eindeutig dem staatlichen noch dem privaten Bereich zuzurechnen sind, entstanden [96]. Ein besonderes Problem besteht in der Klassifizierung dieser Institutionen [97]. Nach einer ausführlichen Diskussion der verschiedenen Unterscheidungsmerkmale kommt Schuppert zu dem Schluß, daß es keine einfache Dichotomie zwischen "staatlich" und "privat" gibt und daß auch die Einteilung in abgegrenzte Bereiche (etwa "öffentlich-rechtlich", "öffentlich" und "privat") unzweckmäßig ist, sondern daß statt dessen von einer Abstufung zwischen öffentlichen und privaten Institutionen auszugehen ist, das Problem also in einer Skalierung liegt. Es geht darum,

> "die Welt von Regierung und Verwaltung und die der privaten Organisation nicht als dichotomische Entgegensetzung zu begreifen, sondern die Übergänge vom staatlichen zum privaten Sektor als gleitend zu verstehen." [98]

Die nächste Frage ist dann, wie die verschiedenen Institutionen auf dieser Skala von "staatlich" bis "privat" einzuordnen sind. Schuppert kommt zu dem Ergebnis, daß die Kriterien der öffentlichen Aufgabe und auch der Rechtsform ungeeignet sind.

Selbst in der Bundesrepublik mit den klassischen Typen der juristischen Personen des öffentlichen Rechts (Körperschaften, Anstalten und Stiftungen) ist die Rechtsform kein geeigneter Indikator für die Nähe (oder Ferne) zum staatlichen Bereich. Dies gilt noch viel mehr für Großbritannien, wo es keinen festgefügten Kanon öffentlich-rechtlicher Organisationstypen gibt und die rechtlichen Grundlagen der Organisationsgewalt mannigfach sind. Um einen Vergleich der Verselbständigung von Verwaltungsträgern durchführen zu können, müssen daher allgemeinere Kriterien der Zuordnung gefunden werden. In Anlehnung an Schuppert [99)] soll hier die Abhängigkeit der jeweiligen Organisation vom Staat, d.h. das "Ausmaß ihrer Staatsbestimmtheit" verwendet werden. Gefragt soll jeweils werden

> "... ob derjenige, dem ein fremdes Organisationsverhalten zugerechnet werden soll, auch in der Lage war und ist, dieses zu steuern, das heißt maßgeblich zu beeinflussen. (...) Dabei ist für jede einzelne Organisation - bei gleichgelagerten Fällen ist Gruppenbildung möglich - konkret das Ausmaß ihrer Staatsbestimmtheit zu untersuchen." 100)

Offensichtlich sind diese Unterscheidungskriterien noch nicht sehr präzise und bedürfen einer weiteren Operationalisierung. Trotzdem soll in den jeweiligen Fallstudien das Spektrum staatlicher und privater Institutionen und Organisationen in die Bereiche

- <u>Regierung</u> (eindeutig staatliche Organisationen wie Ministerien),
- <u>Quagos</u>, d.h. quasi-governmental-organisations (Organisationen, die dem staatlichen Bereich zuzurechnen sind, aber über eine gewisse Selbständigkeit verfügen),
- <u>Quangos</u>, d.h. quasi-non-governmental-organisations (Organisationen, die weitgehend unabhängig sind, aber staatliche Aufgaben erfüllen oder staatlich beeinflußt sind) und
- <u>private Organisationen</u>

unterschieden werden [101)].

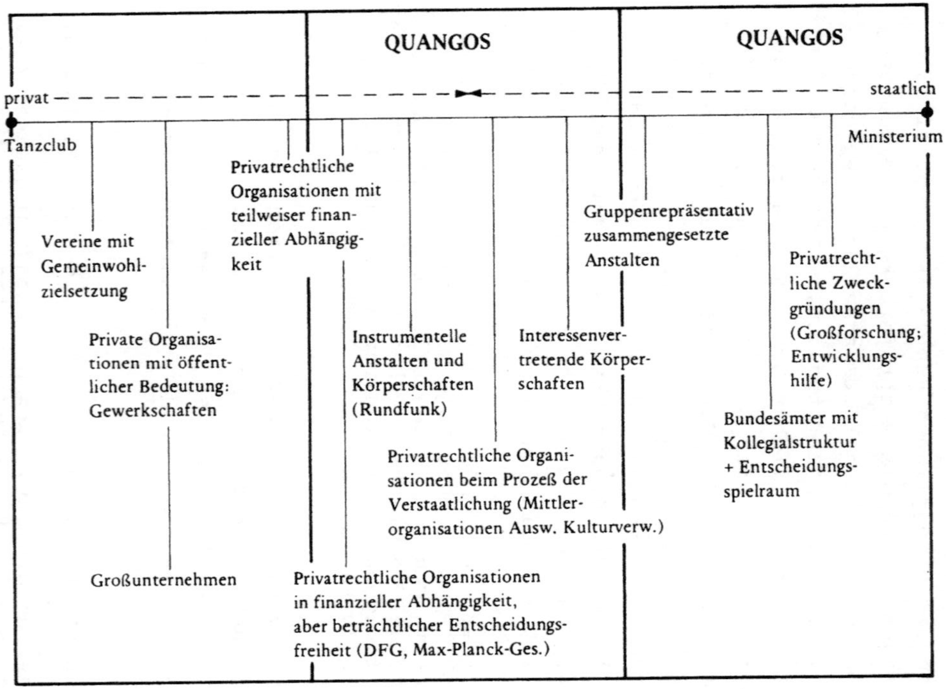

Abb. 4.23 : Der Übergang von staatlichen zu privaten Organisationsformen (nach: Schuppert 1981 b, S. 98)

Die grobe Einteilung des Spektrums in diese vier Kategorien wird am Beispiel eines Skalierungsversuchs von Schuppert illustriert (vgl. Abb. 4.23). Schuppert schlägt dabei für die Bezeichnungen "Quagos" und "Quangos" die deutschen Begriffe "quasi-staatliche" und "fast-staatliche" Organisationen vor.

In den Fallstudien soll jeweils nur ganz grob angegeben werden, welchem dieser Sektoren die entscheidenden Organisationen der jeweiligen Politikbereiche zuzurechnen sind bzw. wo die zentralen Akteure zu verorten sind. Es ist auffällig, daß dieses grobe Kriterium der Abhängigkeit bzw. Unabhängigkeit vom staatlichen Sektor zumindest teilweise mit dem Aspekt der Beteiligung gesellschaftlicher Gruppen und Interessen an der Politikdurchführung korrespondiert.

Bei der Frage nach der Rolle von Quagos und Quangos als Akteure der jeweiligen Policies soll auch beachtet werden, ob entscheidende Änderungen der Makroorganisation im Untersuchungszeitraum zu beobachten sind.

Obwohl die Prozeßstruktur der Programmdurchführung eigentlich nicht in die Untersuchung einbezogen wird (dies wäre eher die Frage einer Implementationsuntersuchung), soll abschließend jeweils eine kurze Einschätzung der Kompliziertheit der Durchführung der jeweiligen Maßnahmen in dieser Organisationsstruktur erfolgen.

E. Instrumente

Das letzte wichtige Element zur vergleichenden Beschreibung und Analyse staatlicher Policies sind die in ihnen enthaltenen Steuerungsinstrumente. Darunter sollen hier die verschiedenen Möglichkeiten der Beeinflussung des Verhaltens unterschiedlicher Akteure verstanden werden. Sämtliche Steuerungsinstrumente zielen auf die Veränderung entscheidungsrelevanter Faktoren bei Akteuren oder Adressaten eines Politikfeldes, in dem Handlungsalternativen angeregt, ermöglicht, erleichtert, erschwert oder sogar ausdrücklich befohlen oder untersagt werden. Abstrakt formuliert werden durch Steuerungsinstrumente die Nutzen-Kosten-Relationen von Handlungsalternativen verändert. Eine bestimmte Aktivität wird attraktiver, weil sie z.B. finanziell unterstützt wird, eine andere unattraktiver, weil sie verboten ist, d.h. ihre Ausführung die Gefahr der Bestrafung in sich birgt. Steuerung wird daher hier im Sinne von Klaus König nicht deterministisch aufgefaßt (engerer Begriff der Steuerung: die Verhaltensweisen des gesteuerten Systems sind völlig festgelegt, keine Möglichkeiten der Rückwirkung), sondern eher in Übereinstimmung mit dem kybernetischen Konzept der Regelung (weiterer Begriff der Steuerung: Einwirkung eines sozialen Systems auf ein anderes, wodurch dessen Funktionen und Strukturen beeinflußt werden, ohne daß eine streng einseitige Gerichtetheit und eine strikte Befolgung vorausgesetzt werden) [1o2].

In der Literatur ist gelegentlich zwischen internen und externen Steuerungsinstrumenten unterschieden worden [1o3], je nachdem, ob interne Akteure des Policy-Making-System Adressaten der Steuerung sind (wie z.B. Kommunen, Kreise oder ausgelagerte Behörden) oder externe Akteure des Politikbereichs (wie z.B. Unternehmen, Organisationen oder Privatpersonen). Diese Unterscheidung soll hier zunächst nicht vorgenommen werden, da davon ausgegangen wird, daß prinzipiell gegenüber sämtlichen Adressaten, deren Verhalten beeinflußt werden soll, das gleiche Steuerungsinstrumentarium zur Verfügung steht. Eine interessante empirische Frage ist allerdings, ob und welche prinzipiellen Unterschiede es in der Anwendung der verschiedenen möglichen Instrumente gegenüber internen und externen Akteuren gibt. Zur möglichen Klärung dieser Frage und zur Unterscheidung "externer" von "internen" Akteuren werden unten weitere Anmerkungen gemacht [1o4].

Die allgemeinste Systematik möglicher Steuerungsinstrumente unterscheidet drei Typen von Instrumenten:

- regulative Instrumente (z.B. Vorschriften und Kontrolle),
- finanzielle Instrumente (z.B. Subventionen und Abgaben) sowie

- informationelle Instrumente (z.B. Informationen und Ratschläge). [1o5]

Bei allgemeiner Betrachtung stehen dem Policy-Making-System also prinzipiell drei unterschiedliche Steuerungsressourcen zur Verfügung, und zwar im Fall der regulativen Instrumente "Macht" oder "Autorität", im Falle der finanziellen Instrumente "Geld" oder allgemeiner "Ressourcen" und im Fall der informationellen Instrumente "Informationen" oder etwas negativer gewendet "Propaganda" [1o6].

Tatsächlich kann ein Großteil der von den verschiedensten Autoren vorgeschlagenen Typen von Steuerungsinstrumenten unter diese drei Kategorien subsumiert werden. Zu den <u>regulativen Instrumenten</u> sind zu rechnen

- <u>Gebots- und Verbotsnormen</u>, deren Einhaltung die Organe der Rechtssicherung (Polizei, Gerichte) kontrollieren bzw. deren Verletzung ahnden (z.B. Strafgesetze),

- <u>Gebots- und Verbotsnormen</u>, die durch administrative Vollzugsinstanzen (Behörden, Ämter) durchgesetzt werden (z.B. Auflagen, Produktionsstandards im Arbeits- oder Umweltschutz), sowie

- <u>Anzeige- und/oder Genehmigungspflichten</u> für private Tätigkeiten, die ohne solche Erlaubnisse verboten sind (z.B. Führerschein, Baugenehmigung).

Diese Gebots- und Verbotsnormen bzw. Anzeige- und Genehmigungspflichten können durch eine ganze Palette möglicher Sanktionen und rechtlicher Regelungen durchgesetzt werden, d.h. durch unterschiedliche Formen von <u>Befehl und Zwang</u>. Zu unterscheiden sind u. a.

- <u>Gesetze, Rechtsverordnungen und Satzungen</u>, in denen z.B. Ge- und Verbote sowie Pflichten (z.B. Schulpflicht, Steuerpflicht) festgelegt sind,

- <u>Verwaltungsakte</u>, die z.B. Genehmigungspflichten, Zwangsschlichtungen, Preisfestsetzungen enthalten können,

- <u>Vollstreckungszwang</u>, der u.a. Zwangsvollstreckung, Verwaltungsvollstreckung, Ersatzvornahme, Zwangsgeld, unmittelbaren Zwang und Zwangshaft umfassen kann, sowie

- Sanktionszwang durch Strafen oder Geldbußen. [107]

Durch Anwendung regulativer Instrumente wird also eine direkte Beeinflussung der Adressaten erreicht, wobei diese mit Sanktionen rechnen müssen, wenn sie sich dieser direkten Verhaltensbeeinflussung nicht beugen.

Unter die Kategorie finanzielle Instrumente fallen u.a.

- finanzielle Transfers, d.h. die Übertragung finanzieller Mittel an dazu Berechtigte z.B. Sozialhilfe, Wohngeld,
- die mittelbare Lenkung durch finanzielle Anreize (incentives) z.B. Subventionen, Förderungen, Zuschüsse,
- die mittelbare Lenkung durch Abgaben (negative Anreize, disincentives) z.B. steuerliche Maßnahmen, Gebühren, Verursacherprinzip usw.,
- die Schaffung künstlicher Märkte, z.B. durch Bildungsgutscheine, sowie
- schließlich der Ankauf von Gütern und Dienstleistungen durch den Staat. [108]

Finanzielle Instrumente zeichnen sich dadurch aus, daß durch monetäre Mittel die Kosten-Nutzen-Relationen alternativer Handlungsmöglichkeiten geändert und auf diese Art das Verhalten der Akteure beeinflußt wird.

Informationelle Instrumente sind schließlich:

- Informations- und Öffentlichkeitsarbeit, z.B. durch Apelle, Empfehlungen, Einsatz von Massenkommunikationsmitteln;
- indikative und informative Pläne und Programme, z.B. Regierungserklärungen, Setzung von Orientierungsdaten, Absichtserklärungen;
- symbolische Belohnungen, z.B. durch Titel, Ordensverleihung, öffentliche Belobigung;

Informationelle Instrumente zeichnen sich dadurch aus, daß in einer "weichen" Form der Beeinflussung durch die Übermittlung von Informationen eine Verhaltensänderung herbeigeführt werden soll.

Etwas außerhalb dieser einfachen Dreiteilung politisch-administrativer Steuerungsinstrumente scheinen zwei weitere Typen von Instrumenten zu liegen, die relativ oft angewandt werden, und zwar

- die Übernahme der Leistungserstellung durch die öffentliche Hand, indem z.B. Güter und Dienstleistungen gratis oder zu einem anderen als dem Marktpreis angeboten werden (z.B. technische oder personelle Infrastrukturen, Straßen, Schulen usw.) sowie
- die Beeinflussung der Form oder Struktur der Entscheidungsfindung, indem z.B. die Organisation, die personelle Beteiligung oder das Verfahren bei Entscheidungen über Handlungsalternativen beeinflußt werden (z.B. konzertierte Aktionen, Mitbestimmungsregeln usw.).

Der erste Instrumententyp kann als Spezialfall der Anwendung finanzieller Instrumente angesehen werden; von staatlicher Seite werden finanzielle Mittel eingesetzt, um bestimmte Aktivitäten zu ermöglichen oder zu erleichtern (z.B. Bereitstellung von Transportmöglichkeiten durch den Staat anstelle der Subventionierung privater Transportunternehmer) [110].

Es ist sinnvoll, diesen Instrumententyp als eigene Kategorie zu behandeln, da gerade die Übernahme von Tätigkeiten durch den Staat von entscheidender Bedeutung für das westliche Staatsverständnis ist. Die Ausweitung des staatlichen Sektors gegenüber dem privaten Bereich wird durch den Übergang von mehr mittelbarer Beeinflussung (z.B. Subventionierung) zu mehr unmittelbarer (staatliche Leistungserstellung) besonders deutlich und gerade dieser Instrumententyp ist Kernpunkt vieler Diskussionen über "overloaded government" und "Staatsversagen", obwohl eigene staatliche Leistungserstellung eben nur eine Form möglicher staatlicher Intervention ausmacht. Es wäre daher falsch, diese besondere Form staatlicher Steuerung nur als Teilaspekt finanzieller Instrumente zu betrachten und damit die Besonderheit eigener staatlicher Leistung aus den Augen zu verlieren.

Der zweite zusätzlich angeführte Instrumententyp, die Beeinflussung der Form der Entscheidungsfindung, ist vor allem unter dem

Sschlagwort der "prozeduralen Regelung" [111] diskutiert worden. Im Prinzip handelt es sich hier um einen Spezialfall der informationellen oder auch der regulativen Instrumente, bei dem nicht an der einzelnen Entscheidung, sondern am Modus der Entscheidung angesetzt wird, indem die Beachtung zusätzlicher Informationen bei der Entscheidung in der einen oder anderen Form institutionalisiert wird. Allerdings scheint der Begriff "prozedurale Regelung" etwas zu eng zu sein, denn festgelegt wird ja nicht nur das Verfahren, sondern u.U. auch die Organisationsform, in der entschieden wird sowie die dabei zu beteiligenden Personen. Im Prinzip handelt es sich um die Beeinflussung der Strukturen, in denen die Entscheidungen getroffen bzw. die Handlungsalternativen ausgewählt werden, d.h. wiederum Organisation, Personal und Verfahren.

Auch dieser Instrumententyp soll hier, wegen der - zumindest oft postulierten - zunehmenden Bedeutung gesondert aufgeführt werden.

Bezeichnung	Verhaltensänderung durch:
Regulierung	Ge- und Verbote, Sanktionen
Finanzierung	finanzielle Anreize oder Abgaben; Subventionen oder Transfers
Information	Information, Überredung
Leistung	Angebot staatlicher Güter und Dienstleistungen
Strukturierung	Beeinflussung der Entscheidungsstruktur (Organisations-, Personal- oder Prozeßstruktur

Abb. 4.24 : Übersicht über Steuerungsinstrumente

Die Unterscheidung unterschiedlicher Instrumententypen wurde in der Literatur bisher in erster Linie in Bezug auf die Adressaten von Programmen, d.h. im Bereich "externer" Steuerung vorgenommen, aber es ist einleuchtend, daß z.B. einem Ministerium gegenüber, den Kommunen oder freien Trägern der Sozialhilfe, d.h. den Akteuren der Programme, prinzipiell keine anderen Steuerungsinstrumente als Regulierung, Finanzierung, Leistung, Information oder Strukturierung zur Verfügung stehen. Wie bei den Akteuren zwischen "staatlich" und "privat" ist also auch im Rahmen der Steuerungsinstrumente eher von einem Kontinuum zwischen "interner" und "externer" Steuerung auszugehen, als von zwei eindeutig voneinander zu trennenden Bereichen. Dabei ist es nicht sinnvoll, die Unterscheidung zwischen interner und externer Steuerung nach der Plazierung auf dem Kontinuum zwischen "staatlich" und "privat" zu orientieren, denn wie oben gezeigt wurde, sind bei der Implementation politischer Programme alle möglichen Organisationsformen beteiligt. Statt dessen bietet sich an eine von Renate Mayntz vorgeschlagene Unterteilung zwischen Implementationsstruktur und Implementationsfeld anzuwenden. Während die Implementationsstruktur aus den (wie auch immer organisierten) Akteuren des jeweiligen Programms besteht, wirken diese in das Implementationsfeld hinein, d.h. dieses besteht aus den Adressaten der Programme und auch weiteren Gruppen von Interessenten und Betroffenen [112).]

Etwas anders gewendet besteht die Implementationsstruktur aus den Produzenten der jeweiligen staatlichen Outputs (einschließlich des Distributionssystems), während das Implementationsfeld aus den Konsumenten dieser Outputs besteht. Es erscheint sinnvoll zu sein, die verwendeten Steuerungsinstrumente danach zu unterscheiden, ob sie innerhalb der Implementationsstruktur oder gegenüber dem Implementationsfeld verwendet werden. Die Unterscheidung zwischen "Produzenten" und "Konsumenten" ist keineswegs immer eindeutig und einfach, sondern muß jeweils ausdrücklich definiert werden. Wenn diese Unterscheidung getroffen ist, ergibt sich aber die Möglichkeit, eindeutig zwischen "interner" und "externer" Steuerung zu unterscheiden. Eine Aufgabe der vergleichenden Untersuchung von Ländern und Politikbereichen könnte es sein herauszufinden, ob die jeweilige Zusammensetzung der Steuerungsinstrumente eher länderspezifisch oder eher politikbereichsspezifisch ist und ob dabei jeweils Zusammenhänge zwischen interner und externer Steuerung zu erkennen sind [113].

Neben der Unterscheidung von Steuerungsinstrumenten ist in der Literatur auch verschiedentlich die Unterscheidung von Formen oder Dimensionen der Steuerung vorgeschlagen worden. Z.B. unterscheidet Lundquist die Dimensionen direkte und indirekte sowie spezifische und generelle Steuerung und ordnet diesen Dimensionen dann die vorhandenen Steuerungsinstrumente zu. Dabei bedeuten diese Charakteristika für ihn:

- direkte Steuerung: Ziele und/oder Mittel des Steuerungsadressaten sind festgelegt,
- indirekte Steuerung: der Wille und/oder die Möglichkeit des Adressaten zu Handeln werden beeinflußt,
- generelle Steuerung: die Steuerung umfaßt alle Fälle eines bestimmten Typus,
- spezifische Steuerung: die Steuerung umfaßt nur einen speziellen Fall. [114]

Dahme/Grunow/Hegner unterscheiden Dimensionen politisch-administrativer Programme, die sich aber fast ausschließlich auf die mit dem Programm intendierte Steuerung beziehen und daher auch als Dimensionen von Steuerung interpretiert werden können. U.a. unterscheiden sie

- thematisch-sachbezogene Nähe der Steuerung: Vorgaben können detailliert oder grob und pauschal sein, sie können direkt auf das zu verändernde Verhalten oder indirekt auf die Rahmenbedingungen gerichtet sein,
- Sanktionen: positive Sanktionen regen ein bestimmtes Verhalten an, negative Sanktionen schrecken ab,
- Intensität der Steuerung: je nach der Rigidität von Regelungen und der Wertigkeit von Anreizen gibt es mehr oder weniger intensive Steuerung. [115]

Ausgehend von diesen möglichen Dimensionen und Formen der Steuerung soll in den Fallstudien versucht werden, jeweils einzuschätzen, wie im Rahmen der einzelnen Maßnahmen gesteuert wird, d.h. welche Steuerungsformen angewendet werden, um Akteure und Adressaten der jeweiligen Policies zu beeinflussen. Dabei sollen folgende Dimensionen unterschieden werden:

- Genauigkeit: die Steuerung ist genau, wenn präzise vorgegeben wird, welche Aktivität erwünscht ist, sie ist ungenau, wenn nur grobe Angaben über mögliche erwünschte Zustände vorgegeben werden; 116)

- Motivation: Steuerung kann motivierend sein, wenn positiv auf Akteure und Adressaten eingewirkt wird, in dem bestimmte Aktivitäten oder Verhaltensweisen angeregt werden, sie kann demotivierend sein, wenn sie Verhalten und Aktivität verhindert oder bestraft;

- Spezifität: Steuerung ist spezifisch, wenn sie nur einen speziellen Fall umfaßt (z.B. Einzelfallanweisung), sie ist generell, wenn sie für alle Fälle einer bestimmten Kategorie gilt;

- Verbindlichkeit: Steuerung ist eher verbindlich, wenn es sich um Ge- und Verbote handelt, sie ist eher unverbindlich, wenn es sich um Angebote an Adressaten und Akteure handelt, die diese annehmen oder ausschlagen können. 117)

Schließlich sollen auch in der deutschen wissenschaftlichen Literatur viel diskutierte Unterscheidungen zwischen Ziel- oder Zwecksteuerung und Konditionalsteuerung angewendet werden, und zwar unter dem Stichwort der

- Determiniertheit: Steuerung ist final, wenn den Akteuren bestimmte Handlungsziele und zu beachtende Restriktionen vorgegeben werden und ihnen überlassen wird, ob und welche der unter den jeweiligen Umständen und innerhalb der vorgegebenen Grenzen ihnen sinnvoll erscheinenden Maßnahmen sie auswählen, sie ist konditional, wenn den Akteuren eine Regel vorgegeben wird, nach der jeweils zu entscheiden ist (wenn die Voraussetzungen oder Fallmerkmale 'x' vorliegen, tue/entscheide 'y'). 118)

Offensichtlich handelt es sich bei den hier vorgestellten Dimensionen nicht um dichotomische Einteilungen, sondern um Kontinua, wobei beabsichtigt ist, die im Rahmen der einzelnen Maßnahmen vorgesehene Steuerung jeweils wenn möglich der einen oder anderen Ausprägung der Dimensionen zuzuordnen. Offensichtlich ist auch, daß diese Dimensionen noch nicht hinreichend theoretisch begründet und für eine empirische Anwendung operationalisiert sind. Trotzdem soll der vorläufige Versuch unternommen werden, sie in den folgenden Fallstudien anzuwenden, denn nur durch empirische "Pretests" von deskriptiven Kategorien kann geklärt werden, ob bestimmte Ausprägungen überhaupt in der Wirklichkeit auffindbar sind bzw. sich die Wirklichkeit in die in der Theorie diskutierten Dimensionen einordnen läßt. Die Beschreibung der Steuerungsinstrumente in den Fallstudien soll also auch in diesem Fall dazu benutzt werden, die Anwendbarkeit vorläufiger Dimensionen von Steuerung auszuprobieren, wobei natürlich auch interessiert, ob sich, sollten diese Dimensionen sich als brauchbar erweisen, Unterschiede zwischen den Ländern und Politikbereichen ergeben.

4.3.3 Zusammenhänge zwischen den verschiedenen Kategorisierungen

Die bisherige Diskussion der verschiedenen Möglichkeiten der Kategorisierung und Systematisierung von Policies hat eine zunächst verwirrende Vielfalt möglicher Typen und Ausprägungen ergeben und damit der Möglichkeiten der Beschreibung und des Vergleichs von Policy als abhängige Variable. Unterschieden wurden denkbare Policytypen in Anlehnung an Lowi u.a. (regulativ, distributiv, redistributiv, konstitutiv und selbst-regulierend), unterschiedliche Programmstrukturen (Maßnahmen, Programmformen, Ziele, Akteure und Instrumente) sowie deren denkbare Ausprägungen, wobei insbesondere die Kategorisierung der Programmformen (Umfang, Erneuerung, Beteiligung, Eingriffsdichte) und die Steuerungsinstrumente (Regelung, Finanzierung, Information, Leistung, Strukturierung) sowie unterschiedliche Steuerungsformen besonders relevant erschienen.

Schon auf den ersten Blick scheinen gewisse Beziehungen zwischen diesen unterschiedlichen Systematisierungsebenen zu bestehen. Besonders deutlich wird dies an der mehrmaligen Verwendung gleicher oder ähnlicher Begriffe. So wird von "regulativen Policies" gesprochen und von "regulativen Instrumenten". Gleichzeitig ist auch die Charakterisierung von Programmen nach den in ihnen vorherrschenden Instrumenten geläufig, man spricht von regulativen Programmen oder Anreiz- bzw. Leistungsprogrammen. Trotz dieser Begriffsverwirrung soll hier die These vertreten werden, daß die hier unterschiedenen drei prinzipiellen Ebenen (Policytypen, Programme und Instrumente) nicht jeweils nach den gleichen Kriterien unterschieden werden, sondern daß die hier dargestellten Kategorien einander ergänzen bzw. quer zueinander liegen. Dies kann an einigen Beispielen verdeutlicht werden:

- Eine regulative Policy, d.h. eine Policy, die Verhalten reguliert bzw. Alternativen einschränkt kann u.U. nur mit finanziellen Instrumenten auskommen, in dem z.B. bestimmte Aktivitäten mit prohibitiven Steuern oder Abgaben (disincentives) belegt werden. Dies wäre nach der Klassifikation Lowi's keine distributive und schon gar keine redistributive Politik.

- Ähnlich enthält ein sog. Anreizprogramm i.d.R. nicht nur finanzielle Instrumente. Neben notwendigen informationellen Instrumenten (ohne Information kann kein Anreizprogramm erfolgreich sein), wird es auch regulative Instrumente enthalten, zumindest im Rahmen der internen Steuerung. Programme sind also gerade dadurch gekennzeichnet, daß sie i.d.R. unterschiedliche Instrumente enthalten werden, und es ist daher problematisch, ein Programm nur nach einem (u.U. vorherrschenden) Instrumententyp zu benennen. Dies kann den Blick für die jeweils vorhandene Instrumentenvielfalt und den Instrumentenmix verstellen. 119)

- Schließlich wird ein bestimmter Instrumententyp, z.B. finanzielle Instrumente, von Fall zu Fall ganz unterschiedliche Steuerungsformen enthalten. Sie können z.B. intern oder extern wirken, können spezifisch oder generell, motivierend oder demotivierend wirksam sein.

Prinzipiell handelt es sich bei den hier vorgestellten Systematisierungen der Policy-Typen, der Programmstrukturen und der Steuerungsinstrumente um Klassifikationen, d.h. sie sollten den Anforderungen der Eindeutigkeit, der Ausschließlichkeit und der Vollständigkeit genügen. M.a.W. darf im Prinzip eine bestimmte Policy nur genau einem Policy-Typ zuzuordnen sein und jede Policy sollte einem dieser Typen zugeordnet werden können. Oben wurde gezeigt, daß diese Anforderungen bisher nur unbefriedigend erfüllt werden können. Es ist noch nicht geklärt bzw. fraglich, ob die bisher vorgeschlagenen Systematisierungen und Kategorisierungen diesen Anforderungen entsprechen. Genauso gibt es Probleme der Verbindung der verwendeten Begriffe mit der Beobachtungsebene, mithin der Operationalisierung. Es ergeben sich immer wieder Schwierigkeiten, eine konkrete Maßnahme als regulatives oder finanzielles Instrument, bzw. die Steuerung als motivierend oder demotivierend einzuordnen, aber trotz dieser Schwierigkeiten und trotz der Unvollkommenheit der Klassifizierungen sollen sie im empirischen Teil verwendet werden, denn nur durch empirische Tests sind Fortschritte zu erzielen [120].

4.4. Empirische Erhebungen und Darstellungsweise

Der empirische Teil der Untersuchung besteht aus sechs Fallstudien. Er umfaßt die staatlichen Aktivitäten in den Bereichen "Drogenmißbrauch" und "Jugendarbeitslosigkeit" jeweils in den Ländern Schweden, Großbritannien und Bundesrepublik Deutschland. Jeder Fall wird für sich ausführlich dargestellt und anhand der bisher erarbeiteten Kategorien analysiert.

Da die Untersuchung ausdrücklich auf der Ebene der Programme ansetzt, ist Grundlage der Untersuchung zunächst eine intensive Dokumentenanalyse (Programme, Pläne, Gesetze, Verordnungen, Berichte usw., d.h. graue Literatur i.w.S.), um eine möglichst umfassende Kenntnis des jeweiligen Problembereichs zu erlangen. Diese Dokumentenanalyse wird ergänzt durch die Heranziehung vorhandener Fallstudien, d.h. Sekundärliteratur zu den hier interessierenden Problembereichen. Die Untersuchung setzt also ausdrücklich auf der Verlautbarungsebene an und versucht durch eine möglichst lückenlose Aufarbeitung der staatlichen Darstellungen einen Überblick über den materiellen Politikbereich zu erlangen.

Die Analyse der Programme, Dokumente u.ä. wurde ergänzt durch eine Reihe von Interviews mit Experten in den untersuchten Ländern. Diese Interviews dienten in erster Linie zur Beschaffung der notwendigen grauen Literatur, darüber hinaus aber auch dazu, einen allgemeinen Eindruck und Überblick über die Gestaltung der Policies und insbesondere die Bedeutung unterschiedlicher

Maßnahmen zu erhalten. Die Interviews wurden als offene, strukturierte Interviews geführt [121].

Auf der Grundlage der ausgewerteten Dokumente, Fallstudien und Interviews wird jeder Fall anhand der in 4.3. erarbeiteten Kategorien (Dimensionen von Policy und Programmstruktur) dargestellt, d.h. nach einem einheitlichen Raster erläutert.

Ausgangspunkt der Falldarstellung ist eine möglichst genaue und ausführliche chronologische Bestandsaufnahme der im Untersuchungszeitraum unternommenen staatlichen Aktivitäten im jeweiligen Bereich, d.h. eine Chronologie der wichtigsten Maßnahmen. Ansatzpunkt der Untersuchung ist daher eine detaillierte Bestandsaufnahme der materiellen Politik [122], weil davon ausgegangen wird, daß erst auf der Grundlage einer möglichst genauen Aufarbeitung der inhaltlichen Aspekte eines Problem- oder Politikbereichs, Aussagen über strukturelle Gegebenheiten gemacht werden können. Durch eine möglichst umfassende chronologische Darstellung der Entwicklung der jeweiligen staatlichen Aktivitäten soll daher die Grundlage für die weiteren, von inhaltlichen Aspekten abstrahierenden und analytischen Untersuchungsschritte gelegt werden. Die inhaltlichen Aspekte der jeweiligen Policies (als Ansammlung von Maßnahmen) müssen ausführlich behandelt werden, weil nur so die Beziehungen zu strukturellen Besonderheiten aufgedeckt werden können.

Erster Schritt nach der Darstellung und Erläuterung der wichtigsten Maßnahmen ist dann eine Zuordnung dieser Maßnahmen zu den oben definierten Policy-Typen. Hier wie bei den weiteren Klassifizierungen der Maßnahmenkataloge handelt es sich nur um grobe Zuordnungen, durch die in erster Linie die von subjektiven Einschätzungen kaum freizuhaltenden Bewertungen des Verfassers intersubjektiv überprüfbar gemacht werden sollen. Die Aussage z.B., daß über die Hälfte der Maßnahmen in einem bestimmten Land dem distributiven Policy-Typ zuzurechnen sind, ist immer mit einer gewissen Subjektivität behaftet. Diese wird aber überprüfbar, wenn die Zuordnung jeder Maßnahme zu einzelnen Typen oder Kategorien offengelegt wird.

Als nächster Schritt wird anhand der Übersicht über die Maßnahmen des Politikbereichs diskutiert, in welchen Programmformen diese Maßnahmen enthalten oder festgelegt sind. Oben wurde ausgeführt, daß u.U. gleichartige Maßnahmen in unterschiedlichen Ländern in sehr verschiedenartigen Programmen enthalten sein können.

Daran schließt sich eine Diskussion der Ziele der jeweiligen Programme an, denn es ist nicht auszuschließen, daß gleichartige Maßnahmen unterschiedliche Ziele verwirklichen sollen bzw. gleichartige Ziele durch kaum vergleichbare Maßnahmen erreicht werden sollen.

Im Anschluß daran werden die Akteure, die die jeweiligen Programme bzw. Maßnahmen durchführen sollen, beschrieben und analysiert und schließlich die wichtigsten Steuerungsinstrumente erläutert.

Jeder der sechs Fälle wird daher nach dem folgenden, im vorigen Abschnitt theoretisch begründeten Schema dargestellt und analysiert:

- Maßnahmen,
- Policy-Typen,
- Programmformen,
- Ziele,
- Akteure,
- Instrumente.

Zentraler Ansatzpunkt und Grundlage der Fallstudien sind wie hervorgehoben die wichtigsten Maßnahmen im Untersuchungszeitraum. Ein besonderes Problem besteht darin festzulegen, welche Maßnahmen wichtig und welche unwichtig sind, d.h. welche explizit in die Untersuchung einbezogen werden sollen und welche nicht. Z.B. ist es unpraktikabel, die Anschaffung eines einzelnen Drogenhundes als spezifische Maßnahme zu behandeln, während die Ankündigung (z.B. im Parlament), die sachliche Ausstattung von Polizei und Zoll, u.a. durch die Anschaffung einer größeren Anzahl von Drogenhunden zu verbessern, durchaus als eine zentrale Maßnahme gewertet werden muß. Auch hier ist wieder eine gewisse

Subjektivität bei der Gewichtung der einzelnen Maßnahmen unumgänglich, die aber durch die Offenlegung der in die Untersuchung einbezogenen Maßnahmen offengelegt wird. Als Richtschnur dienten folgende Überlegungen: die betreffende Maßnahme sollte nicht unerheblich sein, eine gewisse Änderung der bisherigen Aktivitäten beinhalten und in einer offiziellen Quelle ausdrücklich erwähnt werden. Auf diese Art und Weise wurde versucht, aus den verschiedenen Ländern möglichst gleichgewichtige Maßnahmen in die Untersuchung einzubeziehen. Entscheidend war dabei nicht in erster Linie der finanzielle Umfang der Maßnahme, sondern der Stellenwert der Maßnahme im Rahmen der Entwicklung der jeweiligen Policy.

In diesem Zusammenhang wird auch die Problematik der intendierten und tatsächlichen Maßnahmen deutlich. Grundsätzlich wurden in die Untersuchung sämtliche Maßnahmen einbezogen, die tatsächlich durchgeführt wurden oder deren Durchführung unmittelbar bevorstand (d.h. z.B. die notwendigen Mittel sind vorhanden). Dies bedeutet nicht, daß die Durchführung der Maßnahmen untersucht wurde (Implementationsuntersuchung), d.h. mögliche Abweichung zwischen Intention und Implementation spielten keine Rolle, aber reine Absichtserklärungen der Programme ohne (u.U. spätere) Hinweise auf staatliche Aktivitäten wurden nicht in die Untersuchung aufgenommen. Die Untersuchung der Programme wurde also ergänzt, durch die Analyse in erster Linie staatlicher Berichte (z.B. Bestandsaufnahme in Programmen, Antworten auf Anfragen im Parlament, Fallstudien), ohne daß die Probleme der Durchführung in die Untersuchung einbezogen wurden. Die Untersuchung verblieb ausdrücklich auf der Ebene der Verlautbarungen, mußte aber z.B. durch Maßnahmen ergänzt werden, die vorab in keinem Programm enthalten waren, weil gerade dies typisch für die Programmstruktur eines Landes sein kann.

Die Grundlagen des Verwaltungshandelns in den untersuchten Ländern, z.B. Verwaltungsaufbau, Staatsaufbau, Personalstruktur u.ä. werden nicht gesondert dargestellt, sondern werden jeweils im relevanten Zusammenhang behandelt. Im Rahmen der Untersuchung interessiert, wie bestimmte Probleme behandelt werden und verwaltungsmäßige Besonderheiten werden in diesem Zusammenhang erläutert.

Es war daher ausdrücklich nicht beabsichtigt, einen umfassenden Überblick über Verwaltungsaufbau und Verwaltungshandeln in den Untersuchungsländern zu liefern, sondern Ansatzpunkt sind immer Maßnahmen eines bestimmten Problembereichs. Allerdings ist es aus diesem Grund gelegentlich notwendig (z.B. oft im Kapitel "Akteure"), unbekanntere Gegebenheiten (z.B. Kommunalverwaltung in Schweden und Großbritannien) etwas ausführlicher darzustellen, da sonst die Besonderheiten der jeweiligen Konstruktion nicht deutlich werden. Aus diesem Grund ist die Darstellung der ausländischen Fälle i.d.R. etwas umfangreicher und ausführlicher, weil die grundlegenden Strukturmerkmale des bundesrepublikanischen Systems als bekannt vorausgesetzt werden. Gewisse Wiederholungen in den Fallstudien bei der Darstellung unterschiedlicher Problembereiche werden ausdrücklich in Kauf genommen, weil es der Untersuchung ja besonders auf die Entdeckung von Regelmäßigkeiten ankommt. Bestimmte wiederkehrende englische und vor allem schwedische Begriffe werden im Anhang im Glossar kurz erläutert.

TEIL II EMPIRIE

5. Problembereich "Drogenmißbrauch" : Fallstudie Schweden

5.1. Chronologie der Maßnahmen (Materialteil)

Der folgende Abschnitt enthält eine kurze Aufzählung und Beschreibung der wichtigsten Maßnahmen, die im Untersuchungszeitraum in Schweden im Problembereich "Drogenmißbrauch" unternommen wurden. Er dient als empirische Grundlage der weiteren Untersuchungsschritte.

Zur Erläuterung und Übersetzung der schwedischen Abkürzungen und Bezeichnungen von Institutionen, Dokumenten u.ä. siehe das Glossar im Anhang.

1968 Drogenmißbrauch/Schweden

(1) Drogenstrafgesetz

Als Reaktion auf wachsenden Drogenmißbrauch wird das erste eigenständige Drogenstrafgesetz verabschiedet 1). Bisher war zwar der Handel und vor allem der Schmuggel mit Drogen strafbar, aber der Tatbestand war "Wucher" (ocker), wenn die Strafe mehr als ein Jahr Gefängnis betragen sollte. Strafbar sind jetzt Herstellung, Verkauf, Weitergabe und Besitz von Drogen. Es wird unterschieden zwischen schwerem Verbrechen, Verbrechen und Vergehen. Die Höchststrafe für "Schweres Narkotikaverbrechen" wird auf vier Jahre Gefängnis festgesetzt. In diesem Zusammenhang werden die "Drogenverordnung" (Narkotikaförordning) und das Zollgesetz geändert 2).

(2) Fürsorgekette

Der gesamte Bereich der Behandlung und Rehabilitation von Drogenabhängigen wird neu geordnet. In Schweden laufen die diesbezüglichen Aktivitäten unter der Überschrift "Vaard", was hier in Ermangelung eines treffenderen Begriffs mit "Fürsorge" übersetzt werden soll. Ausgangspunkt der staatlichen Maßnahmen ist die Überlegung, daß es sich bei der Behandlung von Drogenabhängigen um einen medizinisch-sozialen Problemkomplex handelt, bei dessen Bearbeitung die verschiedensten Fachbereiche, wissenschaftlichen Disziplinen und Institutionen zusammenarbeiten müssen. Erschwert wird diese Zusammenarbeit dadurch, daß der geamte medizinische Bereich (die medizinische Fürsorge) in Schweden in die Kompetenz der selbstverwalteteten Kreise fällt (Landsting), während der gesamte soziale Bereich (soziale Fürsorge) von den Kommunen (Primärkommunerna) wahrgenommen wird 3). Eine die verschiedenen Hierarchien der Gebietsköperschaften überspringende Zusammenarbeit ist daher notwendig und soll durch staatliche Zuschüsse angeregt und unterstützt werden.

Ausgangspunkt der Überlegungen ist das Modell einer "Fürsorgekette", d.h. Behandlung und Fürsorge in einer Reihe von Institutionen, die aufeinander aufbauen, einander ergänzen und zum Teil auch alternativ eingesetzt werden können.

Im Zentrum der Fürsorgekette liegt die sog. Fürsorgebasis (Vaardbas), d.h. eine Institution der offenen und aufsuchenden Fürsorge, die mit den Drogenabhängigen Kontakt aufnimmt und sie im Idealfall bei allen weiteren Schritten und durch alle Institutionen der Behandlung begleitet und betreut. Ausgehend von dieser Fürsorgebasis können dann verschiedene Institutionen eingeschaltet werden, u.a.

- die sog. Kurzzeit- oder Akutfürsorge in einem Krankenhaus (bei akuter gesundheitlicher Gefährdung),

- die Behandlung in einem Behandlungsheim,
- schließlich in besonderen Fällen die sog. Zwangsfürsorge in geschlossenen Anstalten.

Zur Fürsorgekette gehören auch die Institutionen des Arbeitsmarktes (Arbeitsvermittlung, Weiterbildung) und des Schulwesens (Ausbildung), d.h. zentrale Institutionen der Rehabilitation 4).

Die zentrale Stellung im Rahmen der Fürsorge und Behandlung nehmen die sog. Fürsorgebasen oder Fürsorgezentralen im Rahmen der offenen Fürsorge ein (z.B. Ratgeberbüros, Narkopolikliniken, Jugendzentren usw.). Eigene Zentren gibt es vorrangig in den größeren Städten mit speziellen Drogenproblemen, während die Aufgabe der Beratung und offenen Fürsorge ansonsten im Rahmen der normalen Sozialfürsorge wahrgenommen wird. Unabhängig davon, wer der jeweilige Träger der Fürsorgebasis ist, werden von staatlicher Seite bis zu 75 % der nachgewiesenen Nettounkosten einer solchen Institution beglichen (sog. "Efterskott" = Nachschuß) 5).

Aufgabe der Fürsorgezentrale ist in erster Linie der Kontakt, die Beratung und die Betreuung der Drogenabhängigen, insbesondere auch die Vermittlung und der Kontakt zu anderen Behandlungsinstitutionen. Von besonderer Bedeutung ist, daß in den staatlichen Programmen nicht vorgeschrieben wird, wie diese Behandlung auszusehen hat. Hier wird den jeweiligen Trägern weitgehend freie Hand gelassen. Von staatlicher Seite sollen nur die Rahmenbedingungen geschaffen und gewisse finanzielle Hilfen gewährt werden.

Für Drogenabhängige, die akut gesundheitlich gefährdet sind (z.B. Überdosis, Gelbsucht) oder auch für Maßnahmen der Entgiftung (besonders bei Heroinsüchtigen), ist eine Behandlung in der sog. Akut- oder Kurzzeitfürsorge vorgesehen. Die dazu notwendigen medizinischen Einrichtungen befinden sich in psychatrischen Krankenhäusern, in den größeren Städten auch in Form besonderer Stationen. Diese in erster Linie medizinischen Aktivitäten werden von Kreiskommunen getragen. Modellversuche im Anschluß an Ausnüchterungseinheiten werden staatlich finanziert.

Das wichtigste Element im Rahmen der therapeutischen Maßnahmen sind die sog. Behandlungsheime . Es handelt sich um verhältnismäßig kleine Einheiten (selten mehr als 12 Plätze) der verschiedensten Träger 6), in denen Drogenabhängige auf längere Zeit wohnen (5-8 Monate) und fachmännisch betreut werden. Ziel ist dabei die möglichst schnelle Integration in das "normale" Leben, d.h. die Patienten sollen so schnell wie möglich wieder außerhalb der Heime arbeiten und andere Kontakte pflegen. Die Behandlungsheime werden durch staatliche Zuschüsse unterstützt, und zwar durch

- sog. Einrichtungszuschüsse für die Errichtung eines Behandlungsheimes und
- sog. Betreibungszuschüsse (laufende Zuschüsse) für den Betrieb eines solchen Heimes.

Die Zuschüsse umfassen jeweils festgelegte absolute Summen pro Behandlungsplatz und Jahr.

Damit die Fürsorgekette wirksam ist, wird verlangt, daß ein differenziertes Angebot an Fürsorgeformen vorgehalten wird, d.h. es muß unterschiedliche Typen von Behandlungsressourcen geben. So kann sowohl die ambulante Fürsorge in den Fürsorgebasen wie die Langzeitbehandlung in Behandlungsheimen unterschiedliche Bedürfnisse im Behandlungsprozeß befriedigen, als auch unterschiedliche Funktionen für unterschiedliche Abhängige wahrnehmen (z.B. Motivation, Behandlung, Nachsorge). Es wird nicht erwartet, daß jede Institution jede Aufgabe wahrnimmt und jeder Abhängige jedes Element der Fürsorgekette durchläuft, sondern abhängig von der sozialen und psychischen Situation des Abhängigen kann der Rehabilitationsprozeß unterschiedlich lang sein und unterschiedliche Inhalte umfassen 7).

(3) Polizei

Die Aktivitäten der Polizei werden verstärkt. In einem "Handlungsprogramm" 8) wird angekündigt, daß Maßnahmen gegen Schmuggler, Händler und Hersteller von Narkotika Priorität im Rahmen der Polizeiarbeit erhalten sollen. Dazu wird von anderen Dezernaten freigestelltes Personal zur Aufklärung und Bearbeitung von Rauschgiftkriminalität herangezogen. Es wird ein spezielles Ausbildungsprogramm bei der Polizei eingerichtet, das aus Kursen von jeweils einer Woche besteht und u.a. neben polizeitaktischen und juristischen Fragen auch soziale und medizinische Komplexe enthält. Ein Narkotikahandbuch der Polizei wird erarbeitet und spezielle Drogenhunde angeschafft. Schließlich wird die Analysekapazität des Kriminaltechnischen Laboratoriums für Drogenfragen sowohl personell wie sachlich ausgebaut 9).

---

(4) Zoll

Ähnlich wie im Bereich der Polizei werden beim Zoll verstärkte Anstrengungen unternommen, um die Einfuhr von Narkotika zu unterbinden. Es handelt sich dabei um

- eine Verstärkung des Personals,
- umfassendere Ausbildung desselben,
- zusätzliche Ausrüstung (Schnellboote, Fahrzeuge, Hunde etc.)
- organisatorische Veränderungen und
- eine verstärkte Zusammenarbeit mit der Polizei. lo)

---

(5) Strafverschärfung

Die Minimalstrafe für schwere Narkotikaverbrechen wird auf ein Jahr heraufgesetzt, so daß die Verurteilten nicht mehr Bewährung bekommen können. Die Höchststrafe wird auf 6 Jahre erhöht. 11)

---

(6) Telefonüberwachung

Neben diesen Maßnahmen der Strafandrohung für den Besitz und besonders für den Handel mit Narkotika wird durch Gesetz die

Möglichkeit geschaffen, daß auf der Grundlage eines richterlichen Beschlusses das Telefon von des schweren Narkotikaverbrechens Verdächtigen abgehört werden kann 12).

---

(7) Geschlossene Fürsorge

Das Gesetz über die Bereitstellung von geschlossener psychiatrischer Fürsorge in bestimmten Fällen 13) wird geändert, so daß in bestimmten Fällen Drogenabhängigen Behandlung gegen ihren Willen verordnet werden kann.

Diese Behandlung findet i.d.R. in speziellen Abteilungen der psychiatrischen Krankenhäuser oder in Spezialkliniken statt. Darüber hinaus gibt es für jugendliche Drogenabhängige (unter 20 Jahren) die Möglichkeit der Einweisung in spezielle Jugendheime (sog. Jugendschulen). Prinzipiell besteht die Auffassung, daß Behandlung am ehesten wirksam ist, wenn sie auf freiwilliger Basis stattfindet. Trotzdem kann die Möglichkeit nicht ausgeschlossen werden, daß die Gesundheit eines Drogenabhängigen so gefährdet ist, daß eine Behandlung auch gegen den Willen des Betreffenden notwendig erscheint. 14)

---

(8) Aufklärung und Information

Die allgemeine Aufklärungs- und Informa-tionsarbeit wird verstärkt. Sie wird in erster Linie von verschiedenen privaten oder zumindest halbstaatlichen Organisationen betrieben, die wiederum von staatlicher Seite unterstützt werden. In diesem Zusammenhang sind - neben verschiedenen privaten Enthaltsamkeitsorganisationen, Jugendorganisationen usw. - besonders wichtig:

- der Zentralbund für Alkohol- und Drogenaufklärung (Centralförbundet för alkohol- och narkotikaupplysning = CAN), dem fast alle privaten Organisationen auf diesem Gebiet angeschlossen sind und der als Service-Organisation Behörden (insbesondere Schulen) und private Organisationen berät und mit Material versorgt, Konferenzen und Kurse abhält etc.
- sowie der Rat für Gesundheitsaufklärung (Nämnd för hälsoupplysning, sog. h-nämnd), der eine eigenständige Organisationseinheit im Rahmen der Sozialverwaltung ist (geleitet durch einen unabhängigen Rat) 15).

(9) Schulen

Als zentraler Ansatzpunkt für präventive und informative Maßnahmen werden die Schulen angesehen, da sie im Prinzip alle Jugendlichen bis zu einem Alter von 18 Jahren erreichen. Die schulischen Maßnahmen und Aktivitäten in diesem Bereich werden im Lehrplan für die Grundschule verankert 16). Dort ist festgelegt, daß in den Fächern Biologie, Heimatkunde, Naturkunde und Gemeinschaftskunde über Probleme des Gebrauchs von Alkohol, Narkotika und Tabak unterrichtet werden soll (sog. ANT - Fragen).

Zur Administration und Koordinierung dieses Unterrichts gibt es in der zentralen Schulbehörde (Skolöverstyrelsen = SÖ) eine eigene Stelle. Weiter gibt es eine Arbeitsgruppe für diese Fragen, die die Gewohnheiten der Jugendlichen erforschen und verschiedene Maßnahmen der Schulen auf diesem Gebiet initiieren soll (sog. SANT-Gruppe). Zu dieser Arbeitsgruppe ist wiederum eine Referenzgruppe gebildet worden, in der beteiligte Behörden und Organisationen repräsentiert sind. In jeder Kreisschulbehörde gibt es darüber hinaus einen Kontaktmann für ANT-Fragen. Die eigentliche Arbeit wird von den Schulen selbst zurechtgelegt und kann daher sehr unterschiedlich ausgeprägt sein 17).

(10) Zusammenarbeitsorgan

Ein Zusammenarbeitsorgan zur Bekämpfung des Drogenmißbrauchs (Samarbetsorgan för bekämpande av narkotikmissbruket = SBN) wird eingerichtet. Es hat die Aufgabe, die Entwicklung im Bereich Drogen genau zu verfolgen und die staatlichen Aktivitäten zu koordinieren 18).

(11) Polizei

Die Arbeit der Polizei wird intensiviert. In über einhundert Polizeidistrikten werden Aufklärungsderzernate eingerichtet, indem der Polizei insgesamt 12o neue Stellen zugewiesen werden und darüber hinaus organisatorische Änderungen durchgeführt werden. Die speziellen Drogendezernate werden konsequent ausgebaut. 19)

(12) Strafverschärfung

Das Narkotikagesetz wird noch einmal verschärft. Die Höchststrafe wird auf 10 Jahre Gefängnis heraufgesetzt. Damit gehören Narkotikaverbrechen (d.h. insbesondere der Handel im größeren Stil) zu den am schärfsten bestraften Verbrechen in Schweden.

---

(13) Strafvollzug

Gleichzeitig werden die Vollzugsbedingungen für diejenigen, die wegen schwerer Narkotikavergehen verurteilt sind, verschärft. Während die Bedingungen für die meisten Häftlinge verbessert werden (offener Vollzug), werden sie für diesen Personenkreis verschärft. Das gleiche gilt für vorzeitige Entlassung 20).

---

(14) Jugendrat

Der staatliche Jugendrat (Statens Ungdomsraad = SUR) wird gegründet. Er ist für die finanzielle Förderung fast sämtlicher Jugendorganisationen zuständig, d.h. auch für die Beträge, die in diesem Bereich für Alkohol- und Drogenaufklärung ausgegeben werden 21).

---

(15) Versuchsprojekte

Zum ersten Mal werden Gelder zur Unterstützung verschiedener Versuche mit neuen und nicht-traditionellen Behandlungsformen bereitgestellt. Mit diesen Mitteln können verschiedene Organisationen und Versuchsprojekte finanziert werden.

---

(16) Drogenuntersuchungen

Weitergehende Untersuchungen über den Umfang des Drogenmißbrauchs werden etabliert. In den sog. Frequenzuntersuchungen werden bestimmte Schülerjahrgänge und die eingezogenen Wehrpflichtigen jeweils ohne Ausnahme auf den Mißbrauch von Drogen hin untersucht 23).

---

(17) Personal

Die personelle Ausstattung der Drogenabteilung der Sozialverwaltung (Socialstyrelsen) wird erheblich erhöht 24).

---

(18) Arbeitsgruppen

Die Zusammenarbeit zwischen Jugendfürsorge, Polizei und Schule soll in den Kommunen durch die Errichtung spezieller Arbeitsgruppen gefördert werden (sog. BASP- Gruppen) 25) .

---

(19) Verschreibung

Die legale Verschreibung von narkotischen Medikamenten wird durch ein Rundschreiben der Sozialverwaltung (Socialstyrelsen) neu geregelt, in dem den verschreibenden Ärzten eine Reihe von Richtlinien (kleine Packungen, festgelegte Zeitintervalle, Telefonverschreibung nur in Ausnahmefällen usw.) vorgegeben werden. Darüber hinaus werden vom "Kommitee für Arzneimittelinformation" den Ärzten verschiedene Vorschläge unterbreitet , wie der Verbreitung von solchen Medikamenten entgegengewirkt werden kann (Verschreibung nur bei persönlicher Bekanntschaft mit dem Patienten, keine kontinuierliche Dosierung usw.) 26).

---

(20) Behandlung

Die Sozialbehörde (Socialstyrelsen) gibt eine umfangreiche Schrift über die Behandlung Drogenabhängiger heraus 27).

In dieser Schrift wird eine umfassende Übersicht über staatliche Maßnahmen im Bereich des Drogenmißbrauchs vorgelegt (u.a. Verbreitung des Mißbrauchs, vorbeugende Maßnahmen, akute Behandlung, langfristige Behandlung, Prinzipien der Behandlungsformen usw.). Es handelt sich um eine Gesamtdarstellung der materiellen Aspekte des Politikbereichs, die als Grundlage der Arbeit sämtlicher Akteure, z.B. der unterschiedlichen Träger von Fürsorgemaßnahmen, dienen kann 28).

---

(21) Zusammenarbeit

Die Aufgabe der Koordinierung der staatlichen Aktivitäten im Bereich des Drogenmißbrauchs werden vom "Zusammenarbeitsorgan zur Bekämpfung des Drogenmißbrauchs" (Samarbetsorgan för bekämpande av narkotikamissbruket = SBN) auf den Rat für Verbrechensbekämpfung (Brottsförebyggande raadet = BRAA) übertragen. Innerhalb dieses Rates wird eine spezielle Narkotikagruppe eingerichtet 29).

---

(22) Polizei

Weil die Drogenkriminalität im Laufe der siebziger Jahre ihren Charakter änderte (immer besserer Organisationsgrad und Distributionsmethoden) werden noch einmal verstärkte Anstrengungen im Bereich der Polizei unternommen, indem die Drogenbekämpfung auf Kreisebene zusammengefaßt wird und 20 Drogendezernate durch Umorganisation und Schaffung von Dezernatsleiterstellen errichtet werden. 30)

---

(23) Strafvollzug

Es werden spezielle Maßnahmen zur Bekämpfung des Drogenmißbrauchs in Haftanstalten eingeführt. Auf der einen Seite gibt es seit der sog. Kriminalfürsorgereform des Jahres 1973 die Möglichkeit, die gesamte Strafe oder Teile davon in anerkannten Behandlungsinstitutionen (Krankenhaus, Behandlungsheim, Familie) zu verbringen.Gleichzeitig sind seit Anfang der siebziger Jahre in verschiedenen Haftanstalten Behandlungsteams gebildet worden. Es werden spezielle Fachleute (Ärzte, Psychologen, Sozialarbeiter) für die Betreuung von Freigängern angestellt.

Seit 1976 läuft ein Versuch mit einer freiwilligen und drogenfreien Behandlungskette an einer Haftanstalt, der 1977 auf insgesamt drei Haftanstalten ausgeweitet wird. Einige Haftanstalten sollen für Häftlinge reserviert werden, die noch nie mit Drogen in Kontakt gekommen sind. Genauso sollen in Haftanstalten erkannte Drogenabhängige und Drogenkonsumenten von den übrigen Häftlingen isoliert und einer besonderen Behandlung unterzogen werden 31).

---

(24) Vorbeugung

Der Sozialverwaltung werden vermehrt Mittel zur Verfügung gestellt, mit denen Aktivitäten der Kommunen im vorbeugenden und informativen Bereich unterstützt werden können, z.B. Freizeitmaßnahmen für Personengruppen, die besonders unter dem Risiko des Alkohl- oder Drogenmißbrauchs stehen. 32)

---

(25) Untersuchungskommission

Um eine Übersicht über Umfang und Entwicklung des bisherigen Drogenmißbrauchs zu erlangen, wird eine Untersuchungskommission eingesetzt, die einen Überblick und eine Zusammenfassung der bisherigen Erkenntnisse auf diesem Gebiet liefern soll 33). Die Kommission wird "Kommission über den Umfang des Drogenmißbrauchs" (Utredningen om narkotikamissbrukets omfattning = UNO) genannt, und legt 1977 ihren ersten Bericht über den Umfang des Drogenmißbrauchs vor 34).

In diesem Bericht werden die verschiedenen Forschungs- und Untersuchungsergebnisse der letzten Jahre, sowohl von traditionellen Institutionen wie Universitäten, Hochschulen und Forschungsinstituten als auch die speziellen Untersuchungen staatlicher Behörden, wie Reichspolizeibehörde (Rikspolitikstyrelsen) und Sozialverwaltung (Socialstyrelsen) zusammengefaßt und bewertet. So werden z.B. jährlich Untersuchungen in bestimmten Schülerjahrgängen und bei den eingezogenen Wehrpflichtigen durchgeführt, die hier ausgewertet werden. 35)

(26) Behandlungsheime

Nachdem es im Bereich der Behandlungsheime in den letzten Jahren größere Engpässe gegeben hat, so daß behandlungswillige Patienten oft mehr als ein halbes Jahr auf einen Platz in einem solchen Heim warten mußten, werden 36) verschiedene Maßnahmen vorgeschlagen, um die Anzahl der Plätze im Laufe der nächsten Jahre zu verdoppeln. Insbesondere werden die finanziellen Zuschüsse erhöht. Gleichzeitig soll die informelle Zusammenarbeit der möglichen und aktuellen Träger verbessert werden.

U.a. wird die sog. "Fürsorge in Privatheimen" (Vaard i enskilt vaard hem) verstärkt. Hierbei handelt es sich um eine Reihe von Heimen unterschiedlichster Träger, die zwar nicht auf Drogenabhängige spezialisiert sind, aber doch auch solche Patienten zur Behandlung aufnehmen. Hierfür werden staatliche Zuschüsse an die Kommunen gewährt, die dann wiederum die Träger der jeweiligen Heime unterstützen.

Ein besonderes Problem in diesem Zusammenhang sind sehr kleine Behandlungseinheiten (Kollektive z.B.), die nicht als "Fürsorge in Familien" betrachtet werden können, aber auch zu klein sind, um als Heim zu gelten. Für diese Fälle (sog. Familienpflegeheime) wird ab 1978 die Möglichkeit der Bezuschussung von bis zu vier Plätzen nach den normalen Regeln geschaffen 37).

---

(27) Fürsorge in Familien

Schon seit geraumer Zeit gibt es die Möglichkeit in verschiedenen Fürsorgebereichen, insbesondere Kinder- und Jugendhilfe, psychiatrische Fürsorge, Patienten in privaten Familien zur weiteren Pflege unterzubringen. Diese Möglichkeit besteht auch für Drogenabhängige, ist aber bisher kaum genutzt worden. Da gerade in diesem Bereich der Bedarf für alternative Behandlungs- und Pflegeformen besonders groß ist, soll diese Möglichkeit durch die Errichtung einer Projektgruppe und die Finanzierung verschiedener Modellversuche vorangetrieben werden. Die Finanzierung dieser Maßnahmen ähnelt der "Fürsorge in Privatheimem", d.h. die Kommunen bekommen pro Tag und Platz einen staatlichen Zuschuß. Die Kostenerstattung und/oder den Arbeitslohn an die jeweilige Familie bestimmt und bezahlt die Kommune. In diesem Zusammenhang werden auch verschiedene freiwillige Organisationen unterstützt, die Versuche mit sog. "Bauernhofarbeit" in ländlichen Räumen durchführen 38).

(28) Planung

Ein besonderes Problem besteht darin, daß längst nicht alle Kommunen eigene Behandlungsheime betreiben bzw. Zugang zu solchen haben, so daß bestimmte Kommunen große Schwierigkeiten haben, Drogenabhängige zu plazieren. Es wird daher vorgeschlagen, das gesamte Staatsgebiet in Aufnahmegebiete zu unterteilen, so daß jede Kommune die Möglichkeit bekommt, "ihre" Drogenabhängigen in bestimmten Heimen unterzubringen. Die tatsächliche Aufteilung und Zuordnung zu bestimmten Heimen geschieht in Zusammenarbeit zwischen den kommunalen Spitzenverbänden und der Sozialbehörde (Socialstyrelsen) 39).

(29) Versuchsprojekte

Es wird beschlossen, vier Typen von Versuchsprojekten an verschiedenen Schulen durchzuführen, die insbesondere gefährdete Jugendliche vorbeugend ansprechen sollen. Geplant sind Projekte mit Maßnahmen

- zur Anregung einer positiven Freizeit,
- zur Erleichterung des Übergangs von der Schule ins Arbeitsleben,
- zur Anregung der sozialen und emotionalen Entwicklung und
- zur Verbesserung der Kontakte zu Erwachsenen.

Die Projekte sollen an verschiedenen Schulen in verschiedenen Kommunen in Zusammenarbeit mit unterschiedlichen kommunalen Institutionen und freiwilligen Organisationen durchgeführt werden. Die Schulverwaltungen der Kommunen können sich um die entsprechenden Mittel bewerben, die Vorschläge zu den Projekten sind von der zentralen Schulbehörde (Skolöverstyrelsen = SÖ) ausgearbeitet worden. Die Projektdurchführung wird von einer speziell dafür gebildeten Arbeitsgruppe überwacht und evaluiert, die Kommunen sind aber weitgehend in der konkreten Ausgestaltung frei. In diesem Zusammenhang wird seit 1978 ein umfassendes mehrjähriges Informationsprojekt auf der Insel Gotland mit staatlichen Mitteln gefördert. Das Projekt richtet sich zunächst an das Fürsorgepersonal, Lehrer, Freizeitpersonal, Polizei, Arbeitsvermittlung usw. und dann in einer Ausweitung an die gesamte Öffentlichkeit. 4o)

(30) Aus- und Fortbildung

Von größerer Bedeutung ist in diesem Zusammenhang die verstärkte Aus- und Fortbildung des mit der Behandlung Drogenabhängiger beschäftigten Personals, das ja fast ausschließlich bei Kommunen, Kreiskommunen oder freiwilligen Organisationen beschäftigt ist.

Verschiedene Fortbildungsmöglichkeiten bestehen schon seit mehreren Jahren, aber 1978 wird eine umfassende Weiterbildung vorgeschlagen und eingeführt. Sie besteht aus einem dreimonatigen Kurs, dessen Lehrplan von der zentralen Schulbehörde (Skolöverstyrelsen) entwickelt wurde und der im Rahmen der Arbeitsmarktausbildung von der Arbeitsverwaltung durchgeführt und bis auf weiteres auch finanziert wird. Die Teilnehmer müssen über eine Ausbildung und Erfahrung im sozialen Bereich verfügen und werden während ihrer Ausbildung von dem jeweiligen Träger der Institution, bei der sie beschäftigt sind, bezahlt. Im ersten Jahr der Ausbildung können die Träger dafür allerdings wiederum Zuschüsse aus Mitteln der Sozialverwaltung erhalten 41).

Seit 1978 werden von der Sozialverwaltung auch Mittel bereitgestellt, um regionale und nationale Konferenzen für Lehrer, Personal und andere Beteiligte der Drogenbekämpfung zu ermöglichen, auf denen Informationen ausgetauscht und Konzepte diskutiert werden können. Diese Konferenzen werden in Zusammenarbeit mit der kommunalen und kreiskommunalen Spitzenorganisation arrangiert. 42)

---

(31) Arbeitsmarkt

Eine Voraussetzung dafür, daß Behandlung und Fürsorge für Drogenabhängige beständige Resultate hervorbringen, ist, daß die Betroffenen eine angemessene Arbeit erhalten. Ausbildungs- und Arbeitsmarktprobleme sind daher die zentralen Ansatzpunkte einer erfolgreichen Rehabilitation.

Im Bereich des Arbeitsmarktes werden gerade rehabilitierte Drogenabhängige besonders von der rückläufigen Entwicklung der letzten Jahre getroffen. Für sie kommen in diesem Bereich die verschiedenen Maßnahmen in betracht, die von staatlicher Seite für besondere Problemgruppen des Arbeitsmarktes vorgesehen sind, u.a.

- stützende und rehabilitierende Maßnahmen (vor allem Kurse),

- Arbeitsbeschaffungsmaßnahmen für schwer zu plazierende Arbeitnehmer (u.a. geschützte Arbeit) und
- die verschiedenen Maßnahmen gegen die Jugendarbeitslosigkeit 43).

In der Proposition 1977/78 : lo5 wird vorgeschlagen 44), daß diese Maßnahmen durch eine verstärkte Zusammenarbeit zwischen Sozialverwaltungen und Arbeitsmarktverwaltung verstärkt werden sollen. Zu diesem Zweck wird eine Arbeitsgruppe dem im Rahmen der Arbeitsverwaltung bestehenden Rat für Arbeitsfürsorge (Arbetsvaardsdelegationen) zugeaordnet, mit der Aufgabe, die bestehenden Maßnahmen zu koordinieren, zu evaluieren und neue Maßnahmen zu initiieren. Die Maßnahmen werden aus dem Haushalt der Arbeitsverwaltung finanziert.

---

(32) Drogenforschung

Bei der Kommission für soziale Forschung, die der Sozialverwaltung zugeordnet ist, wird eine Untergruppe "Drogenforschung" gebildet. Aufgabe dieser Gruppe ist es insbesondere, weitere Evaluationsstudien zu initiieren und zu koordinieren 45).

---

(33) Dokumentation

Gleichzeitig wird der Organisation CAN 46) ein größerer Betrag zur Errichtung eines Dokumentationszentrums Drogenfragen zugewiesen. Schließlich werden spezielle Mittel für sog. Forscherkonferenzen bereit gestellt. Die Verteilung und Verwaltung der Mittel, wie generell die Anregung und Verbreitung von Forschungsaktivitäten, liegt bei der zentralen Sozialbehörde.

5.2. Policytypen

Eine grobe Zuordnung der aufgelisteten wichtigsten Maßnahmen der Drogenpolitik in Schweden im Untersuchungszeitraum [47] zu den Policytypen nach Lowi zeigt zunächst ein leichtes Übergewicht der distributiven Policies an (vgl. Abb. 5.1.). Die meisten Maßnahmen sind so angelegt, daß eine oder mehrere Gruppen davon profitieren (meistens Drogenabhängige oder Drogengefährdete), ohne daß deutlich wird, welche Gruppen dadurch benachteiligt werden.

Wenn man eine andere Operationalisierung der unklaren Definition von distributiver Policy zugrunde legt, könnten diese Maßnahmen allesamt auch dem redistributiven Policytyp zugeordnet werden, denn Lowi rechnet z.B. ausdrücklich Sozialversicherung oder progressive Einkommenssteuer diesem Typ zu. Dann würde allerdings der Typus "distributive Policy" leer bleiben. Hier soll daher, wie oben ausführlicher begründet [48], die präzisere Definition von "redistributiv" angewendet werden, nach der in der jeweiligen Maßnahme angegeben werden sollte, wer profitiert und wer verliert [49]. Da bei keiner Maßnahme deutlich wird, wer durch die angestrebte Verteilung (von Gütern oder Dienstleistungen) schlechter gestellt wird, bleibt diese Kategorie leer.

Überraschend viele Maßnahmen sind dem konstitutiven Policytyp zuzurechnen, d.h. beziehen sich in erster Linie auf das Policy-Making-System selbst. Zwar haben Maßnahmen wie z.B. die unter No. (10) - Errichtung eines Zusammenarbeitsorgans - oder (30) - Bereitstellung von zusätzlichen Mitteln für Aus- und Fortbildung - aufgeführten auch distributive Wirkungen, aber diese scheinen doch eher weiter entfernt zu liegen, so daß die Zuordnung zum konstitutiven Policytyp gerechtfertigt erscheint. Ein großer Teil der Maßnahmen ist also in erster Linie auf die Erhöhung der eigenen Effektivität des Policy-Making-Systems ausgerichtet [50].

Abb. 5.1.: Bekämpfung des Drogenmißbrauchs in Schweden
Policy-Typen

Jahr	lfd. No.	Maßnahmen in Stichworten	redistributiv	distributiv	regulativ	konstitutiv	selbstregulierend
1968	1	Drogenstrafgesetz			x		
	2	Fürsorgekette		x			
1969	3	Polizei			x	(x)	
	4	Zoll			x	(x)	
	5	Strafverschärfung			x		
	6	Telefonüberwachung			x		
	7	geschlossene Fürsorge		x	x		
	8	Aufklärung & Information		x			
	9	Schule		x		(x)	
1970	10	Zusammenarbeit				x	
1971	11	Polizei			x	(x)	
1972	12	Strafverschärfung			x		
	13	Strafvollzug			x		
	14	Jugendrat		x		(x)	
	15	Versuchsprojekte		x			
	16	Drogenuntersuchung			(x)	(x)	
	17	Personal		x		(x)	
	18	Arbeitsgruppen				x	
	19	Verschreibung			x		(x)
1973	20	Behandlung		x		(x)	(x)
	21	Zusammenarbeit				x	
1976	22	Polizei			x	(x)	
	23	Strafvollzug		x	(x)		
1977	24	Vorbeugung		x			
	25	Untersuchungskommission		(x)		x	
1978	26	Behandlungsheime		x			
	27	Fürsorge in Familien		x			
	28	Planung		(x)		x	
	29	Versuchsprojekte		x			
	30	Aus- und Fortbildung		x		x	
	31	Arbeitsmarkt		x		x	
	32	Drogenforschung		(x)		x	
	33	Dokumentation		(x)		x	

Problematisch ist auch die Zuordnung zum regulativen Policytyp. So sind verstärkte Anstrengungen im Bereich der Polizei und des Zolls schließlich und endlich regulativ wirksam, obwohl es sich zunächst nur um Umorganisationen handelt. Auch bei der Einführung jahrgangsdeckender Drogenuntersuchungen bei Schülern und Wehrpflichtigen (denen sich keiner entziehen kann), handelt es sich um regulative Politik, obwohl damit kein direkter Einfluß auf drogenrelevantes Verhalten genommen wird.

Wenn man die einzelnen Maßnahmen nicht nur einem, sondern auch weiteren Policytypen zuordnet, d.h. verdeutlicht, daß eine Maßnahme sowohl distributive wie konstitutive Elemente enthält (in Abb. 5.1. angedeutet durch eine Klammer (x)), zeigt sich, daß dann eine große Anzahl von Maßnahmen (auch) dem konstitutiven Policytyp zuzuordnen sind, d.h. sich auf das Policy-Making-System selbst beziehen.

Insgesamt ist daher die Bekämpfung des Drogenmißbrauchs in Schweden durch folgende Stichworte zu charakterisieren:

- es überwiegen Maßnahmen des distributiven Policytyps,
- die allerdings oft durch konstitutive Merkmale ergänzt werden,
- sodaß diese beiden Typen eindeutig gegenüber der regulativen Policy überwiegen
- und die übrigen denkbaren Typen keine Rolle spielen.

Ihre besondere Relevanz erhalten diese Ergebnisse allerdings erst, wenn sie mit denen der anderen Länder und Politikbereiche verglichen werden können [51].

5.3. Programmformen

Als erstes ist die Frage zu klären, was in Schweden überhaupt als politisches Programm bezeichnet werden kann. Hier soll die These vertreten werden, daß die klassische Form politischer Programme in Schweden die sog. "Propositionen" der Regierung sind. Diese werden innerhalb der Ministerien, meistens auf der Grundlage von Gutachten unabhängiger Kommissionen und darauf folgender Remiss-Äußerungen [52] ausgearbeitet, werden dann dem Reichstag vorgelegt, von diesem im jeweils zuständigen Auschuß diskutiert und verabschiedet. [53]

Grundlage staatlicher Aktivitäten sind in Schweden daher nicht in erster Linie Gesetze oder Rechtsverordnungen sondern Propositionen, die,nachdem sie verabschiedet worden sind, allerdings zu Änderungen bestehender Gesetze oder Verordnungen führen können, z.T. diese Änderungen sogar schon präzise enthalten. [54]

Propositionen sind formell als Auszüge aus dem Regierungsprotokoll ausgestaltet, d.h. die Regierung beschließt kollektiv, was einer oder mehrere der Minister ihr vortragen. Sie haben in der Regel folgenden Aufbau [55]:

Nach der formellen Proposition ("Die Regierung schlägt dem Reichstag vor, die Vorschläge, die im folgenden Auszug aus dem Regierungsprotokoll aufgenommen wurden, anzunehmen") und einer kurzen Übersicht über die wichtigsten Inhalte des Vorschlags folgt das eigentliche Protokoll. Es wird gewöhnlich mit einer Übersicht über die geltenden Bestimmungen, früheren Behandlungen der Frage u.ä. eingeleitet. Danach folgt eine umfassende Beschreibung des ursprünglichen Vorschlags (meistens von einem unabhängigen Kommitee) und der dazu abgegebenen Stellungnahmen der verschiedensten Interessenverbände (sog. Remiss-Äußerungen). Dieser Abschnitt wird gewöhnlich "Recit"genannt. Auf dem Hintergrund des Vorschlags und der Remiss-Antworten ist der Regierungsvorschlag ausgearbeitet worden. Die Darstellung des eigentlichen Regierungsvorschlags wird "Föredraganden" (Vortrag) genannt, hier werden die verschiedenen Gesichtspunkte des ursprünglichen Vorschlags und der Remiss-Instanzen kurz kommentiert und der endgültige Vorschlag der Regierung vorgestellt. Dieser Teil wird mit einer "Hemställan" (Antrag) abgeschlossen. Dieser enthält, meistens in zwei oder drei Sätzen, die präzisen Vorschläge, zu denen der Reichstag Stellung beziehen soll. Eine solche Proposition kann über hundert Seiten umfassen, normal sind allerdings bis zu 50 Seiten. [56)]

Die spezielle Ausgestaltung dieser politischen Programme kann am Beispiel der Drogenpolitik verdeutlicht werden. Im Bereich Drogenmißbrauch hat es insgesamt drei größere Propositionen gegeben:

- Prop. 1968:7 med förslag til narkotikastrafflag m.m. - (mit Vorschlag zu einem Drogenstrafgesetz usw.),
- Prop. 1972:67 met förslag till vissa aatgärder mot narkotikamissbruket m.m. (mit Vorschlag zu gewissen Maßnahmen gegen den Drogenmißbrauch usw.),
- Prop. 1977/78: lo5 om aatgärder mot narkotikamissbruk - (über Maßnahmen gegen den Drogenmißbrauch).

Die Propositionen wurden jeweils in den zuständigen Ausschüssen beraten und ohne nennenswerte Änderungen beschlossen.

Bis auf wenige Ausnahmen sind alle referierten Maßnahmen in einer dieser drei Propositionen enthalten. So beinhaltet die Prop. 1968:7 u.a.:

- den Entwurf eines Drogenstrafgesetzes,
- die Konzeption der Fürsorgekette,
- die Ausgestaltung der staatlichen Zuschüsse für Behandlungsheime,
- den Entwurf der gesamten zukünftigen Organisation der Fürsorge.

Auch weitere, erst später unternommene Maßnahmen gehen auf diese Propositionen zurück (z.B. die Veröffentlichung verschiedener Aufklärungsschriften, die in der Proposition angeregt wurden).

In der Prop. 1972:67 werden diese Maßnahmen erweitert und ausgebaut. Sie enthält u.a.

- die Forderung nach weitgehender Untersuchungen im Bereich Drogen,

- Personalverstärkung in diesem Bereich bei der Sozialverwaltung,
- erweiterte Möglichkeiten von Versuchsprojekten bei der Behandlung,
- weitere Informationsaktivitäten,
- eine weitere Erhöhung der Maximalstrafe für schwere Drogenvergehen,
- verschäfte Regeln über den Strafvollzug bei Drogentätern usw..

Die neuste Prop. 1977/78: lo5 schließlich umfaßt u.a.:

- einen kräftigen Ausbau der Behandlungs- und Fürsorgekapazitäten,
- die Erhöhung verschiedener Zuschußarten,
- die Erweiterung der Zuschußkriterien,
- eine neuartige Ausbildung im Bereich Drogenbehandlung,
- verschiedene Versuchsprojekte im Bereich Rehabilitation,
- verstärkte Unterstützung ideeller und religiöser Organisationen,
- zusätzliche Mittel für Forschung und Evaluation,
- eine neuartige Behandlung im Strafvollzug usw. usf.

Propositionen beinhalten also jeweils verschiedene Maßnahmen; in ihnen werden die verschiedensten staatlichen Aktivitäten umfassend und aufeinander abgestimmt dargestellt. In einer Proposition, die jeweils von einem Ministerium verantwortet wird, (in diesem Fall jeweils vom Sozialministerium), sind Maßnahmen der unterschiedlichsten Ressorts enthalten, so z.B. des Justizministeriums (Strafgesetze, Vollzug), des Bildungsministeriums (Maßnahmen im Bereich der Schule), des Arbeitsministeriums (Maßnahmen im Bereich der Arbeitsmarktpolitik, Ausbildungsmaßnahmen) usw. . Auch die Finanzierung dieser Maßnahmen wird durch die Haushaltstitel der anderen Ressorts jeweils in den Propositionen festgelegt. Eine Proposition ist eine umfassende und integrierte Darstellung der staatlichen Aktivitäten in einem materiell definierten Bereich.

Die Propositionen können daher als umfassende staatliche Handlungsprogramme bezeichnet werden. Sie enthalten die klassischen Elemente eines Programms:

- sie geben einen Überblick über das jeweils zu bearbeitende Problem,
- definieren Ziele sowohl auf der Ebene der Wirkungen (Outcomes, Impacts) wie Leistungen staatlicher Politik (Outputs),
- sie machen Angaben über eine sinnvolle Organisation der Durchführung,
- definieren Adressaten, Zielgruppen, Akteure und Implementatoren,
- legen die zu gebrauchenden Instrumente fest und
- bestimmen den finanziellen Rahmen.

Das besondere an den Propositionen ist, daß sie dies für eine breite Palette staatlicher Aktivitäten tun (verschiedene Ressorts, verschiedene Ansatzpunkte: z.B. repressive, informative und therapeutische Maßnahmen in einer Proposition) und dabei auch weitere Akteure in die Überlegungen einbeziehen (Kommunen und private Akteure). Dabei sind diese Propositionen nicht zu detailliert, so daß den jeweiligen Implementatoren noch ein erheblicher Handlungsspielraum gelassen wird, aber doch so konkret, daß sie mehr als nur unverbindliche Zielsetzungen enthalten.

Auffallend ist weiter, daß nur verhältnismäßig wenige Propositionen im Bereich Drogenmißbrauch vorgelegt wurden. Dies ist vielleich dadurch erklärbar, daß jeweils umfangreiche Maßnahmenbündel verabschiedet wurden, und daher häufigere staatliche Interventionen, z.B. durch jährlich neue oder veränderte Programme nicht notwendig wurden oder nicht gewollt waren. In diesem Sinne kann man das schwedische System der umfangreichen, ressortübergreifenden Propositionen als Gegengewicht zu einer inkrementalen Politik begreifen.

Dies bedeutet allerdings nicht, daß zwischen diesen relativ weit auseinander liegenden Programmen keine Weiterentwicklung der Politik vor sich gegangen wäre. Z.B. sind die Fördersätze für verschiedene Maßnahmen kontinuierlich angepaßt worden, genauso wie Polizei und Zoll kontinuierlich ausgebaut wurden. Es sind allerdings keine einschneidenden Änderungen der gesamten Drogenpolitik in der Zeit zwischen den Propositionen zu verzeichnen.

Die einzige Ausnahme, daß ein Handlungsprogramm der Regierung nicht als Proposition vorgestellt wurde und vom Reichstag beschlossen wurde, stellt das sog. "10 Punkte Programm" der Regierung vom Dezember 1968 dar. In diesem Programm werden u.a. folgende Maßnahmen genannt:

- intensivere Polizei- und Zollarbeit,
- Vermehrung der Fürsorgeressourcen,
- verstärkte Information,
- Erhöhung der Höchststrafen,
- Gesetz über Telefonüberwachung von vermutlichen Drogenstraftätern,
- Änderung des Gesetzes über geschlossene psychiatrische Fürsorge,
- Einsetzung eines Zusammenarbeitsorgans zur Bekämpfung des Drogenmißbrauchs (SBN).

Diese Maßnahmen stellen zwar keine grundlegende Erneuerung der Drogenpolitik dar, sind aber doch ein eigenständiges und ziemlich umfassendes Handlungsprogramm. Daß dieses 10 Punkte Programm nicht als Proposition vorgelegt und verabschiedet wurde, dürfte zwei zusammenhängende Gründe haben. Gegen Ende 1968 trafen eine Reihe von Meldungen über eine erschreckende Zunahme des Drogenmißbrauchs ein, die zu einer Pressekampagne führten. Daraufhin fühlte sich die Regierung veranlaßt, weitere Maßnahmen in diesem Bereich einzuleiten. Da eine Proposition im Bereich Drogenpolitik gerade erst am Anfang des Jahres verabschiedet worden war, man möglichst schnell reagieren und daher nicht den umfassenden und zeitraubenden Mechanismus einer Proposition ingang setzen wollte, entschied man sich für ein einfaches, d.h. ohne Mitwirkung des Reichstages zu verabschiedendes Regierungsprogramm. Der Reichstag mußte dann nur noch bestimmten darin vorgesehenen Maßnahmen (z.B. den Gesetzesänderungen) zustimmen.

Das 10 Punkte Programm ist damit ein Beispiel für eine eigentlich untypische Art der Programmentwicklung in Schweden. Während normalerweise Propositionen in einem durch weitgehende Beteiligung gekennzeichneten Prozeß entstehen, der gerade nicht durch Zeitdruck gekennzeichnet ist, ist hier einmal aufgrund öffentlicher Forderungen schnell und in einem weniger umfangreichen Verfahren reagiert worden. Allerdings sind selbst in diesem Fall verschiedene Interessen beteiligt worden und enthält auch dieses Programm Maßnahmen aus den verschiedensten Ressorts [57].

Generell ist die Programmentwicklung daher durch eine verhältnismäßig große Kontinuität und Koordination gekennzeichnet. Die Entwicklung seit 1968 ist ohne abrupte Veränderungen oder spektakuläre Neuerungen im Bereich der Drogenpolitik verlaufen. Eher ist eine kontinuierliche Weiterentwicklung zu beobachten, bei der die einzelnen Maßnahmen oder Programmelemente zwar leicht verändert und an veränderte Verhältnisse angepaßt, die Grundstruktur der Politik aber nicht verändert wird. Solche Weiterentwicklungen werden dabei oft durch verschiedene Versuchs- oder Modellprojekte vorbereitet.

Der koordinierende Charakter der Propositionen ergibt sich aus dem großen Spektrum der in ihnen enthaltenden Maßnahmen. Die Programme sind daher eher problemorientiert angelegt und sind nicht durch vorhandene horizontale (Ressorts) und vertikale (Gebietskörperschaften) Organisationsformen und Zuständigkeiten eingeengt. Es werden Propositionen für einen Problembereich nicht für ein Ressort entwickelt. [58]

Eine Erklärung der Kontinuität und Integration der Programme/Propositionen ergibt sich aus ihrem Zustandekommen. Propositionen werden nicht in den Ministerien oder staatlichen Zentralbehörden, sondern zum größten Teil durch Kommissionen außerhalb der Ministerialbürokratie vorbereitet. [59] Im Normalfall wird für ein lösungsbedürftiges Problem von der Regierung eine Kommission, ein Kommitté eingesetzt mit der Aufgabe eine Untersuchung, eine Utredning durchzuführen. Die Aufgaben der Kommission werden in einem kurzen Direktiv festgelegt. Mitglieder einer solchen Kommission können z.B. Politiker, Beamte (vor allem aus den unabhängigen Behörden und regionalen bzw. kommunalen Verwaltungen), Vertreter von Interessenorganisationen und/oder Berufsgruppen sowie Wissenschaftler und Experten von Universitäten, Forschungsinstitutionen und weiteren Einrichtungen sein. Es ist üblich, auch Vertreter der Opposition an den Kommissionen zu beteiligen. Jährlich werden ca. 100 neue Kommissionen eingesetzt. Die Mirarbeit in Kommissionen ist ehrenamtlich, meistens ist nur ein Sekretär hauptamtlich mit der Wahrnehmung der Geschäfte beauftragt.

Die Kommission erstellt i.d.R. nach umfassenden und gründlichen Vorarbeiten einen detaillierten Bericht, ein Betänkande über die von ihr vorgeschlagenen zukünftigen staatlichen Aktivitäten im jeweiligen Bereich. Eine Vorbereitunszeit von zwei oder mehr Jahren ist nicht außergewöhnlich. Der abschließende Bericht, der nur die Meinung der Kommission wiedergibt, die ja nicht Teil des Ministeriums oder der staatlichen Verwaltung ist, wird fast immer in einer besonderen staatlichen Reihe veröffentlicht (SOU = Statens Offentliga Utredningar, die öffentlichen Untersuchungen des Staates). Kleinere Zwischenberichte, Diskussionsentwürfe u.ä. können darüber hinaus in einer anspruchsloseren Reihe veröffentlicht werden (DS = Departements Stencil, Ministeriumsvervielfältigungen). Diese Kommissionsberichte, von denen jährlich ca. 100 erscheinen, bilden dann die Grundlage der Entwicklung von Propositionen. Z.T. enthalten sie auch schon ausformulierte Vorschläge für Gesetze und Verordnungen.

Auch die Programmentwicklung im Bereich Drogenmißbrauch ging nach diesem Muster vor. So wurde schon 1965 in Verbindung mit dem damaligen Zentralamt für Medizin (Medicinalstyrelsen - später in der Socialstyrelsen aufgegangen) eine "Kommission für Drogenfürsorge" (Narkomanvaards-kommitté) gebildet. Diese Kommission erarbeitete insgesamt vier Teilgutachten:

- Bestandsaufnahme und Fürsorge (Kartläggning och vaard; SOU 1967:25),
- das Kontrollsystem (Kontrollsystemet; SOU 1967:41),
- Koordinierte Maßnahmen (Samordnade aatgärder; SOU 1969:52) und

- Sozialmedizinische und klinische Untersuchungen (Socialmedicinska och kliniska undersökningar; SOU 1969:53). [59]

Die ersten beiden Gutachten (oder Kommissionsberichte) bildeten die Grundlage für die Proposition des Jahres 1968, die weiteren Arbeiten wurden in der Proposition des Jahres 1972 verwertet, spielten aber auch schon eine Rolle im Zehnpunkteprogramm vom Jahreswechsel 1968/69. Es ist nicht ungewöhnlich, daß Vorschläge und Anregungen von Kommissionen in politische Maßnahmen umgesetzt werden, schon bevor die Kommissionen ihre Arbeit beendet haben. Die Kommissionen werden also durch mehr oder weniger informelle Kontakte an der Politikformulierung beteiligt.

In besonderen Fällen können Propositionen auch durch verwaltungsinterne, nicht als spezielle Kommissionen institutionalisierte Arbeitsgruppen vorbereitet werden. Während die Kommissionen als unabhängige Projektgruppen mit externer Beteiligung angesehen werden können, sind dies eher verwaltungsinterne Projektgruppen, in denen aber nicht nur und auch nicht unbedingt in erster Linie Ministerialbeamte vertreten sind, sondern in denen Mitarbeiter der Zentralbehörden und u.U. auch externe Beteiligte zusammenarbeiten.

So wurde das "Zehnpunkteprogramm" durch eine interne Kommission der Ministerialverwaltung vorbereitet, in der wiederum Mitglieder des "Narkomanvaards-kommitté" vertreten waren. Ähnlich wurde die Proposition des Jahres 1978 durch eine spezielle (verwaltungsinterne) Kommission vorbereitet, die sog. Leitungsgruppe für Drogenfragen (Ledningsgruppen för narkotikafraagor). Sie wurde im März auf Beschluß der Regierung als Folge des steigenden Heroinmißbrauchs und der unzureichenden Anzahl von Pflegeplätzen eingesetzt [60] mit der Aufgabe, weitere Aktivitäten auf dem Gebiet der Drogenpolitik vorzuschlagen und zu initiieren und für eine Zusammenarbeit der bestehenden Einsätze zu arbeiten [61]. Mitglieder der Kommission waren:

- Staatssekretär im Sozialministerium
- Staatssekretär im Justizministerium
- Reichsankläger (Generalstaatsanwalt)

- Chef der Reichspolizeibehörde
- Chef der Strafvollzugsbehörde
- Chef der Sozialbehörde
- Chef der Schulbehörde
- Chef der Generalzollbehörde
- Chef der Arbeitsmarkbehörde
- Direktor des Kommunalverbandes
- Direktor des Kreiskommunalverbandes.

Zu dieser Kommission wurden eine "politische Referenzgruppe" gebildet mit je einem Mitglied der im Reichstag vertretenen Parteien. Verschiedene Experten sowie zwei Sekretäre leisteten Zuarbeit. Diese Leitungsgruppe hat dann innerhalb verhältnismäßig kurzer Zeit (von März bis Ende 1977) eine umfangreiche Untersuchungs- und Abstimmungsarbeit durchgeführt. U.a. wurden

- in 15 (der 24) Kreise regionale Arbeitsgruppen gebildet, die die Lage im jeweiligen Kreis klarlegen und Vorschläge für Maßnahmen erarbeiten sollten (die Zusammensetzung der Arbeitsgruppen orientierte sich an der der Leitungsgruppe, aber auch weitere Interessenten wurden beteiligt);
- es wurden Hearings in sämtlichen Kreisen durchgeführt, an denen u.a. Sprecher von Kommunen, Kreisräten (Landsting), Polizei, Schulen, Kriminalfürsorge, freiwilligen Organisationen gehört wurden;
- sämtliche Kommunen wurden in der Form eines einfachen Fragebogens (eine Seite) über Organisation und Größenordnung der derzeitigen Probleme und Maßnahmen befragt;
- es wurden zentral fünf Anhörungen (mit Polizei, medizinischen Experten und Forschern, freiwilligen Organisationen, Personal der Drogenfürsorge, des Strafvollzugs und der Kriminalfürsorge) durchgeführt und
- schließlich wurden 10 verschiedene Arbeitsgruppen für unterschiedliche Einzelfragen eingesetzt.

Die Leitungsgruppe hat Anfang 1978 ihren Schlußrapport abgeliefert, der auf über 150 Seiten die derzeitige Situation, bisherige Maßnahmen, und mögliche und sinnvolle weitere Policies in der Form eines 9-Punkte-Programms darstellt. Dieses Gutachten wurde in der Reihe der Veröffentlichungen der Ministerien (DsS 1978:2) veröffentlicht und ist der Proposition (Prop. 1977/78:105) als Anhang beigefügt.

In der Proposition werden fast alle Vorschläge der Leitungsgruppe übernommen, nur einige wenige Vorschläge werden von der Regierung aus den verschiedensten Gründen abgelehnt. Dies ist umso überraschender, als die Leitungsgruppe ja fast ausschließlich aus hohen und höchsten Beamten besteht, zeigt aber, daß trotz dieses auf Zusammenarbeit und Konsens ausgerichteten Prozesses der Politikformulierung (der Vorschlag der Leitungsgruppe erfolgte einstimmig), die Regierung immer noch politische Handlungsspielräume hat und diese auch ausnützt. Die Vorschläge der Leitungsgruppe sind dabei schon so ausgearbeitet und detailliert (z.B. sind schon jeweils die zu erwartenden Kosten überschlägig berechnet und wird vorgeschlagen, aus welchem Titel sie zu decken sind), daß sie im Prinzip ohne Änderung in die Proposition übernommen werden können. Dies geschieht auch in der Regel, aber wie gesagt nicht immer.

In einigen Fällen wurden Vorschläge der Leitungsgruppe schon im Laufe des Jahres 1977, d.h. lange vor Abschluß der Arbeiten auf Versuchsbasis eingeführt und dann in der Proposition nur verlängert. Es ist auch durchaus nicht notwendig, daß sämtliche in der Proposition enthaltenen Vorschläge und Maßnahmen vom Reichstag gebilligt werden müßten. Eher im Gegenteil steht ein Großteil im Ermessen der Regierung, die aber trotzdem das gesamte Programm, d.h. Umfang und Zusammensetzung der Maßnahmen, vom Reichstag prüfen und sanktionieren läßt.

Der integrative und konsenserzeugende Charakter der Politikformulierung erstreckt sich aber nicht nur auf die hier referierten und eine zentrale Rolle spielenden Kommissionen. Er wird weiter verstärkt durch das Remissverfahren, d.h. die Einbeziehung tangierter Politikbereiche.

<u>Remissverfahren</u> besagt, daß die Vorschläge der verschiedenen politikvorbereitenden Kommissionen, bevor die Regierung einen eigenen Vorschlag (eine Proposition) erarbeitet, einer größeren Anzahl möglicherweise interessierter oder berührter Institutionen, Organisationen oder z.B. auch Behörden zur Kommentierung übergibt [62]. Gleichzeitig sind die verschiedenen Ak-

teure der Drogenpolitik jeweils Remissinstanzen für andere Politikbereiche, so daß eine Koordination und Integration auf diesem Wege stattfindet.

So sind z.B. die Berichte der folgenden Kommissionen für den Bereich Drogenmißbrauch relevant und werden als Ausgangspunkt für Maßnahmen in diesem Bereich genommen:

- SOU 1974:91 Alkoholpolitische Untersuchung.
- SOU 1977:23 Psychisch gestörte Gesetzesübertreter,
- SOU 1977:40 Soziale Dienste und Sozialversicherungszulage,
- SOU 1978:14 Arbeit für Behinderte (Teilgutachten der Beschäftigungskommission) usw.

In die Gutachten und Berichte dieser Kommissionen sind Überlegungen zum Problemkreis Drogenpolitik eingeflossen, genauso wie Akteure der Drogenpolitik bei der Fomulierung dieser Berichte, insbesondere aber bei der Remissbehandlung beteiligt wurden.

Diese verschiedenen Überlegungen und Ansichten wurden dann wiederum in Propositionen der Regierung verarbeitet, die wieder Ausgangspunkt bzw. Orientierungspunkt für die Propositionen der Drogenpolitik waren. Zu nennen sind z.B.

- Prop. 1975/76:39 über die innere Arbeit der Schule,
- Prop. 1977/78:85 über einen neuen Zuschuß zur Grundschule,
- Prop. 1976/77:1o8 über die zukünftige Alkoholpolitik.

Insgesamt stellt sich daher das System der Politikformulierung als ein vielfach vernetztes System mit einer Reihe von Querverbindungen und Rückkoppelungsschleifen dar. Die vielfältige institutionelle und personelle Verflechtung der Politikformulierung scheint über die traditionelle negative Koordination durch Mitzeichnung hinauszugehen. Der offene, breit angelegte und verhältnismässig langfristige und kontinuierliche Prozeß der Politikformulierung ist auf frühzeitige Abstimmung und Integration der Beiträge verschiedenster Politikbereiche und Ressorts für einen Problembereich ausgerichtet.

Unterstützt wird diese Vernetzung noch durch die Vielzahl von Arbeitsgruppen, die jeweils zu bestimmten konkreten Problemen oder auch übergreifenden Problembereichen gebildet werden und deren Aufgaben sowohl im Bereich der Beobachtung gesellschaftlicher Entwicklungen, der Politikformulierung und auch [63] der Politikdurchführung liegen. Zu nenne sind in diesem Zusammenhang u.a.

- das 1970 gegründete "Zusammenarbeitsorgan zur Bekämpfung des Drogenmißbrauchs" (SBN),
- das 1972, nach Gründung des Rates für Verbrechensvorbeugung (BRAA) in eine Untergruppe dieses Rates überführt wurde,
- der 1978 errichtete Rat für Alkoholfragen,
- eine Expertengruppe innerhalb der Sozialverwaltung zur Überprüfung des Gesetzes über geschlossene psychiatrische Fürsorge (LSPV);
- die Leitungsgruppe für Versuchsprojekte in der Sozialfürsorge,
- die Kommission für die Versorgung psychisch Entwicklungsgestörter.
- die Projektgruppe für Fürsorge in Familien usw. usf.

In diesen Arbeitsgruppen, die z.T. Gutachten und Berichte vorlegen, z.T. aber auch nur intern beratend tätig sind oder im Rahmen der verschiedensten Remissverfahren eingeschaltet werden, arbeiten Repräsentanten unterschiedlichster staatlicher, kommunaler und insbesondere privater Organisationen (Gewerkschaften, professionelle Organisationen). Auch hier wird also durch weitere institutionelle und personelle Verflechtung die Grundlage für eine umfassende und integrierte Sozialpolitik gelegt.

Abb. 5.2 versucht das Zusammenspiel der verschiedenen Phasen der Politikformulierung schematisch zu verdeutlichen:

- die grundlegende Arbeit wird zumeist in Kommissionen (Kommité) geleistet, die mehr oder weniger verwaltungsunabhängig sein können,
- Die Kommissionen, soweit es sich nicht um rein verwaltungsinterne Kommissionen handelt, veröffentlichen ihre Befunde und Vorschläge in einem Bericht (Betänkning),

Abb. 5.2 : Bekämpfung des Drogenmißbrauchs in Schweden - Abfolge der Programme

JAHR	KOMMISSIONEN	BERICHTE	PROPOSITIONEN	MAßNAHMEN (BEISPIELE)
	Narkomanvaards-kommitté	SOU 1967:25		
		SOU 1967:41		
			Prop. 1968: 7	(1) Drogenstrafgesetz
	(interne Kommission)		10-Punkte-Programm	(5) Strafverschärfung
		SOU 1969:52		.
		SOU 1969:53		.
1970				
				(10) Zusammenarbeit (SBN)
				.
			Prop. 1972:67	(15) Versuchsprojekte
				(16) Drogenuntersuchung
	(Alkoholpolitiska Utredningen)	(SOU 1974:91)	(Prop. 1976/77:1o8)	. . . .
1975				
	Utredningsgruppen	DsS 1977:2	Prop. 1977/78:1o3	(24) Vorbeugung
	Utredningen om Narkotikamissbrukets	DsS 1977:8		(25) Untersuchungskommission
	Omfattning (UNO)	DsS 1978:2		
1980				

- dieser Bericht wird interessierten Institutionen, Verbänden, Behörden usw. zur Stellungnahme zugeleitet im sog. Remissverfahren (hier nicht abgebildet),

- aufgrund des Kommissionsberichts und der Remiss-Antworten wird innerhalb des Ministeriums das Programm der Regierung, die Proposition formuliert, die nach Diskussion und Verabschiedung im Reichstag in die Wirklichkeit umgesetzt wird,

- fast sämtliche Maßnahmen beruhen auf einer Proposition, z.T. werden neue Maßnahmen auch im Vorgriff auf zu erwartende Propositionen und aufgrund der schon bekannten Vorschläge von Kommissionen in Angriff genommen,

- die Maßnahmen bedürfen z.T. zur Durchführung noch weiterer rechtlicher Ausgestaltung (veränderte Förderrichtlinien, Rundschreiben usw.), diese Durchführung wird i.d.R. den eigenständigen Behörden überlassen.

Neben den zentralen Kommissionen, Berichten und Propositionen eines Politikbereichs spielen oft verwandte Bereiche eine Rolle. Dies ist in der Abbildung durch die in Klammern gesetzte "Alkoholpolitik" verdeutlicht.

Eine vorläufig grobe Zuordnung der Programme gegen Drogenmißbrauch in Schweden zu den im Kap. 4.3.2 definierten Dimensionen politischer Programme ergibt daher folgendes Bild:

Bezüglich ihres Umfangs sind die Programme eher als umfassend und integriert einzuschätzen. In ihnen werden jeweils eine ganze Reihe von Aspekten und Problembereichen berührt und es wird versucht, das Problem nicht durch isolierte Maßnahmen, sondern durch abgestimmte und sich ergänzende Konzepte zu bekämpfen. So enthalten die Propositionen nie nur Maßnahmen im Bereich des Strafrechts, sondern immer eine ganze Palette von regulativen und distributiven Ansätzen. Die Programme sind eher langfristig angelegt und verhältnismäßig differenziert. Dies zeigt sich u.a. auch darin, daß nur sehr wenige Programme aufgestellt wurden (insgesamt einschließlich des untypischen Zehnpunkteprogramms vier), die aber im Prinzip alle Maßnahmen, die unternommen wurden, enthalten.

Unter dem Aspekt der Erneuerung sind die Programme als eher innovativ und verändernd einzuschätzen. Obwohl keine entscheidende Brüche in der Entwicklung der Policy auszumachen sind, wird der Bereich kontinuierlich entwickelt, indem z.B. durch Modellversuche oder zeitlich begrenzte Regelungen neuartige Maßnahmen etabliert und getestet werden. In den Programmen wird immer wieder Neuland betreten und werden Lernmechanismen eingebaut, um eine Weiterentwicklung der Policies und Anpassung an neue Gegebenheiten sicherzustellen.

Die Beteiligung an der Formulierung und Durchführung der Programme ist umfassend und weitgehend. Es wurde gezeigt, daß beteiligte und interessierte Verwaltungseinheiten, aber auch gesellschaftliche Interessen und die allgemeine Öffentlichkeit sehr genau über Intentionen und Entscheidungen des Politikbereichs informiert werden und immer wieder die Gelegenheit erhalten, ihren Sachverstand und ihre Interessen einzubringen. Dies zeigt sich u.a. durch die umfassende Publizität der Kommissionsberichte, die weitgehende Beteiligung im Remissverfahren und auch durch die notwendige Behandlung im Parlament. Diese umfassende Beteiligung setzt sich auf der Ebene der Programmdurchführung fort (vgl. 5.5. unten).

Bezüglich der Eingriffsdichte sind die Programme schwerer einzuordnen. Auf der einen Seite sind sie verhältnismäßig genau und konkret, indem sie einzelne Maßnahmen vorschreiben und sogar im Detail festlegen. Auf der anderen Seite wird aber den durchführenden Instanzen ein nicht geringer Handlungsspielraum bei der Implementation gelassen. So erlauben die Programme durchaus eine gewisse Flexibilität bei der Konkretisierung, sind aber andererseits durch eine erhebliche Regelungsdichte und -tiefe gekennzeichnet. Auf dem oben definierten Kontinuum liegen sie eher in der Mitte, vielleicht mit einer leichten Neigung zur Ausprägung genau und detailliert.

5.4. Ziele

Grundlage der Drogenpolitik in Schweden ist die Aussage, daß die Gesellschaft keinen anderen Gebrauch von Drogen akzeptieren kann als den, der medizinisch begründet ist. Jeder andere Gebrauch wird als Mißbrauch angesehen und muß daher mit aller Kraft bekämpft werden [64].

Anders als in den alkoholpolitischen Programmen geht es in der Drogenpolitik nicht nur darum, den Konsum zu verringern, sondern Ziel ist es, den Mißbrauch vollkommen zu eliminieren:

"Drogenmißbrauch kann nie als ein Teil unserer Kultur akzeptiert werden" 65).

Die eindeutige und harte Reaktion der Gesellschaft gegen den Drogenkonsum wird in den Strafgesetzen deutlich; Narkotikaverbrechen gehören zu den am schwersten bestraften Verbrechen in Schweden.

Warum Drogenkonsum auf keinen Fall toleriert werden kann wird dabei - zumindest in den offiziellen Verlautbarungen - nicht weiter ausgeführt. So gibt es z.B. keine Hinweise auf die Gefährdung der Gesundheit oder die Zerstörung der Persönlichkeit. Offensichtlich wird die Ablehnung des Drogenkonsums als selbstverständlich angenommen. Sie muß nicht noch ausdrücklich begründet werden.

In diesem Zusammenhang wird auch nicht zwischen "schwerem" (z.B. Heroin, Kokain, zentralstimulierenden Mitteln) und "leichtem" (z.B. Cannabis, Hash) Drogenmißbrauch unterschieden. Mißbrauch liegt vor, wenn der Drogenkonsum zu einem wichtigen Lebensinhalt geworden ist [66].

Insgesamt wird der Drogenmißbrauch als medizinisch-soziales Problem gesehen. Von besonderer Bedeutung sind daher die vorbeugenden Maßnahmen. Der Drogenmißbrauch (wie der Alkoholismus) ist eine (mögliche) Folge psychischer und sozialer Probleme, deren Ursache oft in den Unzulänglichkeiten der Gesellschaft selbst zu suchen ist [67]. Im Kampf gegen den Mißbrauch, bei dem es vor allem um die Verhinderung von Entstehen und Ausbreitung des Drogenkonsums geht, müssen diese Ursachen bekämpft werden. Als Beispiele werden genannt:

- unzureichende Beschäftigung,
- Mängel des Arbeitsmilieus,
- nicht zufriedenstellende Wohnungs- und
- Freizeitverhältnisse.

"Es ist notwendig eine offenere Gesellschaft mit tieferem Kontakt und Gemeinschaft zwischen den Menschen zu schaffen. Der Wille jedes einzelnen zu Verantwortung und Einfluß muß wahrgenommen werden. Auf allen Gebieten muß die Widerstandskraft der Gesellschaft gegen Mißbrauch gestärkt werden" 68) .

Ausgehend von diesen umfassenden Zielsetzungen, die ja nicht alle im Rahmen der Drogenpolitik verwirklicht werden können, sondern die nur das Bild einer besseren (offenen und kontaktfreudigen) Gesellschaft entwerfen, in der dem Drogenmißbrauch seine (vermutliche) Grundlage entzogen wird, werden dann ziemlich unvermittelt die Ziele für die einelnen Maßnahmenbereiche aufgestellt. So heißt es

- der Zugang zu Narkotika muß verhindert werden, wobei Polizei und Zoll eine wichtige Aufgabe bei der Bekämpfung der Drogenkriminalität zu erfüllen haben
- die vorbeugenden Maßnahmen müssen umfassend und wohl formuliert sein, wobei die Schule eine besondere Verantwortung hat,
- denjenigen, die in den Mißbrauch hereingezogen werden, muß Fürsorge und Hilfe sicher sein,
- Information und Forschung sollen einen herausragenden Platz einnehmen und
- da Grundlage des Drogenproblems oft eine Vielzahl von sozialen Problemen sind (z.B. Arbeitslosigkeit, schlechtes Freizeitangebot usw.), müssen Anstrengungen auf verschiedenen gesellschaftlichen Gebieten unternommen werden und diese Anstrengungen müssen koordiniert werden 69).

Wenn man versucht diese unterschiedlichen Ziele zu systematisieren, ergeben sich fünf Zieldimensionen:

- das <u>Angebot</u> von Drogen soll reduziert werden,
- die <u>Nachfrage</u> nach Drogen soll vermindert werden,
- die <u>Folgen</u> des Drogenkonsums sollen behandelt und vermindert werden,
- die <u>Information</u> über das Drogenproblem soll verbessert werden und

- die Wirksamkeit der verschiedenen Maßnahmen soll durch Koordination und Integration erhöht werden.

Diesen Zielen können jeweils ganz grob unterschiedliche Maßnahmentypen zugeordnet werden:

- Repressive Maßnahmen, das sind staatliche Maßnahmen, durch die insbesondere der Verkauf von Drogen verhindert und das Angebot vermindert werden soll, z.B. durch Strafandrohung. Dazu gehören auch die Maßnahmen, die z.B. bei Polizei und Zoll getroffen werden, um die Einhaltung dieser Strafgesetze zu überwachen und evtl. Verstöße zu entdecken und zu ahnden, sowie regulative Maßnahmen z.B. im Arzneimittelrecht.

- Präventive Maßnahmen, die darauf aus sind z.B. durch informationelle und vorbeugende Aktivitäten den Gebrauch von Drogen zu verhindern bzw. generell über die Gefahren von Narkotika aufzuklären. Präventive Maßnahmen im Bereich Drogenmißbrauch können unterschieden werden in: Maßnahmen im Bereich der Schule und Jugendarbeit, generelle Information und flankierende Maßnahmen. Das wichtigste Unterscheidungskriterium dabei ist, ob sich die Maßnahmen gegen besonders gefährdete Personen (z.B. Jugendliche in der "Risikozone") richten oder nur allgemein die Debatte und den Wissensstand über Drogenprobleme erhöhen wollen bzw. schon im Vorfeld verhindern wollen, daß Personen überhaupt in die Risikozone kommen. Die Bekämpfung der Ursachen des Mißbrauchs und der Entstehung und Verbreitung geht bei diesen Maßnahmen jeweils ineinander über. Dazu gehören also auch flankierende Maßnahmen, wie z.B. eine die Jugendlichen ansprechendes Freizeitangebot, eine akzeptable Jugendpolitik oder auch eine Jugendarbeitslosigkeit vermeidende Arbeitsmarktpolitik.

- Therapeutische Maßnahmen, durch die Drogenabhängigen und Opfern der Drogenszene geholfen werden soll die Rauschmittelsucht zu überwinden und wenn möglich gesundheitlich voll wiederhergestellt zu werden. Dazu gehören Maßnahmen der Behandlung akuter Drogenkranker, der Fürsorge und der Rehabilitation.

- Informative oder evaluative Maßnahmen sind in erster Linie auf die Vermehrung von Erkenntnissen im Bereich Drogenmißbrauch gerichtet. Darunter fallen sowohl Forschungsrbeiten über Ausbreitung, Ursachen und Folgen des Drogenmißbrauchs (eher deskriptive Informationen) als auch über Wirkungen staatlicher oder privater Maßnahmen in diesem Bereich (eher kausale Informationen).

- Koordinierende oder integrierende Maßnahmen schließlich haben das erklärte Ziel, die verschiedenen schon vorhandenen Aktivitäten zu koordinieren und dadurch die Wirksamkeit wenn möglich zu erhöhen.

Auf der Verlautbarungsebene sind Schwerpunktsetzungen zwischen diesen verschiedenen Zieldimensionen nur schwer zu erkennen, da sämtliche Dimensionen ausdrücklich erwähnt werden. Aufgrund der Betonung der medizinisch-sozialen Grundlagen des Problems ist allerdings ein leichtes Übergewicht der Zieldimensionen "Prävention" und "Therapie" anzunehmen.

Ausgehend von diesen Zieldimensionen des Politikbereichs können auch einige grobe Angaben über die tatsächlichen Zielinhalte der Drogenpolitik in Schweden gemacht werden. Wenn man die verschiedenen Maßnahmen diesen Dimensionen zuordnet [70] wird deutlich, daß keines dieser Ziele überwiegt, sondern daß alle in etwa gleichgewichtig verfolgt werden. Wenn man allerdings die "Zweitziele" mitzählt [71], d.h. Ziele, die auch mit einer Maßnahme erreicht werden sollen, hat das Ziel Prävention/Vorbeugung eindeutige Priorität. Wenn überhaupt eine Reihenfolge zu erkennen ist, dann dürfte sie wohl lauten: Prävention, Therapie, Repression. Diese Reihenfolge ergibt sich daher nicht nur aus den Zielverlautbarungen, sondern auch aus der Zuordnung der einzelnen Maßnahmen.

Die Ziele Information/Evaluierung und Koordination/Integration treten dahinter zurück, sie haben allerdings auch eine andere Qualität, da sie sich nicht an die "Endverbraucher" der Policy richten, sondern an die "Produzenten". Hier ist trotzdem bemer-

Abb. 5.3.: Bekämpfung des Drogenmißbrauchs in Schweden Zieldimensionen

Jahr	lfd. No.	Maßnahmen in Stichworten	Angebot	Nachfrage	Folgen	Information	Koordination
1968	1	Drogenstrafgesetz	x	(x)			
	2	Fürsorgekette			x		x
1969	3	Polizei	x	(x)			
	4	Zoll	x	(x)			
	5	Strafverschärfung	x	(x)			
	6	Telefonüberwachung	x				
	7	geschlossene Fürsorge			x		
	8	Aufklärung & Information		x			
	9	Schule		x			
1970	10	Zusammenarbeit					x
1971	11	Polizei	x	(x)			
1972	12	Strafverschärfung	x	(x)			
	13	Strafvollzug	x	(x)			
	14	Jugendrat		x			
	15	Versuchsprojekte			x		
	16	Drogenuntersuchung				x	
	17	Personal		x	x		
	18	Arbeitsgruppen					x
	19	Verschreibung	x				
1973	20	Behandlung		(x)	x	(x)	(x)
	21	Zusammenarbeit					x
1976	22	Polizei	x	(x)			
	23	Strafvollzug		(x)	x		
1977	24	Vorbeugung		x			
	25	Untersuchungskommission				x	
1978	26	Behandlungsheime			x		
	27	Fürsorge in Familien			x		
	28	Planung			x		x
	29	Versuchsprojekte		x			
	30	Aus- und Fortbildung			x		
	31	Arbeitsmarkt		x	x		x
	32	Drogenforschung				x	
	33	Dokumentation				x	

kenswert, daß sich eine verhältnismäßig große Anzahl von Maßnahmen eindeutig diesen Zielen zurechnen läßt.

Im Prinzip entsprechen diese vier Maßnahmentypen den o.g. Policy-Typen (Prävention und Therapie entsprechen weitgehend distributiver Policy, repressive Maßnahmen regulativer und Koordination sowie Information konstitutiver Policy). Diese Zuordnung ist interessant, weil offensichtlich jeweils ein Policy-Typ der Erreichung eines bestimmten Ziels oder einer Zieldimension der Drogenpolitik entspricht. Daß dies nicht notwendigerweise so sein muß verdeutlicht das Beispiel Großbritannien. Dort wird versucht, das Ziel "Verminderung des Drogenangebots" u.a. durch distributive Politik zu erreichen (Verhinderung eines schwarzen Marktes durch großzügige Drogenverschreibung).

Die Ziele der Drogenpolitik in Schweden sind insgesamt verhältnismäßig umfangreich, d.h. es werden verschiedene Zieldimensionen auf der Verlautbarungsebene angesprochen und auch in unterschiedlichen Maßnahmen angestrebt. Widersprüche zwischen Verlautbarungsebene und Maßnahmenebene sind nicht offenkundig.

Eine Veränderung der Zielsetzungen im Laufe des Untersuchungszeitraums kann aus der Zuordnung der Maßnahmen zu den Zieldimensionen abgelesen werden. Während am Beginn des Drogenproblems eher repressive Maßnahmen eingeleitet wurden, dominieren gegen Ende eindeutig die therapeutischen Maßnahmen. Die Eingriffsdichte oder Genauigkeit der Ziele ist nicht sehr groß. Die Richtung der anzustrebenden Veränderungen wird zwar deutlich, aber das Maß bleibt unbestimmt, d.h. eine eindeutige Operationalisierung der Ziele bleibt aus. Damit wird auch eine eindeutige Unterscheidung zwischen Programm- und Ergebniszielen unmöglich, im Prinzip dominieren eher unverbindliche Programmziele.

5.5. Akteure

Die wichtigsten staatlichen und privaten Akteure des Problem- und Politikbereichs "Drogenmißbrauch" in Schweden sind in Abb. 5.4

zusammengefaßt. Zentrales Merkmal der Ausgestaltung des Politikbereichs ist in erster Linie die Auslagerung fast der gesamten administrativen Aufgaben aus den Ministerien auf Zentralbehörden. Die Ministerien (Departements) sind nur verhältnismäßig kleine Stabsstellen, während alle Durchführungsaktivitäten und Routineaufgaben auf die sog. "Ämbetsverk" delegiert sind. So besteht z.B. das Sozialministerium (Socialdepartementet) nur aus 96 Mitarbeitern (einschließlich Pförtner, Sekretärinnen usw.), ist aber übergeordnete Behörde für 11 staatliche Zentralbehörden, von denen die Sozialverwaltung (Socialstyrelsen) mit ca. 34oo Mitarbeitern (davon ca. 1000 in der Zentrale) die größte ist [72].

Im hier interessierenden Bereich sind die wichtigsten Zentralbehörden (Ämbetsverk):

- "Socialstyrelsen" (Sozialbehörde) für die verschiedenen Maßnahmen der Fürsorge (therapeutischer Bereich),
- "Riskpolitistyrelsen" (Polizeibehörde) für die Maßnahmen der Gesetzesanwendung und -durchsetzung (repressiver Bereich) und
- "Skolöverstyrelsen" (Schulbehörde) für einen Teil der Drogenaufklärung (präventiver Bereich).

Während in den Ministerien nur die Grundlagen der Politik fomuliert werden, d.h. in erster Linie die Propositionen erarbeitet werden, sind für deren Durchführung allein die Zentralbehörden zuständig, die dabei über einen nicht geringen Handlungsspielraum verfügen. Da in den Propositionen oft nur die Zielrichtung der zukünftigen staatlichen Politik angegeben ist, die konkreten Maßnahmen aber weitgehend den einzelnen zuständigen Behörden überlassen bleiben, spielen die Zentralbehörden auch bei der Ausgestaltung der jeweiligen Politik eine wichtige Rolle.

Von großer Bedeutung ist in diesem Zusammenhang die Tatsache, daß fast sämtliche wichigeren Zentralbehörden über ein eigenständiges politisches Leitungsgremium verfügen, eine sog. "Styrelse" [73]. Mitglieder einer solchen Styrelse können u.a. sein:

- Beamte anderer Behörden,

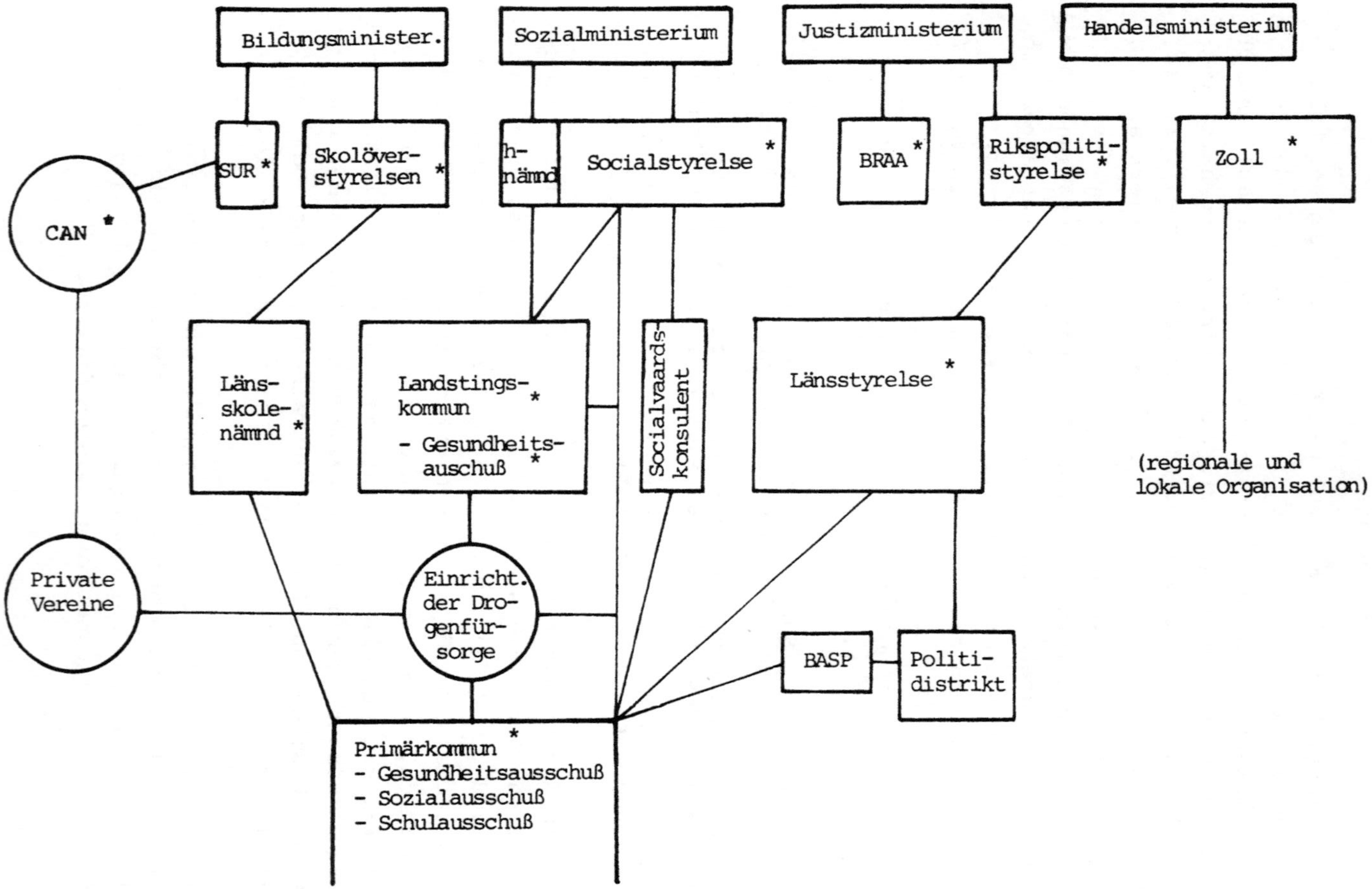

Abb. 5.4.: Bekämpfung des Drogenmißbrauchs in Schweden - Wichtige Akteure

- Politiker,
- Vertreter von Interessenorganisationen,
- Wissenschaftler, Experten usw.

In Schweden spricht man in diesem Zusammenhang von "Lekmanna-styrelse" (wörtlich: Laiensteuerung) . Damit ist gemeint, daß die Mitglieder der Styrelse in der jeweiligen Behörde keine weitere Funktion ausüben, als der jeweiligen Leitung anzugehören [74]. Mitglied der Styrelse ist i.d.R. auch der jeweilige Chef der Verwaltung (Generaldirektör). In Schweden gibt es heute praktisch keine größere Zentralbehörde mehr, die nicht in dieser Form geleitet wird. Als Vorteile dieser "Lekmannastyrelse" werden vor allem angesehen: [75]

- die Kontrolle der Verwaltung durch die Bürger wird erleichtert, indem gewählte Repräsentanten (z.B. Miglieder des Reichstags) in den Aufsichtsgremien vorhanden sind,
- Fachwissen und Kompetenz von außen wird der jeweiligen Verwaltung zugeführt,
- andere Verwaltungen mit verwandten Aufgaben sind in der Leitung repräsentiert, so daß die Koordination und Abstimmung erleichtert wird,
- direkt betroffene Interessen (z.B. Arbeitnehmer, Arbeitgeber) sind in der Leitung repräsentiert und haben daher Einfluß auf das Verwaltungshandeln.

In Schweden gibt es aus diesem Grund keine Ministerverantwortlichkeit für Verwaltungshandeln, eher sogar das Gegenteil. Repräsentanten der Ministerien sind i.d.R. (mit sehr wenigen Ausnahmen) nicht in den jeweiligen Aufsichtsgremien repräsentiert. Auf der anderen Seite ist das Prinzip der Gewaltenteilung oft quasi aufgehoben, z.B. wenn eine Styrelse nur aus gewählten Repräsentanten besteht [76]. Obwohl die Zentralbehörden eindeutig jeweils bestimmten Ministerien untergeordnet sind, genießen sie eine verhältnismäßig große Unabhängigkeit. Die Beeinflussung der Tätigkeit der Behörde durch das Ministerium kann nur durch formelle Anweisungen (Verordnungen) erfolgen, und von diesem Mittel wird sparsam Gebrauch gemacht. Die zweite zentrale Einflußmöglichkeit besteht in der Zuweisung von Mitteln. Die Behörden bekommen ihre Mittel jeweils unter präziser Festlegung der Zweckbindung im jährlichen Haushalt zugewiesen, und auf disem Wege kann das Verwaltungshandlen in die gewünschte Richtung gelenkt werden. Selbstverständlich gibt es auch eine ganze Reihe informeller Kontakte zwischen Ministerium und Behörde, aber trotzdem sind die Zentralverwaltungen in ihren Entscheidungen bei der Umsetzung von Politik verhältnismäßig unabhängig.

Die eigenständige Stellung der Behörde zeigt sich z.B. darin, daß Behörden schriftliche Änderungsvorschläge für bestehende Policies an die Regierung richten, die dann in eine Proposition aufgenommen werden oder auch, bei kleineren Änderungen, ohne Proposition durchgeführt werden können. So sind z.B. die z.T. tiefgreifenden organisatorischen Änderungen bei Polizei und Zoll jeweils auf Schreiben der Zentralbehörde bzw. ihrer Leitungsgremien zurückgegangen. Insgesamt sind die Zentralbehörden nicht nur Ausführungsorgan der Ministerien, sondern haben durchaus, auch aufgrund ihrer jeweiligen Leitung, eigenständiges politisches Gewicht. Sie fühlen sich daher auch als Transmissionsriemen zwischen Regierung und Adressaten der Politik, d.h. der Informationsfluß läuft nicht nur von "oben" nach "unten", sondern auch von "unten" nach "oben".

Neben den Zentralbehörden mit ihren jeweils eigenen Leitungsgremien spielen auf der zentralen Ebene eine Reihe von Räten und Ausschüssen eine Rolle, insbesondere

- der sog. "h-nämnd" (Nämnden för hälsoupplysning), der Ausschuß für gesundheitliche Aufklärung, der für die gesamte gesundheitliche Aufklärung in Schweden zuständig ist, von der die Drogenaufklärung natürlich nur einen geringen Teil ausmacht,

- SUR (Statens Ungdomsraad), der staatliche Jugendrat, der für die finanzielle Unterstützung sämtlicher Jugendorganisationen verantwortlich ist und in diesem Zusammenhang auch erhebliche Mittel für Projekte der Drogenaufklärung ausgibt sowie

- BRAA (Brottsförebyggande raadet), der Rat für Verbrechensbekämpfung, bzw. dessen Unterausschuß für Narkotikafragen, der sämtliche staatlichen Maßnahmen im Bereich Drogenpolitik koordinieren soll.

Die Ausschüsse und Räte sind ähnlich zusammengesetzt wie die oben dargestellten "Styrelser", verfügen aber in der Regel nur über einen sehr kleinen Verwaltungsunterbau und sind meistens auch einer der Zentralbehörden zugeordnet. Es handelt sich also um sehr breit zusammengesetzte Gremien, die die Durchführung und Koordination staatlicher Policies überwachen sollen. Am Beispiel des wichtigsten Organs, des BRAA bzw. seiner Untergruppe, kann dies verdeutlicht werden. Der BRAA besteht seit 1974. Er ist dem Justizministerium zugeordnet und hat die Aufgabe, sämtliche Maßnahmen der Verbrechensbekämpfung zu koordinieren [77]. In seiner Leitung sind Vertreter der im Reichstag vertretenen Parteien, des Arbeitsmarktes, der Kommunen und Kreiskommunen sowie von Versicherungen und Forschung repräsentiert.

Eine Untergruppe des BRAA beschäftigt sich mit dem Problem des Drogenmißbrauchs (die sog. Narkotikagruppe). In ihr arbeiten Repräsentanten der folgenden Organisationen zusammen

- Sozialministerium
- Justizministerium
- Außenministerium
- Reichsankläger (Staatsanwaltschaft)
- Gefängnisbehörde
- Sozialbehörde
- Zollbehörde
- Schulbehörde
- staatliche Personalbehörde
- Arbeitsmarktbehörde
- Verband der Kommunen
- Verband der Kreiskommunen
- Gewerkschaft der Beamten
- Gewerkschaft der Akademiker
- Gewerkschaftsbund
- Arbeitgebervereinigung [78]

Das Sekretariat der Narkotikagruppe wird vom Sozialministerium betreut. Insgesamt verdeutlicht dieser Ausschuß ein zentrales

Prinzip der Ausgestaltung des Politikbereichs in Schweden. Die Durchführung ist auf verschiedene Akteure aufgeteilt, die aber durch ein enges Netz der gegenseitigen Repräsentation in den jeweiligen Aufsichtsgremien miteinander verbunden sind. In Abb. 5.4 sind alle Durchführungsinstitutionen, die in der einen oder anderen Form durch ein breit zusammengesetztes Leitungsgremium geführt und kontrolliert werden, mit einem Sternchen * versehen. Die Abbildung verdeutlicht, daß dies für alle wichtigen Organe zutrift, d.h. Mitarbeiter der einen Verwaltung, z.B. der Polizei, sind in den Leitungsgremien anderer Institutionen, z.B. des h-nämnd vertreten und umgekehrt. Wichtigstes Element der Koordination unterschiedlichster Anstrengungen ist also die enge personelle Verflechtung der jeweiligen Leitungsorgane.

Der Politikbereich ist daher gleichzeitig durch eine gewollte Zersplitterung der Zuständigkeiten gekennzeichnet, weil man davon ausgeht, daß komplexe Probleme am besten von unterschiedlichen Seiten bearbeitet werden sollten, und durch enge, netzartige Kommunikationsbeziehungen, durch die eine gewisse Integration und Koordination der verschiedenen Aktivitäten erreicht werden soll. Hierarchische Beziehungen sind in diesem Netz kaum auszumachen.

Interessant ist weiter, daß private Akteure in dieses Netz einbezogen sind, einmal weil Repräsentanten gesellschaftlicher Organisationen in verschiedenen Leitungsgremien repräsentiert sind (z.B. SUR, h-nämnd, usw.), aber auch, weil umgekehrt staatliche Akteure im Vorstand des privaten, allerdings mit staatlichen Geldern unterstützten

- CAN (Centralförbundet för alkohol - och narkotikaupplysning), dem Zentralverband für Alkohol- und Drogenaufklärung,

repräsentiert sind.

Das bisher skizzierte Bild setzt sich auf der regionalen Ebene fort. Schweden ist in 24 LÄN (Bezirke) eingeteilt, die gleichzeitig die geografische Grundlage für die selbstverwalteten

Landstingskommuner (Kreiskommunen) wie für die staatliche regionale Verwaltung, die Länstyrelser (Regierungsbezirke) bilden. Beide Institutionen umfassen zwar das gleiche Gebiet, sind ansonsten aber voneinander getrennt. [79)]

Die Landstingskommuner sind Selbstverwaltungsorgane, überwacht von gewählten Volksvertretern (Landsting), die wiederum einen gewählten Rat, eine Styrelse wählen, sowie weitgehend autonom entscheidende spezielle Räte und Ausschüsse, u.a. einen für gesundheitliche Fragen (Hälse- och sjukvaardstyrelse). Die Landstingskommunen sind Träger des Gesundheitswesens und können auch Träger von weiteren Institutionen der Drogenfürsorge sein. In diesem Zusammenhang arbeiten sie also eng mit der Sozialbehörde zusammen, sowie im Bereich der Aufklärung auch mit dem h-nämnd. Die Gesundheitsfürsorge wird von der Sozialbehörde finanziell unterstützt und kontrolliert.

Gleichzeitig haben aber auch die einzelnen Zentralbehörden z.T. eigene regionale Verwaltungen auf der Ebene der Län, so z.B. die Sozialverwaltung u.a. die Sozialfürsorgekonsulenten (Socialvaardskonsulenter), die die regionalen Aufgaben der Sozialverwaltung wahrnehmen. Daneben gibt es regionale Verwaltungen, z.B. der Schulbehörde (Länsskolenämnd), die wiederum von mit "Laien" besetzten Ausschüssen geleitet werden und schließlich gibt es die allgemeine staatliche Verwaltung im Län, die Länstyrelse, die dem Kommunalministerium untergeordnet ist und in erster Linie planende und koordinierende Aufgaben hat, z.B. aber auch regionale Polizeibehörde ist.

Die verschiedenen durch Räte geleiteten regionalen Verwaltungen (z.B. Skolenämnd) sowie die reinen regionalen Fachverwaltungen arbeiten eng mit der Länstyrelse zusammen, z.T. sind bestimmte regionale Verwaltungen gleichzeitig der Zentralbehörde und der Länstyrelse unterstellt. Hervorzuheben ist, daß auch die staatliche regionale Behörde durch eine Styrelse geleitet wird, die, neben dem staatlich ernannten "Landshövding" (Landshäuptling, d.h. Regierungspräsident) aus 14 vom Landsting gewählten Repräsentanten

sentanten besteht. Hier ist also wiederum auf der personellen Leitungsebene eine Verbindung zwischen regionaler Selbstverwaltung und staatlicher Verwaltung geschaffen worden. Die verschiedenen Räte, die die regionalen Fachbehörden leiten, werden i.d.R. von der Regierung benannt, (oft im Zusammenhang mit dem Landsting) und auch hier gibt es eine große personelle Verflechtung zwischen Landsting, Länstyrelse und den verschiedenen Nämnd, z.B. ist der Landshövding Vorsitzender der meisten dieser Räte.

Im Prinzip gibt es daher in Schweden eine gewisse Einräumigkeit der Verwaltung. Fast alle Fachverwaltungen haben als ihre regionale Einheit den Bezirk (Län), und sind eng mit der allgemeinen staatlichen Verwaltung (Länstyrelse) sowie mit den Kreiskommunen (Landsting) über personelle Verflechtungen verbunden.

Auch auf der regionalen Ebene sind die Verwaltungen, die Räte mit Laienbeteiligung aufweisen, mit einem Sternchen * markiert. Auch hier zeigt sich wieder eine starke Verflechtung durch Personalunion.

Auf der lokalen Ebene ergibt sich schließlich das gleiche Bild. Die Kommunen (Primärkommunern) weisen ein gewähltes Repräsentativorgan auf, die "Kommunalfullmäktige", diese wählen wiederum als zentrales ausführendes Organ die Kommunstyrelse und darüber hinaus eine Anzahl weitgehend selbständiger Ausschüsse, die die jeweilige Fachverwaltung der Kommune überwachen. In diesem Fall sind besonders interessant

- Gesundheitsausschuß (Hälsovaardsnämnd),
- Sozialauschuß (Social centralnämnd) und
- Schulausschuß (Skolstyrelse).

Diese Ausschüsse sind zwingend vorgesehen und ihre Zusammensetzung sowie ihre Aufgaben sind in den jeweiligen Fachgesetzen (z.B. Sozialgesetzgebung, Schulgesetzgebung) festgelegt [80].

Am Beispiel der therapeutischen Maßnahmen kann das Zusammenspiel der verschiedenen Ebenen verdeutlicht werden. Die Durchführung ist bestimmt durch die generellen Zuständigkeitregelungen im sozialen Bereich, und zwar sind die

- Primärkommunen grundsätzlich zuständig für die soziale Fürsorge und Behandlung und die
- Kreiskommunen für die medizinische Versorgung und Pflege.

Diese Zuständigkeitsregelung gilt für sämtliche Bereiche der sozialen und medizinischen Vorsorgung. Die staatliche Sozialbehörde, die für beide Bereiche verantwortlich ist, hat nur planende und ergänzende Aufgaben, die allerdings einen ziemlichen Umfang einnehmen [81]. Im Bereich der Drogenpolitik bedeutet dies, daß Kommunen und Kreise für die Behandlung zuständig sind, und daß die Sozialbehörde ihre zentrale Aufgabe darin sieht, die Aktivitäten dieser Träger anzuregen, zu verstärken und finanziell zu unterstützen sowie zu koordinieren und für einen rationalen Einsatz der vorhandenen Mittel zu sorgen.

Von Bedeutung ist in diesem Zusammenhang, daß die inhaltlichen Aspekte der Behandlung nicht im Detail geregelt werden. So wird ausdrücklich festgestellt, daß eine Festlegung der Ausgestaltung der Drogenfürsorge im Detail, d.h. auch der Behandlungsmethodik und des Behandlungsinhalts, falsch wäre. Ziel sollte stattdessen sein, innerhalb gewisser Rahmen ein breites und variiertes Behandlungsangebot zu initiieren [82].

Aufgabe der Sozialbehörde ist es, die in den jeweiligen Propositionen vorgeschlagene bzw. festgelegte Ausgestaltung der Drogenbehandlung und -fürsorge durch geeignete Maßnahmen zu verwirklichen, ohne die prinzipielle Zuständigkeit der Kommunen und Kreiskommunen zu berühren. Das zentrale Instrument sind dabei finanzielle Zuschüsse zu Fürsorgebasen, Behandlungsheimen etc., die den staatlichen Vorstellungen entsprechen. Die Durchführing der Programme liegt vollständig bei der Sozialbehörde, das Sozialministerium ist damit nicht belastet.

Auch die prozedurale Ausgestaltung der Zuschußbewilligung und die dabei zu erfüllenden Kriterien liegen weitgehend in der Diskretion der Sozialverwaltung. Sie sind generell möglichst offen ausgestaltet, um die verschiedensten Fördermöglichkeiten zu erhalten.

Bemerkenswert ist, daß die gleichen Fördermöglichkeiten für öffentliche (Kommunen, Kreiskommunen) oder private Träger gelten. Auch die Behandlung in alternativen Behandlungseinheiten (Kollektiven, Familien) wird durch die Sozialbehörde (neuerdings verstärkt) unterstützt, wobei allerdings die Kommunen die Aufsicht über diese privaten Träger ausüben und auch für die finanzielle Unterstützung zuständig sind (die Kommunen werden dann wiederum von der Sozialverwaltung unterstützt).

In Kommunen und Kreiskommunen sind zunächst die jeweils zuständigen Ausschüsse (Nämnd) für die Planung und Durchführung der Maßnahmen zuständig. Da aber die wichtigste Entscheidung, nämlich der jährliche Haushalt, vom jeweiligen Repräsentativorgan getroffen wird (Landsting, Kommunfullmäktige), liegt die endgültige Entscheidung beim politisch verantwortlichen Gremium.

Ein Beispiel für die umfangreiche Beteiligung und damit Koordination bei der Durchführung der Programme ist die 1978 vorgeschlagene neuartige Ausbildung des Personals der Drogenfürsorge und Behandlung [83]. Bei der jetzt eingeführten Ausbildung arbeiten zusammen die

- Arbeitsmarktbehörde, die sie durchführt und finanziert,
- Schulbehörde, die das Curriculum entwickelt hat,
- Sozialbehörde, die federführend die Arbeit geleitet hat und
- Kommunen/Kreiskommunen/private Träger, die ihr Personal entsenden (und dafür z.T. Zuschüsse erhalten).

Die Auswahl desjenigen Personals, das an einer solchen Ausbildung teilnehmen kann, erfolgt in Zusammenarbeit der Arbeitsmarktpartner. Diese umfangreiche Beteiligung unterschiedlichster Behörden und Organisationen in diesem verhältnismäßig kleinen und begrenzten Bereich scheint typisch und exemplarisch zu sein für die schwedische Art der Politikdurchführung. Genauso wird im Bereich Rehabilitation das Schwergewicht auf die Zusammenarbeitsgremien der Arbeitsmarkt- und Ausbildungspolitik gesetzt. Die staatliche Seite weist in erster Linie auf die bestehenden organisatorischen Vorkehrungen insbesondere auf lokaler und regionaler Ebene hin, die aktiviert werden sollen. Finanzielle Unterstützungen sind im Einzelfall möglich, spielen aber nicht die zentrale Rolle. [84)]

Insgeamt ist die Ausgestaltung des Zusammenspiels der verschiedenen Akteure des Politikfeldes in Schweden daher durch folgende Stichworte zu charakterisieren:

- Die Anzahl der Akteure des Politikbereichs ist verhältnismäßig begrenzt und die Organisation daher einigermaßen übersichtlich und durchschaubar. Sie wird verkompliziert durch die verschiedenen Beteiligungen, ein dichtes Netz von Abstimmungs- und Zusammenarbeitsorganen und weitgefächerte Zuständigkeiten.
- Die Durchführung ist weitgehend nach "unten" verlagert, die regionalen und lokalen Gebietskörperschaften besitzen eine weitgehende Autonomie, allerdings kontrolliert durch vielfältige Zusammenarbeit, Abstimmung und Finanzierung durch die Zentralbehörden.
- Die Trennung zwischen staatlichen und privaten Akteuren im Rahmen der Durchführung der verschiedenen Maßnahmen ist weitgehend aufgehoben. Nicht-staatliche Vertreter sind in den verschiedenen Leitungsgremien repräsentiert und die Durchführung verschiedener Maßnahmen kann sowohl privaten wie staatlichen Trägern überlassen werden.

Auf der Skala zwischen privaten und staatlichen Organisationen sind die schwedischen Akteure fast alle als Quagos [85)] einzustufen, d.h. es handelt sich um staatliche Institutionen, die aber durch weitgehende Beteiligung Externer und erhebliche Handlungsspielräume gekennzeichnet sind. Grundlegende Veränderungen sind im Untersuchungszeitraum nicht auszumachen und die Durchführung der Maßnahmen innerhalb dieser Makroorganisation ist eher als einfach einzuschätzen.

5.6. Instrumente

Grundlage der folgenden Beschreibung der in Schweden hauptsäch- verwendeten Steuerungsinstrumente ist die Liste der wichtigsten Maßnahmen 5.1. sowie die verschiedenen Steuerungsinstrumente und Steuerungsformen, die in Abschnitt 4.3.2. herausgearbeitet wurden. Abb. 5.5. enthält eine grobe Zuordnung der Maßnahmen zu den verschiedenen Typen von Steuerungsinstrumenten, nämlich

- Regulierung,
- Finanzierung,
- Information,
- Leistung,
- Strukturierung.

Dabei wird eine erste wichtige Unterscheidung vorgenommen je nach dem, ob die Steuerung "intern" oder "extern" wirken soll:

- interne Steuerung meint, daß mit dem Instrument die Akteure und Implementatoren des Politikbereichs beeinflußt werden sollen, die "Produzenten" von Maßnahmen im Bereich "Drogenmißbrauch" (z.B. Polizei, Gerichte, Kommunen, Träger von Fürsorgeeinrichtungen), während
- externe Steuerung bedeuten soll, daß hier die eigentlichen Adressaten des Politik- und Problembereichs, die "Endverbraucher", (z.B. Drogenabhängige, gefährdete Jugendliche)

beeinflußt werden sollen.

Die grobe Übersicht in Abb.5.5. verdeutlicht, daß im Rahmen der internen Steuerung Finanzierung und Strukturierung als Steuerungsinstrumente überwiegen. Wenn es darum geht, die Maßnahmen zur Bekämpfung des Drogenmißbrauchs zu implementieren, werden in Schweden finanzielle Anreize und strukturelle Regelungen vorgezogen, wobei oft beide Instrumententypen in einer Maßnahme enthalten sind. So umfaßt die Einrichtung des Modells der Fürsorgekette im Rahmen der Drogenfürsorge sowohl finanzielle Steuerung (die Einrichtung und der Unterhalt bestimmter Institutionen wird finanziell unterstützt), wie auch strukturelle (oder prozedurale) Steue-

Abb. 5.5.: Bekämpfung des Drogenmißbrauchs in Schweden
Interne Steuerungsinstumente

Jahr	lfd. No.	Maßnahmen in Stichworten	Regulierung	Finanzierung	Information	Leistung	Strukturierung
1968	1	Drogenstrafgesetz	x				
	2	Fürsorgekette	(x)	x	x		x
1969	3	Polizei		x			(x)
	4	Zoll		x			(x)
	5	Strafverschärfung	x				
	6	Telefonüberwachung	x				
	7	geschlossene Fürsorge	x				
	8	Aufklärung & Information		x			
	9	Schule	(x)				x
1970	10	Zusammenarbeit					x
1971	11	Polizei		x			(x)
1972	12	Strafverschärfung	x				
	13	Strafvollzug	x				
	14	Jugendrat		x			x
	15	Versuchsprojekte		x			
	16	Drogenuntersuchung	x				
	17	Personal		x			
	18	Arbeitsgruppen					x
	19	Verschreibung	x				
1973	20	Behandlung			x		
	21	Zusammenarbeit					x
1976	22	Polizei		x			(x)
	23	Strafvollzug		x			
1977	24	Vorbeugung		x			
	25	Untersuchungskommission					x
1978	26	Behandlungsheime	(x)	x			
	27	Fürsorge in Familien	(x)	x			
	28	Planung					x
	29	Versuchsprojekte		x	x		x
	30	Aus- und Fortbildung	(x)	x	x		
	31	Arbeitsmarkt		x			x
	32	Drogenforschung		(x)	x		x
	33	Dokumentation		x	x		x

rung (bestimmte Zusammenarbeits- und Abstimmungsregeln werden etabliert). Die verschiedenen Maßnahmen im Bereich der Polizei sind Beispiele für ähnliche Aktivitäten. Die Verstärkung der Polizei soll gleichzeitig durch erhöhte finanzielle Unterstützung und durch organisatorische Änderungen herbeigeführt werden. Von besonderer Bedeutung scheint zu sein, daß strukturelle Steuerung (d.h. Steuerung durch Veränderung von Organisation, Personal oder Verfahren) die Grundlage vieler extern z.B. als Leistungssteigerung wirkender Maßnahmen ist. Die häufigen Änderungen der Organisation der Drogenbekämpfung durch Polizei und Zoll sind ein Anzeichen dafür, daß Organisationsänderungen bewußt und gezielt eingesetzt werden, um staatliche Leistungserstellung zu verbessern [86].

Wichtig im Rahmen der internen Steuerung ist neben der Finanzierung und Strukturierung aber auch die regulative Steuerung, indem finanzielle Förderprogramme oder besondere Abstimmungs- und Koordinierungsgremien intern durch Gebote und Anweisungen durchgesetzt werden [87].

Im Zusammenhang mit diesen Steuerungsinstrumenten stehen bestimmte Steuerungsformen. So korrespondieren die regulativen Steuerungsinstrumente weitgehend mit konditionaler Steuerung, aber auch im Rahmen finanzieller Förderungsmaßnahmen spielen konditionale Festlegungen eine Rolle. Insgesamt dominiert intern aber eher finale Steuerung, d.h. angegeben wird ein Ziel, das durch die betreffende Maßnahme (z.B. mehr Personal, mehr Geld für Drogenaufklärung, Versuchsprojekte) erreicht werden soll. Dabei ist die Steuerung eher weniger genau, d.h. das erwünschte Verhalten der Akteure wird nur grob vorgegeben, die konkrete Ausgestaltung der Maßnahme den Implementatoren überlassen. Es überwiegt eindeutig motivierende Steuerung, d.h. Aktivitäten werden angeregt und verstärkt, nicht verhindert oder bestraft, und gleichzeitig geboten, d.h. die implementierenden Instanzen werden angewiesen, bestimmte Aktivitäten zu übernehmen (z.B. Zusammenarbeitsgremien zu bilden). Nur in wenigen Fällen ist die Steuerung speziell.

Im Gegensatz zur internen Steuerung umfaßt die externe Steuerung in erster Linie die Instrumente Leistung und Regelung. Fast alle Maßnahmen, die sich gegen die eigentlichen Adressaten des Problembereichs richten, enthalten entweder verstärkte staatliche Leistung (gegenüber Drogenabhängigen) oder verstärkte staatliche Regelung bzw. Sanktionen (gegenüber potentiellen Drogenabhängigen). Nur der Instrumententyp Information wird gleichgewichtig sowohl im Rahmen der internen wie der externen Steuerung eingesetzt.

Der wichtigste Instrumententyp ist die Leistungserstellung (facilitation), wobei nicht gesagt ist, daß diese Leistung immer von staatlichen oder öffentlichen Akteuren erbracht werden muß. Gerade bei den verschiedenen Leistungsangeboten gegenüber Drogenabhängigen oder -gefährdeten zeigt sich, daß diese Maßnahmen oft mit anderen Typen gekoppelt sind (Information, Regelung) und vor allem intern durch ganz andere Instrumente durchgesetzt werden (Finanzierung, Strukturierung).

Auch regulative Instrumente, d.h. in erster Linie Strafgesetze, sind in Schweden kontinuierlich eingesetzt worden, u.a. durch mehrmalige Verschärfungen der geltenden Strafbestimmungen. Die Definition und Verschärfung von Strafbeständen reicht allein allerdings nicht aus, hinzukommen müssen Maßnahmen, um diese Regeln auch durchzusetzen. Dies geschieht in Schweden in erster Linie durch personelle und organisatorische "Aufrüstung" von Polizei und Zoll.

Auch im Bereich der externen Steuerung überwiegen finale und eher unpräzise Steuerungsformen, z.B. bei der Festlegung der Behandlungsformen oder der verschiedenen Maßnahmen der Aufklärung und Vorbeugung. Anders als im Bereich der internen Steuerung sind aber fast alle Maßnahmen demotivierend angelegt, d.h. die Adressaten sollen von bestimmten Verhaltensweisen abgehalten werden, letztendlich sogar durch Strafen. Es überwiegen Angebote an Drogenabhängige und -gefährdete und eine generelle Steuerung.

Deutlich wird, daß sowohl im Rahmen der internen wie der externen Steuerung von einem "Instrumentenmix" auszugehen ist. Es gibt kaum

Abb. 5.6.: Bekämpfung des Drogenmißbrauchs in Schweden
Externe Steuerungsinsturmente

Jahr	lfd. No.	Maßnahmen in Stichworten	Regu-lie-rung	Finan-zie-rung	Infor-ma-tion	Lei-stung	Struk-turie-rung
1968	1	Drogenstrafgesetz	x				
	2	Fürsorgekette				x	
1969	3	Polizei	x				
	4	Zoll	x				
	5	Strafverschärfung	x				
	6	Telefonüberwachung	x				
	7	geschlossene Fürsorge	x			(x)	
	8	Aufklärung & Information			x		
	9	Schule			x	x	
1970	10	Zusammenarbeit					
1971	11	Polizei	x				
1972	12	Strafverschärfung	x				
	13	Strafvollzug	x				
	14	Jugendrat			x		
	15	Versuchsprojekte			x	x	
	16	Drogenuntersuchung	x				
	17	Personal			x	x	
	18	Arbeitsgruppen	(x)		(x)	(x)	
	19	Verschreibung	x				
1973	20	Behandlung				x	
	21	Zusammenarbeit				(x)	
1976	22	Polizei	x				
	23	Strafvollzug	(x)			(x)	
1977	24	Vorbeugung			x	x	
	25	Untersuchungskommission					
1978	26	Behandlungsheime				x	
	27	Fürsorge in Familien				x	
	28	Planung				x	
	29	Versuchsprojekte			x	x	
	30	Aus- und Fortbildung			(x)	x	
	31	Arbeitsmarkt				x	
	32	Drogenforschung			(x)	(x)	
	33	Dokumentation			(x)	(x)	

eine Maßnahme, die nicht verschiedene Instrumententypen zur Beeinflussung interner und externer Akteure beinhaltet. Selbst Regulierung umfaßt als Nebeneffekt den Versuch, durch bessere Information das Verhalten der Adressaten zu ändern. Ohne diesen Gehalt an Information wären regulative Instrumente überhaupt nicht wirksam. Wichtig ist weiter, daß die Beeinflussung der Entscheidungsstrukturen (Strukturierung) bei der Durchführung der verschiedensten Maßnahmen eine wichtige Rolle spielt.

6. Problembereich "Drogenmißbrauch": Fallstudie Großbritannien

6.1. Chronologie der Maßnahmen (Materialteil)

Der folgende Abschnitt enthält wiederum eine kurze Aufzählung und Beschreibung der wichtigsten Maßnahmen, die im Untersuchungszeitraum in Großbritannien im Problembereich "Drogenmißbrauch" unternommen wurden. Er dient als empirische Grundlage der weiteren Untersuchungsschritte der Fallstudie. Zur Erläuterung und Übersetzung der englischen Abkürzungen und Bezeichnungen von Institutionen, Dokumenten u.ä. siehe das Glossar im Anhang.

(1) Drogenkliniken

Als erste sichtbare Reaktion auf das Drogenproblem werden Ende 1967 die ersten Drogenkliniken (Drug Treatment Clinics = DTC) zur Behandlung und Rehabilitation von Drogenabhängigen errichtet. Grundlage ihrer Existenz ist die vorgesehene Beschränkung der Verschreibung von Narkotika (insbesondere Heroin und Kokain) auf eine begrenzte Anzahl von Ärzten, die bis auf wenige Ausnahmen Mitarbeiter von Drogenkliniken sein müssen (siehe Punkt 2). Ein Drogenabhängiger kann an einer Drogenklinik, aber auch nur dort, die Drogen bekommen, von denen er abhängig ist 1).

Für Behandlung und Rehabilitation ergeben sich daraus knapp zusammengefaßt, folgende Möglichkeiten:

- die Klinik erhält die Möglichkeit mit Drogenabhängigen in Kontakt zu kommen,
- Drogenabhängige müssen sich nicht durch kriminelle Handlungen das Geld für Drogen besorgen,
- die Entwicklung eines umfangreichen schwarzen Marktes wird verhindert,
- es besteht die Möglichkeit zu notwendiger Behandlung bei akuter Krankheit,
- Drogenabhängige können zunächst sozial stabilisiert
- und dann vielleicht zu einer Entziehung überredet werden.

Die einzelnen Kliniken weren als "in-patient" (d.h. stationäre) oder "out-patient" (ambulante) Stationen bei psychiatrischen Krankenhäusern oder Abteilungen von Krankenhäusern errichtet. In den Landesteilen, wo nur eine geringe Anzahl Drogenabhängiger zu behandeln ist, findet die Behandlung in den normalen psychiatrischen Diensten der Krankenhäuser statt. Bei einer steigenden Anzahl von Abhängigen werden spezielle Drogenkliniken errichtet.

Die Behandlung erstreckt sich zunächst auf die Verschreibung der für den Patienten notwendigen Drogen entweder als Einleitung zu einer graduellen Entziehung (Withdrawal) oder um die soziale Lage des Abhängigen zu stabilisieren und ihn eventuell später zu einer Entziehung zu überreden (Maintenance). Jegliche Behandlung ist vollkommen freiwillig, die Patienten können nicht gegen ihren Willen in stationäre Behandlung übernommen werden 2). Die meisten Patienten werden ambulant behandelt, nur einige wenige bedürfen einer Akutbehandlung bei kritischen Zuständen (Crisis Intervention).

In den Drogenkliniken sollen Teams von Ärzten, Pflegern und Sozialarbeitern zusammenarbeiten. Neben der medizinischen Behandlung soll in einem multi-disziplinären Ansatz versucht werden, den Drogenabhängigen und ihren Familien sowohl sozial wie psychologisch (z.B. durch Gruppentherapie) zu helfen. Der Übergang zur Rehabilitation ist hier fließend 3).

(2) Advisory Committee

Ein Advisory Committee on Drug Dependence wird eingerichtet. Es besteht zum größten Teil aus den Mitgliedern des "Brain Committee", das die Vorschläge für den Dangerous Drugs Act erarbeitet hat, und soll die Regierung bei der Bekämpfung des Drogenmißbrauchs unterstützen, indem es Vorschläge erarbeitet und die Entwicklung des Drogenmißbrauchs beobachtet 4).

(3) Verschreibung

Die Begrenzung der Verschreibung von kontrollierten Drogen an Drogensüchtige wurde mit dem "Dangerous Drugs Act" 1967 gesetzlich verankert. Die entsprechende Verordnung, die diese Regelung in Kraft setzte, wird aber erst 1968 vom damaligen Ministry of Health veröffentlicht 5).

Bis zu diesem Zeitpunkt unterlagen die gefährlichen Drogen (insbesondere Heroin und Kokain) keinerlei Beschränkung bezüglich der Verschreibung durch Ärzte, d.h. jeder allgemeine Arzt (General Practitioner = GP) konnte z.B. Heroin an Drogenabhängige verschreiben. Diese liberale Praxis wird aufgegeben und die Verschreibung wird auf wenige lizensierte Ärzte beschränkt, die normalerweise in den gleichzeitig errichteten speziellen Drogenkliniken arbeiten 6).

(4) Registrierung

Eine obligatorische Registrierung von Drogenabhängigen beim Home Office (Innenministerium) wird eingeführt. Schon seit den zwanziger Jahren war es üblich, daß Ärzte ihnen bekannte Drogenabhängige beim Home Office melden; aber obwohl viele Ärzte der Überzeugung waren, es bestünde eine gesetzliche Grundlage, war diese Praxis vollkommen freiwillig. Durch den Dangerous Drugs Act 1967 wurde die bisherige Praxis nur legalisiert 7). Die Bestimmungen des Gesetzes werden erst 1968 durch eine Verordnung in Kraft gesetzt 8), aber de facto ergeben sich keine Änderungen.

(5) Freiwillige Begrenzung

Eine freiwillige Begrenzung der Verschreibung von Medikamenten wird eingeführt. Dieses freiwillige Übereinkommen entwickelt sich als Folge der (zumindest bis 1971) bestehenden zersplitterten Gesetzgebung, die darunter litt, daß

" as soon as one source of supply is stopped, another is exploited." 9)

Nachdem sich 1968 kurz nach Verabschiedung des Dangerous Drugs Act 1967 gezeigt hatte, daß eine bestimmte Droge (Methylampfetamin) mißbräuchlich injiziert wurde, kam es zu einer freiwilligen Vereinbarung zwischen der Regierung, Drogenherstellern und den medizinischen Standesorganisationen, nach der injizierbares Methylamphetamin nur noch an Krankenhäuser geliefert werden sollte (die dann kleine Mengen an Ärzte weitergeben konnten). Als daraufhin einige Ärzte begannen, das gleiche Medikament in Pulverform zu verschreiben, (das Pulver konnte in Wasser gelöst und dann injiziert werden), kam es zu einer Empfehlung der Pharmaceutical Society (Standesorganisation der Apotheker) an ihre Mitglieder, diese Rezepte nicht mehr anzunehmen 10). Interessanterweise kann diese Empfehlung, die das Problem wirksam unter Kontrolle brachte und in Übereinstimmung mit der British Medical Association zustande kam, rein rechtlich als Bruch der Apotheker mit ihren gesetzlichen Verpflichtungen im Rahmen des National Health Service betrachtet werden 11).

(6) Freiwillige Organisationen

Nachdem sich zeigte, daß die Drogenkliniken in zentralen Bereichen der Rehabilitation nicht ausreichende Möglichkeiten bieten können, so z.B. beim direkten Kontakt mit Abhängigen oder früheren Abhängigen in ihrer Umgebung (street level) sowie bei der Unterbringung von ehemaligen Abhängigen nach beendeter Behandlung, entwickeln sich eine Reihe von freiwilligen Organisationen (sog. Voluntary Organisation oder Non-Statutory Organisation, im Gegensatz zu den Statutory Organisitations, das sind öffentliche Institutionen wie Drogenkliniken oder auch die Institutionen der lokalen Sozialhilfe).

Ziel der Rehabilitation, im Unterschied zur Behandlung, ist es, Drogenabhängige zu motivieren, die Drogen-Subkultur zu verlassen und neue soziale Kontakte zu etablieren, da davon ausgegangen wird, daß die Behandlung der psychischen und physischen Abhängigkeit ohne eine Änderung der Rahmenbedingungen kaum erfolgreich sein kann. Im Prinzip fällt die Rehabilitation Drogenabhängiger auch in den Aufgabenbereich oben erwähnter Drogenkliniken. In den ursprünglichen Dokumenten 12) wurde dieser Bereich besonders herausgestellt und die Anstellung einer ausreichenden Anzahl von Fachleuten (Ärzten, Sozialarbeiter usw.) gerade für diese Aufgabe gefordert. Auch wurde auf die hier besonders notwendige enge Zusammenarbeit zwischen den verschiedenen beteiligten Stellen hingewiesen, z.B. allgemeinen Ärzten, freiwilligen Organisationen und den Local Authorities, allerdings ohne daß speziellere Angaben über die Art dieser Zusammenarbeit gemacht wurden.

Da das Problem der Rehabilitation von den Drogenkliniken nicht bewältigt wurde, übernehmen die Voluntary Organisations eine breite Palette rehabilitierender Maßnahmen, z.T. bieten sie auch eine vom Konzept der Drogenkliniken abweichende Behandlung an. Sie werden durch eine Vielzahl von Institutionen und auf wenig übersichtliche Weise von staatlicher Seite finanziell unterstützt 13).

(7) Strafgesetz

Durch den Misuse of Drugs Act 1971 wird die Strafgesetzgebung im Bereich des Drogenmißbrauchs neu geordnet.

Nach dem neuen Gesetz werden die kontrollierten Drogen in drei Kategorien zusammengefaßt 14), werden die Restriktionen, denen diese Drogen unterliegen 15), und verschiedene Straftatbestände definiert 16), sowie die Maximalstrafen für die Übertretung der Bestimmungen des Gesetzes festgelegt 17). Damit sind sämtliche Drogenstraftaten in einem Gesetz zusammengefaßt 18).

(8) Advisory Council

Als Nachfolgeorgan des Advisory Committee on Drug Dependence wird der Advisory Council on the Misuse of Drugs geschaffen, mit der gesetzlichen Aufgabe

"to review the situation with respect to drugs which are being or appear likely to be, misused and of which the misuse is having, or appears capable of having, harmful effects sufficient to constitute a social problem." 19)

Damit wird wiederum ein zentrales Organ zur Sammlung von Informationen über den Bereich Drogenmißbrauch und zur Evaluation bisher unternommener Anstrengungen geschaffen.

(9) Kontrolle

Im Anschluß an das Gesetz werden zur Durchsetzung des Misuse of Drugs Act 1971 eine Reihe von "Regulations" erlassen, die insbesondere der Kontrolle von Drogen gelten. Es werden insgesamt vier Kategorien unterschiedlicher Kontrollmaßnahmen definiert, die auf verschiedene Drogen angewendet werden je nach dem Ausmaß des jeweiligen Drogengebrauchs und der Verwendung der jeweiligen Droge in der Medizin 20). Für die einzelnen Drogen enthalten die Regulations jeweils Bestimmungen über Import und Export, den Besitz, die Verwendung, die Aufbewahrung, die Versorgung, die Herstellung und Mischung, die Buchführung u.ä. Dazu gibt es spezielle Regulations, die die Aufbewahrung, die Form der Rezepte, u.ä. regeln.

(10) Verschreibung

Die Regelungen des Dangerous Drugs Act 1967 bezüglich der begrenzten Verschreibung von Drogen werden in das neue Gesetz übernommen und durch spezielle Regelungen ausgeführt, die allerdings erst 1973 in Kraft treten. 21)

Danach ist das Verschreiben, insbesondere das übermäßige Verschreiben, von kontrollierten Medikamenten in sich selbst noch kein Vergehen, sondern erst, wenn einem Arzt aufgrund von Unregelmäßigkeiten das Recht zur Verschreibung genommen wurde. Dieses kann nur geschehen, wenn ein Ausschuß von Ärzten 22) den Fall untersucht hat und er von einem speziell eingesetzten Tribunal entschieden wurde. Es handelt sich hier also um eine weitgehende Selbststeuerung der betroffenen Professionen. Der Innenminister kann erst handeln, wenn der Ausschuß und das Tribunal gehört worden sind bzw. entschieden haben 23).

(11) Registrierung

Auch die vorgeschriebene Meldepflicht für Drogenabhängige wird in den Misuse of Drugs Act 1971 übernommen und 1973 durch präzisierende Rechtsvorschriften erläutert 24). Darin wird festgelegt, wann ein Arzt einen Patienten zu melden hat und welche Angaben zu machen sind. Das Nicht-Melden von Patienten ist noch kein Vergehen, doch kann dann dem jeweiligen Arzt die Berechtigung zum Verschreiben entzogen werden. Ein Verstoß gegen diese Auflage ist dann ein Vergehen im Sinne des Gesetzes.

Die Meldung erfolgt offiziell an den Chief Medical Officer of the Home Office 25), sie ähnelt damit anderen Meldepflichten wie z.B. bei Tuberkulose und Geschlechtskrankheiten, obwohl außergewöhnlicherweise in diesem Fall das Innenministerium, nicht das Gesundheitsministerium die Listen führt 26).

(12) Kompetenz der Polizei

Besondere Kompetenzen zur Durchsetzung des Gesetzes werden der Polizei im Rahmen des Acts geschaffen. In Sections 23 und 24 wird der Polizei die Möglichkeit gegeben, verdächtige Personen anzuhalten und zu durchsuchen (die sog. "stop and search" Ermächtigung). Dies ist eine Erweiterung der normalen Polizeikompetenzen, die Durchsuchung sonst nur bei Vorhandensein eines Haftbefehls zuläßt. Zu einem späteren Zeitpunkt wurde vom Innenministerium (Home Office) gegenüber der Polizei klargestellt, daß auffällige Haartracht und/oder Kleidung allein keinen begründeten Verdacht im Sinne des Gesetzes ausmachen 27).

(13) Verstärkung der Polizei

Interne Maßnahmen im Bereich der Polizei zur Entdeckung und Verfolgung von Drogenstraftaten sind in Großbritannien viel schwerer zu entdecken als z.B. in Schweden. Der Grund dafür liegt vor allem in der Tatsache, daß die britische Polizei aus einer Anzahl unabhängiger, regional begrenzter Organisationen (Forces) besteht. Fast alle dieser 43 Polizeidienststellen haben Drogenspezialisten und zum größten Teil auch Drogendezernate. Der Ausbau dieser speziellen Polizeiressourcen hat aber nicht im Rahmen eines nationalen Programms oder aufgrund nationaler politischer Zielsetzungen stattgefunden 28).

Allerdings gibt es seit 1973 eine besondere, gemeinsam von Scotland Yard und dem Home Office errichtete Abteilung, die Central Drugs Intelligence Unit, die die nationale Verantwortung für das Sammeln und Auswerten von Informationen im Bereich Drogenkriminalität besitzt. Diese Zentralstelle hat allerdings nur aufklärerische Funktionen, sie besitzt keine operative Aufgabe 29).

Eine weitere Zentralstelle, das Central Research Establishment beim Home Office, überwacht das Auftauchen von Drogen und ermittelt wenn möglich ihre Herkunft 3o). Insgesamt sind die Informationen über Polizeiaktivitäten nur sehr bruchstückhaft und oft informeller Natur 31), umfassende offizielle Darstellungen oder Regierungsprogramme gibt es auf diesem Gebiet nicht.

(14) Verstärkung Zoll

Auch in Großbritannien kommt dem Zoll (Customs and Excise) eine besondere Rolle im Rahmen der Rauschgiftbekämpfung zu. Seit 1973, d.h. seit Inkrafttreten des neuen Gesetzes und der damit verschärften Bestimmungen bezüglich des Schmuggels von Drogen, sind die Anstrengungen auf diesem Gebiet erheblich verstärkt worden und wurde auch die Erfolgsbilanz deutlich verbessert. Genaue Angaben über die neuen oder veränderten bzw. verstärkten Maßnahmen auf diesem Gebiet liegen allerdings nicht vor 32).

(15) Aufklärung und Information

Seit Mitte der siebziger Jahre werden die Anstrengungen im Bereich der Drogenaufklärung intensiviert. Zentrales Merkmal der präventiven Drogenpolitik in Großbritannien ist die Einordnung als Teil der allgemeinen gesundheitlichen Aufklärung. Es gibt kaum Aktivitäten und Institutionen, die sich ausschließlich der Drogenaufklärung widmen, sondern diese Aufgabe wird als Teil der allgemeinen Gesundheits- und Schulpolitik gesehen. Grundlage dieser Einordnung ist zu einem nicht geringen Teil die Befürchtung, daß eine zu starke Konzentration auf Drogenprobleme das Interesse von Jugendlichen an Drogen eher fördern als mindern könnte. Daher geht der Advisory Council on the Misuse of Drugs davon aus, daß

"as in the case of alcohol abuse, education should not focus solely on the problem of drug misuse but should preferably form part of a more broadly based health education programme". 33)

Eine wichtige Rolle in diesem Zusammenhang spielt der Health Education Council, eine unabhängige Agentur der Regierung die in enger Zusammenarbeit mit dem Department of Health and Social Security arbeitet und für sämtliche Belange der gesundheitlichen Aufklärung zuständig ist 34). Das HEC arbeitet eng mit dem National Health Service, insbesondere mit den Area Health Authorities und den dort jeweils vorhandenen Area Health Education Officers sowie mit dem Local Government, berufsständischen Organisationen und privaten Vereinen zusammen und produziert eine große Anzahl von Broschüren und anderem erzieherischen und aufklärerischen Material 35).

(16) Schulen

Ein weiterer Bereich der präventiven Maßnahmen ist gesundheitliche Aufklärung in Schulen. Auch hier herrscht in Großbritannien ein integrierter Ansatzpunkt vor, d.h. Drogenaufklärung wird nicht isoliert von allgemeiner Gesundheitserziehung gesehen. Besonders aktiv ist auf diesem Gebiet das Erziehungsministerium, das u.a. eine Übersicht über den Bereich mit besonderer Berücksichtigung der Drogenproblematik veröffentlicht hat 36), sowie in enger Zusammenarbeit mit dem Schools Council, eine unabhängige staatliche Behörde zur Beratung der kommunalen Schulverwaltungen, die verschiedene Unterrichtsmaterialien für den Bereich Gesundheitserziehung veröffentlicht hat 37).

In diesem Zusammenhang sind auch private Vereinigungen zu erwähnen, die auf dem Gebiet der Information arbeiten, insbesondere der "Advisory Council on Alcohol and Drug Education", der Informationen für Lehrer zur Verfügung stellt. Diese und ähnliche Organisationen werden mit staatlichen Geldern unterstützt 38).

(17) Freiwillige Kampagne

Eine weitere, allerdings etwas anders geartete freiwillige Maßnahme zur Begrenzung der Verschreibung wird eingeführt, die Kampagne für den restriktiven Gebrauch von Barbituraten (Campaign on the Use and Restrictions of Barbiturates = CURB). Die Kampagne geht auf eine Initiative des Advisory Council on the Misuse of Drugs zurück, der zu dem Ergebnis gekommen war, daß eine gesetzliche Begrenzung der Verschreibung schwierig sei und daher eine freiwillige Kontrolle empfahl. Daraufhin wurde von einigen Ärzten die Kampagne gestartet, um ihre Kollegen vor den Gefahren dieser Medikamente zu warnen. Sie wurde auf Patienten und die generelle Öffentlichkeit ausgedehnt und wird inzwischen durch staatliche Gelder nicht unerheblich unterstützt 39).

(18) Strafverschärfung

Für den Schmuggel mit gefährlichen Drogen werden schärfere Strafen durch ein neues Zollgesetz eingeführt 4o). Durch dieses Gesetz werden die bisher geltenden Strafen, die im Misuse of Drugs Act 1971 festgelegt waren 41) sowie die entsprechenden Teile des alten Gesetzes aufgehoben.

6.2. Policy-Typen

Die grobe Zuordnung der aufgeführten Maßnahmen zu den Policy-Typen nach Lowi (vgl. 4.3.1.) ergibt ein eindeutiges Übergewicht der regulativen Policy (siehe Abb. 6.1.). In diesem Bereich wurden während des gesamten Untersuchungszeitraums neue Maßnahmen initiiert oder zumindest bestehende Maßnahmen erheblich verändert, während sich in den übrigen Policy-Typen nur sehr sporadische Veränderungen und Entwicklungen ergaben. Dieses Ergebnis hängt eng mit zwei Charakteristika des Politikbereichs zusammen, die im Verlauf der chronologischen Untersuchung deutlich wurden. Auf der einen Seite ist es oft sehr schwer festzustellen, wann eine bestimmte Maßnahme eingeführt und ob, bzw. wann sie eventuell grundlegend verändert wurde. So heißt es z.B. in offiziellen Dokumenten [42], daß Mitte der siebziger Jahre die Anstrengungen im Bereich Drogenaufklärung verstärkt und neue Maßnahmen initiiert wurden, aber genauere Angaben sind in offiziellen Verlautbarungen nicht enthalten. Von anderen Maßnahmen [43] ist zwar bekannt, daß es sie gibt, aber nähere Details bleiben unbekannt. Diese Unklarheit über staatliche Maßnahmen hängt sicherlich mit der britischen Tradition der "administrative secrecy" , d.h. der Vertraulichkeit von Verwaltung, zusammen. Konkrete Details über Aktivitäten der Verwaltung werden, wenn überhaupt, nur im Parlament gegeben [44].

Diese Unklarheit ist aber auch Anzeichen für ein weiteres Merkmal, daß nämlich staatliche Maßnahmen in Großbritannien sich langsam entwickeln. Sie haben oft keinen genau definierten Anfang (z.B. in einem Programm), sondern entstehen in einem längeren Prozeß und entwickeln sich dann fort, ohne daß deutlich wird, daß überhaupt eine Veränderung stattgefunden hat. So gibt es seit der Einführung der Drogenkliniken 1967 keine identifizierbaren neueren staatlichen Maßnahmen im Bereich der Behandlung. Dies heißt natürlich nicht, daß sich in diesem Bereich nichts verändert hätte. Es ist nur nicht deutlich sichtbar.

Abb. 6.1.: Bekämpfung des Drogenmißbrauchs in Großbritannien
Policy-Typen

Jahr	lfd. No.	Maßnahmen in Stichworten	redistributiv	distributiv	regulativ	konstitutiv	selbstregulierend
1967	1	Drogenkliniken		x	(x)		
	2	Advisory Committee				x	
1968	3	Verschreibung			x		
	4	Registrierung			x		
	5	freiwillige Begrenzung			(x)		x
	6	Rehabilitation		x			
1971	7	Strafgesetz			x		
1972	8	Advisory Council				x	
	9	Kontrolle von Drogen			x		
1973	10	Verschreibung			x		
	11	Registrierung			x		
	12	Kompetenz der Polizei			x		
	13	Verstärkung der Polizei			x		
	14	Verstärkung Zoll			x		
1975	15	Aufklärung & Information		x			
	16	Schulen		x			
1977	17	Freiwillige Kampagne			(x)		x
1979	18	Strafverschärfung			x		

Daher kann der Eindruck, daß in Großbritannien die regulativen Maßnahmen gegenüber den distributiven eindeutig überwiegen, durchaus täuschen. Die letzteren sind nur nicht grundlegend verändert worden. Aber immerhin ist unverkennbar, daß im Bereich der regulativen Policies verschiedene Änderungen und Verbesserungen im Untersuchungszeitraum stattgefunden haben, während im Bereich der distributiven Policies höchstens die verstärkte Einbeziehung von freiwilligen Organisationen einen Hinweis auf Veränderungen liefert.

Bemerkenswert ist schließlich die Ergänzung der regulativen Policies durch Selbst-Regulierung, wobei der Übergang zwischen beiden Kategorien fließend ist. Die Maßnahmen der Selbst-Regulierung gehen auf Anstöße staatlicher oder halb-staatlicher Stellen zurück, während die regulativen Maßnahmen zum größten Teil erhebliche Elemente der Selbstregulierung beinhalten [45].

6.3. Programmformen

In Abhängigkeit von den Ansprüchen, die an ein politisches Programm gestellt werden, ist es zunächst unklar, ob überhaupt und wenn ja, welche Programme im Bereich "Drogenmißbrauch" in Großbritannien identifizierbar sind, denn obwohl es kaum einen Zweifel gibt, daß ein spezielles britisches System der Drogenpolitik vorhanden ist [46], gibt es kein politisches Programm, in dem dieses "British System" umfassend formuliert und begründet worden wäre.

Als zumindest Teil-Programm können in dem hier untersuchten Zeitraum die zwei Drogengesetze aus dem Jahr 1967 und 1971, der

- Dangerous Drugs Act 1967 und der
- Misuse of Drugs Act 1971,

angesehen werden. Ausgehend von ihrer Entstehung und ihren Inhalten soll im folgenden untersucht werden, inwieweit in

Großbritannien Programme der Drogenpolitik vorhanden sind und welche Festlegungen sie treffen.

Der Dangerous Drugs Act 1967 geht auf den Report einer Expertenkommission zurück, dem "Interdepartmental Committee on Drug Addiction", nach dem Vorsitzenden Sir (später Lord) Russel Brain "Brain Committee" genannt [47].

Die Kommission wurde schon 1958 eingesetzt, um die bis dahin praktizierte Drogenpolitik zu überprüfen und empfahl im Prinzip keine Änderungen der bestehenden Praxis. Nachdem die Kommission ihren ersten Report publiziert hatte (1961) wurde ein bedeutender Anstieg an Drogenmißbräuchen deutlich, so daß die Kommission 1964 noch einmal eingesetzt wurde, um im Lichte neuerer Entwicklungen die Politik nochmals zu überprüfen. Ihren zweiten Report lieferte die Kommission 1965 ab, und dieser enthielt Empfehlungen für erhebliche Änderungen der bisherigen Politik. Grob zusammengefaßt waren die wichtigsten Vorschläge des 2. Brain-Committee [48]:

- Meldepflicht der Ärzte für Drogenabhängige,
- beratende Instanzen für Ärzte in Zweifelsfällen,
- Einrichtung von Behandlungszentren und
- Begrenzung der Verschreibung für Drogenabhängige.

Diese Vorschläge des Brain-Committee wurden entweder durch den Dangerous Drugs Act 1967 oder im Anschluß an dieses Gesetz durch "Regulations" und "Memoranda" verwirklicht. Ein einziger Vorschlag der Kommission, der die Einführung von zwangsweiser Behandlung vorsah, wurde nicht weiterverfolgt [49].

Der Dangerous Drugs Act 1967 ist kein umfassendes neues Gesetz im Bereich der Drogenpolitik und schon gar kein Programm i.e.S. Es ist in erster Linie ein Änderungsgesetz (die alten Drogengesetze bleiben in Kraft), daß den zuständigen Minister [50] ermächtigt Verordnungen zu erlassen. So sind im Gesetz Verordnungen vorgesehen, die die Meldepflicht regeln, die Verschreibung begrenzen und es dem Minister ermöglichen sollen, ein "Tribunal" zur Beratung in Zweifelsfällen zu ernennen und weiterhin ein "Advisory Committee on Drug Dependence" (ACDD) einzurichten, das aus 25 Mitgliedern besteht und die Aufgabe hat

"To keep under review the misuse of narcotic and other drugs which are likely to produce dependence, and to advise on remedial measures that might be taken or on other related matters which the Minister may refer to it." 51)

Die notwendigen Verordnungen (Regulations) wurden dann 1967/68 erlassen [52]. Insbesondere handelte es sich um folgende Verordnungen

- Dangerous Drugs (Notification of Addicts) Regulations 1968,
- Dangerous Drugs (Supply to Addicts) Regulations 1968 [53].

In Ergänzung zu diesen Regulations wurden weitere Rundschreiben des Ministeriums, in diesem Fall allerdings des Gesundheitsministeriums (die sog. Hospital Memoranda = HM) herausgegeben, nämlich

- HM (67) 16 The Treatment and Supervision of Heroin Addiction,
- HM (67) 83 The Rehabilitation and After-Care of Heroin Addicts.

Die letztgenannten Memoranden erklären z.T. die ergangenen Regulations, z.T. machen sie Vorschläge an die regionalen und lokalen Gremien des Gesundheitswesens, wie die Behandlung und Rehabilitation der Drogenabhängigen organisiert werden sollte. Dabei sind zwei Punkte von Bedeutung: es handelt sich nicht um formelle Anweisungen (so heißt es regelmäßig):

"Hospital authorities undertaking or proposing to undertake the in-patient treatment of heroin addicts are asked to implement the recommendations." 54) und diese Verordnungen sind in enger Abstimmung mit der medizinischen Profession und dem Anfang 1967 eingerichteten Advisory Council entstanden und werden auch in Übereinstimmung mit diesem durchgeführt [55].

Wenn man von einem Programm gegen den Drogenmißbrauch in Großbritannien sprechen will, ist also nicht nur das Gesetz aus dem Jahre 1967 einzubeziehen, das eigentlich nur die Voraussetzungen für staatliches Handeln geschaffen hat, sondern vielmehr die aufgrund dieses Gesetzes erlassenen Verordnungen (Regulations) und die diese erläuternden, bzw. generell die Politik beschreibenden Memoranden. Während die rechtlich bindenden Instrumente (Act und Regulations) die konkrete Politik nicht definieren, sondern eher die Grenzen aufzeigen, innerhalb derer diese Politik sich bewegen soll, formulieren die Memoranden die vorgesehene Politik schon genauer, sind allerdings nicht (formell) verbindlich und überlassen vor allem den durchführenden Instanzen einen großen Entscheidungsspielraum.

In Großbritannien ist daher unklar, was alles zu einem "Programm" gerechnet werden sollte, denn die Palette staatlicher Willensbekundungen und Zielvorstellungen ist mit den bisher aufgezählten Elementen noch nicht abgeschlossen. So gibt es z.B. zu verschiedenen Memoranden auch noch Briefe des Gesundheitsministers, die dazu Erklärungen abgeben [56].

Weitere wichtige Dokumente, auf die in offiziellem und offiziösem Zusammenhang immer wieder aufmerksam gemacht wird, sind schließlich die verschiedenen Reports des Advisory Committee und seiner Untergruppen. So sind u.a. folgende Reports erschienen:

- Cannabis (1968),
- Rehabilitation of Drug Addicts (1969),
- Powers of Arrest and Search in Relation to Drug Offences (1970),
- Amphetamines and Lysergic Acid Diethylamide (LSD) (1970).

Diese Reports werden auch in offiziellen Darstellungen der Drogenpolitik [57] regelmäßig zitiert. Sie sind im Verlag der Regierung erschienen und bilden das inhaltliche Rückrat der britischen Drogenpolitik, ohne allerdings offizielle Dokumente der Regierung zu sein. Es stellt sich also die Frage, was in Großbritannien alles zum Bereich Drogenprogramm gerechnet werden soll:

- das Gesetz, der "Act", der kaum inhaltliche Aussagen trifft,
- die "Regulations", die auch zum größten Teil nur formale Festlegungen treffen,
- die nicht verbindlichen "Memoranden", die Vorschläge für die Ausgestaltung der Politik machen oder sogar
- die "Reports" unabhängiger Expertenkommissionen, in denen die eigentlichen Grundlinien der Politik definiert werden.

Allerdings sind nicht sämtliche Äußerungen des Advisory Committee on Drug Dependence automatisch Politik der Regierung. Aufgrund der typischen britischen Zurückhaltung in Bezug auf regierungsinterne oder regierungsnahe Prozesse ist wenig darüber bekannt, wie das Advisory Committee zu seinen Empfehlungen kommt und wie sie mit der Regierung abgestimmt werden. Ein Experte berichtet z.B. , daß ein Unterausschuß des ACDD auch einen Report über Zwangsmaßnahmen im Bereich der Behandlung verfaßt habe, der nie erschienen sei [58] und hält dieses Nicht-Ereignis (non-event) für vielleicht signifikanter, als viele Ereignisse. Auf jeden Fall zeigt dieses Beispiel, daß das Advisory Committee nicht immer mit der Regierung übereinstimmt und die Meinungen des ACDD auch nicht immer an die Öffentlichkeit dringen. Ob allerdings daraus der Umkehrschluß gerechtfertigt ist, daß die veröffentlichten Reports die Meinung der Regierung wiedergeben, erscheint fraglich.

Wenn man den Dangerous Drugs Act 1967 mit den sich daran anschließenden Regulations, Memoranden etc. als ein "Programm" der Bekämpfung des Drogenmißbrauchs in Großbritannien ansehen will, ist der Misuse of Drugs Act 1971 Ausgangspunkt eines zweiten Programms. Das neue Gesetz war notwendig geworden, weil sich gegen Ende der sechziger Jahre immer deutlicher zeigte, daß die bestehende zersplitterte Gesetzgebung ungeeignet war, mit den wachsenden und sich vor allem verändernden Problemen stand zu halten[59]. Kaum war der Act aus dem Jahr 1967 umgesetzt worden, zeigte er sich in bestimmten Bereichen[60] schon wieder als unzureichend. Der Act 1971 wurde daher erlassen, um die verschiedenen alten und überholten Gesetze zu ersetzen und umfangreichere Möglichkeiten der Kontrolle von Drogen, bei denen Mißbrauch möglich und wahrscheinlich ist, zu ermöglichen[61].

Tatsächlich enthält dieses neue Gesetz kaum neue Maßnahmen, Ziele oder Instrumente, sondern faßt im großen und ganzen die bisherigen Regelungen zusammen und entwickelt sie weiter. So wird das Advisory Committee on Drug Dependence durch ein neues, aber sehr ähnliches Organ, den "Advisory Council on the Misuse of Drugs" (ACMD) ersetzt[62]. Weiter legt das Gesetz fest, welche Arten von Drogen wie kontrolliert werden sollen und welche Strafen für Vergehen möglich sind sowie wie das Verhalten von Ärzten, die ja nicht unter die Strafbedingungen des Gesetzes fallen, überwacht werden soll. Auch dieser Act wurde wieder durch eine Reihe von Regulations umgesetzt[63], die aber inhaltlich zu den Regelungen von 1967 keine Erneuerung liefern und zum größten Teil eher technischer Natur sind[64]. Auffällig ist, daß es zu diesem Act keine neuen Memoranden gibt sondern die Abstimmung seitdem eher informell zwischen Regierung und den regionalen und lokalen Gremien des NHS stattfindet. Allerdings gibt es auch zu diesem Gesetz offiziell unverbindliche Briefe der Regierung, so z.B. ein Rundschreiben an die lokalen Polizeidienste, daß Kleidung und/oder Haartracht allein nicht für eine Verdächtigung im Sinne des Gesetzes (Stop and Search) ausreichen.

Eine Besonderheit besteht darin, daß von unabhängigen Wissenschaftlern (Medizinern) zwei Erläuterungen des Gesetzes publiziert wurden, in denen jeweils das Gesetz und die dazugehörigen Verordnungen ausführlich dargestellt werden und die - allerdings nur sehr entfernt - mit einem Gesetzeskommentar vergleichbar sind [65]. Auch der Advisory Council hat seit 1972 einige Berichte veröffentlicht, die regelmäßig als Quelle der Regierungspolitik herangezogen werden, u.a.

- Promoting Co-operation between the Various Professional and Community Services (Note by the Secretariat) (1973),
- Treatment and Rehabilitation Working Group: First Interim Report (1977). [66]

Eine Übersicht über die unterschiedlichen Elemente britischer Programme gegen Drogenmißbrauch (u.a. Committees, Reports, Acts, Regulations) und ihre gegenseitige Abhängigkeit liefert Abb. 6.2 .

Mit dem Misuse of Drugs Act 1971 und den sich daran anschließenden Verordnungen sind die in Großbritannien erkennbaren Programme im Bereich Drogenmißbrauch abgeschlossen. Seit 1973, als die letzten Vorgaben des Acts in Kraft traten, sind in Großbritannien keine neuen umfassenden programmatischen Aktivitäten zu verzeichnen. Die Liste der zu kontrollierenden Drogen wurde gelegentlich ergänzt oder modifiziert, aber die grundlegenden Elemente der Drogenpolitik und ihre konkrete Ausgestaltung wurden seitdem nicht verändert.

Die Betrachtung der beiden hier herausgearbeiteten Programmelemente (jeweils ausgehend von den Gesetzen 1967 und 1971) läßt daher einige Besonderheiten erkennen. Zunächst existiert kein umfassendes Programm der Drogenpolitik, in dem sowohl präventive, repressive und therapeutische Maßnahmen behandelt werden. Statt dessen beschränken sich die Programme in erster Linie auf regulative Elemente. Dies ist umso überraschender, als ja gerade das britische System der Drogenpolitik (British Approach; Stichworte: Verschreibung, Maintenance) bekannt und berühmt ist. Dieses britische System, daß eine verhältnismäßig lange Tradition hat, wird in den Programmen nicht präzise definiert. Es werden dafür nur die Rahmenbedingungen geschaffen. Die eigentlichen Elemente des Systems werden, wenn überhaupt, in wenig verbindlichen Memoranden erläutert, bzw. gehen aus

Abb. 6.2. : Bekämpfung des Drogenmißbrauchs in Großbritannien - Abfolge der Programme

JAHR	KOMMISSIONEN	BERICHTE	GESETZE	DURCHFÜHRUNG
	"Brain-Committee" (1958 - 1961)	1st Report (1961)		
1965	"2nd Brain-Committee" (1964 - 1965)	2nd Report (1965)	Dangerous Drugs Act 1967	H.M. (67) 16 The Treatment ....
				H.M. (67) 83 The Rehabilitation ....
	Advisory Committee on Drug Dependence (1967 - 1972)	Cannabis (1968)		
		Rehabilitation of Drug Addicts (1969)		Notifications Reg. (1968)
				Supply to Addicts Reg. (1968)
1970		Powers of Arrest and Search (1970)	Misuse of Drugs Act 1971	
	Advisory Council on the Misuse of Drugs (1972 -)			Regulations (insges. 12) u.a. - Safe Custody - Notification and Supply ....
		Promoting Co-operation (1973)		
1975		Treatment and Rehabilitation (1977)		
		Report on ... Classification and Penalties (1979)		

verschiedenen Veröffentlichungen beratender Gremien hervor. Insgesamt wird das britische System daher nirgendwo gesetzlich oder auch nur in einer anderen Form programmatisch definiert, sondern die Gesetze und Programme schaffen die Möglichkeit, zur Durchführung und Weiterentwicklung dieses Ansatzes.

Die Tatsache, daß z.B. Polizeiaktivitäten und -ressourcen oder Behandlungsressourcen nirgendwo festgelegt sind, bedeutet nicht, daß sich auf diesem Gebiet in Großbritannien keine Entwicklungen ergeben haben. Sie besagt nur, daß diese Entwicklungen nicht auf der Grundlage von Programmen oder programmatischen Festlegungen, sondern eher ad hoc und angepaßt an Veränderungen der Umwelt stattgefunden haben. Der Politikbereich entwickelt sich, ohne daß programmatische Anstöße immer zu erkennen sind.

In diesem Zusammenhang sind auch die Strukturen und Prozesse der Politikformulierung interessant. Aus dem bisher Gesagten wird die starke Stellung der beteiligten Professionen, d.h. in erster Linie der Medizin deutlich. Die entscheidenden Weichenstellungen in diesem Bereich sind durch beratende Gremien vorgenommen worden, in denen jeweils Mediziner die entscheidende Rolle spielten. Der große Einfluß zeigt sich z.B. auch darin, daß Verordnungen (Regulations) zur Durchführung des Gesetzes nicht ohne Konsultation des Councils erarbeitet werden sollen [67]. Genauso wird das Verhalten von Ärzten (auch wenn sie z.B. sich nicht an die Bestimmungen des Gesetzes bezüglich der Verschreibung von gefährlichen Drogen halten) zunächst nicht von Gerichten, sondern von einem mit Ärzten besetzten "Tribunal" untersucht. Erst der Verstoß gegen die Auflagen des Tribunals ist strafbar. Tatsächlich wird als Begründung für die gesetzgeberische Tätigkeit des Staates auf diesem Gebiet angeführt, daß die medizinische Profession es nicht geschafft habe, diesen Bereich allein vollkommen intern zu regeln [68], nur deswegen sind staatliche Eingriffe überhaupt notwendig geworden. Prinzipiell wird daher der Bereich Drogenmißbrauch immer noch als Problem der medizinischen Profession angesehen, in das der Staat nur insoweit regulierend eingreift, wie Probleme nicht mehr intern bewältigt werden können [69].

Während der Einfluß der Berufsgruppen sehr groß ist, ist der des Parlaments eher gering. Zwar ist das Parlament bei beiden hier behandelten Gesetzen beteiligt und auch die verschiedenen "Regulations" müssen dem Parlament vorgelegt werden (statutory instruments), aber Anstöße oder Veränderungen sind aus den Reihen des Parlaments nicht zu verzeichnen. Zwar wurden einige Aspekte im Parlament sehr kontrovers diskutiert, insbesondere die Frage der Gefährlichkeit und das Verbot von Cannabis (Haschisch) sowie die Erweiterung der polizeilichen Eingriffsmöglichkeiten, aber ein erheblicher Einfluß auf die Richtung der Politik oder gar auf den britischen Ansatz der Drogenpolitik ist nicht zu bemerken. Vielmehr fällt auf, daß die Mitglieder, die im Parlament das Wort ergriffen haben, zum größten Teil auch Mitglieder der betroffenen Berufsgruppen sind.

Die Darstellung der Ebene der Programme in Großbritannien hat gezeigt, daß dort von eigentlichen Programmen der Drogenpolitik nicht gesprochen werden kann. Der "British Approach" der Drogenpolitik wird in einer ziemlich unübersichtlichen Sammlung von Gesetzen, Durchführungsvorschriften, Memoranden und insbesondere halb-offiziellen Reports definiert und erläutert. Eine logische Abfolge wie in Schweden (Kommissionsbericht, Proposition als Programm, daraus abgeleitet verschiedene Maßnahmen, die durch Gesetze, Haushaltsentscheidungen, Durchführungsvorschriften usw. durchgesetzt werden) ist in Großbritannien nicht zu erkennen. Die Maßnahmen sind insbesondere nicht Element eines Programms, sondern ergeben nur im Zusammenhang gesehen das Gesamtbild eines programmatischen Ansatzes. Das Programm ist damit eher das ex-post Konstrukt des Forschers, als eine ex-ante Realität.

Wenn trotzdem eine Einordnung nach den oben definierten allgemeinen Dimensionen versucht wird (vgl. 4.3.2.), zeigt sich, daß bezüglich des Umfangs nicht von umfassenden oder integrierten Programmen gesprochen werden kann. Statt dessen existieren nur begrenzte und isolierte Programmelemente, in denen - oft auf wenig verbindliche Art und Weise - einzelne Aspekte erläutert und entwickelt werden.

Auch die Erneuerung des Politikbereichs geschieht nur sehr begrenzt im Rahmen der Programme. Zwar gab es eine entscheidende Veränderung des Bereichs durch die Etablierung der Drogenkliniken und die Begrenzung der Verschreibung, aber weitere Entwicklungen des Bereichs sind, zumindest auf der Ebene der Programme, kaum zu erkennen. So gibt es z.B. kaum Modellversuche oder ähnliche Anordnungen, in denen Neuland betreten wird. Ähnlich sind auch Lernmechanismen, etwa durch Erfolgskontrollen, in den Programmen nicht vorgesehen. Insgesamt sind daher die Programme eher anpassend und bewahrend.

Die Beteiligung an der Programmentwicklung und -durchführung ist eher begrenzt und eingeschränkt. Zwar spielen die professionellen Organisationen, vor allem die Ärzte, bei der Programmformulierung und -durchführung eine entscheidende Rolle, aber dieser Einfluß ist nicht öffentlich, sondern findet quasi unter Ausschluß der Öffentlichkeit statt. Insgesamt ist wenig durchsichtig, welche Personen und Gruppen an den Programmen beteiligt sind. Genauso ist auch die Publizität der verschiedenen Programmelemente eher uneinheitlich und unübersichtlich, so daß z.T. wichtige Elemente quasi unter Ausschluß der Öffentlichkeit, nur im internsten Expertenkreis beraten und schließlich auch angewendet werden.

Die Eingriffsdichte der Programme oder Programmelemente ist demgegenüber als sehr gering einzuschätzen. Die programmatischen Festlegungen sind offen und flexibel formuliert, die rein rechtliche Verbindlichkeit ist oft nicht gegeben. Dies bedeutet nicht, daß die Festlegungen nicht beachtet würden, aber die rechtlichen Bindungswirkungen sind geringg und daraus folgend die Handlungsspielräume der Akteure groß. Insgesamt kann daher der Einschätzung des "British System" von Edwards zugestimmt werden, daß es nämlich

"has ... not been set in any absolutely predetermined pattern, but has had within it possibilities of flexibility and adaption to a changing scene, and has never been highly bureaucratized." 70)

6.4. Ziele

Die Ziele der britischen Drogenpolitik sind eng verwoben mit dem generellen Ansatz gegenüber diesem Problem in Großbritannien, der allgemein als "British Approach" bekannt ist, ohne daß immer klar definiert wäre, worin dieser Approach im einzelnen besteht. Ein zentrales Element ist die Betonung des Drogenproblems als medizinisches Problem. So heißt es in einer offiziellen Darstellung der Drogenpolitik

"The approach is based on the belief that drug misusers are people with health and social problems who must be helped accordingly. It has a multi-disciplinary basis and involves social workers as well as nurses and the medical profession. At the same time, as in all other aspects of health and social care, the approach recognizes the importance of the professionals' responsibility in each individual case, and especially the responsibility of the doctor in prescribing drugs ... " 71)

Zwar wird das Drogenproblem als soziales und gesundheitliches Problem angesehen, aber sowohl bei der Problemdefinition wie bei der Festlegung der Sinnvollen Gegenmaßnahmen spielt die medizinische Profession eine entscheidende Rolle. Dies zeigt sich nicht nur in der Zusammensetzung der verschiedenen beratenden Gremien [72], sondern wird aus verschiedenen Formulierungen deutlich.

Im Zusammenhang mit dem Vorschlag einer Meldepflicht (notification) für Drogenabhängige wird im zweiten Brain-Report verdeutlicht:

".... addiction is after all a socially infectious condition and its notification may offer a means for epidemiological assessment and control. We use the term deliberately to reflect certain principles which we regard as important, viz. that the addict is a sick person and that addiction is a disease which (if allowed to spread unchecked), will become a menace to the community." 73)

Der Drogenabhängige wird also als Kranker aufgefaßt, der Drogenmißbrauch als ansteckende Krankheit, deren Verbreitung verhindert werden muß. Daher spricht das Gesetz auch von Meldepflicht (notification) wie bei anderen ansteckenden Krankheiten (Tuberkulose, Geschlechtskrankheiten) und nicht von Registrierung (registration). Abweichendes Verhalten wird ganz explizit als ansteckend angesehen, und die Eindämmung der Anstekkungsgefahr wird damit ein zentrales Ziel. So heißt es in einem der zentralen Rundschreiben über die Rehabilitierung von Drogenabhängigen:

"Social deviation of any kind is apt to be infectous and the risk of re-infection is an important consideration in planning services." 74)

Nur ausgehend von dieser medizinischen Sicht des Drogenproblems kann das zentrale Element des "British System" der Drogenpolitik, nämlich die Verschreibung von Drogen an Süchtige durch Ärzte (sog. Substitutionsmethode) verstanden werden. Da Drogenabhängigkeit eine Krankheit ist, kann nur der Arzt darüber entscheiden, wie sie zu behandeln ist. Wenn er der Meinung ist, daß der Patient ohne Drogen nicht leben kann und sie sich auf jeden Fall (d.h. illegal) beschaffen wird, kann er dem Patienten Drogen verschreiben. Interessanterweise sind in Großbritannien und in Deutschland die Grundsatzentscheidungen für oder gegen Substitutionsmethode fast gleichzeitig erfolgt. In Großbritannien 1926 durch den Rolleston-Report [75)] und in Deutschland 1927 auf dem Danziger Ärztetag [76)]. Dies ist ein Anzeichen dafür, daß aktuelle Policies, auch wenn sie auf neue und bisher wenig beachtete Probleme reagieren, oft in einer langen Tradition stehen. Neuartige Policies werden also durch vergangene Policies vorherbestimmt.

Das zentrale Problem der britischen Drogenpolitik besteht darin, nicht erwünschte Nebenfolgen oder Auswüchse dieser medizinischen Betrachtung des Problems zu kontrollieren. Aus diesem Grund richtet sich die Politik auch in erster Linie auf zwei Aspekte, auf die Definition und Abgrenzung gefährlicher von "normalen" Drogen und auf die Kontrolle der Versorgung und Verteilung dieser Drogen durch die medizinischen Professionen.

Bis zum Misuse of Drugs Act 1967 konnte jeder Arzt sämtliche Drogen ohne Kontrolle und Sanktionen verschreiben. Zwar hatte das Rolleston-Committee eine Selbstkontrolle durch die ärztlichen Standesorganisationen vorgesehen, aber die dafür notwendigen Verordnungen wurden nie erlassen. Das zweite Brain-Committee kam 1966 zu dem Schluß, daß gerade die Politik der medizinischen Betrachtung des Drogenproblems zur Ausweitung der Drogenabhängigkeit beigetragen hatte, weil eine (wie es heißt) kleine Anzahl von Ärzten Drogen unverantwortlich verschrieben hatte (overprescribing). Die Reaktion darauf war, die Verschreibung gewisser Drogen (Heroin und Kokain) auf spezielle Ärzte, d.h. im Prinzip auf die neu zu errichtenden Drogenkliniken zu beschränken, ansonsten aber an der medizinischen Betrachtung und Behandlung des Problems festzuhalten.

Die Rationalität hinter der Substitutionsmethode wurde in dem schon erwähnten Memorandum aus dem Jahre 1967 "The Treatment and Supervision of Heroin Addiction" deutlich gemacht:

" Some addicts will not accept withdrawal treatment, at any rate to start with, and complete refusal of supplies will not cure their addiction - it will merely throw them on the black market and encourage the development of an organized illicit traffic on a scale hitherto unknown in this country. The aim is to contain the spread of heroin addiction by continuing to supply this drug in minimum quantities where this is necessary in the opinion of the doctor, and where possible to persuade addicts to accept withdrawal treatment. For these purposes the medical supervision of addicts is necessary." 77)

Zentrale Ziele der Drogenpolitik in Großbritannien sind auf der Verlautbarungsebene daher

- die Verhinderung eines organisierten illegalen Drogenhandels und
- die Begrenzung des Drogenmißbrauchs bei
- gleichzeitiger optimaler Behandlung der Abhängigen.

Ausgehend von dieser Zielsetzung ergeben sich die Unterziele, nämlich

- Kontrolle der Verschreibung von Drogen,
- ohne die medizinische Verantwortung für die Behandlung zu beeinträchtigen,
- durch Begrenzung der Anzahl der verschreibenden Ärzte, und
- gleichzeitiger Versorgung mit Drogen im Zusammenhang mit Behandlungsfacilitäten (Drogenkliniken),
- sowie eine Überwachung der Entwicklung des Drogenporblems durch Einrichtung von Beratungsgremien (Advisory Council).

Der logische Aufbau und die Zielstruktur der britischen Drogenpolitik sind allerdings nie in dieser Form dargestellt worden, sie können nur aus verschiedenen Veröffentlichungen rekonstruiert werden [78].

Auch in Großbritannien können daher die zentralen Zieldimensionen

- Angebot an Drogen (Kontrolle, Repression),
- Nachfrage nach Drogen (Prävention),
- Folgen des Drogenkonsums (Therapie) sowie
- Information über das Drogenproblem

unterschieden werden.

Bei Betrachtung der Maßnahmen (vgl. Abb. 6.3.) wird deutlich, daß sich die meisten von ihnen auf eine Verminderung des Angebots an Drogen richten, d.h. Kontrolle ist die entscheidende Zieldimension. Durch diese Kontrolle soll gleichzeitig auch die Nachfrage nach Drogen begrenzt werden, Prävention ist also die zweite Zieldimension und die Therapie Drogenabhängiger wird damit erst zur dritten Priorität der Drogenpolitik, trotz des immer wieder betonten und auch eindeutig durchgeführten medizi-

Abb. 6.3.: Bekämpfung des Drogenmißbrauchs in Großbritannien Zieldimensionen

Jahr	lfd. No.	Maßnahmen in Stichworten	Angebot	Nachfrage	Folgen	Information	Koordination
1967	1	Drogenkliniken	x	x	x		
	2	Advisory Committee				x	x
1968	3	Verschreibung	x	(x)			
	4	Registrierung	x				
	5	freiwillige Begrenzung	x	(x)			
	6	Rehabilitation			x		
1971	7	Strafgesetz	x	(x)			
1972	8	Advisory Council				x	x
	9	Kontrolle von Drogen	x	(x)			
1973	10	Verschreibung	x	(x)			
	11	Registrierung	x				
	12	Kompetenz der Polizei	x				
	13	Verstärkung der Polizei	x				
	14	Verstärkung Zoll	x				
1975	15	Aufklärung & Information		x			
	16	Schulen		x			
1977	17	Freiwillige Kampagne	x	x			
1979	18	Strafverschärfung	x				

nischen "Approaches". Die Zieldimension Information oder Evaluation spielt eine eher unterstützende Rolle, während die in Schweden recht wichtige Dimension Koordination/Integration auf der Ebene der Maßnahmen keine eigenständige Rolle spielt.

Insgesamt sind die Ziele der Drogenpolitik wenig genau definiert, es gibt keinen eindeutigen hierarchischen Aufbau (der hier vorgestellte ist ja konstruiert) und keine präzisen Konkretisierungen und Differenzierungen.

Das "British System" zeichnet sich allerdings dadurch aus, daß es verhältnismäßig offen ist. Die generellen Richtlinien der Politik (Substitutionsmethode, Verantwortung der Ärzte usw.) sind festgelegt, während die spezielle Form der Politik (z.B. Art der Behandlung, Ausmaß der Strafen und Strafandrohungen) einen großen Entscheidungsspielraum lassen. So ist es im Rahmen dieses Zielsystems verhältnismäßig einfach, sich auf veränderte Problemlagen einzustellen (z.B. neuerdings der multiple Drogenmißbrauch) ohne an den Grundlinien der Politik und auch an den Programmen erhebliche Veränderungen vornehmen zu müssen. Gerade die nicht geklärten Details des British System (wann wird eine Drogenklinik eingeschaltet bei anderen Drogen als Heroin und Kokain, welche Möglichkeiten gibt es, Patienten zu einer Behandlung zu "überreden", wer ist für Maßnahmen der Rehabilitation zuständig, wer finanziert usw.) erlauben eine graduelle Entwicklung der Politik. Ein sehr kritischer Beobachter der britischen Drogenpolitik, Edwards, kommt zu einem ähnlichen Schluß:

"Perhaps the best that any critic could say for this system is that it has a degree of openess, that in changing circumstances it has a capacity for manoeuvre, that its very consistencies allow of evolution." 79)

Gerade weil die Ziele verhältnismäßig wenig konkret bleiben und eine Reihe von Interpretationen zulassen, erleichtern sie die Anpassung an veränderte Bedingungen und Lernprozesse. Die Ziele sind extrem langfristig und allgemein formuliert, so daß zwar deutlich wird, auf welche Gebiete die staatliche Politik besonderes Gewicht legt (Verhinderung der Drogenkriminalität, Begrenzung des Mißbrauchs, Behandlung der Abhängigen) ohne daß sie aber so präzise wären, daß Erreichen oder Nicht-Erreichen dieser Ziele jeweils deutlich zu erkennen wäre, d.h. die Ziele werden nicht operationalisiert, es gibt keine Ergebnisziele.

Die Ziele beschränken sich auf den engeren Bereich der Drogenabhängigkeit. Weitergehende soziale oder gesellschaftliche Ziele werden nicht angesprochen, genauso wie die sozialen Hintergründe des Drogenmißbrauchs nicht explizit thematisiert werden. Drogenmißbrauch ist eine Krankheit die bekämpft werden muß und deren Ausweitung (Ansteckung) verhindert werden sollte, wobei die sozialen Bedingungen der Krankheit bei der Bekämpfung eine eher untergeordnete Rolle zu spielen scheinen (wie z.B. die medizinische Bekämpfung der Tuberkulose ja auch zunächst nicht an den Wohnbedingungen ansetzt).

Trotz des auf der Verlautbarungsebene betonten medizinischen "Approaches", ist die wichtigste Zieldimension daher die Kontrolle des Drogenproblems, die aber weitgehend nicht durch regulative, sondern durch distributive Policies verwirklicht wird. Diese Schwerpunktsetzung scheint sich im Untersuchungszeitraum auch nicht merkbar geändert zu haben. Allenfalls die präventiven Maßnahmen nehmen gegen Ende einen etwas größeren Umfang ein.

6.5. Akteure

Die Organisation der Akteure der Drogenpolitik im Großbritannien ist dadurch gekennzeichnet, daß es für einzelne Maßnahmen jeweils unterschiedliche Akteure in unterschiedlichen Abhängigkeitsbeziehungen gibt. Es existiert kein einheitliches Netzwerk, sondern die Durchführung der Politik konzentriert sich auf weitgehend unabhängig voneinander agierdende Stränge von Akteuren.

Der wichtigste Akteur im Rahmen der kontrollierenden Maßnahmen ist das Home Office (Innenministerium), das die verschiedenen in den Gesetzen vorgesehenen Aufgaben wahrnimmt (z.B. Ausführungsverordnungen, Führung des Registers der Drogenabhängigen usw.). Auch im Bereich der Polizei, die in Großbritannien weitgehend regionalisiert ist, wirkt das Home Office in verschiedenen Arbeitsgruppen mit und auch die freiwilligen Begrenzungen der Drogenverschreibung (z.B. CURB) laufen unter aktiver Anteilnahme und z.T. auf Initiative des Innenministeriums.

Interessant ist die verhältnismäßig starke Einbeziehung der medizinischen Profession, z.B. im Bereich der Kontrolle von Drogen und der Regulierung ihrer Verschreibung durch den Advisory Council (Advisory Committee) und durch das beratende "Tribunal" im Rahmen der Registrierung von Drogenabhängigen. Auffällig ist auch, daß weitgehend nicht-staatliche Akteure (nämlich vor allem Ärzte, Apotheker u.ä.) zur Durchführung der regulativen Politik herangezogen werden (Begrenzung der Verschreibung, Registrierung von Abhängigen, Kontrolle von Medikamenten). Zwar sind die Ärzte Angehörige des National Health Service (NHS), aber sie werden nicht als staatliche Hoheitsträger betrachtet, sondern ausschließlich als Mitglieder ihrer Berufsgruppe.

Die lokalen Gebietskörperschaften (Local Government) spielen in diesem Bereich keine Rolle. Lokale Interessen können zwar über die lokalen und regionalen Gremien des NHS in die Politikdurchführung einfließen, aber dies ist im Bereich der regulativen Programme nicht der Fall, denn wenn Akteure der NHS an der Politikdurchführung beteiligt sind (z.B. im Rahmen der Verschreibung oder Registrierung), dann sind sie in diesem Bereich nur ihrem professionellen Standard unterworfen. Dies wird immer wieder von offizeller Seite betont.

Charakteristisch für die Durchführung der regulativen Maßnahmen ist daher die starke Stellung des Ministeriums, bei gleichzeitiger entscheidender Beteiligung von nicht-staatlichen, d.h. hier professionalisierten Akteuren. Gerade diese, insbesondere die medizinische Profession im weitesten Sinne, spielen auch im Bereich der "freiwilligen regulativen Maßnahmen" eine entscheidende Rolle.

Für den Bereich der präventiven und aufklärenden Maßnahmen sind

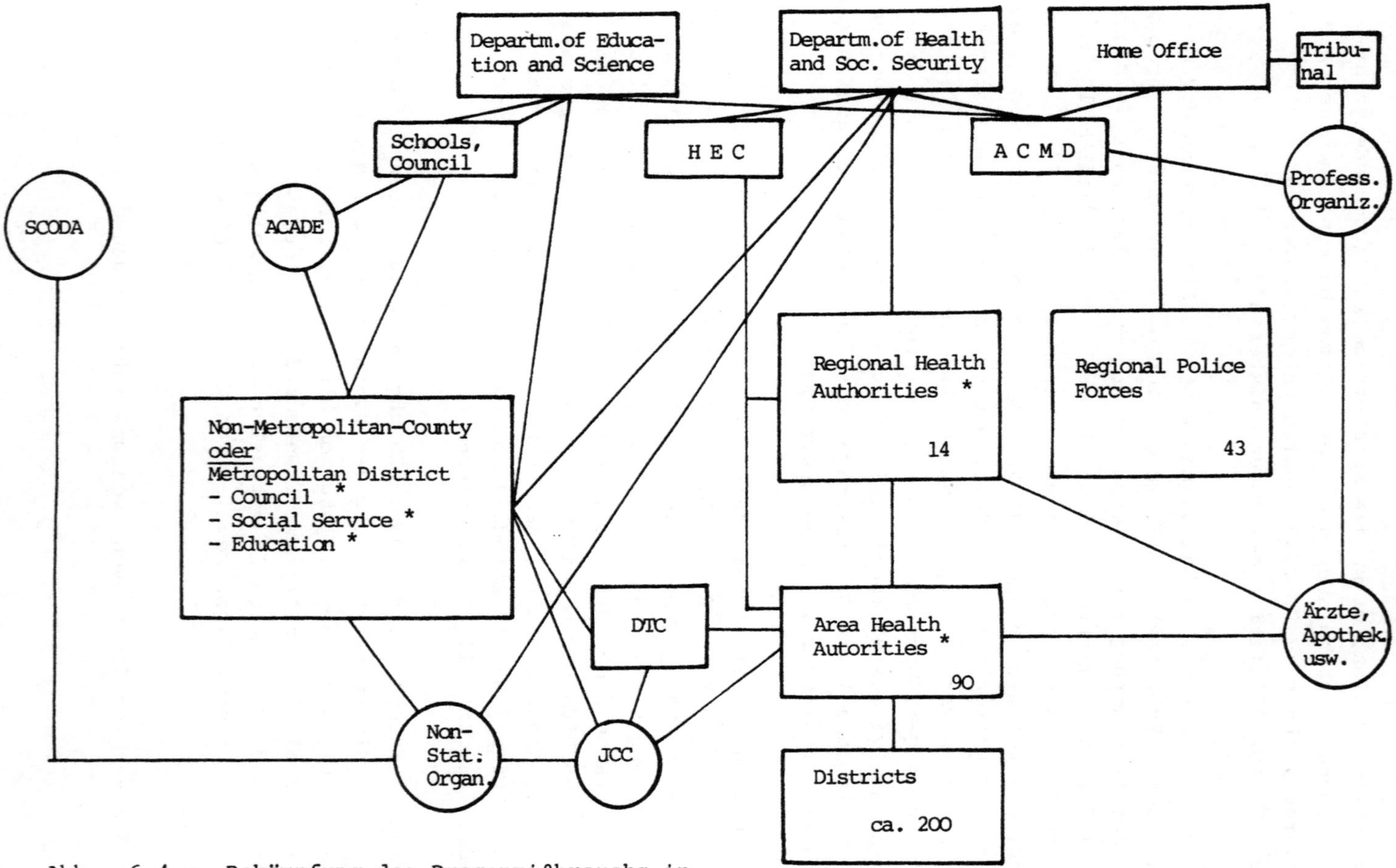

Abb. 6.4.: Bekämpfung des Drogenmißbrauchs in Großbritannien - Wichtige Akteure

auf zentralstaatlicher Ebene das "Department of Education and Science" (DES) sowie das "Department of Health and Social Security" (DHSS) zuständig, die wiederum durch eine Reihe halbstaatlicher (z.B. Schools Council, Health Education Council =HEC) sowie privater Institutionen (z.B. Advisory Council on Alcohol and Drug Education = ACADE) unterstützt werden. Eine wichtige Rolle spielen in diesem Zusammenhang auch die Organe der lokalen Selbstverwaltung, des "Local Government", die in Großbritannien u.a. für den gesamten Bildungsbereich zuständig sind.

Eine besondere Kompliziertheit ergibt sich durch die unterschiedlichen Zuständigkeitsregelungen in unterschiedlichen Typen von Gebietskörperschaften in England [80]. Zunächst werden zwei Kategorien von Gebieten unterschieden

- Metropolitan Areas, die die größeren Agglomerationsräume und
- Non-Metropolitan Areas, die eher ländliche Gebiete

umfassen. In jedem dieser Gebiete gibt es ein zweistufiges System des Local Government, nämlich jeweils

- County (entspricht etwa unserem Kreis) und
- District (entspricht etwa unserer Gemeinde).

Insgesamt gibt es also vier Typen von Gebietskörperschaften (Metropolitan County, Non-Metropolitan County, Metropolitan District und Non-Metropolitan District) [81].

Das System wird nun dadurch kompliziert, daß die Zuständigkeiten je nachdem, ob es sich um Metropolitan Counties oder Non-Metropolitan Counties handelt, variieren. Vereinfacht dargestellt:

- in einem Metropolitan County sind die Districts (Gemeinden) für Erziehung (und auch soziale Dienste) zuständig
- in einem Non-Metropolitan County ist es der County (Kreis) selbst.

Abhängig davon, ob es sich um ein verstädtertes oder ländliches Gebiet handelt, gibt es daher unterschiedliche Zuständigkeiten [82].

Eine weitere Besonderheit des Local Government ist die starke Stellung der Ausschüsse. Formal ist zwar der jeweilige Council (Rat) verantwortlich, aber in der Realität werden die einzelnen Verwaltungszweige durch Ausschüsse des Council geführt, deren Beschlüsse im Council i.d.R. nicht mehr verändert werden können.

Ein anderes Bild ergibt sich wiederum bei den therapeutischen Maßnahmen. Hier dominieren auf der einen Seite die Drogenkliniken und auf der anderen Seite private Akteure. Die Drogenkliniken (Drug Treatment Clinics oder Treatment Centres) werden im Rahmen des National Health Service (NHS) jeweils von den Area Health Authorities (vor der Reorganisation 1974 Local Health Authorities) in Zusammenarbeit mit den Regional Health Authorities (Regional Hospital Boards) vorgehalten [83]. Diese Drogenkliniken sind damit weitgehend selbständig, denn im Rahmen des NHS werden Fragen der Behandlung u.ä. allein durch das ärztliche Personal entschieden, während die übrigen Aufgaben, insbesondere Management und Planung, von einem "Committee" wahrgenommen werden, von dessen 15-19 Mitgliedern 4-5 von der jeweiligen lokalen Gebietskörperschaft ernannt werden, während der Rest aus Ärzten und weiteren Mitgliedern der Gemeinschaft (z.B. Mitglieder wohltätiger Organisationen, Selbständige, Gewerkschaftler u.ä.) besteht, die vom zuständigen Minister ernannt werden.

Regional, Area und District Health Authorities sind weitgehend unabhängig. Sie können daher nicht einfach angewiesen werden, Drogenkliniken zu errichten und zu unterhalten. Allerdings besteht eine verhältnismäßig große Chance, Geld für Maßnahmen zu erhalten, wenn sie, wie in diesem Fall, durch verschiedene Health Memoranden als Ziel offizieller Politik erklärt wurden. Planung und Finanzierung im NHS erfolgt also in einem Gegenstromverfahren: die Mittel werden vom DHSS auf die Regionen, von diesen auf die Areas und von diesen auf die Districts aufgeteilt. Diese schicken ihre Haushaltsansätze jeweils nach oben, wo sie auf der jeweils nächst-höheren Ebene genehmigt werden müssen (wobei erklärte Ziele der nationalen Politik natürlich größere Chancen haben berücksichtigt zu werden als eher abwegige Maßnahmen).
Die Pläne der Regionen werden dann schließlich vom Ministerium

genehmigt und finanziert. Es existiert daher ein verhältnismäßig flexibles System, daß ein großes Maß an Autonomie auf den unteren Ebenen beläßt, aber durch Aushandlungsprozesse die Möglichkeit staatlicher Steuerung offenläßt [84]:

"The devolution of managerial powers within the NHS is well in accord with the current philosophy in British public administration that it is essential to delegate executive authority subject to strategic controls which ensure that it is not used irresponsibly." 85)

Trotzdem ist die Stellung des Ministeriums verhältnismäßig stark, denn da es letztendlich über die Verteilung der Mittel entscheidet, bestimmt es auch, wo zusätzliche Leistungen angeboten werden. So wird in einer Bestandsaufnahme der therapeutischen Maßnahmen [86] ausdrücklich beklagt, daß die Initiative zur Planung und Errichtung der Drogenkliniken in erster Linie vom Ministerium ausging, und nicht von den zuständigen regionalen und lokalen Gremien, "where it properly belongs".

Eine weitere Besonderheit des National Health Service ist die von den normalen Strukturen des Local Government weitgehend abgekoppelte Organisation. Abb. 6.4. verdeutlicht, daß Regional Health Authorities oder Area Health Authorities in ihren Grenzen nicht mit denen des Local Government übereinstimmen, und daß daher eine gegenseitige Abstimmung und Koordination erschwert wird. Zwar sind ca. 1/4 der Mitglieder der regionalen Steuerungsgremien des NHS jeweils von den korrespondierenden Gremien des Local Government benannt, aber allein diese personelle Verflechtung scheint eine gegenseitige Abstimmung z.B. mit den sozialen Diensten des Local Government (personal social service) noch nicht zu garantieren. Der NHS ist eine weitgehend eigenständige Organisation, die in erster Linie durch die interessierten professionellen Gruppen (d.h. Mediziner) kontrolliert wird. Der Einfluß des Ministeriums, das sämtliche Mitglieder der Gremien benennt, ist nicht zu unterschätzen.

Die Probleme der Koordination und Integration werden am Beispiel der Aktivitäten der privaten Akteure, die sich vor allem im Bereich der Rehabilitation engagieren, noch deutlicher. Die Behandlungsheime dieser privaten wohltätigen Organisationen (Voluntary oder Non-statutory Organisations) werden von den verschiedenen staatlichen Stellen finanziell unterstützt, z.B. vom Home Office, vom Department of Health and Social Security sowie auch von den zuständigen Abteilungen der lokalen Körperschaften (Local Personal Social Service Authorities) oder sogar von den lokalen Ämtern der Sozialhilfe (Social Security Local Office), die lokale Dienststellen des DHSS sind. Diese Finanzierung ist aber sehr fragmentiert und unübersichtlich und daher oft auch uneinheitlich und unregelmäßig; sie wird daher von den betroffenen Institutionen kritisiert [87].

Zur Koordination der verschiedenen Akteure auf der lokalen Ebene, z.B. der Drogenkliniken, der kommunalen Sozialverwaltungen (Personal Social Service Authorities), der Polizeibehörden, der Schulbehörden, der Sozialhilfebehörden (Social Security Local Office), der privaten Behandlungsheime (z.B. Project Houses) und ähnlichen Institutionen [88] gibt es in einzelnen Orten Modelle eines "Joint Consultative Committee" (JCC), aber diese Versuche sind isoliert und werden den Akteuren nicht (wie z.B. in Schweden) im Rahmen der Programme vorgegeben [89].

Insgesamt ist der Bereich der Akteure der Drogenpolitik in Großbritannien dadurch gekennzeichnet, daß er verhältnismäßig unübersichtlich ist und eine Reihe von ad hoc Lösungen aufweist. Die wenig überschaubare Organisation wird z.T. durch das Schaubild Abb. 6.4. deutlich. Im Prinzip weist jedes Programmelement (Behandlung, Aufklärung, Kontrolle) seine eigenen Akteure und seine eigene Organisationsform auf und zwischen diesen Handlungssträngen bestehen wenig formalisierte und offizielle Verbindungen. Dies wird besonders durch die Anzahl der Institutionen auf den jeweiligen Ebenen deutlich: auf der regionalen Ebene gibt es z.B. 14 Regional Health Authorities und 43 Regional Police Forces, während das Local Government auf dieser Ebene nicht repräsentiert ist. Auf der Ebene darunter gibt es 45 Counties (einschließlich Greater London), von denen aber nur 39 im Bereich der Drogenpolitik über relevante Zuständigkeiten verfügen. Auf der lokalen

Ebene gibt es 90 Area Health Authorities, ca. 200 District Health Authorities und ca. 345 Districts, von denen wiederum aber nur 36 für Drogen zuständig sind [90].

Auffällig ist weiter die starke Einbeziehung von halb-staatlichen und privaten Institutionen in die Durchführung der Drogenpolitik. Zu diesen Quagos (Quasi Governmental Organisations) und Quangos (Quasi Non-governmental Organisations) [91] gehören z.B.

- der gesamte National Health Service, der aus dem Ministerium ausgegliedert und weitgehend verselbständigt wurde,
- der Health Education Council, der für die gesundheitliche Aufklärung zuständig ist,
- der Schools Council, der Service Leistungen gegenüber den kommunalen Schulträgern erbringt,
- der Advisory Council on the Misuse of Drugs, der den Bereich der Drogenpolitik beobachten und die Ministerien beraten soll [92],
- der Medical Research Council, eine durch staatliche Gelder finanzierte, aber in Bezug auf die Finanzierung und Initiierung von Forschungsvorhaben unabhängige Institution, die auf dem Gebiet des Drogenmißbrauchs seit einiger Zeit erhebliche Forschungsanstrengungen unterstützt,
- der Social Science Research Council, der ähnlich organisiert ist und Forschungsvorhaben auf diesem Gebiet unterstützt,
- die Society for the Study of Addiction, eine unabhängige Institution aus zum größten Teil Medizinern, die Konferenzen abhält und als ihre wichtigste Aufgabe die Zeitschrift "British Journal of Addiction" herausgibt, 93)
- die "Standing Conference on Drug Abuse" (SCODA), ein Zusammenschluß freiwilliger Organisationen, die u.a. jährlich eine Übersicht über Projekte im Bereich Drogen, Alkoholiker u.ä. Problemfelder veröffentlicht, 94)
- das Institute for the Study of Drug Dependence (ISDD), das die umfassendste Dokumentation von Literatur im Bereich von Drogen in Großbritannien unterhält und u.a. Konferenzen und Vorträge arrangiert sowie auch eigene Forschungen unternimmt.

In diesem Zusammenhang dürfen die professionellen Organisationen der Ärzte, Apotheker, Hebammen usw. nicht vergessen werden, die sowohl bei der Politikformulierung eine wichtige Rolle spielen, insbesondere aber auch im Rahmen der Regulierung durch professionelle Gruppen und Selbst-Regulierung des Politikbereichs [95] von Bedeutung sind.

Insgesamt ist die Organisation des Politikbereichs in Großbritannien eher unübersichtlich und ad hoc, oft gibt es keine klaren Abgrenzungen der Zuständigkeiten. Auch hier wird die Durchführung weitgehend "fast-staatlichen" oder "quasi-staatlichen" Organisationen überlassen, wobei aber der Einfluß der Ministerien insgesamt größer und die Beteiligung externer Interessen eher geringer als in Schweden zu sein scheint. Besonders der Einfluß der Professionen (Mediziner u.ä.) ist bemerkenswert. Im Bereich der Behandlung besteht eine gewisse lokale Autonomie, aber insgesamt ist die Stellung der zentralen Institutionen (vor allem Ministerien) verhältnismäßig hoch einzuschätzen. Während des Untersuchungszeitraums hat es erhebliche Umorganisationen der Implementationsstrukturen gegeben (vor allem Reorganisation des NHS), aber grundlegende Veränderungen der Makroorganisation sind nicht zu konstatieren. Insgesamt ist die Durchführung der Maßnahmen eher als einfach und flexibel einzuschätzen.

6.6. Instrumente

Die Betrachtung der im Rahmen der Maßnahmen zur Bekämpfung des Drogenmißbrauchs in Großbritannien hauptsächlich verwendeten Steuerungsinstrumente ergibt ein sehr zusammengesetztes Bild. Bei den externen, d.h. den gegenüber den eigentlichen Adressaten des Politikbereichs eingesetzten Instrumenten, überwiegt ganz eindeutig die regulative Steuerung. In erster Linie wird die Versorgung mit Drogen kontrolliert, wobei diese regulierenden Maßnahmen oft mit Hilfe nicht-staatlicher Akteure (z.B. Ärzte, Apotheker) durchgeführt werden und zum Teil nicht einmal auf offiziellen Ge- oder Verboten beruhen (siehe z.B. die freiwillige Begrenzung der Verschreibung).

Auch im Bereich der therapeutischen Maßnahmen, in dem wie zu

Abb. 6.5.: Bekämpfung des Drogenmißbrauchs in Großbritannien
Externe Steuerungsinstrumente

Jahr	lfd. No.	Maßnahmen in Stichworten	Regu-lie-rung	Finan-zie-rung	Infor-ma-tion	Lei-stung	Koor-dina-tion
1967	1	Drogenkliniken	(x)			x	
	2	Advisory Committee					
1968	3	Verschreibung	x				
	4	Registrierung	x				
	5	freiwillige Begrenzung	x				
	6	Rehabilitation				x	
1971	7	Strafgesetz	x				
1972	8	Advisory Council					
	9	Kontrolle von Drogen	x				
1973	10	Verschreibung	x				
	11	Registrierung	x				
	12	Kompetenz der Polizei	x				
	13	Verstärkung der Polizei	x				
	14	Verstärkung Zoll	x				
1975	15	Aufklärung & Information			x		
	16	Schulen			x	x	
1977	17	Freiwillige Kampagne	x		x		
1979	18	Strafverschärfung	x				

erwarten zunächst die Leistungsangebote des Staates überwiegen, spielen regulative Instrumente eine nicht unerhebliche Rolle, denn gerade die Drogenkliniken nehmen auch andere als die reinen Leistungsaufgaben gegenüber den Drogenabhängigen wahr. So sorgen sie nicht nur dafür, daß Abhängige behandelt werden, sondern durch ihre Arbeit soll auch und nicht zuletzt, die Versorgung mit Drogen vermindert, die Zahl der neuen Abhängigen verringert und eine Übersicht über die Anzahl der Abhängigen erlangt werden. Die Drogenkliniken haben neben der rein behandelnden auch kontrollierende Aufgaben, indem sie eine Kontrolle sowohl des Drogenproblems wie der Drogenabhängigen ermöglichen [96].

Insgesamt spielen daher Information und Leistungserstellung als externe Steuerungsinstrumente eine verhältnismäßig geringe Rolle, wobei zu beachten ist, daß diese Instrumente in erster Linie von nicht-staatlichen Akteuren erbracht werden (z.B. der Non-statutary Organisations im Bereich der Rehabilitation und im Bereich der Drogenaufklärung).

Im Bereich der <u>internen Instrumente,</u> d.h. der Steuerung und Beeinflussung der Akteure des Politikbereichs werden die Instrumententypen Regulierung, Finanzierung und Information ziemlich gleichgewichtig verwendet. Auch hier sind regulative Instrumente wohl am wichtigsten, aber sie werden durch andere Typen, insbesondere Information unterstützt. So werden die im externen Verhältnis als Regulation wirkenden freiwilligen Begrenzungen der Verschreibung intern nur durch das Instrument Information/Überredung durchgesetzt. Auffällig ist weiter, daß im Innenverhältnis der Akteure Finanzierung und Information als Steuerungsinstrumente eng miteinander verflochten sind, so daß interne Steuerung oft auf einem ziemlich undurchschaubaren Prozeß des Aushandelns (bargaining) besteht ohne klar erkennbare und abgegrenzte Steuerungsinstrumente.

Z.B. werden die präventiven Maßnahmen intern durch finanzielle, aber insbesondere durch informationelle und prozedurale Instrumente unterstützt. Durch den Health Education Council und den

Abb. 6.6.: Bekämpfung des Drogenmißbrauchs in Großbritannien
Interne Steuerungsinstrumente

Jahr	lfd. No.	Maßnahmen in Stichworten	Regu-lie-rung	Finan-zie-rung	Infor-ma-tion	Lei-stung	Struk-turie-rung
1967	1	Drogenkliniken		x	x		
	2	Advisory Committee					x
1968	3	Verschreibung	x				(x)
	4	Registrierung	x				(x)
	5	freiwillige Begrenzung			x		(x)
	6	Rehabilitation		x			
1971	7	Strafgesetz	x				
1972	8	Advisory Council					x
	9	Kontrolle von Drogen	x		(x)		
1973	10	Verschreibung	x				(x)
	11	Registrierung	x				(x)
	12	Kompetenz der Polizei	x		x		
	13	Verstärkung der Polizei		x			
	14	Verstärkung Zoll		x			
1975	15	Aufklärung & Information		x	x		
	16	Schulen		x	x		
1977	17	Freiwillige Kampagne		x	(x)		
1979	18	Strafverschärfung	x				

Schools Council wird ein Rahmen für präventive Aufklärung geschaffen und finanziell unterstützt, die Inhalte aber werden allein durch informationelle Abstimmung, unter besonderer Einbeziehung professioneller Gruppen bestimmt.

Ähnliches ist auch im Bereich der therapeutischen Maßnahmen zu beobachten. So wurde die Einrichtung von Drogenkliniken durch informationelle Instrumente vorangetrieben [97], wobei in erster Linie die Reports des Advisory Committees und des Advisory Councils zu nennen sind. Durch diese nicht offiziellen Dokumente wurde die Richtung der Drogenpolitik entscheidend bestimmt. Sie wurde dann z.T. in regulative oder finanzielle Maßnahmen umgesetzt, aber die zentrale Steuerung geschah durch die in diesen Berichten skizzierte Politik, d.h. durch Information. Diese informationelle Steuerung wurde durch die übrigen Instrumente (insbesondere Finanzen) unterstützt, aber es wäre falsch diese als die zentralen Steuerungsinstrumente anzusehen.

Die Voraussetzungen für die Errichtung der Drogenkliniken wurde z.B. durch zwei Rundschreiben (Hospital Memorandum) des damaligen Ministry of Health geschaffen, in denen die lokalen und regionalen Organe des National Health Service (vgl. hierzu 6.5.) aufgefordert wurden, solche Kliniken zu errichten und Richtlinien für ihren Betrieb geschaffen wurden [98]. Offiziell wurden die zuständigen Gremien des NHS nur gebeten, bestimmte Maßnahmen zu veranlassen, so heißt es z.B. in HM (67) 16:

> Das Memorandum "describes hospital treatment facilities which hospital authorities are asked to provide for persons addicted to heroin." [99]

Es ist allerdings davon auszugehen, daß diese Kliniken von den zuständigen Gremien, falls Bedarf bestand, auch tatsächlich ohne zusätzliche Aufforderung oder Finanzierung errichtet wurden. Die Formulierung "are asked to" [100] beinhaltet, daß diese Maßnahme in Übereinstimmung mit den zuständigen beratenden Gremien, insbesondere Advisory Committee on Drug Dependence, beschlossen wurde und es nun an den regionalen Gremien liegt, sie - falls Bedarf vorliegt - zu implementieren.

Genauso wurden auch die Maßnahmen zur Rehabilitation nur vorgeschlagen [101], sie sind nicht bindend für die einzelnen Kliniken.

Die aktuelle Form der Behandlung bleibt damit der einzelnen Klinik überlassen [102], von Seiten der Regierung gibt es nur Empfehlungen, die jeweils wiederum auf Empfehlungen des Advisory Committees, bzw. später Advisory Councils zurückgehen. Die Verantwortung der Behandlung liegt bei den behandelnden Ärzten. Die Regierung fühlt sich höchstens für eine gewisse Koordination und Vereinheitlichung der Aktivitäten der verschiedenen Kliniken verantwortlich, die zunächst durch die erwähnten Memoranden, seitdem aber in erster Linie durch informelle Kontakte hergestellt wird [103].

Interessanterweise haben eine Reihe von Kliniken sich selbst eigene Regeln gegeben, die sie z.T. untereinander abstimmen (damit Patienten nicht die einzelnen Kliniken gegeneinander ausspielen). So gibt es z.B. Regeln bei verlorenen Rezepten, der Substituierung von Heroin durch Methadon usw.. Diese Regeln sind nicht offiziell, sondern sollen den Bediensteten in den Drogenkliniken die Arbeit erleichtern, indem sie sich in Streitfällen auf etablierte Regeln berufen können [104].

Obwohl gelegentlich Gremien zur Zusammenarbeit unterschiedlicher Akteure vorgesehen sind, wird Strukturierung als Steuerungsinstrument insgesamt nicht systematisch eingesetzt. Im Gegensatz zu Schweden, wo Gremien zur Koordination und Integration der unterschiedlichen Maßnahmen eine wichtige Rolle einnehmen, sind die einschlägigen Bemühungen in Großbritannien eher ad hoc und nicht zentral vorgegeben.

Eine besondere Rolle spielen auf der einen Seite die vor allem auf der Ebene der Politikformulierung eingesetzten Advisory Committee bzw. Advisory Council, die kaum als eigenständige Steuerungsinstrumente in betracht kommen, und auf der anderen Seite die komplizierten Beratungs- und Überwachungsgremien, die zur Kontrolle ärztlichen Verhaltens eingerichtet wurden. Hier zeigt sich der enge Zusammenhang zwischen prozeduraler Steuerung und gesellschaftlicher Selbstregulierung durch professionelle Gruppen. Strukturierung als Steuerungsinstrument wird hier nicht, wie in Schweden, in Verbindung mit staatlicher Leistungserstellung, sondernin Verbindung mit staatlicher Regulierung und Kontrolle eingesetzt.

Deutlich wird anhand der britischen Drogenpolitik auch der enge Zusammenhang bzw. der unmerkliche Übergang zwischen Steuerung durch Information und Steuerung durch Regulierung (z.B. Vorschriften, Anweisungen). Offiziell wird in Großbritannien im Bereich der Drogenpolitik intern vor allem durch Information gesteuert, aber der Übergang zu Verwaltungsvorschriften oder Anweisungen des Ministeriums ist nur ein gradueller.

Bezüglich der Form der Steuerung wird sowohl im Bereich der internen wie der externen Steuerung deutlich, daß finale und eher unpräzise Steuerung überwiegt. Im externen Bereich überwiegt wiederum die demotivierende Steuerung, während im internen Bereich motivierende Steuerung dominiert, allerdings mit einigen demotivierenden Ausnahmen (Begrenzung der Verschreibung). Sowohl intern wie extern ist die Steuerung generell (keine Einzelfallanweisungen) und umfaßt in erster Linie Gebote.

7. Problembereich "Drogenmißbrauch": Fallstudie Bundesrepublik Deutschland

7.1. Chronologie der Maßnahmen (Materialteil)

Der erste Abschnitt enthält wiederum eine kurze Aufzählung und Beschreibung der wichtigsten Maßnahmen, die im Untersuchungszeitraum in der Bundesrepublik Deutschland im Problembereich "Drogenmißbrauch" unternommen wurden. Er dient als empirische Grundlage der weiteren Untersuchungsschritte der Fallstudie; auf die hier ausführlicher dargestellten Maßnahmen wird im weiteren Verlauf der Darstellung und Analyse bezug genommen.

(1) Aktionsprogramm

Als erste Reaktion auf das anwachsende Problem des Drogenmißbrauchs wird das Aktionsprogramm der Bundesregierung zur Bekämpfung des Drogen- und Rauschmittelmißbrauchs vom 12. November 1970" verabschiedet. Darin will die Bundesregierung "sowohl dem Mißbrauch von Drogen und Rauschmitteln energisch entgegentreten als auch im Rahmen ihrer Zuständigkeit Wege aufzeigen, um diesem Mißbrauch vorzubeugen" 1). Das Aktionsprogramm enthält Ankündigungen für Maßnahmen in den Bereichen:

- Gesetzgebung (u.a. neues Betäubungsmittelgesetz)
- Bekämpfung des Drogenhandels durch Polizei, Bundesgrenzschutz, Zoll und Justiz (u.a. bessere Ausstattung und Zusammenarbeit)
- Aufklärung der Bevölkerung (u.a. verschiedene Aktionen der Massenkommunikation)
- Modelle und Empfehlungen für vorbeugende und therapeutische Hilfen (Modellförderung und Beratungs-, Betreuungs- und Behandlungsstellen),
- Forschung und Dokumentation sowie
- Internationale Zusammenarbeit.

Fast alle Maßnahmen der folgenden Jahre werden in diesem Programm angekündigt.

(2) Polizei / Genzschutz

Im Anschluß an das Aktionsprogramm werden im Bereich der Polizei und des Grenzschutzes sowohl die personellen, sachlichen und organisatorischen Grundlagen der Bekämpfung der Rauschmittelkriminalität kontinuierlich ausgebaut. So werden z.B. beim Bundeskriminalamt ein Referat zur Bekämpfung der Rauschgiftdelikte geschaffen, sowie generell Spezialdienststellen der Kriminalpolizei eingerichtet. Die finanzielle und technische Ausstattung von Dienststellen wird verbessert z.B. auch durch die Anschaffung von Rauschgiftspürhunden. Spezielle Ausbildungsmaßnahmen werden durchgeführt. 2)

(3) Zoll

Ähnliche Maßnahmen werden im Bereich des Zolls getroffen. Es werden spezielle Sondertrupps zur Auffindung von Verstecken in Beförderungsmitteln und Warenladungen gebildet, die technische Ausstattung zur Kraftfahrzeugdurchsuchung wird erweitert, Testsätze für das schnelle Erkennen von Rauschgiften aller Art werden angeschafft usw. Auch hier werden gleichzeitig die finanziellen, die personellen (z.B. auch durch Aus- und Fortbildung) sowie die organisatorischen Grundlagen (z.B. durch neue Fahndungsgruppen) verbessert. 3)

(4) Aufklärung und Information

Seit 1971 werden eine große Anzahl von Aufklärungsaktionen unter Einbeziehung verschiedener Medien durchgeführt (z.B. Plakataktionen, Informationsbroschüren, Fernsehspots, Telefonansagetexte, Lehrgänge und Informationsveranstaltungen für Multiplikatoren, Unterrichtseinheiten und Arbeitsmaterialien für Schulen usw.). Dabei handelt es sich sowohl um allgemeine Aufklärungskampagnen wie um zielgruppen-spezifische Kampagnen für junge Menschen, Eltern, Erzieher, Vorgesetzte usw. 4).

(5) Forschung/Dokumentation

Die Anstrengungen auf dem Gebiet der Forschung und Dokumentation werden verstärkt. Es werden verschiedene Forschungsaufträge vergeben 5), die teils im Rahmen der Arbeiten der Bundeszentrale für gesundheitliche Aufklärung, teils von Universitätsinstituten, von Instituten der Max-Planck-Gesellschaft oder von einzelnen Wissenschaftlern durchgeführt werden. Das Deutsche Insitut für medizinische Dokumentation und Information, Köln, führt in Zusammenarbeit mit dem Institut für Dokumentation und Information über Sozialmedizin und öffentliches Gesundheitswesen, Bielefeld, seit Oktober 1971 eine umfassende Auswertung und Dokumentation der wissenschaftlich einschlägigen Literatur durch und veröffentlicht sie in Sammelberichten, an denen auch das Deutsche Jugendinstitut sowie das Deutsche Zentralinstitut für Soziale Fragen mitwirken. In diesem Zusammenhang wurden auch verschiedene Repräsentativbefragungen durchgeführt. 6)

---

(6) Ständiger Arbeitskreis

Am 22.9.1971 tritt der Ständige Arbeitskreis der Drogenbeauftragten des Bundes und der Länder zu seiner konstituierenden Sitzung zusammen, in dem die Maßnahmen des Bundes und der Länder koordiniert und abgestimmt werden.

"Die horizontale Verknüpfung der Bundesebene mit der gleichzeitigen vertikalen Verzahnung zu den Ländern hat sich bewährt. (...) Der Ständige Arbeitskreis der Drogenbeauftragten hat praktisch alle Maßnahmen abgestimmt oder zumindest erörtet, die seitens des Bundes oder der Länder zur Bekämpfung des Drogen- und Rauschmittelmißbrauchs durchgeführt worden sind; dies gilt insbesondere für die gemeinsam finanzierten Modellprogramme des Bundes und der Länder, für einheitliche Maßnahmen der gesundheitlichen Aufklärung sowie für Erhebungen zur Situationsanalyse." 7)

Der Arbeitskreis tagt nach Bedarf, mindestens viermal im Jahr und hält im Wechsel eintägige oder mehrtägige Sitzungen ab. In wichtigen Fragen legt er gemeinsame Voten vor 8). Für spezielle Themenkomplexe (z.B. Kostenfragen) bildet er unter Beteiligung anderer Sachverständiger besondere Arbeitsgruppen.

(7) Großmodell

Im letzten Quartal des Jahres 1971 läuft das "Großmodell zur Beratung und Behandlung drogengefährdeter und abhängiger junger Menschen" an. Im Rahmen dieses Programms werden Einrichtungen auf den Gebieten der Früherfassung und Beratung, der ambulanten und stationären Therapie sowie der Nachbehandlung, denen seitens der Landesregierungen Modellcharakter zuerkannt wird, gemeinsam von Bund und Ländern gefördert. Durch dieses "Großmodell" soll "schnell und unkonventionell dem neuen, weitgehend unkalkulierbaren Phänomen der Gefährdung junger Menschen durch den Mißbrauch vornehmlich illegaler Drogen begegnet werden" 9). Insgesamt werden Ende 1971 118 örtliche Aktivitäten erfaßt, darunter so unterschiedliche Einrichtungen wie Informations- und Beratungsstellen, Teestuben und Kontaktzentren, ambulante und stationäre Behandlungseinrichtungen sowie therapeutische und andere Wohngemeinschaften, jeweils mit ganz unterschiedlichen Konzeptionen. Durch das Großmodell sollen nicht nur die Vorhaben der örtlich spontan gebildeten verschiedenen ad hoc Gruppen und Träger gefördert werden, sondern es soll gleichzeitig die empirische Bezugsbasis für wissenschaftliche Untersuchungen der unterschiedlichen Beratungs- und Behandlungsmethoden bilden. Daher wird das Großmodell durch eine wissenschaftliche Begleituntersuchung evaluiert. 10)

Ziel des Programms ist u.a. die Entwicklung geeigneter Methoden zur Bekämpfung des Drogen- und Rauschmittelmißbrauchs. Im Rahmen des Großmodells soll durch kontinuierliche Auswertung der Zwischenergebnisse auch eine stufenweise Verbesserung der laufenden Arbeit geleistet werden. 11)

Die Förderung der einzelnen Projekte läuft vom BMJFG über die jeweiligen Landesministerien, Regierungspräsidien und z.T. Gesundheitsämter 12). Neben der Förderung im Rahmen des "Großmodells" hat die Bundesregierung in den folgenden Jahren die Bundesländer auch aus Mitteln des Krankenhausfinanzierungsgesetzes finanziell unterstützt, indem zweckgebundene Mittel für die Errichtung von Suchtkrankenbehandlungsstätten bereitgestellt wurden. 13)

(8) Betäubungsmittelgesetz

Das Betäubungsmittelgesetz wird verkündet 14). Darin werden insbesondere die Strafrechtsbestimmungen des alten Opiumgesetzes verchärft. Für besonders schwere Fälle, zu denen vor allem der gewerbs- oder bandenmäßige Handel mit unerlaubten Betäubungsmitteln gehört, wird die Höchststrafe auf 10 Jahre erhöht. Außerdem werden bisher straflose Verhaltensweisen, z.B. der Besitz von unerlaubten Betäubungsmitteln mit Strafe bedroht. Gleichzeitig soll durch das Gesetz die Koordinierung der Maßnahmen der an der Bekämpfung des unerlaubten Verkehrs mit Betäubungsmitteln beteiligten Exekutivbehörden (z.B. BKA, Zoll, Bundesgesundheitsmat und die jeweiligen Landesbehörden) verbessert werden. Schließlich werden die Aufgaben des Bundesgesundheitsamtes (Bundesopiumstelle) erweitert

"um es besser als bisher in den Stand zu versetzten, die ihm obliegenden Maßnahmen bei der Bekämpfung des unerlaubten Verkehrs mit Betäubungsmitteln auch tatsächlich durchführen zu können." 15)

In diesem Zusammenhang werden eine Reihe von Verordnungen erlassen (z.B. Änderung der Apothekenbetriebsordnung mit neuen Sicherungsvorschriften für die Lagerung von Betäubungsmitteln, Herausnahme des Heroins aus der Liste ärztlich verschreibbarer Betäubungsmittel, nachträgliche Einbeziehung in die Rezeptpflicht bislang rezeptfreier Arzneien, Verordnung über die den Betäubungsmitteln gleichgestellten Stoffe usw.) 16).

(9) Polizeiliche Maßnahmen

Die polizeilichen Maßnahmen zur Bekämpfung der Rauschgiftkriminalität werden weiter verstärkt. Nachdem schon Ende 1972 die "Ständige Arbeitsgruppe Rauschgift" (STAR) beim BKA geschaffen wurde, in der Vertreter mehrerer Landeskiminalämter, des BKA, der Grenzpolizei, des Zolls sowie der Polizeibehörden der Nachbarstaaten zusammenarbeiten, um ihre Bekämpfungsmaßnahmen zu koordinieren und intensivieren 17), bekommt 1973 das Bundeskriminalamt durch Änderung des BKA-Gesetzes originäre Ermittlungszuständigkeiten in Fällen des international organisierten ungesetzlichen Handels mit Betäubungsmitteln 18). Im gleichen Jahr wird ein Sondermeldedienst für Rauschgiftdelikte geschaffen, der es ermöglicht, alle Rauschgiftdelikte zentral zu erfassen und auszuwerten. Die Daten werden durch einen sog. "Meldekopf" beim BKA gesammelt. und ausgewertet 19).

(10) Betäubungsmittel-Verschreibungsordnung

Die Betäubungsmittel-Verschreibungsordnung wird geändert und es werden Sonderrezepte für Betäubungsmittel eingeführt 20).

(11) Polizeiliche Beobachtung

Gemeinsam mit den Ländern wird die polizeiliche Beobachtung für den Bereich der Rauschgiftkriminalität eingeführt. Zur polizeilichen Beobachtung werden Personen ausgeschrieben, die verdächtigt sind, Mitglied einer Rauschgifthändlerbande zu sein 21). Seit dieser Zeit werden beim BKA (wie auch bei den Landeskriminalämtern) die polizeilich in Erscheinung getretenen Konsumenten harter Drogen in einer speziellen Kartei erfaßt. Die Kartei dient nach polizeilichen Angaben ausschließlich statistischen Zwecken 22).

(12) Verstärkung des BKA

Die personelle Ausstattung des Bundeskriminalamtes wird noch einmal verstärkt. Die aus drei Referaten bestehende Gruppe "Rauschgiftdelikte" wird geschaffen.

(13) "Psycho-soziales Anschlußprogramm"

Nach Auslaufen des "Großmodells" führen Bund und Länder gemeinsam das sog. "Psycho-soziale Anschlußprogramm" (PSAP) durch. Allgemeines Ziel des PSAP ist die Erarbeitung und Überprüfung von übertragbaren Konzepten und Organisationsformen für den Bereich der ambulanten Versorgung von Drogenabhängigen und Gefährdeten; spezielles Ziel ist die Entwicklung effektiver und auf andere ambulante Einrichtungen übertragbare Modelle für die Früherkennung und Behandlungsmotivierung abhängigkeitsgefährdeter Jugendlicher oder bereits abhängiger junger Menschen. Mit dem PSAP sollen gefährdete junge Menschen frühstmöglich erreicht werden. Dabei ist eine enge Zusammenarbeit der verschiedensten beteiligten Institutionen im Sinne einer Therapiekette angestrebt. Mit dem Programm soll ein Anstoß für ein flächendeckendes Netz von psychosozialen Beratungsstellen für junge Menschen gegeben werden. Das Modellprogramm wird wiederum von der "Projektgruppe Rauschmittelabhängigkeit" des Max-Planck-Instituts für Psychiatrie wissenschaftlich begleitet und wird gemeinsam von Bund, Ländern, Kommunen und freien Trägern finanziert 23).

(14) Deutsch-amerikanische Zusammenarbeit

Ein Abkommen über Deutsch-amerikanische Zusammenarbeit bei der Bekämpfung des Drogenmißbrauchs wird unterzeichnet. Die Richtlinien sehen die Einrichtung einer zentralen Arbeitsgruppe aus Vertretern der beteiligten Bundesministerien 24) und Angehörigen der Botschaft der USA sowie aus Drogensachverständigen und Mitgliedern der amerikanischen Streitkräfte in Deutschland vor. Durch diese Zusammenarbeit soll vor allem das Problem des Drogenmißbrauchs in den stationierten Streitkräften und die damit verbundenen deutschen Probleme bekämpft werden 25).

(15) Schwerpunktstaatsanwaltschaften

Durch das Strafverfahrensänderungsgesetz 1979 wird eine klare Rechtsgrundlage für die Schaffung von Schwerpunktstaatsanwaltschaften geschaffen 26). Damit sollen die Voraussetzungen für eine effektive Strafverfolgung verbessert werden 27).

(16) Konzept zur intensivierten Bekämpfung

Aufgrund einer Initiative der "Ständigen Arbeitsgruppe Rauschgift" (STAR) beim BKA wird ein "Konzept zur intensivierten Bekämpfung des illegalen Rauschgifthandels und -konsums" gemeinsam von den Innenministern des Bundes und der Länder verabschiedet. Das Konzept sieht verbesserte Maßnahmen im Fahndungs- und Observationsbereich und in der Informationsgewinnung vor 28).

(17) Aktionsprogramm

Das BMJFG veröffentlicht das "Aktionsprogramm der Bundesregierung zur Bekämpfung des Drogen- und Rauschmittelmißbrauchs vom 16. Januar 1980" als "akzentuierte Fortschreibung des gleichnamigen Aktionsprogramms vom 12. November 1970". Das Aktionsprogramm liefert eine detaillierte Übersicht über die derzeitige Situation, die Aktivitäten der mit dem Drogenproblem beschäftigten Institutionen und über die seit 1970 von Bund und Ländern unternommenen Maßnahmen sowie macht es Vorschläge über zukünftige Aktivitäten ("Programmvorschläge"). Insbesondere werden die Bereiche

- Maßnahmen im internationalen Bereich,
- Bekämpfung der Rauschgiftkriminalität,
- Gesetzgebung, Rechtspraxis, Straf- und Maßregelvollzug,
- Maßnahmen zur Prävention, gesundheitliche Aufklärung,
- beratende, therapeutische und rehabilitative Hilfen,
- Forschung und Dokumentation,

behandelt.

Die bestehenden Maßnahmen werden fortgeschrieben, herausragende neue Aktivitäten werden mit Ausnahme eines neuen Betäubungsmittelgesetzes, nicht empfohlen 29).

(18) Betäubungsmittelgesetz

Das "Gesetz über den Verkehr mit Betäubungsmitteln" (Betäubungsmittelgesetz) wird verabschiedet und veröffentlicht 30). Es dehnt insbesondere die Kontrolle des legalen Betäubungsmittelverkehrs auf weitere Stoffe aus, verbessert den behördlichen Vollzug der Vorschriften durch verschiedene Rechtsbereinigungen (nur noch vier statt vorher 16 Verordnungen) 31) und verschärft die Strafen für besonders schwere Rauschgiftvergehen 32). Schließlich sieht das Gesetz die Möglichkeit vor, daß Gerichte bei drogenabhängigen kleinen bis mittleren Straftätern in bestimmten Fällen nach Feststellung ihrer Schuld und nach Ablauf einer Bewährungszeit von einer Bestrafung absehen können, wenn sich die Täter einer Therapie unterzogen haben (Therapie statt Strafe). 33).

7.2. Policy-Typen

Die grobe Zuordnung der Maßnahmen zu den grundlegenden Policy-Typen ergibt ein eindeutiges Übergewicht der regulativen Policies. Die meisten der von der Bundesregierung in Programmen angekündigten und in Berichten erläuterten Maßnahmen liegen im Bereich der Kontrolle von Betäubungsmitteln bzw. in der Verfolgung und Sanktionierung von Verstößen gegen diese Kontrolle. Ein Teil der Maßnahmen kann darüber hinaus als konstitutive Policies gewertet werden, da es sich dabei um Regelungen über interne Verhältnisse des Policy-Making-System handelt, d.h. in erster Linie organisatorische Veränderungen, die die Effektivität der staatlichen Maßnahmen erhöhen sollen. Da aber fast jede staatliche Maßnahme durch begleitende organisatorische Änderungen (z.B. Zuständigkeitsänderungen) unterstützt wird, ist es problematisch, diese Maßnahmen als vorrangig dem Typus "konstitutive Policy" zugehörig zu betrachten.

Wie auch in den übrigen Ländern bleibt der Typus "redistributiv" leer, in keinem Fall wird deutlich, wer durch die Durchführung von Maßnahmen benachteiligt wird [34].

Genauso ist in keinem Fall eine Maßnahme eindeutig dem Typus "selbst-regulierend" zuzuordnen. Die erwähnten Maßnahmen der Kontrolle oder der Therapie beinhalten jeweils staatliche Aktivitäten. So zeichnen sich die Maßnahmen des "Großmodells" gerade dadurch aus, daß z.T. schon vorhandene Aktivitäten freier Träger und insbesondere von Ad-hoc-Gruppen durch staatliche Zuschüsse unterstützt, koordiniert und evaluiert, und damit schließlich auch kontrolliert werden sollten [35].

Ein besonderes Problem der Vergleichbarkeit mit den Maßnahmen in Großbritannien und Schweden ergibt sich aufgrund der weitgehenden Zuständigkeit der Bundesländer im Bereich der Bekämpfung des Drogenmißbrauchs. So ist nicht auszuschließen, daß das Übergewicht regulativer Policies aufgrund der Verteilung der Zuständigkeiten in diesem Bereich zustandekommt. Darauf hat auch die Bundesregierung bei der Beantwortung einer Kleinen Anfrage hingewiesen:

"Aufgrund der Aufgabenverteilung zwischen Bund und Ländern auf den infrage stehenden Gebieten (Bekämpfung der Rauschgiftkriminalität) und wegen der Fragestellung der Kleinen Anfrage (die sich ausdrücklich auf Kriminalität bezog; W.J.) überwiegen in den folgenden Antworten die repressiven Maßnahmen eindeutig gegenüber den anderen Aufgaben im prophylaktischen, therapeutischen und rehabilitiven Bereich. Die Bundesregierung hält jedoch beide Aufgaben für gleich bedeutend." 36)

Die Bundesregierung weist immer wieder auf ihre begrenzten Zuständigkeiten hin [37], aber trotzdem erscheint es gerechtfertigt, die in den Programmen und Berichten der Bundesregierung erwähnten Maßnahmen als Ausgangspunkt des Vergleichs zu nehmen, weil diese, trotz teilweiser rechtlicher Nicht-Zuständigkeit, einen umfassenden Überblick über staatliche Aktivitäten liefern. Es gibt keinen Bereich staatlicher Maßnahmen, in dem der Bund nicht zumindest Teil-Zuständigkeiten innehat oder über bestimmte Konstruktionen ("Modellversuche") wahrnimmt.

Aus den verschiedenen Landesprogrammen zur Bekämpfung des Drogenmißbrauchs [38] geht hervor, daß die Länder in erster Linie die in den Programmen des Bundes vorgeschlagenen Maßnahmen ausführen und z.T. auch ergänzen, aber selten die Initiative zu ganz anderen, neuen Maßnahmen ergreifen, so daß es keine staatlichen Maßnahmen gibt, die nicht in den Programmen des Bundes enthalten sind. Auf einigen Gebieten hat der Bund originäre Zuständigkeit (z.B. Betäubungsmittelgesetz, Zoll) bzw. koordiniert die Maßnahmen der Länder (z.B. Polizei), auf anderen erbringt er Serviceleistungen für die Länder (z.B. im Bereich der gesundheitlichen Aufklärung und der Forschung und Dokumentation) oder er regt die Maßnahmen der Länder an und unterstützt sie finanziell (Großmodell). Selbst so länderspezifische Aufgaben wie die Erstellung von Lehrplänen werden in den Programmen des Bundes erwähnt [39]. Es wird daher hier davon ausgegangen, daß die Entwicklung der Maßnahmen in den einzelnen Bundesländern weitgehend durch die Bundesprogramme abgebildet wird [40].

Abb. 7.1.: Bekämpfung des Drogenmißbrauchs in der Bundesrepublik Deutschland Policy-Typen

Jahr	lfd. No.	Maßnahmen in Stichworten	redis- tribu- tiv	dis- tribu- tiv	regu- lativ	kon- stitu- tiv	selbst- regu- lierend
1970	1	Aktionsprogramm		(x)	(x)	(x)	
1971	2	Polizei/Grenzschutz			x	(x)	
	3	Zoll			x	(x)	
	4	Aufklärung & Information		x			
	5	Forschung/Dokumentation				(x)	
	6	Ständiger AK		(x)	(x)	x	
	7	Großmodell		x			
1972	8	Betäubungsmittelgesetz			x		
1973	9	polizeiliche Maßnahmen			x	(x)	
1974	10	BTM-VerschreibungsVO			x		
	11	polizeiliche Beobachtung			x		
1977	12	Verstärkung BKA			x	(x)	
1978	13	Psych.-sozial. Anschl.Prog.		x			
	14	Deutsch-amerik. Zusammenarb			x	(x)	
1979	15	Schwerpunktstaatsanwaltsch			x	(x)	
	16	Konzept z. intens. Bekämpf.			x		
1980	17	Aktionsprogramm		(x)	(x)	(x)	
1981	18	Betäubungsmittelgesetz			x		

7.3. Programmformen

Zunächst ist wiederum zu klären, welche Programme im Problemfeld "Drogenmißbrauch" überhaupt zu identifizieren sind. Als eigentliche staatliche Programme sind in erster Linie das

- Aktionsprogramm der Bundesregierung zur Bekämpfung des Drogen- und Rauschmittelmißbrauchs vom 12. November 1970 41) und das

- Aktionsprogramm der Bundesregierung zur Bekämpfung des Drogen- und Rauschmittelmißbrauchs vom 16. Januar 1980 42)

anzusehen. Beide Programme enthalten eine Aufzählung nach allgemeinen Gesichtspunkten geordneter zukünftiger staatlicher Maßnahmen (z.B. Gesetzgebung, Prävention, Therapie usw.). Neben diesen beiden Bundesprogrammen gibt es eine Reihe von Landesprogrammen zum gleichen Problemfeld z.B.(es werden jeweils nur die neuesten Programme aufgeführt):

- Landesprogramm gegen den Drogen- und Rauschmittelmißbrauch in Baden-Württemberg, hrsgg. vom Ministerium für Arbeit, Gesundheit und Sozialordnung, Stuttgart 198o,

- Suchtbekämpfungsprogramm, Aktionsprogramm der bayerischen Staatsregierung vom 30. September 1980, hrsgg. vom Bayerischen Staatsministerium des Innern, München 1980,

- Bekämpfung des Drogen- und Rauschmittelmißbrauchs in Bayern, Elfter Bericht der Interministeriellen Arbeitsgruppe vom 1. Mai 1979, hrsgg. vom Bayerischen Staatsministerium des Innern, München 1979

- Hessisches Programm zur Bekämpfung des Drogenmißbrauchs, vorgelegt von der Hessischen Landesregierung Mai 1980 (o.O.)

- Aktionsprogramm der Niedersächsischen Landesregierung gegen den Mißbrauch von Alkohol, Medikamenten, Rauschdrogen, hrsgg. vom Niedersächsischen Sozialminister, Hannover 1981,

- Das Landesprogramm zur Bekämpfung des Drogenmißbrauchs in Nordrhein-Westfalen, hrsgg. von der Landesregierung Nordrhein-Westfalen, Düsseldorf 1980,

- Bekämpfung des Drogen- und Rauschmittelmißbrauchs in Rheinland-Pfalz, Bericht des Ministeriums für Soziales, Gesundheit und Umwelt, Mainz 1979.

Ohne daß diese Landesprogramme hier im Detail analysiert werden können, kann davon ausgegangen werden, daß sie im Prinzip nach den gleichen Kriterien wie die Bundesprogramme aufgebaut sind und ähnliche Zusammenstellungen von Maßnahmen enthalten. Der Unterschied zu den Bundesprogrammen liegt in erster Linie in der größeren Konkretheit der Programme, die sich z.B. in genauerem Raum-, Zeit- und vor allem Finanzbezug zeigt. Der Unterschied zu den Bundesprogrammen, die im Zentrum der Aufmerksamkeit dieser Arbeit stehen, ist daher nicht prinzipieller, sondern eher gradueller Natur. Die Landesprogramme konkretisieren die Angaben der Bundesprogramme in räumlicher, zeitlicher und finanzieller Hinsicht.

Dies bedeutet allerdings nicht, daß diese beiden Programmtypen in einem hierarchischen System einzuordnen wären. Die Landesprogramme sind den Bundesprogrammen nicht nachgeordnet, sie führen diese nicht aus. Eher ist von einem zweigleisigen Verfahren auszugehen. In den Bundesprogrammen werden die von der Bundesregierung als wichtig erachteten Ziele und Maßnahmen aufgeführt, während die Landesprogramme Ziele und Maßnahmen der jeweiligen Landesregierungen enthalten. Die weitgehende Übereinstimmung beider Programmtypen deutet einmal auf die Qualität der Abstimmung im "Ständigen Arbeitskreis der Drogenbeauftragten" hin, verdeutlicht zum anderen aber auch, die weitgehende Einbeziehung und Verantwortung des Bundes in diesem Politikbereich.

Aktionsprogramme des Bundes und der Länder sind aber nicht die einzigen programmatischen Festlegungen des Problemfelds, wenn darunter wie oben definiert, sämtliche Festlegungen staatlichen Handelns verstanden werden sollen. Als weitere wichtige Programmelemente sind zu nennen

- das "Großmodell zur Beratung und Behandlung drogengefährdeter und abhängiger junger Menschen" (vgl. 7.1.(7)) und
- das "Psycho-Soziale-Anschlußprogramm" (vgl. 7.1. (13)).

Diese Programme (zumindest das zweite heißt ja ausdrücklich "Programm") sind vor allem für die gemeinsamen Aktivitäten von Bund, Ländern und freien Trägern auf dem Gebiet der Therapie von großer Bedeutung. Sie umfassen in erster Linie finanzielle Förderungsmöglichkeiten des Bundes.

Schließlich sind die Gesetze, die den Politikbereich entscheidend strukturieren zu erwähnen:

- Gesetz über den Verkehr mit Betäubungsmitteln (BtMG) vom 10. Januar 1972 43) und
- Gesetz über den Verkehr mit Betäubungsmitteln (BtMG) vom 28. Juli 1981 44).

Mit diesen Gesetzen und den auf ihnen beruhenden Rechtsverordnungen [45)] ist allerdings der programmatische Rahmen, in dem die Drogenpolitik verankert ist, noch nicht ausreichend beschrieben. Charakteristisch für das bundesdeutsche Rechtssystem ist vielmehr die Fülle von weiteren Gesetzen, die für staatliche Aktivitäten in diesem Bereich relevant sind und die diese Aktivitäten entscheidend bestimmen. Zu nennen wären in in diesem Zusammenhang z.B.

- Jugendwohlfahrtsgesetz 46),
- Bundessozialhilfegesetz 47),
- Schwerbehindertengesetz 48),
- Arbeitsförderungsgesetz 49),
- Strafgesetz 50),
- Jugendgerichtsgesetz 51),
- Strafvollzugsgesetz 52),

Diese unvollständige Aufzählung [53)] verdeutlicht, daß die programmatischen Festlegungen des Problemfeldes "Drogenmißbrauch" eingebettet sind in ein weitverzweigtes und eng geknüpftes Netz von gesetzlichen Vorschriften, die den Gestaltungsspielraum der Drogenpolitik weitgehend bestimmen. Das "Normenumfeld", in dem insbesondere Aktivitäten der Therapie und Nachsorge stattfinden, beinhaltet schon zentrale Festlegungen des Politikbereichs.

Die programmatischen Grundlagen der Drogenpolitik in der Bundesrepublik können demnach folgendermaßen zusammengefaßt werden:

- am umfassendsten und detailliertesten sind die Aktionsprogramme des Bundes,

- sowie prinzipiell ähnliche, aber graduell unterschiedliche Aktionsprogramme der Länder,

- die Aktionsprogramme werden z.T. konkretisiert in finanziellen Teilprogrammen (Großmodell, PSA),

- zentrale Festlegungen sind schließlich im Betäubungsmittelgesetz

- und in weiteren einschlägigen Gesetzen enthalten,

- die wiederum durch Verordnungen usw. konkretisiert werden.

Eine Einschätzung dieser Programme nach den in Kapitel 4.3.2. dargelegten Kriterien ergibt, daß der Umfang der Programme sehr unterschiedlich zu bewerten ist. In den Aktionsprogrammen von Bund und Ländern werden eine große Anzahl von Aspekten und Problembereichen des Drogenmißbrauchs angesprochen und Maßnahmen aufgezählt, aber diese Programme sind verhältnismäßig unverbindlich, da sie i.d.R. keine Festlegungen über die Durchführung und vor allem die Finanzierung dieser Maßnahmen treffen. Die Teilprogramme, d.h. sowohl die finanziellen Förderprogramme und die verschiedenen relevanten Gesetze, stehen z.T. recht unverbunden neben diesen Aktionsprogrammen und umfassen jeweils nur sehr begrenzte Aspekte des Drogenproblems. Insgesamt ist daher von umfassenden, aber relativ unverbindlichen Gesamtprogrammen und davon isolierten und begrenzten Teilprogrammen auszugehen.

Die Frage, ob die Programme zur Erneuerung oder Veränderung des Politikbereichs beigetragen haben, muß eher verneint werden. Die Maßnahmen des Politikbereichs entwickeln sich inkrementalistisch weiter, und die Aktionsprogramme wirken weniger als "Entwürfe" zukünftiger Politik, sondern eher als Zusammenfassung und Darstellung der jeweils unternommenen Maßnahmen. Die Programme haben daher einen ex post Charakter, in ihnen werden die etablierten oder konkret geplanten neuen Aktivitäten gesammelt und der Öffentlichkeit vorgestellt, und erst aus dieser Darstellung der Politik ergeben sich dann mögliche Schwerpunkte des Politikbereichs. Die staatlichen Aktivitäten werden durch die Programme weniger gestaltet als erläutert. Diese Aussage gilt auch für die Teilprogramme. In ihnen werden bestimmte Entwicklungen aufgefangen, z.B. im Großmodell die Aktivitäten unterschiedlichster ad hoc Gruppen oder im neuen BtMG Unzulänglichkeiten der bisherigen Regelungen, aber nicht unbedingt initiiert.

Der nachträgliche Charakter der Programme wird durch die Entstehung und Form der Programme unterstrichen. Das Aktionsprogramm 1970 war durch eine Expertengruppe innerhalb des BMJFG vorbereitet worden [54], wobei zahlreiche Organisationen und Verbände zu Orientierungsgesprächen eingeladen oder zur Mitarbeit in Gremien aufgefordert waren [55]. Trotzdem litt die Erarbeitung des Aktionsprogramms und insbesondere die darin vorgesehene Modellförderung von Behandlungseinrichtungen darunter, daß Erfahrungen der örtlichen Initiativen und Einrichtungen, die fast alle bereits vor Beginn der Förderung zu arbeiten begonnen hatten, in der Phase der Programmentwicklung unartikuliert blieben und nicht in das Programm einbezogen wurden. Der Prozeß der Initiierung von Maßnahmen entwickelte sich daher auf der örtlichen und überörtlichen Ebene relativ unabhängig voneinander. Die Probleme bei der Ingangsetzung des Großmodells zeigen sich z.B. auch darin, daß die Ankündigung im Aktionsprogramm 1970 und die spätere Verwirklichung nicht ganz übereinstimmen [56].

Die Politikformulierung ist also nicht wie in Schweden und z.T. Großbritannien weitgehend auf externe Kommissionen ausgelagert und vor allem spielen die Dokumente dieser Kommissionen, wenn sie existieren, nicht die zentrale Rolle wie in diesen Ländern. So ist z.B. auffällig, daß der Bericht der Enquete-Kommission "Über die Lage der Psychiatrie in der Bundesrepublik Deutschland", der ein Kapitel über die Behandlung Suchtkranker enthält [57], bei den offiziellen Erörterungen der Drogenpolitik kaum erwähnt wird. In der Enquete-Kommission wird zwar das Konzept der Therapiekette dargelegt und empfohlen, es bildet aber trotzdem keine zentrale programmatische Grundlage der Drogenpolitik wie die entsprechenden Kommissionsberichte in Großbritannien und Schweden.

Die Einbeziehung von Experten in den Prozeß der Politikformulierung erfolgt in der Bundesrepublik daher weniger formalisiert und institutionalisiert. Zwar gibt es Expertengruppen und Sachverständigenanhörungen [58], aber im Prinzip erfolgt die Politikformulierung innerhalb der Bürokratie. Unter dem Aspekt der Beteiligung und Publizität der Programme des Politikbereichs ist daher auffällig, daß Wissenschaftler und Experten zwar an der Aufstellung beteiligt werden, daß die Beteiligung aber am intensivsten innerhalb der Verwaltung ist. Andere Organisationen spielen zwar eine Rolle (freie Träger), aber die Einbeziehung der Experten "vor Ort", der lokalen Erfahrungen, bereitet Schwierigkeiten. Bemerkenswert ist, daß Politiker nur in Teilbereichen, d.h. in erster Linie bei der Ausformung der Strafbestimmungen beteiligt werden. Die übrige Ausgestaltung des Politikbereichs läuft weitgehend innerhalb der Administration. Auch von ihrer Form her haben die Programme eine unterschiedliche Ausgestaltung. Die Aktionsprogramme sowie deren Teilprogramme (Großmodell, PSA) sind Kabinettsbeschlüsse, an deren Zustandekommen das Parlament keinen Anteil hat. Allein die Gesetze, die die rechtlichen Rahmenbedingungen des Politikbereichs festlegen, werden von den Parlamenten beraten.

Auch der Aspekt der Eingriffsdichte oder Regelungstiefe ist in den verschiedenen Programmen nicht einheitlich ausgeprägt. Insbesondere fehlen in den Aktionsprogrammen weitgehend Raum-, Zeit- und Finanzbezüge, wobei die Länderprogramme schon aufgrund der größeren räumlichen Nähe durchgehend konkretere Festlegungen enthalten. Die Aktionsprogramme haben i.d.R. keine faktische oder rechtliche Bindungswirkung, sondern informieren in erster Linie über die Vorstellungen der Regierung und bilden einen Orientierungsrahmen, mit dem sich die Regierung an die unterschiedlichen Maßnahmenträger [59] wendet. Die Verbindlichkeit dieser

Programme ist gering, damit auch die Regelungsdichte oder -tiefe. Es handelt sich in erster Linie um eine Aufzählung von Maßnahmen, ohne daß diese Maßnahmen sehr präzise beschrieben oder rechtlich festgelegt werden.

Demgegenüber zeichnen sich die finanziellen Förderprogramme (Großmodell, PSA) und die Kostenregelungen bei der Behandlung Drogenabhängiger gerade durch eine erhebliche Regelungstiefe und verhältnismäßig geringe Flexibilität aus. Ähnlich wie im Bereich der Gesetze wird durch eine Fülle von Verordnungen und Durchführungsvorschriften versucht, sämtliche Evenualitäten auf der Programmebene abzudecken. Diese Programme sind daher eher genau und detailliert und engen den Handlungsspielraum der implementierenden Instanzen z.T. erheblich ein.[60)]

7.4. Ziele

In der Bundesrepublik Deutschland gibt es keine umfassende Ziel- oder Problemdefinition der Drogenpolitik. Während im Aktionsprogramm 1980 überhaupt auf die Benennung von Zielsetzungen verzichtet wird, benennt das Aktionprogramm 1970 nur die allgemeinen Zieldimensionen der Drogenpolitik.

"Es geht darum

- die Ursachen des zunehmenden Rauschmittelkonsums Jugendlicher zu erforschen,
- Jugendliche, Eltern, Erzieher und alle anderen Betroffenen und Beteiligten über die großen Gefahren von Rauschmitteln aufzuklären,
- Beratungs- und Behandlungseinrichtungen für Gefährdete und Süchtige mit qualifizierten haupt- und ehrenamtlichen Mitarbeitern in ausreichender Zeit zu schaffen,
- die skrupellosen, Unerfahrenheit und persönliche Konflikte gerade bei Jugendlichen gewissenlos ausbeutenden Händler mit allen zu Gebote stehenden Mitteln moderner Kriminalistik zu bekämpfen." 61)

Damit sind auch in der Bundesrepublikdie klassischen Ansatzpunkte der Drogenpolitik, wie sie in den anderen Ländern sichtbar wurden, erkennbar:

- Beeinflussung des Angebots an Drogen durch Kontrolle und Repression,
- Verminderung der Nachfrage durch Aufklärung und Prävention,
- Behandlung der Folgen durch Therapie, Rehabilitation und Nachsorge,
- Beschaffung von Information durch Forschung und Dokumentation sowie
- Verbesserung der Koordination und Integration der verschiedenen Maßnahmen.

Das letzte Ziel wird im Aktionsprogramm nicht ausdrücklich erwähnt, ist aber das eigentliche Anliegen des Programms. Bei diesen Zieldimensionen handelt es sich um Maßnahmenziele, d.h. die einzelnen Maßnahmen des Politikbereichs lassen sich jeweils ziemlich eindeutig diesen Dimensionen zuordnen. So entsprechen auch die Gliederungspunkte der Aktionsprogramme weitgehend diesen Dimensionen, wobei allerdings jeweils noch der Punkt "Maßnahmen im internationalen Bereich" als ein spezifischer Ansatzpunkt hinzugefügt wird. [62)]

Zu diesen allgemeinen Maßnahmenzielen werden dann jeweils spezifische Unterziele formuliert. So werden z.B. als Hauptziele des Strafrechtsteils des neuen BtMG genannt

- Verstärkung des Schutzes Jugendlicher,
- Strafverschärfung gegenüber der schweren Rauschgiftkriminalität sowie
- Erleichterungen für bestimmte Tätergruppen, insbesondere die rauschgiftabhängigen kleinen bis mittleren Straftäter. [63)]

In der Begründung zum Gesetzentwurf der Bundesregierung [64)] wird als zentrale Zielsetzung

"Komprimierung, Vereinheitlichung und Neugestaltung des Betäubungsmittelrechts" angegeben sowie

"Strafverschärfungen für die schwere Rauschgiftkriminalität unter möglicher Beachtung der Belange abhängiger kleiner bis mittlerer Rauschgifttäter, bei denen der sozialtherapeutischen Rehabilitation wesentliche Bedeutung zukommt."

Der letzte Satz verdeutlicht die Problematik dieser Zielsetzungen, denn im Bereich der Therapie gelten selbstverständlich andere Ziele. Zentrale Ziele und damit Erfolgskriterien der Therapie sind Drogenfreiheit und berufliche sowie soziale Integration der Betroffenen [65], und es ist eindeutig, daß diese Ziele z.B. im Strafvollzug nicht erreicht werden können [66].

Die Bundesregierung macht zwar immer wieder deutlich, "daß nur einganzes Maßnahmenbündel Abhilfe verspricht" [67], aber gerade die Gewichtung dieser unterschiedlichen Maßnahmen ist problematisch und umstritten. Der oben angesprochene zentrale Konflikt wurde bei den Debatten über das neue BtMG ausführlich unter dem Schlagwort "Therapie statt Strafe" diskutiert. Die Bundesregierung wollte den Gerichten die Möglichkeit geben, bei drogenabhängigen kleinen und mittleren Straftätern die freiwillige Therapie an die Stelle der Strafvollstreckung zu setzen [68] und hat diese Absicht auch schließlich mit einigen Abstrichen gegen den Widerstand der Opposition und der CDU/CSU regierten Länder im Bundesrat durchgesetzt. [69]

Die Gewichtung der unterschiedlichen Zieldimensionen der Drogenpolitik wurde in der Debatte von Bundesminister Baum verdeutlicht:

"Das Rauschgiftproblem war und ist nie ein Problem der Polizei. Sie kann praktisch nur das Rauschgiftangebot eindämmen, also Händlerringe zerschlagen und Dealern das Handwerk legen. Sie kann aber nicht die Nachfrage verringern. Vorbeugung, Therapie und Rehabilitation müssen im Vordergrund stehen. Rauschgiftsucht ist eine Krankheit des einzelnen wie eine Krankheitserscheinung der ganzen Gesellschaft (...) Wir müssen die Entwicklungen in der Gesellschaft, die zur Sucht führen, korrigieren. Der Therapiegedanke muß das zentrale Leitmotiv für alle Bereiche der Rauschgiftbekämpfung sein, auch im polizeilichen Bereich, auch im strafrechtlichen Bereich." [70]

Nach dieser Aussage haben Therapie und Prävention eindeutige

Prioritäten gegenüber der Kontrolle und Repression. Gleichzeitig wird eine medizinische Sichtweise des Problems deutlich, wie sie auch von Bundesministerin Huber ausdrücklich bestätigt wird:

"Drogenabhängige sind Kranke. Das sagen alle Fachleute." 71)

Diese medizinische Sichtweise ist auch schon früher in Dokumenten der Bundesregierung deutlich geworden, so wurde z.B. die sog. "Drogenwelle" mehrmals mit einer Epidemie verglichen, die zwar (1973) am Abklingen sei, wobei aber

"Komplikationen eingetreten sind, die nach spezifischeren Maßnahmen verlangen, so wie dies bei jeder erfolgreich bekämpften Epidemie in der zurückgebliebenen besonders schwer erkrankten Restgruppe zu erwarten ist". 72)

Diese eindeutige Dominanz der medizinisch-therapeutisch ausgerichteten Strategie der Drogenpolitik auf der Verlautbarungsebene [73] wird allerdings infrage gestellt, wenn eine Zuordnung der wichtigsten Maßnahmen zu den Zieldimensionen von Angebot, Nachfrage, Folgen usw. vorgenommen wird. Aus Abb. 7.2. geht hervor, daß die weitaus größte Anzahl der in den Programmen und Berichten der Bundesregierung beschriebenen Maßnahmen in den Bereich Angebot und damit den Ansatzpunkt Kontrolle und Repression fallen. Dieses Übergewicht mag z.T. auf einem systematischen Fehler beruhen, da wie schon erwähnt, die Bundesregierung in erster Linie für diesen Bereich zuständig ist, während Therapie und Rehabilitation in den Bereich der Länder fallen. Da aber sämtliche wichtige Aktionen der Bundesregierung verzeichnet wurden, wird zumindest deutlich, daß diese zwar auch Aktivitäten im Bereich der Therapie und Prävention anregt und unterstützt, aber eben in viel geringerem Umfang als im Bereich der Kontrolle und Repression (die ja a u c h z.T. in den Zuständigkeitsbereich der Länder fallen). Ein weiterer Einwand wäre, daß es sich bei Therapie und Prävention um kontinuierliche Aufgaben handelt, die daher nach der Etablierung dieser Aktivitäten nicht mehr in Erscheinung treten. Trotzdem fällt auf, daß in diesem Bereich so wenige eindeutige Neuerungen zu verzeichnen sind. Zumindest wa-

Abb. 7.2.: Bekämpfung des Drogenmißbrauchs in der Bundesrepublik Deutschland Zieldimensionen

Jahr	lfd. No.	Maßnahmen in Stichworten	Angebot	Nachfrage	Folgen	Information	Koordination
1970	1	Aktionsprogramm	(x)	(x)	(x)	(x)	x
1971	2	Polizei/Grenzschutz	x				
	3	Zoll	x				
	4	Aufklärung & Information		x			
	5	Forschung/Dokumentation				x	
	6	Ständiger AK					x
	7	Großmodell			x	x	(x)
1972	8	Betäubungsmittelgesetz	x				
1973	9	polizeiliche Maßnahmen	x				x
1974	10	BTM-VerschreibungsVO	x				
	11	polizeiliche Beobachtung	x				
1977	12	Verstärkung BKA	x				
1978	13	Psych.-sozial. Anschl.Prog.			x	x	(x)
	14	Deutsch-amerik. Zusammenarb	x				
1979	15	Schwerpunktstaatsanwaltsch	x				
	16	Konzept z. intens. Bekämpf.	x				
1980	17	Aktionsprogramm	(x)	(x)	(x)	(x)	x
1981	18	Betäubungsmittelgesetz	x		x		

ren die Entwicklungen auf den anderen Gebieten deutlicher. [74)]

Wenn Abb. 7.2 daher vielleicht auch ein schiefes Bild liefern mag, so ist doch nicht zu verkennen, daß ein eindeutiges Übergewicht von Therapie und Prävention nicht zu erkennen ist. Vielmehr scheint der Politikbereich durch Zielkonflikte und daraus folgend durch eine unklare Gewichtung der unterschiedlichen Ansatzpunkte gekennzeichnet zu sein. Die auf der Verlautbarungsebene scheinbar sichtbare Dominanz des einen Ansatzes, verschwindet weitgehend bei Betrachtung der Maßnahmen.

Während die einzelnen Zieldimensionen in den Programmen und Verlautbarungen präzise herausgearbeitet werden und auch zur Zuordnung der einzelnen Maßnahmen dienen, bleibt die Prioritätensetzung unklar. Zwar wird immer wieder die Bedeutung der Therapie und damit des medizinisch-therapeutischen Ansatzes hervorgehoben, aber in der Praxis scheint der kriminalpolitische Ansatz zumindest genauso wichtig.

Dabei wird ein weiterer Zielkonflikt auf dieser Ebene noch verdeckt, der zwischen sozialpädagogisch und medizinisch ausgerichteter Therapie, der sich im Einzeifall z.B. in Konflikten zwischen Ärzten und Sozialarbeitern ausdrückt. Die auf der Programmebene ungeklärten Zielkonflikte können sich daher auf lokaler Ebene in Konflikten zwischen Polizei, Gesundheits- und Jugendamt manifestieren. [75)]

Im Vergleich insbesondere zu Schweden fällt weiter auf, daß die Zieldimensionen Koordination und Integration, obwohl sie immer wieder genanntwerden, bei den Maßnahmen nur eine geringe Rolle spielen. In Schweden wird ja gerade dieser Bereich durch eine ganze Reihe von Maßnahmen, die auf bessere Zusammenarbeit der Beteiligten ausgerichtet sind, forciert.

Im Gegensatz zu Großbritannien wird in der Bundesrepublik die Einführung von Methadon-Erhaltungsprogrammen sowohl offiziell wie auch durch die Mehrzahl der Experten abgelehnt [76)]. Trotz der offiziell immer wieder betonten medizinischen Sichtweise werden die in Großbritannien daraus gezogenen Schlüsse, daß nämlich die Krankheit "Sucht" nicht durch repressive Maßnahmen bekämpft werden kann, sondern der Kranke zunächst entkriminalisiert werden sollte, in der Bundesrepublik nicht nachvollzogen. Die medizinisch-kontrollierte Abgabe von Drogen an Abhängige wird prinzipiell abgelehnt. [77)]

Die Bedeutung der Kontrolle und Repression im deutschen System zeigt sich auch in den verschiedenen Möglichkeiten der Zwangsbehandlung, die in Großbritannien und Schweden fast überhaupt keine Rolle spielt [78)].

Eine ganz grobe Rangordnung der Zieldimensionen aufgrund der Maßnahmen in der Bundesrepublik würde die Reihenfolge

- Kontrolle / Repression
- Therapie
- Prävention
- Information / Dokumentation und
- Koordination / Integration

ergeben.

Dabei dürfen die Aktivitäten in den Bereichen Prävention und Information / Dokumentation nicht unterschätzt werden. Hier scheint das Angebot an staatlichen Leistungen auszureichen, Mangel wird in erster Linie im Bereich Therapie (zu wenig Therapieplätze) beklagt.

Das Zielsystem der Drogenpolitik in der Bundesrepublik Deutschland ist auf der Verlautbarungsebene daher sehr umfangreich, aber auf der Ebene der Maßnahmen ergeben sich z.T. Widersprüche und Zielkonflikte. Die verschiedenen Ziele des Politikbereichs werden nicht operationalisiert, so daß nicht ohne weiteres ersichtlich ist, welche Ziele erreicht werden (können) und welche nicht. Konkrete Ergebnisse werden nicht formuliert.

Eine gewisse Veränderung der Zielsetzungen des Politikbereichs ist durch die umfangreiche Diskussion über die Problematik "Therapie statt Strafe" zu erkennen, aber auch hier bleibt fraglich, ob diese Schwerpunktverschiebung auch auf der Ebene der Maßnahmen stattfindet.

7.5. Akteure

Die wichtigsten Akteure der Drogenpolitik in der Bundesrepublik Deutschland sind in Abb. 7.3 schematisch dargestellt. Schon diese sehr verkürzte Darstellung verdeutlicht die komplizierten Zuständigkeiten und Zusammenarbeitsstrukturen auf diesem Gebiet.

Auf der Ebene des Bundes sind die Bundesministerien des Innern und für Jugend, Familie und Gesundheit die zentralen Akteure, aber auch weitere Bundesministerien spielen eine Rolle und sind in der Interministeriellen Arbeitsgruppe (IMA) vertreten. Insgesamt haben 10 Bundesministerien an der Erstellung des Aktionsprogramms 1980 mitgewirkt. Weitere zentrale Akteure sind verschiedene Bundesoberbehörden:

- das Bundeskriminalamt, BKA für den Bereich der Ermittlung und Verfolgung von Drogenstraftaten,
- das Bundesgesundheitsmt, BGA (Bundesopiumstelle) für die Kontrolle von Rauschgiften sowie
- die Bundeszentrale für gesundheitliche Aufklärung, BZGA für den Bereich der Information und Prävention.

Zentrale Bereiche der Drogenpolitik (Repression, Kontrolle und Prävention) werden daher durch eigene Bundesbehörden bearbeitet, während der Bereich Therapie auf Bundesebene vom BMJFG nur in Verbindung mit der Modellfinanzierung im Rahmen des Großmodells oder durch Finanzierungshilfen im Rahmen des Krankenhausfinanzierungsgesetzes wahrgenommen wird. Weitere zentrale Akteure auf Bundesebene sind die Zentralverbände der freien Träger (z.B. Caritasverband und Diakonisches Werk) sowie die Deutsche Hauptstelle gegen die Suchtgefahren, DHS.

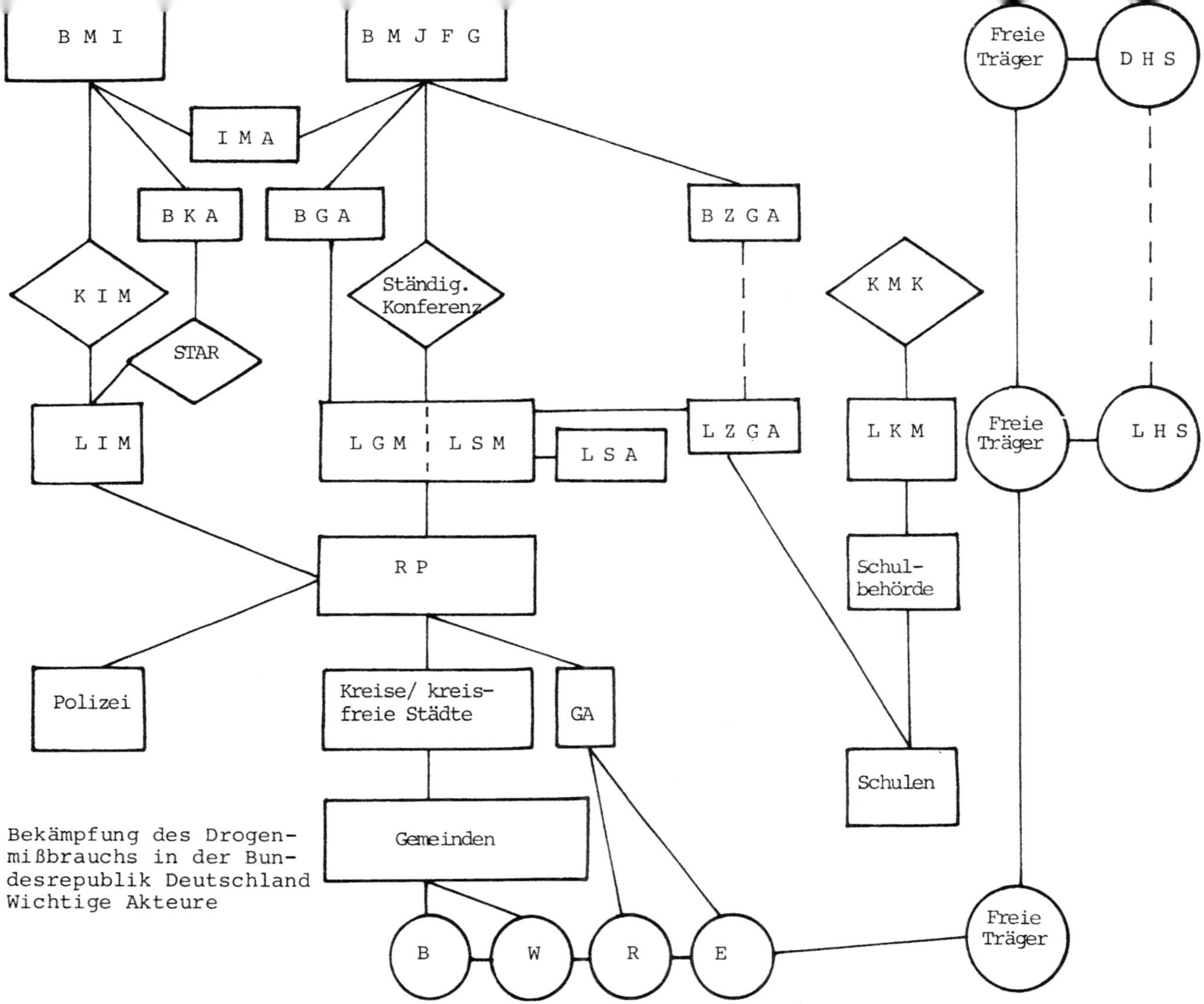

Abb. 7.3.: Bekämpfung des Drogenmißbrauchs in der Bundesrepublik Deutschland Wichtige Akteure

Die DHS ist die Dachorganisation der in der Abwehr der Suchtgefahren (Alkohol, Drogen, Medikamente, Tabak) tätigen Verbände, Institutionen und therapeutischen Einrichtungen der Freien Wohlfahrtspflege [79]. Sie umfaßt zur Zeit 12 Mitgliedsverbände, deren Mitglieder (Selbsthilfe- und Abstinenzgruppen, ambulante und stationäre Behandlungestellen) wiederum auf allen Ebenen der Suchtbekämpfung tätig sind.

Von besonderer Bedeutung sind in der Bundesrepublik die verschiedenen Zusammenarbeitsorgane zwischen Bund und Ländern. Eine zentrale Stellung nimmt der Ständige Arbeitskreis der Drogenbeauftragten des Bundes und der Länder ein, in dem praktisch alle Maßnahmen abgestimmt oder zumindest erörtert werden, die seitens des Bundes oder der Länder durchgeführt werden [80]. Die Zusammenarbeit in diesem Gremium funktioniert nach Aussage der Bundesregierung aufgrund der jahrelangen vertrauensvollen Zusammenarbeit "unkonventionell und reibungslos" [81]. Weitere wichtige Zusammenarbeitsgremien sind die Konferenz der Innenminister des Bundes und der Länder (KIM), der Justizminister (KJM), sowie im Bereich der Polizei die Ständige Arbeitsgruppe Rauschgift (STAR).

Die einzelnen Institutionen auf Bundesebene sind mit den entsprechenden Institutionen auf Landesebene verflochten, so daß, wie aus Abb. 7.3 deutlich wird, abgegrenzte Handlungsstränge entstehen. Zentrale Akteure auf Landesebene sind die Landesjustizministerien (LJM), z.B. für den Bereich Gefängnisse, die Landesinnenministerien (LIM) für den Bereich Polizei sowie die Landesministerien für Gesundheit und Soziales (zum Teil in einem Ministerium, zum Teil anders aufgeteilt) für die Bereiche Prävention und Therapie. Der Bundeszentrale für gesundheitliche Aufklärung entsprechen Landeszentralen, und auch die freien Träger sind in entsprechenden Landesverbänden organisiert. In den Ländern gibt es weiter Landesstellen und Landesarbeitsgemeinschaften gegen die Suchtgefahren. Diese sind keine Untergliederungen der DHS, obwohl sie nach den gleichen Prinzipien organisiert sind. Sie haben sich zu einer Arbeitsgemeinschaft zusammengeschlossen, die eng mit der DHS kooperiert [82].

Weitere Akteure auf Landesebene sind schließlich die Kultusministerien für den Bereich Schulen und die mittleren und unteren Landesbehörden in den jeweiligen Sektoren (Regierungspräsidien, Kreise, z.T. Gemeinden). Diese Institutionen der Organisation, Finanzierung, Planung und Koordination der verschiedenen Maßnahmen im Bereich der Drogenpolitik steht eine mindestens so differenzierte Struktur von Institutionen gegenüber, die diese Maßnahmen im direkten Kontakt mit Betroffenen oder anderen Bürgern durchführt. Zu nennen sind u.a.

- im staatlichen Bereich Schulen, Gesundheitsämter (GA), Polizei
- im kommunalen Bereich Jugendämter, Jugendfreizeit- und Begegnungsstätten,
- bei den freien Trägern Beratungsstellen, Fachkliniken usw.
- sowie sonstige freie Initiativen wie Jugendgruppen, Elternkreise, Selbsthilfegruppen usw. [83]

In Abb. 7.3. sind diese Institutionen, die in erster Limie im Bereich der Therapie und Prävention tätig sind, durch verschiedene Buchstaben dargestellt worden, wobei die Buchstaben die Art der Hilfe, die die Einrichtung leisten kann, charakterisieren:

- 'B' sind psycho-soziale Beratungs- und (i.d.R. auch ambulante) Behandlungsstellen,
- 'E' sind Einrichtungen für klinischen Entzug,
- 'R' Rehabilitations- und Therapiezentren sowie
- 'W' therapeutische Wohngemeinschaften. [84]

Diese eigentlichen sozialen Dienste werden wiederum von einer Vielzahl privater, staatlicher und kommunaler Träger vorgehalten, so daß auf dieser Ebene eine Abgrenzung beinahe unmöglich ist. Aus einer Umfrage unter den Bundesländern geht hervor, daß die Trägerschaft aber überwiegend in der Verantwortung freier und gemeinnütziger Träger liegt [85].

Die Begründung für diese zersplitterte Trägerschaft ist einmal, daß sie dem Subsidiaritätsprinzip entspreche [86], bzw. daß

"der freie Träger Vorrang vor dem öffentlichen Träger haben sollte, weil er erfahrungsgemäß einen besseren Zugang zu in dieser Richtung gefährdeten Menschen hat und weil er gerade für diesen Personenkreis wichtige inhaltliche, mit Wertvorrstellungen verbundene Aussagen machen und aufgrund seines meist weltanschaulichen Hintergrunds andere persönliche Motivation einbringen kann." [87]

Das Übergewicht privater Träger und vor allem das Nebeneinander der verschiedenen Träger im Bereich der Einrichtungen der Suchtkranken-Hilfe führt aber auch zu spezifischen Problemen. Das System der Therapiekette, daß u.a. von der Enquete-Kommission "Lage der Psychiatrie" vorgeschlagen worden war, und in der unterschiedliche Institutionen nacheinander bei der Behandlung und Rehabilitation Drogenabhängiger zusammenarbeiten [88], wird durch die gewöhnlich unterschiedliche Trägerschaft der verschiedenen Institutionen durchbrochen. Aber selbst wenn sämtliche Institutionen von einem Träger vorgehalten werden oder zwischen unterschiedlichen Trägern eine enge Zusammenarbeit etabliert ist, ist ein unproblematisches Durchlaufen der Therapiekette nicht garantiert, da gewöhnlich Probleme der Finanzierung und Kostenübernahme auftreten.

Prinzipiell kommen unterschiedliche Sozialleistungsträger für die Übernahme von Kosten der Behandlung von Drogenabhängigen infrage, z.B. die gesetzliche Krankenversicherung, die gesetzliche Rentenversicherung oder die Träger der Sozialhilfe [89]. Oft bestehen aber zwischen diesen unterschiedlichen Trägern unterschiedliche Auffassungen über die Zuständigkeit in der Leistungspflicht, so daß die notwendige Behandlung nur mit erheblicher Verspätung begonnen werden kann, denn solange kein Kostenträger sich zur Übernahme der Kosten bereit erklärt hat, kann die Behandlung i.d.R. nicht beginnen. Zur Beschleunigung dieser Verfahren sind in verschiedenen Bundesländern Regelungen erlassen worden, nach denen die überörtlichen Träger der Sozialhilfe vorläufige Kostenzusagen erteilen [90]. In den Abbildungen durch ein Landessozialamt (LSA) dargestellt. Besonders problematisch wirkt sich dieser Zuständigkeitswirrwar [91] im Bereich der Nachsorge aus. An dieses Glied der Therapiekette (z.B. Übergangsheime, Wohngemeinschaften, Wohnheime, beschützende Arbeitsplätze) wagen sich bisher nur wenige Träger, da gerade hier die Frage der Kostenübernahme noch unzureichend geklärt ist.

Die Darstellung der Akteure des Problembereichs Drogen in Abb. 7.3. müßte daher eigentlich noch durch das Netz der verschiedenen Kostenträger in diesem Bereich ergänzt werden, die sich aus der Liste der einschlägigen Gesetze [92] ergibt. Auf diese Darstellung ist aus Gründen der Übersichtlichkeit verzichtet worden.

Die Organisationsform der verschiedenen Akteure des Politikbereichs ist kompliziert und wenig übersichtlich. Dies hängt zum einen sicherlich mit dem föderalen Aufbau der Bundesrepublik zusammen, zeigt sich aber auch im Bereich der Länder bei der Organisation der verschiedenen Therapieeinrichtungen und besonders im Bereich der Kostenübernahme und Finanzierung. Zuständigkeiten sind oft nicht klar ersichtlich und es herrscht Unsicherheit in Fragen der Kompetenz. Von einer einfachen Organisationsform und klaren Zuständigkeiten kann jedenfalls nicht ausgegangen werden.

Es gibt eine verhältnismäßig eindeutige Trennung zwischen staatlichen und nicht-staatlichen Akteuren, Zwischenformen, wie sie in Schweden und Großbritannien dominieren sind zwar vorhanden, aber zentrale Bedeutung haben auf der einen Seite freie Träger (die mit einigem guten Willen noch als "Quangos" aufgefaßt werden können) und auf der anderen Seite staatliche Institutionen, die diese eher privaten Organisationen kontrollieren und reglementieren. Quangos im eigentlichen Sinne, d.h. fast-staatliche Organisationen findet man vor allem im Bereich der Finanzierung (Krankenversicherung), obwohl hier der Übergang zu den "Quagos" (Rentenversicherung, Arbeitslosenversicherung) fließend ist. Insgesamt ist durch die Vielzahl der Akteure das gesamte Spektrum von staatlichen bis zu privaten Organisationen belegt, aber das Schwergewicht scheint eher bei den beiden Extrempunkten als in der Mitte (Quangos) zu liegen.

Die zersplitterte und oft unklare Zuständigkeit führt auf der regionalen und vor allem lokalen Ebene zu Handlungsrestriktionen. Zwischen den verschiedenen lokalen Akteuren gibt es oft kaum Kooperation. Überregionale und regionale bzw. lokale Treffen und Aussprachen zwischen den Beteiligten aus Polizei, Justiz, Drogenberatungsstellen, Jugendämtern, Gesundheitsämtern, die zum gegenseitigen Kennenlernen, zur Information über Entwicklung und Probleme der Drogenszene, zur Aufklärung von Mißverständnissen, zur Vermeidung diskrepanter, sich wechselseitig störender oder torpedierender Maßnahmen führen können, finden kaum statt. [93)]

Gleichzeitig sind die Handlungsmöglichkeiten der lokalen Akteure durch die Vielzahl der überregionalen Institutionen (z.B. und vor allem im Bereich der Finanzierung) stark begrenzt. Raschke/Schliehe sprechen in diesem Zusammenhang als Ergebnis ihrer Untersuchung von einer Überbürokratisierung, bei der die Aktivitäten der überregionalen Akteure die lokalen Akteure nicht unterstützen, sondern eher als Unsicherheitsfaktor lokales Handeln noch erschweren [94)]. Sie stellen weiter fest, daß durch den fehlenden Zwang, auf verschiedenen Ebenen problembezogen eng zu kooperieren und sich abzustimmen, die bestehende Fragmentierung der Instanzen in einzelne Politik- und Verwaltungsbereiche unangetastet bleibt und daß sich daher die einzelnen Politiksegmente innerhalb ihrer Handlungslogik entwickeln konnten [95)]. Dies bedeutet, daß insbesondere auf der lokalen Ebene die Kooperation und Integration der verschiedenen Maßnahmen erschwert wird und jeder organisatorisch isolierte Teilbereich nach seinen isolierten Handlungsrationalitäten handelt (z.B. wenn die Polizei eine Drogenberatungsstelle durchsucht und die Akten beschlagnahmt).

Das Drogenproblem zeichnet sich wie eine Reihe neuartiger sozialer Problemfelder dadurch aus, daß es nicht allein durch monetäre oder fürsorgerische Maßnahmen bewältigt werden kann, sondern nur durch direkten Kontakt mit den Betroffenen und deren aktiver Mithilfe. Damit

> "rückt die örtliche Sozialpolitik verstärkt ins Blickfeld zentraler sozialpolitischer Maßnahmen, denn soziale Dienste stellen dezentrale Formen der Problembewältigung mit situativer Orientierung dar, die "vor Ort" angeboten werden müssen". [96]

Gerade diese lokale Orientierung der Problembewältigung wird aber durch die Organisationsform des Problembereichs, die insbesondere die Durchführung der verschiedenen Maßnahmen verkompliziert, erschwert. In der Bundesrepublik gibt es gerade auf lokaler Ebene, anders als z.B. in Schweden, nicht die enge personelle Verflechtung, die Kooperation und Integration erleichtert. Die Durchführung der verschiedenen Maßnahmen ist daher ein komplizierter Prozeß, in dem Akteure der verschiedensen Ebenen und Ressorts teilnehmen und verschiedene Handlungsrationalitäten miteinander konkurrieren. In verschiedenen offiziellen Programmen wird daher neuerdings verstärkt die Koordination in überschaubaren regionalen Bereichen propagiert [97], ohne daß dieses Prinzip bisher aber in der Organisation der Akteure des Problembereichs eine entscheidende Rolle gespielt hätte.

7.6. Instrumente

Die Darstellung der Steuerungsinstrumente und Steuerungsformen geht wiederum von der Liste der wichtigsten Maßnahmen aus und versucht eine grobe Zuordnung zwischen auf der Programmebene vorgesehenen Maßnahmen sowie Steuerungsinstrumenten und deren Formen.

Im Rahmen der externen Steuerung, bei der es um die Beeinflussung der eigentlichen Adressaten des Problemfeldes geht (Anbieter und Nachfrager von Drogen) überwiegen ganz eindeutig regulative Steuerungsinstrumente. Über die Hälfte der Maßnahmen beinhaltet irgendeine Form von Ge- oder Verboten bzw. deren Durchsetzung gegenüber der Bevölkerung. Stuerung durch Information oder staatliche Leistung ist nur in einer geringen Anzahl der Maßnahmen enthalten. Dieses Ergebnis, darauf ist schon hingewie-

Abb. 7.4.: Bekämpfung des Drogenmißbrauchs in der Bundesrepublik Deutschland
Externe Instrumente

Jahr	lfd. No.	Maßnahmen in Stichworten	Regulierung	Finanzierung	Information	Leistung	Strukturierung
1970	1	Aktionsprogramm	(x)		(x)	(x)	
1971	2	Polizei/Grenzschutz	x				
	3	Zoll	x				
	4	Aufklärung & Information			x	(x)	
	5	Forschung/Dokumentation					
	6	Ständiger AK	(x)		(x)	(x)	
	7	Großmodell				x	
1972	8	Betäubungsmittelgesetz	x				
1973	9	polizeiliche Maßnahmen	x				
1974	10	BTM-VerschreibungsVO	x				
	11	polizeiliche Beobachtung	x				
1977	12	Verstärkung BKA	x				
1978	13	Psych.-sozial. Anschl.Prog.				x	
	14	Deutsch-amerik. Zusammenarb	x				
1979	15	Schwerpunktstaatsanwaltsch	x				
	16	Konzept z. intens. Bekämpf.	x				
1980	17	Aktionsprogramm	(x)		(x)	(x)	
1981	18	Betäubungsmittelgesetz	x				

Abb. 7.5.: Bekämpfung des Drogenmißbrauchs in der Bundesrepublik Deutschland
Interne Instrumente

Jahr	lfd. No.	Maßnahmen in Stichworten	Regulierung	Finanzierung	Information	Leistung	Strukturierung
1970	1	Aktionsprogramm		x	x		x
1971	2	Polizei/Grenzschutz		x			(x)
	3	Zoll		x			(x)
	4	Aufklärung & Information		x	(x)		
	5	Forschung/Dokumentation		x	(x)		
	6	Ständiger AK			(x)		x
	7	Großmodell	(x)	x	(x)		(x)
1972	8	Betäubungsmittelgesetz	x				
1973	9	polizeiliche Maßnahmen	x	x			(x)
1974	10	BTM-VerschreibungsVO	x				
	11	polizeiliche Beobachtung	(x)	(x)			
1977	12	Verstärkung BKA		x			
1978	13	Psych.-sozial. Anschl.Prog.	(x)	x	(x)		(x)
	14	Deutsch-amerik. Zusammenarb	(x)		x		x
1979	15	Schwerpunktstaatsanwaltsch	x		(x)		
	16	Konzept z. intens. Bekämpf.		(x)	x		(x)
1980	17	Aktionsprogramm		x	x		x
1981	18	Betäubungsmittelgesetz	x				

sen worden [98] hängt zum Teil mit der Auswahl der hier als wichtig bezeichneten Maßnahmen zusammen. Kontinuierliche Maßnahmen, wie die Aufklärung der Bevölkerung oder der Ausbau von Therapie- und Nachsorgeplätzen fallen in dieser Aufzählung identifizierbarer neuer Maßnahmen nur sehr gering ins Gewicht. Trotzdem ist dieses Ergebnis zumindest insoweit aussagekräftig, als in den Programmen angekündigte eher spektakuläre und neue Maßnahmen sich in der Regel auf regulative Steuerungsinstrumente bezogen.

Im Bereich der <u>internen Instrumente</u> geht es um die Frage, welche Steuerungsinstrumente vorrangig gegenüber den Akteuren des Problemfeldes, d.h. den Implementatoren oder "Produzenten" des Politikbereichs vorgesehen sind. In diesem Bereich überwiegen (wie Abb. 7.5 deutlich zeigt) ganz eindeutig die <u>finanziellen Instrumente</u>. Zur Durchsetzung der jeweiligen Politik wird in erster Linie die "Überredung" durch die Bereitstellung von finanziellen Mitteln angewendet, ohne zusätzliche Finanzen kommt fast keine der Maßnahmen aus.

Die übrigen Steuerungsinstrumente werden im Rahmen der internen Steuerung fast gleichwertig angewendet. Relevant ist die strukturelle Steuerung, bei der die zukünftige Handlungs- und Entscheidungsstruktur, z.B. durch Organisationsänderungen und neue Kooperationsmöglichkeiten beeinflußt wird. Das Steuerungsinstrument Information wird vor allem ergänzend angewendet, d.h. finanzielle Steuerung oder informationelle Steuerung ist kaum denkbar. Eindeutige regulative Steuerung im internen Bereich, bei der also z.B. untergeordnete Behörden nur angewiesen werden bestimmte Maßnahmen durchzuführen, findet zwar statt, ist aber i.d.R. (außer in den reinen Kontroll- und Strafgesetzen) mit der Bereitstellung von Ressourcen verbunden. Regulative Steuerung, d.h. Vorschriften, Anweisungen u.ä. sind daher jeweils eng mit der Durchführung finanzieller Förderprogramme verbunden.

Eine Einschätzung der Form der Steuerung ergibt auch in der Bundesrepublik sowohl im Rahmen der internen wie der externen

Steuerung ein Übergewicht der finalen und weniger präzisen Steuerung (z.B. bei den Maßnahmen der Drogenaufklärung, der Verstärkung der Polizei u.ä. [99]), obwohl ein erhebliches Gewicht konditionalen Steuerung zu erkennen ist (intern z.B. im Rahmen der Förderprogramme, extern im Rahmen der regulativen Maßnahmen). Auch hier ist die Steuerung weitgehend generell und es überwiegen Gebote.

8. Problembereich "Jugendarbeitslosigkeit" Fallstudie Schweden

8.1. Chronologie der Maßnahmen (Materialteil)

Der folgende Abschnitt enthält wiederum eine kurze Aufzählung und Beschreibung der wichtigsten Maßnahmen, die im Untersuchungszeitraum in Scheden im Problembereich "Jugendarbeitslosigkeit" unternommen wurden. Er dient als empirische Grundlage der weiteren Untersuchungsschritte der Fallstudie; auf die hier ausführlicher dargestellten Maßnahmen wird im weiteren Verlauf der Darstellung und Analyse bezug genommen. Zur Übersetzung und Erläuterung von schwedischen Abkürzungen und Bezeichnungen von Institutionen, Dokumenten u.ä. siehe das Glossar im Anhang.

(1) Bereitschaftsarbeit

Als erste Maßnahme gegen Jugendarbeitslosigkeit werden seit Herbst 1972 bei staatlichen, kommunalen und privaten Arbeitgebern zusätzliche Arbeitsplätze, sog. "Bereitschaftsarbeiten" (Beredskapsarbeten) finanziell unterstützt. Sie waren seitdem lange Zeit das quantitativ bedeutendste Instrument zur Bekämpfung der Jugendarbeitslosigkeit in Schweden. Bereitschaftsarbeiten richten sich in erster Linie an Jugendliche unter 20 Jahren, denen neben einer Arbeit die Möglichkeit gegeben werden soll, praktische Erfahrungen und berufliche Qualifikationen zu erwerben 1). Die Dauer der Bereitschaftsarbeit liegt i.d.R. zwischen 3-6 Monaten. Bei staatlichen Behörden und Institutionen zahlt die staatliche Arbeitsmarktverwaltung (Arbetsmarknadsstyrelsen = AMS) 100% des Lohns, der im Rahmen einer besonderen Übereinkunft zwischen Arbeitgeber- und Arbeitnehmervertretern im öffentlichen Dienst festgelegt wird. Die Gewerkschaften müssen der Einrichtung von Bereitschaftsarbeit zustimmen. Im Prinzip soll es sich dabei um vorgezogene Arbeit handeln.

Neben dem staatlichen Bereich werden Bereitschaftsarbeiten vor allem bei Kommunen und Kreisen unterstützt, denen von der Arbeitsmarktverwaltung ein gewisser Prozentsatz der Lohnkosten (einschließlich der Sozialabgaben) bis zu einem Maximalbetrag ersetzt werden 2). In diesem Bereich werden in erster Linie Arbeiten im Sozialsektor unterstützt. Schließlich wird mit staatlichen Zuschüssen auch Bereitschaftsarbeit im Privatsektor geschaffen. Auch hier übernimmt die Arbeitsverwaltung maximal 75 % der Lohnkosten, allerdings begrenzt auf skr. 15,-- in der Stunde. Ansonsten gelten die gleichen Regelungen wie im kommunalen Bereich.

(2) Ausbildungsvertretung

Eine besondere Kombination zwischen Bereitschaftsarbeit und Ausbildung besteht darin, daß kommunale Arbeitnehmer mit unzureichender gewerblicher Ausbildung bei vollem Lohn an einer Arbeitsmarktausbildung zu ihrer weiteren Qualifikation teilnehmen können, wenn zu ihrer Vertretung vorzugsweise ein jugendlicher Arbeitsloser eingestellt wird. Für diesen übernimmt dann die Arbeitsverwaltung, wie bei der normalen Bereitschaftsarbeit, 75 % der Lohnkosten. Diese Möglichkeit besteht seit 1972 und ist seitdem von mehr als 2o.ooo kommunalen Arbeitnehmern in Anspruch genommen worden.

(3) Beratung und Information

Für Jugendliche, die die Hauptschule verlassen und sich nicht für eine weitere Ausbildung interessieren, werden besondere Beratungs- und Informationsmöglichkeiten eingerichtet. Die Kommunen bekommen staatliche Zuweisungen, um Berufsberater einstellen zu können. Die Schüler werden während ihres letzten Schuljahres intensiver betreut und es werden Betriebsbesichtigungen, besondere Informationsveranstaltungen und z.T. Betriebspraktika angeboten. Der Kontakt zu diesen Jugendlichen soll auch nachdem sie die Schule verlassen haben, gemeinsam von der Schule und der Arbeitsvermittlung aufrecht erhalten werden. 3)

---

(4) Personal

Eine Voraussetzung der allgemein verstärkten Aktivitäten der Arbeitsverwaltung ist gut ausgebildetes Personal in ausreichender Anzahl. In diesem Bereich sind in den siebziger Jahren große Anstrengungen unternommen worden. So ist die Arbeitsvermittlung seit 1974 um über 2.loo Stellen verstärkt worden. Diese Ausweitung erfolgte im Rahmen der jährlichen Bewilligungen,die entsprechend aufgestockt wurden. 4)

---

(5) Lohnkostenzuschuß

Als weitere Möglichkeit zur Schaffung von Arbeitsplätzen (oder zumindest zur Erleichterung der Vermittlung und Einstellung - der Übergang ist hier fließend), wird die Möglichkeit eingeführt, Betrieben der Privatwirtschaft zeitlich begrenzte Lohnkostenzuschüsse für die Einstellung von Arbeitslosen zu zahlen, wobei ein Großteil dieser Arbeitsplätze Jugendlichen zugute kommen sollte. Die Höhe und die Einstellungsbedingungen richten sich nach den staatlichen Beiträgen zur Bereitschaftsarbeit. Auch hier müssen die zuständigen Gewerkschaften dem Arbeitsverhältnis zustimmen

(6) Arbeitsmarktausbildung

Die Möglichkeiten von Jugendlichen an den normalen Maßnahmen der Arbeitsmarktausbildung teilzunehmen, werden vermehrt. Arbeitsmarktausbildung ist eigentlich eine Maßnahme der beruflichen Weiterbildung und steht im Normalfall Bewerbern offen, die mindestens 20 Jahre alt sind. Im Laufe der Zeit wird immer mehr Gruppen (Behinderten, versorgungspflichtigen Jugendlichen usw.) der Zugang zu diesen Kursen geöffnet, bis schließlich alle Jugendlichen, sofern Platz vorhanden ist, an den Kursen teilnehmen können. Die Ausbildung findet i.d.R. in staatlichen Berufsbildungszentren statt. Um die Kapazitäten für derartige Arbeitsmarktausbildungen zu vergrößern, kann die Arbeitsmarktverwaltung Ausbildungsplätze von Betrieben kaufen. Jugendliche, die an diesen Kursen teilnehmen, bekommen eine Ausbildungshilfe, deren Höhe sich danach richtet, ob sie berechtigt sind, "Kontant Arbetsmarknadsstöd" (entspricht in etwa unserer Arbeitslosenhilfe) zu empfangen 6).

(7) ALU-Kurse

Für Jugendliche, die unsicher sind bezüglich ihrer beruflichen Möglichkeiten und Wünsche oder die persönliche Probleme haben, werden sog. "Arbeitslebens- und Ausbildungs-Kurse" (Arbetsliv och utbildning = ALU-Kurse) angeboten. Die Kurse dauern 4 bis 6 Wochen (für besondere

....

Problemgruppen bis 20 Wochen) und vermitteln in einem theoretischen Teil Informationen über den Arbeitsmarkt, die Arbeitsmarktverwaltung und die Anforderungen einzelner Arbeitsplätze. Im zweiten Teil können die Teilnehmer praktische Erfahrungen an 2 bis 3 Arbeitsplätzen, entweder in Betrieben oder Arbeitsmarktzentren machen. 7)

(8) Folgeverantwortung der Schule

Die vom Reichstag im Zusammenhang mit der Behandlung der Proposition 1975/76: 39 "Über die innere Arbeit der Schule " 8) beschlossene Folgeverantwortung der Schule (Skolans uppföljningsansvar) tritt in Kraft. Damit wird festgelegt, daß die Schulen (präzise die jeweilige Schulbehörde der Kommunen) alle 16 - 18 Jährigen, die die Grundschule verlassen und keinen Ausbildungs- oder Arbeitsplatz gefunden haben, weiter betreuen und ihnen insbesondere Studien- und Erwerbsorientierung anbieten sollen. Die Folgeverantwortung der Schule für alle Schulabgänger der Grundschule soll das von Regierung und Reichstag festgesetzte Ziel der Garantie eines Ausbildungs-, Arbeits- oder Praktikumsplatzangebots für jeden Jugendlichen verwirklich. Mit dieser Folgeverantwortung sind keine staatlichen Sanktionen gegenüber den Jugendlichen verbunden, sie beinhalten im Prinzip nur die Aufforderung an die Kommunen, sich intensiv um das Schicksal der 16 - 18 Jährigen im Bereich Arbeitsmarkt und Ausbildung zu bemühen. 9)

---

(9) SSA-Räte

Von besonderer Bedeutung sind in diesem Zusammenhang die sog. SSA-Räte, die Zusammenarbeitsorgane zwischen Schule und Arbeitsmarkt (Samarbetsraad Skolan Arbetsmarknaad 10)). Sie sind seit Mitte 1977 in allen Kommunen obligatorisch und bestehen aus Repräsentanten der Schulen, der Arbeitsvermittlung, den Arbeitgebern und den Gewerkschaften, sowie möglicherweise weiteren lokalen Interessentengruppen. Ihre zentrale Aufgabe ist die gegenseitige Information und Diskussion über lokale Aktivitäten im Bereich Ausbildung und Arbeitslosigkeit Jugendlicher. Sie beraten die Schulen und die Arbeitsmarktverwaltung u.a. in Fragen der praktischen Ausbildung, der Studien- und Berufsberatung sowie der Orientierung der Schüler über den Arbeitsmarkt. Durch die SSA-Räte wird die zentrale Verantwortung der Schulen und damit der Kommunen bei der Bekämpfung der Jugendarbeitslosigkeit unterstrichen, allerdings unter Einbeziehung privater und öffentlicher Arbeitgeber sowie der Gewerkschaften. 11)

(10) Ausbildungsplätze

Eine zentrale Maßnahme im Bereich Ausbildung ist in diesem Zusammenhang die Erhöhung der Anzahl der Ausbildungsplätze innerhalb der schwedischen Sekundarstufe 2 (Gymnasieskolen), sowohl in den theoretischen wie in den praktischen Zweigen. Die Anzahl wurde auf ca. 94 % der 16-Jährigen, die für diese Ausbildungsgänge infrage kommen, heraufgesetzt. Damit besteht für fast alle Jugendlichen eines Jahrgangs die Möglichkeit, ihre Ausbildung in einem Zweig der Sekundarstufe 2 fortzusetzen. Die Erhöhung der Ausbildungskapazität erfolgt durch erhöhte Staatszuschüsse an die Kommunen. Die Höhe der Zuschüsse pro Schüler ist festgelegt, erhöht wird nur die Anzahl der Schüler, für die Zuschüsse gezahlt werden. Damit erhöht sich das Budget der kommunalen Einheitsgymnasien, die damit mehr Schüler aufnehmen können. 12)

(11) SYO / PRYO

Ein weiterer zentraler Ansatzpunkt in diesem Bereich ist der Versuch, Schule und Arbeitsleben enger miteinander zu verknüpfen, und zwar bevor die Jugendlichen die Schule verlassen haben. Dazu soll den einzelnen Grundschulabsolventen eine solide Informationsbasis für ihren weiteren Bildungs- oder Berufsweg vermittelt werden. Zu diesem Zweck wurden eine erweiterte "studie- och yrkesorientering", Studien- und Erwerbsorientierung, sog. SYO und eine "praktisk arbetslivorientering", PRYO, praktische Arbeitslebenorientierung eingerichtet. Im Rahmen dieser Maßnahmen finden u.a. eine sechs-wöchige Bildungs- und Berufsberatung für Grundschulabsolventen statt, sowie ein- bis zwei-wöchige Arbeitsmarkttage für Schulabgänger 13). Die hierfür notwendigen Berater werden von der zentralen Arbeitsmarktverwaltung finanziert.

(12) Kurzkurse

Für arbeitslose Jugendliche bzw. für Jugendliche, die nicht an einer Ausbildung der Sekundarstufe 2 teilnehmen wollen, bieten Arbeitsmarktverwaltung und Schulverwaltung

....

schließlich gemeinsam in der Sekundarstufe 2 sog. Kurzkurse an, in denen den Jugendlichen gewerbliche Fähigkeiten und/oder eine vertiefte Arbeitsmarktorientierung angeboten werden. Die Kurse haben eine Höchstdauer von 10 Wochen und werden oft mit Bereitschaftsarbeit kombiniert. Die Arbeitsverwaltung bietet darüber hinaus bis zu 50 spezielle arbeitsmarktorientierte Kurse an den integrierten Gymnasien an, die bis zu einem Jahr laufen. Jugendliche, die an diesen Kursen teilnehmen, erhalten eine Ausbildungsunterstützung nach besonderen Richtlinien. Darüber hinaus wird bei erfolgreichem Abschluß des Kurses eine Prämie von 2oo bis 4oo (neuerdings 6oo) Kronen gezahlt - je nach Länge des Kurses. Der Übergang dieser Kurse zu den oben dargestellten ALU-Kursen ist fließend. 14)

1978 Jugendarbeitslosigkeit/Schweden

(13) Arbeitsgruppen

In den einzelnen Büros der Arbeitsvermittlung werden besondere Arbeitsgruppen (Arbetslag) eingerichtet. Sie bestehen aus Vermittlern, Berufsberatern, Psychologen und Sozialarbeitern. Diese Arbeitsgruppen sollen den Service der Arbeitsvermittlung verbessern helfen, da man erwartet, daß die Zusammenarbeit der verschiedenen Gruppen bessere Resultate hervorbringt, als das unkoordinierte Nebeneinanderherarbeiten. Insbesondere sollen diese Arbeitsgruppen auch Ansprechpartner sowohl der Jugendlichen wie auch der Arbeitgeber in problematischen Fällen sein 15).

(14) Maßnahmenprogramme

Die Dienststellen der lokalen Arbeitsmarktverwaltung werden aufgefordert in Zusammenarbeit mit den SSA-Räten Maßnahmenprogramme und Erfolgskontrollen zu erarbeiten (Aatgärdsprogram och Resultatredovisning). Darunter werden abgestimmte Übersichten über die auf die Jugendlichen ausgerichteten arbeitsmarktpolitischen und ausbildungspolitischen Aktivitäten verstanden, die u.a. die lokalen Angebote an Arbeit, Ausbildungs- und Praktikantenplätze für die Jugendlichen enthalten sollen. Es wird erwartet, daß diese Handlungsprogramme eine wichtige Funktion erfüllen, besonders bei der Etablierung umfassender Maßnahmen zur Bekämpfung der Jugendarbeitslosigkeit. Durch diese Programme soll auch der Austausch von Erfahrungen zwischen einzelnen Kommunen und Regionen erleichtert werden. 16)

(15) Bereitschaftsarbeitspläne

Zur Sicherstellung einer ausreichenden Anzahl von Bereitschaftsarbeitsplätzen werden die öffentlichen und privaten Arbeitgeber in Zusammenarbeit mit der Arbeitsverwaltung aufgefordert, Bereitschaftsarbeitspläne zu erstellen. Art und Umfang dieser Pläne werden nicht präzise definiert und es werden auch keine Sanktionen angedroht, wenn keine Pläne aufgestellt werden. Statt dessen bewegt

....

sich die Proposition hier auf einer Ebene des moralischen Appells, der allerdings mit staatlicher Autorität (und dahinterstehender potentieller Sanktionsgewalt) vorgetragen wird:

"In jedem Betrieb von einigermaßen Größe sollte es Arbeitsaufgaben geben, die sich als Bereitschaftsarbeit für Jugendliche eignen, ohne daß dies durch Gesetzgebung erzwungen werden sollte. Vor dem Hintergrund der Verwirklichung der Jugendgarantie werde ich (d.h. der Minister) die Entwicklung der Anzahl sowohl der Bereitschaftsplätze wie der Praktikumsplätze für Jugendliche genau verfolgen". 17)

Darüber hinaus werden die öffentlichen Arbeitgeber, die Gewerkschaften und die politischen Parteien aufgefordert, ihren Beitrag zur Bekämpfung der Jugendarbeitslosigkeit zu leisten, indem sie sich für die Bereitstellung von Bereitschaftsarbeit einsetzen. Auch die Qualität der Bereitschaftsarbeitsplätze wird auf dem Wege des Appells angesprochen. So werden die Arbeitgeber daran erinnert, daß diese Arbeit den Jugendlichen in erster Linie erste Erfahrungen und Qualifikationen im Arbeitsleben verschaffen soll und daher die Arbeit möglichst abwechselungsreich und wenn möglich auch durch Phasen der Ausbildung oder zumindest Anleitung unterbrochen sein sollte.

(16) Praktikum

In diesem Zusammenhang wird auch eine Erhöhung der Anzahl der Praktikumsplätze diskutiert. Der Begriff "Praktikum" ist in Schweden sehr umstritten und nicht eindeutig festgelegt, so daß darunter z.T. sogar Bereitschaftsarbeiten Jugendlicher verstanden werden. Im allgemeinen sind damit aber Arbeitsplätze gemeint, die in Lehr- und Ausbildungsplänen vorgeschrieben sind, wie sie z.B. für die gewerblich orientierten Zweige der Sekundarstufe 2 gelten. Eine Ausweitung der Ausbildungskapazität der Sekundarstufe 2 führt damit automatisch einen erhöhten Bedarf an Praktikumsplätzen mit sich. Von der Beschäftigungskommission (Sysselsätningsutredningen) war vorgeschlagen worden, daß den staatlichen Instanzen ein Recht auf Schaffung von Praktikumsplätzen auch im Privatsektor zugewiesen wird. Dieser Vorschlag wurde von der Regierung abgelehnt 18), statt dessen wird

....

auch hier eine prozedurale Regelung vorgezogen. Die lokalen Planungsräte (SSA-Räte) bekommen die Aufgabe, den Bedarf an Praktikumsplätzen zu ermitteln, und zwar in Zusammenarbeit mit den Partnern des Arbeitsmarktes. Dort soll auch diskutiert werden, wie dieser festgestellte Bedarf gedeckt werden kann, aber der Planungsrat oder die Arbeitsvermittlung sollen keine Sanktionsmittel bekommen, um Plätze zu schaffen. Es wird wiederum damit gerechnet, daß das Problem durch die Zusammenarbeit der Beteiligten gelöst werden kann, obwohl auch hier die Regierung mit der Ankündigung, die Entwicklung genau zu beobachten, eine leichte Drohung auf zukünftig mögliche Sanktionen durchscheinen läßt.

(17) Individualisierte Ausbildung

Schließlich wird ein Versuch mit einer sog. individualisierten Ausbildung in zehn verschiedenen Kommunen gemacht. Adressat dieser Ausbildung sollen Jugendliche sein, die eine längere Zeit der Arbeitslosigkeit hinter sich haben und für die eine andere Form der Ausbildung keine realistische Alternative ist. Dabei soll für jeden einzelnen Jugendlichen ein individuelles Ausbildungsprogramm erarbeitet werden, in dem "schulmäßige" Ausbildung mit Ausbildung am Arbeitsplatz verbunden wird, und zwar jeweils nach den speziellen Bedürfnissen und Wünschen des Jugendlichen. Im Prinzip handelt es sich dabei um eine individuelle Verknüpfung von Kurzkursen und Bereitschaftsarbeit, die allerdings zum Teil schon den Charakter eines Praktikums besitzt. Die Jugendlichen bekommen während der Kurse Ausbildungshilfe und während der Bereitschaftsarbeit normalen Lohn. Von besonderer Bedeutung ist, daß diese Versuche lokal verankert werden sollen und eine enge Zusammenarbeit zwischen Schulen, Arbeitsmarktverwaltung und den lokalen Planungsräten voraussetzen. Die zusätzlichen Kosten dieses Versuchs werden durch die allgemeinen Bewilligungen des Haushalts abgedeckt. 19)

(18) Informationskampagne

Als besondere Maßnahme im Bereich Information wird im Frühjahr 1979 eine Informationskampagne gestartet, in der die verschiedensten staatlichen Aktivitäten im Bereich Jugendarbeitslosigkeit dargestellt werden. Sie richtet sich insbesondere an Arbeitgeber und Gewerkschaften, um diese zu einer Unterstützung der staatlichen Aktivitäten zu bewegen. 20)

(19) Ausbildungsplätze

Im Laufe des Jahres 1980 21) findet eine Umorientierung der Aktivitäten im Bereich Jugendarbeitslosigkeit statt. Wichtigste Maßnahme ist die Erhöhung der Kapazität der Sekundarstufe 2 auf 100 % des jeweiligen Jahrgangs der 16-Jährigen. Dies wird durch eine Erhöhung der staatlichen Zuschüsse an die Kommunen bewerkstelligt, die im jährlichen Budget abgesichert ist. Damit ist ab Herbst 1980 für jeden 16-Jährigen ein Ausbildungsplatz in der Sekundarstufe 2 vorhanden. Zumindest finanziell ist damit garantiert, daß tatsächlich alle Grundschulabgänger eine weitergehende Ausbildung angeboten bekommen. 22)

(20) Bereitschaftsarbeit abgeschafft

Als flankierende Maßnahmen zu dieser Erweiterung der Ausbildungsmöglichkeiten wird gleichzeitig die Möglichkeit der Bereitschaftsarbeit für Jugendliche im entsprechenden Alter abgeschafft. Bereitschaftsarbeit wird nicht länger als eine vernünftige Alternative für arbeitslose Jugendliche angesehen. Es wird sogar vermutet, daß die verhältnismäßig generöse Bezahlung der Bereitschaftsarbeit Jugendliche davon abgehalten hat, sich um eine weitere Ausbildung im Rahmen des integrierten Gymnasiums zu bemühen. Diese Möglichkeit soll zukünftig zumindest für die 16 bis 18-Jährigen nicht mehr bestehen. 23)

(21) Arbeitsmarktausbildung abgeschafft

Aus ähnlichen Gründen wird auch die Möglichkeit, daß Jugendliche unter 20 Jahren an Maßnahmen der Arbeitsmarktausbildung teilnehmen, bis auf wenige Ausnahmen gestrichen 24). Auch hier ist man der Meinung, daß die verhältnismäßig gute Unterstützung für Teilnehmer der Arbeitsmarktausbildung, die um einiges höher ist, als die Studienunterstützung in der Sekundarstufe 2, Jugendliche davon abgehalten hat, eine Ausbildung im Rahmen der integrierten Gymnasien zu beginnen.

(22) Eingebaute Ausbildung

Statt dessen werden für die Jugendlichen neuartige Möglichkeiten einer mehr arbeitsplatz-orientierten Ausbildung geschaffen oder zumindest die bestehenden Möglichkeiten erweitert. Vor allem die sog. "eingebaute Ausbildung" (Inbyggd utbildning) wird stark ausgeweitet. Dabei handelt es sich um gewerblich-orientierte Ausbildungsgänge des integrierten Gymnasiums, die zum Teil in der Schule, zum größten Teil aber im Betrieb durchgeführt werden. Die Ausweitung dieser Ausbildungen insbesondere in den Betrieben soll durch ein neuartiges staatliches Zuschußsystem gewährleistet werden, bei dem die Zuschüsse an die Betriebe nach den gleichen Prinzipien berechnet werden, die für die staatlichen Zuschüsse an die Kommunen für Lehrer, Material und Räume im integrierten Gymnasium zugrunde gelegt werden. Es wird erwartet, daß diese erheblich erhöhten Zuschüsse es ermöglichen werden, daß wesentlich höhere Qualitätsanforderungen bezüglich der Inhalte und der Qualität dieser Ausbildungen gestellt werden können und insgesamt das Angebot an Ausbildungsplätzen steigt. 25)

Die Jugendlichen, die an dieser Ausbildung teilnehmen, werden nach den normalen Ausbildungszuschüssen des integrierten Gymnasiums gefördert. Die finanziellen Voraussetzungen dieser Neuordnung sind im jährlichen Haushalt geschaffen worden 26).

(23) Lehrlingsausbildung

Die Form des individualisierten Staatszuschusses für eingebaute Ausbildung in Industrie, Handwerk und Handel wird auch auf einen Versuch mit einer neuen Lehrlingsausbildung angewendet. Hierbei handelt es sich um eine Ausbildung, die zum größten Teil in einem Betrieb vor sich gehen soll, wobei allerdings der jeweilige Jugendliche für bestimmte Ausbildungsabschnitte am integrierten Gymnasium oder einer anderen Institution freigestellt werden soll. Diese Lehrlingsausbildung wird vom Staat in der Form eines Versuchs genauso gefördert, wie die eingebaute Ausbildung. Die Schulbehörden sind in diesem Versuch aufgefordert, die Möglichkeit einer "Etappenausbildung", d.h. zeitweise am Gymnasium, zeitweise als Lehrling im Betrieb, zu prüfen. Gleichzeitig soll die Ausbildungskapazität von Betrieben langfristig erhöht werden.

(24) Introduktionsprogramm

Als Folge dieser verstärkten Ausbildungsorientierung der Maßnahmen des Politikbereichs sollen auch die bisher vorhandenen Kurzkurse und ALU-Kurse abgewickelt werden. Statt dessen ist vorgesehen, daß für Jugendliche die im Herbst nach ihrem Schulabgang noch keine Arbeit oder Ausbildungsplatz haben, ein sog. Introduktionsprogramm für Ausbildung geschaffen wird. Dieser Kurs soll auf die Erfahrungen mit den Kurzkursen aufbauen und dazu sollen alle o.g. Jugendlichen eingeladen werden. Der Kurs soll höchstens 4 Wochen dauern und soll insbesondere über noch vorhandene Ausbildungsmöglichkeiten im Rahmen des integrierten Gymnasiums, der eingebauten Ausbildung oder der Lehrlingsausbildung orientieren. Auch hier wird ein individueller, d.h. schülerbezogener Zuschuß des Staates an die Kommunen gezahlt.

(25) Gewerbeeinführung

Schließlich wird die Möglichkeit eröffnet, für Jugendliche, die keinen Ausbildungs- oder Arbeitsplatz haben, eine sog. Gewerbeeinführung (Yrkesintroduktion) einzurichten, durch die eine bis zu 40 Wochen dauernde Einführung in Betrieben oder sozialen Institutionen für Jugendliche arrangiert wird, die so individuell wie möglich ausgerichtet sein soll. Auch hierfür zahlt der Staat einen festen Zuschuß pro "Schülerwoche" an den betroffenen Betrieb. Sowohl Ausbildungs- wie Gewerbeeinführung werden organisatorisch dem integrierten Gymnasium zugeordnet und vorläufig als Versuchsanordnung finanziert. Beide Maßnahmen sind insbesondere für diejenigen Jugendlichen gedacht, die für eine normale weitere "schulische" Ausbildung nicht mehr motiviert sind und die ohne besondere Anstrengungen nicht von den staatlichen Maßnahmen erreicht werden können.

8.2. Policy-Typen

Die grobe Zuordnung der Maßnahmen zu den Lowi'schen Policy-Typen ergibt eine eindeutige Dominanz der distributiven Policy. Jede einzelne Maßnahme ist zumindest auch distributiv wirksam und intendiert, nur bei einigen wenigen Maßnahmen überwiegt ein anderer Typ. So ist es z.B. möglich, die SSA-Räte in erster Linie als konstitutive Policy einzustufen, denn hier werden zunächst nur Kommunikationsmöglichkeiten etabliert, allerdings ist der Sinn dieser SSA-Räte vorrangig die Verbesserung staatlicher (und privater) Leistungen für jugendliche Arbeitslose.

Regulative Policies sind in diesem Bereich nicht auszumachen, obwohl im Rahmen einzelner Maßnahmen gelegentlich mit regulativen Eingriffen gedroht und auf diese Weise wohl der Versuch unternommen wird, selbst-regulierende Mechanismen ingang zu setzen. Dies verdeutlichen vor allem die Appelle zur Erhöhung der Zahl der Praktikantenplätze im privaten Sektor. Eindeutig selbstregulierende Maßnahmen sind nicht zu entdecken, allerdings können einige der konstitutiven Maßnahmen, in denen Organisations- und Kommunikationsformen zur Bekämpfung der Jugendarbeitslosigkeit institutionalisiert werden, u.U. auch diesem Typus zugerechnet werden. Die SSA-Räte (Maßnahme 9) oder die angeregten Maßnahmenprogramme (Maßnahme 14) dienen in erster Linie der Aktivierung privater Initiativen, d.h. vermeiden zunächst indirekte oder direkte staatliche Eingriffe.

Als Besonderheit sind die 1980 angekündigten Maßnahmen zur Neuorientierung der Politik zu werten, durch die unterschiedliche Ausbildungs- und Qualifizierungs- wie Motivierungsstrategien aufgewertet, Bereitschaftsarbeit und Arbeitsmarktausbildung für Jugendliche aber quasi abgeschafft werden.

Da in der Proposition, in der dieser Vorschlag enthalten ist[27], ausdrücklich festgelegt wurde, daß diese Änderung der Politik nicht zu einem Bedarf an zusätzlichen Mitteln führen wird, sondern allein über die im Rahmen der Bereitschaftsarbeit und Ar-

Abb. 8.1.: Bekämpfung der Jugendarbeitslosigkeit in Schweden
Policy-Typen

Jahr	lfd. No.	Maßnahmen in Stichworten	redis- tribu- tiv	dis- tribu- tiv	regu- lativ	kon- stitu- tiv	selbst- regu- lierend
1972	1	Bereitschaftsarbeit		x			
	2	Ausbildungsvertretung		x			
1974	3	Beratung & Information		x			
	4	Personal		x		(x)	
1976	5	Lohnkostenzuschüsse		x			
	6	Arbeitsmarktausbildung		x			
	7	AUU-Kurse		x			
	8	Folgeverantw. der Schule		x		(x)	
	9	SSA-Räte		(x)		x	(x)
	10	Ausbildungsplätze		x			
	11	SYO / PRYO		x			
	12	Kurzkurse		x			
1978	13	Arbeitsgruppen		x		(x)	
	14	Maßnahmenprogramme		x		(x)	(x)
	15	Bereitschaftsarbeitspläne		x			(x)
	16	Praktikum		x		(x)	
	17	individualisierte Ausbild.		x			
1979	18	Informationskampagne		x			
1980	19	Ausbildungsplätze	(x)	x			
	20	Bereitsch.Arb. abgeschafft	(x)	(x)			
	21	Arbeitsmarktausb. abgesch.	(x)	(x)			
	22	eingebaute Ausbildung	(x)	x			
	23	Lehrlingsausbildung	(x)	x			
	24	Introduktionsprogramm	(x)	x			
	25	Gewerbeeinführung	(x)	x			

beitsmarktausbildung frei werdendenden Mittel finanziert werden soll, können diese Maßnahmen durchaus als redistributive Maßnahmen gewertet werden. Hier wird eindeutig formuliert, wer durch die Policy verliert, und wer gewinnen wird. Allerdings greift diese Festlegung in erster Linie nur innerhalb des politisch-administrativen Systems, es handelt sich mithin um eine interne Umverteilung von Mitteln. Nach außen hin ändert sich an einer distributiven Politik gegenüber den jugendlichen Arbeitslosen, ohne daß deutlich würde, wer durch diese Politik benachteiligt wird, nichts.

8.3. Programmformen

Auch am Beispiel der Bekämpfung der Jugendarbeitslosigkeit wird der typische Aufbau der programmatischen Grundlagen schwedischer Politik deutlich [28].

Die Grundlagen der Politik werden in einigen wenigen von der Regierung vorgelegten und vom Reichstag verabschiedeten grundlegenden Propositionen niedergelegt. Diese Propositionen entsprechen vielen Anforderungen, die gemeinhin an politische Programme gestellt werden. So enthalten sie i.d.R. Angaben über:

- die zu erreichenden Ziele,
- die konkret beabsichtigten Maßnahmen,
- die mit der Durchführung betrauten Akteure,
- die notwendigen Finanzen (u.U. mit Hinweis auf die jährliche Budgetproposition),
- die eingesetzten staatlichen Steuerungsinstrumente (sowohl extern wie intern) und
- das gesamte zugrundeliegende Modell der Annahmen, auf deren Grundlage die jeweiligen Maßnahmen getroffen werden.

Insbesondere wird auf weitere für diesen Bereich relevante staatliche Aktivitäten (Propositionen) verwiesen und werden die programmatischen Grundlagen umfassend angegeben [29].

Im Bereich der Jugendarbeitslosigkeit sind insbesondere folgende Regierungspropositionen von besonderer Bedeutung:

- Prop. 1975/76: 39 om skolans inre arbete (über die innere Arbeit der Schule),
- Prop. 1977/78: 164 om aatgärder mot ungdomsarbetslöshet (über Maßnahmen gegen die Jugendarbeitslosigkeit),
- Prop. 1979/80: 145 om aatgärder för att främja ungdomars utbildning i gymnasieskolan (über Maßnahmen zur Förderung der Ausbildung der Jugend in der Sekundarstufe 2).

Diese Propositionen enthalten mit wenigen Ausnahmen sämtliche oben (8.1.) aufgeführten Maßnahmen. So gehen die im Jahre 1977 etablierten Maßnahmen ausschließlich auf Prop. 1975/76 : 39 zurück, die Maßnahmen des Jahres 1978 auf Prop. 1977/78: 164 und die 1980er Maßnahmen auf Prop. 1979/80 : 145.

Wichtige Voraussetzungen und Rahmenbedingungen der Politik sind darüber hinaus in weiteren Propositionen festgelegt, die sich nicht primär mit dem Bereich Jugendarbeitslosigkeit befassen, sondern andere oder verwandte Politikbereiche betreffen. Beispiele wären:

- Prop. 1975: 45 om riktlinjer för arbetsmarknadsutbildningen (über Richtlinien für die Arbeitsmarktausbildung) in der die Öffnung der Arbeitsmarktausbildung für Jugendliche und die ALU-Kurse enthalten waren und
- Prop. 1975/76 om samordnad sysselsättnings- och regionalpolitik (über koordinierte Beschäftigungs- und Regionalpolitik), in der die Aufgaben der SSA-Räte präzisiert wurden.

Schließlich kann auch der jährliche Haushaltsvorschlag, die Budgetproposition, die jeweils die Nummer 100 trägt, in den Anlagen zu den einzelnen Ministerien konkrete Vorschläge enthalten, so z.B.

- Prop. 1979/80 : 100 bil. 12, den Vorschlag über den Versuch einer neuartigen Lehrlingsausbildung.

Diese staatlichen Programme in der Form von vom Reichstag verabschiedeter Propositionen der Regierung sind wiederum durch Gutachten und Berichte (Betänkande) unabhängiger Kommissionen vorbereitet worden. [30] Wichtige Kommissionen in diesem Bereich, die die Grundlagen der späteren Propositionen erarbeitet haben, waren in erster Linie

- die Kommission zur Überwachung der Arbeitsmarktausbildung (Kommittéen för översyn av arbetsmarknadsutbildning), die in ihrer Veröffentlichung "Ausbildung zur Arbeit" (Utbildning för arbete, SOU 1974: 79) die Grundlage der Prop. 1975: 45 lieferte,

- sowie die Beschäftigungskommission (Sysselsättningsutredningen), die in verschiedenen Gutachten die Grundlagen der zukünftigen schwedischen Arbeitsmarktpolitik herausarbeitete [31] und die Vorschläge für verschiedene Propositionen lieferte.

Zum Teil erarbeiteten die Kommissionen - aufgefordert oder unaufgefordert - Vorschläge bevor sie ihre Arbeit abgeschlossen bzw. Teilgutachten veröffentlicht hatten (z.B. bei speziellen Problemen) in der Form von Skrivelser, das sind Schreiben der jeweiligen Kommission an das Ministerium, in dem bestimmte Vorschläge gemacht werden. In diesem Fall z.B. Skrivelse der Sysselsättningsutredningen vom 11.10.1977 als Grundlage der Proposition 1977/78: 164.

Daneben gibt es im Bereich der Arbeitsmarktpolitik eine weitere ständige Kommission, deren Aufgabe nicht auf ein besonderes Problem beschränkt ist, und die eher theoretische, forschungsorientierte und evaluative Untersuchungen erarbeitet und veröffentlicht. [32]

Neben diesen normalen Kommissionen der Politikformulierung, die i.d.R. sowohl aus Experten wie Politikern sämtlicher Parteien bestehen und die ihre Berichte und Gutachten in der öffentlichen Schriftenreihe der Ministerien veröffentlichen, (SOU, vgl. oben 5.3.), gibt es eine zweite Kategorie von eher internen Kommissionen, die konkrete Vorschläge für zukünftige Politik erarbeiten. Ein Beispiel dafür ist die "Delegation für Bechäftigungsfragen der Jugend" (Delegation för ungdommens sysselsätningsfraagor) die Anfang 1978 [33] von der Regierung eingerichtet wurde. Auch diese Kommission besteht z.T. aus externen, d.h. nicht der Ministerialbürokratie angehörigen Mitgliedern. In ihr sind je ein Vertreter

- des Arbeitsministeriums,
- des Ausbildungsministeriums,
- aller Parteien des Parlaments (einschl. der Kommunisten),
- der Kommunalvereinigung,
- der Kreisvereinigung,
- aller Jugendorganisationen der Parteien,
- der Gewerkschaften der Akademiker und der Beamten,
- des Gewerkschaftsbundes,
- der Arbeitsmarktbehörde,
- der obersten Schulbehörde,
- der Sysselsättningsutredningen,

vertreten.

Damit ist diese politikvorbereitende Delegation im Prinzip ähnlich zusammengesetzt, wie die normalen Kommissionen (Kommittés). Die Zusammensetzung der Kommissionen und Delegationen verdeutlicht, daß schon bei der Programmformulierung besonderes Gewicht auf die Einbeziehung aller relevanten Interessen sowie auf deren gegenseitige Abstimmung gelegt wird. Eng damit zusammen hängt die besondere Betonung des Konsenses und der breitest möglichen Zustimmung zu den Vorschlägen, die schon im voraus gesichert werden soll. Die Programmerstellung wird damit von Anfang an offen gestaltet. Auch bei internen Vorüberlegungen in den Ministerien wie in diesem Fall, werden externe Interessen beteiligt. [34]

Auffällig ist, daß neben den "normalen" Interessengruppen (insbesondere Gewerkschaften und Arbeitgeber) und den politischen Parteien auch die später für die Durchführung der Programme zuständigen staatlichen Behörden (in diesem Fall Arbeitsverwaltung und Schulverwaltung) jeweils sehr stark in den Kommissionen vertreten sind. Dies verdeutlicht, daß die Zentralbehörden zwar bei der Programmformulierung eine wichtige Rolle spielen [35], daß sie aber nicht die Programme auch entwickeln. Man kann davon ausgehen, daß die Programmentwicklung insgesamt durch ein Netz von informellen Kontakten und persönlichen Bekanntschaften unterstützt wird, aber dennoch bleibt das zentrale Merkmal, daß weder Behörden noch Ministerien, sondern breit zusammengesetzte Kommissionen die entscheidende Rolle spielen.

Das Charakteristikum der möglichst frühen und möglichst breiten Einbeziehung relevanter Interessen wird durch das Remiss-Wesen noch untermauert. Beim Remiss werden die Vorschläge der jeweiligen Kommission einem mehr oder weniger großen Kreis interessierter Interessenverbände zur Kommentierung vorgelegt, bevor von Seiten der Regierung auf der Grundlage der Kommissionsberichte und der Remiss-Antworten die Proposition erarbeitet wird. [36]

Die Stellungnahmen der einzelnen Remiss-Antworten wie auch die ursprünglichen Vorschläge der Kommission werden in der jeweiligen Proposition referiert, so daß von vornherein deutlich wird, welche Interessengruppen welche Vorschläge unterstützen bzw. ablehnen oder skeptisch beurteilen.

Erst nachdem dieser umfassende Beteiligungsprozeß abgeschlossen worden ist, entwickelt die Regierung selbst in den Ministerien eigene Vorstellungen. Obwohl also die Regierung weitgehend von der Programmerstellung und vor allem den programmatischen Vorarbeiten entlastet ist, bleibt der entscheidende Schritt unter ihrer Kontrolle. Die Regierung macht dem Reichstag einen Vorschlag in Form der Proposition, und diese Proposition kann (und wird häufig) von den Vorschlägen der Kommission und/oder der Remiss-Instanzen abweichen.

Hervorzuheben ist, daß durch das Remiss-Wesen auch Probleme der politischen Koordination bewältigt werden, indem z.B. weitere Kommissionen, die mit ähnlichen oder interdependenten Problemen beschäftigt sind, die Vorschläge zur Kommentierung vorgelegt bekommen, genauso wie andere Propositionen und Kommissionsvorschläge, die den Bereich Jugendarbeitslosigkeit tangieren, auch von den hier tätigen Kommissionen und Behörden kommentiert werden. [37)]

Schließlich ist zu beachten, daß der Reichstag, dem die Proposition vorgelegt wird, das endgültige Wort in der Programmphase hat. Zwar handelt der Reichstag nicht unbedingt jede einzelne Proposition ab und auch in den Ausschüssen werden die Propositionen nur diskutiert, aber selten verändert. Dies ändert jedoch nichts an der Tatsache, daß Propositionen erst mit der Zustimmung des Reichstags wirksam werden und damit auch mit der höchsten politischen Autorität, nämlich der des Parlaments, ausgestattet sind.

Insgesamt ist die Programmformulierung in diesem Feld in Schweden daher dadurch charakterisiert, daß eine große Anzahl wichtiger Interessen von Anfang an beteiligt sind, gleichzeitig aber die Ministerien, die politischen Spitzen und schließlich das Parlament die Programmformulierung überwachen und die dafür zuständigen Behörden eher Ratgeber- als Programmierungsfunktionen erfüllen, während die Initiative bei unabhängigen Kommissionen und die schließliche Entscheidung beim Ministerium liegt.

Beachtenswert ist neben der umfassenden externen Beteiligung die verhältnismäßig geringe rechtliche Durchnormierung der Programme. Die rechtliche Grundlage der Arbeitsmarktpolitik ist die sog. "Arbeitsmarktbekanntmachung" (Arbetsmarknadskundgörelsen) [38)], aber dieses Instrument spielt in der praktischen Diskussion keine entscheidende Rolle. Es wird in den entsprechenden Propositionen nicht erwähnt, sondern die evtl. notwendigen Änderungen und Anpassungen werden quasi automatisch und stillschweigend von der Arbeitsmarktverwaltung vorbereitet und von der Regierung durchgeführt [39)]. Die Arbeitsmarktbekanntmachung ist daher in erster Linie ein technisches Hilfsmittel zur Durchsetzung politischer Ziele und kein eigenständiges materielles Programm.

Insgesamt bewegen sich die Programme innerhalb des gegebenen gesetzlichen Rahmens der Arbeitsmarktpolitik, d.h. eine kontinuierliche Änderung von Gesetzen wie in der Bundesrepublik ist nicht notwendig. Allerdings werden diese Programme als Propositionen vom Reichstag verabschiedet und daher bedeutet jede programmatische Änderung, daß der Reichstag sich erneut mit dem Problem beschäftigen muß. Die Programme bewegen sich innerhalb der bestehenden Haushaltsansätze bzw. geben jeweils an, durch welchen Titel im Haushalt die zu erwartenden Mehrausgaben gedeckt werden sollen. Z.T. werden auch, im Rahmen der Budgetproposition, neue Haushaltstitel geschaffen.

Auffällig ist, daß im gesamten untersuchten Zeitraum nur drei größere Propositionen für diesen Bereich erarbeitet wurden, die jeweils aufeinander aufbauen und weitere relevante Programme einbeziehen und bündeln. Es handelt sich bei diesen Programmen nicht um Sonderprogramme, die nur für einen bestimmten Zeitraum befristet sind, sondern um allgemeine Programme, die allerdings auf eine ganz spezielle Zielgruppe (Jugendliche zwischen 16 und 25, speziell zwischen 16 und 18 Jahren) ausgerichtet sind. Innerhalb dieser allgemeinen Programme werden dann z.T. Versuchsanordnungen definiert, deren Erprobung im Rahmen des Programms beabsichtigt ist.

Der Umfang der Programme ist daher sehr hoch einzuschätzen. In den einzelnen Propositionen, die i.d.R. von mehreren Ressorts gemeinsam erarbeitet worden sind, werden sehr viele Aspekte angesprochen und daher keine isolierten Lösungen vorgestellt. Es handelt sich um umfassende und zumindest der Intention nach integrierte Programme.

Auch bezüglich der Erneuerung und Veränderung bestehender Policies sind die Programme sehr hoch einzuschätzen. Jede Proposition enthielt z.B. Versuchsanordnungen, die i.d.R. in das nächste Programm evaluiert und verbessert einflossen. Die letzte Proposition muß sogar als radikale Änderung der bisherigen Politik angesehen werden. Sie umfaßt nicht nur marginale und inkrementale Veränderungen, sondern entwirft eine neuartige Konzeption des Politikbereichs (z.B. durch Abschaffung der Bereitschaftsarbeit, verstärkte Ausbildung, neuartige Ausbildungsgänge usw.).

Die Beteiligung umfassender gesellschaftlicher Interessen an der Formulierung der Programme und die Publizität des gesamten Bereichs ist wie gezeigt umfassend. Eine große Anzahl von von den Programmen berührten oder an den Programmen interessierten Gruppen können sich im Verlauf der Programmformulierung äußern und auch Remiss-Äußerungen von nicht direkt um Stellungnahme gebetenen Interessenten werden berücksichtigt [40]. Schließlich werden die Propositionen im Parlament verabschiedet.

Die Eingriffsdichte der Programme ist bezüglich der angekündigten Maßnahmen, ihrer sachlichen Ausgestaltung, der Finanzierung und der Festlegung der implementierenden Instanzen hoch anzusetzen. Die Ausgestaltung der zukünftigen Politik wird materiell sehr genau beschrieben, ohne daß allerdings die Durchführung der einzelnen Maßnahmen (z.B. Inhalte der Kurse) exakt vorgegeben würden. Aus diesem Grund sind auch Möglichkeiten für eine nachträgliche Erfolgskonrolle gegeben. Auch die Verbindlichkeit der Propositionen ist hoch. Sie sind offizielle Anweisungen der staatlichen Stellen, ohne allerdings in Gesetzes- oder Verordnungsform formuliert zu sein. Es ist davon auszugehen, daß die staatlichen Behörden, aber auch die Kommunen und Kreise sich bemühen werden, diese Propositionen in die Wirklichkeit umzusetzen. Demgegenüber ist die rechtliche Regelungsdichte und Regelungstiefe der Programme eher gering. Die Programme enthalten zwar konkrete Zielvorgaben und Maßnahmen, die Implementierung dieser Politik wird aber weitgehend den staatlichen Zentralbehörden überlassen, die allerdings vor allem im Bereich der Schulen die Durchführung der Maßnahmen gegenüber den Kommunen verhältnismäßig genau vorschreiben.

8.4. Ziele

Die allgemeinen Ziele staatlicher Politik im Bereich Jugendarbeitslosigkeit in Schweden sind einfach und eingängig formuliert, allerdings auch sehr umfassend. Das allgemeinste Ziel ist, daß [41], allen Jugendlichen entweder ein Arbeits-, ein Ausbildungs- oder ein Praktikumsplatz garantiert werden soll. Damit wird das generelle Ziel der Arbeitsmarktpolitik in Schweden "Arbeit für alle" auf die Belange der Jugendlichen heruntergebrochen. Dieser umfassende Anspruch der Arbeitsmarktpolitik wird dahingehend konkretisiert, daß alle, die arbeiten können und wollen, auch die Möglichkeit zu einer als sinnvoll empfundenen Arbeit bekommen sollen [42]. Speziell auf die Jugendlichen bezogen wird diese staatliche "Garantie" eines Ausbildungs-, Arbeits- oder Praktikantenplatzes auch als "ungdomsgarantin", d.h. Jugendgarantie bezeichnet. Diese Garantie ist zunächst nicht auf bestimmte Altersgruppen begrenzt, aber aus der gesamten Anlage der Programme geht hervor, daß damit in erster Linie Jugendliche im Alter zwischen 16 und 18 Jahren gemeint sind, d.h. diejenigen, die gerade die obligatorische Schulbildung beendet haben.

Mit der allgemeinen Definition der "Jugendgarantie" ist die Zieldiskussion in den schwedischen Programmen zur Bekämpfung der Jugendarbeitslosigkeit praktisch beendet. Zwar wird verschiedentlich hervorgehoben, daß

"jeder junge Mensch, der die Hilfe der Gesellschaft braucht um in das Arbeitsleben hineinzukommen, diese auch bekommen soll und zwar in einer Form, die seine oder ihre Wünsche und Bedürfnisse berücksichtigt." [43]

aber eine weitere Konkretisierung der Jugendgarantie wird nicht vorgenommen. Als nächster Schritt werden dann sofort konkrete Maßnahmen formuliert [44], mit denen diese Ziele erreicht werden sollen.

Als weiteres internes Ziel (quasi als "Mittel") wird darüber hinaus angegeben, daß die schon vorhandenen Maßnahmen, insbesondere der Bildungs- und Arbeitsmarktpolitik, "effektivisiert und koordiniert" werden sollen, weil auf diese Art "Koordinationsgewinne" zu erreichen sind.

Die Probleme und Ursachen der Jugendarbeitslosigkeit werden in den Propositionen nicht sehr ausführlich angesprochen. Über eine Darstellung der quantitativen Entwicklung des Arbeitsmarktes für Jugendliche hinaus gibt es nur wenige Bemerkungen zu den Gründen für diese Entwicklung. Neben der allgemeinen schwierigen konjunkturellen Entwicklung (globales Arbeitsplatzdefizit) werden insbesondere die veränderten Eingangsbedingungen für Berufsanfänger angesprochen. Gesucht werden auf dem Arbeitsmarkt fast nur noch Jugendliche mit einer gewerblichen Ausbildung; Arbeitsplätze für Ungelernte als Einstieg ins Berufsleben sind kaum noch vorhanden. Gleichzeitig wird konstatiert, daß ein Teil der Jugendlichen nach ihrer Pflichtschulzeit kein Interesse mehr an weiterer schulischer Bildung hat und so schnell wie möglich arbeiten möchte, d.h. es liegt ein kombiniertes Motivations- und Qualifikationsdefizit bei den Jugendlichen vor.

Zur Bestimmung der vorrangig inhaltlichen Zieldimensionen der Politik ist es sinnvoll, von den durch die verschiedenen Maßnahmen zu behebenden Problemdimensionen auszugehen. Ganz allgemein ist davon auszugehen, daß Maßnahmen zur Bekämpfung der Jugendarbeitslosigkeit in folgenden Bereichen ansetzen:

- Arbeitsplatzdefizite: es gibt zu wenig Arbeitsplätze,
- Informationsdefizite: Jugendliche sind zu schlecht über ihre Chancen und Möglichkeiten informiert,
- Motivations- und Qualifikationsdefizite: Jugendliche sind nicht bereit in den Arbeitsmarkt einzutreten bzw. ihnen fehlen Grundqualifikationen,
- Defizite schulischer Ausbildung: Jugendliche verlassen die Grundschule zu früh und mit zu geringem Wissen,
- Defizite beruflicher Ausbildung: es gibt nicht genügend berufsbezogene Ausbildungsplätze und die Ausbildung genügt nicht den heutigen Anforderungen. 45)

Auf der Verlautbarungsebene wird in Schweden zunächst nicht zwischen diesen Zieldimensionen differenziert, da ein Arbeits- oder Ausbildungsplatz für jeden Jugendlichen angestrebt wird. Allenfalls Movitvations- und Qualifikationsdefizite sowie Defizite beruflicher Ausbildung werden als besondere Problembereicher herausgehoben.

Ziel der "Jugendgarantie" und damit der Politik ist ganz allgemein, die Motivations-, Qualifikations- und zum Teil Informationsdefizite zu überwinden und gleichzeitig sicherzustellen, daß ein ausreichendes Arbeitsplatz- und Ausbildungsplatzangebot für die Jugendlichen bereit steht.

Auch die Zuordnung der in 8.1. aufgeführten Maßnahmen zu diesen inhaltlichen Zieldimensionen (vgl. Abb. 8.1.) ergibt eine breite Streuung. Ein eindeutiges Übergewicht einer Dimension ist nicht zu erkennen, allein die Behebung von schulischen Ausbildungsdefiziten spielt eine untergeordnetere Rolle, wahrscheinlich weil in Schweden die 9-jährige Schulpflicht in einer Gesamtschule durchgeführt und als ausreichend angesehen wird. Ein leichtes Übergewicht haben die motivierenden und allgemeinen berufsvorbereitenden Maßnahmen, wenn man Bereitschaftsarbeit hier einordnet, die ja auch berufliche Grundqualifikationen vermitteln soll. Dies deutet darauf hin, daß auch in Schweden die Problematik der Jugendarbeitslosigkeit in enger Verbindung mit jugendlichen Problemgruppen gesehen wird.

Während bis einschließlich der Prop. 1977/78: 164 sowohl dem Arbeitsmarkt ("Bereitschaftsarbeit") wie den auf die Ausbildung ("Ausbildungsplätze") bezogenen Aktivitäten prinzipiell eine gleiche Priorität eingeräumt wird, bzw. arbeitsmarktpolitische Aktivitäten als eher kurzfristige, ausbildungspolitische als eher langfristige Alternativen angesehen werden, wird mit der Prop. 1979/80: 145 dem Ausbildungsbereich eine eindeutige Priorität zugewiesen.

Zwar wurde schon vorher betont, daß eine gewerbliche Ausbildung die beste Grundlage zur Verhinderung von Arbeitslosigkeit sei [46], aber erst in der letztgenannten Proposition werden daraus weitergehende Schlüsse gezogen. So wird betont, daß der Übergang zwischen Schule und Beruf ein entscheidender Punkt im Leben eines Menschen ist und daher gerade hier staatliche Maßnahmen ansetzen sollten [47], und daß der Mangel an berufsbezogener Ausbildung nicht nur für die Jugendlichen problematisch ist, sondern auch

Abb. 8.2.: Bekämpfung der Jugendarbeitslosigkeit in Schweden
Zieldimensionen

Jahr	lfd. No.	Maßnahmen in Stichworten	Arbeitsplätze	Information	Motivation	schul. Ausbildung	berufliche Ausbildung
1972	1	Bereitschaftsarbeit	x		(x)		
	2	Ausbildungsvertretung	x		(x)		
1974	3	Beratung & Information		x			
	4	Personal		x			
1976	5	Lohnkostenzuschüsse	x		(x)		
	6	Arbeitsmarktausbildung					x
	7	ALU-Kurse		x			
	8	Folgeverantw. der Schule					
	9	SSA-Räte					
	10	Ausbildungsplätze				x	x
	11	SYO / PRYO		x			
	12	Kurzkurse			x		
1978	13	Arbeitsgruppen		x			
	14	Maßnahmenprogramme					
	15	Bereitschaftsarbeitspläne	x		(x)		
	16	Praktikum					x
	17	individualisierte Ausbild.			x		
1979	18	Informationskampagne		x			
1980	19	Ausbildungsplätze				x	x
	20	Bereitsch.Arb. abgeschafft					
	21	Arbeitsmarktausb. abgesch.					
	22	eingebaute Ausbildung					x
	23	Lehrlingsausbildung					x
	24	Introduktionsprogramm		x	x		
	25	Gewerbeeinführung			x		(x)

für die gewerbliche Wirtschaft insgesamt, weil gerade in diesem Bereich noch eine Nachfrage nach Arbeitskräften besteht [48]. Die Schlußfolgerung daraus ist eine Veränderung der politischen Schwerpunktsetzung, indem nun ganz eindeutig das Ausbildungsziel Priorität bekommt. Das modifizierte Ziel des Politikbereichs ist damit nicht mehr nur, daß alle Jugendlichen ein Arbeits- oder Ausbildungsplatz garantiert wird, sondern daß Jugendliche unter 18 Jahren eine Ausbildung im Rahmen der schwedischen Sekundarstufe 2 bekommen sollen [49].

Auffällig ist weiter, daß einige Maßnahmen (u.a. SSA-Räte, Folgeverantwortung) als übergreifende Maßnahmen keiner dieser Kategorien zugeordnet werden können, sondern vorrangig die Voraussetzung zur integrierten Erreichung sämtlicher Ziele schaffen sollen.

Insgesamt geht die Bekämpfung der Jugendarbeitslosigkeit in Schweden von einem sehr umfassenden Ziel aus, daß dann durch Maßnahmen in verschiedenen Zieldimensionen verwirklicht werden soll. Die Maßnahmen des Politikbereichs sind so umfassend angelegt, daß sie diesen Anspruch der Politik durchaus einlösen. Widersprüche zwischen Verlautbarungs- und Maßnahmenebene sind nicht zu erkennen. Zielkonflikte wurden schließlich eindeutig durch die Präferierung des Ausbildungsziels gelöst.

Die Ziele des Politikbereichs sind verhältnismäßig konkret formuliert und z.T. operationalisiert. Es ist zwar schwer zu bestimmen, wann das allgemeine Ziel "Arbeits- bzw. Ausbildungsplätze für alle" erreicht ist, aber solange ein erheblicher Teil der Jugendlichen arbeitslost ist, ist es offensichtlich nicht erreicht. Selbst wenn eine quantitative Überprüfung daher Schwierigkeiten aufwirft, ist eine politische "Zielerreichungskontrolle" durchaus möglich. Während das allgemeinste Ziel nicht operationalisiert ist, sind es demgegenüber aber einige Unterziele (z.B. die Erhöhung der Ausbildungsplätze in der Sekundarstufe 2). Die Erfüllung dieser Ziele ist damit auch verhältnismäßig leicht einer Erfolgskontrolle zu unterziehen. Insgesamt werden daher durch die verschiedenen Zielsetzungen in den Propositionen nicht nur Programmziele, sondern auch Ergebnisziele (und z.T. Vollzugsziele)definiert.

8.5. Akteure

Eine Analyse wichtiger Akteure des Bereichs "Bekämpfung der Jugendarbeitslosigkeit" zeigt weitgehend die gleichen Charakteristika, die schon bei der Behandlung des Problemkreises "Drogenmißbrauch" herausgearbeitet wurden (vgl. Abb. 8.3., siehe auch 5.5)

Auf zentralstaatlicher Ebene ist die Durchführung der Politik von den beiden zuständigen Ministerien (Bildungsministerium und Arbeitsministerium) voll auf die beiden Zentralbehörden "Skolöverstyrelsen" SÖ (Schulbehörde) und "Arbetsmarknadsstyrelsen" AMS (Arbeitsmarktbehörde) ausgelagert. Beide Zentralbehörden werden durch eigene "Styrelser" (Verwaltungsräte) geleitet, während die sehr kleinen Ministerien nur Stabsfunktionen wahrnehmen. Außerdem wurde schon bei der Behandlung der Programme (8.3.) gezeigt, daß auch die Politikformulierung bzw. deren Vorbereitung weitgehend aus den Ministerien ausgelagert und speziellen Kommissionen zugeordnet ist, u.a.

- Delegation für Beschäftigungsfragen der Jugend (Delegationen för ungdommens sysselsättningsfraagor - DUS),
- Beschäftigungskommission (Sysselsättningsutredningen - SSU)
- Expertengruppe für Untersuchungen von Arbeitsmarktfragen (Expertgruppen för utredningsverksamhet i arbetsmarknadsfraagor - EFA).

Auf regionaler Ebene sind staatliche Sonderverwaltungen in den Län (Bezirk) für die Durchführung zuständig. Diese werden wiederum durch breit zusammengesetzte Ausschüsse geleitet und sind nach diesen auch benannt:

- Bezirksschulausschuß (Länsskolenämnd) und
- Bezirksarbeitsausschuß (Länsarbetsnämnd).

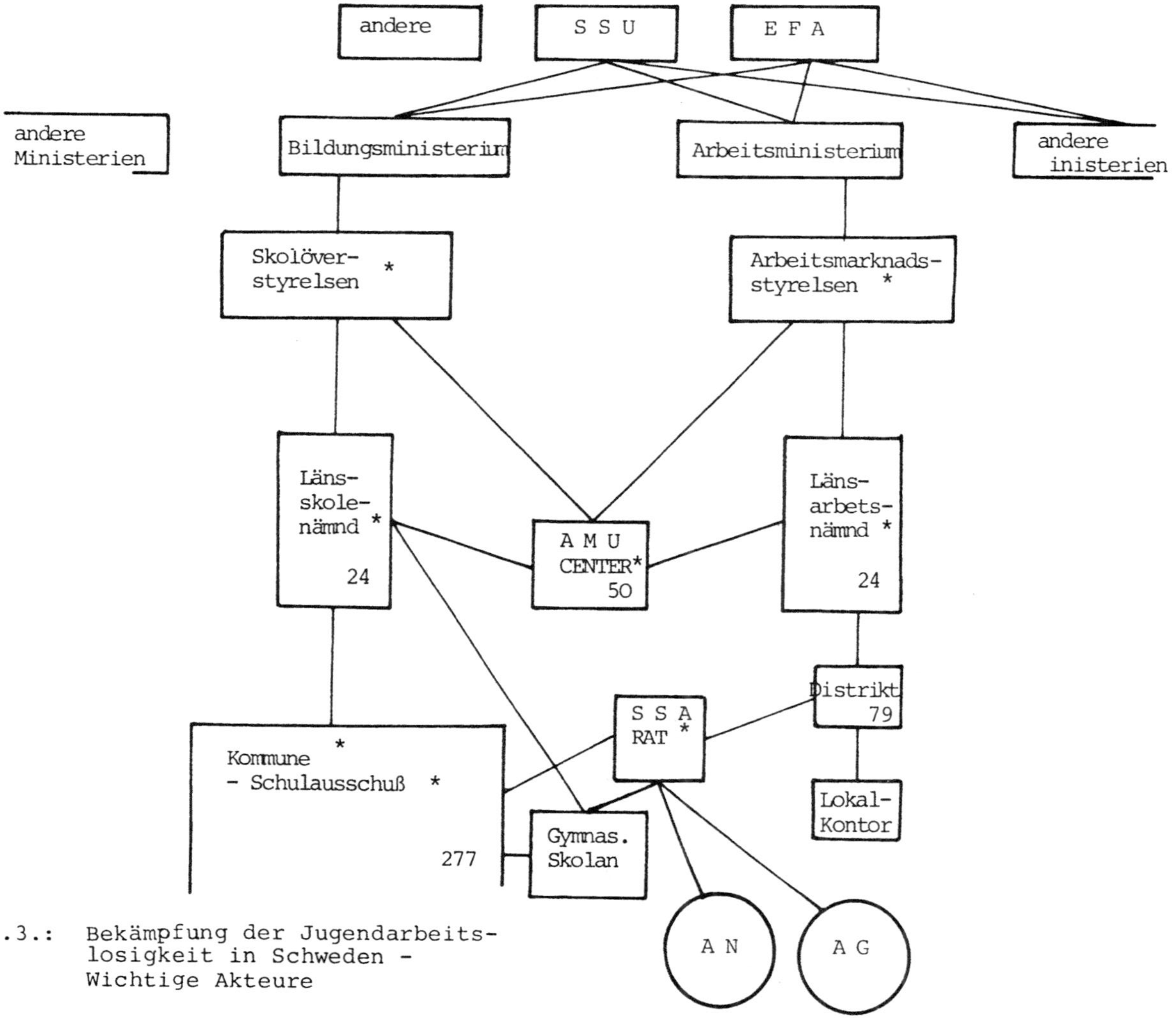

Abb. 8.3.: Bekämpfung der Jugendarbeitslosigkeit in Schweden - Wichtige Akteure

Diese beiden Ausschüsse sind mit der regionalen allgemeinen Verwaltung verflochten, indem der Regierungspräsident (Landshövding) Vorsitzender beider Ausschüsse ist. Die übrigen Mitglieder (neben den jeweiligen Direktoren der Behörden) werden von der vorgesetzten Zentralbehörde auf Vorschlag von Kommunen und Interessenverbänden ernannt. [50)]

Zu den wichtigsten Aufgaben der Länsarbetsnämnd (LAN) gehört die Leitung der Arbeitsvermittlung. Diese wird von den Distriktarbetsnämnd wahrgenommen, deren leitender Ausschuß ähnlich zusammengesetzt ist wie die Länsarbetsnämnd. Darüberhinaus soll der LAN die Entwicklung des Arbeitsmarktes im Län überwachen sowie geeignete Maßnahmen planen und ggfs. durchführen, die einer negativen Entwicklung des Arbeitsmarktes entgegenwirken. So kann der LAN z.B. Bereitschaftsarbeiten anregen oder auch zu geplanten Bereitschaftarbeiten Stellung nehmen.

Arbeitsmarktausbildung findet in sog. AMU-Center statt, von denen es z.Zt. ca. 50 gibt. Diese werden gemeinsam von zentraler Schulverwaltung und Arbeitsmarktverwaltung unterhalten, wobei die Schulverwaltung für die Ausformung der Kurse, die Lokalitäten, die Rekrutierung des Lehrpersonals und die Examina zuständig ist, während die Festlegung der Art der Kurse, Rekrutierung der Auszubildenden und die finanzielle Erstattung an diese von der Arbeitsmarktverwaltung wahrgenommen werden. Formal sind die AMU-Center Teil des Ausbildungssystems, aber auf jeder Ebene gibt es eine enge Zusammenarbeit zwischen Schul- und Arbeitsmaktverwaltung. Die einzelnen Zentren werden wiederum durch einen Ausschuß geleitet. [51)]

Auf lokaler Ebene liegt die zentrale Verantwortung bei den jeweiligen Kommunen, bzw. bei deren Schulausschüssen (Skolstyrelse), die für das gesamte Ausbildungssystem der Kommunen, darunter auch das Einheitsgymnasium der Sekundarstufe 2 (Gymnasieskolan) verantwortlich sind. Aufgrund der "Folgeverantwortung" sind die Schulen für sämtliche 16 -18 Jährigen zuständig [52)].

Die enge Zusammenarbeit wird auf lokaler Ebene in erster Linie durch die sog. SSA-Räte gewährleistet, aber auch neben diesen Räten ist die Zusammenarbeit zwischen Schulen, Arbeitsmarktverwaltung, Arbeitgebern und Arbeitnehmern eng, da ja ein Teil der praktischen gewerblichen Ausbildung im Rahmen der Sekundarstufe 2 bei Arbeitgebern stattfindet [53)].

Generell zeichnet sich die Struktur der Akteure dieses Politik- bzw. Problembereichs durch die vielfältigen Zusammenarbeits- und Koordinationsmöglichkeiten aus, nicht zuletzt auch über das System der personellen Verflechtungen der Leitungsgremien. In Abb. 8.3. sind sämtliche Behörden, die von einer breit zusammengesetzten Styrelse geleitet werden, mit einem Sternchen versehen. Es zeigt sich, daß auf allen Ebenen diese personellen Verflechtungen institutionalisiert sind und daß insbesondere die Arbeitsmarktpartner einen wichtigen Einfluß ausüben können.

Ähnlich wie die Programmformulierung, die weitgehend von Kommissionen wahrgenommen wird, während nur die letzte Entscheidung beim Ministerium liegt, zeichnet sich die Programmdurchführung vor allem dadurch aus, daß ein Großteil der Kompetenzen von den Ministerien auf die nachgeordneten (Zentral-)Behörden, die sog. Ämbetsverk, verlagert wird, in diesem Fall auf die Arbeitsmarktverwaltung (Arbetsmarknadsstyrelsen) und die Schulverwaltung (Skolöverstyrelsen). Die Programme werden fast ausschließlich von diesen Behörden bzw. von den Kommunen (oder beiden Instanzen in Zusammenarbeit) durchgeführt, die Rolle der Ministerien beschränkt sich darauf, die nötigen Mittel zur Durchführung der Programme zur Verfügung zu stellen (z.B. zur Erhöhung der Zahl der Berufsberater oder der Ausbildungsplätze am integrierten Gymnasium), die Interpretation bestimmter Regeln neu zu definieren (keine Bereitschaftsarbeitsplätze für Jugendliche) oder generell öffentliche und private Akteure zu einem bestimmten Verhalten aufzurufen (Erstellung von Plänen für Bereitschaftsarbeitsplätze). Die Ministerien sind also mit der Programmdurchführung nicht belastet.

Die Programmdurchführung ist aber nicht nur weitgehend von

den Ministerien auf die zentralen Behörden, sondern auch weitgehend von der zentralen auf die lokale Ebene verlagert. Entweder ist die lokale Arbeitsverwaltung für die Durchführung zuständig, oder, was meistens der Fall ist, die Durchführung fällt in die Kompetenz der Kommunen. Typisch scheint in diesem Zusammenhang zu sein, daß schon in den Programmen die Zusammenarbeit auf lokaler Ebene angeregt und zum Teil auch institutionalisiert wird (vgl. die sog, SSA-Räte), d.h. es werden Zusammenarbeitsgremien, in denen Arbeitsverwaltung, Schulverwaltung, Kommunen, Arbeitsmarktpartner und weitere Interessengruppen vertreten sind, aktiv in die Durchführung der Programme einbezogen, indem ihre Mitarbeit bei den einzelnen Maßnahmen in den Programmen gefordert wird.

Damit ist nicht festgelegt, in welcher Form sie in die Programmdurchführung eingreifen sollen, sondern nur eine Grundlage für ihre Beteiligung geschaffen, die dann jeweils lokal ausgefüllt werden kann.Z.T. legen die Programme auch fest, daß in diesen lokalen Räten eigene Maßnahmenprogramme erarbeitet werden sollen, ohne präzise anzugeben, wie diese Programme auszusehen haben. Die zentralen Programme geben also nur einen Rahmen vor, der lokal ausgefüllt werden kann und soll. Schlüsselbegriff der Durchführung scheint "Zusammenarbeit" zu sein; selbst in den Fällen, in denen es nicht ausdrücklich angegeben ist, ist eine Einschaltung der lokalen Gremien auf jeden Fall möglich und nach dem Sinn der Programme auch erwünscht.

Die zentrale Bedeutung der lokalen Ebene wird durch den Begriff der "Folgeverantwortung der Schule" (Skolans uppföljningsansvar) verdeutlicht. Zunächst ist immer die lokale Schulverwaltung, d.h. die Kommune, für den Jugendlichen zuständig. Zentrales Ziel der staatlichen Programme ist es, die Handlungsfähigkeit der Schulen bzw. Kommunen heraufzusetzen. Erst wenn der Jugendarbeitslosigkeit mit den Mitteln der Schule nicht mehr Herr zu werden ist, tritt die Arbeitsmarktverwaltung in Aktion, allerdings jeweils vermittelt durch die lokalen SSA-Räte, d.h. es tritt das zweite Element der Durchführung, die Zusammenarbeit in Aktion.

Von besonderer Bedeutung ist weiter, daß nicht nur verschiedene staatliche Stellen in diese Zusammenarbeit einbezogen werden, sondern insbesondere auch die weiteren Akteure des Arbeitsmarkts (Arbeitgeber und Gewerkschaften) und die Kommunen. So sind im Bereich der Maßnahmen der Bereitschaftsarbeit oder der "eingebauten Ausbildung" die öffentlichen und privaten Arbeitgeber nicht nur Adressaten des Programms, sondern sie werden selber aufgefordert, Pläne für diese Maßnahmen zu erstellen sowie diese in den dafür vorgesehenen Gremien (z.B. SSA-Räte) mit den weiteren Akteuren des Politikbereichs abzustimmen.

Da es sich bei dieser Untersuchung nicht um eine empirische Implementationsstudie handelt, sondern die Durchführung nur anhand der Festlegungen der jeweiligen Programme untersucht werden soll, kann über die sicherlich vorhandenen Koordinations- und Zuständigkeitsprobleme, die in dieser doch recht komplizierten Durschführungsstruktur auftreten dürften, nichts gesagt werden, aber es ist zumindest nicht zu verkennen, daß immer wieder versucht wird, die Durchführung zu dezentralisieren und zu integrieren.

Insgesamt ist die Zusammenarbeit der verschiedensten staatlichen, kommunalen und privaten Akteure das zentrale Charakteristikum der Akteure des Problembereichs. Die Trennung zwischen staatlichen und privaten Akteuren wird durch die vielfältigen personellen Verflechtungen in den Leitungsgremien weitgehend aufgehoben. Fast sämtliche Akteure sind als "Quagos" anzusehen.

Trotz dieser vielfältigen Verflechtungen ist die Organisation und Verteilung der Zuständigkeiten sauber und übersichtlich. Auch hier wird das schwedische Prinzip der weitgehenden Kooperation aber eindeutigen Verantwortung deutlich. Im Rahmen dieser Organisation sind weitgehende Kompetenzen nach unten, d.h. auf regionale und lokale Gremien verlagert worden. Die Durchführung der Programme wird zwar von den staatlichen Zentralbehörden überwacht und geleitet, aber die lokalen und regionalen Handlungsspielräume, insbesondere für Innovationen oder koordinierte Vorhaben, sind beträchtlich.

Auch bei der Betrachtung der intendierten Wirkungsketten ist auf die Vernetzung der Durchführung zu achten. Die intendierten Adressaten bestimmter Maßnahmen (z.B. Kommunen, Arbeitgeber, Arbeitnehmer) sind entweder direkt oder durch ihre Interessenvertretung immer auch Beteiligte der Programmdurchführung. Trotz der vernetzten Organisation ist die Durchführung der Programme verhältnismäßig einfach. Für die Adressaten der Programme, z.B. Jugendliche oder Arbeitgeber, ist immer eindeutig, wer für die Programmdurchführung und weitere Probleme verantwortlich ist.

8.6. Instrumente

Die Zuordnung der Steuerungsinstrumente erfolgt wiederum nach den in 4.1.2. entwickelten Kriterien. Abweichend vom Bereich "Drogenmißbrauch" soll hier aber die Unterscheidung zwischen Implementationsstruktur (und den dort verwendeten internen Instrumenten) und Implementationsfeld (und den externen Instrumenten) etwas anders getroffen werden. Zum Implementationsfeld, d.h. zu den eigentlichen Adressaten der Policy sollen nicht nur arbeitslose Jugendliche oder Jugendliche, die u.U. zukünftig von Arbeitslosigkeit betroffen sein könnten, gerechnet werden, sondern auch Arbeitgeber, die Arbeits- oder Ausbildungsplätze für Jugendliche bereitstellen oder bereitstellen sollen. Diese definitorische Abgrenzung erscheint sinnvoll, weil ein Großteil der Maßnahmen im Bereich "Jugendarbeitslosigkeit" sich zwar letztendlich an (aktuelle oder potentielle) jugendliche Arbeitslose richtet, zentrale Adressaten der Maßnahmen zur Beseitigung von Arbeitsplatz- oder Ausbildungsplatzdefiziten aber oft Arbeitgeber sind. Um vergleichen zu können, wie diese privaten Arbeitgeber beeinflußt werden sollen, werden sie hier also nicht zur

Implementationsstruktur gerechnet (weil sie dort im Geflecht der Quagos und Quangos "verloren" gehen würden), sondern als Adressat der jeweiligen Maßnahmen angesehen. [54)]

Danach zeigt sich im Rahmen der externen Steuerung, d.h. der Beeinflussung der "Adressaten" des Politikbereichs, daß in Schweden die staatliche Leistungserstellung als Form der Steuerung bei weitem überwiegt, und zwar sowohl als

- vermehrte und verbesserte Ausbildung (etwa Maßnahmen im Bereich des integrierten Gymnasiums, der Arbeitsmarktausbildung usw.),
- vermehrte und verbesserte Beratung (z.B. intensivierte Berufsberatung) und
- als Bereitstellung von Arbeitsplätzen im staatlichen und kommunalen Bereich (Bereitschaftsarbeit).

Zumindest lange Zeit wurde die Lösung des Problems der Jugendarbeitslosigkeit in Schweden in vermehrten direkten Anstrengungen des öffentlichen Sektors gesehen. Erst die neuesten Maßnahmen lassen eine Verlagerung der Aktivitäten auf den privaten Bereich erkennen (Lehrlingsausbildung, eingebaute Ausbildung).

Damit bekommt auch die finanzielle Steuerung eine zunehmende Bedeutung. Traditionell wird die Steuerung durch finanzielle Anreize in erster Linie komplementär zur eigenen Leistungserstellung angewendet, d.h. vor allem zur Unterstützung Jugendlicher, die sich in einem der staatlichen Ausbildungsprogramme befinden (als Ausbildungsförderung oder sogar als Prämie für einen durchgeführten Kursus). Daneben wurden finanzielle Mittel für die Finanzierung von Bereitschaftsarbeit und zum Kauf von Ausbildungskapazitäten für Arbeitsmarktausbildung (und auch schulische Ausbildung) im privaten Sektor eingesetzt. Diese Form der finanziellen Steuerung ist bemerkenswert, da es sich hierbei ja nicht um Anreize handelt, der private Sektor also keine eigenen Beiträge leistet (oder wenn, dann nur in Form externer Effekte). Die programmatische Um-

Abb. 8.4.: Bekämpfung der Jugendarbeitslosigkeit in Schweden
Externe Steuerungsinstrumente

Jahr	lfd. No.	Maßnahmen in Stichworten	Regulierung	Finanzierung	Information	Leistung	Strukturierung
1972	1	Bereitschaftsarbeit				x	
	2	Ausbildungsvertretung				x	
1974	3	Beratung & Information			x	x	
	4	Personal			x	x	
1976	5	Lohnkostenzuschüsse		x			
	6	Arbeitsmarktausbildung		x		x	
	7	ALU-Kurse		(x)		x	
	8	Folgeverantw. der Schule				x	
	9	SSA-Räte					x
	10	Ausbildungsplätze				x	
	11	SYO / PRYO		(x)		x	
	12	Kurzkurse		(x)		x	
1978	13	Arbeitsgruppen				x	
	14	Maßnahmenprogramme			(x)	(x)	x
	15	Bereitschaftsarbeitspläne			(x)	(x)	x
	16	Praktikum		x	x		(x)
	17	individualisierte Ausbild.		(x)		x	
1979	18	Informationskampagne			x		
1980	19	Ausbildungsplätze				x	
	20	Bereitsch.Arb. abgeschafft					
	21	Arbeitsmarktausb. abgesch.					
	22	eingebaute Ausbildung		x		x	
	23	Lehrlingsausbildung		x		x	
	24	Introduktionsprogramm		(x)		x	
	25	Gewerbeeinführung		(x)		x	

orientierung am Ende der Periode hat dazu geführt, daß das Instrument des finanziellen Anreizes oder der finanziellen Entschädigung (es ist schwer, hier präzise Unterschiede festzulegen) vermehrt angewendet wird (eingebaute Ausbildung, Lehrlingsausbildung).

Neben den finanziellen spielen auch die informationellen Instrumente oft eine komplementäre Rolle, indem durch sie bei Jugendlichen und privaten Arbeitgebern erst die Voraussetzung geschaffen werden sollen, staatliche Leistungen oder finanzielle Unterstützungen anzunehmen. Als eigenständige Maßnahmen (etwa im Sinne von Empfehlungen und Appellen) spielen sie allerdings nur eine untergeordnete Rolle.

Statt dessen ist die "modernere" und umfassendere Form der informationellen Steuerung, nämlich die strukturelle oder prozedurale Steuerung von einiger Bedeutung. Insbesondere durch Planungsräte und Arbeitsgruppen wird immer wieder der Aspekt der Zusammenarbeit der verschiedenen beteiligten Akteure hervorgehoben, ohne daß von vornherein definiert wäre, was jeweils im Einzelnen das Ergebnis dieser Zusammenarbeit sein sollte. Praktisch ist die prozedurale Steuerung auf der Ebene der Kommunen integrales Element aller anderen Steuerungsversuche (z.B. Bereitschaftsarbeit, Praktikum, eingebaute Ausbildung).

Falls den Zusammenarbeitsgremien eine Aufgabe vorgegeben wird, z. B. Programme und Pläne zu erstellen, haben diese nur den Charakter von beratenden oder indikativen Plänen. Damit stellen sie einen anderen "modernen" Aspekt der prozeduralen Steuerung dar (so z.B. die Maßnahmenpläne der SSA-Räte oder die Bereitschaftsarbeitspläne sämtlicher größerer Arbeitgeber).

Nach dem bisher Gesagten ist es nicht überraschend, daß regulative Instrumente in Schweden überhaupt nicht angewendet werden. Zwar wurden sie im Zusammenhang mit einem ausreichenden Angebot an Praktikumsplätzen diskutiert, aber diese Diskussion diente eher der Drohung mit einer möglichen Zwangsregulierung, um den Zusammenarbeitswillen der verschiedenen Beteiligten zu erhöhen und damit die prozedurale Steuerung zu erleichtern.

Im Rahmen der <u>internen Steuerung</u>, d.h. gegenüber den "Produzenten" oder implementierenden Instanzen des Politikbereichs überwiegt eindeutig die <u>finanzielle Steuerung</u> durch Anreize und Zuschüsse.

Fast sämtliche Maßnahmen im Bereich der Jugendarbeitslosigkeit werden von staatlicher Seite mit Zuschüssen gefördert oder angeregt. Dies ist nicht so überraschend, wenn man bedenkt, daß es sich bei den meisten Maßnahmen ja um zusätzliche Leistungen handelt, die man den zuständigen Akteuren (Kommunen oder lokale Arbeitsverwaltung) nicht aufbürden will, ohne sie dafür zumindest teilweise finanziell zu entschädigen.

Die finanzielle Steuerung ist verbunden mit einer inhaltlichen Steuerung, indem den Akteuren vorgegeben wird, wie die zu treffenden Maßnahmen in etwa aussehen sollten (z.B. Bereitschaftsarbeit, eingebaute Ausbildung). Sie wird daher oft durch eine gewisse <u>Regelsteuerung</u> ergänzt. Wenn Mittel vergeben werden, wird meistens auch festgelegt, wie die damit zu finanzierenden Maßnahmen aussehen sollen. Allerdings müssen diese Festlegungen nicht unbedingt sehr detailliert sein.

In diesem Zusammenhang spielt auch die <u>strukturelle Steuerung</u> eine Rolle, bei der z.B. vorgeschrieben wird, wie bestimmte durchführende Organe auszusehen haben oder organisiert sein sollen. (Beispiel: SSA-Räte, Arbeitsgruppen usw.).

Schließlich wird auch im öffentlichen Sektor verstärkt mit <u>Informationen</u> gesteuert, allerdings ohne daß dieses Steuerungsinstrument eine eigene Qualität bekäme. Es wird vorrangig als Ergänzung anderer, insbesondere finanzieller Instrumente ein-

Abb. 8.5.: Bekämpfung der Jugendarbeitslosigkeit in Schweden
Interne Steuerungsinstrument

Jahr	lfd. No.	Maßnahmen in Stichworten	Regulierung	Finanzierung	Information	Leistung	Strukturierung
1972	1	Bereitschaftsarbeit	(x)	x			
	2	Ausbildungsvertretung	(x)	x			
1974	3	Beratung & Information		x			
	4	Personal		x			
1976	5	Lohnkostenzuschüsse	(x)	x			
	6	Arbeitsmarktausbildung	(x)	x			
	7	ALU-Kurse	(x)	x			
	8	Folgeverantw. der Schule	x				
	9	SSA-Räte	x				x
	10	Ausbildungsplätze	(x)	x			
	11	SYO / PRYO		x			
	12	Kurzkurse		x			
1978	13	Arbeitsgruppen		x			x
	14	Maßnahmenprogramme	x				x
	15	Bereitschaftsarbeitspläne	x				x
	16	Praktikum		x			x
	17	individualisierte Ausbild.		x			
1979	18	Informationskampagne		x			
1980	19	Ausbildungsplätze		x			
	20	Bereitsch.Arb. abgeschafft	x				
	21	Arbeitsmarktausb. abgesch.	x				
	22	eingebaute Ausbildung		x			
	23	Lehrlingsausbildung		x			
	24	Introduktionsprogramm		x			
	25	Gewerbeeinführung		x			

gesetzt oder, beispielsweise im Bereich der Praktikumsplätze, auch als internes Pendant der externen strukturellen Steuerung.

Die Betrachtung der Steuerungsformen ergibt wenig eindeutige Ergebnisse. Im Bereich der externen Steuerung gibt es ausschließlich motivierende Maßnahmen. Ansonsten ist die Steuerung eher ungenau als präzise; finale Steuerung hat vor konditionaler eindeutig den Vorrang, obwohl finanzielle Steuerung oft mit konditionaler Steuerung gekoppelt ist. Es überwiegen außerdem eindeutig die generelle Steuerung und die Form des Angebots. Bei der internen Steuerung ist der Befund noch weniger eindeutig. Es dominiert motivierende Steuerung, aber sowohl genaue wie ungenaue und finale wie konditionale Steuerung ist zu beobachten, z.B. gerade im Bereich der Finanzierung der verschiedenen Fördermöglichkeiten für Jugendliche und im Bereich der Schule. Ansonsten ist die Steuerung generell und es überwiegen Gebote.

9. Problembereich "Jugendarbeitslosigkeit" Fallstudie Großbritannien

9.1. Chronologie der Maßnahmen (Materialteil)

Die Fallstudie beginnt wiederum mit einer kurzen, beschreibenden Aufzählung der wichtigsten Maßnahmen, die im Untersuchungszeitraum in Großbritannien im Problembereich "Jugendarbeitslosigkeit" unternommen wurden. Die Chronologie dient als empirische Grundlage der weiteren Untersuchungsschritte, auf die einzelnen Maßnahmen wird jeweils bezug genommen. Zur Übersetzung und Erläuterung der englischen Abkürzungen und Bezeichnungen siehe das Glossar im Anhang.

1972	Jugendarbeitslosigkeit/Großbritannien

(1) Community Industry

Als erste Maßnahme im Bereich der Jugenarbeitslosigkeit in Großbritannien und als erste Maßnahme der Arbeitsbeschaffung überhaupt werden sog. Community Industry (CI) Vorhaben etabliert. Sie werden 1972 von der National Association of Youth Clubs (entspricht etwa Jugendzentren) aus der Taufe gehoben und waren zunächst nur für kurze Zeit gedacht. Das überregionale Ziel von CI ist, Jugendliche bei der Bewältigung ihrer Probleme in der Welt der Erwachsenen zu unterstützen, insbesondere indem sie auf reguläre Beschäftigng vorbereitet werden. Ausgewählt zur Teilnahme an CI werden i.d.R. besonders benachteiligte Jugendliche (etwa durch Ausbildung oder Behinderung), die dann in Gruppen von 8 bis 10 unter Anleitung eines ausgebildeten Gruppenleiters Arbeiten von besonderem "social value" ausführen, die normalerweise unterbleiben würden. Es handelt sich dabei z.B. um Arbeiten im Bereich Umweltschutz oder Gemeinwesen. Die Vorhaben werden vom Department of Employment finanziert, aber beträchtliche materielle Unterstützung wird oft auch von den lokalen Behörden gewährt 1). Die Dauer der Teilnahme ist normalerweise auf ein Jahr begrenzt.

1974	Jugendarbeitslosigkeit/Großbritannien

Nachdem sich zeigte, daß insbesondere Jugendliche von der steigenden Arbeitslosigkeit betroffen waren, werden eine Reihe der Kurse der allgemeinen Fort- und Weiterbildungsaktivitäten der Arbeitsmarktverwaltung, des sog, Training Opportunities Scheme (TOPS), die normalerweise nur für Erwachsene gedacht sind, auch für Jugendliche geöffnet bzw. werden im Rahmen des TOPS spezielle Kurse für diese Zielgruppe angeboten. Die ersten dieser Kurse werden 1971 durchgeführt, in größerem Umfang gibt es sie aber erst seit 1974-75. Sie werden z.T. an den TSA 2)in eigenen Skill-Centres oder aber an Colleges of Further Education durchgeführt, die dafür dann von der TSA finanziell unterstützt werden. Gleichzeitig werden die Kursteilnehmer von der TSA finanziell gefördert. 3). Insbesondere handelt es sich um folgende Maßnahmen:

(2) Wider Opportunity Courses

In diesen Kursen sollen Jugendliche ohne Selbstvertrauen, Motivation und Interesse lernen "zu lernen". Es werden keine spezifischen Fähigkeiten vermittelt, sondern es soll den Jugendlichen ermöglicht werden, zukünftig sich mit Erfolg zu bewerben oder an weiterbildenden bzw. ausbildenden Kursen und Beschäftigungen teilzunehmen, indem sie Gelegenheit haben, verschiedene Aufgaben auszuprobieren und so z.B. ihr Selbstvertrauen zu stärken.

(3) Short Industrial Courses (SIC)

Als quantitativ wichtigste Maßnahme für jugendliche Arbeitslose werden Short Industrial Courses (SIC) eingeführt, in denen die Möglichkeit geboten wird, Fähigkeiten in einem Berufsfeld etwa auf dem Niveau der angelernten Fähigkeiten (semi-skilled) zu entwickeln. Diese Kurse dauern ca. 13 Wochen, finden außer an Skill-Centres, Colleges of Further Education z.T. auch in Betrieben statt und werden von der TSA finanziert. 4)

(4) Occupational Selection Courses

Ein Derivat der SIC sind Occupational Selection Courses, in denen jugendlichen Arbeitslosen grundlegende soziale und berufliche Fähigkeiten vermittelt und die Voraussetzungen für eine spätere Motivation geschaffen werden sollen. Sie beginnen mit einer Periode der Einschätzung der Teilnehmer (2-3 Wochen) woran sich eine einfache Ausbildung auf dem Gebiet, das in dieser Einschätzungsperiode gewählt wurde, anschließt. Ein wichtiger Bestandteil des Programms ist die Unterweisung in "social skills", d.h. Fähigkeiten des Erwachsenenlebens wie Arbeitssuche, Vorstellungsgespräche, Lohnkonto usw. Die Kurse dauern zwischen 12 und 24 Wochen 5).

(5) Preparatory Courses

Daneben gibt es Pepraratory Courses, in denen Jugendlichen notwendige Grundlagen (Lesen, Rechnen) vermittelt werden sollen. Die Kurse dauern 1-3 Trimester an einem College of Further Education. Die meisten Teilnehmer sind Kinder von Immigranten, die keine volle Schulausbildung in Großbritannien genossen haben.

(6) Temporary Employment Subsidy (TES)

Im August 1975 wird zunächst nur für kurze Zeit und in kleinem Maße, die Temporary Employment Subsidy (TES) ein-

....

geführt. Damit soll Firmen geholfen werden, die mit marginalen Entlassungen rechnen müssen. TES wurde inzwischen mehrfach verändert und verlängert, blieb aber in seinen Grundprinzipien erhalten. Firmen, die Arbeitnehmer entlassen müssen (oder wollen), können Lohnkostenzuschüsse beantragen, die zunächst 3 Monate, dann weitere 9 Monate und unter bestimmten Bedingungen auch noch darüber hinaus gewährt werden. Die Anträge müssen vom Arbeitgeber und den Gewerkschaften gemeinsam gestellt werden. Das Programm wird vom Department of Employment selbst durchgeführt. Es wird geschätzt, daß etwa 10 % der unterstützten Arbeitsplätze Jugendlichen zu gute kommen 6).

---

(7) <u>"Job Creation Programme" (JCP)</u>

Gleichzeitig wird ein eher klassisches Arbeitsbeschaffungsprogramm aufgelegt, daß sog. "Job Creation Programme" (JCP). Allgemeines Ziel des JCP ist es,

" to provide temporary worth-while jobs for those who would otherwise be unemployed, through labour intensive projects which are put forward by sponsors for the community" 7).

Das JCP ist für alle Arbeitslosen gedacht, soll aber insbesondere jugendlichen Arbeitnehmern unter 24 Jahren und älteren über 50 zu gute kommen. Im Rahmen des Programms werden die vollen Lohnkosten von Arbeitsplätzen bezahlt (zusätzlich bis zu 10 % der Lohnkosten für Material), wenn "sozial wertvolle" Arbeit verrichtet wird. Zur Durchführung des Programms werden "sponsors" gesucht, die diese Arbeiten durchführen können. Die Arbeit darf dem Sponsor keinen Verdienst einbringen und keine notwendige Arbeit beinhalten, die nur durch das Programm verbilligt wurde (non profit und not subvent). Als Sponsor kommen daher in erster Linie Local Authorities infrage, Aktivitäten privater Arbeitgeber spielen nur eine geringe Rolle. Darüber hinaus sollen die einzelnen Maßnahmen ein gewisses Maß an Ausbildung beinhalten.

Das Programm wird von der Manpower ServicesCommission (MSC) selbst durchgeführt, die dazu eine Zentralabteilung und 10 regionale Büros errichtet, die das von der Regierung bereitgestellte Geld verteilen. Zur Unterstützung dieser regionalen Büros werden sog. "action committees" einge-

....

setzt mit je zwei Mitgliedern der Arbeitgeber, Arbeitnehmer und Local Authorities plus einem neutralen Vorsitzenden. 8).

(8) "Recruitment Subsidy for School Leavers" (RSSL)

Schließlich wird ein Einstellungszuschuß für arbeitslose Schulabgänger eingeführt, der sog. "Recruitment Subsidy for School Leavers" (RSSL). Danach können Arbeitgeber, die arbeitslose Schulabgänger einstellen, einen Lohnkostenzuschuß von 5 Pfund für einen Zeitraum von insgesamt 26 Wochen erhalten. Es muß sich dabei um einen normalen Arbeitsplatz handeln, der nicht zusätzlich aufgrund des Zuschusses errichtet wird und nicht durch die Entlassung eines anderen Arbeitnehmers frei geworden ist. Das Programm wird von den lokalen Ämtern des Department of Employment durchgeführt. 9).

(9) Personal

Um den für die Beratung von Jugendlichen verantwortlichen Career Service (CS) 10) besser in die Lage zu versetzen, seine Aufgaben wahrzunehmen und gleichzeitig bei der Durchführung der verschiedenen speziellen Maßnahmen mitzuwirken, wird die Personalstärke des CS verstärkt. Die neuen Stellen bei den Local Governments, die den CS jeweils unterhalten, werden durch 100 % staatliche Zuschüsse finanziert. 11). Diese "Arbeitslosigkeitsspezialisten" sollen die normalen Angehörigen des CS entlasten und dafür sorgen, daß durch die hohe Arbeitslosigkeit und die dafür ergriffenen speziellen und zusätzlichen Maßnahmen die normale Arbeit des Service, d.h. die Beratung in Schulen u.ä. nicht zu kurz kommt.

Da ein Teil der für die Programme infrage kommenden Jugendlichen nicht einmal als arbeitslos registriert ist und generell allen staatlichen Aktivitäten sehr mißtrauisch gegenübersteht, werden vom Department of Employment darüber hinaus sog. "outreach posts" finanziert, d.h. Mitarbeiter des CS, deren Aufgabe darin besteht, mit besonders benachteiligten Jugendlichen Kontakt aufzunehmen und sie mit den Möglichkeiten des Programms bekannt zu machen 12).

Gleichzeitig werden eine Reihe von Maßnahmen ergriffen, die die Anzahl der gewerblichen Ausbildungsplätze in Betrieben zumindest erhalten sollen. Die wichtigsten Maßnahmen sind: 13)

(10) Premium Grants (off-the-job), bei denen Arbeitgebern ein Zuschuß für jeden Lehrling (trainee) gezahlt wird, den diese über ihr normales, vom Industrial Training Board festgelegtes Kontingent hinaus, einstellen. Die Ausbildung muß außerhalb des Betriebes stattfinden (off-the-job), darf nicht kürzer als zwei Jahre sein und der Arbeitgeber muß danach die normale Lehrlingsausbildung weiterführen. Die betroffenen Jugendlichen erhalten die normalen Löhne.

(11) Premium Grants (on-the-job) entsprechen im Prinzip den oben dargestellten Zuschüssen (10), beinhalten aber keine Ausbildung außerhalb des Betriebes und müssen nur mindestens ein Jahr umfassen. Der Zuschuß für diese Maßnahme ist geringer.

(12) Das Training Award Scheme umfaßt Ausbildung durch die jeweiligen ITB's. Die vollen Kosten der Ausbildung werden für ein Jahr übernommen, darunter auch eine Unterstützung des Jugendlichen. Nach einem Jahr wird versucht, die Betreffenden bei einem normalen Arbeitgeber unterzubringen, damit sie ihre Lehrzeit dort beenden können.

(13) Die Unterstützung von sog. Sandwich Courses beinhaltet, daß Unternehmer einen Zuschuß bekommen, wenn sie für Jugendliche, die an Colleges studieren, einen Praktikumsplatz bereitstellen. Die Anzahl dieser Plätze richtet sich allerdings allein nach dem vermutlichen Bedarf für die jeweilige Industrie, wie er von den ITB's festgestellt wird, nicht nach der Nachfrage der Studenten.

Neben diesen Einstellungserleichterungen durch Zuschüsse an Arbeitgeber (grants) und an die Jugendlichen selbst (awards) gibt es weitere Maßnahmen, die die Weiterführung einmal begonnener Ausbildungen sicherstellen sollen. Zu erwähnen sind:

(14) Der Recruitment Grant, der an Arbeitgeber gezahlt wird, die Jugendliche weiterbeschäftigen, die ihre Ausbildung mit Hilfe eines awards begonnen haben und keine weitere Anstellung gefunden haben.

(15) Continued Training, mit dem Jugendliche, die nach begonnener Ausbildung keinen Lehr- oder Arbeitsplatz finden, weiter im Rahmen der ITB's ausgebildet werden können.

(16) Schließlich der Redundant Apprentices' Adoption Grant, der an Arbeitgeber gezahlt wird, die einen arbeitslos gewordenen Lehrling weiter beschäftigen, so daß er seine Lehrzeit erfolgreich beenden kann.

(17) Unified Vocational Preparation

Als neuartiges Versuchsprogramm wird die "Unified Vocational Preparation"eingeführt, die gemeinsam von den Departments of Education (der Local Governments), dem Department of Employment und der Manpower Services Commission durchgeführt wird. Ziel des Programms ist es, Jugendlichen, die zwar einen Arbeitsplatz haben, aber keine weiter qualifizierende Ausbildung erhalten können, durch ein System von Kursen oder eintägiger Ausbildung zu einer besseren Qualifikation zu verhelfen.

Das Programm ist weitgehend experimentell und kann verschiedene Formen annehmen. Jugendliche Arbeitslose können in begrenzter Zahl teilnehmen. Die Jugendlichen sowie die sie entsendenden Arbeitgeber werden finanziell unterstützt. 14)

---

(18) "Work Experience Programme" (WEP)

Nachdem sich gezeigt hatte, daß das Job Creation Programme kaum Möglichkeiten für private Arbeitgeber eröffnete, arbeitslose Jugendliche mit Hilfe staatlicher Unterstützung zu beschäftigen, wird im September ein weiteres Arbeitsbeschaffungsprogramm, das sog. "Work Experience Programme" (WEP) aufgelegt. Ziel des Programms ist es, jungen Leuten eine realistische Einsicht in die

"requirements, disciplines and satisfactions of working life" 15)

zu geben. Im Rahmen des Programms werden die Lohnkosten (ca. in Höhe von Lehrlingsgehältern) für arbeitslose Jugendliche für insgesamt 6 Monate übernommen. Soweit möglich soll Gelegenheit zur weiteren Ausbildung (z.B. an Colleges of Further Education) gegeben werden. Die normalen Arbeitsplätze sollen durch das Programm nicht berührt werden, daher ist die Zustimmung der jeweils betroffenen Gewerkschaften einzuholen. Das Programm wird von der MSC durch dazu speziell eingerichtete "Area Offices" durchgeführt. Es wird von der Regierung finanziert und spezielle Mittel werden für Local Education Authorities bereitgestellt, damit sie Ressourcen für die mehr formalen Ausbildungen im Rahmen des WEP zur Verfügung haben. 16)

1976	Jugendarbeitslosigkeit/Großbritannien

(19) "Youth Employment Subsidy" (YES)

Nachdem sich aufgrund einer Umfrage bei den Arbeitgebern weiter ergeben hatte, daß ca. 76 % der Arbeitgeber im Rahmen des RSSL (vgl. No. (8))Zuschüsse für Jugendliche bekamen, die sie auch ohne Zuschuß eingestellt hätten, wurde RSSL im October 1976 durch einen neuen Einstellungszuschuß, die sog. "Youth Employment Subsidy" (YRS) abgelöst. Danach bekommen Arbeitgeber, die einen Jugendlichen einstellen, der mindestens 6 Monate arbeitslos war, einen Zuschuß von 10 Pfund für 26 Wochen. YES gilt für private Arbeitgeber und Nationalised Industries, aber nicht für den öffentlichen Sektor. 17)

(20) "Small Firms Employment Subsidy" (SFES)

Um die Chancen längerfristig arbeitsloser Jugendlicher einen Arbeitsplatz zu erhalten, zu erhöhen, wird im Juli die Small Firms Employment Subsidy (SFES) eingeführt. Damit wird kleineren Firmen (unter 50 Beschäftigten) ein Lohnkostenzuschuß für jeden nach einem Stichtag zusätzlich beschäftigten Arbeitnehmer gezahlt. Die SFES wird vom Department of Employment implementiert. 18)

---

(21) "Employment Induction Courses"(EIC)

Um Jugendlichen die Möglichkeit zu geben herauszufinden, für welche Arbeit sie sich interessieren und eignen, werden Employment Induction Courses (EIC) eingeführt. In diesen Kursen sollen jugendliche Arbeitslose mit den Gegebenheiten des Arbeitsmarkts vertraut gemacht und ihre sozialen Fähigkeiten (u.a. sich mündlich und schriftlich mitteilen und um eine Stelle bewerben zu können) verbessert werden. Die Kurse werden von der TSA in Zusammenarbeit mit Arbeitgebern durchgeführt. 19)

(22) "Youth Opportunities Programme" (YOP)

Die bisher geschilderten Maßnahmen der Arbeitsbeschaffung bzw. -erhaltung werden - mit Ausnahme der Community Industry Vorhaben - durch ein neues, umfassendes Programm, das "Youth Opportunities Programme" (YOP) 20) abgelöst. Einige Maßnahmen (z.B. WEP) laufen noch während des ersten Jahres des YOP aus, aber generell wird versucht, die bisherigen unterschiedlichen Maßnahmen im YOP zusammenzufassen. Dies bedeutet, daß das YOP verschiedene Möglichkeiten des "Work Experience" enthält, während die reinen Arbeitsbeschaffungsmaßnahmen im Rahmen eines speziellen Programms "Special Temporary Employment Programme" (STEP) für Arbeitslose über 18 Jahren zusammengefaßt werden.

Der übergreifende Charakter des YOP zeigt sich zunächst darin, daß die bisher schon vorhandenen, unterschiedlichen und unkoordinierten Maßnahmen im Rahmen eines Programms zusammengefaßt werden. So zeichnet sich das YOP insbesondere durch folgende Merkmale aus:

- das Programm enthält sowohl Maßnahmen im Bereich Ausbildung wie im Bereich Arbeitsbeschaffung und versucht insbesondere, beide Bereiche bei jeder einzelnen Maßnahme miteinander zu verknüpfen;

- innerhalb des Programms ist der Wechsel oder die Abfolge einzelner Maßnahmen hintereinander für die betroffenen Jugendlichen vorgesehen, d.h. für den einzelnen steht eine ganze Palette von Maßnahmen zur Verfügung, die praktisch in jeder beliebigen Reihenfolge für den einzelnen Jugendlichen je nach Bedarf kombiniert werden können;

- die einzelnen Maßnahmen des Programms werden nach einheitlichen Kriterien organisiert und finanziert, d.h. die Überschaubarkeit und die Logik des Programms sowohl für Jugendliche wie für Arbeitgeber erhöht die Flexibilität und Anpassungsfähigkeit ;

- insbesondere ist die finanzielle Entschädigung bzw. Unterstützung für alle Jugendlichen (je nach Alter) in allen im Rahmen des Programms möglichen Beschäftigungen und Ausbildungen gleich, d.h. die Wahl einer bestimmten Maßnahme kann in erster Linie nach Neigung und Eignung, unabhängig von finanziellen Überlegungen getroffen werden;

....

- schließlich wird zur Durchführung der verschiedenen Elemente des YOP im Rahmen der Manpower Services Commission (MSC) eine spezielle zentrale und regionale Organisation errichtet, die Special Programmes Division (SPD).

Im Einzelnen sieht das YOP folgende Maßnahmen vor:

(23) Work Experience on Employers' Premises

Die Jugendlichen arbeiten im Rahmen dieser Maßnahme durchschnittlich 6 Monate bei "normalen" privaten oder auch öffentlichen Arbeitgebern, um unmittelbare Arbeitserfahrung in verschiedenen Tätigkeiten sammeln zu können. Sie werden während dieser Zeit im Rahmen des YOP von der MSC bezahlt.

(24) Project-Based Work Experience

Verschiedene "Sponsors" wie z.B. Gemeinden und freiwillige soziale Organisationen, führen der Allgemeinheit dienende Projekte (z.B. im Bereich Umweltschutz, Stadterneuerung, etc.) durch, an denen arbeitslose Jugendliche bis zu 12 Monaten teilnehmen können. Die Jugendlichen erhalten die gleiche Vergütung wie in allen Teilbereichen des YOP und darüber hinaus kann das Projekt mit bis zu 15 % der dafür notwendigen Lohnkosten zusätzlich von der MSC unterstützt werden 21).

(25) Training Workshops

Arbeitslose Jugendliche werden bei der Produktion von Gütern und Dienstleistungen unter fachkundiger Anleitung beschäftigt. Training Workshops können z.B. in leerstehenden Fabriken eingerichtet werden. Sie werden wiederum von verschiedenen Sponsors unterstützt und die Erfahrung hat gezeigt, daß sie oft von lokalen Geschäftsleuten und Interessenten nicht unerheblich gefördert werden. Die Jugendlichen bekommen die normale Unterstützung und können in den maximal 12 Monaten in einem Training Workshop eine Reihe von Fertigkeiten erlernen. Zusätzlich können die Workshops mit bis zu 20 % der Lohnkosten für weitere anfallende Kosten unterstützt werden.

....

(26) Community Service

Jugendlichen Arbeitslosen wird die Gelegenheit gegeben, bei sozialen Dienstleistungen, die von Kommunen oder freiwilligen Organisationen angeboten werden, mitzuarbeiten. Sie bekommen dafür die normale Unterstützung im Rahmen des YOP.

(27) Assessment or Employment Induction Courses

Diese Kurse, die im Prinzip den ersten zwei Wochen der Occupational Selection Courses entsprechen, werden weitergeführt. In ihnen soll den Jugendlichen Gelegenheit gegeben werden, herauszufinden, für welche Art von Arbeit sie sich besonders interessieren und vielleicht auch geeignet sind. Gleichzeitig werden "basic social skills" vermittelt. Die Kurse dauern normal 2 Wochen, nur für einige wenige Jugendliche mit besonderen Problemen werden weiterhin "Wider Opportunities Courses" angeboten, die 12 Wochen dauern. Sie Kurse finden an Skill Centres, Colleges of Further Education und soweit wie möglich in Betrieben statt. Sie werden von der TSA bezahlt, die auch die Jugendlichen unterstützt.

(28) Short Industrial Courses

werden in der bisherigen Form beibehalten, allerdings wird die Anzahl der Kursusplätze erhöht (vgl. unter (21)).

(29) Remedial or Preparatory Courses

werden weiter für besondere Problemgruppen angeboten, damit sie die Minimalerfordernisse für einen Arbeitsplatz (z.B. Lesen, Rechnen) erfüllen können. Es wird davon ausgegangen, daß diese Aufgabe im Prinzip von den lokalen Erziehungsbehörden wahrgenommen wird und nur in besonderen Fällen die Manpower Services Commission (durch TSA und ESA) Kurse anbietet.

....

(30) Orientierung

Als spezielle Maßnahme zur Orientierung junger Leute (aber auch der Arbeitgeber, der Gewerkschaften und der allgemeinen Öffentlichkeit) werden im Rahmen des YOP neuartige Wege beschritten. Ausgehend von der Überlegung, daß Jugendarbeitslosigkeit insbesondere die Jugendlichen trifft, die am ehesten den normalen staatlichen Institutionen entfremdet sind, die sich z.B. nicht einmal registrieren lassen 22) und die generell staatlichen Stellen mit sehr viel Mißtrauen gegenüber stehen, werden unkonventionelle Wege gesucht, gerade diese Jugendlichen für das Programm zu interessieren.

Als besonders erfolgreich erweisen sich dabei Anzeigenkampagnen durch Werbespots im Radio, im Fernsehen und in speziell von Jugendlichen frequentierten Kinos 23). Gerade durch diese Maßnahmen wird der Bekanntheitsgrad des Programms und die Akzeptanz unter Jugendlichen erheblich erhöht. Genauso werden dadurch und durch weiteres spezielles Informationsmaterial insbesondere Arbeitgeber angesprochen, Plätze für das Programm bereitzustellen.

9.2. Policy-Typen

Auch in Großbritannien sind sämtliche Maßnahmen dem distributiven Policy-Typ zuzuordnen. Regulative, redistributive oder selbst-regulierende Policies sind nicht auszumachen. Nur in einigen wenigen Programmen, insbesondere im YOP, die mit administrativen Veränderungen verbunden sind, sind gewisse konstitutive Elemente vorhanden. Insgesamt ist der ganze Problembereich aber als eindeutig distributiv zu kennzeichnen (vgl. Abb. 9.1.).

9.3. Programmformen

Die staatlichen Aktivitäten im Bereich Jugendarbeitslosigkeit in Großbritannien sind durch eine große Anzahl voneinander weitgehend unabhängiger, meistens auf spezielle Problemgruppen zugeschnittener und zeitlich begrenzter Programme gekennzeichnet. Sowohl der finanzielle, sachliche und zeitliche Umfang dieser Programme kann dabei sehr unterschiedlich sein. Es gibt Programme, die auf der Grundlage umfangreicher bereitgestellter Mittel alle Arbeitslosen oder sogar alle Arbeitnehmer umfassen und zeitlich nicht begrenzt sind, wie es auch Programme gibt, die mit sehr bescheidenem Mitteleinsatz auf spezielle Problemgruppen beschränkt für einen sehr kurzen Zeitraum aufgelegt sind.

Die jeweiligen Programme werden vom zuständigen Minister "announced", d.h. i.d.R. im Parlament bekannt gegeben. Die Programme sind also keine Gesetze, sie werden vom Parlament auch nicht beschlossen. Die wenigen Gesetze, die es auf diesem Gebiet gibt, nämlich

- Industrial Trainig Act 1964 und
- Employment and Training Act 1973

definieren nur den allgemeinen Rahmen der Arbeitsmarktpolitik und der beruflichen Ausbildung in Großbritannien. Sie beschreiben z.B., wie die berufliche Ausbildung finanziert und organisiert sein soll und welche Aufgaben in diesem Zusammenhang der

Abb. 9.1.: Bekämpfung der Jugendarbeitslosigkeit in Großbritannien
Policy-Typen

Jahr	lfd. No.	Maßnahmen in Stichworten	redistributiv	distributiv	regulativ	konstitutiv	selbstregulierend
1972	1	Community Industry		x			
1974	2	Wider Opportunity Courses		x			
1975	3	Short Industrial Courses		x			
	4	Occupation. Selection Cours		x			
	5	Preparatory Courses		x			
	6	Temporary Employm. Subsidy		x			
	7	Job Creation Programme		x		(x)	
	8	Recruitment Subsidy		x			
	9	Personal f. Career Service		x			
	10	Premium Grants (Off-the-J.)		x			
	11	Premium Grants (On-the-Job)		x			
	12	Training Award Scheme		x			
	13	Sandwich Courses		x			
	14	Recruitment Grant		x			
	15	Continuing Training		x			
	16	Redundant Apprentices		x			
1976	17	Unified Vocation.Preparat.		x			
	18	Work Experience Programme		x		(x)	
	19	Youth Employment Subsidy		x			
1977	20	Small Firms Employm.Subsidy		x			
	21	Employm.Introduction Cours.		x			
1978	22	Youth Opportunit. Programme		x		x	
	23	Work Exper.(Employer's Pr.)		x			
	24	Work Exper.(Project-Based)		x			
	25	Work Exper.(Training Works)		x			
	26	Work Exper.(Community Serv.)		x			
	27	Employm. Induction Courses		x			
	28	Short Industrial Courses		x			
	29	Preparatory Courses		x			
	30	Orientation & Information		x			

der Manpower ServicesCommission (MSC) oder der Training Services Agency (TSA) zukommen.[24)]

Abgesehen von der Organisation definieren die Gesetze nur die allgemeine Handlungsgrundlage der Regierung, indem sie den Minister ermächtigen, Maßnahmen zur Verringerung der Arbeitslosigkeit zu ergreifen, ohne daß diese Maßnahmen präziser definiert sind. Die geringe Bedeutung dieser Gesetze zeigt sich u.a. darin, daß bei der Erklärung der Programme nicht ausdrücklich auf das Gesetz bezug genommen wird. Für deutsche Verhältnisse ist es beinahe undenkbar, daß in einer offiziellen Darstellung der Arbeitsmaktpolitik in Großbritannien [25)] die einschlägigen Gesetze nicht erwähnt werden. In der Liste der wichtigsten offiziellen Dokumente sind die Gesetze nicht enthalten.

Die vom zuständigen Minister (Secretary of State for Employment) im Namen der Regierung bekannt gegebenen Programme wurden auf unterschiedliche Weise vorbereitet und erstellt. Zentrale Akteure der Politikformulierung im Bereich Jugendarbeitslosigkeit sind in Großbritannien die Manpower Services Commission (MSC), externe Berater, beratende Kommissionen und das zuständige Ministerium (Department of Employment).

Am Beispiel der Anfänge der Programme gegen Jugendarbeitslosigkeit wird das Zusammenspiel der Akteure deutlich [26)]. Nachdem die MSC auf der Grundlage des Employment and Training Act 1973 etabliert worden war, wurde eine Bestandsaufnahme der ökonomischen Situation vorgenommen, und aufgrund der abzusehenden Entwicklungen wurde erwartet, daß bis Ende 1975 die Arbeitslosenzahl beträchtlich steigen könnte. Daraufhin ließ die MSC eine externe Studie über mögliche zukünftige Arbeitslosenquoten und denkbare Gegenstrategien anfertigen [27)], in der verschiedene der später auch ergriffenen Maßnahmen (Ausbildungszuschüsse, Arbeitsbeschaffung) vorgeschlagen wurden. Gegen Ende 1974 übersandte die MSC dem Secretary of State for Employment ein Memorandum, in dem zukünftige denkbare Strategien gegen die Arbeitslosigkeit, aufbauend auf dem externen Gutachten, enthalten waren. Nachdem die Arbeitslosigkeit 1975 anstieg, akzeptierte die Regierung die Vorschläge der MSC weitgehend und führte 1975 die oben ausführlich beschriebenen Maßnahmen ein.

Eine etwas andere und umfassendere Vorgehensweise wurde zur Vorbereitung des Youth Opportunity Programme (YOP) gewählt. Im Oktober 1976 wurde von der MSC eine aus Vertretern verschiedener Ministerien, der MSC und den Arbeitnehmer- und Arbeitgeberorganisationen zusammengesetzte "Working Party" eingesetzt, mit der Aufgabe

"to study the feasability of putting into effect an objective of ensuring that all those in the age bracket 16-18 who have left school and are not engaged in full-time education and are unable to get a job should have the opportunity of training or of participating in programmes such as the Job Creation and Work Experience Programmes." 28)

Diese Working Party entwickelte im Laufe eines Jahres im Rahmen weiterer detaillierter Vorgaben der MSC das neue YOP. Dabei wurde wiederum auf externes Know How zurückgegriffen, z.B. indem drei Umfragen bei privaten bzw. unabhängigen Meinungsforschungsinstituten zu bestimmten Problemen der Einstellungen Jugendlicher und Arbeitgeber in Auftrag gegeben wurden.

Der Abschlußbericht der Working Party, der einstimmig war (nach dem Vorsitzenden der Working Party "Holland-Report" genannt), wurde der MSC vorgelegt, die ihn begrüßte, an die Regierung weiterleitete und als "important document in its own right" veröffentlichte:

"The Commission has considered the Report and has warmly welcomed and endorses it in broad terms. The Commission has submitted the Report to the Government and will shortly be entering into discussions with them on its proposals. In the meantime the Commission is examining particular issues raised by the report in greater detail." 29)

Aus dem Zitat wird einerseits deutlich, daß die endgültige Verantwortung für die Formulierung des Programmes bei der Regierung (d.h. beim zuständigen Minister) liegt, andererseits aber auch die verhältnismäßig informelle und offene Struktur der Politikformulierung. Die Regierung diskutiert mit der MSC aufgrund eines Vorschlages einer unabhängigen Arbeitsgruppe.

Die wenig formalisierte Beziehung zwischen den Akteuren wird auch dadurch deutlich, daß das zentrale Ziel des YOP, das sog. "Easter Undertaking", d.h. die Absicht, jedem jugendlichen Schulabgänger innerhalb eines Jahres zumindest einen Platz im Rahmen des YOP anbieten zu können, als Bitte der Regierung an die MSC formuliert wird:

"When the Youth Opportunity Programme was first announced the Government asked the Manpower Service Commission to ensure that no young person ... should be without the offer of a suitable place on the programme." 30)

Eine weitere Möglichkeit der Politikformulierung besteht darin, daß innerhalb der Regierung, d.h. der Ministerien, erarbeitete vorläufige Papiere, sog. "Consultative Documents" an eine Reihe interessierter Personen und Institutionen geschickt werden, mit der Bitte, diese zu kommentieren. So hatte z.B. eine gemeinsame Arbeitsgruppe des Department of Employment und der Manpower ServicesCommission ein Papier über die zukünftige Ausbildung produziert [31], daß an interessierte Organisationen (z.B. auch Industrial Training Boards) verschickt wurde und auch in der Working Party des YOP diskutiert wurde. Auf der Grundlage dieses Papiers hat dann die MSC wiederum eine "Vital Skills Task Group" gegründet, die sich mit den in diesem Papier aufgegriffenen Problemen weiter beschäftigen soll.

Aus dem bisher Gesagten geht hervor, daß die Politikformulierung - zumindest in diesem Bereich - durch eine gewisse Unübersichtlichkeit oder sogar "Unordnung" gekennzeichnet ist, in dem Sinne, das festgelegte Strukturen schwer zu erkennen sind. Z.B. ist die Definition der Teilnehmer an der Politikformulierung jeweils offen, genauso wie die Form, in der diese Teilnehmer beteiligt werden. Gleichzeitig ist die Politikformulierung durch ein hohes Maß informeller Kontakte und Konsultationen gekennzeichnet. Zusammen ergeben diese Merkmale eine große Flexibilität. Die jeweilige Form der Politikformulierung ist im voraus nicht festgelegt, sondern wird ad hoc entschieden.

Auffällig ist, daß in diesem Bereich das Parlament nicht an der Politikformulierung beteiligt wurde. Die endgültige Verantwortung lag jeweils bei der Regierung. [32]

Insgesamt ist allerdings die Anzahl und gesellschaftliche Beteiligung durch unterschiedliche Gruppen in Großbritannien viel geringer als z.B. in Schweden. Es fällt auf, daß die Kommunen an der Working Party des YOP nicht direkt beteiligt wurden, ganz zu schweigen von politischen Parteien oder spezielleren Interessenorganisationen.

Die weitgehende Offenheit zeigt sich auch an der geringen rechtlichen Durchnormierung der bestehenden Programme; so gibt es z.B. keine einheitlichen Fundstellen für Programme. [33] Insgesamt ist die Unterscheidung zwischen Maßnahme und Programm sehr fließend. Z.T. werden einzelne neu eingeführte Maßnahmen als Programm bezeichnet (z.B. das Job Creation Programme 1975 oder das Work Experience Programme 1976), z.T. als "Scheme" (Training Opportunity Scheme - obwohl gerade das TOPS eine ganze Reihe unterschiedlicher Maßnahmen nicht nur für jugendliche Arbeitslose enthält) z.T. wird auch die Zusammenfassung einzelner Maßnahmen, die wiederum "Programme" heißen, als Programm bezeichnet [34]. So werden z.B. auch die verstärkten Anstrengungen der Arbeitsmarktpolitik im Jahre 1975, die zur Etablierung einer Reihe neuartiger "Programmes" und "Schemes" führten, insgesamt wieder als Programm der Arbeitsmarktpolitik bezeichnet, obwohl es kein zusammenfassendes Programm gab.

Die Aufzählung der Maßnahmen hat verdeutlicht, daß in Großbritannien eine ganze Reihe unterschiedlichster Programme vorhanden sind, die aber ziemlich unverbunden nebeneinander herlaufen und nur sehr wenig miteinander integriert sind (vielleicht mit Ausnahme des neuesten Programms, des YOP). Die vorhandenen Programme sind dadurch charakterisiert, daß sie i.d.R.

- jeweils spezifisch zu erreichende <u>Ziele</u> definieren, die oft auf spezielle Zielgruppen beschränkt sind,

- daß die <u>Mittel</u> für ein Programm jeweils festgelegt und damit eindeutig zuzuordnen sind,

- daß die Programme nur jeweils wenige <u>Maßnahmen</u> definieren und daher in ihrem Umfang meist recht begrenzt sind und schließlich,

- daß für die einzelnen Programme oft eine eigene, zusätzliche zentrale und regionale <u>Organisation</u> geschaffen wird [35].

Schließlich ist auffällig, daß die vorhandenen Programme

- sehr einfach und knapp formuliert sind und ein Minimum an Regeln enthalten,

- daß sie i.d.R. zeitlich begrenzt sind, wobei sie allerdings oft verlängert werden und

- daß schließlich in vielen Programmen eine Evaluierung oft schon im ursprünglichen Programm vorgesehen ist.

Die einzelnen Maßnahmen oder Programme bauen dabei i.d.R. aufeinander auf, d.h. bestimmte Programme oder Programmelemente werden nicht automatisch verlängert, aber auch nicht aufgehoben, sondern werden z.B. auf der Grundlage einer stattgefundenen Evaluation modifiziert.

Insgesamt ist der Umfang der Programme zur Bekämpfung der Jugendarbeitslosigkeit in Großbritannien eher gering einzuschätzen. Es handelt sich um eine ganze Reihe eher begrenzter und isolierter Programme, in denen einzelne Problembereiche bzw. -gruppen behandelt werden, ohne daß eine abgestimmte und integrierte Konzeption offenkundig wird. Erst durch das YOP wird eine Änderung dieser Praxis sichtbar. Es kann als der Versuch angesehen werden, die bisher unverbunden nebeneinander herlaufenden und sich z.T. konterkarierenden Programme zusammenzufassen und aufeinander abzustimmen. Das YOP bezeichnet daher eine Änderung der bisherigen Praxis in Großbritannien.

Die verschiedenen Programme sind in der Regel nicht auf eine generelle Erneuerung des Politikbereichs ausgerichtet, statt dessen verdeutlicht die Abfolge jeweils leicht modifizierter Programme und Maßnahmen eher eine kontinuierliche und inkrementale Anpassung an sich verändernde Gegebenheiten, aber auch eine nicht gering einzuschätzende Lernfähigkeit. So sind in fast allen Programmen Möglichkeiten der Erfolgskontrolle vorgesehen, die Programme und Maßnahmen sind oft zeitlich begrenzt und werden relativ leicht geändert oder sogar abgeschafft.

Die Beteiligung gesellschaftlicher Interessen an der Politikformulierung ist zwar gegeben, aber relativ uneinheitlich und vor allem undurchsichtig. Die Programme werden zunächst unter Ausschluß der Öffentlichkeit diskutiert und erarbeitet, wobei relevante gesellschaftliche Interessengruppen durchaus beteiligt werden, aber eine mit Schweden vergleichbare Publizität und Offenheit wird nicht erreicht. Im Vergleich dazu ist die Beteiligung immer noch begrenzt und eingeschränkt, obwohl auch hier im Rahmen des YOP eine Änderung der bisherigen Praxis in Richtung auf mehr Beteiligung und Offenheit sichtbar wird.

Die Regelungs- und Eingriffsdichte der Programme ist schließlich eher gering. Zwar weisen die einzelnen Detailprogramme i.d.R. relativ konkrete Raum-, Zeit- und Finanzbezüge auf und legen auch fest, wer mit der Durchführung im Detail zu beauftragen ist, aber im Gegensatz zu den materiellen sind die rechtlichen Festlegungen eher offen und allgemein, um eine möglichst einfache und flexible Durchführung des jeweiligen Programms zu garantieren . So ist z.B. im YOP ausdrücklich festgelegt, daß die internen Regeln des Programms so einfach wie möglich sein sollten, damit der bürokratische Aufwand bei der Durchführung der Maßnahmen minimiert wird und potentielle Akteure (z.B. kleine Geschäftsleute oder auch die Jugendlichen) nicht durch größeren bürokratischen Aufwand abgehalten werden.

9.4. Ziele

Zumindest bis zu dem umfassenden "Youth Opportunities Programme" sind die Programme gegen Jugendarbeitslosigkeit in Großbritannien dadurch gekennzeichnet, daß jedes Programm jeweils spezielle und isolierte Ziele für jeweils spezielle Probleme oder Problemgruppen aufstellt.

So geht es zum Beispiel im Bereich der "Community Industry" um

"providing meaningful employment in a caring industrial environment for disadvantaged young people under the age of 18" 36).

Beim "Job Cration Programme" hatte sich die Zielsetzung etwas geändert. Hier ging es datum

"... to provide worthwhile, full-time, temporary employment for large numbers of people who would otherwise be unemployed on projects which seek to provide community benefit" 37).

Wiederum andere Ziele werden mit dem "Work Experience Programme" angestrebt, bei dem es darum ging

"to give young people under 19 years of age, who would otherwise be unemployed, a practical introduction to working life" 38).

In diesem Fall wurden die Ziele noch weiter differenziert. Die konkreten Ziele des WEP waren

"1. Provide a realistic introduction to the requirements, disciplines and satisfactions of working life.
2. Enable young people to gain a better knowledge of their own capacities and potential, and introduce them to possible jobs where these might be used.
3. Provide a transition period between education and working life, and help young people widen their skills and abilities to work with adults as well as their contemporaries.
4. Help young people acquire the incentive and confidence to learn about different jobs, and
5. Help young people gain in maturity, self reliance and self esteem." 39)

Schließlich sei als Beispiel für die wiederum ganz andere Zielsetzung eines Programms die "Temporary Employment Subsidy" genannt, deren bescheidenes Ziel es zunächst war

"making a small but significant contribution where a firm is faced with a marginal redundancy situation". 40)

Die einzelnen Programme waren jeweils auf einige wenige Ziele beschränkt und daher auch jeweils nur auf ganz bestimmte Problemfelder ausgerichtet. So "Community Industry" auf Qualifikationsdefizite, das "Job Creation Programme" und "Temporary Employment Subsidy" auf globale Arbeitsplatzdefizite und das "Work Experience Programme" auf Motivations-, Qualifikations- und Informationsdefizite bei Jugendlichen und jugendlichen Arbeitslosen. Die tieferen Ursachen der Jugendarbeitslosigkeit wurden in diesen Programmen nicht angesprochen. Da die meisten Programme ausdrücklich "temporary" und "short time" angelegt waren, kann gefolgert werden, daß zunächst konjunkturelle Probleme als Ursache angenommen wurden, die durch zeitlich und sachlich begrenzte Maßnahmen überbrückt werden sollten.

Erst nachdem gegen Ende 1976 die wichtigsten Programme im Bereich Jugendarbeitslosigkeit etabliert waren, wurde zum ersten Mal ein umfassenderes Ziel der Arbeitsmarktpolitik für junge Leute formuliert. In der programmatischen Schrift "Towards a Comprehensive Manpower Policy" vom Oktober 1976 setzte sich die Manpower Service Commission selbst das Ziel, dafür zu sorgen, daß

"all young people of 16 to 18 years of age who have no job or who are not engaged in further or higher education should have the opportunity of training, of participation in a job creation programme, or of work experience." 41)

Damit wurde nachträglich versucht, den schon bestehenden Programmen ein allgemeines Ziel überzuordnen, gleichzeitig aber auch der Anspruch einer umfassenden und integrierten Politik formuliert. Ergebnis und deutlichste Anzeichen für diesen neuen, "integrierten" Ansatz der Arbeitsmarktpolitik war schließlich das "Youth Opportunities Programme" (YOP) aus dem Jahre 1977.

Ausgangspunkt des YOP ist die Charakterisierung der bisherigen Bemühungen als "piecemeal and temporary" [42]. Als Ziel wird formuliert, daß der bisherige

"... essentially ad hoc approach should be replaced by a new programme of opportunities for young people, offering two or three times the present number of opportunities." 43)

Damit sind die zentralen Ziele des neuen Programms angegeben:

- qualitative Integration und
- quantitative Ausweitung.

Die notwendige Integration der bisherigen Programme und Maßnahmen wird vor allem mit den negativen Folgen der bisherigen unkoordinierten Aktivitäten begründet:

"The schemes have been introduced piecemeal, and opportunities are somewhat erratically related to the needs of any particular locality. Different agencies administer different schemes.

Different programmes are in danger of competing with each other for provisions of facilities or premises, for example in employers' establishments. To the individual young person, the scheme has been confusing. Since the schemes have been introduced one after the other, there has been a natural tendency to take whatever opportunity presents itself, irrespective of the help it may give or where it may lead." 44)

Kritisiert wird an den bisherigen unkoordinierten ad hoc Programmen darüber hinaus, daß sie aufgrund ihrer oft unklaren zeitlichen Begrenzung die Planung flankierender Maßnahmen, z.B. in den Colleges of Futher Education, erschweren und generell bei der Bearbeitung des Problemfeldes wichtige Lücken offen lassen, z.B. was die Maßnahmen für die am wenigsten qualifizierten und motivierten Jugendlichen angeht.

Aus dieser Analyse wird der Schluß gezogen:

"The greatest need is for current efforts to be brought together and develop a simple, well-ordered programme on a continuing basis to meet the needs of young people. Programmes need to be developed and marketed as a whole, especially at local level. This is the way to secure a better match between those who are unemployed and the opportunities available to them, so as to enable them, whenever possible, to secure an early and satisfactory permanent job." 45)

Ausgehend von dieser Analyse der bisherigen Programme wird gefolgert, daß das neue, umfassende und integrierte Programm Teil einer umfassenderen Arbeitsmarktpolitik sein sollte (comprehensive manpower policy) und darüber hinaus zwei Kriterien erfüllen sollte:

- es muß die speziellen Bedürfnisse der jungen Leute erfüllen und
- es darf nicht finanziell attraktiver sein als eine normale Arbeit und Ausbildung im Rahmen der Sekundarstufe 2.

Das Ziel, die jeweiligen Bedürfnisse der Jugendlichen zu befriedigen, führt zu der Schlußforgerung, daß eine breite Palette verschiedenster Möglichkeiten im dem Programm angeboten werden sollte, "a variety of opportunities and experience from which the individual may benefit according to circumstances, abilities and interest." 46)

Die Annahme, daß durch nur eine Art von Maßnahmen sämtliche Ziele der Arbeitsmarktpolitik erreicht werden können, wird ausdrücklich abgelehnt. Junge Leute fallen nicht in einfach voneinander zu trennende Gruppen auseinander, für die fertige Rezepte entwickelt und angewandt werden können. Selbst wenn sie es täten, würden die Rahmenbedingungen immer noch eine einheitliche Behandlung unmöglich machen und

"moreover, young people object to being regimented".

Neben dem Ziel der qualitativen Ausweitung und Integration der verschiedenen bisher vorhandenen Programme auf dem Gebiet der Jugendarbeitslosigkeit wird im YOP auch eine quantitative Ausweitung der bisherigen Bemühungen anvisiert. Es wird eine bestimmte Anzahl von jährlich insgesamt bereitzuhaltenden Plätzen sowie die Anzahl der insgesamt am Programm teilnehmenden Jugendlichen genannt [47]. Wichtiger als diese groben Richtlinien der Größe des Programms, die sich nach der Zahl der durchschnittlich im Laufe eines Jahres arbeitslosen Jugendlichen richtet, scheint eine inhaltliche Festlegung des Programms zu sein, die der zuständige Minister bei der Verkündung des YOP abgab. Damit wurde der MSC das Ziel gesetzt, daß jedem Schulabgänger des Jahres 1978, der im darauffolgenden Jahr zu Ostern (1979) noch ohne Ausbildungs- oder Arbeitsplatz war, das Angebot eines passenden Platzes im Rahmen des Programms gemacht werden sollte. Mit diesem Versprechen, dem sog. "Easter undertaking" war der Umfang des Programms inhaltlich an das Schicksal des Schulabgängerjahrgangs gekoppelt. Zusammen mit dem Vorsatz, den Jugendlichen an ihren Bedürfnissen ausgerichtete Angebote zu machen, legt dieses Versprechen den Umfang des Programms weitgehend fest. Beide Ziele sind damit verhältnismäßig abstakt, sie legen nicht fest, was im Einzelfall oder auch nur auf welchem Gebiet zu geschehen hat. Gleichzeitig sind diese Ziele aber doch so konkret, daß sich ihre Erfüllung jährlich zumindest annäherungsweise kontrollieren läßt.

Die Übersicht über die inhaltlichen Zieldimensionen der Programme in Großbritannien verdeutlicht, daß ungefähr eine gleich große Anzahl von Maßnahmen sich auf die Dimensionen

- Motivations- und grundlegende Qualifikationsdefizite,
- globale Arbeitsplatzdefizite und
- Defizite an berufsbezogenen Ausbildungsplätzen

beziehen. Die wichtigste dieser Dimensionen scheint die Bekämpfung der Motivations- und Qualifikationsdefitzite zu sein. Diese Zielsetzung taucht nicht nur in den meisten Maßnahmen und Programmen auf, sondern bildet auch das eindeutige Schwergewicht des YOP. Demgegenüber ist die Verringerung von Defiziten an beruflichen Ausbildungsplätzen eher weniger bedeutungsvoll. Bei den im Jahre 1975 ergriffenen Maßnahmen handelte es sich zum großen Teil um eher kurzfristige Eingriffe geringeren Umfangs, um speziellen Problemgruppen [48] über vermeintliche konjunkturell bedingte Schwierigkeiten hinwegzuhelfen. In diesem Bereich sind später keine konzentrierten, mit dem YOP vergleichbare Anstrengungen, unternommen worden. In letzer Zeit ist daher auch besonders das System der gewerblichen Ausbildung (vocational training) in Großbritannien kritisiert worden [49], und es wurde bemängelt, daß das YOP in diesem zentralen Problemfeld der Jugendarbeitslosigkeit keine neuen Ansätze aufweist. Auch die Maßnahmen der Arbeitsbeschaffung, d.h. der Verminderung globaler Arbeitsplatzdefizite sind gleichzeitig mit dem YOP neu geordnet worden, wobei Jugendliche als Zielgruppe dieses Programms ausdrücklich ausgenommen wurden. [50]

Die Zieldimension Information ist in den meisten Maßnahmen enthalten, ohne allerdings durch größere eigene Maßnahmen unterstützt zu werden. Auffällig ist das weitgehende Fehlen von speziellen Maßnahmen zur Verminderung schulischer Ausbildungsdefizite. Soweit ersichtlich, wurden in diesem Bereich, wiederum bis zur Etablierung des YOP, keine zentralen Programme aufgelegt. Für diesen Bereich sind allerdings auch andere Institutionen, d.h. ins-

Abb. 9.2.: Bekämpfung der Jugendarbeitslosigkeit in Großbritannien Zieldimensionen

Jahr	lfd. No.	Maßnahmen in Stichworten	Arbeitsplätze	Information	Motivation/ Qualifikat.	schul. Ausbildung	berufl. Ausbildung
1972	1	Community Industry			x		
1974	2	Wider Opportunity Courses		(x)	x		
1975	3	Short Industrial Courses					x
	4	Occupation. Selection Cours			x		
	5	Preparatory Courses		(x)	x		
	6	Temporary Employm. Subsidy	x				
	7	Job Creation Programme	x				
	8	Recruitment Subsidy	x				
	9	Personal f. Career Service		x			
	10	Premium Grants (Off-the-J.)					x
	11	Premium Grants (On-the-Job)					x
	12	Training Award Scheme					x
	13	Sandwich Courses					x
	14	Recruitment Grant					x
	15	Continuing Training					x
	16	Redundant Apprentices					x
1976	17	Unified Vocation.Preparat.				(x)	x
	18	Work Experience Programme	x		(x)	(x)	(x)
	19	Youth Employment Subsidy	x				
1977	20	Small Firms Employm.Subsidy	x				
	21	Employm.Introduction Cours.		x	x		
1978	22	Youth Opportunit. Programme	(x)	(x)	(x)	(x)	(x)
	23	Work Exper.(Employer's Pr.)	x		x		
	24	Work Exper.(Project-Based)	x		x		
	25	Work Exper.(Training Works)	x		x		
	26	Work Exper.(Community Serv.)	x		x		
	27	Employm. Induction Courses		x	x		
	28	Short Industrial Courses					x
	29	Preparatory Courses			x		
	30	Orientation & Information		x	(x)		

besondere das Department of Education and Science (DES) und die lokalen Education Authorities des Local Government zuständig.

Die lokalen Education Authorities haben auf verschiedenen Wegen versucht, den Übergang von der Schule zum Beruf zu erleichtern. So sind z.B. im letzten Schuljahr sog. "linked courses" eingerichtet worden, in denen Schüler einmal wöchentlich Colleges of Further Education besuchen und auf die verschiedenen Möglichkeiten einer weitergehenden Berufsausbildung hingewiesen werden. Ähnlich wird in einigen Orten ein Arbeitsaufenthalt von einer oder mehreren Wochen während des letzten Schuljahres arrangiert. Diese und ähnliche Maßnahmen (mehr Berufsberatung während der letzten Schuljahre, ein spezielles Curriculum usw.) beruhen allerdings auf lokalen Initiativen und werden - soweit bekannt - durch nationale Maßnahmen nicht unterstützt. [51)]

Als eine weitere Aktivität sind die verstärkten Anstrengungen der Local Education Authorities zu erwähnen, das Angebot an normalen oder Teilzeit-Ausbildungen an den Colleges of Further Education zu erhhöhen. Diese Ausweitung der Angebote ist allerdings ohne staatliche Unterstützung vor sich gegangen; erst durch die vermehrte Inanspruchnahme dieser Einrichtungen im Rahmen des neuen YOP wurden finanzielle Mittel hierfür bereitgestellt.

Ausgehend von den klassischen Problemdimensionen der Jugendarbeitslosigkeit wird erst mit dem YOP versucht, möglichst alle Probleme gleichzeitig zu bearbeiten. Das Programm setzt insbesondere an den Qualifikations-, Motivations- und Informationsdefiziten der Jugendlichen an, versucht aber auch die Probleme der globalen (wie auch der regionalen) Arbeitsplatz- und Ausbildungsplatzdefizite im Rahem eines integrierten Programms zu bearbeiten.

Die Ziele des Politikbereichs sind daher zunächst begrenzt und erst mit dem YOP wird versucht, eine umfassende und übergreifende Zielstruktur zu entwerfen. Die sich aufgrund der ursprünglichen zersplitterten und unkoordinierten Zielsetzungen der Programme ergebenden Zielkonflikte sollen durch einen einheitlichen

Ansatz im Rahmen des YOP beseitigt werden. Damit wird auch deutlich, daß durch die Etablierung des YOP eine erhebliche Veränderung und Erneuerung der Ziele des Politikbereichs stattgefunden hat, insbesondere in bezug auf eine gegenseitige Anpassung und Abstimmung verschiedener Ansätze und eine Verlagerung der Gewichte vom Ansatz der Arbeitsbeschaffung hin zu einer größeren Bedeutung von Ausbildung.

Insgesamt ist die Zielstruktur der Programme gegen die Jugendarbeitslosigkeit in Großbritannien verhältnismäßig einfach. Es werden operationalisierbare Ziele aufgestellt, die i.d.R. eher kurzfristiger Natur sind und keine übergreifenden und langfristigen Veränderungen beinhalten. Auch im YOP, das umfassendere Ziele definiert, bedeutet dies nicht, daß diese Ziele vage oder unklar sind. Sie sind so fomuliert, daß sie durch eine ganze Palette von Maßnahmen erreichbar sind und dabei die Maßnahmen zur Erreichung dieser Ziele nicht vorschreiben. Die Zielformulierung trägt damit zur Flexibilität der Programme bei, ohne doch irrelevant zu sein.

9.5. Akteure

Bevor die wichtigsten Akteure der Maßnahmen im Bereich Jugendarbeitslosigkeit beschrieben werden können, ist kurz auf die allgemeine Organisationsform der Arbeitsmarktverwaltung in Großbritannien, wie sie seit Anfang der 70er Jahre in ihrer jetzigen Form besteht, einzugehen.

Auf zentralstaatlicher Ebene sind die wichtigsten Akteure das Department of Employment (DoE) und die Manpower Services Commission (MSC), die ähnlich wie in der Bundesrepublik eine ausgelagerte staatliche Behörde ist, die von einem drittelparitätisch besetzten Gremium geleitet wird [52].

Die Manpower Services Commission nimmt in drei getrennten administrativen Einheiten die wichtigsten Aufgaben der Arbeitsmarktpolitik wahr:

- im Rahmen der Training Services Agency (seit 1978 Training Services Division) (TSA) die Aus- und Weiterbildung;
- im Rahmen der Employment Service Agency (ESA) (seit 1978 Employment Service Division) die Aufgaben der Vermittlung, Orientierung und Beratung und
- im Rahmen der Special Programmes Division (SPD) die Durchführung verschiedener Sonderprogramme. 53)

Für die Durchführung der Aufgaben der Vermittlung und Beratung ist die ESA unterhalb der zentralstaatlichen Ebene in Employment Service Areas (18), Districts (106) und Job Centres und Employment Offices (insgesamt ca. 950) untergliedert. (Vgl. dazu Abb. 9.3., S. 382). Die Vermittlung und Beratung läuft seit Anfang der 70er Jahre in modernisierten und auf "Selbstbedienung" der Arbeitsuchenden ausgerichteten "Job Shops", d.h. wird im Sinne eines auf Dienstleistung ausgerichteten Bereichs geführt. Die Job Shops befinden sich in den jeweiligen lokalen zentralen Punkten und können jederzeit von Arbeitsuchenden zur allgemeinen Information aufgesucht werden. Sie sind am ehesten mit Maklerbüros zu vergleichen, in denen die Angebote in Schaukästen ausgehängt werden. Persönliche Beratung erfolgt nur auf Wunsch.

Neben diesen Job Shops der MSC, die im Prinzip für alle Arbeitsuchenden zuständig sind, gibt es spezielle Institutionen für Jugendliche, insbesondere Schulabgänger. Es sind dies die von lokalen Education Authorities unterhaltenen Career Services, deren zentrale Aufgabe in der Beratung, Orientierung und Vermittlung von Jugendlichen besteht. Jugendliche haben die Wahl, ob sie sich bei den Career Services oder in den Job Shops um Arbeit bemühen und u.U. als arbeitslos registrieren lassen, wobei der größte Teil der Schulabgänger zunächst den Career Service in Anspruch nimmt.

Die Vermittlung, Orientierung und Beratung arbeitsloser Jugendlicher ist in Großbritannien daher zwei unterschiedlichen Institutionen überlassen, die weitgehend unabhängig voneinander

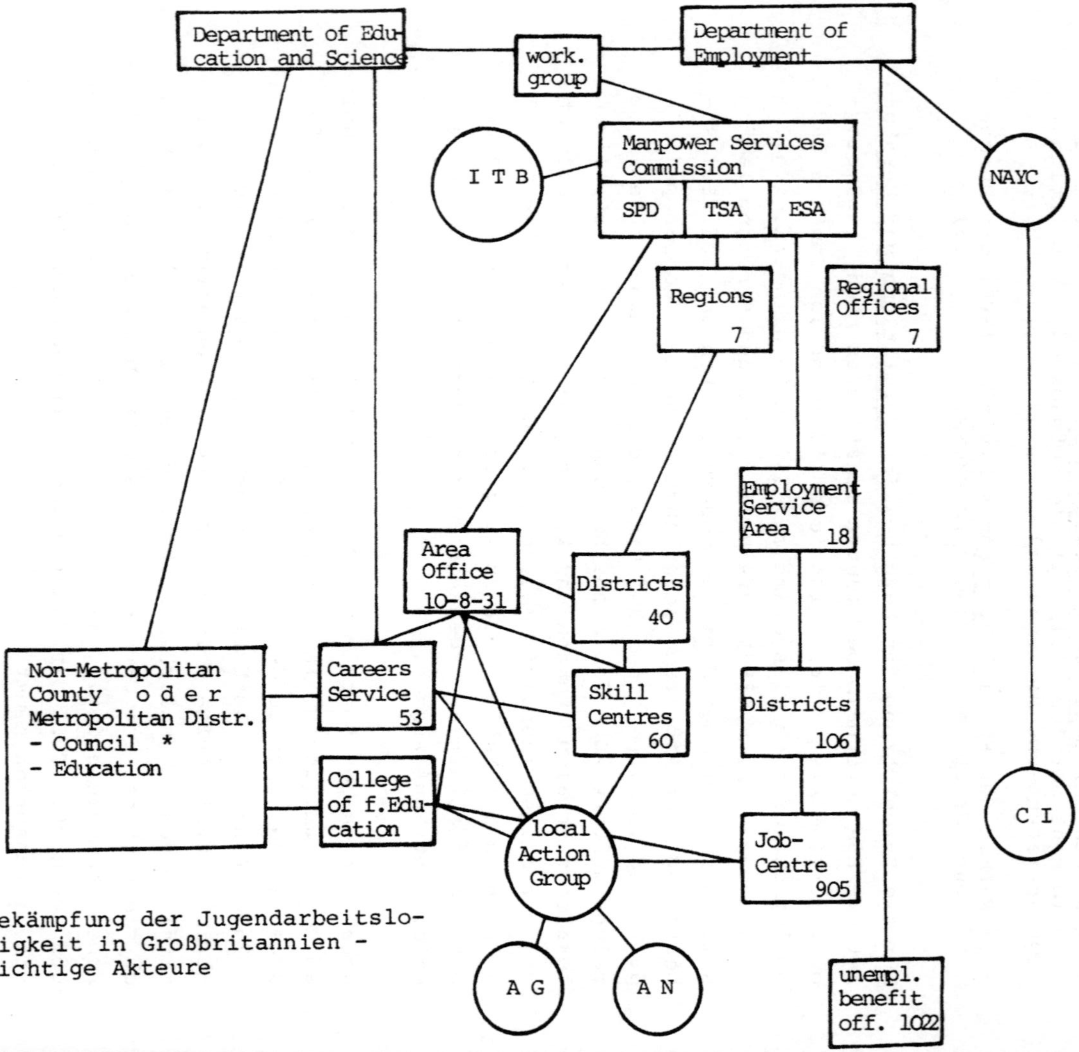

Abb. 9.3.: Bekämpfung der Jugendarbeitslosigkeit in Großbritannien - Wichtige Akteure

operieren und beide zu Anfang der 70er Jahre eine nicht unerhebliche Modernisierung durchgemacht haben. Im Prinzip ist die Betreuung Jugendlicher Sache des Career Service und damit der lokalen Verantwortung, die MSC ist nur beteiligt, wenn die Jugendlichen sich direkt an sie wenden, wobei den Jugendlichen geraten wird, zunächst den auf ihre Probleme spezialisierenden Career Service in Anspruch zu nehmen.

Während die Career Services von den zuständigen Education Authorities des Local Government unterhalten werden [54], wird die Auszahlung von Arbeitslosenhilfe und -unterstützung wiederum von einer anderen Behörde wahrgenommen, nämlich von den regionalen bzw. lokalen Offices des Department of Employment (insgesamt ca. 1022).

Der Bereich der beruflichen Aus- und Weiterbildung ist wiederum anders strukturiert. [55] Für die meisten Branchen existieren in Großbritannien "Industrial Training Boards" (ITB), in denen Vertreter der Arbeitgeber, Arbeitnehmer und des Staates gemeinsam den Bedarf an Auszubildenden jährlich festsetzen. Die Bereitstellung einer ausreichenden Anzahl von Ausbildungsplätzen soll durch ein System von "levy-grant-exemption" sicher gestellt werden, d.h. Firmen müssen einen gewissen Betrag an den ITB abführen (levy), bekommen jedoch für Ausbildungsplätze, die sie bereit stellen, Zuschüsse (grants) bzw. können für die Bereitstellung von Ausbildungsplätzen von der Abgabepflicht befreit werden (exemption). Darüber hinaus können die einzelnen ITB's weitere Maßnahmen ergreifen, um eine ausreichende Ausbildung sicherzustellen (z.B. besondere Kurse, Lehrprogramme usw.), aber das zentrale Steuerungsinstrument ist die finanzielle Steuerung durch Abgaben bzw. Zuschüsse.

In Verbindung mit der Reorganisation der Arbeitsmarktverwaltung Anfang der 70er Jahre wurde die TSA als Abteilung der Manpower Service Commission geschaffen, mit der Aufgabe, die Arbeit der ITB's zu koordinieren, die administrativen Kosten zu tragen und weitere Ausbildungsaktivitäten anzuregen und vorzuhalten. Dies geschieht in erster Linie in den Ausbildungszentren der TSA, den sog. Skillcentres und z.T. in Verbindung mit den kommunalen Colleges of Further Education. Damit besteht wiederum eine eigene regionale und lokale Administration auch auf diesem Gebiet.

Der Bereich der allgemeinen schulischen Ausbildung ist wie schon erwähnt, Sache der lokalen Education Athorities. Eine Zusammenarbeit findet in erster Linie im Bereich der Colleges of Further Education statt.

Aus dem bisher Gesagten ergibt sich, daß die Strukturen der Politikdurchführung in diesem Bereich unübersichtlich und verwirrend sind:

"It appears almost a rule of English public administration that there is an agency or separate administration for almost every activity, and that the geographical area of responsibility of each agency should be different from all existing bodies." 56)

Bestimmte Programme, z.B. Temporary Employment Subsidy (TES) oder Youth Employment Subsidy (YES) werden vom Department of Employment bzw. dem zu diesem Department gehörigen lokalen Behörden durchgeführt. Andere werden von der MSC durchgeführt, wobei wiederum unterschiedliche Strukturen zu beobachten sind:

- denkbar ist eine Zuordnung zur Employment Service Agency (neuerdings Employment Service Division) mit insgesamt 106 districts (vor allem zuständig für die Arbeitsvermittlung),
- oder die Zuordnung zur Training Services Agency (neuerdings Training Service Division) mit ca. 40 district offices (im Bereich Ausbildung)
- oder die Durchführung in eigens für bestimmte Programme geschaffenen regionalen Organisationen (10 area offices für das Job Creation Programme und 8 damit nicht übereinstimmende area offices für das WorkExperience Programme).

Mit der Einführung des YOP sind die letzteren speziellen Organisationen durch eine einheitliche regionale Organisation, umfassend 31 area offices, abgelöst worden. Diese sind zentral der Special Programmes Division (SPD) zugeordnet.

Schon diese knappe Aufzählung sollte zeigen, daß die jeweiligen Implementationsstrukturen, d.h. die jeweils mit der Durchführung bestimmter Programme beauftragten Organisationen nicht einheitlich aufgebaut sind. Ein neuartiges Programm oder eine neue Aufgabe wird entweder einer der bestehenden Organisationsstrukturen zugeordnet oder, was vor allem bei größeren und umfassenderen Programmen eher wahrscheinlich ist, für die Durchführung des Programmes wir eine eigene zentrale und regionale Organisation geschaffen. Diese wird dann mit Mitarbeitern aus der MSC besetzt, bekommt z.T. sogar eigene Räume, auf jeden Fall ein eigenes Budget und ist dann allein für die Durchführung eines Programmes zuständig.

Vorteile einer solchen "task force organisation" bestehen darin, daß diese Organisation eng mit dem Schicksal des Programms verbunden ist und daher ein großes Interesse hat, dieses Programm auch umzusetzen. Die Programmdurchführung ist daher zielorientiert und flexibel. Das neue Programm bzw. die neuen Maßnahmen müssen nicht erst in eine bestehende Organisation eingeführt und in dieser durchgesetzt werden, sondern es wird eine speziell für die Bedürfnisse des Programms zugeschnittene Organisation geschaffen:

"The creation of independent, functionally based organisations offers the opportunity to develop a sense of purpose and coherence which is often lacking when a new function is added to an existing body". 57)

Ein gutes Beispiel hierfür ist die regionale Organisationsstruktur im Rahmen des YOP. Hierfür wurden die bestehenden Organisationen des JCP und WEP aufgelöst und in eine neue, bedeutend kleinräumigere Organisation überführt. Die Größe der jeweiligen Regionen wurde dabei nicht genau festgelegt, sie sollte nur aufgrund der erwünschten engen Zusammenarbeit eine oder mehrere Local Education Authorities umfassen.

Nachteil dieser aufgaben-orientierten Organisation ist selbstverständlich der erhöhte Koordinierungsaufwand. Die Zusammenarbeit der jeweiligen Organisationen untereinander (z.B. im Bereich des YOP müssen zusammenarbeiten: Area Offices der SPD, TSA, ESA, kommunaler Career Service, Unemployment Benefit Office des Department of Employment - um nur die auf den Arbeitsmarkt bezogenen staatlichen Organisationen zu nennen) und mit weiteren beteiligten Akteuren (z.B. Skillcentres des TSA, Colleges of Futher Education, ITB's) wird dabei in erster Linie durch informelle Kontakte gewährleistet. Da jede Organisation darauf aus ist, ihre Ziele zu verwirklichen, und da sie dazu die anderen Organisationen benötigt, ergibt sich eine Zusammenarbeit oft von selbst, die nicht selten von allen Beteiligten gelobt wird (z.B. zwischen YOP und Career Service).

Ein weiteres Organ, daß die Zusammenarbeit auf lokaler bzw. rerionaler Ebene erleichtern soll, sind die 28 Area Boards [58].
In diesen Boardssind jeweils Arbeitgeber, Arbeitnehmer, freiwillige Hilfsorganisationen, Local Authorities, Schulbehörden (Education Authorities) und weitere Interessen vertreten. Die Aufgaben und die Zusammensetzung der Boards sind nur sehr grob umschrieben [59]. Sie dienen der lokalen Abstimmung und Koordination (wie auch Legitimation) der einzelnen Maßnahmen und sind generell für die Planung und Überwachung der jeweiligen Programmdurchführung zuständig.

Das Besondere an diesen Boards ist, daß sie ohne präzisere Aufgabenbeschreibung zur Unterstützung der Programme herangezogen werden, indem wichtige lokale Interessen in die Programme und deren Durchführung integriert werden:

"to secure the degree of commitment in the community on which the success of the programme will depend". 60

Die Boards dienen also sowohl der lokalen Legitimation wie Implementation der jeweiligen Maßnahmen. Die legitimierende Funktion zeigt sich z.B. an der Zusammensetzung. Eine Auflistung der bisherigen Vorsitzenden der lokalen Boards verdeutlicht, daß die verschiedensten lokalen "Größen" zur Unterstützung der Programme herangezogen wurden, so z.B. viele hohe Gewerkschaftsfunktionäre, aber auch wichtige Industrielle und andere zentrale lokale Persönlichkeiten (z.B. ist der Bischoff von Liverpool Vorsitzender des dortigen Boards). In anderen Boards sind es angesehene Gelehrte oder ehemalige Lokalpolitiker oder lokale Beamte (entsprechend etwa unseren Oberstadtdirektoren). Auch in diesem Fall sind der lokalen Phantasie keine Grenzen gesetzt. [61)]

Zusätzlich zu diesen Boards sind in verschiedenen Kommunen oder Districts zusätzliche "Local Actions Groups" gegründet worden, die unterhalb der Ebene der Area Boards bei der Planung von Projekten und der Formulierung von Vorschlägen mitwirken.

Die Durchführung der Programme ist also auf der einen Seite weitgehend dezentralisiert und fragmentiert, auf der anderen Seite aber jeweils zentral kontrolliebar, d.h. z.B. nicht den Local Authorities überlassen. Sie beruht weitgehend auf der Zusammenarbeit unterschiedlichster lokaler bzw. regionaler Akteure, die oft einer zentralen Stelle verantwortlich sind. Allerdings wird im YOP ausdrücklich betont, daß eine maximale Delegation von Entscheidungsbefugnis auf der lokalen Ebene angestrebt werden soll. [62)]

Bemerkenswert ist, daß die Area Offices der SPD, d.h. die für die Durchführung des YOP zuständigen Organisationseinheiten, selbst kaum direkte Aktivitäten für die Jugendlichen entwickeln können. Die Jugendlichen werden vom Career Service (oder der ESA) angesprochen, die Kurse werden in Skill Centres, Colleges of Further Education oder in Betrieben abgehalten und auch die Bereitschaftsarbeit wird von den unterschiedlichsten Akteuren bereit gestellt. Die zentrale Rolle der Area Offices besteht darin, diese verschiedenen Aktivitäten anzuregen, u.U. finanziell zu unterstützen und zu koordinieren. Es handelt sich also im Prinzip um eine Katalysatorrolle in einer weitverzweigten, zu großen Teilen nicht-staatlichen Implementationsstruktur.

Die Rolle des jeweiligen zuständigen Ministeriums im Rahmen der Durchführung ist begrenzt. Der einzige direkte Einfluß auf die Programmdurchführung kann durch die Mittelbewilligung geschehen.

Da es sich jeweils um abgegrenzte Programme mit identifizierbaren Mittelzuweisungen handelt, die dann u.U. bei Bedarf erhöht werden, ist hier eine Einflußnahme des Ministeriums durchaus denkbar. Wahrscheinlicher ist allerdings eine eher informelle Konsultation zwischen den jeweiligen zentral verantwortlichen Institutionen und dem Ministerium.

Insgesamt ist die Struktur der Politikdurchführung durch eine beinahe nicht mehr überschaubare Komplexität unterschiedlicher Zuständigkeit, Verantwortlichkeit und Aufgabenorientierung gekennzeichnet. Diese manchmal verwirrende Mischung von fragmentierter, dezentralisierter, zugleich aber auch wieder zentral kontrollierter und höchstens lokal koordinierter Aufgabenwahrnehmung ist wohl nur historisch zu erklären. Es ist in Großbritannien nicht ungewöhnlich, daß Organisationen für bestimmte Aufgaben geschaffen werden, sich mit diesen Aufgaben ändern oder mit der Beendigung dieser Aufgaben wieder verschwinden bzw. sich im Laufe der Zeit an veränderte Rahmenbedingungen anpassen. Das Resultat dieses Prozesses ist eine inkremental gewachsene Organisationsstruktur, deren Rationalität nur durch die bestehenden Aufgaben und die Geschichte ihrer Wahrnehmung verständlich wird.

Alle möglichen Organisationsformen zwischen rein staatlichen Organisationen (Ministerien und deren regionale und lokale Außenstellen), fast-staatlichen Quagos (z.B. Manpower Service Commission), quasi-staatlichen Quangos (z.B. Industrial Training Boards) und rein privaten Institutionen (z.B. Zusammenschlüsse von Unternehmern) sind an der Durchführung der Programme beteiligt. Die Organisationsform und das Zusammenspiel unterschiedlicher Organisationen ist dabei oft sehr kompliziert, es ist oft nicht deutlich, wer für welche Maßnahmen und für welches Gebiet zuständig ist. Obwohl es eine Reihe von hierarchischen Organisationsformen gibt, sind die Beziehungen insbesondere auf lokaler Ebene eher mit einem komplizierten Netz als mit klaren und hierarchischen Zuständigkeitsbeziehungen zu vergleichen. Aus diesem Grund gibt es eine gewisse regionale und lokale Autonomie bei der Durchführung der Programme, die in erster Linie durch die

Vielzahl der informellen Kontakte unterstützt und abgesichert wird, die aber jederzeit durch zentrale Anweisungen kontrolliert werden kann.

Trotz dieser komplizierten und unübersichtlichen Organisationsform ist die Durchführung der Programme eher als einfach zu charakterisieren. Da für verschiedene Programme oder Maßnahmen eine spezielle Organisation zuständig ist, ist die Durchführung schnell und unbürokratisch. Dies wird auch immer wieder in den einzelnen Programmen betont. Die Programme sollen so einfach wie möglich strukturiert sein, um mögliche bürokratische Hemmnisse sowohl bei den implementierenden Instanzen, aber insbesondere bei den Adressaten der Programme zu beseitigen.

9.6. Instrumente

Die Betrachtung der in den verschiedenen Maßnahmen verwendeten Steuerungsinstrumente zeigt im Bereich der externen Steuerung ein ganz eindeutiges Übergewicht der finanziellen Steuerung. Die Bekämpfung der Jugendarbeitslosigkeit wird in Großbritannien in erster Linie durch den Einsatz finanzieller Anreize, bzw. davon nicht eindeutig zu trennender finanzieller Transfers versucht. So sind fast alle Maßnahmen im Bereich Arbeitsbeschaffung auf den Einsatz finanzieller Anreize für private Arbeitgeber bzw. gleichzeitig auf die finanzielle Unterstützung der betroffenen Jugendlichen durch den Staat ausgerichtet.

Von Anfang an spielt allerdings auch der Bereich der eigenen Leistungserstellung des Staates eine gewichtige Rolle, indem arbeitslosen Jugendlichen im Rahmen der Arbeitsmarktausbildung (TOPS) verschiedene Kurse zur Überwindung von Qualifikations- und Motivationsdefiziten angeboten werden. Auch in diesem Bereich wird aber zunächst vorrangig mit finanziellen Anreizen gearbeitet, indem die Bereitstellung von zusätzlichen Ausbildungsplätzen durch Gewährung von "grants" an Industrial Training Boards und an Arbeitgeber gewährleistet werden soll. Weiter wird auch versucht, Qualität und Quantität der Ausbildung durch direkte Zu-

Abb. 9.4.: Bekämpfung der Jugendarbeitslosigkeit in Großbritannien Externe Steuerungsinstrumente							
Jahr	lfd. No.	Maßnahmen in Stichworten	Regu-lie-rung	Finan-zie-rung	Infor-ma-tion	Lei-stung	Struk-turie-rung
1972	1	Community Industry		(x)		(x)	
1974	2	Wider Opportunity Courses				x	
1975	3	Short Industrial Courses		(x)		x	
	4	Occupation. Selection Cours				x	
	5	Preparatory Courses				x	
	6	Temporary Employm. Subsidy		x			
	7	Job Creation Programme		x		(x)	(x)
	8	Recruitment Subsidy		x			
	9	Personal f. Career Service			x	x	
	10	Premium Grants (Off-the-J.)		x			
	11	Premium Grants (On-the-Job)		x			
	12	Training Award Scheme		x			
	13	Sandwich Courses		x		(x)	
	14	Recruitment Grant		x			
	15	Continuing Training		x			
	16	Redundant Apprentices		x			
1976	17	Unified Vocation.Preparat.			(x)	x	
	18	Work Experience Programme		x	(x)		(x)
	19	Youth Employment Subsidy		x			
1977	20	Small Firms Employm.Subsidy		x			
	21	Employm.Introduction Cours.				x	
1978	22	Youth Opportunit. Programme		(x)	x	(x)	x
	23	Work Exper.(Employer's Pr.)		x			
	24	Work Exper.(Project-Based)		x			
	25	Work Exper.(Training Works)		x		x	
	26	Work Exper.(Community Serv.)		x		x	
	27	Employm. Induction Courses				x	
	28	Short Industrial Courses				x	
	29	Preparatory Courses				x	
	30	Orientation & Information			x		

schüsse an betroffene Jugendliche zu verbessern.

Erst mit der Ingangsetzung des Youth Opportunity Programme YOP beginnt der Bereich der eigenen Leistungserstellung durch den Staat einen entscheidenden Umfang anzunehmen. Während schon vorher verschiedene Ausbildungsmöglichkeiten durch öffentliche Institutionen (z.B. Skillcentres, Colleges of Further Education) vorhanden waren, werden sie nun in größerem Umfang in die Programme zur Bekämpfung der Jugendarbeitslosigkeit integriert. Insbesondere wird das staatliche Leistungsangebot im Bereich Ausbildung dadurch verbessert, daß vorhandene Ressourcen durch finanzielle Zuschüsse besser ausgenützt werden.

Information als Steuerungsmedium wird bei den meisten Maßnahmen ergänzend herangezogen, wird aber auch erst in Verbindung mit der Etablierung des YOP verstärkt eingesetzt. Es wird versucht, durch den Einsatz modernster Informationsmittel sowohl Jugendliche wie Arbeitgeber von der Existenz, der Notwendigkeit und vor allem von den Vorteilen und Nutzen des Programms für alle Beteiligten zu überzeugen. Allein schon durch diesen großen Informationsaufwand dürften eine Reihe privater Aktivitäten zur Bekämpfung der Jugendarbeitslosigkeit angeregt worden sein.

Prozedurale bzw. strukturelle Steuerung als Spezialfall informativer Instrumente kommen auch erst im Rahmen des YOP in größerem Ausmaß zur Anwendung. Die Errichtung der Area Boards mit der in ihnen vorgesehenen repräsentativen Vertretung wichtiger lokaler und regionaler Interessen soll sowohl der lokalen Verankerung, Legitimation wie auch Koordination und Planung der unterschiedlichen Aktivitäten dienen. Die Area Boards haben ihre Vorläufer im Job Creation Programme, aber erst im YOP wird dieses Instrument umfassend und gezielt zur Durchführung und Durchsetzung des Programms und der Ziele der Programme eingesetzt.

Wenig überrachend ist, daß auch in Großbritannien regulative Instrumente in diesem Bereich überhaupt nicht eingesetzt werden und auch - soweit erkennbar - nirgendwo erwogen wurden.

Auch die interne Steuerung wird ganz eindeutig von den Finanzen dominiert.

Es gibt kaum eine Maßnahme in allen im Laufe der Zeit durchgeführten Programmen, die nicht intern durch finanzielle Anreize oder zumindest Entschädigungen durchgesetzt wird. Die normale Form ist dabei, daß von der Regierung jeweils für die in einem Programm näher beschriebenen Maßnahmen spezielle Gelder zur Verfügung gestellt werden. Der Fall, daß die Regierung z.B. Kommunen oder unabhängige Behörden und Anstalten (z.B. die MSC) einfach anweist, bestimmte Maßnahmen zu ergreifen, kommt nicht vor.

Diese finanzielle Steuerung wird dabei durch eine gewisse regulative Steuerung ergänzt, d.h. in den einzelnen Programmen ist jeweils festgelegt, welcher Zielgruppe durch welche Maßnahme geholfen werden soll und in diesem Zusammenhang gibt es bestimmte konditionale Festlegungen (z.B. wann Jugendliche für das Programm infrage kommen, welche Bedingungen private Arbeitgeber erfüllen müssen etc.), aber die eigentliche Durchführung läßt den jeweils zuständigen Organisationen nicht unbeträchtliche Freiräume. Festgelegt sind qualitative und quantitative Ziele (Output-Ziele) und bestimmte Rahmenbedingungen der Durchführung der Programme. Es wird dabei immer wieder darauf hingewiesen, daß der bürokratische Aufwand und die Kontrolle minimiert werden sollen. Beachtenswert ist allerdings, daß wichtige Programmelemente jeweils bei der zentralen Stelle verbleiben, so z.B. die finanziellen Transaktionen im YOP oder auch die große Werbeaktion im gleichen Programm.

Strukturelle Steuerung findet in der Form spezieller Administrationen für die Durchführung von Programmen oder Programmelementen Anwendung. Sowohl das "Work Experience Programme", das "Job Creation Programme" und schließlich verstärkt das "Youth Opportunities Programme" wurden bzw. werden durch eigene Verwaltungen implementiert. Auf diese Art und Weise kann die flexible und intentionale Durchführung eines Programms wahrscheinlich eher erreicht werden, als durch eine größere Anzahl regulativer Vorschriften.

Abb. 9.5.: Bekämpfung der Jugendarbeitslosigkeit in Großbritannien
Interne Steuerungsinstrumente

Jahr	lfd. No.	Maßnahmen in Stichworten	Regu-lie-rung	Finan-zie-rung	Infor-ma-tion	Lei-stung	Struk-turie-rung
1972	1	Community Industry		x			
1974	2	Wider Opportunity Courses		x			
1975	3	Short Industrial Courses		x			
	4	Occupation. Selection Cours		x			
	5	Preparatory Courses		x			
	6	Temporary Employm. Subsidy		x			
	7	Job Creation Programme		x			(x)
	8	Recruitment Subsidy		x			
	9	Personal f. Career Service		x			
	10	Premium Grants (Off-the-J.)		x			
	11	Premium Grants (On-the-Job)		x			
	12	Training Award Scheme		x			
	13	Sandwich Courses		x			
	14	Recruitment Grant		x			
	15	Continuing Training		x			
	16	Redundant Apprentices		x			
1976	17	Unified Vocation.Preparat.		x			(x)
	18	Work Experience Programme		x			x
	19	Youth Employment Subsidy		x			
1977	20	Small Firms Employm.Subsidy		x			
	21	Employm.Introduction Cours.		x			
1978	22	Youth Opportunit. Programme					x
	23	Work Exper.(Employer's Pr.)		x			
	24	Work Exper.(Project-Based)		x			
	25	Work Exper.(Training Works)		x			
	26	Work Exper.(Community Serv.)		x			
	27	Employm. Induction Courses		x			
	28	Short Industrial Courses		x			
	29	Preparatory Courses		x			
	30	Orientation & Information		x			

Information als eigenständiges internes Steuerungsinstrument ist in Großbritannien kaum zu erkennen. Allerdings wird es in allen Programmen in der einen oder anderen Form zur Durchsetzung der Programmziele verwendet. Insbesondere scheint Information bzw. umfassender gegenseitiger Kontakt das zentrale Element zu sein, mit dem Koordinations- und Zusammenarbeitsschwierigkeiten zu beseitigen versucht werden. So ist auffällig, daß z.B. im Rahmen des YOP der Programmerfolg nicht unerheblich von der Zusammenarbeit einer ganzen Reihe privater aber auch öffentlicher Akteure abhängt. Diese Zusammenarbeit soll einmal durch das externe Instrument der Area Boards gesichert werden, aber da dort vor allem Akteure des nicht-staatlichen Bereichs vertreten sind, beruht der Erfolg des YOP in noch größerem Maße auf der informellen Zusammenarbeit und gegenseitigen Information der verschiedenen öffentlichen Akteure (z.B. Area Office, Career Service, ESA, TSA, Colleges of Further Education usw.). Die Koordination durch informelle Information scheint, zumindest nach den Bekundungen der Beteiligten, nicht schlecht zu funktionieren. Informelle Information ist daher in Großbritannien ein nicht unwichtiges Steuerungsinstrument.

Die Beurteilung der vorherrschenden Steuerungsformen ergibt wiederum nicht immer eindeutige Ergebnisse. Ohne jeden Zweifel dominieren im externen Bereich motivierende, finale und eher unpräzise Instrumente. Im Prinzip werden Angebote in der Form der generellen Steuerung gemacht. Der Bereich der internen Steuerung unterscheidet sich kaum von diesem Befund. Auch hier dominieren motivierende finale und unpräzise Steuerung, allerdings überwiegen generelle Gebote.

10. Problembereich "Jugendarbeitslosigkeit" Fallstudie Bundesrepublik Deutschland

10.1. Chronologie der Maßnahmen (Materialteil)

Der erste Abschnitt enthält wiederum eine kurze Aufzählung und Beschreibung der wichtigsten Maßnahmen, die im Untersuchungszeitraum in der Bundesrepublik Deutschland im Problembereich "Jugendarbeitslosigkeit" unternommen wurden. Er dient als empirische Grundlage der weiteren Untersuchungsschritte der Fallstudie; auf die hier ausführlicher dargestellten Maßnahmen wird im weiteren Verlauf der Darstellung und Analyse bezug genommen.

1974 Jugendarbeitslosigkeit/Bundesrepublik Deutschland

(1) Berufsvorbereitung

Nachdem der Anteil jugendlicher Arbeitsloser in der Bundesrepublik seit 1973 erheblich gestiegen war 1), werden im Laufe des Jahres 1974 die berufsvorbereitenden Maßnahmen für noch nicht berufsreife Jugendliche nach dem Arbeitsförderungsgesetz (§ 40 AFG) neu geordnet und ausgeweitet. 2) Die Maßnahmen beschränken sich nicht nur auf die Berufsvorbereitung noch nicht ausbildungs- oder berufsreifer Jugendlicher, sondern erstrecken sich auch auf Grundbildungslehrgänge für solche Jugendlichen, die durch die problematische Lage auf dem Arbeitsmarkt keine Ausbildungsstelle gefunden haben oder arbeitslos geworden sind. Eine Übersicht über die verschiedenen Lehrgangstypen, Zielgruppen usw. liefert Abb. 10.1.

Der größte Teil der Maßnahmen wird in privater Trägerschaft durchgeführt (rund drei Viertel), die Bundesanstalt für Arbeit (BA) übernimmt die Lehrgangsgebühren und zahlt den Teilnehmern, sofern andere Mittel nicht zur Verfügung stehen, eine Berufsausbildungsbeihilfe bzw. in bestimmten Fällen, wenn die Voraussetzungen vorliegen (vorherige Berufstätigkeit), ein sog. Unterhaltsgeld nach der Anordnung "Fortbildung und Umschulung" (80 % des letzten Nettogehalts).

(2) Berufsausbildungsbeihilfe

Die Möglichkeiten der BA für eine betriebliche oder überbetriebliche Berufsausbildung oder für die Teilnahme an berufsvorbereitenden Maßnahmen im Rahmen des AFG (§ 40) individuelle Berufsausbildungshilfen zu gewähren, werden im Laufe des Jahres verbessert 3). Damit sollen wirtschaftliche Schwierigkeiten, die einer angemessenen beruflichen Qualifizierung entgegenstehen, überwunden werden. In erster Linie kommen sie für schulentlassene Jugendliche in Betracht. Auf diese Weise soll verhindert werden, daß Jugendliche eine ungelernte Tätigkeit einer qualifizierten Berufsausbildung vorziehen.

1974 Jugendarbeitslosigkeit/Bundesrepublik Deutschland

Abb. 10.1. :

Berufsvorbereitende Maßnahmen
Überblick über Lehrgangstypen, Zielgruppen, Zweck der Maßnahmen und Regeldauer

Maßnahme			
Art	**Kurz bezeichn.**	**Zielgruppen**	Zweck der Maßnahme, Regeldauer
Grundausbildungslehrgänge	G 1	**Schulentlassene**, die eine angestrebte Berufsausbildung wegen **Mangel an geeigneten Ausbildungsstellen** nicht aufnehmen können	**Vorbereitung** auf die betriebspraktischen **Anforderungen an Auszubildende**. Vermittlung praktischer und theoretischer Grundkenntnisse und Fertigkeiten in mehreren Berufen eines Berufsbereiches. Keine Vorwegnahme des 1. Ausbildungsjahres/Berufsgrundschuljahres Grundsätzlich nicht länger als 1 Jahr
	G 2	**Schulentlassene**, deren Bewerbungen um Ausbildungsstellen ihrer **schulischen Leistungen** wegen aussichtslos sind	**Vorbereitung** auf die betriebspraktischen **Anforderungen an Arbeitnehmer**. Vermittlung praktischer Grundfertigkeiten aus solchen Berufen, in denen auf dem örtlichen Arbeitsmarkt üblicherweise Arbeitskräfte eingearbeitet bzw. angelernt werden Grundsätzlich nicht länger als 1 Jahr
	G 3	**Arbeitslose Jugendliche**, für die – unabhängig von den dafür maßgeblichen Gründen – eine **Berufsausbildung nicht in Betracht** kommt. Arbeitslose Jugendliche, die nicht oder nur kurzfristig erwerbstätig waren, können auch an Lehrgängen „G2" teilnehmen	**Vermittlung berufspraktischer Fertigkeiten, Kenntnisse über Arbeitsverhalten, Arbeitsschutz und Arbeitssicherheit** u. a. Berücksichtigung mehrerer Beschäftigungsmöglichkeiten in einem Berufsbereich Bis zu 9 Monaten, in Ausnahmen bis zu 1 Jahr
Förderungslehrgang	F	**Noch nicht berufsreife Schulentlassene**, die a) von ihrer Begabung her fähig wären, eine Berufsausbildung aufzunehmen, jedoch Starthilfen bedürfen, weil sie wegen **vorübergehender Entwicklungsschwierigkeiten** im physischen oder psychischen Bereich der Belastung einer Berufsausbildung noch nicht gewachsen sind, oder b) in der **Regel Abgänger** aus Sonderschulen für Lernbehinderte oder vergleichbare Abgänger aus Hauptschulen sind und wegen ihrer in einer **nicht nur vorübergehenden Behinderung** begründeten Lernschwierigkeiten der besonderen Hilfe des Förderungslehrganges bedürfen	**Vorbereitung** auf die **betriebliche Ausbildung** in einem anerkannten Ausbildungsberuf (einschließlich Ausbildungsregelungen für Behinderte) mit Berufsfindung 1 Jahr wie bei a.
Lehrgang zur Verbesserung der Eingliederungsmöglichkeiten	V	**Behinderte**, die für eine **Ausbildung** in einem anerkannten Ausbildungsberuf (einschließlich Ausbildungsregelung für Behinderte) **nicht in Betracht** kommen	**Vorbereitung** auf eine **Arbeitnehmertätigkeit** auf dem **allgemeinen Arbeitsmarkt** 1 Jahr
	T	wie bei V	Vorbereitung auf eine Arbeitnehmertätigkeit/Beschäftigung in einer **Werkstatt für Behinderte** in der Regel 2 Jahre

Als einzige Möglichkeit beruflicher Bildungsmaßnahmen im Rahmen der Rehabilitation wird die Teilnahme auch dann vorgeschlagen, wenn der Behinderte zwar schon eine Arbeit aufnehmen könnte, er jedoch durch die Teilnahme am Lehrgang für eine qualifizierte Tätigkeit auf dem allgemeinen Arbeitsmarkt oder in einer Werkstatt für Behinderte befähigt werden kann.

aus: K. Schober, R. Jelitto, 1979, S. 7.

1974	Jugendarbeitslosigkeit/Bundesrepublik Deutschland

(3) Fortbildung und Umschulung

Gleichzeitig werden auch Jugendliche im Rahmen der individuellen Förderung der beruflichen Fortbildung und Umschulung (§§ 41 ff AFG) gefördert, indem durch Rechtsverordnung des Bundesarbeitsministers auch Jugendlichen mit weniger als der gesetzlich vorgeschriebenen Berufstätigkeit die Möglichkeit einer Förderung eingeräumt wird. Von der BA werden spezielle Maßnahmen eingeleitet, die es auch Jugendlichen ermöglichen, an Lehrgängen der beruflichen Fortbildung und Umschulung teilzunehmen. Insbesondere im Rahmen ihres Aktionsprogrammes "Berufliche Bildung und Beschäftigungslage" 4) fördert die Bundesanstalt die Teilnahme an speziellen Lehrgängen zur beruflichen Qualifizierung Jugendlicher. 5).

(4) Arbeitsaufnahme

Die Leistungen der Bundesanstalt zur Förderung der Arbeitsaufnahme werden verstärkt und zwar fallen darunter

- Leistungen an Arbeitnehmer (z.B. Bewerbungskosten, Reise- und Umzugskosten, Arbeitsausrüstung, Trennungsbeihilfe, Überbrückungsbeihilfe; § 53 AFG);
- Eingliederungsbeihilfe an Arbeitgeber (wird gewährt "zur beruflichen Eingliederung von Arbeitssuchenden, deren Unterbringung unter den üblichen Bedingungen des Arbeitsmarkts erschwert ist"; § 54 AFG) und
- die Förderung der Errichtung von Arbeitnehmer- und Jugendwohnheimen (§ 55 AFG).

Diese Maßnahmen unterliegen keiner Altersbegrenzung, können daher auch Jugendlichen zu Gute kommen. Eine Aufschlüsselung auf verschiedene Altersgruppen ist nicht möglich, es sprechen allerdings einige Anzeichen dafür, daß Jugendliche überproportional davon profitiert haben. 6)

(5) Zuschüsse an Arbeitgeber

Im Rahmen des "Programms der Bundesregierung zur Förderung von Stabilität und Wachstum vom 12.12.1974" werden verschiedene zusätzliche Maßnahmen festgelegt, u.a. werden in Gebieten mit einer Arbeitslosenquote von 0,5 % über dem Bundesdurchschnitt 600 Mio. DM für Lohnkosten- bzw. Ausbildungsvergütungszuschüsse für Arbeitnehmer, die mindestens einen Monat arbeitslos waren, zur Verfügung gestellt 7). Diese Maßnahme gilt für alle Arbeitnehmer, d.h. auch für Jugendliche 8).

(6) Überbetriebliche Ausbildungsstätten

Gleichzeitig werden für das Jahr 1975 zusätzliche Mittel für den verstärkten Ausbau überbetrieblicher Ausbildungsstätten bereit gestellt. 9)

Diese Förderung wird in den folgenden Jahren im Rahmen des "Stufenplans zu Schwerpunkten der beruflichen Bildung" fortgesetzt. Sie wird vom Bund im Rahmen einer Verwaltungsvereinbarung und auf der Grundlage des Artikels 104 a Abs. 4 GG den Ländern gewährt. 10)

(7) Berufsberatung

Im Laufe des Jahres werden die Anstrengungen der Bundesanstalt für Arbeit und der verschiedenen Arbeitsämter im Bereich der Berufsberatung Jugendlicher verstärkt. Zum Aufgabenbereich der Berufsberatung gehören u.a.

- Berufsaufklärung (z.B. Schulbesprechungen, Elternversammlungen, Vorträge und Veranstaltungen sowie berufskundliche Ausstellungen),
- berufliche Einzelberatung (kann mit Einverständnis der Jugendlichen und Erziehungsberechtigten zusätzlich durch psychologische und/oder ärztliche Eignungsuntersuchungen ergänzt werden),
- Vermittlung in berufliche Ausbildungsstellen sowie
- die Unterrichtung über die finanzielle Förderung der beruflichen Bildung im Einzelfalle. 11)

Die Verbesserungen erstrecken sich sowohl auf die Quantität der Beratung (mehr Berater, mehr Jugendliche werden erreicht) wie auch auf die Qualität (bessere Ausbildung für Berufsberater, mehr Zeit für Beratung, bessere schriftliche Unterlagen, neue didaktische Grundlagen usw.) In diesem Zusammenhang sind auch

"die erheblich intensivierten Bemühungen der Berufsberatung zu nennenm durch vermehrte Betriebsbesuche berufliche Ausbildungsstellen zu gewinnen und unversorgte Jugendliche gezielt in eine Ausbildung zu vermitteln." 12)

(8) Arbeitsbeschaffungsmaßnahmen

Die nach den §§ 91 ff AFG vorgesehenen Maßnahmen zur Arbeitsbeschaffung werden verstärkt. Im Rahmen der Arbeitsbeschaffungsmaßnahmen (ABM) werden finanzielle Zuschüsse für Arbeiten gewährt, die im öffentlichen Interesse liegen und sonst nicht oder erst zu einem späteren Zeitpunkt durchgeführt würden. Die Förderung wird nur für arbeitslose Arbeitnehmer gewährt, die dem Träger der Maßnahme vom Arbeitsamt zugewiesen werden. An Arbeitsbeschaffungsmaßnahmen sollen bevorzugt schwer zu vermittelnde Arbeitslose teilnehmen, um deren Chancen für eine Vermittlung in eine Dauerbeschäftigung zu verbessern.
Der Zuschuß des Arbeitsamts an den Träger der Maßnahme 13)
beträgt mindestens 60 %, höchstens 80 % des Lohns. 14)

Auch diese Maßnahme gilt für sämtliche Arbeitnehmer, jugendliche Arbeitslose sind in etwa ihrem Anteil an der Gesamtarbeitslosigkeit entsprechend an der ABM-Förderung beteiligt 15). Allerdings haben nach § 5 AFG Maßnahmen wie Vermittlung in berufliche Ausbildungsstellen oder Arbeit sowie die Maßnahmen der beruflichen Bildung Vorrang vor Arbeitsbeschaffungsmaßnahmen.

(9) Berufliche Bildung

Durch Modellversuche sollen Verbesserungen und Innovationen in der beruflichen Bildung gefördert werden. Der Bundesminister für Bildung und Wissenschaft stellt für den Zeitraum 1975 bis 1979 rund 220 Mio. DM für diesen Zweck bereit. Zusammen mit der Wirtschaft sollen Maßnahmen zur Ausweitung und Verbesserung des Angebots an Ausbildungsplätzen und zur Erschließung neuer Ausbildungsmöglichkeiten insbesondere bei Klein- und Mittelbetrieben entwickelt und erprobt werden 16)

1975 Jugendarbeitslosigkeit/Bundesrepublik Deutschland

(10) Arbeitsbeschaffung

Im Rahmen des 'Programms zur Stärkung von Bau- und anderen Investitionen' vom 27. 8.1975 werden zusätzliche Arbeitsbeschaffungsmaßnahmen mit Bundesmitteln gefördert, und zwar werden 200 Mio. DM für allgemeine Arbeitsbeschaffungsmaßnahmen und 400 Mio. DM für Arbeitsbeschaffungsmaßnahmen im Hoch- und Tiefbau bereit gestellt. Auch diese Maßnahmen kommen z.T. jugendlichen Arbeitnehmern bzw. Arbeitslosen zu Gute. 17)

(11) Berufliche Bildung

Durch das Haushaltsstrukturgesetz, das am 1. 1.1976 in Kraft tritt, werden im Bereich der individuellen Förderung der beruflichen Bildung erhebliche Einschränkungen vorgenommen 18). Insbesondere soll gewährleistet werden, daß nur Arbeitnehmer mit einer angemessenen Berufspraxis die Förderleistungen nach dem AFG in Anspruch nehmen können, d.h. Leistungen sollen nur noch Teilnehmer erhalten, die der "Versichertengemeinschaft" angehören und dem deutschen Arbeitsmarkt zur Verfügung stehen. Darüber hinaus werden diese Leistungen gekürzt 19). Durch eine Rechtsverordnung des Bundesministers für Arbeit und Sozialordnung wird allerdings die Förderung der Teilnahme arbeitsloser Jugendlicher an notwendigen Bildungsmaßnahmen wiederum erleichtert, indem

- bei Vorliegen einer abgeschlossenen Berufsausbildung vollständig (bzw. bei Ungelernten teilweise) auf die für eine berufliche Fortbildung und Umschulung üblicherweise zu fordernde Berufserfahrung verzichtet wird,
- bzw. Zeiten der Arbeitslosigkeit auf die Zeiten der beruflichen Tätigkeit angerechnet werden. 20)

(12) Arbeitsbeschaffung

Im Rahmen des "Sofortprogramms der Bundesregierung zur Bekämpfung der Jugendarbeitslosigkeit vom 28. Januar 1976" werden verschiedene im AFG vorgesehene Maßnahmen verstärkt. Es werden 100 Mio. DM für zusätzliche Arbeitsbeschaffungsmaßnahmen für besondere Personengruppen des Arbeitsmarktes (z.B. Jugenliche, ältere Arbeitnehmer, sog. Schwervermittelbare) zur Verfügung gestellt und die Förderung in Ausnahmefällen auf 120 % des Arbeitsentgelts erhöht. 21)

1976	Jugendarbeitslosigkeit/Bundesrepublik Deutschland

(13) Berufliche Bildung

Gleichzeitig werden für zusätzliche Maßnahmen zur individuellen Förderung der Berufsvorbereitung, der beruflichen Fortbildung und Umschulung für arbeitslose Jugendliche ohne Berufsausbildung Mittel zur Verfügung gestellt 22). Neben der Unterstützung der Teilnehmer werden auch die Lehrgangsgebühren u.ä. übernommen.

(14) Berufsvorbereitung

Im gleichen Programm wird die verstärkte institutionelle Förderung von Einrichtungen, die berufsvorbereitende Maßnahmen für Jugendliche durchführen, vorgesehen. Es kann ein Zuschuß bis zu einem Drittel der Kosten für die Erweiterung oder Ausstattung bestehender Einrichtungen gewährt werden. 23).

(15) Ausschöpfung von Kapazitäten

Für den öffentlichen Bereich (insbesondere Bundesbahn und Bundespost) werden Hilfen zur Ausschöpfung vorhandener, aber nicht genutzter Ausbildungskapazitäten zur Verfügung gestellt. Ähnliche Zuschüsse werden an Träger überbetrieblicher oder außerbetrieblicher Berufsausbildung gewährt, um damit Jugendliche zu unterstützen, die entweder infolge regionaler Ungleichgewichte keinen Ausbildungsplatz gefunden oder infolge von Betriebsstilllegungen oder -einschränkungen ihren Ausbildungsplatz verloren haben.

(16) Ausbildungsplatzförderungsgesetz

Das "Gesetz zur Förderung des Angebots an Ausbildungsplätzen in der Berufsausbildung" (Ausbildungsplatzförderungsgesetz, APlFG) wird verabschiedet und tritt (mit Ausnahme unbedeutender Regelungen) sofort in Kraft 24).

....

Durch das Gesetz soll zur Sicherung eines qualitativ und quantitativ ausreichenden Angebots an Ausbildungsplätzen beigetragen werden (§ 1 APlFG). Zu diesem Zweck wird

- ein Bundesinstitut für Berufsbildung errichtet, in dessen Leitungsgremium Arbeitgeber, Arbeitnehmer, Bund und Länder vertreten sind (Hauptausschuß) und das für eine Zusammenarbeit sämtlicher Beteiligter bei der Planung und Durchführung der Berufsbildungspolitik sorgen soll 25);

- wird die Planung und Statistik, d.h. die informationelle Grundlage der Berufsausbildungspolitik verbessert, z.B. durch die Pflicht zur Vorlage des jährlichen "Berufsbildungsberichts" 26);

- und schließlich werden neue Möglichkeiten der Berufsausbildungsfinanzierung vorgesehen 27).

Auf der Grundlage des Berufsbildungsberichts wird festgestellt, ob das zu erwartende Ausbildungsplatzangebot im dualen System die zu erwartende Nachfrage zum mindestens 12,5 % übersteigt. Wenn dies voraussichtlich nicht der Fall sein wird, kann eine Umlagefinanzierung in Kraft treten, d.h. von allen Betrieben ab einer bestimmten Lohn- und Gehaltssumme wird eine Abgabe erhoben. Aus diesem Fond sollen dann Zuschüsse an diejenigen Betriebe gezahlt werden, die zusätzliche Ausbildungsplätze bereit stellen (mehr als im Durchschnitt der letzten drei Jahre). 28)

(17) Arbeitsaufnahme

Im Rahmen des "Sonderprogramms der Bundesregierung zur Wiederbeschäftigung von längerfristig Arbeitslosen vom 10.11.1976" werden verschiedene arbeitsmarktpolitische Vermittlungshilfen durch zusätzliche Bundesmittel verstärkt, u.a.

- Mobilitätshilfen,
- Eingliederungsbeihilfen 29),
- Förderung der Arbeitsaufnahme 30),
- Arbeitsbeschaffungsmaßnahmen 31).

(18) Berufliche Bildung

Gleichzeitig wird die Förderung der beruflichen Bildung nach dem AFG dadurch erleichtert, daß für jüngere Arbeitnehmer weiterhin die Zugangsvoraussetzungen weniger restriktiv formuliert werden. 32)

(19) Jugendsozialarbeit

Das Bundesministerium für Jugend, Familie und Gesundheit fördert im Rahmen des Bundesjugendplans insgesamt 30 Modelle der Verbände der Jugendsozialarbeit und der Träger der politischen Bildung, "die im Rahmen der Jugendhilfe geeignete sozialpädagogische Lern- und Arbeitsformen sowie Bildungsangebote entwickeln sollen, um junge Arbeitslose und von Arbeitslosigkeit bedrohte Jugendliche zu einer besseren Wahrnehmung ihrer Chancen in Beruf und Gesellschaft zu verhelfen." 33)

1977 Jugendarbeitslosigkeit/Bundesrepublik Deutschland

(20) Ausbildungsvermittlung

Die organisierte Ausbildungsvermittlung in den Arbeitsämtern wird gestrafft, um wirksamer arbeiten zu können. In größeren Dienststellen wird ein Funktionsbereich "Ausbildungsvermittlung und -beratung" eingerichtet, um die Kontakte zu Betrieben zu verstärken und "Ausbildungsplätze auf Vorrat" gewinnen zu können. Gleichzeitig werden verschiedene Sonderaktionen durchgeführt, u.a.

- kurzfristiger Einsatz von Mitarbeitern im neugeschaffenen Funktionsbereich,
- intensivere Zusammenarbeit mit Betrieben und Verwaltungen zur Gewinnung von Ausbildungsplätzen durch organisatorische und verwaltungstechnische Erleichterungen,
- verstärkte Presse. und Öffentlichkeitsarbeit, Anzeigenkampagnen. 34)

(21) Überbetriebliche Ausbildungsstätten

Im "Mehrjährigen öffentlichen Investitionsprogramm zur wachstums- und umweltpolitischen Vorsorge" (Zukunftsinvestitionsprogramm, ZIP) wird ein gesonderter Schwerpunkt "Berufsbildung" ausgewiesen, in dem Einrichtungen der Berufsausbildung und überbetriebliche Ausbildungsstätten gefördert werden. 35)

(22) Arbeitsbeschaffungsmaßnahmen

Im Rahmen des "Programms vom 25. 5.1977" werden verschiedene Maßnahmen zur Verbesserung der Arbeitsmarktsituation vorgesehen, u.a. wiederum verstärkte Arbeitsbeschaffungsmaßnahmen 36).

(23) Förderung von Ausbildungsplätzen

Durch eine Änderung im 6. Rahmenplan der Gemeinschaftsaufgabe "Verbesserung der regionalen Wirtschaftsstruktur" vom 15. 7.1977 (BTDrs. 8/759) werden die Förderungsbedingungen für Ausbildungsinvestitionen verbessert (die Schaffung eines Ausbildungsplatzes zählt im Rahmen des "Arbeitsplatzkriteriums" wie zwei Arbeitsplätze). 37)

(24) Eigene Ausbildungsleistungen

Der Bund erhöht in seiner Eigenschaft als Arbeitgeber seine eigene Ausbildungsleistung und stellt über den eigenen Nachwuchsbedarf hinaus Auszubildende ein. Das gleiche gilt für die Länder. 38)

(25) Schulische Maßnahmen

Am 18. 2.1978 wird das "Programm zur Durchführung vordringlicher Maßnahmen zur Minderung der Beschäftigungsrisiken von Jugendlichen" der Bund-Länder-Kommission für Bildungsplanung und Forschungsförderung vom 15.11. 1976 und dessen "Konkretisierung und Fortschreibung" vom 5.12.1977 39) von den Regierungschefs von Bund und Ländern gebilligt. Eine Übersicht über die im Programm enthaltenen Maßnahmen liefert Abb. 10.2.

Abb.10.2.:

Bund-Lander-Kommission fur Bildungsplanung und Forschungsforderung (BLK) „Programm zur Durchfuhrung vordringlicher Maßnahmen zur Minderung der Beschaftigungsrisiken von Jugendlichen – Konkretisierung und Fortschreibung" vom 5.12.1977

Maßnahmen	Mittel	Zeitraum	Zielgruppe	Art und Umfang der Forderung
Ausbau des vollzeitschulischen Berufsgrundbildungsjahres	Bei diesem Programm handelt es	bis 1982	Schulabganger der geburtenstarken Jahrgange	insgesamt 97.300 Platze
Ausbau der Berufsfachschulen	sich um eine Empfeh-	bis 1982		insgesamt 313.000 Platze
Ausbau der Sonderformen des Berufsgrundbildungsjahres	lung an die Kultusminister der Lan-	bis 1982	Jugendliche mit fehlendem Hauptschulabschluß	insgesamt 44.400 Platze
Ausbau des kooperativen Berufsgrundbildungsjahres	der. Der veranschlagte	bis 1982		insgesamt mindestens 5.000 Platze
Ausbau uberbetrieblicher Ausbildungsstatten	Mittelaufwand des Gesamtpro-	bis 1982		insgesamt 77.100 Platze 80 % Beteiligung der offentlichen Hand
Ausbau der Berufsschulen, entsprechend den zu erwartenden Schulabganger zahlen	gramms liegt bei 416 Mio DM fur das	bis 1982		
Ausbau der Bildungsberatung	gesamte Bundesgebiet im	bis 1982		mindestens 2800 zusatzliche Stellen
Angebote zum Nachholen des Hauptschulabschlusses	Zeitraum von 1976 1982		Jugendliche ohne Hauptschulabschluß	

Quelle: Schober/ Hochgürtel 1980, S. 51.

Dabei handelt es sich im wesentlichen um schulische Maßnahmen, deren Durchführung allein in die Kompetenz der jeweiligen Bundesländer fällt. Da das Programm nicht regionalisiert ist, lassen sich konkrete Maßnahmen für einzelne Bundesländer nicht unterscheiden. Es handelt sich daher eher um eine abgestimmte Planung, als um ein verbindliches Programm. Der Bund stellt im Rahmen des Programms für die Schaffung zusätzlicher Ausbildungskapazitäten im

....

Bereich der beruflichen Bildung (Ausbau des Berufsgrundbildungsjahres, der Berufsschulen und der Berufsfachschulen) in den Jahren von 1977 bis 1980 rund 650 Mio. DM zur Verfügung, und zwar 400 Mio. DM im Rahmen des Bund-Länder-Stufenplans zu Schwerpunkten der beruflichen Bildung und 250 Mio. DM im Rahmen des Programms für Zukunftsinvestitonen, d.h. das Bund-Länder-Programm ist eng verflochten mit weiteren Bundesprogrammen, bzw. diese Bundesprogramme können als Teil des Bund-Länder-Programms aufgefaßt werden. 40)

(26) Anrechnung der Grundbildung

Durch eine Rahmenvereinbarung der Kultusministerkonferenz und einer daran angepaßten neuen Berufsbildungsgrundjahr-Anrechnungsverordnung des Bundesministers für Wirtschaft werden Schwierigkeiten bei der Anrechnung der beruflichen Grundbildung auf die Fachbildung beseitigt. Den Wünschen der Arbeitgeberseite, daß i.d.R. nur ein halbes Jahr auf die berufliche Bildung angerechnet werden sollte, wird weitgehend entsprochen 41).

(27) BAFÖG- Förderung

Ab 1. 8. 1978 können Schüler des Berufsbildungsgrundjahres und der 10. Klasse der Berufsfachschulen nach dem Ausbildungsplatzförderungsgesetz (BAföG) unterstützt werden 42).

(28) Wiedereingliederung, ABM

Im Rahmen des "Arbeitsmarktpolitischen Programms der Bundesregierung für Regionen mit besonderen Beschäftigungsproblemen vom 16. 5.1979" 43) werden u.a. Maßnahmen zur beruflichen Wiedereingliederung ungelernter sowie längerfristig Arbeitsloser und Arbeitsbeschaffungsmaßnahmen zur Verbesserung der sozialen Dienste und der sozialen Infrastruktur gefördert. Von diesen Programmpunkten profitieren Jugendliche (unter 25 Jahren) überproportional, obwohl sie im Programm nicht ausdrücklich erwähnt sind. 44)

(29) Förderung der beruflichen Bildung

Durch das fünfte Änderungsgesetz zum AFG vom 23. 7.1979 45) soll die Förderung der beruflichen Bildung verbessert und intensiviert werden. Dazu soll u.a.

- der Zugang zur Förderung der beruflichen Fortbildung und Umschulung, besonders für jüngere Arbeitslose erleichtert werden und

- arbeitslosen Jugendlichen mit mindestens einjähriger Beschäftigungszeit für die Teilnahme an berufsvorbereitenden Maßnahmen Berufsausbildungsbeihilfe ohne Anrechnung von Familieneinkommen gezahlt werden 46).

Gleichzeitig werden Maßnahmen zur Verbesserung der Vermittlungsaussichten für schwer vermittelbare und längerfristig Arbeitslose vorgesehen. Die Arbeitslosen sollen durch Information und Betreuung befähigt werden, "Vorstellungen über eine am Arbeitsmarkt und Bildungsangebot orientierte berufliche Eingliederung zu entwickeln. Die Teilnehmer sollen lernen, sich mit ihrer individuellen, durch ihre Arbeitslosigkeit geprägten Situation auseinanderzusetzen. Damit soll ihr Vertrauen in ihre Möglichkeiten am Arbeitsmarkt gestärkt werden." 47)

(30) Selbstverwaltung der Arbeitsämter

Gleichzeitg werden die Kompetenzen der örtlichen Selbstverwaltung der Arbeitsämter ausgebaut, um die Effizienz der Arbeitsverwaltung weiter zu stärken. Es sollen erfolgreiche Maßnahmen angeregt, die nötige Politik in Arbeitsmarktgesprächen erörtert, bestehende Maßnahmen befürwortend im Wirtschaftsleben vertreten und auf ihre Wirkung hin kontrolliert werden 48).

Neben den bisher aufgezählten bundesweiten Maßnahmen zur Bekämpfung der Jugendarbeitslosigkeit gab es zusätzlich eine beinahe unübersichtliche Vielfalt von Maßnahmen der einzelnen Bundesländer. Der "Gemeinsame Erfahrungsbericht der Länder über bereits eingeleitete Maßnahmen gegen Jugendarbeitslosigkeit für die Jahre 1976 und 1977" 49) zählt insgesamt 192 Maßnahmen der Bundesländer in 37 Maßnahmentypen in den Bereichen "Wirtschaft", "Soziales" und "Schule" auf. Es würde den Rahmen der Untersuchung sprengen, auch diese Maßnahmen alle im Detail aufzuführen. Die zentrale Frage in diesem Zusammenhang ist, ob es sich um prinzipiell andere Maßnahmen handelt, als die bisher aufgeführten bundesweiten Maßnahmen. Aufgrund der vorliegenden Untersuchungen, die auch die Maßnahmen der Bundesländer einbeziehen 50), kann die These vertreten werden, daß es sich in erster Linie um Ergänzungen der bundesweiten Maßnahmen handelt.

Das Schwergewicht der Ländermaßnahmen liegt auf

- Maßnahmen zur Erhaltung und Schaffung von betrieblichen und überbetrieblichen Ausbildungsplätzen,

- Maßnahmen zur Schaffung und Erhaltung von Arbeitsplätzen,

- Maßnahmen zur Verbesserung der vorberuflichen Bildung und

- sozialpädagogischen Maßnahmen.

Während es sich bei den ersten beiden Maßnahmentypen in erster Linie um die Ergänzung und Aufstockung bundesweiter Aktivitäten handelt 51) betrifft die dritte Kategorie eher länderspezifische Maßnahmen 52), die aber wiederum zum größten Teil in gemeinsamen Bund-Länder-Programmen festgelegt sind 53) oder sich zumindest prinzipiell, d.h. von der Eigenschaft der Maßnahme nicht unterscheiden. Ähnlich sind die sozialpädagogischen Maßnahmen in erster Linie begleitend zu anderweitigen Maßnahmen eingesetzt bzw. werden auch sie vom Bund in verschiedenen Modellversuchen 54) unterstützt.

Die länderspezifischen Maßnahmen sollen daher hier als Ergänzung und z.T. Erweiterung der bundesweiten Maßnahmen angesehen werden, aber nicht als prinzipiell und qualitativ andere Maßnahmen. Aus diesem Grund kann sich die folgende Analyse auf die bundesweiten Maßnahmen beschränken.

10.2. Policy-Typen

Die grobe Übersicht über die wichtigsten Maßnahmen (vgl. Abb. 10.3) verdeutlicht zweierlei: bei sämtlichen Maßnahmen handelt es sich um "distributive" Policies,und trotz der großen Anzahl der Maßnahmen, geht es im Grunde um wenige Maßnahmentypen, die immer verstärkt oder wiederholt (z.B. durch zusätzliche Mittel), bzw. leicht variiert (z.B. durch neue Rechtsverordnungen) werden. Die große Anzahl der Maßnahmen und die z.T. (in den Programmen vorgegebene) unterschiedliche Benennung darf daher nicht über die verhältnismäßig große Kontinuität und damit verbunden geringe Entwicklung des Politikbereichs hinwegtäuschen.

Die einzige größere Ausnahme, sowohl was die Art der Maßnahme als auch den Policy-Typ angeht, ist das Ausbildungsplatzförderungsgesetz aus dem Jahr 1976. Auch hier handelt es sich in erster Linie um eine distributive Maßnahme (das Angebot an Ausbildungsplätzen soll erhöht werden), doch zumindest seiner Intention nach sieht das Gesetz Maßnahmen vor, die auch andere Policy-Typen zugerechnte werden können:

- regulativ durch die Androhung der Umlage,
- konstitutiv durch die Schaffung des Bundesinstituts für Berufsausbildung,
- redistributiv durch die neue Form der Berufsausbildungsfinanzierung (weil durch die Umlage ja tatsächlich deutlich wird, wer "profitiert" und wer "verliert").

Tatsächlich wurden die regulativen und redistributiven Aspekte des Gesetzes nie wirksam, weil die Umlage nie erhoben wurde, aber allein die Androhung, so kann vermutet werden, hat "selbstregulierend" gewirkt, in dem Sinne, daß zusätzliche Anstrengungen der Wirtschaft unternommen wurden, ohne weitere staatliche Einflußnahme. So gesehen ist das APlFG die große Ausnahme der staatlichen Maßnahmen zur Bekämpfung der Jugendarbeitslosigkeit, und es entbehrt nicht einer gewissen Pikanterie, daß es nur unter großen Schwierigkeiten zustande kam und schließlich vom Bundesverfassungsgericht in seinen zentralen Inhalten wieder aufgehoben wurde.

Abb. 10.3.: Bekämpfung der Jugendarbeitslosigkeit in der BRD
Policy-Typen

Jahr	lfd. No.	Maßnahmen in Stichworten	redistributiv	distributiv	regulativ	konstitutiv	selbstregulierend
1974	1	Berufsvorbereitung		x			
	2	Berufsausbildungsbeihilfe		x			
	3	Fortbildung & Umschulung		x			
	4	Förderung d.Arbeitsaufnahme		x			
	5	Zuschüsse an Arbeitgeber		x			
1975	6	überbetr.Ausbildungsstätten		x			
	7	Berufsberatung		x		(x)	
	8	Arbeitsbeschaffung		x			
	9	Berufliche Bildung		x			
	10	Arbeitsbeschaffung		x			
1976	11	Berufliche Bildung		x			
	12	Arbeitsbeschaffung		x			
	13	Berufliche Bildung		x			
	14	Berufsvorbereitung		x			
	15	Ausschöpfung v.Kapazitäten		x			
	16	APlFG	(x)	x	(x)	(x)	(x)
	17	Förderung d.Arbeitsaufnahme		x			
	18	Berufliche Bildung		x			
	19	Modelle der Jugendsozialarb.		x			
1977	20	Ausbildungsvermittlung		x		(x)	
	21	überbetr.Ausbildungsstätten		x			
	22	Arbeitsbeschaffung		x			
	23	Förder.v.Ausbildungsplätzen		x			
	24	eigene Ausbildungsleistungen		x			
1978	25	schulische Maßnahmen		x			
	26	Anrechnung der Grundbildung		x			
	27	BAföG-Förderung		x			
1979	28	Wiedereingliederung, ABM		x			
	29	Berufliche Bildung		x			
	30	Selbstverwaltung der AA		x		(x)	(x)

Insgesamt sind die Maßnahmen dadurch zu kennzeichnen, daß es sich ausschließlich um distributive Politik handelt, die in ganz wenigen Fällen um konstitutive Elemente, d.h. Änderungen der internen Verfaßtheit des Policy-Making-Systems, ergänzt wird. [55] Inwieweit tatsächlich Jugendliche und jugendliche Arbeitslose die Nutznießer dieser Politik sind, wird unten ausführlicher untersucht.

10.3. Programmformen

Die Bekämpfung der Jugendarbeitslosigkeit in der Bundesrepublik Deutschland ist durch eine beinahe unübersehbare Vielfalt von staatlichen "Programmen" der unterschiedlichsten Art und Weise gekennzeichnet. Um einen ungefähren Überblick zu erlangen ist es sinnvoll, unterschiedliche Programmtypen zu unterscheiden, und zwar sind zumindest erkennbar

- Gesetze,
- Sonderprogramme des Bundes (mit verschiedenen Unterformen),
- Programme der Bundesanstalt für Arbeit,
- Bund-Länder-Programme,
- Länderprogramme,
- Programme des Bundestags.

Grundlage des staatlichen Handelns in diesem Politikbereich sind in erster Linie drei Gesetze

- das <u>Arbeitsförderungsgesetz</u> (AFG) vom 25. Juni 1969 [56],
- das <u>Berufsbildungsgesetz</u> (BBiG) vom 14. August 1969 [57] und
- das Gesetz zur Förderung des Angebots an Ausbildungsplätzen in der Berufsausbildung, <u>Ausbildungsplatzförderungsgesetz</u> (APlFG) vom 7. September 1976 [58].

Diese Gesetze sind allerdings nicht als Programme im engeren Sinne aufzufassen, denn sie legen keine Maßnahmen zur Bekämpfung der Jugendarbeitslosigkeit fest, sondern schaffen nur den Rahmen, innerhalb dessen staatliches Handeln stattfinden soll.

Zumindest das AFG und das BBiG sind dabei überhaupt nicht auf den Problembereich "Jugendarbeitslosigkeit" ausgerichtet. Die Leistungen nach dem AFG sind im Grundsatz nicht auf einzelne Personengruppen festgelegt, so daß für Jugendliche auch keine gesonderten arbeitsmarktpolitischen Maßnahmen aufgeführt sind. [59)]

Die Bekämpfung der Jugendarbeitslosigkeit beinhaltet daher, daß im AFG allgemein definierte Maßnahmen auf Jugendliche angewendet und z.T. auf diese Gruppe ausgedehnt werden. Das AFG nimmt in diesem Zusammenhang eine zentrale Stellung ein. Es gibt praktisch keine staatlichen arbeitsmarktpolitischen Maßnahmen, die nicht in der einen oder anderen Form auf das AFG Bezug nehmen:

"Bezeichnend ist für nahezu alle arbeitsmarktpolitisch bedeutsamen Maßnahmen des Staates, daß diese stark am Arbeitsförderungsgesetz (AFG) orientiert sind und in den meisten Fällen die dort aufgeführten Maßnahmen nur ergänzen, flankieren, aufstocken oder abwandeln." 60)

Das AFG als wichtigste gesetzliche Grundlage des Politikbereichs zeichnet sich dabei durch drei miteinander verbundene Charakteristika aus

- es regelt die verschiedenen möglichen Aktivitäten der Arbeitsmarktpolitik verhältnismäßig detailliert 61)
- es ist von seiner inneren Struktur, aufgrund seines Umfanges (über 250 §§) und den aus ihm folgenden weiteren rechtlichen Normen sehr kompliziert, 62)
- und es ist aus diesen Gründen einer kaum zu übersehenden Zahl von Änderungen unterworfen 63).

Eine Übersicht über das Normengerüst des AFG, das auch für die Bekämpfung der Jugendarbeitslosigkeit grundlegend ist, liefert Abb. 10.4.

Abb. 10.4 deutet die Stellung der Sonderprogramme im Rahmen der gesetzlichen Grundlagen des Politikbereichs an. Der Bund oder die Länder (oder beide gemeinsam) können zur Bewältigung besonderer Probleme des Arbeitsmarkts (z.B. der Jugendarbeitslosig-

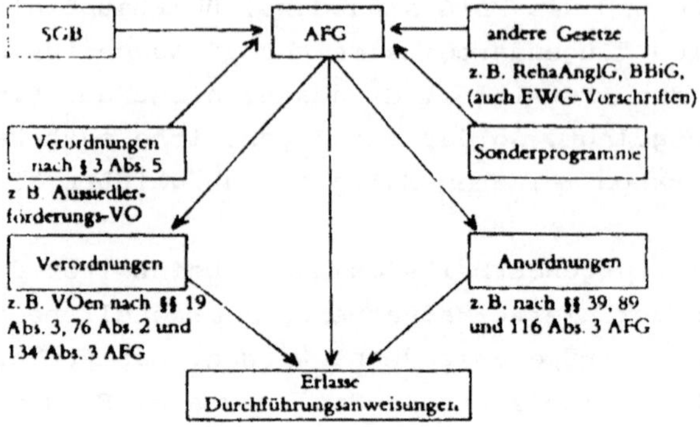

Abb. 10.4 : Das Normgerüst des AFG (Quelle: Gagel 1980, S. 17)

keit) Sonderprogramme auflegen, d.h. Mittel zur Verfügung stellen, die die BA nach den bestehenden Richtlinien, neuen Richtlinien oder im Rahmen einer Vereinbarung einsetzt [64].

Aus der Übersicht über die wichtigsten Maßnahmen geht hervor, daß der Bund von dieser Möglichkeit im Untersuchungszeitraum regen Gebrauch gemacht hat. Eine Übersicht des Bundesministers für Arbeit zählt allein 15 arbeitsmarktpolitische Sonderprogramme des Bundes auf, in denen zusätzliche Mittel für arbeitsmarktpolitische Maßnahmen bereit gestellt werden. Diese Programme beziehen sich dabei entweder auf sämtliche Gruppen des Arbeitsmarktes (z.B. Mobilitätszulagen), auf abgegrenzte Gruppen (z.B. Schwerbehinderte), auf bestimmte Regionen (die Maßnahmen gelten nur in bestimmten Gebieten, z.B. mit einer besonders hohen Arbeitslosigkeit) oder auch auf bestimmte Branchen (z.B. Baugewerbe). Diese verschiedenen Programme wurden in der Übersicht über die Entwicklung des Politikbereichs nur aufgeführt, wenn sie gleichzeitig besondere Maßnahmen für jugendliche Arbeitnehmer bzw. Arbeitslose enthielten bzw. wenn diese Gruppen durch die Programme besonders profitierten.

Nur ein einziges Programm nimmt im Namen ausdrücklich Bezug auf Jugendarbeitslosigkeit, das

"Sofortprogramm der Bundesregierung zur Bekämpfung der Jugend-Arbeitslosigkeit" 65)

aber dieses Programm unterscheidet sich prinzipiell nicht von den übrigen arbeitsmarktpolitischen Programmen, in denen jeweils entweder die normalen Maßnahmen der Bundesanstalt durch zusätzliche Mittel unterstützt werden (z.B. mehr Mittel für Arbeitsbeschaffungsmaßnahmen) oder zusätzliche Leistungen der BA finanziert werden (z.B. Qualifizierungszuschüsse). Tatsächlich gibt es kein Programm, daß sich ausschließlich auf das Problem der Jugendarbeitslosigkeit bezieht, sondern es gibt nur eine Reihe von Programmen, die auch und z.T. in erster Linie auf diese Problemgruppe gerichtet sind. Nur diese sind in der Übersicht berücksichtigt worden.[66)]

Bei den Sonderprogrammen handelt es sich i.d.R. formal um Kabinettsbeschlüsse, die dann im Bulletin der Bundesregierung veröffentlicht werden. Ausgangspunkt der Programme sind neben arbeits- und beschäftigungspolitischen Zielen oft auch allgemeine wirtschaftspolitische Ziele (Globalsteuerung der Nachfrage), die dann auf besondere Problemgruppen des Arbeitsmarktes zugeschnitten werden (insbesondere bei Arbeitsbeschaffungsmaßnahmen).

Neben diesen eigentlichen arbeitsmarktpolitischen Sonderprogrammen des Bundes gibt es eine Reihe weiterer Maßnahmen gegen Jugendarbeitslosigkeit, die z.T. in anderen Programmen verankert sind, wie z.B. in der Zonenrandförderung oder der Gemeinschaftsaufgabe "Verbesserung der regionalen Wirtschaftsstruktur" oder innerhalb des bestehenden gesetzlichen Rahmens und der laufenden Haushaltsansätze durchgeführt werden, wie die verschiedenen Modellversuche, die z.B. vom BMJFG finanziert werden.[67)]

Ein Teil der wichtigsten Maßnahmen auf dem Gebiet sind schließlich überhaupt nicht in speziellen Programmen enthalten, sondern ergeben sich durch Änderungen anderer Gesetze (z.B. Haushaltsstrukturgesetz oder Änderung des BAföG) oder durch spezielle, von Programmen unabhängige Rechtsverordnungen des Bundesministers für Arbeit (z.B. bezüglich der Anrechnung von Familieneinkommen). Dabei kann es vorkommen, daß bestimmte arbeitsmarktpolitische Maßnahmen für arbeitslose Jugendliche durch das Haushaltsstrukturgesetz konterkariert werden, um dann durch veränderte Rechtsverordnungen gleich wieder aufgefangen zu werden.

Auch das Ausbildungsplatzförderungsgesetz ist kein eigentliches Programm gegen Jugendarbeitslosigkeit, da es keine konkreten Maßnahmen vorsieht, sondern nur den rechtlichen Rahmen für bestimmte Maßnahmen errichtet. Wie schon erwähnt, sind die wichtigsten im Gesetz vorgesehenen Maßnahmen nie zur Anwendung gelangt. Trotzdem hat das Gesetz wahrscheinlich indirekt einige Wirkungen gehabt, z.B. durch den jährlich vorzulegenden Berufsbildungsbericht. Auch er enthält im Prinzip keine konkreten Maßnahmen, verdeutlicht aber die Ziele der Bundesregierung für den Politikbereich, in dem eine Reihe von Zielvorgaben quantifiziert werden und dient daher in gewissem Sinne schon als Programm des Politikbereichs. Die Steuerung erfolgt allerdings nicht durch Maßnahmen, sondern durch Informationen, die die verschiedenen Akteure zum Handeln bewegen sollen. [68)]

Ein Spezialfall der bundesweiten Programme ist das Sonderprogramm der Bundesanstalt für Arbeit. Dabei handelt es sich um interne Schwerpunktsetzungen der Arbeit der Bundesanstalt, die nicht durch zusätzliche Bundesmittel, sondern durch Mittelumschichtungen bewerkstelligt werden. Damit werden allerdings nur die im AFG vorgesehenen Maßnahmen verstärkt. Ein Beispiel für ein solches Programm ist das "Aktionsprogramm berufliche Bildung und Beschäftigungslage. Individuelle Förderung der beruflichen Fortbildung und Umschulung". [69)]

Ein weiterer Typ von Programmen in diesem Bereich sind die gemeinsamen Bund-Länder-Programme, insbesondere

- der Mittelfristige Stufenplan für das Bildungswesen bis zum Jahr 1978 (Kosten- und Finanzierungsplan) 70)
- der Stufenplan zu Schwerpunkten der beruflichen Bildung 71)

- das Programm zur Durchführung vordringlicher Maßnahmen zur Minderung der Beschäftigungsrisiken von Jugendlichen [72]
- das Programm zur Durchführung vordringlicher Maßnahmen zur Minderung der Beschäftigungsrisiken von Jugendlichen - Konkretisierung und Fortschreibung [73].

In diesen Programmen werden keine konkreten Maßnahmen festgelegt, sondern nur zu erreichende Ziele definiert und z.T. die dabei entstehenden Kosten abgeschätzt, ohne daß genau festgelegt wurde, wer welche Ziele bis wann wo erreichen soll. Die Durchführung dieser Programme liegt weitgehend im Ermessen der Länder bzw. wird durch Verwaltungsabkommen zwischen Bund und Ländern geregelt. [74]

Bei den in diesen Programmen angekündigten Maßnahmen handelt es sich im wesentlichen um schulische Maßnahmen und um angestrebte Ausbauzahlen für den Bereich der beruflichen Vollzeitschulen und der überbetrieblichen Ausbildungsstätten, wobei zu bemerken ist, daß die Zahlen der letzten Pläne um einiges hinter den einst im Bildungsgesamtplan von 1973 und den im Stufenplan beschlossenen Zahlen zurückbleiben [75].

Neben den bisher erwähnten bundesweiten Programmen gibt es eine beinahe unübersehbare Vielfalt von speziellen Landesprogrammen. Dabei handelt es sich z.T. um

- Ergänzungen und Aufstockungen der im Rahmen des AFG möglichen Maßnahmen,
- Maßnahmen im Rahmen der Bund-Länder-Programme bzw. weitere schulische Maßnahmen und
- zusätzliche sozialpädagogische und andere jugendpolitische Maßnahmen.

Oben (vgl. S. 415) wurde ausgeführt, daß auf eine detaillierte Analyse dieser Programme im Rahmen dieses Projekts verzichtet wird, weil sie im Prinzip keine anderen Maßnahmen enthalten als die bisher aufgeführten bundesweiten Programme, aber trotzdem darf die Programmvielfalt auf diesem Gebiet nicht unterschätzt werden. Wie unübersichtlich und verwirrend die programmatischen

Grundlagen auf diesem Gebiet auch für die Verantwortlichen des Politikbereichs sind, ergibt sich aus den verschiedenen offiziellen und offiziösen Versuchen einer Zusammenstellung und Übersicht über die Programme. [76)]

Ein Programm besonderer Art ist schließlich das vom Bundestag beschlossene "Programm zur Sicherung und Weiterentwicklung des Ausbildungsplatzangebots und zur Verbreiterung der Arbeitsmöglichkeiten für Jugendliche" [77)]. Das Programm geht auf einen Antrag der CDU/CSU-Fraktion zurück [78)], der im zuständigen Ausschuß (Bildung und Wissenschaft) durch ein eigenständiges Programm der Koalitionsfraktionen ergänzt wurde. Aus beiden Vorschlägen wurde im Ausschuß ein gemeinsames Programm erarbeitet, daß dann allerdings zum großen Teil nur mit den Stimmen der Koalitionsfraktionen beschlossen wurde.

Das Programm besteht aus einer Aufzählung von 21 sehr allgemein gehaltenen Maßnahmen. Die Absicht des Programms ist es

"... die Bundesregierung aufzufordern und an alle an der beruflichen Bildung Beteiligten zu appellieren, folgende Maßnahmen, Anreize und Hilfen für die Bereitstellung zusätzlicher Arbeitsplätze einzuleiten, fortzuführen oder auszuweiten." 79)

Die meisten der aufgezählten Maßnahmen sind weder neu noch besonders präzise definiert, z.B.

"5. Alle Möglichkeiten für Sonderprogramme zur Beschäftigung arbeitsloser Jugendlicher nach dem Arbeitsförderungsgesetz auszuschöpfen." 80)

und das Programm verzichtet ausdrücklich darauf, Angaben über Realisierung und Finanzierung zu machen:

" Maßnahmen ... werden in unterschiedlicher Weise kostenwirksam sein. Ihre Finanzierung ist u.a. von bildungspolitischen Grundsatzentscheidungen in Bund und Ländern abhängig." 81)

Im Prinzip handelt es sich bei diesem Programm daher eher um recht unverbindliche "Empfehlungen" oder "Wünsche" des Parlaments. Soweit ersichtlich, hat es auf die Entwicklung des Politikbereichs keinenentscheidenden Einfluß gehabt.

Die Bundesregierung hat ein Jahr später einen "Bericht über Stand und Weiterentwicklung der Maßnahmen zur Verbesserung des Ausbildungsplatzangebots und zur Verbreiterung der Arbeitsmöglichkeiten für Jugendliche" [82] vorgelegt, in dem die verschiedenen Aktivitäten zu den jeweils vorgeschlagenen Maßnahmen dargestellt werden. In diesem Sinne hat das "Programm" eher zu einer umfassenden Darstellung staatlicher Maßnahmen im Bereich Jugendarbeitslosigkeit geführt, als diese Maßnahmen angeregt.

Insgesamt ist zu den programmatischen Grundlagen der Bekämpfung der Jugendarbeitslosigkeit daher festzustellen,

- es gibt eine große Anzahl unterschiedlicher Programme der unterschiedlichsten Akteure,
- trotzdem gibt es eine Reihe wichtiger Entwicklungen, die nicht in eigentlichen Programmen festgelegt sind,
- es gibt kaum eigentliche Programme gegen die Jugendarbeitslosigkeit, sondern eher sektorspezifische Programme (z.B. Arbeitsmarktprogramme), die aufgrund von gesetzlichen Grundlagen formuliert werden (AFG),
- die Programmvielfalt und Verwirrung wird durch die unterschiedliche Zuständigkeit von Bund und Ländern verstärkt und durch gemeinsame Bund-Länder-Programme nicht wesentlich reduziert.

Die verschiedenen vorhandenen Programmtypen (bundesweite Programme, Landesprogramme, Arbeitsmarktprogramme, bildungspolitische Programme, Programme der Bundesanstalt und des Parlaments) lassen sich nicht in ein einheitliches System einordnen, sondern bilden eher ein unübersichtliches Netz von Programmen, die nicht aufeinander abgestimmt sind und sich zueinander nicht in einem eindeutigen (z.B. hierarchischen) Verhältnis befinden, sondern eher miteinander konkurrieren. [83]

Aus diesem Grund ist der <u>Umfang</u> der Programme eher gering einzu schätzen. In den verschiedenen Programmen werden zwar sehr viele unterschiedliche Aspekte angesprochen, aber es gibt trotzdem keine integrierten Programme. Die vorhandenen Programme sind eher begrenzt und isoliert. Sowohl die vertikale (z.B. zwischen Bund und Ländern) als auch die horizontale Abstimmung der einzelnen Programme (z.B. zwischen unterschiedlichen Ressorts) läßt zu wünschen übrig.

Insgesamt zeigt die Entwicklung des Politikbereichs wenig Erneuerungen oder Veränderungen. Zwar ist eine gewisse Schwerpunktverlagerung auf die schulischen Maßnahmen nicht zu verkennen, aber außer dem Sonderfall des APlFG, das ja nie voll angewendet wurde, ist keine programmatische Entwicklung des Politikbereichs zu erkennen, sondern eher eine kontinuierliche Anpassung des AFG ohne programmatische Änderungen.

Eine breite Beteiligung an der Programmformulierung durch Betroffene, Organisationen oder auch Parteien ist nicht zu erkennen. Eine gewisse Beteiligung der wichtigsten Organisationen, d.h. der Arbeitnehmer und Arbeitgeber, ist durch die Selbstverwaltungsgremien der Bundesanstalt bzw. der lokalen Arbeitsämter gewährleistet, aber eine enge, institutionalisierte Beteiligung an der Programmformulierung wie in Schweden gibt es in der Bundesrepublik nicht. Zwar wurde auch hier das Ausbildungsplatzförderungsgesetz durch eine sog. Sachverständigen Kommission vorbereitet [84], aber der Auftrag dieser Kommission war viel begrenzter als der entsprechender schwedischer Kommissionen und das Ergebnis hatte einen geringeren Einfluß auf die zukünftige Politik bzw. war nicht so konsensfähig, wie Kommissionsvorschläge es in Schweden gewöhnlich sind. [85]

Da die meisten Programme als Regierungsbeschlüsse veröffentlicht werden, erhalten sie eine gewisse Publizität, aber das Interesse der Öffentlichkeit ist dabei in erster Linie auf die kurzfristigen, konjunkturpolitischen Aspekte der Programme gerichtet. Eine umfassende Diskussion der Wirksamkeit der Programme in Bezug auf Jugendarbeitslosigkeit war nicht zu erkennen.

Eingriffsdichte und vor allem rechtliche Bindungswirkung der Programme sind sehr unterschiedlich. Z.T. handelt es sich um relativ unverbindliche ex-post Zusammenfassungen schon etablierter Maßnahmen verbunden mit relativ vagen Absichtserklärungen (so im Fall des vom Bundestag beschlossenen Programms), z.T. aber auch um Programme, die in Rahmen des AFG durchgeführt werden und die daher rechtlich sehr stark durchnormiert sind. In diesen Fällen ist der Handlungsspielraum der implementierenden Instanzen nurmehr sehr begrenzt, da gerade das AFG und die mit ihm in Verbindung stehenden Durchführungsvorschriften, Erlasse usw. sich durch eine sehr hohe Regelungsdichte auszeichnen. [86] Die Eingriffsdichte ist daher im Rahmen dieser arbeitsmarktpolitischen Programme als genau und detailliert zu bezeichnen.

10.4. Ziele

Jugendarbeitslosigkeit als schwerwiegendes arbeitsmarktpolitisches Problem ist in der Bundesrepublik erst mit Beginn der Rezession 1974/75 in das Bewußtsein der Öffentlichkeit und damit in die zentrale Aufmerksamkeit staatlicher Politik gerückt. Von diesem Zeitraum an wurde sie als separates Problem erkannt und durch spezielle Maßnahmen "bekämpft", allerdings ohne daß die politischen Ziele auf diesem Gebiet eindeutig definiert wurden [87]. Bekämpfung der Jugendarbeitslosigkeit wurde offensichtlich als ein spezieller Aspekt der Arbeitsmarktpolitik gesehen, der nach dem AFG ja die Aufgabe übertragen worden war, dazu beizutragen, daß

"1. weder Arbeitslosigkeit und unterwertige Beschäftigung noch ein Mangel an Arbeitskräften eintreten oder fortdauern,
2. die berufliche Beweglichkeit der Erwerbstätigen gesichert und verbessert wird,
3. nachteilige Folgen, die sich für die Erwerbstätigen aus der technischen Entwicklung oder aus wirtschaftlichen Strukturwandlungen ergeben können, vermieden, ausgeglichen oder beseitigt werden." [88]

Erst im Laufe der Zeit wurde als zentrales Ziel die quantitative und qualitative Verbesserung der Möglichkeiten der beruflichen Bildung formuliert:

"Fast 60 % aller Jugendlichen im Alter zwischen 16 und 19 Jahren werden in der Bundesrepublik Deutschland im dualen System beruflich ausgebildet. Im Mittelpunkt der Bemühungen um die Eingliederung von Jugendlichen in das Erwerbsleben steht daher nach wie vor die Aufgabe, für die geburtenstarken Jahrgänge eine qualifizierte Ausbildung sicherzustellen und für ein ausreichendes Angebot an qualifizierten Ausbildungsplätzen zu sorgen. Für die Jugendlichen ist die Berufsausbildung entscheidene Voraussetzung für eine befriedigende berufliche und persönliche Entwicklung. Es hat sich zudem in der letzten Rezession gezeigt, daß ausgebildete Jugendliche eher in das Beschäftigungssystem einzugliedern sind als Jugendliche ohne Ausbildungsabschluß. Berufs- und Lebenschancen des einzelnen werden somit nachhaltig von den erreichten beruflichen Qualifikationen bestimmt." 89)

In diesem Zusammenhang wird der Ausbau der beruflichen Bildung als "zentrale innenpolitische Aufgabe der nächsten Jahre" bezeichnet [90)]und als zentrale Ansatzpunkte werden definiert:

- die Bereitstellung von zusätzlichen Ausbildungsplätzen durch die Wirtschaft,
- die Verstärkung der staatlichen Leistungen für die berufliche Bildung und
- die Sicherung und Verbesserung der Qualität der beruflichen Bildung.

Die Veränderung und Präzisierung des Ziel der Politik zur Bekämpfung der Jugendarbeitslosigkeit hängt zusammen mit einer veränderten Sicht der Probleme und Ursachen der Jugendarbeitslosigkeit. Während zu Beginn der verstärkten Probleme die Ursache in erster Linie in konjunkturellen Gegebenheiten im Zusammenhang mit weltwirtschaftlichen Veränderungen gesehen wurde (Ölpreisexplosion, reale Höherbewertung der Deutschen Mark, Änderungen in der internationalen Arbeitsteilung) [91)], wurden später insbesondere folgende Problembereiche identifiziert:

- demographische Entwicklung: Geburtenschwächere Jahrgänge aus der Zeit des 1. Weltkriegs scheiden aus dem Erwerbsleben aus, während besonders starke Jahrgänge ("Babyboom") in Ausbildung und Beruf drängen;
- Strukturdiskrepanzen zwischen dualem Ausbildungssystem und Beschäftigungssystem: die in der betrieblichen Ausbildung erworbenen Fähigkeiten und Kenntnisse können oft im späteren Berufsleben nicht verwertet werden;

- Diskrepanzen zwischen Ausbildungs- und Berufspräferenzen der Schulabgänger und den angebotenen Ausbildungsplätzen: angesehenere Ausbildungsplätze werden von Absolventen mit höheren Bildungsabschlüssen besetzt (Verdrängung);
- Qualifikations- und Motivationsdefizite bei bestimmten Gruppen von Jugendlichen, z.B. Jugendliche ohne Hauptschulabschluß: Wegfall von Arbeitsplätzen mit einfachen Anforderungen durch Rationalisierung. [92]

Durch eine verstärkte staatliche Unterstützung und Förderung der beruflichen Bildung sollte das Problem Jugendarbeitslosigkeit mit den hier aufgeführten Problemdimensionen bewältigt werden, wobei jeweils darauf hingewiesen wurde, daß eine solche Politik nicht nur im Sinne der Jugendlichen, sondern auch im Interesse sozialer und politischer Stabilität [93] sowie der ökonomischen Zukunftsbewältigung notwendig sei. [94]

Die Zuordnung der Maßnahmen zu den oben (vgl. 8.4.) definierten inhaltlichen Zieldimensionen

- Arbeitsplatzdefizite,
- Informationsdefizite,
- Motivations- und Qualifikationsdefizite,
- Defizite schulischer Ausbildung,
- Defizite berufsbezogener Ausbildung,

zeigt in Übereinstimmung mit diesen Schwerpunktsetzungen auf der Verlautbarungsebene ein eindeutiges Übergewicht der Maßnahmen im Bereich der berufsbezogenen Ausbildung. An zweiter Stelle kommen motivierende und berufsvorbereitende Maßnahmen [95] und an dritter Arbeitsbeschaffungsmaßnahmen. Aktivitäten, die sich auf die Behebung von Informations- oder schulischen Defiziten richten, spielen eine geringe Rolle.

Insgesamt ist daher die Zielstruktur der Bekämpfung der Jugendarbeitslosigkeit in der Bundesrepublk verhältnismäßig umfassend, wobei das Ziel der Förderung der beruflichen Bildung eindeutig im Vordergrund steht. Größere Veränderungen der Zielsetzungen sind nicht zu beobachten, allenfalls ist die Bedeutung der be-

Abb. 10.5.: Bekämpfung der Jugendarbeitslosigkeit in der BRD Zieldimensionen

Jahr	lfd. No.	Maßnahmen in Stichworten	Ar-beits-plätze	Infor-ma-tion	Motiva-tion/ Quali-fikat.	schul Aus-bild.	berufl. Ausbil-dung
1974	1	Berufsvorbereitung			x		
	2	Berufsausbildungsbeihilfe					x
	3	Fortbildung & Umschulung					x
	4	Förderung d.Arbeitsaufnahme	x				
	5	Zuschüsse an Arbeitgeber	x				x
1975	6	überbetr.Ausbildungsstätten					x
	7	Berufsberatung		x			
	8	Arbeitsbeschaffung	x		(x)		
	9	Berufliche Bildung					x
	10	Arbeitsbeschaffung	x		(x)		
1976	11	Berufliche Bildung			(x)		x
	12	Arbeitsbeschaffung	x		(x)		
	13	Berufliche Bildung			x		x
	14	Berufsvorbereitung			x		
	15	Ausschöpfung v.Kapazitäten					x
	16	APlFG		x			x
	17	Förderung d.Arbeitsaufnahme	x		(x)		
	18	Berufliche Bildung					x
	19	Modelle der Jugendsozialarb.			x		
1977	20	Ausbildungsvermittlung		x			
	21	überbetr.Ausbildungsstätten					x
	22	Arbeitsbeschaffung	x		(x)		
	23	Förder.v.Ausbildungsplätzen					x
	24	eigene Ausbildungsleistungen					x
1978	25	schulische Maßnahmen		x	x	x	x
	26	Anrechnung der Grundbildung				(x)	x
	27	BAföG-Förderung				x	x
1979	28	Wiedereingliederung, ABM	x				
	29	Berufliche Bildung					x
	30	Selbstverwaltung der AA					

ruflichen Bildung im Laufe der Zeit noch gestiegen. Eindeutige Zielkonflikte und Wiedersprüche zwischen Verlautbarungsebene und Maßnahmen sind in diesem Bereich nicht offenkundig, und die Ziele werden sowohl verhältnismäßig langfristig wie präzise definiert.

So sind z.B. in den jährlichen Berufsbildungsberichten und im "Programm zur Durchführung vordringlicher Maßnahmen" der Bund-Länder-Kommission für Bildungsplanung und Forschungsförderung jeweils operationalisierte Zielvorgaben für die kurz- und mittelfristig zu erreichenden Ziele angegeben. Zwar sind die Daten in diesen Programmen und Plänen mit einer ziemlichen Unsicherheit behaftet und insbesondere eine exakte Erfolgskontrolle oder auch nur Durchführungskontrolle findet nicht statt, aber trotzdem verfügt damit dieser Politikbereich im Vergleich zu anderen Bereichen über ein verhältnismäßig klares, widerspruchsfreies und z.T. sogar operationalisiertes Zielsystem.

10.5. Akteure

Die wichtigsten Akteure auf Bundesebene sind zunächst die zuständigen Bundesministerien: das Bundesministerium für Arbeit und Sozialordnung (BMA) für den Bereich der Arbeitsmarktpolitik, das Bundesministerium für Bildung und Wissenschaft (BMBW) für die Bildungspolitik, und das Bundesministerium für Wirtschaft (BMWI) als zuständiges Ministerium für einen großen Teil der Ausbildungsordnungen (und für die Konjunkturprogramme). Weitere wichtige Ministerien sind z.B. das Bundesministerium für Jugend, Familie und Gesundheit (BMJFG), das Jugendarbeitslosigkeit im allgemeinen Rahmen der Jugendpolitik bekämpft (vgl. z.B. die verschiedenen Jugendberichte).

Von besonderer Bedeutung ist darüber hinaus die Bundesanstalt für Arbeit (BA), zu deren Aufgabenbereich praktisch die gesamte Durchführung der Arbeitsmarktpolitik gehört (§ 3 AFG) sowie das Bundesinstitut für Berufsbildung (BIBB), das im APlFG "zur Durchführung von Aufgaben der Berufsbildung" errichtet wurde und in

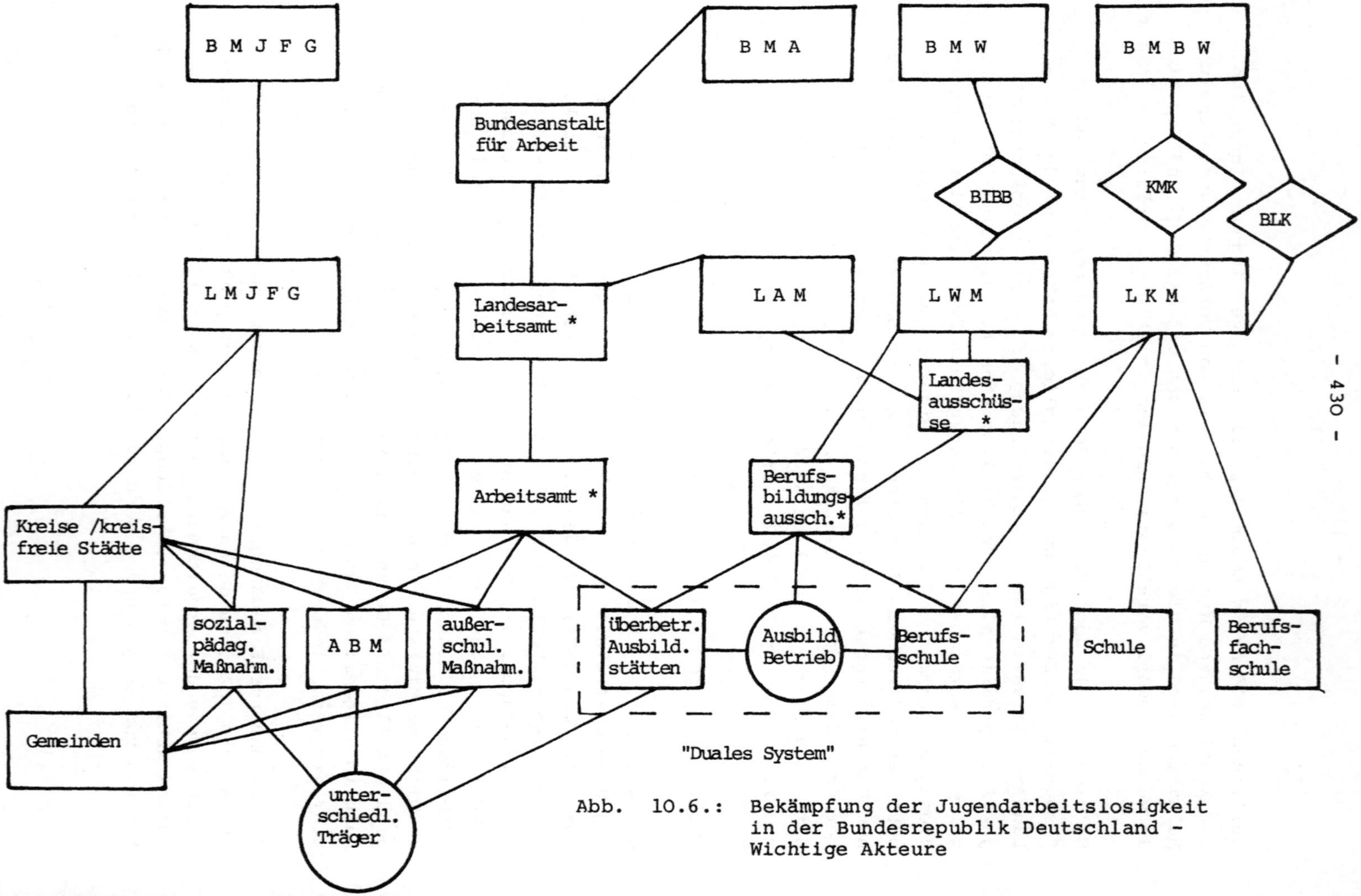

Abb. 10.6.: Bekämpfung der Jugendarbeitslosigkeit in der Bundesrepublik Deutschland - Wichtige Akteure

diesem Bereich zentrale Funktionen wahrnimmt.(§ 14 APlFG). Beachtenswert ist, daß beide Institutionen zur bundesunmittlebaren Verwaltung gehören und im Rahmen der Selbstverwaltung durch Gremien geleitet werden, in denen Arbeitgeber und Arbeitnehmer entscheidend vertreten sind [98).]

Der Bereich der Bekämpfung der Jugendarbeitslosigkeit gehört daher (wie die gesamte Arbeitsmarktpolitik) zu den Bereichen, in denen auch in der Bundesrepublik schon auf Bundesebene sog. Quagos vorherrschen. Die jeweilige Politik wird in Zusammenarbeit mit den betroffenen gesellschaftlichen Interessen durchgeführt und z.T. auch fomuliert.

Auf Landesebene setzt sich die Kompetenzenzersplitterung in Landesarbeitsministerien (LAM), Landeskultusministerien (LKM) und Landeswirtschaftsministerien (LWM) fort. Eine Besonderheit des bundesdeutschen Föderalismus ist die Zusammenarbeit von Bundes- und Landesministerien in Fachkonferenzen, d.h. insbesondere in der Konferenz der Kultusminister (KMK), die z.T. durch Beschlüsse der Ministerpräsidentenkonferenz ergänzt werden. In gewissem Sinne ist ist auch schon das BiBB eines der kombinierten Bund-Länder-Gremien, da in seinem Leitungsgremium (Hauptausschuß) neben Arbeitgebern und Arbeitnehmern auch Bund und Länder repräsentiert sind. Ein weiteres Bund-Länder-Gremium in diesem Bereich ist schließlich die Bund-Länder-Kommission für Bildungsplanung und Forschungsförderung (BLK), die den Bildungsgesamtplan erarbeitet, und in verschiedenen weiteren Plänen und Programmen zu konkretisieren versucht hat (vgl. 10.3.).

Auf Landesebene sind der Bundesanstalt die Landesarbeitsämter und auf regionaler Ebene die Arbeitsämter (AA) nachgeordnet, die wie die Bundesanstalt von paritätisch zusammengesetzten Verwaltungsausschüssen geleitet werden. Wichtige Akteure auf Landesebene sind weiter die Kultusministerien in Verbindung mit den Wirtschaftsministerien, die für die Ausgestaltung der beiden Seiten des dualen Systems zuständig sind. Darüber hinaus beraten Landesausschüsse für Berufsbildung, die paritätisch mit Vertretern der Arbeitgeber, Arbeitnehmer und der öffentlichen Hand besetzt sind, die Landesregierung in Fragen der Berufsbildung. Insbesondere sollen sie auf eine Zusammenarbeit zwischen der schulischen Berufsbildung und der Berufsbildung nach BBiG hinwirken [99].

Zentraler Akteur für Maßnahmen zur Bekämpfung der Jugendarbeitslosigkeit sind auf lokaler Ebene in erster Linie die Arbeitsämter. Über sie werden fast alle Sonderprogramme in diesem Bereich abgewickelt, insbesondere sind sie auch für die verschiedenen zusätzlichen Leistungen, die in Bundes- und Länderprogrammen vorgesehen sind, zuständig. Sowohl die individuelle Förderung der beruflichen Bildung, die Arbeitsbeschaffungsmaßnahmen, die Zuschüsse an Arbeitgeber, Mobilitätshilfen usw. werden von den Arbeitsämtern verwaltet.

Für die allgemeien Anstrengungen zur Verstärkung der beruflichen Bildung innerhalb und außerhalb des dualen Systems spielen die Arbeitsämter allerdings eher eine untergeordnete Rolle. Von zentraler Bedeutung sind hier auf lokaler Ebene auf der einen Seite die Schulen und Berufsschulen (in denen unterschiedliche Möglichkeiten zusätzlicher schulischer Qualifikationen angeboten werden), auf der anderen Seite die Ausbildungsbetriebe, deren Ausbildungsbereitschaft allerdings u.a. auch wiederum durch Maßnahmen des Arbeitsamts verstärkt werden soll. Eine wichtige Ergänzung des dualen Systems sind die überbetrieblichen Ausbildungsstätten, die von unterschiedlichen Trägern (z.B. Gemeinden, Gemeindeverbänden, Ländern, Kammern usw.) unterhalten werden und im Rahmen verschiedener Programme von Bund, Ländern und der Bundesanstalt für Arbeit unterstützt werden.

Zur Vorbereitung auf eine berufliche Ausbildung dienen schließlich die verschiedenen sozialpädagogischen und außerschulischen berufsvorbereitenden Maßnahmen, die von nicht-schulischen Trägern meist in Form von Lehrgängen, z.T. auch als Einzelmaßnahmen für einzelne Jugendliche durchgeführt werden. Träger sind z.B. Länder, Gemeinden und Gemeindeverbände, Zweckverbände, Organisationen der Wirtschaft, das Jugendsozialwerk oder konfessionell ausgerichtete Zweckgemeinschaften.

Eine besondere Stellung auf lokaler bzw. regionaler Ebene nehmen schließlich noch die "Berufsbildungsausschüsse" der sog. "zuständigen Stellen" nach dem BBiG ein [100]. "Zuständige Stellen" sind in den meisten Wirtschafts- und Berufszweigen die jeweiligen Kammern, die einen Berufsbildungsausschuß bilden, der in allen wichtigen Angelegenheiten der beruflichen Bildung unterrichtet und gehört werden muß. Dem Berufsbildungsausschuß gehören Vertreter der Arbeitgeber und Arbeitnehmer sowie mit beratender Stimme Lehrer der berufsbildenden Schulen an. Sowohl die Zuständigkeitsgrenzen der Arbeitsämter wie auch der Kammern stimmen dabei nicht unbedingt mit den Grenzen der lokalen Gebietskörperschaften überein, so daß auf lokaler/regionaler Ebene Gremien mit sehr unterschiedlichen regionalen Zuständigkeiten zusammenarbeiten müssen.

Die Darstellung der Institutionen, die im Bereich der Bekämpfung der Jugenarbeitslosigkeit eine zentrale Rolle spielen, verdeutlicht zunächst die enge Verflechtung staatlicher und privater Akteure. Praktisch auf keiner Ebene und in keinem Bereich handelt der Staat isoliert, sondern fast überall in Zusammenarbeit und Abstimmung mit nicht-staatlichen Akteuren, in erster Linie den Arbeitnehmer- und Arbeitgeberorganisationen. Diese enge Verflechtung wird durch die zentrale Stellung von Anstalten und Körperschaften des öffentlichen Rechts mit Selbstverwaltung der beteiligten gesellschaftlichen Gruppen (z.B. Bundesanstalt auf allen Ebenen, BiBB, Kammern) noch verstärkt. Sämtliche Institutionen, in deren Leitungsgremien gesellschaftliche Gruppen vertreten sind, sind in Abb. 10.6 durch ein Sternchen* gekennzeichnet.

Die Einbeziehung gesellschaftlicher Gruppen geschieht dabei sowohl im Rahmen der Formulierung von Politik (BA, BiBB) als auch bei deren Durchführung (z.B. AA). Dabei ist zu beachten, daß ein Teil der besonderen Maßnahmen explizit von nicht-staatlichen Trägern vorgehalten wird, die nur durch staatliche Mittel, die wiederum von der Arbeitsmarktverwaltung administriert werden, unterstützt werden. Die strikte Trennung staatlicher und privater Akteure scheint damit in diesem Bereich weitgehend aufgehoben, staatliche und private Institutionen arbeiten zusammen, wobei insbesondere die "Wirtschaft" eine zentrale Rolle spielt, und werden durch eine Reihe von Quagos und Quangos unterstützt.

Diese Einschätzungen sind wenig überraschend, denn im Prinzip ist das gesamte System der Berufsausbildung in der Bundesrepublik, das duale System, ja in erster Linie durch diese enge Verflechtung und Zusammenarbeit staatlicher und privater Akteure gekennzeichnet, wobei gerade durch die öffentlich-rechtlichen Körperschaften (Kammern) und das Institut der Selbstverwaltung diese Trennung noch weiter verwischt wird.

Ein weiteres Indiz für die Einbeziehung privater Akteure in die Durchführung der Politik ergibt sich aus der Untersuchung der Adressaten der Politik. Eine grobe Zuordnung der Maßnahmen zeigt, daß nur knapp die Hälfte der Maßnahmen sich direkt an Jugendliche (Arbeitnehmer oder Arbeitslose) wendet, während praktisch die gleiche Anzahl Maßnahmen sich an Arbeitgeber (sowohl private wie öffentliche) wendet und eine nicht viel kleinere Anzahl an Träger von Aus- und Fortbildungsmaßnahmen.[101] Unterschiedliche private Akteure sind also unmittelbare Adressaten der Politik und die eigentliche Zielgruppe nur mittelbare Adressaten.

Insgesamt erscheint die Organisationsform eher kompliziert und unüberschaubar. Für gleichartige Maßnahmen können unterschiedliche Träger verantwortlich sein, die wiederum von unterschiedlichen staatlichen Stellen oder Anstalten finanziell unterstützt werden. Die Kompliziertheit der Organisation wird insbesondere auf lokaler Ebene dadurch verstärkt, daß es z.B. für eine bestimmte Region eine große Anzahl "zuständiger Stellen" und damit von Berufsbildungsausschüssen geben kann, die in ihren regionalen Grenzen keineswegs übereinstimmen.

In diesem Zusammenhang ist die Frage nach der etwaigen regionalen oder lokalen Autonomie der Akteure interessant. Trotz der verschiedenen auf Zusammenarbeit ausgerichteten Institutionen und Leitungsgremien scheint diese eher begrenzt zu sein. Die staatliche Steuerung ist durch finanzielle Mittel und eine große Anzahl rechtlicher Vorschriften eher präzise, ein eigenständiges lokales Gewicht z.B. bei der Ausgestaltung von Maßnahmen ist nur sehr beschränkt zu erkennen. Die hieraus folgende mangelhafte Einbeziehung lokaler Akteure in die Bekämpfung der Jugendarbeitslosigkeit ist verschiedentlich beklagt worden und dürfte auch der Grund für den mit dem 5. AFG-Änderungsgesetz unternommenen Versuch der Verstärkung der Aufgaben der Selbstverwaltungsgremien sein.

Die Durchführung der Maßnahmen ist eher als kompliziert zu bezeichnen, weil wiederum eine Reihe horizontal und vertikal geschiedener Akteure mit unterschiedlichen Maßnahmen konkurriert. Ein Grund hierfür liegt sicherlich in der föderalistischen Struktur der Bundesrepublik, diese erklärt aber nicht die verhältnismäßig starken sektoralen Abschottungen und Koordinationsschwierigkeiten.

10.6. Instrumente

Die Zuordnung der in den Maßnahmen enthaltenen internen und externen Steuerungsinstrumente sowie der vorherrschenden Steuerungsformen ergibt nur zum Teil verhältnismäßig eindeutige Ergebnisse.

Bei den externen Steuerungsinstrumenten, d.h. den gegenüber den Adressaten der Policies angewandten Steuerungsformen überwiegt ganz eindeutig die finanzielle Steuerung. Das Verhalten der Jugendlichen als der eigentlichen Adressaten der Politik sowie der privaten (und auch öffentlichen) Arbeitgeber soll in erster Linie durch finanzielle Anreize beeinflußt werden (z.B. durch verschiedene Berufsausbildungsbeihilfen, Zuschüsse zur Fortbildung und Umschulung, Zuschüsse zu Arbeitsbeschaffungsmaßnahmen usw.).

Abb. 10.7.: Bekämpfung der Jugendarbeitslosigkeit in der BRD
Externe Steuerungsinstrumente

Jahr	lfd. No.	Maßnahmen in Stichworten	Regu-lie-rung	Finan-zie-rung	Infor-ma-tion	Lei-stung	Struk-turie-rung
1974	1	Berufsvorbereitung		x		x	
	2	Berufsausbildungsbeihilfe		x			
	3	Fortbildung & Umschulung		x			
	4	Förderung d.Arbeitsaufnahme		x			
	5	Zuschüsse an Arbeitgeber		x			
1975	6	Überbetr.Ausbildungsstätten		x		x	
	7	Berufsberatung			x	(x)	
	8	Arbeitsbeschaffung		x			
	9	Berufliche Bildung		x		(x)	
	10	Arbeitsbeschaffung		x			
1976	11	Berufliche Bildung		x			
	12	Arbeitsbeschaffung		x			
	13	Berufliche Bildung		x			
	14	Berufsvorbereitung		x			
	15	Ausschöpfung v.Kapazitäten		x		x	
	16	APlFG	x	x	x		x
	17	Förderung d.Arbeitsaufnahme		x			
	18	Berufliche Bildung		x			
	19	Modelle der Jugendsozialarb.		x		x	
1977	20	Ausbildungsvermittlung			x	x	(x)
	21	Überbetr.Ausbildungsstätten		x			
	22	Arbeitsbeschaffung		x			
	23	Förder.v.Ausbildungsplätzen		x			
	24	eigene Ausbildungsleistungen				x	
1978	25	schulische Maßnahmen		(x)	(x)	x	
	26	Anrechnung der Grundbildung	(x)				
	27	BAföG-Förderung		x			
1979	28	Wiedereingliederung, ABM		x			
	29	Berufliche Bildung		x	x		
	30	Selbstverwaltung der AA			(x)		x

Erst an zweiter Stelle sind die Anstrengungen zur eigenen Leistungserstellung des öffentlichen Sektors zu nennen, d.h. das verstärkte Angebot öffentlicher Güter und Dienstleistungen, in diesem Fall verstärkte Ausbildungsangebote der verschiedensten Schulformen. Obwohl diese Maßnahmen in erster Linie in die Kompetenz der Länder fallen und aus diesem Grund in der hier gelieferten Übersicht über die wichtigsten Maßnahmen leicht unterrepräsentiert sein mögen, ist doch nicht zu verkennen, daß die Behebung der Ausbildungs- und Arbeitsplatzmisere für Jugendliche zunächst über verstärkte finanzielle Förderung privater Aktivitäten versucht wurde und erst im Laufe der Zeit auch verstärkte staatliche Leistungserstellung in den Kanon der Maßnahmen aufgenommen wurde.

Die übrigen möglichen Steuerungsinstrumente, vor allem informationelle und strukturelle Steuerung sind nur sehr vereinzelt auszumachen. Zwar sind sie auch hier, wie immer, eine wichtige Ergänzung finanzieller und eigener staatlicher Leistung, aber ihr Einsatz als eigenständiges Steuerungsinstrument findet kaum statt. Regulierung oder Autorität als staatliche Steuerungsressource ist gegenüber den Adressaten dieses Problembereichs mit einer Ausnahme, überhaupt nicht auszumachen.

Auffällig ist, daß in erster Linie das Ausbildungsplatzfinanzierungsgesetz (APlFG) sowohl eine sonst seltene Kombination unterschiedlichster Steuerungsinstrumente enthält (im Prinzip sowohl Regulierung, Finanzierung, Information und Strukturierung), als auch das im übrigen nicht vorkommende Instrument der Regulierung zumindest tendenziell vorsah (allerdings im Rahmen der Finanzierungsregelungen). Das APlFG kann daher als der umfassendste und auch modernste Versuch der Steuerung in diesem Bereich bezeichnet werden. [1o2)]

Auch im Rahmen der internen Steuerungsinstrumente, d.h. der gegenüber den durchführenden Akteuren der Policies angewandten Steuerung, ist zunächst die finanzielle Steuerung hervorzuheben. Vor allem durch die Vielzahl der (konjunkturell motivierten) Sonderprogramme von Bund (und auch Ländern) sind immer wieder

Abb. 10.8.: Bekämpfung der Jugendarbeitslosigkeit in der BRD
Interne Steuerungsinstrumente

Jahr	lfd. No.	Maßnahmen in Stichworten	Regulierung	Finanzierung	Information	Leistung	Strukturierung
1974	1	Berufsvorbereitung	(x)	x			
	2	Berufsausbildungsbeihilfe	x				
	3	Fortbildung & Umschulung	x				
	4	Förderung d.Arbeitsaufnahme		x			
	5	Zuschüsse an Arbeitgeber	(x)	x			
1975	6	überbetr.Ausbildungsstätten		x			
	7	Berufsberatung	(x)	x			(x)
	8	Arbeitsbeschaffung		x			
	9	Berufliche Bildung		x			
	10	Arbeitsbeschaffung		x			
1976	11	Berufliche Bildung	x				
	12	Arbeitsbeschaffung		x			
	13	Berufliche Bildung	(x)	x			
	14	Berufsvorbereitung	(x)	x			
	15	Ausschöpfung v.Kapazitäten	(x)	x	x		
	16	APlFG	x	(x)	x		x
	17	Förderung d.Arbeitsaufnahme	(x)	x			
	18	Berufliche Bildung	x				
	19	Modelle der Jugendsozialarb.		x			
1977	20	Ausbildungsvermittlung	(x)				(x)
	21	überbetr.Ausbildungsstätten	(x)	x			
	22	Arbeitsbeschaffung	(x)	x			
	23	Förder.v.Ausbildungsplätzen	x	(x)			
	24	eigene Ausbildungsleistungen	x		x		
1978	25	schulische Maßnahmen	x	x	x		
	26	Anrechnung der Grundbildung	x				
	27	BAföG-Förderung	x	x			
1979	28	Wiedereingliederung, ABM	(x)	x			
	29	Berufliche Bildung	x				
	30	Selbstverwaltung der AA	x				x

vermehrte Mittel bereit gestellt worden, durch die die Aktivitäten gegen Jugendarbeitslosigkeit verstärkt werden sollten.

Diese Anregung von Aktivitäten durch mehr Geld wurde allerdings unterstützt durch Regulierung des Verhaltens der durchführenden Instanzen und Akteure. Die meisten finanziellen Maßnahmen wurden begleitet von besonderen Richtlinen und anderen rechtlichen Regelungen, in denen die Verwendung der Mittel umfassend geregelt wurde. Darüber hinaus wurden die staatlichen und privaten Aktivitäten auch durch Änderungen der bisherigen Regelungen vermehrt oder zumindest auf neue Gruppen ausgeweitet. Auch in diesem Fall werden Maßnahmen, die extern als vermehrte finanzielle Steuerung wirksam werden, intern durch veränderte Regulierung durchgesetzt.

Neben den vorherrschenden Instrumenten Finanzierung (auch durch verstärkte Bereitstellung von Haushaltsmitteln) und Regulierung (durch Änderung und Ergänzung bestehender Vorschriften) spielen die übrigen möglichen Steuerungsinstrumente Informierung und Strukturierung kaum eine Rolle. Sie waren ein wichtiger Bestandteil des APlFG und sind auch im 5. Änderungsgesetz wieder verstärkt vorgesehen (Verbesserung der lokalen Selbstverwaltung), haben aber in der Gesamtheit der vorgesehenen und angewendeten Maßnahmen kein besonderes Gewicht.

Die Einschätzung der Steuerungsform ergibt im Bereich der externen Steuerung fast ausschließlich motivierende Steuerung und ein Übergewicht der finalen Steuerung gegenüber der konditionalen, obwohl oft nur Förderkriterien festgelegt sind, ohne daß das erwünschte Verhalten und das zu erreichende Ziel genau definiert sind. Die Steuerung ist eher präzise, es überwiegen generelle Angebote.

Auch im Rahmen der internen Stuerung überwiegt die motivierende Steuerung. Es ist verhältnismäßig oft von konditionaler Steuerung auszugehen, da die Anweisungen für die implementierenden Instanzen in der Form (allerdings recht weiter) wenn-dann Sätze gegeben sind. Insgesamt ist in der Bundesrepublik im Vergleich zu den anderen Ländern ein größeres Gewicht der konditionalen Steuerung und der präziseren Vorgaben unverkennbar. Die Steuerung ist generell und es überwiegen Gebote.

TEIL III ERGEBNISSE

11. Die Fallstudien im Vergleich

11.1. Einleitung

In den Fallstudien des zweiten Teils ging es jeweils um eine möglichst ausführliche Darstellung und einer darauf aufbauenden Analyse der programmatischen Ausgestaltung der gleichartigen Problembereiche im Untersuchungszeitraum. Es wurde versucht zu zeigen, wie die jeweiligen nationalen Policies in den letzten zehn Jahren aussahen und sich entwickelt haben. Grundlage der Darstellung war dabei die systematische Untersuchung der Ähnlichkeiten und Unterschiede der Policies in den verschiedenen Ländern und den verschiedenen Problembereichen auf der Grundlage der im Kapitel 4.3. entwickelten vergleichbaren Kategorien.

Im folgenden soll es darum gehen, diese in den Fallstudien herausgearbeiteten Charakteristika der Policies und Programme zusammenfassend darzustellen, als Elemente einer jeweils spezifischen nationalen Verwaltungskultur zu interpretieren und mit Ausprägungen der oben skizzierten Verwaltungskulturen I und II in Verbindung zu setzen.

Die allgemeinen Schlüsse aus den Fallstudien werden jeweils als Thesen fomuliert, wobei durchaus beabsichtigt ist, die Ergebnisse etwas vereinfacht, zugespitzt und vielleicht auch provokant zu fomulieren, um so den heuristischen Wert der Untersuchung zu unterstreichen; Ziel der Untersuchung war ja ausdrücklich, zur Generierung empirisch gehaltvoller und abgesicherter Hypothesen beizutragen.

Die Zusammenfassung der Ergebnisse der Fallstudien richtet sich wiederum nach den allgemeinen Elementen der Untersuchung, d.h. Policy-Typen, Programmformen, Ziele, Akteure und Instrumente werden jeweils in einem geschlossenen Abschnitt behandelt. Die Darstellung beginnt jeweils mit einer Diskussion der Probleme des Vergleichs und der Anwendung der theoretischen Konzepte. Auf diese Art und Weise wird auch das zweite Ziel der Untersuchung, zu einer Klärung der Konzepte der Policy-Forschung beizutragen, versucht umzusetzen. Daran anschließend werden jeweils die Problembereiche einzeln abgehandelt, um zu sehen, welche Gemeinsamkeiten und Unterschiede zwischen den einzelnen Ländern zu beobachten sind, und schließlich werden in der Zusammenfassung die länderspezifischen Gemeinsamkeiten zwischen den Politikbereichen, die - bei aller Vorsicht - als Charakteristika der Verwaltungskultur i.w.S. interpretiert werden können, dargestellt.

Die Zusammenfassung dieser Charakteristika, die allgemeine Einschätzung der Probleme der Vergleiche und der verwendeten Kategorien sowie die abschließende Diskussion allgemeiner nationaler Verwaltungskulturen erfolgt im 12. Kapitel.

11.2. Policy-Typen

11.2.1. Probleme der Typologisierung

Der in den Fallstudien unternommene Versuch, die dort herausgearbeiteten wichtigsten Maßnahmen den Policy-Typen nach Lowi zuzuordnen, sollte sowohl dazu dienen, eventuelle Unterschiede der Policies zwischen Ländern und Problembereichen zu identifizieren, als auch die Brauchbarkeit und Ergiebigkeit der Lowi'schen Typologie zu testen. Ausgangsfrage war daher, ob die von Lowi u.a. vorgeschlagene Einteilung von Policies empirisch anwendbar und sinnvoll ist.

Die jeweiligen Kapitel der Fallstudien haben gezeigt, daß diese Zuordnungen problematisch und schwierig waren, und haben damit die bisher in der Literatur vorhandenen Einschätzungen der Kategorien, daß sie theoretisch interessant, aber empirisch schwer anzuwenden sind, bestätigt (vgl. hierzu 4.3.1.).

Bevor diese Schwierigkeiten näher erläutert werden, soll aber nochmals darauf hingewiesen werden, daß hier eine andere Operationalisierung als die von Lowi vorgeschlagene gewählt wurde. Während er (und die meisten seiner Nachfolger) Policies mit Merkmalen ihrer Entstehung in Verbindung bringen, interessierten hier nur inhaltliche Merkmale der Policies. [1]

Probleme bei der Zuordnung der Maßnahmen ergeben sich zunächst bei der Unterscheidung zwischen distributiven und redistributiven Policies. Wie aus den jeweiligen Zusammenstellungen hervorgeht, blieb die Kategorie "redistributiv" i.d.R. leer, weil bei keiner der Maßnahmen ausdrücklich vermerkt wurde, wer durch diese Maßnahme bevorzugt, und wer benachteiligt werden sollte. Dieses unbefriedigende Ergebnis ist aber wohl eher eine Folge der unzureichenden Definition und Operationalisierung des Konzepts, als eine relevante Aussage über die betreffenden Policies. Die Problematik kann anhand von Abb. 11.1 verdeutlicht werden.

		Bevorzugte = "Gewinner"		
		alle	einige	keiner
Benachteiligte = "Verlierer"	alle	redistributiv	redistributiv	?
	einige	redistributiv	redistributiv	?
	keiner	distributiv	distributiv	-

Abb. 11.1.: Merkmale distributiver und redistributiver Policies

Wenn man davon ausgeht, daß es bei jeder Policy Bevorzugte und Benachteiligte (oder Gewinner und Verlierer) gibt, dann sind per definitionem alle Policies, bei denen zumindest ein Betroffener hinterher schlechter gestellt ist als vorher, redistributive Policies. Der Unterschied zur Definition von Lowi besteht darin, daß es hier nicht um die offengelegten Wirkungen oder Intentionen von Policies geht (Gewinner und Verlierer sollten ausdrücklich vermerkt werden), sondern um tatsächliche Auswirkungen [2].

Distributive Policies sind nach dieser Definition nur dann gegeben, wenn es keinen einzigen Benachteiligten gibt und mindestens ein Beteiligter hinterher besser gestellt ist als vorher. Diese Definition stimmt voll mit der einer pareto-optimalen Verteilung überein, d.h. distributive Policies sind im Prinzip nur dann möglich, wenn die Verteilung der Kosten und Nutzen einer Policy pareto-optimal ist.

Wenn auf der Verlautbarungsebene daher i.d.R. distributive Policies vorzuherrschen scheinen, ist dies wenig überraschend, denn die Durchsetzungsfähigkeit einer Maßnahme steigt, wenn sie den Anschein einer daraus folgenden pareto-optimalen Verteilung erweckt.[3] Tatsächlich ist aber wohl davon auszugehen, daß pareto-optimale Verteilungen im täglichen politischen Geschäft eher die Ausnahme bilden. So gesehen, d.h. ausgehend von der tatsächlichen, nicht von der offengelegten Verteilungswirkung, hätten die Maßnahmen der Politikbereiche alle dem redistributiven Policy-Typ zugerechnet werden sollen. Bei den in den Fallstudien untersuchten Maßnahmen ist nirgendwo zu erkennen, daß sie die Bedingungen eines Pareto-Optimums erfüllten, zumindest nicht, wenn man die Finanzierung über Steuern berücksichtigt.

Die meisten der Maßnahmen dürften dem Typus "einige Verlierer/ einige Gewinner" zuzurechnen sein. Da bei dieser Definition davon ausgegangen wird, daß eine Person (oder eine Gruppe) gleichzeitig Gewinner und Verlierer einer Policy sein kann und diese beiden "Betroffenheiten" nicht unbedingt saldiert werden müssen, ist auch die Kategorie "alle verlieren/alle gewinnen" prinzipiell nicht sinnlos. Interessant sind die zumindest denkbaren Fälle, in denen durch eine Policy alle oder einige Beteiligte benachteiligt werden, aber tatsächlich keiner einen Nutzen aus dieser Policy ziehen kann. Es ist nicht auszuschließen, daß solche Policies tatsächlich vorkommen, während eine Policy, die weder Verlierer noch Gewinner kennt, wohl nicht als eine solche anzusprechen ist.

Die Übersicht verdeutlicht, daß eine Zuordnung der Maßnahmen weitgehend durch die Definition vorherbestimmt ist. Wenn die tatsächliche Verteilung als Ausgangspunkt genommen wird, werden fast alle Maßnahmen dem redistributiven Policy-Typ zuzurechnen sein; ist die offengelegte Verteilung ausschlaggebend, sind fast alle Policies als distributive einzustufen. Ein operationaler Ausweg aus diesem Dilemma ist vorläufig nicht ersichtlich.

Die Abbildung verdeutlicht weiter, warum auch die Unterscheidung zwischen distributiven (diese Kategorie soll für die weiteren Ausführungen beibehalten werden, d.h. als Ausgangspunkt werden die offengelegten Verteilungswirkungen genommen) und regulativen Policies problematisch ist, denn regulative Maßnahmen haben i.d.R. verteilungsmäßige Folgen, wenn man davon ausgeht, daß hier nicht nur die Verteilung von materiellen Gütern, sondern auch von Werten, Privilegien, Rechten u.ä. gemeint ist. [4] Die Kategorien distributiv und regulativ schließen sich daher im Prinzip nicht aus. Trotzdem ist diese Unterscheidung tragbar, weil die Durchsetzung von Verhaltensregeln durch Sanktionsandrohung diesen Policy-Typ gewöhnlich von anderen eindeutig unterscheidet.

Problematisch ist schließlich auch die Zuordnung zum distributiven bzw. konstitutiven Policy-Typ. Maßnahmen, die in erster Linie interne Verhältnisse des Policy-Making-Systems zum Inhalt haben, sind darüber hinaus fast immer auch distributiv oder regulativ wirksam. So ist eine umfassende Reorganisation der Polizei oder der Sozialverwaltung zunächst als konstitutive Policy anzusehen, aber der Sinn dieser Maßnahme ist i.d.R. ja eine Steigerung der Effektivität der staatlichen Behörden, d.h. es geht um die Verbesserung oder qualitative Veränderung distributiver bzw. regulativer Policy. Aus diesem Grund kann die Bedingung der Ausschließlichkeit der Zuordnung [5] hier nicht vollständig erfüllt werden. Es ist notwendig und sinnvoll, einige Maßnahmen sowohl dem Typus der konstitutiven wie z.B. der distributiven Policy zuzuordnen.

Insgesamt hat daher der in den Fallstudien unternommene "Test" der Lowi-Typologie gezeigt, daß eine Zuordnung tatsächlicher

Phänomene (in diesem Fall Maßnahmen) zu diesen Kategorien sehr problematisch ist. In vielen Fällen sind die Zuordnungen weder eindeutig noch ausschließlich, so daß die Ergebnisse dieser Klassifizierungen mit einiger Skepsis betrachtet werden müssen.

11.2.2. Der Bereich "Drogenmißbrauch"

Ein Vergleich der Zuordnungen der Maßnahmen im Bereich "Drogenmißbrauch" zu den Policy-Typen zeigt deutliche Unterschiede zwischen den drei hier untersuchten Ländern.

Während in Schweden die weitaus meisten Maßnahmen dem distributiven Policy-Typ zuzurechnen sind, wobei konstitutive Maßnahmen sehr wichtig sind und den zweiten Rang einnehmen, dominieren in Großbritannien eindeutig die regulativen Maßnahmen, während konstitutive und distributive Maßnahmen nur von geringer Bedeutung sind. Eine Besonderheit ist dort das gelegentliche Auftauchen des Typus der Selbst - Regulierung. In der Bundesrepublik Deutschland wiederum dominieren regulative Maßnahmen, während hier aber auch distributive Maßnahmen einen wichtigen Stellenwert einnehmen.

Auf die Problematik dieser Zuordnungen wurde in den Fallstudien und im vorigen Abschnitt ausdrückluch hingewiesen. So ist es offensichtlich problematisch, die in den jeweiligen Materialteilen aufgeführten Maßnahmen gleich zu gewichten und allein aus der Anzahl der (problematischen) Zuordnungen weitreichende Schlüsse zu ziehen, denn sowohl die Auswahl der "wichtigen" Maßnahmen, die in den Fallstudien berücksichtigt wurden und ihre Zuordnung zu den Policy-Typen unterliegt einer sicherlich hohen Subjektivität. [6] Trotzdem kann die These vertreten werden, daß diese Ergebnisse nicht ganz zufällig zustande kommen, denn die in den Fallstudien aufgeführten Maßnahmen verdeutlichen ja in erster Linie, wo außergewöhnliche staatliche Aktivitäten oder Anstrengungen zu beobachten sind und in welche Richtung diese weisen. So bedeutet die größere Bedeutung regulativer Policies in Großbritannien und in der Bundesrepublik sicherlich nicht, daß distributive Maßnahmen keine Rolle spielen oder auch nur, daß z.B. hier weniger für Drogenabhängige gesorgt wird, als in Schweden. Die Aufzählung und Auflistung deutet nur an, wo auf der Verlautbarungsebene der Programmformulierung das Schwergewicht des jeweiligen Interesses lag, auf welchen Gebieten mehr "passiert" ist, wo staatliche Aktivitäten, z.B. Änderungen existierender Policies vorrangig zu konstatieren sind.

11.2.3. Der Bereich "Jugendarbeitslosigkeit"

Die Zuordnung der Maßnahmen der einzelnen Länder im Bereich Jugendarbeitslosigkeit ergibt demgegenüber ein ganz anderes Bild. Hier sind zwischen Schweden, Großbritannien und der Bundesrepublik Deutschland praktisch keine Unterschiede festzustellen. In allen drei Ländern sind fast sämtliche Maßnahmen zur Bekämpfung der Jugendarbeitslosigkeit dem distributiven Policy-Typ zuzuordnen.

Die übrigen Kategorien spielen fast keine Rolle, nur in Schweden und zum Teil auch der Bundesrepublik können Maßnahmen gelegentlich als konstitutiv klassifiziert werden. In allen drei Ländern gibt es auch Ansätze der Selbst-Regulierung, indem Instanzen und Mechanismen geschaffen werden, die zu einer Verringerung des Problems ohne staatliche Eingriffe führen sollen.

11.2.4. Zusammenfassung

Die Ergebnisse der Zuordnung der Maßnahmen zu Policy-Typen sind, einmal abgesehen von den Problemen der Ermittlung und Zuordnung, nicht einfach zu interpretieren. In einem Fall (Drogenmißbrauch) ergeben sich erhebliche Unterschiede zwischen den untersuchten Ländern, im anderen Fall (Jugendarbeitslosigkeit) sind fast überhaupt keine Unterschiede zu erkennen. Damit hat sich auf der Ebene dieser groben Zuordnungen die Hypothese von Ashford, daß Policies eher durch Charakteristika des jeweiligen Landes als durch solche der zu bewältigenden Probleme bestimmt sind [7], nicht bestätigt. Zumindest in einem Problembereich scheinen die Charakteristika des Politikbereichs entscheidend zu sein, da weitgehend ein identischer Typus von Maßnahmen vorherrscht. Damit ist die These noch nicht endgültig widerlegt. Es hat sich nur gezeigt, daß sie sich auf der Ebene der großen Zuordnungen zu Policy-Typen nicht bestätigt. Trotzdem kann sich bei weiteren Charakteristika der Programmstrukturen durchaus ergeben, daß Policies eher länderspezifische als problemspezifische Merkmale enthalten.

Als nächstes ergibt sich die interessante Fragestellung, warum trotzdem Unterschiede in einem Bereich zu beobachten sind bzw. warum *n u r* in einem Bereich.

Eine mögliche Erklärung wäre, daß im Bereich der Bekämpfung von Arbeitslosigkeit, insbesondere der Jugendarbeitslosigkeit, der Konsens über sinnvolle und mögliche Maßnahmen zwischen den westeuropäischen Staaten größer ist, als im Bereich Drogenmißbrauch. Der Grund hierfür könnte die umfassendere, wenn auch kontroverse wissenschaftliche Diskussion des Arbeitslosigkeitsproblems im Rahmen der etablierten Wirtschaftswissenschaften sein, die zu einer gewissen Vereinheitlichung der Policies geführt hat. Eine gewisse Rolle könnten in diesem Zusammenhang auch Organisationen wie die OECD gespielt haben, die für einen umfassenden Informationsaustausch und Diskussionsprozeß zwischen den Regierungen auf diesem Gebiet sorgen. [8)]

Etwas anders gewendet könnte man auch formulieren, daß im Bereich Arbeitsmarkt die ideologischen Grundlagen in Westeuropa einheitlicher sind als im Bereich Drogenmißbrauch und aus diesem Grund keine Unterschiede im Rahmen der Policy-Typen zu konstatieren sind.

Eine andere Fragestellung kann genau umgekehrt ansetzen. Zu fragen ist, ob die im Bereich Drogenmißbrauch sichtbaren Unterschiede nicht vielleicht zufällig , d.h. überhaupt nicht systematisch auf grundlegendere nationale Eigenheiten zurückführbar sind.

Eine mögliche Diskussion dieser Frage kann an den im Kapitel 4 dargestellten Thesen zu Verwaltungskultur I und II ansetzen.

Bezüglich Verwaltungskultur I, d.h. den allgemeinen für Verwaltung relevanten Einstellungen und Werten ist auffällig, daß in Schweden größeres Gewicht auf distributive Policies gelegt wird, d.h. im Prinzip Behandlung und Hilfe einen höheren Stellenwert haben als Verbote. Dieses Ergebnis würde mit der außergewöhnlichen Position Schwedens auf dem "Masculinity Index" (vgl. Abb. 4.10, S. 101) übereinstimmen, die ja ausdrücklich mit eher größerer Sympathie für Schwache und Hilfsbedürftige korreliert.

Ähnlich kann die in Großbritannien zu beobachtende, etwas größere Bedeutung der Selbst-Regulierung als Policy-Typ in Verbindung gebracht werden mit der außergewöhnlichen Plazierung des Landes auf dem Individualitätsindex (siehe Abb. 4.9., S. 100).

Bezüglich Verwaltungskultur II, d.h. der in der Verwaltung vorherrschenden Einstellungen und Orientierungen, können solche Verbindungen kaum aufgezeigt werden. Allenfalls fällt auf, daß der Typus der konstitutiven Policy vor allem in Schweden von einigem Gewicht ist, während er in den beiden anderen Ländern, vor allem in Großbritannien, eine geringere Rolle spielt. Dies kann in Verbindung gebracht werden mit der Einschätzung programmatischer und längerfristiger Politik. Während vor allem in Schweden eine solche Politik, die auch grundlegende organisatorische Änderungen beinhaltet, für sinnvoll gehalten wird, ist dies in den beiden anderen Ländern weniger der Fall. Hier werden eher marginale, kaum merkbare Änderungen der Policies, die daher auch nicht als konstitutive Maßnahmen deutlich werden, bevorzugt.

Die letzten Bemerkungen haben nochmals verdeutlicht, daß eine Interpretation dieser ersten sehr groben und problematischen Ergebnisse des Vergleichs sehr schwierig ist und leicht der Gefahr der Überinterpretation ausgesetzt ist. Die Ergebnisse der Zuordnung der Maßnahmen zu Policy-Typen sind zu unsicher und zu wenig eindeutig, als daß klare Beziehungen zwischen Verwaltungskultur und Policy-Typ feststellbar wären.

Das Ergebnis des Vergleichs der Policy-Typen kann daher in einer ersten These zusammengefaßt werden: Eine Zuordnung der Maßnahmen zu Policy-Typen ergibt keine eindeutig länderspezifischen signifikanten Unterschiede. Die Policy-Typen scheinen eher durch den jeweiligen Problembereich als durch die jeweiligen Verwaltungskulturen bestimmt zu werden.

11.3. Programmformen

11.3.1. Der Vergleich der Programme

Die Darstellung und Analyse der einzelnen Programme und ihrer Ausgestaltung hat die Hypothese bestätigt, daß zwischen den einzelnen Ländern erhebliche Unterschiede bestehen in der Frage, was als Programm bezeichnet wird, was Programme enthalten und in welchen Formen Programme auftreten.

Programme der jeweiligen Problem- und Politikbereiche können auf der einen Seite sehr umfangreiche, abgestimmte und integrierte Maßnahmenkataloge sein, in denen versucht wird, möglichst sämtliche Aspekte zu berühren und einer umfassenden Behandlung zu unterziehen. Auf der anderen Seite können Programme aber auch sehr begrenzt und isolierte einzelne Maßnahmen umfassen, die nur einen Teilbereich berühren und zu den übrigen Aspekten des Gesamtproblems keine oder sogar eher kontraintentionale Beziehungen aufweisen.

Programme können erheblich zur Erneuerung der Policies und zur Veränderung des Politikbereichs beitragen, indem sie durch die Etablierung neuer Maßnahmen, Institutionen und Verfahren Neuland betreten und generell auf eine ständige Weiterentwicklung durch kontinuierlich eingebaute Erfolgskontrollen und Lernmechanismen ausgerichtet sind, oder sie können in erster Linie zur Bewahrung und Stabilisierung des Politikbereichs beitragen, indem in ihnen allenfalls marginale Anpassungen und Veränderungen der Umwelt unter Beibehaltung aller Strukturelemente enthalten sind.

Genauso können Programme unter umfassender und weitgehender Beteiligung relevanter Interessengruppen und politischer Gremien zustandekommen, sie können im Parlament diskutiert und verabschiedet werden und eine erhebliche öffentliche Publizität aufweisen. Auf der anderen Seite gibt es Programme, die quasi unter Ausschluß der Öffentlichkeit ohne weitere Beteiligung nur innerhalb eines sehr engen administrativen Kreises entwickelt werden und die außerhalb der Administration kaum bekannt und beachtet werden.

Schließlich gibt es Programme, die eine erhebliche Eingriffsdichte und Regelungstiefe aufweisen, in denen sowohl den Akteuren wie den Adressaten der Programme sehr genaue Vorgaben gemacht werden und möglichst alle Eventualitäten vorab geregelt werden. Die rechtliche Bindungswirkung und Verbindlichkeit dieser Programme ist hoch und der Handlungsspielraum der Akteure und Adressaten wird durch sie erheblich eingeschränkt. Auf der anderen Seite gibt es wiederum Programme, die die Zielsetzungen und Instrumente des staatlichen Handelns nur sehr allgemein und offen angeben, die flexibel gehandhabt werden können und die den davon Betroffenen und damit Beauftragten erhebliche Handlungsspielräume überlassen.

Im Rahmen der hier untersuchten Fallstudien treten diese extremen Ausprägungen nicht auf, d.h. die tatsächlich vorhandenen Programme sind jeweils zwischen den angegebenen Extrempunkten einzuordnen, aber trotzdem zeigen sich in beiden untersuchten Problembereichen zwischen den einzelnen Ländern und z.T. auch in beiden Bereichen gemeinsam signifikante Unterschiede der Programmformen.

Offensichtlich ist die Zuordnung der konkreten Programme zu diesen dichotomischen Merkmalen nicht immer ganz einfach, weil die einzelnen Ausprägungen ja nur verbal, aber nicht quantitativ und auch nicht sehr operational definiert sind. Eine Verfeinerung und Präzisierung dieser denkbaren Merkmale von Programmen konnte im Rahmen dieser Untersuchung nicht geleistet werden, es ist aber prinzipiell nicht ausgeschlossen, Dimensionen wie Umfang, Erneuerung, Beteiligung und Eingriffsdichte auch quantitativ zu definieren. Allerdings scheint beim jetzigen Stand der Erkenntnis der vorläufige Verzicht auf präzise Abgrenzungskriterien und die versuchsweise Anwendung der Dimensionen eher sinnvoll zu sein, als die erzwungenen Quantifizierung wenig aussagekräftiger Daten.

Ein weiteres Problem ergibt sich aus der unklaren Definition von "Programmen". Ein Programm kann sowohl ein sehr genau definiertes Gesetz, eine umfassende Darstellung staatlicher Maßnahmen oder auch nur die vage Darstellung staatlicher Ziele (z.B. durch eine Rede im Parlament) sein. Offensichtlich ist jedes staatliche Handeln irgendwo programmiert, d.h. in seiner Richtung und Ausprägung festgelegt. Hier sollte unter einem Programm in erster Linie die möglichst konkrete Zusammenfassung staatlicher Maßnahmen verstanden werden, und an dieser Auffassung wurden die übrigen Programmformen gemessen. Dies bedeutet natürlich nicht, daß nicht auch ein formales, nur den Rahmen staatlicher Handlungen absteckendes Gesetz oder auch eine Rechtsverordnung als Programme aufgefaßt werden können.

11.3.2. Der Bereich "Drogenmißbrauch"

Im Bereich "Drogenmißbrauch" wurden die Unterschiede zwischen den drei untersuchten Ländern, bezüglich dessen, was als Programm angesehen werden kann und was diese Programme enthalten, besonders deutlich.

In Schweden sind als staatliche Handlungsprogramme in erster Linie die vom Parlament verabschiedeten Propositionen anzusehen. Hierbei handelt es sich um umfangreiche und umfassende Übersichten über schon vorhandene und insbesondere geplante staatliche Maßnahmen. Propositionen zeichnen sich durch sehr konkrete Zeit-, Raum- und Finanzbezüge aus. Sie werden für materielle Problembereiche formuliert, d.h. orientieren sich nicht an Ressort- und Zuständigkeitsgrenzen, sondern sind vom Ansatz her eher problemorientiert.

Aus diesen Gründen können Propositionen als Versuche einer integrierten und längerfristigen Politik und damit als Gegensatz zu herkömmlichen Ansätzen inkrementaler Politik verstanden werden. Änderungen bestehender Policies geschehen nicht ad-hoc, sondern werden i.d.R. durch umfassende und abgestimmte Propositionen vorbereitet. Insgesamt befindet sich der Politikbereich in einer ständigen Veränderung, da neuere Maßnahmen jeweils durch Versuchs- oder Modellprojekte vorbereitet und erst nach einer gewissen Zeit der Erprobung eingeführt werden.

Der integrierende und umfassende Charakter der Propositionen ist sicherlich auch eine Folge ihres Zustandekommens. Propositionen werden i.d.R. durch unabhängige Kommissionen vorbereitet und, bevor die Regierung einen Entwurf erarbeitet, einer umfassenden Diskussion im Rahmen des Remiss-Verfahrens unterzogen. Gerade diese umfassende Beteiligung und frühzeitige Abstimmung mit weiteren Interessen, die in einem offenen Prozeß vor sich geht, unterstreicht die Bedeutung von Konsens und Zusammenarbeit aller denkbaren Beteiligten. Der integrative und abgestimmte Charakter der Propositionen ist u.a. eine Funktion des umfassenden und konsenserzeugenden Charakters ihrer Entstehung.

Insgesamt ist daher der Umfang der staatlichen Programme beträchtlich, die Propositionen sind umfassende und integrierte Handlungsprogramme eines Politikbereichs. Bezüglich der Erneuerung sind sie als veränderndund innovativ einzuschätzen, wobei zu betonen ist, daß die Entwicklung ohne größere Brüche kontinuierlich vorangetrieben wird. Die Beteiligung gesellschaftlicher Interessen an den Programmen und die daraus folgende Publizität ist sehr umfassend und weitgehend, während die Eingriffsdichte den beteiligten Akteuren gewisse Handlungsspielräume beläßt, die Propositionen aber insgesamt doch das zukünftige Verhalten verhältnismäßig genau und detailliert steuern.

Demgegenüber zeichnet sich der Politikbereich in Großbritannien dadurch aus, daß im Prinzip keine inhaltlichen Programme zu erkennen sind. Der Bereich wird allein durch einige Gesetze strukturiert, die aber nur formale Festlegungen treffen. Die eigentliche Ausgestaltung der Policies ist in einem schwer zu übersehenden Netzwerk von halb-offiziellen Berichten von Kommissionen, Durchführungsvorschriften und wenig verbindlichen Rundschreiben staatlicher Stellen enthalten. Die programmatischen Grundlagen des Politikbereichs sind daher in erster Linie durch Unübersichtlichkeit und eine gewisse Unverbindlichkeit gekennzeichnet. Die einzelnen staatlichen Maßnahmen sind i.d.R. nicht Element eines Programms oder auch nur in einem Programm vorgesehen, sondern werden ad-hoc und z.T. unverbunden nebeneinander her unternommen.

Auch hier ergeben sich gewisse Beziehungen zur Phase der Programmfomulierung. Diese ist gekennzeichnet durch geringe Offenheit und Klarheit darüber, wer beratend hinzugezogen wird und welche Gruppen und Institutionen eine Rolle spielen. Zwar werden verschiedene Interessengruppen, insbesondere professionelle Organisationen, beteiligt, aber das genaue Ausmaß verbleibt unklar. Auch hier ist das Netz unübersichtlich und von außen kaum nachvollziehbar.

Insgesamt ist daher die Vielzahl der unterschiedlichen Programmelemente in Großbritannien bezüglich ihres Umfangs oder ihrer Spannweite als begrenzt und isoliert anzusehen. Es gibt keine Programme, in denen sämtliche Aspekte des Problembereichs im Zusammenhang berührt werden. Auch die Erneuerung des Politikbereichs wird nicht oder selten durch Programme vorangetrieben, sondern Veränderungen entwickeln sich beinahe unmerklich im Verlauf der Zeit. Insgesamt sind die Programme des Politikbereichs eher anpassend als innovativ. Die Beteiligung gesellschaftlicher Gruppen an der Programmformulierung ist nur sehr schwer durchschaubar. Zwar werden vor allem professionelle Organisationen erheblich beteiligt, aber insgesamt ist dieser Prozeß doch eher begrenzt und eingeschränkt. Die Eingriffsdichte der Programme ist schließlich eher gering. Programmziele und

-maßnahmen werden offen und allgemein formuliert und besitzen keine sehr große Verbindlichkeit, so daß den implementierenden Instanzen ein erheblicher Handlungsspielraum verbleibt.

In der Bundesrepublik Deutschland schließlich ist der Politikbereich durch eine nur schwer zu übersehende Vielzahl von Programmen der unterschiedlichsten Art gekennzeichnet. Als Programme können sowohl die gesetzlichen Regelungen des Politikbereichs und vor allem die auf ihnen aufbauenden weiteren Normen, sowie das insgesamt für den Bereich relevante Rechtsnormenumfeld angesehen werden. Hinzu kommen verhältnismäßig umfassende, aber wenig verbindliche Aktionsprogramme auf der Ebene von Bund und Ländern, die relativ unverbunden neben finanziellen Förderprogrammen stehen. Die einzelnen Programme oder Programmelemente sind nicht in einem logischen Aufbau zusammengefaßt (wie in Schweden), sondern stehen relativ unverbunden nebeneinander.

Insgesamt ist daher der Umfang der Programme unterschiedlich zu bewerten. Z.T. handelt es sich um umfassende, aber relativ unverbindliche Aufzählungen staatlicher Maßnahmen, z.T. um begrenzte, aber sehr präzise Festlegungen. Die Erneuerungskraft der Programme ist nicht sehr groß. Insgesamt haben die Programme eher einen ex-post Charakter, sind nicht sehr innovativ und tragen wenig zur Veränderung des Politikbereichs bei. Die Beteiligung relevanter Interessen und Institutionen sowie die Publizität der Programme ist eher begrenzt, obwohl verschiedentlich Versuche unternommen wurden, den Prozeß zu öffnen.
Die Eingriffsdichte ist schließlich, wie schon der Umfang der Programme, sehr unterschiedlich. Die Aktionsprogramme sind in ihren Maßnahmenaufzählungen verhältnismäßig offen und allgemein, während durch Gesetze und Förderprogramme versucht wird, die zukünftigen Aktivitäten möglichst genau und detailliert zu regeln.

11.3.3. Der Bereich "Jugendarbeitslosigkeit"

Ein ähnliches Bild bei der Einschätzung der den Politikbereich strukturierenden Programme ergibt sich auch im Bereich "Jugendarbeitslosigkeit".

In Schweden sind es wiederum umfassende und längerfristige Propositionen, die die zentralen programmatischen Grundlagen des Bereichs ausmachen. Diese Propositionen sind in einem langfristigen Prozeß ausführlich mit einer breiten Palette möglicherweise interessierter Gruppen abgestimmt, so daß ihre inhaltlichen Bestimmungen von einem weitgehenden Konsens getragen werden. Gleichzeitg haben diese Propositionen, da sie im Parlament diskutiert und verabschiedet werden, einen hohen politischen Stellenwert.

Bezüglich der oben definierten Kriterien zur Einschätzung der Programme sind daher die Propositionen zur Bekämpfung des Problems "Jugendarbeitslosigkeit" bezüglich ihres Umfangs als umfassend und integriert anzusehen und auch die Erneuerung, die von ihnen ausgeht, ist erheblich, da Veränderungen des Politikbereichs immer erst in Propositionen diskutiert und abgestimmt und meistens durch Versuchsanordnungen vorbereitet werden. Die gesellschaftliche Beteiligung an den Programmen ist wie gezeigt umfassend und die Eingriffsdichte verhältnismäßig genau und detailliert.

Im Gegensatz dazu stehen wiederum die programmatischen Grundlagen der Bekämpfung der Jugendarbeitslosigkeit in Großbritannien. Hier handelt es sich um eine große Anzahl weitgehend voneinander unabhängiger Einzelprogramme, die jeweils nur spezielle Probleme und Problemgruppen betrafen und i.d.R. auch nur für einen begrenzten Zeitraum formuliert wurden. Damit korrespondiert wiederum eine zwar teilweise offene, aber insgesamt wenig übersichtliche Struktur der Politikformulierung, in der zwar verschiedene Interessen beteiligt werden, aber Form und Umfang dieser Beteiligung nicht festgelegt sind und von Fall zu Fall variieren. Ähnlich wie die Programme selbst, ist auch die Struktur ihrer Formulierung durch eine verhältnismäßig große Flexibilität und den Vorrang von ad-hoc Lösungen gekennzeichnet. Formal wichtige Gremien und Institutionen wie z.B. das Parlament oder die Kommunen, werden nicht beteiligt.

Der Umfang der einzelnen Programme ist daher als begrenzt anzusehen, programmatische Grundlage des Bereichs waren bis zur Erstellung des YOP eine ziemlich unübersichtliche Menge einzelner isolierter Programme. Erst durch das YOP wurde der Versuch unternommen, diese Vielzahl einzelner und isolierter Programme zusammenzufassen und miteinander abzustimmen. Bezüglich der Erneuerung und Veränderung des Politikbereichs sind die Programme nicht zu hoch zu bewerten. Die Entwicklung des Bereichs ist insgesamt durch eine kontinuierliche Anpassung und marginale Änderung jeweils vorhandener Maßnahmen gekennzeichnet, die aber durchaus durch Erfolgskontrollen einzelner Programme oder Programmelemente vorangetrieben wird.

Die Beteiligung an der Entstehung der Programme ist, wie früher erläutert, zwar offen, aber wenig strukturiert und damit auch nicht so umfassend, wie etwa in Schweden. Da die Beteiligung in erster Linie auf der Grundlage informeller Kontakte stattfindet, ist sie sogar eher als begrenzt und eingeschränkt zu bezeichnen.

Die Regelungsdichte ist schließlich nur sehr gering. Zwar werden z.T. räumliche, zeitliche und finanzielle Vorgaben formuliert, aber in allen Programmen wird die flexible und unproblematische Anwendung besonders hervorgehoben.

In der Bundesrepublik Deutschland zeichnet sich die Programmebene wiederum durch die überragende Bedeutung der Gesetze aus, die den Politikbereich strukturieren. Darüber hinaus gibt es eine große Anzahl von weiteren Programmen, die aber verhältnismäßig unverbindlich und vor allem sehr unübersichtlich sind. Insgesamt sind längst nicht alle unternommenen Maßnahmen in eigenständigen Programmen enthalten (z.B. die Maßnahmen im Bereich soziale Betreuung), während ein Teil der Maßnahmen durch die Regelungen des Gesetzes sehr genau vorgegeben sind. Ein eigenständiges Programm gegen die Jugendarbeitslosigkeit gibt es im Prinzip nicht, sondern nur eine beinahe unübersehbare Vielfalt von Programmen, die wiederum mit der extrem zersplitterten Zuständigkeit der Programmformulierung und insbesondere der Programmdurchführung korrespondiert.

Bezüglich des Umfangs sind diese Programme daher eher als begrenzt und isoliert zu bezeichnen. Auch zur Erneuerung und Veränderung des Politikbereichs tragen sie nur in begrenztem Umfang bei. Auch die Beteiligung der Öffentlichkeit und relevanter Interessengruppen an der Formulierung und Ausgestaltung der Programme ist eher begrenzt. Die Eingriffsdichte ist schließlich wiederum unterschiedlich zu beurteilen. Neben einer Reihe verhältnismäßig unverbindlicher Programme, die z.T. nur Zusammenfassungen bestehender Maßnahmen und vager Zielvorstellungen sind (z.B. das vom Bundestag verabschiedete Programm), wird die Durchführung eines Teils der Maßnahmen durch das AFG und darauf aufbauender Rechtsnormen sehr genau und detailliert geregelt.

11.3.4. Zusammenfassung

Der Vergleich der verschiedenen Programme und Programmformen, in denen die Maßnahmen in den jeweiligen Ländern enthalten sind oder angekündigt werden, hat erhebliche Unterschiede zwischen den untersuchten Ländern ergeben, die sich zum größten Teil in beiden Untersuchungsbereichen wiederholen. Die Merkmale der Programme scheinen daher eher länderspezifisch als politikbereichsspezifisch begründet zu sein, m.a.W. trifft hier die Hypothese Ashfords, daß Policies eher unabhängig von Problemen und eher abhängig von nationalen Gewohnheiten formuliert werden, dem ersten Anschein nach zu.

Die länderspezifischen Merkmale der Programmformen lassen sich deutlich anhand der Kriterien, nach denen die Programme eingeordnet wurden, nachweisen. Bezüglich des Umfangs der Programme, d.h. der berührten Aspekte und Problembereiche, der Differenziertheit und Spannweite, nimmt Schweden ohne Zweifel eine Sonderstellung ein. Die dort üblichen Propositionen zeichnen sich durch ihren umfassenden, integrierenden, längerfristigen und ressortübergreifenden Charakter aus. Propositionen werden problemorientiert, nicht ressortorientiertentwickelt, Gesetze oder Verordnungen können Teil einer Proposition sein oder im Rahmen der Durchführung einer Proposition geändert werden, aber das eigentliche Programm ist bedeutend umfangreicher und vielseitiger als ein einzelnes Gesetz.

Großbritannien nimmt bezüglich des Umfangs eine beinahe gegensätzliche Position ein. Hier sind eigentliche offizielle, umfassende und inhaltliche Programme nicht zu erkennen. Statt dessen gibt es eine große Anzahl schwer zu überblickender Teilprogramme, die weitgehend unabhängig voneinander sind und jeweils nur bestimmte Teilbereiche betreffen. Die programmatischen Grundlagen des Politikbereichs sind in einer Vielzahl offizieller und oft offiziöser Dokumente enthalten, die zusammen ein wenig übersichtliches Netz von Aussagen ergeben, ohne daß die verschiedenen Elemente und ihre Beziehungen zueinander in einem übergreifenden Programm geklärt wären. Als ersten Versuch ein solches übergreifendes Programm zu entwickeln kann in letzter Zeit das im Bereich "Jugendarbeitslosigkeit" entwickelte YOP gewertet werden, das damit u.U. einen Übergang zu mehr umfassenden Programmen anzeigt.

Die Bundesrepublk Deutschland nimmt zwischen diesen beiden Ländern eine etwas ungewisse Mittelstellung ein. Auf der einen Seite gibt es in beiden hier untersuchten Problembereichen umfangreiche Programme, in denen versucht wird, einen Überblick über die verschiedenen staatlichen Aktivitäten zu geben, aber diese Programme zeichnen sich durch eine gewisse Unverbindlichkeit aus und sind oft eher als ex-post Zusammenfassungen denn als richtungweisende Programme anzusehen. Auf der anderen Seite gibt es in beiden Bereichen eine Vielzahl begrenzter und isolierter Programme in der Form von detaillierten Förderprogrammen oder Gesetzen und Rechtsverordnungen, die jeweils nur kleine Teilbereiche regeln und weitgehend unverbunden nebeneinander herlaufen. Die Programmvielfalt wird durch die unterschiedliche und z.T. doppelte Zuständigkeit von Bund und Ländern noch unterstützt, und die Schwierigkeiten, sich einen Überblick über die verschiedenen relevanten Programme zu verschaffen, verdeutlichen die immer wieder unternommenen Versuche einer Bestandsaufnahme staatlicher Aktivitäten. [9)]

Bezüglich der Erneuerung und Veränderungen der staatlichen Aktivitäten, die in den jeweiligen Programmen enthalten sind, ergeben sich wiederum eindeutige, wenn auch vielleicht nicht ganz so auffallende Unterschiede. Die Programme in Schweden sind insgesamt als innovativ anzusehen, durch sie werden die staatlichen Maßnahmen, aber auch die strukturellen Grundlagen der staatlichen Aufgabenerfüllung, einer kontinuierlichen Änderung unterzogen. Weitergehende Neuheiten werden oft durch Modellversuche und anschließende Erfolgskontrollen vorbereitet.

Demgegenüber sind eigentliche Neuerungen in Großbritannien nur schwer auszumachen, zumindest sind sie nicht in umfassenden staatlichen Programmen enthalten. Die zentralen Entwicklungen der staatlichen Aktivitäten gehen beinahe unmerklich vonstatten und sind vorrangig als eine vorsichtige Anpassung an Veränderungen und damit gleichzeitig Bewahrung bewährter Elemente zu interpretieren. So kann z.B. die Einführung der Drogenkliniken durchaus als bewahrendes Element angesehen werden, denn durch die Drogenkliniken wurde die medizinische Betrachtung des Drogenproblems in Zeiten größter Schwierigkeiten bewahrt. Auch das YOP im Bereich Jugendarbeitslosigkeit kann nicht als umfassende Neuerung aufgefaßt werden, denn anders als in Schweden wurde durch dieses Programm die grundlegende Struktur der Ausbildung Jugendlicher nicht verändert.

Die Bundesrepublik Deutschland nimmt wiederum eine weniger deutliche Mittelstellung ein. So sind im Bereich "Drogenmißbrauch" durchaus einige Neuerungen, insbesondere im Bereich der Behandlung, in den Programmen enthalten, aber diese kamen i.d.R. "von unten", d.h. Entwicklungen, die sich "vor Ort" ergeben hatten, wurden nachträglich in Programme aufgenommen und unterstützt, wobei diese Unterstützung oft als eine einschränkende bürokratische Gängelung empfunden wurde (vgl.oben 7.3.). Im Bereich der Jugendarbeitslosigkeit wurden z.B. im Rahmen des Ausbildungsplatzförderungsgesetzes neue Aktivitäten angekündigt, die dann z.T. in der Durchführung kläglich scheiterten.

Auch bezüglich der Beteiligung gesellschaftlicher Gruppen und Interessen unterscheiden sich die Programme in den untersuchten Ländern erheblich. In Schweden ist die Programmformulierung durch einen umfassenden und offenen Prozeß der weitgehendsten Beteiligung gesellschaftlicher Gruppen gekennzeichnet, und zwar sowohl in den vorbereitenden Kommissionen wie im Remisss-Verfahren. Die Folge davon ist eine zwar oft langwierige, aber gründliche Vorbereitung der Programme, in der durch frühzeitige Abstimmung Koordinationsprobleme beseitigt und weitgehender Konsens erzeugt werden.

In Großbritannien wird die Programmerstellung zwar auch mit interessierten Gruppen diskutiert, aber dieser Prozeß ist nicht offen und formalisiert, sondern eher etwas undurchsichtig, informell und ad-hoc. Auch in der Bundesrepublik Deutschland schließlich werden externe Gruppen an der Programmerstellung beteiligt, aber verglichen mit dem schwedischen Modell doch eher in begrenztem Umfang.

Schließlich ergibt auch der Vergleich der Eingriffsdichte und Regelungstiefe der Programme signifikante Unterschiede zwischen den untersuchten Ländern. Während in Schweden in den Propositionen den implementierenden Instanzen zwar gewisse Handlungsspielräume belassen werden, aber insgesamt die vorgesehenen Maßnahmen doch recht genau und detailliert vorgeschrieben werden, zeichnen sich die Programme in Großbritannien durch die gegensätzliche Eigenschaft aus. In ihnen werden i.d.R. nur offene und allgemeine Anweisungen gegeben, und die präzise Ausgestaltung den implementierenden Instanzen überlassen. Im Vordergrund steht jeweils die flexible Handhabung der Bestimmungen.

In der Bundesrepublk Deutschland sind Eingriffsdichte und Regelungstiefe der unterschiedlichen Programme jeweils unterschiedlich zu beurteilen. Während die eher umfassenden Programme nur sehr allgemeine, offene Festlegungen enthalten, ist die Regelungstiefe der Einzelprogramme, sowohl der Förderprogramme wie der gesetzlichen Grundlagen und der Durchführungsvorschriften sehr hoch. Den implementierenden Instanzen wird sehr genau vorgeschrieben, welche Maßnahmen in welcher Form zu untersuchen sind. Die Handlungsspielräume der Akteure werden erheblich eingeschränkt.

Die für die Beschreibung und Charakterisierung der Programme gewählten Kriterien können, mit einiger Vorsicht, jeweils als Indikator für bestimmte Eigenschaften der Policies angesehen werden:

- der Umfang der Programme deutet daraufhin, inwieweit eine umfassende Gestaltung des Problem- oder Politikbereichs versucht wird oder ob man sich mit der Bewältigung von kurzfristigen Einzelproblemen zufrieden gibt;

- die Erneuerung verdeutlicht, inwieweit eine Veränderung beabsichtigt wird oder nur eine inkrementale Anpassung an vorgegebene Entwicklungen;

- der Aspekt der Beteiligung zeigt, inwieweit Politik als offener Prozeß oder als vor dem Bürger weitgehend abgeschirmte Angelegenheit zu gelten hat und

- die Eingriffsdichte schließlich deutet an, inwieweit Sicherheit und ein gewisses Mißtrauen gegenüber untergeordneten Instanzen und Adressaten die Ausgestaltung der Policies bestimmen.

Ausgehend von diesen kruden Charakteristika und den bisher referierten groben Einordnungen der untersuchten Länder, zeigen sich einige bemerksenswerte Ergebnisse. So nimmt Schweden in diesen Dimensionen jeweils eine entgegengesetzte Position im Vergleich zu Großbritannien ein, d.h. Policies sind eher auf Gestaltung und Erneuerung ausgerichtet, Politik wird als offener Prozeß verstanden und Sicherheit spielt eine gewisse Rolle bei der Ausgestaltung der Programme, während Policies in Großbritannien mit den Schlagworten: eher kurzfristige Bewältigung von Einzelproblemen, Anpassung, Abschirmung des politischen Prozesses und Flexibilität zu charakterisieren sind.

Die Bundesrepublik nimmt die Mittelstellung ein, wobei aber besonders die begrenzte Beteiligung, die doch eher begrenzte Gestaltung und Erneuerung sowie die in den meisten Fällen hohe Eingriffsdichte zu bemerken ist.

Diese sicherlich nur sehr groben und vorläufigen Merkmale können wiederum mit gewissen Hypothesen über die Verwaltungskulturen dieser Länder in Beziehung gesetzt werden. So werden als Konnotationen eines hohen "Uncertainty Avoidance Index" (UAI), wie ihn die Bundesrepublik aufweist (vgl. oben 4.2.1., Abb. 4.8., S. 98,), Merkmale wie geringe Risikobereitschaft, Bevorzugung klarer Anforderungen und Instruktionen, pessimistische Einschätzung untergeordneter Institutionen, Überwiegen schriftlicher Regeln und Kontrolle von Ungewißheit genannt. Die Beschreibung der Programme und die Einschätzung der jeweiligen Ausprägungen läßt vermuten, daß diese Eigenschaften sich auch auf der Ebene der Programme abbilden.

Die geringere Beteiligung an der Erstellung politischer Programme sowie der eher geringere Umfang und die geringere Erneuerung der Programme korrespondiert mit Ausprägungen der Verwaltungskultur II, d.h. der Einstellung der BEamten, die die Einmischung der Bürger eher ablehnen und insgesamt politische Programme eher skeptisch beurteilen, während die den Vorrang kurzfristiger Politik anerkennen (vgl. 4.2.2., Abb. 4.14,S. 109).

Ähnliche Parallelen zwischen Programmformen und -eigenschaften und Charakteristika der jeweiligen Verwaltungskulturen können auch für Schweden und Großbritannien gezogen werden. Für Schweden fällt die Betonung von Gruppenentscheidungen auf (Merkmal des MAS, vgl. Abb. 4.10, S. 101), sowie die zentrale Bedeutung, die der Kontrolle durch die Bürger, politischen Programmen, langfristiger Politik und generell politischem Konsens zugemessen wird (vgl. 4.2.2., Abb. 4.14, S. 109).

In Großbritannien werden schließlich Bürgerkontrolle, politische Programme und langfristige Politik ähnlich wie in der Bundesrepublik eher abgelehnt.

Diese Parallelen zwischen Charakteristika der Programme und den Verwaltungskulturen können noch keine Repräsentativität für sich in Anspruch nehmen, da die Merkmale der Verwaltungskulturen ja nur weitgehend ungesicherte Hypothesen umfassen und insbesondere die Merkmale der Programme aufgrund einer viel zu geringen Anzahl von Fallstudien formuliert wurden. Trotzdem lassen diese Ergebnisse die Formulierung einer zweiten, durch die bisherigen empirischen Ergebnisse mit einer gewissen Plausibilität begründbaren These zu: Die Formen und Merkmale der politischen Programme sind weniger durch Merkmale des jeweiligen Politik- oder Problembereichs bestimmt, als durch länderspezifische Merkmale. Diese länderspezifischen Eigenschaften weisen Parallelen zu Merkmalen der Verwaltungskulturen I und II auf.

11.4. Ziele

11.4.1. Der Vergleich der Ziele

Als Grundlage des Vergleichs der Ziele war in Kapitel 4.3.2. die analytische Unterscheidung zwischen Ober-, Programm-, Ergebnis- und Vollzugszielen eingeführt worden. Die Anwendung dieser Unterscheidungskriterien auf die im Rahmen der jeweiligen Programme artikulierten Ziele, d.h. auf die Verlautbarungsebene, hat gezeigt, daß diese Unterscheidungen in den tatsächlichen Verlautbarungen der Programme nur schwer nachzuvollziehen sind. Während die Oberziele jeweils sehr umfassend und wenig konkret formuliert werden, ist eine Unterscheidung zwischen Programm- und Ergebniszielen kaum durchzuführen.[10)]

Oberziel ist im Prinzip die Beseitigung des anstehenden Problems (d.h. des Drogenmißbrauchs bzw. der Jugendarbeitslosigkeit), aber die speziellen Ziele einzelner Programme bzw. die mit diesen Programmen angestrebten konkreten Ergebnisse werden selten differenziert und operationalisiert aufgeführt. Insbesondere ist i.d.R. keine Hierarchie der Zielsetzungen, d.h. keine eindeutige Zielstruktur zu erkennen.

Zum Teil werden in den Programmen nach einer knappen Angabe der Oberziele des Politikbereichs direkt die verschiedenen Maßnahmen des Programms referiert, ohne daß ersichtlich ist, welche Teilziele durch diese Maßnahmen erreicht werden sollen oder auch nur welchen Beitrag diese Maßnahmen zur Erreichung des Oberziels leisten sollen.

Die in den Fallstudien referierten Zielsysteme sind daher in erster Linie rekonstruiert, d.h. sie werden in dieser Form nicht in den Programmen artikuliert, können aber aus verschiedenen programmatischen Äußerungen nachträglich zusammengestellt werden. Offensichtlich ist dieses Verfahren problematisch, denn die Rationalität des jeweiligen Zielsystems ist damit weitgehend ein Konstrukt des Forschers und Aussagen über den Vergleich unterschiedlicher Zielsysteme sind daher mit einer ziemlichen Subjektivität behaftet. Diese kann nur überprüfbar gemacht werden durch eine möglichst umfassende Dokumentation der Aussagen über Ziele mit Zitaten aus Programmen. Dieser Weg ist in den Fallstudien versucht worden.

Die Analyse der Ziele auf der Verlautbarungsebene hat daher die These bestätigt, daß diese i.d.R. nicht den hohen Anforderungen, die von der Wissenschaft an Zielsysteme gestellt werden, entsprechen; (z.B. Konsistenz, Ableitbarkeit der unteren Zielebenen von Oberzielen, Operationalisierbarkeit, eindeutige Formulierungen, klare Trennung von Zielen und Mitteln, usw.).[11] Diese Feststellung ist allein noch nicht problematisch, denn im Prinzip könnte ja einfach die Wissenschaft ihre übertriebenen Anforderungen reduzieren. Allerdings kann bei der Analyse von Programmen und Policies nicht auf die Kategorie "Ziele" verzichtet werden, denn nur im Rückgriff auf Ziele kann sinnvoll über Probleme wie Erfolg, Wirkung oder auch Durchführung eines Programms diskutiert werden. (Dabei ist allerdings zu berücksichtigen, daß u.U. andere als die offiziell artikulierten Ziele mit einem Programm beabsichtigt sind.)

Die unklare und unübersichtliche Zielstruktur von Programmen zeigt aber auch an, daß das "Wirkungsmodell" der jeweiligen Policy unklar ist oder zumindest nicht offengelegt wird. Unter Wirkungsmodell werden die theoretischen Annahmen über die Struktur des Handlungsfeldes verstanden, d.h. das System der (impliziten oder expliziten) wenn-dann-Annahmen, an dem sich die im Rahmen eines Programms unternommenen Aktivitäten und Maßnahmen ausrichten (vgl. 4.3.2.). Gerade die einem Programm oder einer Policy unterliegenden Wirkungsvermutungen, d.h. das implizite oder explizite Modell der kausalen Wirkungsannahmen, sind im Rahmen eines Vergleichs besonders interessant.

Trotz dieser Probleme des Vergleichs der Ziele, d.h. der unklaren und unstrukturierten Zielsysteme, ist der Vergleich zwischen Ländern und Problembereichen ergiebig, denn es zeigt sich, daß durchaus gewisse Unterschiede zwischen den Ländern zu beobachten sind. Wichtiger als diese Vergleiche der formalen Aspekte der Zielstrukturen sind aber die inhaltlichen Aspekte, d.h. die Frage, inwieweit die Policies in den jeweiligen Problembereichen sich bezüglich dessen, was materiell erreicht und unternommen werden soll, unterscheiden. Diese Untersuchung ist auch nicht allein auf die Ebene der umfassenden Programme begrenzt, sondern kann die einzelnen Maßnahmen einbeziehen, indem diese allgemein definierten materiellen Zieldimensionen zugeordnet werden. Gerade diese Vergleiche ergeben interessante Ergebnisse.

11.4.2. Der Bereich "Drogenmißbrauch"

Der Vergleich der im Rahmen der Bekämpfung des Drogenmißbrauchs artikulierten staatlichen Ziele ergibt zunächst keine auffallenden Unterschiede. Überall wird der Gebrauch von Drogen strikt abgelehnt und überall wird das Problem insgesamt als medizinisch-sozialer Problemkomplex angesehen. Drogenabhängige werden im Prinzip als Kranke und nicht als Kriminelle betrachtet, die Ursache des Problems zumindest teilweise in gesellschaftlichen Problemen verortet.

Überall wird auch versucht, die gleichen Probleme zu bewältigen, d.h. sowohl das Angebot wie die Nachfrage nach Drogen und den Drogenkonsum in den Griff zu bekommen. Auch die Gewichtung der staatlichen Aktivitäten ist auf der Ebene der Verlautbarungen ähnlich; als zentral wird die Prävention, d.h. die Beeinflussung der Nachfrage angesehen, Repression und Kontrolle sowie Therapie können nur ergänzende Funktionen wahrnehmen.

Zwar können auch schon auf der Verlautbarungsebene feine Unterschiede der Problemsicht und damit der Gewichtung der Maßnahmen gespürt werden, indem in Großbritannien z.B. eher der medizinische Aspekt und damit die "Eindämmung" und "Kontrolle" der Krankheit im Vordergrund steht, in Schweden eher die sozialen Aspekte und damit die Prävention und in der Bundesrepublik ein weitgehend ungeklärter Streit um "Therapie statt Strafe" stattfindet. Deutliche Unterschiede in der Gewichtung zwischen diesen allgemeinen Programmzielen ergeben sich aber erst, wenn die tatsächlich unternommenen Maßnahmen unterschiedlichen Zieldimensionen zugeordnet werden.

Als Zieldimensionen waren oben (vgl. 5.4.) identifiziert worden:

- Repression und Kontrolle, d.h. Beeinflussung des Angebots an Drogen,
- Prävention, d.h. Verminderung der Nachfrage nach Drogen,
- Therapie, d.h. Behandlung der Folgen des Drogenkonsums,

- Information, d.h. deskriptives und kausales Wissen um Probleme und Strategien zur Bewältigung des Problems und

- Koordination, d.h. Verbesserung der Wirksamkeit der Aktivitäten durch gegenseitige Abstimmung und Unterstützung.

Die Zuordnung der wichtigsten Maßnahmen zu diesen Zieldimensionen hat gezeigt, daß in Schweden Maßnahmen der Bereiche Prävention und Therapie leicht dominieren, während repressive und kontrollierende Maßnahmen eine eher geringere Rolle spielen. Von besonderer Bedeutung ist dort darüber hinaus die Zieldimension Koordination und Integration, da ein größerer Teil der Maßnahmen speziell auf diese Ziele ausgerichtet ist.

Die meisten Maßnahmen in Großbritannien lassen sich dem Ziel "Kontrolle" zuordnen, d.h. trotz der eindeutig medizinischen Sichtweise überwiegt nicht die Therapie, sondern die Begrenzung der "Krankheit". In der Bundesrepublik schließlich sind erhebliche Zielkonflikte auszumachen, die sich in dem bekannten Streit über "Therapie statt Strafe" ausdrücken. Trotz der immer wieder artikulierten medizinisch-sozialen Sichtweise, überwiegen auf der Programmebene die kontrollierenden und repressiven Maßnahmen.

Bei dieser Zuordnung der Maßnahmen ist allerdings zu beachten, daß die identifizierten Unterschiede nur gradueller Natur sind und insgesamt eine weitgehende Übereinstimmung der inhaltlichen Zieldimensionen in den drei untersuchten Ländern zu konstatieren ist. Leichtere Unterschiede zwischen den Ländern ergeben sich eher bei der Betrachtung der formalen Zielstruktur.

Hier fällt bezüglich des Umfangs und der Reichweite der Ziele wiederum auf, daß in Schweden verhältnismäßig umfangreiche und langfristige Zielsetzungen formuliert werden, während in Großbritannien eher kurzfristige und isolierte Ziele vorherrschen. In der Bundesrepublik sind zwar z.T. sehr umfangreiche Zielsetzungen der Drogenpolitk fomuliert worden, die darin enthaltenen Zielkonflikte verbleiben aber ungeklärt.

Bezüglich der Veränderung und Erneuerung der Ziele im Untersuchungszeitraum ist in Schweden eine leichte Verschiebung der Gewichte zu mehr Therapie zu beobachten, während in Großbritannien eigentliche Veränderungen nicht deutlich werden, obwohl gerade das britische System durch seine Offenheit und Flexibilität eine große Anpassungsfähigkeit bewiesen hat, die auch von sonst kritischen Beobachtern immer wieder gelobt wird. In der Bundesrepublik Deutschland sind zwar auf der Verlautbarungsebene Zielverschiebungen zugunsten einer größeren Bedeutung von Therapie zu erkennen, aber inwieweit diese Veränderungen auch auf die Ebene der tatsächlich unternommenen Maßnahmen durchschlagen, bleibt unklar.

Bezüglich der Genauigkeit der jeweiligen Zielsysteme sind kaum Unterschiede festzustellen. Überall verbleiben die Ziele verhältnismäßig vage und werden in der Regel nicht operationalisiert.

Insgesamt sind daher die Ziele des Politikbereichs weitgehend durch die Probleme vorgegeben. Überall wird gleichzeitig versucht, die Ziele der Kontrolle, Prävention und Therapie zu verfolgen und überall gibt es Anstrengungen in Richtung auf bessere Information und Koordination. Allein in der Gewichtung ergeben sich leichte Unterschiede, die sich auch bei der Betrachtung des Umfangs und der Veränderung der Zielsysteme bestätigen.

11.4.3. Der Bereich "Jugendarbeitslosigkeit"

Im Bereich der Bekämpfung der Jugendarbeitslosigkeit besteht auf der Ebene der Ziele eine noch größere Ähnlichkeit zwischen den untersuchten Ländern als im Bereich Drogenmißbrauch, und zwar sowohl auf der Ebene der Verlautbarungen als auch bei der Zuordnung der Maßnahmen zu Zieldimensionen. In allen drei Ländern wird Jugendarbeitslosigkeit als ein zentrales Problem der Arbeitsmarktpolitik definiert und das allgemeine Ziel formuliert, jedem Jugendlichen einen Ausbildungs- oder Arbeitsplatz zu garantieren.[12)]

In allen drei Ländern werden als zentrale Probleme die unzureichende Ausbildung eines Teils der Jugendlichen und die in bestimmten Gruppen zu beobachtenden Motivations- und grundlegenden Qualifikationsdefizite angesehen. Obwohl die Maßnahmen in den jeweiligen Ländern sich z.T. erheblich unterscheiden, ist die Ausrichtung auf die allgemeinen Zieldimensionen des Bereichs verhältnismäßig gleichartig.

Während in Schweden am Anfang des Untersuchungszeitraums noch die Beseitigung globaler Arbeitsplatzdefizite im Vordergrund stand, richtet sich im Laufe der Zeit die Zielsetzung der Politik immer eindeutiger auf die Beseitigung von Motivationsdefiziten und stellt die Verbesserung der gewerblichen Ausbildung (im Rahmen der schwedischen Sekundarstufe 2, aber auch außerhalb derselben) eindeutig in den Mittelpunkt. In Großbritannien dominieren zunächst einzelne, isolierte und sich z.T. widersprechende Zielsetzungen, die dann aber durch das YOP einen einheitlichen Rahmen erhalten. Auch hier ist zentraler Ansatzpunkt die Beseitigung grundlegender Motivations- und Qualifikationsdefizite, die wie in Schweden durch Maßnahmen zur Verminderung des Arbeitsplatzdefizits unterstützt werden. In der Bundesrepublik schließlich spielt von Anfang an die berufliche Ausbildung eine zentrale Rolle, aber auch hier unterstützt durch Maßnahmen im Bereich Motivation/grundlegende Qualifikation und Arbeitsbeschaffung.

Die Gleichgerichtetheit der Ziele in diesem Bereich kann sicherlich zu einem großen Teil auf das Konzept der "aktiven Arbeitsmarktpolitik" zurückgeführt werden, daß mit Hilfe der OECD und anderen supranationalen Organisationen seit einiger Zeit Grundlage der Arbeitsmarktpolitik in fast allen westlichen Industriestaaten ist:

"Die Arbeitsmarktpolitik in Westeuropa ist seit den sechziger Jahren in einem Prozeß der Konvergenz begriffen, ohne daß es dazu formaler zwischenstaatlicher Abkommen bedurfte. Die Koordination findet auf dem Wege gegenseitiger Information und Imitation statt und wird durch so unverbindliche Institutionen wie Ausschüsse der OECD und EWG oder den Austausch von Erfahrungen und Forschungen zwischen den nationalen Arbeitsverwaltungen bewirkt." 13)

Diese Konvergenz der Arbeitsmarktpolitik, zumindest auf dem Gebiet der Ziele der Politik, wird im Bereich Jugendarbeitslosigkeit besonders deutlich. Sowohl die Problemsicht wie die zur Bewältigung des Problems gesetzten Ziele stimmen weitgehend überein. Zentraler Ansatzpunkt ist jeweils die Angebotsseite, die durch Ausbildungsmaßnahmen attraktiver werden soll, unterstützt durch eine gewisse Verstärkung der unzureichenden Nachfrage nach Arbeitskräften.[14)]

Die trotz dieser weitgehenden Übereinstimmung zu konstatierenden Unterschiede zwischen den drei Ländern (z.B. unterschiedliches Gewicht der berufsbezogenen Ausbildung in den drei Ländern) scheinen in erster Linie durch die sehr unterschiedlichen Ausgangspositionen und Gegebenheiten des Politkbereichs begründet zu sein. So hat z.B. die berufsbezogene Ausbildung in allen drei Ländern eine ganz unterschiedliche Tradition; während in der Bundesrepublik die traditionelle "Meisterlehre" im dualen System vorherrscht, hat es eine solche strukturierte und staatlich kontrollierte Ausbildung in Großbritannien nie gegeben und in Schweden gibt es seit einiger Zeit die berufsbezogene Ausbildung im Rahmen der Gesamtschule (Sekundarstufe 2). Selbst wenn davon auszugehen ist, daß die Probleme der Jugendarbeitslosigkeit in den drei Ländern vergleichbar sind, so sind doch die Rahmenbedingungen, für die die jeweiligen Policies entwickelt werden, ganz unterschiedlich. Diese Unterschiede der Rahmenbedingungen führen zu Variationen der ansonsten einheitlichen (bzw. durch Abstimmungsprozesse vereinheitlichten) materiellen Zielsetzungen.

Auch bezüglich der eher formalen Aspekte der in den Programmen enthaltenen Zielsysteme ist eine weitgehende Übereinstimmung festzustellen, d.h. auch hier scheint das Konzept der "aktiven Arbeitsmarkpolitik" zu einer Vereinheitlichung geführt zu haben. So werden in allen drei Ländern verhältnismäßig umfassende Ziele formuliert, selbst in Großbritannien wird mit dem YOP versucht, die bisherigen zersplitterten Zielsetzungen des Politikbereichs zusammenzufassen und zu ordnen.

Bezüglich der Veränderung und Erneuerung der Zielsysteme ist deutlich, daß in allen drei Ländern eine Entwicklung in Richtung auf größere Betonung der beruflichen Bildung und generell der Koordination und Integration der verschiedenen Bereiche der Arbeitsmarktpolitk zu erkennen ist. Auch bezüglich der Genauigkeit der formulierten Ziele gibt es keine großen Unterschiede. Im Gegensatz zum Bereich Drogenmißbrauch wird hier in allen drei Ländern zumindest teilweise versucht, Ziele zu präzisieren und zu operationalisieren. Auch dies dürfte ein Ergebnis der Bemühungen um Vereinheitlichung und Abstimmung im Rahmen der OECD sein.

11.4.4. Zusammenfassung

Insgesamt ergibt der Vergleich der Ziele in beiden Problembereichen eine große Ähnlichkeit der materiellen Zielsetzungen in den drei untersuchten Ländern. Sowohl die Zielsetzungen auf der Verlautbarungsebene (Oberziele und Programmziele) als auch die Zuordnung der wichtigsten Maßnahmen zu allgemeinen Zieldimensionen der Problembereiche zeigen, daß in allen drei Ländern eine weitgehende Übereinstimmung bezüglich der Probleme und der durch staatliche Policies zu erreichenden Ziele vorhanden ist. Unterschiede sind allenfalls gradueller Natur und betreffen die Gewichtung der einzelnen miteinander konfligierenden Ziele.

Dies Ergebnis kann zum einen als Dominanz der Problemstrukturen interpretiert werden, d.h. die jeweiligen Probleme des Bereichs bestimmen eindeutig die Zielsetzungen der Policies, den staatlichen Akteuren verbleibt praktisch keine Wahlmöglichkeit zwischen unterschiedlichen Zielsetzungen. Wie gezeigt, wird die Übereinstimmung aber auch durch formale und informelle Abstimmungsmechanismen und Konsultationen zwischen den westeuropäischen Ländern unterstützt. Vor allem im Bereich der Bekämpfung der Jugendarbeitslosigkeit hat es eine weitgehende Vereinheitlichung im Rahmen des Konzepts der "aktiven Arbeitsmarktpolitik" gegeben.[15)]

Aber auch im Bereich Drogenmißbrauch, in dem die Übereinstimmung nicht ganz so groß ist, gibt es verschiedene länderübergreifende Bemühungen, um die staatlichen Aktivitäten abzustimmen und u.U. zu vereinheitlichen.[16] Eine weitere Vereinheitlichung auf diesem Gebiet wird durch die sog. Einheitsübereinkommen der Vereinten Nationen angestrebt [17]. Es ist daher wenig überraschend, daß sich im Bereich der Ziele weitgehende Übereinstimmungen feststellen lassen. Interessanter sind in diesem Zusammenhang vielmehr die trotzdem erkennbaren Unterschiede der Zielsetzungen in den drei untersuchten Ländern.

Diese nicht sehr gravierenden Unterschiede der Ziele können nicht ohne weiteres auf Faktoren der Verwaltungskultur i.e.S. zurückgeführt werden, denn diese Unterschiede beruhen zumindest teilweise auf den grundsätzlich unterschiedlichen Ausgangs- und Rahmenbedingungen der Policies in den jeweiligen Ländern. Die Ziele des Politikbereichs werden auch und nicht zuletzt durch strukturelle Gegebenheiten des Bereichs bestimmt. So wurde bei der Betrachtung der Ziele im Bereich Jugendarbeitslosigkeit deutlich, daß die unterschiedlichen staatlichen Zielsetzungen bzw. die leicht voneinander abweichenden Gewichtungen der einzelnen Ziele in erster Linie abhängig waren von länderspezifischen strukturellen Gegebenheiten und Traditionen. Das Gewicht der beruflichen Bildung ist in Deutschland, mit seiner Tradition der Meisterlehre, anders als in Großbritannien mit seinem archaischen System der gewerblichen Bildung und wiederum anders als in Schweden, mit der durchgeführten Einheitsschule. Ziele werden weiter durch grundsätzliche Traditionen wie Bildungsautonomie und Föderalismus in der Bundesrepublik stark beeinflußt.

M.a.W. zeigt sich hier, daß auch die Inhalte staatlicher Policies weitgehend durch schon bestehende institutionelle und materielle Regelungen, d.h. aber durch die Resultate vorangegangener Policies bestimmt werden. Selbst wenn übergreifende Ziele übereinstimmen, werden diese aufgrund von Traditionen des Politikbereichs unterschiedlich umgesetzt. Es bestätigt sich also die These, daß

" one of the most powerful constraints on future policy is existing policy" 18)

Wenn aber durch Traditionen und vorangegangene Policies die Rahmenbedingungen sich erheblich unterscheiden, ist eine der Grundannahmen der vorliegenden Untersuchung, nämlich die Gleichartigkeit der zur Bewältigung anstehenden Probleme, nicht mehr gegeben. Bei unterschiedlichen Rahmenbedingungen in den untersuchten Ländern stellen sich der Politk im Prinzip unterschiedliche Probleme, die dann wiederum unterschiedliche Policies herausfordern.

Damit zeigt sich auch, daß dies ein sich verstärkender Prozeß sein kann. Aufgrund von früheren Policies gibt es grundsätzliche Unterschiede in den Rahmenbedingungen, die wiederum zu unterschiedlichen Policies führen usw. Allein durch eine Vereinheitlichung der Ziele können diese Unterschiede nicht beseitigt werden.

Nun können allerdings auch Unterschiede in der grundsätzlichen Organisation gesellschaftlicher Bereiche, d.h.

- was als öffentliche Aufgaben verstanden wird und
- wie diese von wem wahrgenommen wird

als Element der Verwaltungskultur i.w.S. interpretiert werden. Es ist durchaus möglich, strukturelle Gegebenheiten der jeweiligen Politikbereiche in Verbindung zu setzen mit allgemeinen kulturellen Einstellungen , so z.B. das fragmentierte britische System der gewerblichen Ausbildung mit dem hohen Individualitätsindex (IDV, vgl. Abb. 4.9, S. 100) oder die rechtliche Durchnormierung des deutschen Systems mit dem hohen Unsicherheitswert (UAI, vgl. Abb. 4.8, S. 98). Dieses Problem würde aber den Rahmen der vorliegenden Untersuchung, die sich ja auf die Auswirkungen der Verwaltungskultur i.e.S. konzentriert, sprengen. (Vgl. hierzu unten 12.4.).

Insgesamt läßt daher der Vergleich der Ziele in beiden Politikbereichen die folgende dritte These zu: In allen drei Ländern ist eine weitgehende Übereinstimmung sowohl der allgemeinen Ziele der Politikbereiche als auch der verschiedenen Zieldimensionen der Maßnahmen zu konstatieren. Diese Übereinstimmungen können sowohl durch Merkmale der Problemsturktur als auch durch internationale Vereinheitlichungen der Policies erklärt werden. Die dennoch zu beobachtenden Abweichungen zwischen den Ländern sind eher auf unterschiedliche Ausgangsbedingungen, insbesondere schon etablierte Policies, als auf Unterschiede der Verwaltungskultur zurückzuführen.

11.5. Akteure

11.5.1. Der Vergleich der Akteure

Die vergleichende Betrachtung der Akteure hat gezeigt, daß dieser Aspekt der Problembewältigung, d.h. das jeweilige (explizite oder implizite) Durchführungsmodell der Maßnahmen und Programme, weitgehend durch den vorgegebenen institutionellen Staatsaufbau geprägt ist. Die Akteure der Arbeitsmarkt- oder Drogenpolitik richten sich in erster Linie nach dem allgemeinen Aufbau der Arbeitsmarktverwaltung, der Schulverwaltung, Gesundheitsverwaltung usw. Eine wichtige Rolle spielt dabei die generelle Aufgabenverteilung zwischen Zentralstaat, Region und örtlicher Verwaltung, d.h. u.a. die unterschiedliche Ausgestaltung des Föderalismus oder der Prinzipien der lokalen und regionalen Selbstverwaltung.

Dies Ergebnis ist wenig überraschend und stimmt durchaus mit den Intentionen der Untersuchung überein, denn die vergleichende Untersuchung der Programme in vergleichbaren Problemfeldern sollte ja Aufschluß über allgemeine Charakteristika der Verwaltungskultur i.w.S. liefern, und offensichtlich ist der allgemeine Staats- und Verwaltungsaufbau ein zentraler Aspekt dieser Verwaltungskultur. Wenn die Analyse in den Fallstudien also weitgehend Prinzipien des allgemeinen Aufbaus der Verwaltung in den untersuchten Ländern wiederspiegelt, kann dies als Zeichen der Repräsentativität der ausgewählten Problembereiche gewertet werden.

Der Vergleich hat weiter gezeigt, daß die Zusammensetzung der Akteure des jeweiligen Problemfeldes und ihre jeweilige Aufgabenverteilung zumindest in den speziell auf die Bekämpfung der Jugendarbeitslosigkeit ausgerichteten Programmen kaum enthalten ist. Die zentralen Akteure der jeweiligen Politikbereiche werden nur zum Teil in den hier untersuchten Programmen definiert, zum größten Teil ergibt sich Aufgabenverteilung und Zuständigkeit aus den allgemeinen Festlegungen der Politikbereiche oder wie erwähnt, aus den generellen Prinzipien des Verwaltungsaufbaus.

In den Fallstudien konnte daher jeweils nur ein Überblick über die wichtigsten Akteure geliefert und darüber hinaus versucht werden, einen Eindruck über die allgemeine Aufgabenverteilung und die Vielfalt der staatlichen, halbstaatlichen und privaten Akteure zu vermitteln. Dabei ist daran zu erinnern, daß es sich hier nicht um eine Implementationsuntersuchung handelt, sondern daß es nur darum geht, die in den Programmen enthaltenen Vorschriften über die Akteure des Politikbereichs zu exemplifizieren bzw. herauszuarbeiten, wie das allgemeine Netz der Akteure und Adressaten aussieht, die die Maßnahmen des Bereichs durchführen bzw. durchführen sollen. Dargestellt wird also nur die allgemeine Implementationsstruktur, wie sie in den Programmen beschrieben wird bzw. allgemein gültig ist.

Die Kriterien, nach denen die verschiedenen Akteure, ihre Zusammenarbeit und Aufgabenverteilung jeweils in den Fallstudien beschrieben wurden, können daher auch nur grobe Einschätzungen wiedergeben. Wenn man die einzelnen Dimensionen der Analyse jeweils mit einer dichotomen Skala versieht, wird deutlich, daß auch hier die Plazierungen auf dieser Skala nur sehr unpräzise sein können, denn es gibt bisher noch keine "objektiven", quantifizierten und damit eindeutig operationalisierten Meßkriterien.

Trotzdem soll in den folgenden Zusammenfassungen der Versuch unternommen werden, die Akteure der jeweiligen Politikbereiche nach folgenden Kriterien einzuordnen:

- Anzahl der Akteure und Kompliziertheit der Makroorganisation (Endpunkte: einfach und durchschaubar / kompliziert und unübersichtlich),
- Zentralisierung der Entscheidung und lokale Autonomie (Endpunkte: Entscheidungsbefugnis zentral / dezentral),
- Einbeziehung von privaten Akteuren und Verselbständigung von Verwaltungsträgern (Endpunkte: staatliche Akteure / private Akteure),
- Veränderung und Anpassung der Organisationsstruktur (Endpunkte: starre Organisation / flexible Organisation) sowie schließlich
- Durchführung der Programme in dieser Organisationsstrukur (Endpunkte: einfach / kompliziert).

11.5.2. Der Bereich "Drogenmißbrauch"

Der Vergleich der wichtigsten Akteure, die in den drei Untersuchungsländern bei der Bekämpfung des Drogenmißbrauchs eine Rolle spielen, und der zwischen diesen Akteuren zu beobachtenden gegenseitigen Beziehungen und Aufgabenteilungen, ergibt einige signifikante Unterschiede.

Bezüglich der Anzahl der Akteure und der Kompliziertheit der gegenseitigen Beziehungen ist die Implementationsstruktur in Schweden eher als einfach und überschaubar anzusehen. Es gibt nur eine begrenzte Anzahl von relevanten Akteuren, die Zuständigkeiten sind in ausgelagerten Zentralbehörden gebündelt und es herrscht grundsätzlich das Prinzip der Einräumigkeit der Verwaltung, d.h. grundlegende räumliche Einheit sowohl der staatlichen wie der kommunalen Verwaltung sind Kommunen und Län (Kreis bzw. Bezirk). Eine Besonderheit ist die enge Verflechtung und Vernetzung der Kommunikationsbeziehungen über weitgehende gegenseitige Beteiligungen und personelle Verflechtungen. Trotz dieser netzartigen Kommunikationsbeziehungen ist aber die Organisation des Bereichs überschaubar und nachvollziehbar.

Demgegenüber sind die Beziehungen in Großbritannien eher kompliziert und unübersichtlich. Es gibt eine größere Anzahl von Akteuren, die z.T. ad-hoc gebildet wurden und deren Zuständigkeiten oft nicht ganz geklärt sind. Die räumlichen Einheiten der einzelnen Verwaltungen sind nicht aufeinander abgestimmt und die Beziehungen der einzelnen Akteure untereinander wenig formalisiert.

Auch in der Bundesrepublik Deutschland ist die Organisationsstruktur eher kompliziert und unübersichtlich. Es gibt eine große Anzahl von Akteuren, deren jeweilige Zuständigkeiten und gegenseitige Abstimmung oft unklar bleibt. Das Organisationsgeflecht wird durch die problematische Zusammenarbeit zwischen Bund und Ländern noch verkompliziert, aber auch unterhalb dieser Ebene ist von zersplitterten und unübersichtlichen Zuständigkeiten auszugehen. Ein besonderes Beispiel für Zuständigkeitswirrwarr und mangelhafte Kooperation und Koordination ist der Bereich der Finanzierung und Behandlung von Drogenabhängigen.

Bei der Frage nach der lokalen Entscheidungsautonomie, d.h. dem Grad der Zentralisierung bzw. Dezentralisierung, scheint wiederum Schweden eine abweichende Organisationsform aufzuweisen. Die Entscheidungsbefugnis bei der Durchführung der Programme und Maßnahmen ist dort eher nach unten verlagert. Zwar werden wichtige Entscheidungen der Finanzierung und Regulierung zentral getroffen, über Förderprogramme durchgesetzt und auch zentral kontrolliert, aber trotzdem verbleibt auf der lokalen Ebene ein erheblicher Entscheidungsspielraum. Dieser wird vor allem durch die auch auf der lokalen Ebene vorhandenen Vernetzung der unterschiedlichsten Interessen vergrößert, d.h. bezüglich der verschiedenen zentralstaatlichen Vorgaben findet eine "Koordination" von unten statt. Auch in Großbritannien ist eine gewisse lokale Autonomie, vor allem in Fragen der Behandlung zu beobachten, aber insgesamt ist doch eine stärkere Stellung der Ministerien, d.h. der Zentralbehörden deutlich. Zwischen den einzelnen Ebenen finden eher Aushandlungsprozesse statt, als daß hierarchisch in einem zentralisierten Entscheidungssystem entschieden würde. Die Struktur in der Bundesrepublik ist demgegenüber eher als zentralistisch zu bezeichnen. Zwar spielen die Bundesländer bei der Formulierung und insbesondere der Durchführung der Politik eine entscheidende Rolle, aber von einer lokalen Autonomie bei der Durchführung der Maßnahmen ist nicht auszugehen. Eher wird durch Überbürokratisierung die dezentrale Problembewältigung z.B. durch "Koordination von unten" erschwert.

Bezüglich der Plazierung der Akteure auf dem Kontinuum zwischen staatlichen und privaten Organisationen sind weitgehende Übereinstimmungen festzustellen. In Schweden liegt quasi die gesamte Durchführung der Policy in den Händen von Quagos, d.h. staatlichen Institutionen, die über eine erhebliche Selbständigkeit verfügen. Erinnert sei an die staatlichen Zentralbehörden, die alle durch mit Interessenvertretern besetzte Leitungsgremien geleitet werden (sog. "Laiensteuerung") und die verschiedenen Räte und Ausschüsse, die bei der Durchführung der Maßnahmen beteiligt werden. Eine gewisse Rolle spielen auch private Organisationen, die aber weitgehend von staatlichen Geldern abhängig sind. Ein ähnliches Bild ergibt sich für Großbritannien. Hier ist es der National Health Service, der eine entscheidende Rolle spielt und auch als Quago angesehen werden kann. Wichtig sind weiterhin Councils und vor allem die Professionen sowie freiwillige Organisationen. Insgesamt ist das Bild weniger einheitlich als in Schweden. In der Bundesrepublik schließlich dominieren auf der einen Seite "freie Träger", die eigentlich als private Organisationen anzusehen sind und allenfalls durch ihre weitgehende finanzielle Abhängigkeit von staatlichen Mitteln dem Bereich der Quangos zuzurechnen sind. Auf der anderen Seite spielt die staatliche Verwaltung, z.B. im Bereich der "Behandlung" die Regierungspräsidien, Kreise und staatlichen Gesundheitsämter, aber auch die Kommunalverwaltungen eine wichtige Rolle. Insgesamt scheint also das Spektrum zwischen staatlichen und privaten Organisationen in der Bundesrepublik mehr ausgeschöpft zu sein, als in den anderen Ländern, d.h. die Organisationsform ist noch uneinheitlicher als in Großbritannien.

Auch bezüglich der Veränderung der Organisationsstruktur sind Unterschiede auszumachen. In Schweden werden in die vorhandene Struktur kontinuierlich neuartige Kooperations- und Koordinationsgremien eingebaut, während in Großbritannien die Organisationsstruktur sich eher in einer konstanten Veränderung befindet. So wurde im Untersuchungszeitraum die Organisation des NHS geändert und auch erhebliche Änderungen der Finanzierung freiwilliger Organisationen durchgeführt. In der Bundesrepublik scheint die Organisationsstruktur am starrsten zu sein und die wenigsten Änderungen aufzuweisen. Hier werden Maßnahmen und Programme weitgehend in einem schon vorhandenen und kaum angepaßten Netz der Akteure durchgeführt.

Insgesamt scheint die Durchführung der Maßnahmen und Programme in Schweden und Großbritannien eher einfach zu sein, zum einen weil die Organisationsstruktur weniger kompliziert ist und weil Probleme durch weitgehende Beteiligung oder Aushandlungsprozesse gelöst werden, während in der Bundesrepublik Deutschland die Durchführung eher kompliziert ist und durch Zuständigkeitswirrwarr und Kompetenzstreitigkeiten behindert wird.

11.5.3. Der Bereich "Jugendarbeitslosigkeit"

Die Einschätzungen der Akteure des Bereichs "Bekämpfung der Jugendarbeitslosigkeit" stimmen weitgehend mit denen des vorigen Abschnitts überein. So ist die Organisationsstruktur in Schweden durch Einfachheit und Übersichtlichkeit gekennzeichnet, wobei insbesondere wiederum die weitgehende Beteiligung unterschiedlicher Interessen und die damit erreichte Verflechtung verschiedener Politikbereiche auffällt. Zusammenarbeit verschiedener Institutionen und damit Sektoren wird durch die Etablierung von speziellen Zusammenarbeits- und Abstimmungsgremien institutionalisiert. Besonders auffällig ist im Bereich Jugendarbeitslosigkeit die enge Verbindung zwischen Ausbildungs- und Arbeitsmarktpolitik.

In Großbritannien ist demgegenüber wieder eine sehr komplizierte und unübersichtliche Organisationsstruktur vorhanden. Z.T. herrscht eine "task-force-organisation" vor, d.h. Organisationen werden für bestimmte Probleme ins Leben gerufen, verändert und wieder aufgelöst. Es gibt ein schwer zu übersehendes Netz von Organisationen mit z.T. unklarer, z.T. sich überschneidender Zuständigkeit (vgl. z.B. Career Service), lokale Organisationen mit zusammenhängenden Aufgaben (z.B. Arbeitsbeschaffung, Arbeitslosenhilfe und Vermittlung) gehören z.T. ganz unterschiedlichen Hierarchien und Organisationen an. Zusammenarbeit und Kooperation findet in erster Linie über informelle Kontakte, Absprachen und Aushandlungsprozesse statt.

Die Organisationsstrukur in der Bundesrepublik zeichnet sich schließlich wiederum durch eine große Anzahl unterschiedlicher Akteure aus unterschiedlichen Sektoren und Politikbereichen aus(Arbeitsmarktverwaltung, Schulverwaltung) und ist, insbesondere was die berufliche Bildung angeht, als verhältnismäßig kompliziert und unübersichtlich anzusehen. Es gibt eine weitgehende sektorale Abschottung verschiedener Politikbereiche und eine Zersplitterung der Kompetenzen, ohne daß diese durch koordinierende Gremien wieder zusammengeführt würden.

Die Zentralisierung der Entscheidungsbefugnisse ist wiederum in Schweden am geringsten ausgeprägt. Hier gibt es, nicht zuletzt wegen der weitgehenden lokalen Interessenvermaschung, einen gewissen Spielraum lokaler Arbeitsmarktentscheidungen. In Großbritannien ist das System formal zentralisiert, aber auch hier besteht eine gewisse lokale Autonomie, die vor allem durch die lokalen Aushandlungsprozesse und die dadurch mögliche Koordination von unten ermöglicht wird. In der Bundesrepublik gibt es formal eine begrenzte lokale Autonomie der Arbeitsmarktverwaltung, aber diese wird durch weitgehende zentrale Vorgaben eingeschränkt. Eigene Handlungsspielräume durch lokale Abstimmungs- und Koordinierungsmechanismen sind in den Programmen nicht angelegt.

In allen drei Ländern ist die Durchführung der Politik weitgehend Quagos überlassen, d.h. überall ist die Arbeitsmarktverwaltung in ähnlicher Form mit der Beteiligung von Arbeitsmarktpartnern ausgestaltet. Wiederum ist das System in Schweden am konsequentesten durchgeführt. Dort gibt es in allen Bereichen und auf allen Ebenen die umfassende Beteiligung privater Interessen. Auch in Großbritannien dominieren Quagos, d.h. in erster Linie die Manpower Services Commission mit ihren Agencies bzw. Divisions, aber hier spielen wiederum auch rein staatliche Institutionen (Unemployment Benefit) und eher private Organisationen (Youth Centres) eine Rolle, d.h. das Bild ist weniger einheitlich. In der Bundesrepublik gibt es schließlich die größte Varianz von Organisationsformen von freien Trägern bis zu staatlicher und kommunaler Verwaltung. Es überwiegen allerdings die quasi-staatlichen Institutionen der Bundesanstalt für Arbeit und die hier als Quangos, als fast-staatliche Organisationen, eingeordneten Kammern. Wenn die Akteure insgesamt auf der Skala von privat bis zu staatlich plaziert werden sollten, dürfte Schweden etwas mehr in Richtung staatlich, die Bundesrepuglik etwas mehr in Richtung privat und Großbritannien wahrscheinlich in der Mitte plaziert sein.

Bezüglich der Veränderung und Flexibilität der Organisationsstruktur ist in Schweden wiederum die Etablierung von Koordinationsgremien auffällig. Ansonsten werden Maßnahmen und Programme, auch bei erheblichen Änderungen der Policy, im Rahmen der etablierten und übersichtlichen Strukturen durchgeführt. In Großbritannien ist der gesamte Bereich auch hier in einer ständigen Veränderung begriffen. Organisationen entstehen nur für kurze Zeiträume (task-force) oder werden an veränderte Bedingungen angepaßt (Special Service Division der Manpower Services Commission). In der Bundesrepublik Deutschland scheint das System am starrsten zu sein. Die Programme und Maßnahmen werden in den etablierten Strukturen durchgeführt, ohne daß organisatorische Anpassungen oder Veränderungen sichbar würden.

Die Durchführung der verschiedenen Maßnahmen und Programme

scheint daher in Schweden aufgrund der übersichtlichen Strukturen am einfachsten zu sein. In Großbritannien werden organisatorische Probleme durch informelle Abstimmung oder Bargaining-Prozesse überwunden, während in der Bundesrepublik die Durchführung der Programme kompliziert ist und vor allem für die betroffenen Jugendlichen, aber selbst für staatliche Stellen oft nicht ersichtlich ist, wo und wie geholfen werden kann.

11.5.4. Zusammenfassung

Die Analyse und der Vergleich der Akteure der beiden Politikbereiche ergab gewisse Übereinstimmungen aber auch signifikante Unterschiede zwischen den drei Ländern. In beiden Politikbereichen und in allen drei Ländern dominiert der allgemeine Staatsaufbau. Die zentralen Akteure werden jeweils durch die vorgegebene horizontale und vertikale Arbeitsteilung zwischen verschiedenen staatlichen Ebenen und Institutionen bestimmt. Aber auch inhaltlich gibt es weitgehende Übereinstimmungen. Überall müssen zur Bekämpfung der anstehenden Probleme die gleichen Verwaltungssektoren zusammenarbeiten, so im Bereich des Drogenmißbrauchs u.a. Polizei, Gesundheits- und Sozialverwaltung, im Bereich der Jugendarbeitslosigkeit Arbeitsmarkt- und Bildungsverwaltung. Überall ist die vertikale Arbeitsteilung zwischen zentraler und lokaler Ebene von ähnlichen Prinzipien bestimmt. Die ordnende und regulierende Verwaltung (z.B. Polizei, Zoll) ist weitgehend zentralisiert, die leistende Verwaltung, insbesondere die Betreuung von Problemgruppen (z.B. Drogenfürsorge und die sozialpädagogische Betreuung Jugendlicher) eher dezentralisiert. Ähnlich werden überall und in den gleichen Bereichen quasi-staatliche oder fast-staatliche Organisationen in die Durchführung einbezogen, z.B. Quagos im Bereich der Arbeitsverwaltung, eher private Institutionen bei der Rehabilitation der Drogenabhängigen.

Auch im Bereich der Akteure und der Implemetationsstruktur wird also deutlich, daß weitgehende Übereinstimmungen zwischen den untersuchten Ländern bestehen und es kann wiederum vermutet werden, daß diese Übereinstimmungen sowohl durch Gegebenheiten des zu bewältigenden Problems (wie kommt man mit Drogenabhängigen in Kontakt? wie erhöht man die Akzeptanz der Arbeitsmarktpolitik?) als durch internationale Abstimmungen im Rahmen der Politikformulierung (OECD, Europarat) begründet sind. Hier interessieren allerdings nicht die zu beobachtenden Übereinstimmungen und ihre Erklärung, sondern die trotz dieser weitgehenden Ähnlichkeiten sichtbaren erheblichen Unterschiede zwischen den untersuchten Ländern. Die Unterschiede ergeben sich durch die trotz aller Übereinstimmungen vorhandenen Abweichungen in der horizontalen und vertikalen Arbeitsteilung, aus der unterschiedlichen Gewichtung von Entscheidungsbefugnissen und vor allem aus den unterschiedlichen Mechanismen der Koordination und Kooperation. Dabei zeigt sich, daß zwischen den beiden Problembereichen jeweils keine großen Unterschiede bestehen, sodaß länderspezifische, nicht politikbereichsspezifische Unterschiede dominieren.

So zeichnen sich die Organisationsstrukturen beider Politikbereiche in Schweden durch eine verhältnismäßig geringe Anzahl von Akteuren aus. Durch die Auslagerung der Politikdurchführung aus den Ministerien und die Bündelung dieser Aufgaben in Zentralbehörden sowie durch die "Einräumigkeit" der Verwaltung in Län und Kommunen ergibt sich ein einfacher und übersichtlicher Verwaltungsaufbau. Innerhalb dieser klar gegliederten Verwaltung sind Entscheidungen weitgehend nach unten verlagert, d.h. lokale und regionale Instanzen verfügen über erhebliche Handlungsspielräume. Die gesamte Durchführung ist weiter fast ausschließlich Institutionen der quasi-staatlichen Verwaltung, sog. Quagos, übergeben, die durch breit zusammengesetzte Leitungsgremien geführt werden. Der Vorteil dieser "Laiensteuerung" auf allen Ebenen des Verwaltungsaufbaus besteht sowohl in der Koordination und Kooperation interdependenter Politikbereiche, wie in der Beschaffung eigener politischer Legitimation für die Durchführungsinstanzen. Die gleichzeitige Vernetzung der Politikbereiche und Dezentralisierung von Entscheidungen erlaubt eine Koordination staatlicher Maßnahmen "von unten". Vernetzung der Kommunikationsbeziehungen und Kooperation aller Beteiligten sind die zentralen Schlagworte der Akteurbeziehungen. Immer wieder werden Gremien geschaffen, die für eine bessere Abstimmung und Koordination der Beteiligten sorgen sollen und "Organisation" wird insgesamt bewußt als systematisches Steuerungsinstrument zur Erreichung politischer Ziele eingesetzt. Die Organisationsform ist daher weniger im Laufe der Zeit gewachsen, als für den Zweck der optimalen Kooperation konstruiert.

In Großbritannien ist die Organisationssturktur im Gegensatz dazu eher kompliziert und unübersichtlich. Es gibt eine größere Anzahl von Akteuren in unterschiedlichen Hierarchien, Organisationen werden ad-hoc gebildet und haben keine klaren Zuständigkeiten. Obwohl prinzipiell die endgültigen Entscheidungsbefugnisse bei den jeweiligen Zentralinstanzen liegen, gibt es eine gewisse lokale Autonomie, die durch Aushandlungsprozesse der jeweiligen lokalen und zentralen Akteure begünstigt wird. Auch in Großbritannien dominieren im Bereich der Durchführung Quagos und Quangos, allerdings sind die einzelnen Organisationsformen und Abhängigkeitsbeziehungen längst nicht so einheitlich und überschaubar wie in Schweden. Die Organistaionsstruktur ist laufenden, inkrementalen Veränderungen unterworfen, die aber nicht wie in Schweden zu einem systematischen, auf Kooperation angelegten Verwaltungsaufbau führen, sondern eher eine unkoordinierte Anpassung und eine "gewachsene" Struktur ergeben. Zentrale Charakteristika dieses Durchführungsmodells scheint Flexibilität zu sein. Die Struktur ist wenig rigide und anpassungsfähig.

In der Bundesrepublik Deutschland schließlich ist das Modell der Durchführung in beiden Problembereichen durch eine große Anzahl z.T. miteinander konkurrierender Akteure, durch zersplitterte Kompetenzen und komplizierte Zuständigkeitsverteilungen gekennzeichnet. Insgesamt ist die Struktur unübersichtlich und kompliziert. Formal gibt es erhebliche lokale Entscheidungsspielräume, aber durch zentrale Vorgaben wird die dezentrale Problembewältigung z.T. eher behindert als gefördert. Auch in der Bundesrepublik sind beide Politikbereiche durch das breite Spektrum der beteiligten privaten, fast-staatlichen und quasistaatlichen Akteure gekennzeichnet. Dieses Spektrum scheint hier noch breiter und noch unübersichtlicher als in Großbritannien zu sein, wobei eher private und rein-staatliche Organisationen eine wichtige Rolle spielen. Die Organisationsstruktur ist weitgehend durch die allgemeinen Zuständigkeitsverteilungen der jeweiligen Politikbereiche bestimmt, d.h. problembezogene Um- oder Neuroganisationen finden nur in geringerem Umfang statt. Organisation wird weniger als Steuerungsinstrument eingesetzt, denn als vorgegebene Struktur für durchzuführende Programme und Maßnahmen. Insgesamt ist das Durchführungsmodell durch rigide Kompetenz- und Zuständigkeitsabgrenzungen gekennzeichnet, die zu einem überkomplexen Durchführungsmodell führen.

Auch in diesem Fall können die herausgearbeiteten Charakteristika der Akteure und ihrer gegenseitigen Beziehungen wieder in Verbindung gebracht werden, mit den allgemeinen Merkmalen der Verwaltungskulturen, wie sie im Kapitel 4.2. skizziert wurden. So entspricht die in Schweden vorherrschende kooperative Implementationsstruktur der Vorliebe für kooperative Verhaltensweisen und Gruppenentscheidungen, wie sie bei einem niedrigen "Masculinity Index" (vgl. Abb. 4.10,S. 101) vermutet werden kann. Die große Anzahl kleiner, fragmentierter und oft nicht sehr dauerhafter Organisationen in Großbritannien kann im Rahmen des hohen "Individuality Index" (vgl. Abb. 4.9, S. 100) interpretiert werden, der insgesamt mit einer geringeren Bedeutung von Organisationen, der Bevorzugung kleinerer Organisationen, der hohen Bewertung von Außenkontakten und der großen Bedeutung von Autonomie korreliert. Die Charakteristika der bundesdeutschen Makroorganisation schließlich entsprechen sehr genau der Plazierung des Landes auf dem "Uncertainty Avoidance Index" (vgl. Abb. 4.8,S. 98). Dieser deutet nämlich u.a. auf eine pessimistische Einschätzung von untergeordneten Einheiten, auf die große Bedeutung einheitlicher Organisationen, auf die geringe Risikobereitschaft von Führungskräften und auf deren Beschäftigung mit Details hin. Die Charakteristika der bundesdeutschen Organisationsstrukturen können als Ausfluß dieser Eigenschaften interpretiert werden.

Insgesamt sind im Bereich der Akteure und ihrer gegenseitigen Beziehungen wieder erhebliche Unterschiede zwischen den untersuchten Ländern zu konstatieren. Diese Unterschiede wiederholen sich weitgehend in beiden Problembereichen. Die jeweilige Ausprägung scheint dabei in erster Linie durch den vorgegebenen institutionellen Staatsaufbau geprägt zu sein, d.h. die in den beiden Bereichen identifizierten Charakteristika reflektieren nur allgemeinere Unterschiede zwischen den drei Ländern. Wenn dies zutrifft, reflektieren sie aber auch allgemeine Charakteristika der Verwaltungskultur in dem jeweiligen Land.

Die Zusammenfassung der Fallstudien läßt daher als vierte These den Schluß zu, daß in den untersuchten Ländern spezifische Ausprägungen der Akteure und ihrer gegenseitigen Beziehungen zu beobachten sind. Es bestehen zwar zwischen den Ländern in den jeweiligen Problembereichen auch erhebliche Übereinstimmungen, aber insgesamt sind nationale Charakteristika ausschlaggebend für die Ausgestaltung der jeweiligen Strukturen. Die grundlegenden Akteure werden zwar jeweils durch den Problembereich definiert, aber das Netz ihrer gegenseitigen Beziehungen variiert national erheblich und entspricht den allgemeinen Charakteristika der Verwaltungskultur i.e.S.

11.6. Instrumente

11.6.1. Probleme der Zuordnung

Die Darstellung und Analyse der Steuerungsinstrumente in den Fallstudien hat gezeigt, daß bisher eine befriedigende Unterscheidung verschiedener Steuerungsinstrumente und insbesondere Steuerungsformen noch nicht möglich ist. Zwar gibt es eine ganze Reihe von Vorschlägen, wie Steuerungsinstrumente voneinander abzugrenzen und zu definieren seien und inzwischen wohl auch einen Konsens, über die wichtigsten Instrumententypen (Regulierung, Finanzierung, Information, vgl. 4.3.3.), aber die Probleme dieser vorläufigen Typisierungen werden deutlich, wenn man versucht, sie konkret anzuwenden. Es zeigt sich, daß die bisher vorliegenden Definitionen nicht ausreichend operationalisiert sind, so daß immer wieder Probleme auftauchen, konkrete Maßnahmen eindeutig dem einen oder anderen Instrumententyp zuzuordnen.

Auf der einen Seite zeigt sich, daß Maßnahmen fast immer mehrere Instrumententypen beinhalten, d.h. schon auf der Ebene der Maßnahmen ist es problematisch, von finanziellen oder regulativen Maßnahmen zu sprechen. Diese Charakterisierung kann höchstens zur Hervorhebung der wichtigsten oder nach außen sichtbarsten Instrumententypen verwendet werden. Auf der anderen Seite wird auch offenkundig, daß oft die Unterscheidung zwischen zwei unterschiedlichen Instrumententypen undeutlich wird oder sogar verloren geht. Die Übergänge sind gelegentlich so fließend, daß eindeutige Zuordnungen problematisch werden. An einigen Beispielen können diese Beobachtungen verdeutlicht werden.

Zunächst ist der enge Zusammenhang zwischen finanziellen und regulativen Instrumenten hervorzuheben. Es gibt wohl kein "Anreizprogramm", d.h. den Versuch das Verhalten von Akteuren und Adressaten durch finanzielle Anreize zu unterstützen, der nicht durch - gelegentlich recht strikte - regulative Instrumente unterstützt wird. Zuschüsse sind an bestimmte Voraussetzungen gebunden, sie erfordern bestimmte Verhaltensweisen und die Erfüllung dieser Kriterien wird mehr oder weniger streng kontrolliert, Abweichungen werden u.U. geahndet. Finanzielle Instrumente enthalten also i.d.R. jeweils Anreiz- und Regelungskomponenten, trotzdem ist es oft nicht gerechtfertigt, eine Maßnahme, weil sie auch regulative Elemente enthält, als regulatives Instrument einzuordnen. Dieses Problem der Zuordnung stellt sich für die Akteure des jeweiligen Bereichs als Problem der Balancierung von motivierenden Anreizen und regulativen Auflagen. Wenn die

Balance in die eine oder andere Richtung verschoben ist, kann die Maßnahme ihren Zweck verfehlen [19].

Aber auch zwischen anderen Steuerungsinstrumenten ergeben sich diese Probleme. So ist gelegentlich die Unterscheidung zwischen regulierender und strukturierender Steuerung problematisch, z.B. wenn in einem Gesetz ein Zusammenarbeitsorgan vorgesehen ist, seine Nichteinsetzung also u.U. sanktioniert würde. Selbst die Unterscheidung zwischen regulativen und informativen Instrumenten ist problematisch. Die Anweisung einer übergeordneten an eine untergeordnete Behörde kann als regulatives Instrument interpretiert werden. Aber wie ist es mit Informationsbroschüren oder öffentlichen Absichtserklärungen? Dies Problem tritt vor allem in Großbritannien auf, wo seltener formale Anweisungen , aber oft informelle Willensbekundungen zu beobachten sind, die aber im Prinzip den gleichen Stellenwert haben, wie eine formale Anweisung. Hier zeigt sich also, daß Unterschiede der Verwaltungskultur schon zu unterschiedlicher Interpretation der Kategorien, d.h. hier der Instrumente führen können und daher die Zuordnung einzelner Maßnahmen zu bestimmten Instrumententypen erschweren.

Ähnliche Probleme ergeben sich z.B. auch bei der Unterscheidung von Information und staatlicher Leistungserstellung (wo gehört eine Informationskampagne in den Schulen hin?), Leistungserstellung und Regulierung (was ist geschlossene Fürsorge?) und informationeller und struktureller Steuerung (sind Abstimmungsgespräche in informellen Gremien schon strukturelle Steuerung?).

Ein weiteres Problem ist die Unterscheidung zwischen interner und externer Steuerung. Zwar ist jeweils versucht worden, genau zu definieren, wer "Konsument" der jeweiligen Maßnahmen und damit Adressat externer Steuerung, und wer "Produzent" dieser Maßnahmen und damit Adressat interner Steuerung sein sollte, aber trotzdem bleibt diese Unterscheidung willkürlich und oft nicht ganz eindeutig. Bei den in den Fallstudien untersuchten Problembereichen gibt es in den seltensten Fällen eindeutige hierarchische Strukturen, satt dessen ist insbesondere die Implementationsstruktur durch ein Netz sich gegenseitig beeinflussender Akteure der unterschiedlichsten Organisationsform (vom Ministerium über Quagos und Quangos zu rein privaten Institutionen) gekennzeichnet. In diesen komplizierten Netzwerken ist es oft nicht ganz einfach auszumachen, wer wen wie steuert. Außerdem gibt es oft eine lange Kette von Akteuren (von Ministerien über Zentralbehörden, regionale Behörden, lokale Behörden hin zu quasi-staatlichen Organisationen), in der unterschiedliche Steuerungsinstrumente und vor allem Steuerungsformen vorkommen.

Dieses Problem tritt verstärkt bei dem Versuch auf, unterschiedliche Formen oder Dimensionen der Steuerung zu identifizieren (u.A. Genauigkeit, Motivation, Verbindlichkeit usw. - vgl. 4.3.2.). Die Zuordnung dieser Dimensionen der Steuerung zu den einzelnen Maßnahmen erwies sich als sehr schwierig. Dies hängt neben dem oben erwähnten Problem "wer steuert wen?" auch mit einer noch unzureichenderen Operationalisierung der Dimensionen zusammen. Es ist noch nicht eindeutig geklärt, wenn eine Steuerung "genau" oder "ungenau" bzw. "final" oder "konditional" sein soll bzw. wo Mischformen auf den von diesen Begriffen gebildeten Skalen einzuordnen sind. Aus diesem Grund ist die Charakterisierung der Steuerung im Rahmen einzelner Maßnahmen mit erheblichen Mängeln behaftet und nicht frei von Subjektivität. Die trotzdem vorgenommenen Einschätzungen sind daher nur mit größter Vorsicht zu interpretieren.

Schon mehrmals wurde betont, daß es sich bei den vorliegenden Fallstudien nicht um Implementationsuntersuchungen handelt, d.h. nur jeweils die in den Programmen vorgesehene Steuerung wurde untersucht, nicht die tatsächlich im Prozeß der Durchführung vorherrschenden Instrumente. Diese notwendige Beschränkung führt zu einem weiteren Problem, nämlich was alles zu einem Programm dazugerechnet werden soll? Oben in 11.3. war gezeigt worden, daß Programme in den untersuchten Ländern sehr unterschiedlich ausgestaltet sind und aufgefaßt werden.

Gleichzeitig wurde bewußt keine a-priori Definition eines "Programms" versucht, um die empirische Vielfalt der möglichen Programmformen nicht von vornherein einzuschränken, d.h. Programme wurden danach definiert, was vorgefunden wurde. Damit bleibt aber im Prinzip unklar, was alles zu einem Programm als dazugehörig gerechnet werden soll. Sind z.B. auch Verwaltungsvorschriften oder Durchführungserlasse Elemente eines Programms? Gerade mit Bezug auf das deutsche Arbeitsförderungsgesetz ist ja von einem "Programm als Kaskade von Rechtsvorschriften" gesprochen worden [20], aber gehört auch die letze verwaltungsinterne Anweisung zum Programm? Offensichtlich ist diese Frage nur definitorisch zu klären, sie hat aber für die Diskussion der Steuerung erhebliches Gewicht, denn es ist davon auszugehen, daß z.B. in der Bundesrepublik im Rahmen der Steuerung "von oben nach unten" konditionale Steuerung erheblich zunimmt. Wenn man daher die (interne) Steuerung einer bestimmten Maßnahme untersuchen will, ist zunächst zu klären, wo die Unterscheidung zwischen Programmierung und Implementierung liegen soll. Diese Unterscheidung konnte in den Fallstudien nicht jeweils präzise diskutiert werden, so daß auch hier erhebliche Unsicherheiten auftraten.

Insgesamt ist aus diesen Problemen der Untersuchung von Steuerungsinstrumenten und -formen zu folgen, daß die Frage der Steuerung umfassend und sinnvoll nur im Rahmen einer Implementationsuntersuchung zu behandeln ist, wo versucht werden kann jeweils die einzelnen Schritte der Steuerung, die Elemente der Programmierung und Implementierung auseinanderzuhalten und die tatsächlichen Abläufe zu erheben. Im Rahmen einer Untersuchung der Programme können nur sehr vorläufige Aussagen über Steuerung gemacht werden, umsomehr, als diese sich ja auf die wichtigsten in den Programmen verlautbarten Maßnahmen beschränkt, kontinuierliche Maßnahmen also systematisch unterbewertet werden.

Trotz dieser Einschränkungen soll im folgenden versucht werden, die durch eine Analyse der Verlautbarungsebene in den Fallstudien gewonnenen Erkenntnisse, auch wenn sie mit einer gewissen Subjektivität und Unsicherheit behaftet sind, zusammenzufassen.

11.6.2. Der Problembereich "Drogenmißbrauch"

Ein Vergleich der im Bereich "Drogenmißbrauch" in den drei Ländern dominierenden Instrumente ergibt zunächst, daß keine großen Unterschiede bestehen. Bei den externen Instrumenten, d.h. den gegenüber den Adressaten der Policies - den Drogenabhängigen und -gefährdeten sowie Händlern und weiteren Beteiligten - eingesetzten Steuerungsinstrumenten, dominiert sowohl in Großbritannien wie in der Bundesrepublik Deutschland die regulative Steuerung. Das Hauptgewicht in den Programmen liegt auf der Kontrolle des Drogengebrauchs bzw. auf der Bestrafung nicht erlaubten Umgangs mit Drogen. Der Unterschied zwischen beiden Ländern besteht darin, daß in Großbritannien das Schwergewicht eher auf Kontrolle, bei uns eher auf Bestrafung liegt.

Abweichend davon liegt das Schwergewicht in Schweden im Bereich der Leistungserstellung gegenüber Drogenabhängigen, zumindest enthalten die Programme hauptsächlich Maßnahmen dieses Bereichs. Der Unterschied zwischen den drei Ländern ist aber nur ein gradueller, in allen drei Ländern liegt die Mehrzahl der Maßnahmen im Bereich Regulierung und Leistung, während die übrigen denkbaren Steuerungsinstrumente nur eine flankierende (wie Information) oder überhaupt keine Rolle spielen (wie Finanzierung und Strukturierung).[21)]

Auch im Bereich der internen Steuerung, d.h. gegenüber den Akteuren und Implementatoren der Programme bis hin zu den z.T. privaten Betreibern von Behandlungszentren oder -heimen ist eine weitgehende Übereinstimmung festzustellen. Zentrale Steuerungsinstrumente sind jeweils Finanzierung und Regulierung im Bereich externer Leistung und Regulierung, obwohl auch hier, z.B. durch verstärkten Ausbau von Polizei und Zoll, Finanzierung eine wichtige Rolle spielt.

Interessant ist die Unterstützung der Finanzierung durch weitere Steuerungsinstrumente, d.h. sozusagen die sekundären Instrumente. Hier dominiert in Schweden eindeutig die strukturelle Steuerung, d.h. die staatlichen Programme werden insbesondere durch die Etablierung von Zusammenarbeitsgremien, bestimmten Verfahrensweisen u.ä. durchgesetzt. In Großbritannien scheint Information wichtigstes sekundäres Steuerungsinstrument zu sein. Zwischen den verschiedenen Akteuren gibt es i.d.R. eine ganze Reihe formeller und vor allem informeller Informationskanäle, durch die staatliche Intentionen vermittelt werden. In der Bundesrepublik schließlich scheint Regulierung das entscheidende weitere Instrument zu sein. Die im Rahmen der Leistungserbringung aufgelegten Finanzierungsprogramme werden durch z.T. recht präzise (und oft als dysfunktional kritisierte) Regelbindungen ergänzt.

Diese Interpretationen sind vielleicht etwas gewagt und mögen die vorhandenen Unterschiede überbetonen. Auf jeden Fall ist aber deutlich, daß die Instrumente Regulierung, Strukturierung und Information, obwohl alle in jedem Land vorhanden, ein unterschiedliches Gewicht besitzen.[22)]

Die Probleme bei der Ermittlung der Steuerungsdimensionen wurden unter 11.6.1. ausführlich erläutert. Aus den dort genannten Gründen sind die Aussagen sehr problematisch. Als Ergebnis läßt sich festhalten, daß zwischen den Ländern fast überhaupt keine Unterschiede bestehen. Überall überwiegt generelle, weniger genaue und finale Steuerung, nur in der Bundesrepublik scheint die Steuerung etwas präziser und oft zumindest konditional durchsetzt zu sein. Überall überwiegen Gebote, nur in Schweden aufgrund des Übergewichts der Leistung, sind es Angebote; selbst zwischen interner und externer Steuerung sind außer der motivierenden internen und demotivierenden externen Steuerung keine Unterschiede auszumachen. Diese weitgehende Übereinstimmung kann aber, darauf sei noch einmal hingewiesen, auf Unzulänglichkeiten des "Meßinstruments", d.h. der zugrundeliegenden operationalen Definitionen der Dimensionen oder auch auf Problemen der Erhebung beruhen. Größere Schlüsse können daraus nicht gezogen werden.

11.6.3. Problembereich "Jugendarbeitslosigkeit"

Im Bereich der Bekämpfung der "Jugendarbeitslosigkeit" ergibt sich ein ähnliches Bild wie bei der Bekämpfung des Drogenmißbrauchs. Auch hier gibt es eine weitgehende Übereinstimmung der Steuerungsinstrumente und leichte Abweichungen sind am ehesten in Schweden zu konstatieren. [23)]

Bei den externen Instrumenten überwiegen in Großbritannien und der Bundesrepublik Deutschland die finanzielle Steuerung. Es wird versucht, vor allem durch Anreize die Bereitstellung von Arbeits- und Ausbildungsplätzen anzuregen. Nur in Schweden ist ein leichtes Übergewicht der Leistungserstellung zu beobachten; das Problem wird in erster Linie im Rahmen der staatlichen Schul- und Ausbildungspolitk angegangen. Allerdings nähern sich die Länder einander an. In Schweden wird in den letzten Jahren verstärktes Gewicht auf eine neue Lehrlingsausbildung und die sog. "eingebaute Ausbildung" gelegt (die durch staatliche Finanzierung unterstützt wird), während in Großbritannien und der Bundesrepublik in letzter Zeit die eigene Leistungserstellung im Rahmen der Schulen und der berufsbezogenen Ausbildung forciert wurde.

Im übrigen spielt in allen drei Ländern externe Regulierung keine Rolle, während Information und Strukturierung überall als flankierende Instrumente eingesetzt werden. Hier ist wiederum besonders auffällig, daß in Schweden Strukturierung eine wichtige Rolle spielt, während in Großbritannien vor allem Information als Steuerungsmedium eingesetzt wird.

Auch im Rahmen der internen Instrumente besteht eine weitgehende Übereinstimmung. Am wichtigsten ist überall die finanzielle Steuerung, d.h. die Programme werden intern zunächst durch die Bereitstellung und Verteilung zusätzlicher Mittel durchgesetzt. Auch hier wird Finanzierung wiederum durch flankierende Instrumente unterstützt, und die im vorigen Abschnitt aufgestellte Hypothese über die Gewichtung dieser sekundären Instrumente scheint sich zu bestätigen. In Schweden spielen wiederum lokale und regionale Abstimmungsgremien eine entscheidende Rolle, in Großbritannien ist es (weitgehend informelle) Information und in der Bundesrepublik ist das starke Element der Regulierung nicht zu verkennen. [24)]

Im Bereich der Steuerungsdimensionen gibt es wiederum fast überhaupt keine Unterschiede, und zwar weder zwischen den Ländern noch zwischen interner und externer Steuerung. Auffällig ist nur, daß die Steuerung in der Bundesrepublik am genauesten zu sein scheint, in Großbritannien am ungenauesten, während Schweden irgendwo in der Mitte liegen dürfte. Auffällig ist auch der starke Anteil konditionaler Steuerung im Rahmen finanzieller Instrumente. Insgesamt sind die Ergebnisse aber wiederum nur sehr wenig aussagekräftig.

11.6.4. Zusammenfassung

Die Analyse der Steuerungsinstrumente und insbesondere der Steuerungsformen hat gezeigt, daß die Anwendung der bisher vorhandenen Konzepte und Kategorien noch nicht ganz unproblematisch ist. Instrumententypen und Steuerungsdimensionen sind noch nicht hinreichend theoretisch geklärt und operationalisiert, um eine fruchtbare Anwendung zu garantieren. Trotzdem ist es gerade dann notwendig, den Versuch zu unternehmen, mit diesen Konzepten zu arbeiten, denn nur auf diese Weise können empirisch angeleitete theoretische Verbesserungen zustande kommen.

Trotz der noch unzulänglichen Konzeption läßt die Analyse der Fallstudien einige plausible Hypothesen über den Instrumenteneinsatz in den untersuchten Ländern zu. Danach unterscheidet sich Schweden von den beiden anderen Untersuchungsobjekten vor allem durch eine etwas größere Betonung der Leistungserstellung gegenüber den jeweiligen Adressaten der Policies. Sowohl im Bereich "Drogenmißbrauch" wie bei der "Jugendarbeitslosigkeit" spielen öffentliche Güter und Dienstleistungen (z.B. Behandlungsheime, Ausbildung in öffentlicher Hand) eine entscheidendere

Rolle als in den beiden anderen Ländern. Diese Beobachtung kann zumindest für den Bereich "Drogenmißbrauch" in Beziehung gesetzt werden zu Ausprägungen der grundlegenden kulturellen Einstellungen. So hat sich ja gerade Schweden durch einen extrem niedrigen "Masculinity Index" (MAS, vgl. Abb. 4.10, S. 101,) ausgezeichnet, eine Einstellung, die u.a. mit einer größeren Sympathie für Schwache und Hilfsbedürftige korrespondiert.

Offensichtlich stimmt diese größere Betonung öffentlicher Leistungen mit der oben getroffenen Beobachtung des größeren Gewichts distributiver Policies überein (vgl. 11.2.).

Eine weitere Besonderheit Schwedens ist die größere Bedeutung der Strukturierung im Rahmen interner Steuerung, d.h. der Unterstützung anderer Steuerungsinstrumente durch die Etablierung vorgeschriebener Organisationsformen, Verfahrensweisen und personeller Beteiligungen im Rahmen der Durchführung von Programmen. Auch diese Steuerungsform korrespondiert mit bestimmten kulturellen Einstellungen, u.a. mit dem größeren Glauben an Gruppenentscheidungen und der geringeren Bewertung von sozialen Konflikten als notwendiges Element gesellschaftlicher Prozesse. Gleichzeitig wird hier auch die große Bedeutung, die einem offenen politischen Prozeß beigemessen wird, deutlich.

In Großbritannien ist am ehesten die interne Steuerung durch Information, z.T. auch durch "bargaining" auffällig. Maßnahmen der Finanzierung aber auch der Regulierung werden weniger durch konditionale Festlegungen, als durch formelle und vor allem informelle Informationskanäle unterstützt; informelle Kontakte und gute Zusammenarbeit zwischen den beteiligten Akteuren scheinen für die Durchführung von Programmen oft wichtiger zu sein als formelle Festlegungen. Auch diese Charakteristika können mit kulturellen Einstellungen in Verbindung gebracht werden. Unter 4.2.1. war gezeigt worden, daß Großbritannien sich vor allem durch einen hohen "Individuality Index" (IDV) auszeichnet. Dieser wiederum korrespondiert u.a. mit einer geringeren Bewertung von Organisationen, einer höheren Einschätzung von Autonomie und individueller Initiative gegenüber Loyalität und Pflichtbewußtsein und generell einer positiven Einstellung gegenüber außenorientierten Organisationsmitgliedern (vgl. Abb. 4.9, S. 100).

Die Bundesrepublik Deutschland schließlich zeichnet sich durch ein größeres Gewicht regulativer Instrumente gerade auch im Bereich der internen Steuerung aus. Z.B. finanzielle Fördermaßnahmen sind oft an die strikte Einhaltung von bestimmten Regeln gekoppelt, die Steuerung ist eher präzise und konditional. Auch hier gibt es Parallelen zu den oben herausgearbeiteten kulturellen Charakteristika. Die Bundesrepublik zeichnet sich danach vor allem durch eine geringe Toleranz gegenüber Unsicherheit, d.h. einen hohen "Uncertainty Avoidance Index" (UAI) aus. Dieser wiederum korrespondiert mit entsprechenden Einstellungen und Verhaltensweisen, wie z.B. einer geringeren Risikobereitschaft, der Bevorzugung klarer Anweisungen und Anforderungen, der Einhaltung von Regeln und der Bevorzugung schriftlicher Regeln sowie klar strukturierter Organisationen usw. Auch hier ist eine gewisse Übereinstimmung zumindest auffällig (vgl. Abb. 4.8, S. 98).

Insgesamt muß allerdings betont werden, daß der Vergleich der Steuerungsinstrumente in den drei Ländern keine sehr großen Unterschiede erbracht hat. Vor allem die externen Instrumente unterscheiden sich kaum voneinander; ein Ergebnis, daß sowohl durch die durchschlagenden Problemcharakteristika, eine weitgehend gleiche Problemsicht und z.T. intensiver Abstimmung der Länder in internationalen Organisationen wie OECD, Europarat, Pompidou-Gruppe u.ä. erklärt werden kann. Welcher Faktor davon der ausschlaggebende ist, kann im Rahmen dieser Untersuchung nicht geklärt werden.

Auch bei den internen Instrumenten gibt es eine weitgehende Übereinstimmung, aber wie gezeigt sind hier Unterschiede bei den eher sekundären, unterstützenden Instrumenten zu beobachten. Diese Unterschiede scheinen wiederum nicht zufällig zu sein, sondern lassen sich in Verbindung bringen mit grundlegenden kulturellen Einstellungen der Verwaltungskultur I und II in den hier untersuchten Ländern.

Sowohl die länderspezifischen Merkmale der externen Steuerung (größere Bedeutung der Leistungserstellung in Schweden) und der internen Steuerung (unterschiedliches Gewicht der "sekundären" Instrumente Strukturierung, Information und Regulierung) korresponideren dabei mit Charakteristika, die in anderen Elementen der Programmstruktur schon herausgearbeitet wurden (z.B. Policy-Typen und Akteure). Offensichtlich gibt es Charakteristika, die in verschiedensten Programmstrukturen aufzufinden sind (genau dies ist ja Inhalt der Hypothese von der Bedeutung der Verwaltungskulturen). Auffällig ist weiter, daß die primären Steuerungsinstrumente weitgehend übereinstimmen und sich größere Unterschiede erst bei den "sekundären" intermen Instrumenten ergeben. Dies könnte darauf hindeuten, daß die Steuerungsinstrumente zunächst durch die Problemstruktur bestimmt werden und sich erst im internen Bereich, der ja vermutlich stärker durch Verwaltungskultur beeinflußt wird, und auch dort erst bei den flankierenden Instrumenten, Unterschiede ergeben.

Abschließend kann daher die <u>fünfte Hypothese</u> formuliert werden, die besagt, daß grundlegende Charakteristika auch im Bereich der Steuerungsinstrumente sichtbar werden, diese aber in erster Linie durch die jeweilige Problemstruktur bestimmt sind.

12. Zusammenfassung: Gibt es unterschiedliche Verwaltungskulturen?

12.1. Ziele des Vergleichs

Die vorliegende Untersuchung hat versucht, gleichzeitig verschiedene, aber miteinander verbundene Zielsetzungen zu erreichen. Zum einen sollte sie zur Klärung, Dimensionierung und Operationalisierung des Konzepts der Verwaltungskultur beitragen. Dies geschah im Rahmen einer empirischen Untersuchung, in der mögliche Zusammenhänge zwischen unterschiedlichen Verwaltungskulturen i.e.S. (als "unabhängige Variable") auf die jeweils in Erwägung gezogenen und durchgeführten Politikinhalte und Politikinstrumente, d.h. Policies und Programme (als "abhängige Variable") ermittelt werden sollten. Zentraler Ansatzpunkt der Untersuchung war dabei die Frage nach systematischen Unterschieden zwischen Policies in verschiedenen Ländern. Diese - vermutlichen - national-spezifischen Ausprägungen sollten - wenn möglich - als Ausprägungen bestimmter nationaler Verwaltungskulturen i.w.S. interpretiert werden.

Die Fragestellung der Untersuchung war damit zunächst beschreibend. Als erstes mußte - anhand einer vergleichenden Analyse von Fallstudien - ermittelt werden, ob, und wenn ja in welchen Dimensionen, sich Policies und Programme in den untersuchten Ländern unterscheiden. Auf diese Weise sollte gleichzeitig deskriptives Wissen über die unterschiedliche Ausgestaltung der Policies in den untersuchten Ländern bereit gestellt und durch die Entwicklung und den Test vergleichender Kategorien ein Beitrag zur neuen Disziplin "Comparative Public Policy" geliefert werden.

Die Zusammenfassung der Ergebnisse der Untersuchung kann daher sinnvoll in umgekehrter Reihenfolge vorgehen:

- zunächst soll gezeigt werden, welche Probleme bei der Durchführung des Vergleichs und der Anwendung der Kategorien aufgetreten sind (12.2. "Probleme des Vergleichs"),

- dann sind die Ergebnisse der vergleichenden Fallstudien in bezug auf die ermittelten Unterschiede der Policies darzustellen (12.3. "Ergebnisse des Vergleichs")

- und schließlich soll versucht werden zu klären, inwieweit die unterschiedlichen Konzepte der Verwaltungskultur zur Interpretation der Ergebnisse herangezogen werden können, ob tatsächlich eine Klärung der Konzepte gelungen ist und inwieweit die Konzepte für die weitere wissenschaftliche und praktische Arbeit sinnvoll und brauchbar sind. (12.4. "Interpretation des Vergleichs")

12.2. Probleme des Vergleichs

In einer Übersicht über den Bereich "Comparative Public Policy", d.h. über bisher vorliegende vergleichende Untersuchungen von Policies in unterschiedlichen Ländern, deren Ergebnisse er sehr kritisch sieht, [1] benennt Feldman drei zentrale Problembereiche solcher Studien:

"There are three fundamental obstacles to the study of comparative public policy. There is
- ambiguity in the concept of 'policy',
- disagreement over what and how to compare and
- a problem of competence." [2]

Im Rahmen der hier vorgelegten vergleichenden Untersuchung ist versucht worden, alle drei Schwachpunkte vergleichender Policy-Forschung zumindest ansatzweise zu bewältigen, obwohl nicht verhehlt werden kann, daß in allen drei Bereichen noch erhebliche Fortschritte und Verbesserungen wünschbar wären.

Im ersten theoretischen und methodischen Teil der Arbeit wurde der Darlegung und Abgrenzung von Konzepten, insbesondere der Definition und Aufgliederung von Policies, ausführlich Raum gegeben (vgl. 3.2.). Dabei hat sich gezeigt, daß bisher noch keine allseits akzeptierten, konsensfähigen und vor allem operational definierten Konzepte vorliegen. Weil die Beschäftigung mit der Diskussion über Vorteile und Probleme vergleichender Untersuchungen (vgl. 3.3.) ergab, daß

" conceptual clarity is a sine qua non for formulating and testing hypotheses that can be tested in more than one national context." (Richard Rose) [3]

wurde trotzdem versucht, die abhängigen Variablen der Untersuchung, nämlich Policies und Programmstrukturen, möglichst eindeutig zu definieren und in einzelne, analysierbare und empirisch auffindbare Elemente zu zerlegen (vgl. 4.3.). Ausgehend und in Weiterentwicklung von vorhandenen Konzeptionalisierungen wurden Typen von Policies und Elemente der Programmstrukturen sowie deren mögliche Ausprägungen identifiziert, um so die Zuordnung der empirisch zu beobachtenden Phänomene zu unabhängig vom jeweiligen materiellen Problembereich formulierten Konzepten zu ermöglichen.

Diese Konzeptionalisierungen waren der "yardstick" (Jean Blondel) [4], mit dem Policies und Programme in unterschiedlichen Ländern und Problembereichen in den Fallstudien verglichen wurden. Die Fallstudien (Kapitel 5 - 10) waren daher alle nach dem gleichen Schema aufgebaut; in ihnen wurde versucht, jeweils die unterschiedlichen Ausprägungen der allgemeinen, d.h. für sämtliche Fallstudien gleich definierten Konzepte, zu ermitteln.

Im Verlauf der Untersuchung hat sich gezeigt, daß ein Teil der vorliegenden und verwendeten Konzepte noch nicht hinreichend operationalisiert ist, so daß sich bei der Zuordnung konkreter Phänomene immer wieder Probleme der Überschneidung und Unklarheit ergaben. Dies ist beim derzeitigen Stand der Policy-Forschung nicht überraschend, sollte aber auch nicht davon abhalten, diese Konzepte vorläufig und probehalber anzuwenden. Eine verbesserte operationale Definition und theoretische Klärung der Konzepte ist nicht allein durch theoretische Arbeiten zu erwarten, sondern gerade auch der empirische Test von Konzepten, wie er in dieser Arbeit versucht wurde, kann zur Weiterentwicklung beitragen.

Kritisiert werden kann weiter, daß nicht versucht wurde, quantifizierbare Daten in die Untersuchung einzubeziehen. Tatsächlich sind die bisher vorgeschlagenen Konzepte der Policy-Forschung (noch) viel zu ungenau definiert, um eine Quantifizierung sinnvoll erscheinen zu lassen (z.B. Eingriffsdichte von Programmen, Ausformung der Implementationsstruktur) bzw. ist überhaupt fraglich, ob relevante Konzepte (z.B. Ziele, Steuerungsinstrumente) überhaupt quantifizierbar sind. Die zu frühe Beschränkung auf quantifizierbare Daten birgt aber die Gefahr in sich, daß zwar Unterschiede gemessen werden können (z.B. in Budgetgrößen), die aber für das theoretisch interessierende Problem (wie hier: nationale Charakteristika von Programmen) irrelevant sind. Es wird daher hier die Meinung vertreten, daß das Forschungsdesign sich nicht in erster Linie nach vorhandenen Instrumenten (z.B. quantifizierbaren Daten), sondern nach interessanten Problemen richten sollte. Natürlich ist zu hoffen, daß die verwendeten Konzepte kritisiert, verbessert und verfeinert werden, aber insgesamt ist Blankenburgs Einschätzung zu unterstreichen, daß

"only if proceedings are free from measurement technology, will we be able to discover which features are relevant for cultural comparison." 5)

Im Rahmen der Untersuchung interessierte daher auch nicht die quantitative Verteilung bzw. das quantitative Gewicht der einzelnen Maßnahmen, sondern die Bedeutung, die einzelnen Maßnahmen und Maßnahmentypen auf der Verlautbarungsebene zugemessen wurde. Gefragt wurde: was wird auf der Ebene der Programme hervorgehoben? nicht: welche Maßnahmen sind quantitativ am bedeutendsten?

In diesem Zusammenhang wird das von Feldmann als zweites benannte Problem der <u>Vorgehensweise</u>, d.h. der Festlegungen "was" und "wie" verglichen werden soll, relevant. Ausgehend von der Fragestellung ist der Unterscheidung von unabhängigen, intervenierenden und abhängigen Variablen in der vorliegenden Studie einiger Raum gewidmet worden (vgl. 3.2.) und wurde als methodische Vorgehensweise der Vergleich von Fallstudien auf der Grundlage der "most similar cases" gewählt. Es wurde argumentiert, daß diese Vorgehensweise eine Beantwortung der theoretisch formulierten Probleme ermöglicht und anderen Vorgehensweisen, wie z.B. einer isolierten Fallstudie, überlegen ist (vgl. 3.3.).

Die Ergiebigkeit dieser Vorgehensweise hängt weitgehend davon ab, daß die untersuchten Fälle auch tatsächlich vergleichbar sind, d.h. daß die Bedingungen des "most similar" für die intervenierenden Variablen erfüllt wird, während die operationalen unabhängigen Variablen sich möglichst unterscheiden sollen. Oben ist versucht worden zu zeigen, daß die hier ausgewählten Fälle diese Bedingungen zumindest ansatzweise erfüllen (4.1. und 4.2.). Besonderes Gewicht wurde darauf gelegt, daß die Fälle nicht institutionell (z.B. Sozialverwaltung) oder funktional (z.B. Planung), sondern nach Problembereichen definiert sind. Diese Problembereiche sind jeweils verhältnismäßig neu und abgegrenzt, um die Vergleichbarkeit zu erhöhen. Gleichzeitig wurden als zu untersuchende Länder möglichst vergleichbare westeuropäische Staaten ausgewählt.

Tatsächlich hat die Untersuchung in den Fallstudien gezeigt, daß die Voraussetzung der Vergleichbarkeit nur sehr begrenzt gegeben ist. Schweden, Großbritannien und die Bundesrepublik Deutschland unterscheiden sich in weit mehr Bereichen, als im Rahmen dieser Untersuchung kontrolliert bzw. unter dem Konzept der "Verwaltungskultur" subsumiert werden konnten. Trotzdem scheint die Vorgehensweise vertretbar, denn wenn überhaupt die Vorgehensweise der "most similar cases" akzeptiert wird, müssen diese Unzulänglichkeiten inkauf genommen werden. Es gibt kaum Länder, die sich in den wichtigsten "Inputstrukturen" weniger unterscheiden als die hier ausgewählten, und die gleichzeitg eine solche Variation der Verwaltungskulturen i.e.S. erwarten lassen. Insgesamt sollte durch die Ausdehnung der Untersuchung auf drei Länder und zwei Politikbereiche soweit wie möglich gewährleistet werden, daß die Aussagen und Ergebnisse einen allgemeineren Charakter erhielten, d.h. Ziel der Untersuchung war eher eine "Verbreiterung" als eine "Vertiefung" des vorhandenen Wissens.

In diesem Zusammenhang ergibt sich das dritte von Feldmann angesprochene Problem, nämlich das der Kompetenz zur Durchführung einer solchen Untersuchung. Wahrscheinlich könnten die im Rahmen der Untersuchung durchgeführten Fallstudien exakter und umfassender sein. Ausgangspunkt der Fallstudien sollte ja jeweils eine möglichst detaillierte Darstellung der Entwicklung der Policies im Untersuchungszeitraum sein, und es gibt keinen Zweifel daran, daß diese Beschreibungen der "substantive policies" anhand der wichtigsten Maßnahmen, aber auch die darauf aufbauenden Darstellungen der Programme, Ziele, Akteure und Instrumente nur einen goben Eindruck von der Breite und Differenziertheit der jeweiligen staatlichen Aktivitäten vermitteln können. Tatsächlich wird der Wissenschaftler, wenn er beginnt die Entwicklung staatlicher Aktivitäten in solchen aktuellen Problembereichen aufzuarbeiten, zunächst von der Komplexität des Gegenstands überwältigt und von der Fülle des Materials "erschlagen".

Es ist davon auszugehen, daß sechs Fallstudien, wobei es sich um zwei ganz unterschiedliche Bereiche in drei sehr unterschiedlichen Ländern handelt, mehr sind, als ein einzelner Forscher kompetent und erschöpfend behandeln kann; erst recht, wenn er sich nur jeweils kurz in den untersuchten Ländern aufhalten kann und weitgehend auf die Analyse schriftlichen Materials angewiesen ist. Jede der hier referierten Fallstudien hätte auch von einem Team von Forschern im jeweiligen Land erstellt werden können und wäre sicherlich auch dann noch unvollständig gewesen.

Trotzdem scheint die hier gewählte Vorgehensweise, d.h. die Erstellung sämtlicher sechs Fallstudien durch einen Forscher, gerechtfertigt. Gegenüber der wohl gebräuchlichsten Form der Organisation vergleichender Studien [6], d.h. der Erstellung nationaler Studien von Forschern aus den jeweils betroffenen Ländern, z.T. nach im voraus abgesprochenen Kriterien, die dann im nachhinein lose zusammengefügt werden [7], erscheint die hier gewählte Organisationsform durchaus nicht nur Nachteile zu haben. Zwar ist der beteiligte Forscher nicht so mit den Details der zu untersuchenden Länder vertraut, wie dies ein "einheimischer" Mitarbeiter (vermutlich) wäre, und auch die Entfernung zu den zu untersuchenden Institutionen und Personen ist größer, doch wird vor allem die Vergleichbarkeit der Ergebnisse und die Kohärenz der Untersuchung erhöht. Dies scheint in bezug auf das Erkenntnisinteresse des Projekts, das ja die Konzeptionalisierung und Vergleichbarkeit und weniger den einzelnen Fall in den Vordergrund stellt, durchaus ein Vorteil zu sein [8]. Schließlich ist nicht zu unterschätzen, daß länderspezifische Besonderheiten viel eher einem ausländischen Beobachter auffallen, als einem Forscher, dem diese Gegebenheiten seit langem (zu gut!) vertraut sind. Diese spezielle Aufmerksamkeit nationalen Eigenheiten gegenüber ist gerade beim Untersuchungsobjekt Verwaltungskultur von größter Bedeutung. [9]

Es ist möglich, daß dieser erwünschte etwas "naive" Blick auf die Verhältnisse in den jeweiligen Ländern durch Ungenauigkeiten und Fehleinschätzungen erkauft wird. Es ist in den Fallstudien jeweils versucht worden, die wichtigsten Maßnahmen, Progamme, Ziele, Akteure und Instrumente darzustellen, aber es ist nicht auszuschließen, daß dabei Fehler unterlaufen sind. Um diese Fehler für den informierten Leser möglichst schnell erkennbar und identifizierbar zu machen, sind in die Fallstudien eine Reihe von Übersichten und graphische Darstellungen übernommen worden. Diese Übersichten enthalten auf der einen Seite jeweils die wichtigsten Maßnahmen, auf der anderen Seite die grobe Zuordnung dieser Maßnahmen zu den jeweiligen Kategorien und Konzepten. Damit soll die hier vorgenommene informierte, aber sicherlich oft subjektive und vorläufige Einschätzung intersubjektiv überprüfbar gemacht werden. Diese Übersichten liefern dabei nur Anhaltspunkte. Es wäre falsch, einfach von der Anzahl der jeweiligen Maßnahmen in einer bestimmten Kategorie auszugehen. Die Übersichten dienen in erster Linie der Überprüfung der jeweiligen Aussagen, können aber auch als ein erster Schritt von einer nur erzählenden Fallstudie zu einer quantitativen Messung aufgefaßt werden, denn bei vielen der zugrundegelegten Ausprägungen (etwa: Eingriffsdichte groß oder klein) handelt es sich ja um ganz einfache geordnete ordinale Skalen.

Dabei ist aber noch einmal auf die problematische empirische Untermauerung der Untersuchung hinzuweisen. Im Prinzip ist es unzulässig aufgrund von Gemeinsamkeiten, die beim Vergleich zweier Fälle zu erkennen sind, auf allgemeine Charakteristika der jeweiligen Systeme zu schließen. Dieser Weg soll aber trotzdem hier beschritten werden, indem aus übereinstimmenden Charakteristika der Policies in beiden Problembereichen, die gleichzeitig von den Ausprägungen in den übrigen Ländern abweichen, auf allgemeine Charakteristika geschlossen wird. Ziel der Untersuchung kann ja beim jetzigen Stand der Erkenntnis nicht sein, abgesicherte Hypothesen stringent zu testen, sondern es geht in erster Linie um die Generierung theoretisch angeleiteter und empirisch informierter Hypothesen. Kriterium für die Formulierung einer Aussage ist also vor allem eine gewisse Plausibilität, die sich aus der Wiederholung von abweichenden Charakteristika ergibt.

12.3. Ergebnisse des Vergleichs

Die vergleichende Darstellung und Analyse der Ausgestaltung der Policies in den Fallstudien hat gezeigt, daß es erhebliche Unterschiede zwischen den einzelnen Ländern gibt und daß diese Unterschiede zum größten Teil unabhängig vom jeweiligen Problembereich zu konstatieren sind. Im folgenden sollen die wichtigsten länderspezifischen Charakteristika noch einmal zusammengefaßt werden und es soll versucht werden zu zeigen, daß diese Unterschiede nicht zufällig auftreten, sondern systematisch interpretiert werden können.

Bevor allerdings die zu beobachtenden Unterschiede zusammengefaßt werden, ist zunächst festzuhalten, daß es auch erhebliche

Gemeinsamkeiten gibt. Die Darstellung in den Fallstudien hat gezeigt, daß zwischen den Maßnahmen, die in den drei Ländern zur Bekämpfung des Drogenmißbrauchs bzw. der Jugendarbeitslosigkeit unternommen werden, keine prinzipiellen Unterschiede bestehen. Überall wird versucht, den Schmuggel von Drogen zu unterbinden, werden Aufklärungskampagnen durchgeführt und werden verschiedene Möglichkeiten der Therapie erprobt, bzw. werden im anderen Bereich Arbeitsplätze subventioniert, Ausbildungsplätze angeboten und wird versucht, Motivations- oder Qualifikationsdefizite zu beseitigen.

Im Prinzip sind überall die gleichen Maßnahmen und Maßnahmentypen zu erkennen. Unterschiede, so wurde vermutet, ergeben sich vielleicht bei der Zuordnung von Maßnahmen zu Policy-Typen, aber auch hier hat sich gezeigt, daß große Abweichungen zwischen den Ländern nicht auftreten. Überall wird der Bereich Drogenmißbrauch durch regulative und distributive , der Bereich Jugendarbeitslosigkeit allein durch distributive Policies dominiert. Dabei ist daran zu erinnern, daß im Rahmen dieser Untersuchung ja keine quantitative Einschätzung und Zuordnung der Maßnahmen vorgenommen wurde, sondern nur nach der Häufigkeit von Maßnahmentypen auf der Verlautbarungsebene gefragt wurde.

Die weitgehende Übereinstimmung setzt sich auch auf der Ebene der Zieldimensionen fort. Überall sind prinzipiell die gleichen grundlegenden Ziele zu erkennen und auch in der Gewichtung, mit der die verschiedenen Ziele auf der Verlautbarungsebene angesprochen werden und durch verschiedene Maßnahmen erreicht werden sollen, ergeben sich keine gravierenden Unterschiede.

Diese Übereinstimmungen setzen sich schließlich auf der Ebene der Instrumente fort. Zwischen den drei Ländern gibt es im Bereich der dominierenden externen und auch internen Instrumente allenfalls graduelle Unterschiede, die u.U. auch durch Ungenauigkeiten der Fallstudien zu erklären wären.

Diese Übereinstimmungen, die sich durch fast alle Elemente der Programmstrukturen hindurchziehen [10], hängen ohne Zweifel mit der Struktur der jeweils zu bewältigenden Probleme zusammen. M.a.W. verdeutlichen sie, daß es im Rahmen der Untersuchung durchaus gelungen ist, die entscheidende Input-Variable "Charakteristika der Probleme" weitgehend konstant zu halten. Im vorigen Kapitel ist weiter gezeigt worden, daß auch eine gewisse Vereinheitlichung der Policies im Rahmen internationaler Organisationen und Konsultationen stattgefunden hat.

Der Vergleich zeigt also zunächst, daß bestimmte Charakteristika des Problemfeldes auf die jeweiligen Policies "durchschlagen". In der aus der Organisationssoziologie entlehnten Begrifflichkeit von Blankenburg sind dies "task contingencies" der jeweiligen Politikbereiche, d.h. diejenigen Aufgaben, die dem jeweiligen Problembereich sozusagen immanent sind und auf jeden Fall bewältigt werden müssen. Im Gegensatz zur Untersuchung von Blankenburg [11] sind die "task contingencies" in dieser Untersuchung aber nicht vorab analytisch formuliert worden, sondern wurden im Verlauf der Fallstudien herausgearbeitet. Die in diesem Zusammenhang theoretisch interessante Frage ist nun allerdings, welche Unterschiede trotz der weitgehend gleichen "task contingencies" zu beobachten sind.

Die Darstellung in den Fallstudien hat gezeigt, daß Unterschiede zwischen den untersuchten Ländern vor allem in den weniger aufgabenbezogenen und mehr verwaltungsbezogenen Elementen der Policies zu beobachten sind, d.h. vor allem bei den Programmformen, den Akteuren und ihren gegenseitigen Beziehungen und dem Bereich der internen Steuerung. Dieser Befund ist wenig überraschend. Er verdeutlicht, daß Aspekte der Verwaltungskultur bei der Bewältigung gleichartiger Probleme durchaus eine Rolle spielen, allerdings etwas versteckter, als beim ersten Anschein vermutet werden könnte.

Im folgenden sollen diese charakteristischen Merkmale der Policies in den einzelnen Ländern kurz skizziert werden, wobei als Ausgangspunkt der Beschreibung die allgemeinen Dimensionen der

Programmformen (Umfang, Beteiligung, Erneuerung, Eingriffsdichte) genommen werden und durch Aspekte der übrigen Programmelemente ergänzt werden. Dabei zeigt sich, daß die in den weniger voneinander abweichenden Bereichen zu beobachtenden geringen Unterschiede, auch im Rahmen dieser Kategorien zu verorten sind. Insgesamt soll in diesen Zusammenfassungen gezeigt werden, was aufgrund der hier untersuchten Fallstudien jeweils als "typische" oder "charakteristische" Merkmale der Policies der jeweiligen Länder gelten kann.

Die charakteristischen Merkmale der Policies, wie sie sich aus den Ergebnissen der Fallstudien ergeben, sind dabei bewußt wieder sehr vereinfachend und etwa "überpointiert" formuliert worden, um die vermuteten Unterschiede möglichst klar herauszuarbeiten. Gelegentlich werden die Ergebnisse weiterer empirischer Untersuchungen zur Illustration herangezogen.

12.3.1. Schweden

Die schwedischen Policies und Programme zeichnen sich zunächst durch ihren im Vergleich erheblichen Umfang, d.h. durch die Menge der einbezogenen Aspekte, und durch den Versuch der Integration aus. Policies werden in umfassenden Propositionen formuliert, diese sind längerfristig angelegt und werden i.d.R. auf der Grundlage sehr gründlicher, meistens wissenschaftlicher Vorarbeiten erarbeitet.

Der Aspekt der Integration wird auch bei Betrachtung der umfangreichen Beteiligung sowohl bei der Formulierung wie bei der Durchführung von Policies deutlich. Programme werden in einem umfassenden und offenen Prozeß formuliert und werden unter größtmöglicher Einbeziehung interessierter Gruppen und Institutionen durchgeführt. Dies zeigt sich neben der überragenden Bedeutung, die Kommissionen und das Remisswesen einnehmen, z.B. auch an der personellen Verflechtung der verschiedenen Durchführungsinstanzen, an der zentralen Bedeutung der "Laiensteuerung" und damit zusammenhängend an der großen Bedeutung, die die strukturelle bzw. prozedurale Steuerung in Schweden einnimmt. Zusammenarbeit unterschiedlichster Akteure und Interessen, sowohl innerhalb des politisch- administrativen Systems wie mit gesellschaftlichen Bereichen, ist eines der Schlüsselwörter zum Verständnis schwedischer Policies.

Die zentrale Bedeutung von Zusammenarbeit und daraus folgend Integration und Koordination verschiedener Interessen ist auch in anderen empirischen Studien betont worden. Z.B. von Hanf/ Hjern/Porter, die als Ergebnis einer Untersuchung der beruflichen Fort- und Weiterbildung zu folgendem Schluß kommen:

"One of the most striking features about labour market administration in Sweden is how heavily it depends on an integration of an extensive set of localized contacts with unions and employers, and the finegrained coordination of the roles of these non-government actors with the national goals for low levels of unemployment." 12)

Zu ähnlichen Ergebnissen kommt auch die von Blankenburg geleitete Untersuchung der Implementation von "aktiver Arbeitsmarktpolitik" [13].

In engem Zusammehang hiermit steht die große Bedeutung der Offenheit und Übersichtlichkeit der schwedischen Policies. Die Offenheit zeigt sich z.B. an der weitgehenden Beteiligung, aber auch an der prinzipiellen Zugänglichkeit sämtlicher administrativer Informationen für jeden Bürger [14]. In einer Darstellung des schwedischen politisch-administrativen Systems konstatieren auch die beiden englischen Autoren Caulcott/Mountfield die prinzipielle Offenheit des schwedischen Systems und charakterisieren sie u.a. mit folgenden Beispielen:

- formelle Trennung von Ministerien und Behörden,
- formelle Rgistrierung und Veröffentlichung vieler tausend Entscheidungen der Regierung,
- Veröffentlichung der Protokolle der Verwaltungsräte von Behörden,
- extensiver Gebrauch von Kommissionen,

- Zugänglichkeit sämtlicher öffentlicher Dokumente
- und offener Kontakt zwischen Beamten und Presse. 15)

Auch die übersichtlichen und einsichtigen Implementationsstrukturen der meisten Policies sind ein zentrales Element dieser Offenheit.

In diesem Zusammenhang ist auch das Problem der Eingriffsdichte der Programme bzw. der lokalen Handlungsspielräume zu sehen. Zwar werden in den Programmen weitgehend konkrete Maßnahmen definiert und auch gegenüber untergeordneten Instanzen verbindlich festgelegt, aber aufgrund der Offenheit des Systems und insbesondere der großen Bedeutung von Zusammenarbeit und Integration verbleibt den lokalen Instanzen ein gewisser Handlungsspielraum. Aufgrund der lokalen strukturellen Steuerung und personellen Verflechtungen ist dezentrale Problemverarbeitung d.h. eine gewisse "Koordination von unten" möglich. Unterschiedliche Elemente staatlicher Policies werden auf der lokalen Ebene koordiniert. Die übergeordneten Instanzen versuchen nicht, ihre Interessen bis ins kleinste Detail durchzusetzen.

Schließlich ist der Aspekt der Erneuerung oder Veränderung von Policies hervorzuheben. Propositionen zeichnen sich durch eher langfristige Betrachtung von Politik aus, was sich sowohl an der Dauer ihres Zustandekommens wie an den Zeiträumen ihrer Gültigkeit zeigt. Hektische, kuzfristige Reaktionen auf aktuelle, vielleicht aber auch schnell wieder vergessene Probleme, sind nicht typisch schwedisch. Die Anpassungs- und Veränderungsfähigkeit schwedischer Policies zeigt sich z.B. auch in der Experimentierfreude und in der kontinuierlichen Veränderung und Anpassung organisatorischer Strukturen. Organisationsänderungen werden ganz bewußt als Steuerungsinstrument eingesetzt. Immer wieder wird versucht, eine weitgehende Kongruenz von Organisations- und Programmstrukturen zu erreichen, insbesondere im Bereich der Politikformulierung durch die Etablierung nicht ständiger Kommissionen, aber auch durch die

Anpassung von Organisationsstrukturen an veränderte Programmstrukturen.

Es ist nicht auszuschließen, daß diese Darstellung und Charakterisierung schwedischer Policies etwas überzogen und idealisiert ist, denn sie beruht ja auf der Analyse von (weitgehend offiziellen und offiziösen) Programmen und Verlautbarungen, nicht von Politikimplementation. Trotzdem ist nicht zu verkennen, daß schwedische Policies in gewissem Sinne als Gegenentwurf zu inkrementaler Politik betrachtet werden können. Nach Hayward gibt es zwei unterschiedliche "styles of decision making", die aber auch als unterschiedliche Policy-Stile interpretiert werden können. Der erste, den er "incremental/humdrum" nennt, zeichnet sich aus durch

- "no explicit, overriding medium or long-term objectives",
- Inkrementalismus und
- "a continuous process of mutual adjustment between a plurality of autonomous policy makers."

Demgegenüber stellt er den "rational/heroic" Stil, der gekennzeichnet ist durch

- "explicit objectives",
- "rejection of incrementalist improvisation" und
- "less reliance upon agreed compromise between interested parties and more upon the analysis of alternative policy opportunities." [16)]

Trotz aller Vorbehalte kann nicht geleugnet werden, daß die schwedischen Policies eher dem rationalen, heroischen Stil entsprechen.[17)]

Auch andere Untersuchungen über Policies und "policy making" in Schweden sind zu ähnlichen Ergebnissen gekommen. So charakterisiert Anton aufgrund einer Untersuchung der Planungsprozesse in einer schwedischen Kommune den schwedischen "policy making style" mit den Begriffen

- deliberative ("long periods of time"),
- rationalistic ("fullest possible information"),
- open ("all interested parties are consulted") und
- consensual ("agreement of virtually all parties"). [18]

Wenn man die hier aus den Ergebnissen der Fallstudien entwickelten und durch Resultate weiterer empirischer Studien ergänzten Charakteristika schwedischer Policies zusammenfassend betrachtet, erscheint als übergreifende Charakteristik der Policies, und damit der Verwaltungskultur i.w.S. der Begriff "kooperative Kontaktkultur" gerechtfertigt. [19] Das Funktionieren dieses Kontaktsystems, so kann zumindest vermutet werden, wird durch zwei entscheidende und grundlegende kulturelle Werte der schwedischen Gesellschaft unterstützt. Ein solches System ist ohne die geringe Bewertung gesellschaftlicher Konflikte und die Bevorzugung von Konsens sowie einem grundsätzlich hohen Niveau von gegenseitigem Vertrauen nicht denkbar.

12.3.2. Großbritannien

Die britischen Policies können in vielem als Gegensatz zu den schwedischen Policies aufgefaßt werden. In den Fallstudien wurde gezeigt, daß britische Programme i.d.R. begrenzt und fragmentiert sind. Die meisten Programme können als zeitliche, regionale, sachliche und organisatorische ad-hoc Lösungen charakterisiert werden, und verschiedene programmatische Anstrengungen werden ja ausdrücklich mit der Begründung unternommen, daß die vorhandenen Aktivitäten zu unkoordiniert und "piecemeal" seien [20].

Eng verbunden mit der Fragmentierung der Programme ist die nicht unerhebliche Unübersichtlichkeit britischer Policies. Kompetenzen sind oft nicht eindeutig festgelegt und vor allem gibt es eine beinahe unübersehbare Organisationsvielfalt, die in ständiger Veränderung begriffen ist, wie sich z.B. im Bereich der Arbeitsmarktverwaltung gezeigt hat. Diese Unübersichtlichkeit und mangelnde Stringenz wird auch in offiziellen Darstellungen gelegentlich bemängelt. So heißt es z.B. in einer offiziellen

Studie über das kommunale Finanzsystem in Großbritannien:

"the allocation of responsibilities is ambiguous and confused". [21)]

Ein Aspekt dieser Unübersichtlichkeit ist nicht Offenheit von Politik wie in Schweden, sondern eher eine gewisse Abschottung der Formulierung und Durchführung von Policies. Dies wird z.B. im Bereich der Beteiligung an Policies deutlich. Professionelle Organisationen haben zwar einen erheblichen Einfluß auf deren Ausgestaltung, aber der Prozeß ist nicht mit der schwedischen Offenheit und Durchschaubarkeit zu vergleichen. Das System der "administrative secrecy" ist daher auch immer wieder kritisiert worden [22)], weil zwar interessierte Gruppen umfassend an der Politikfomulierung beteiligt sind [23)], aber nicht offengelegt wird, wer auf welche Art und Weise beteiligt wurde:

"... little is known of current practice, either because committees of officials are linked to Cabinet committees and are therefore drawn under the same veil of secrecy, or because they are subject to normal departmental confidentiality, or because they are informal and ad hoc and therefore receive little or no publicity." 24)

Eng verbunden mit den Charakteristika der Unübersichtlichkeit und Abschottung ist eine erhebliche Flexibilität. Diese wird vor allem deutlich, wenn man die Eingriffsdichte der verschiedenen Programme betrachtet. Die meisten Festlegungen sind wenig präzise und ein wichtiges Steuerungsinstrument sind nicht festgelegte Regeln, sondern formelle und vor allem informelle Informationen. Auf schriftliche Festlegungen wird kein sehr großer Wert gelegt [25)], statt dessen wird die Bedeutung des "bargaining" für die Steuerung gesellschaftlicher Prozesse betont.

Beziehungen zwischen Organisationen, aber auch zwischen Personen sind weniger formalisiert und ungeschriebene Regeln spielen eine entscheidende Rolle:

"... in practice the behaviour of civil servants has been determined by a 'network of understandings and practices', most of which are unwritten." 26)

Dies zeigt sich z.B. auch an der geringen Bedeutung von Gesetzen im Rahmen etablierter Policies. Bei der Erläuterung oder Interpretation von offizieller Politik wird selten auf die grundlegenden Gesetze zurückgegriffen.

Die Flexibilität des Systems wird schließlich auch in permanenten Anpassungsprozessen deutlich. Diese sind nicht, wie in Schweden, langfristig geplant und umfassend diskutiert, sondern ad-hoc und inkremental. Tatsächlich entspricht das britische System eher dem oben von Hayward skizzierten "humdrum approach". Dies bedeutet allerdings nicht, daß keine Änderungen stattfinden. Eher ist im Gegenteil das gesamte System in einem permanenten Veränderungsprozeß begriffen, wie sich z.B. an den wandelnden Organisationsstrukturen zeigen ließ. In einem Lehrbuch über die britische Verwaltung wird sogar die These vertreten

"the system is changing in detail every moment and in substance at frequent intervals." 27)

Eine solche Aussage wäre über die deutsche Verwaltung wohl kaum zu finden, bekannt sind hier eher schon gegenteilige Aussagen, wie das berühmte

"Verfassungsrecht vergeht, Verwaltungsrecht besteht". 28)

Die große Flexibilität existierender Policies, die sich auch ohne merkliche Änderungen veränderten Rahmenbedingungen anpassen können, wurde in den Fallstudien mehrfach betont. Diese Flexibilität führt u.a. auch dazu, daß trotz ultimativer zentraler Kontrolle gewisse Handlungsspielräume bei lokalen Akteuren verbleiben. Kooperation und Koordination wird zwar nicht in dem Umfang wie in Schweden durch strukturelle Steuerung etabliert, aber durch die vorhandene Unklarheit und die Bedeutung von Information und Bargaining sind kontinuierliche Anpassungsprozesse möglich. Insgesamt können daher die Charakteristika der britischen Policies mit dem Begriff der "flexiblen Verhandlungskultur" zusammengefaßt werden. [29] Unterschiede zum schwedischen

System bestehen vor allem im geringeren Gewicht formaler Festlegungen und Strukturen. Dabei, so kann vermutet werden, beruht auch das britische System auf einem verhältnismäßig hohen Niveau gesellschaftlichen Vertrauens, allerdings hier nicht flankiert durch die Überbetonung des Konsenses, sondern durch eine weitgehende Akzeptanz von Konflikten als wichtige Mechanismen gesellschaftlicher Entscheidungen. [30]

12.3.3. Bundesrepublik Deutschland

Abschließend soll versucht werden auch die bundesdeutschen Policies anhand der Ergebnisse der Fallstudien grob einzuschätzen. Bezüglich des Umfangs und der Gestaltungswirkung der Policies sind zwei unterschiedliche Charakteristika auszumachen. Auf der einen Seite ist auch hier eine gewisse Fragmentierung und Zersplitterung deutlich, indem umfangreiche und gleichzeitig verbindliche Programme in der Bundesrepublik kaum vorkommen. Provokant fomuliert: die umfangreichen Programme (wie z.B. das Aktionsprogramm gegen den Drogenmißbrauch) sind nicht verbindlich und detailliert, und die verbindlichen und detaillierten Programme (wie z.B. das Betäubungsmittelgesetz) sind nicht umfangreich, d.h. sie beschränken sich nur auf Teilbereiche des gesamten Problems. Gleichzeitig mit fragmentierten Programmen geht also z.T. eine erhebliche Detailliertheit einher, insbesondere was die rechtliche Ausgestaltung angeht.

Es ist wenig überraschend, daß beide Charakteristika zusammen zu einer bemerkenswerten Kompliziertheit führen. So ist es beinahe unmöglich, einen umfassenden Überblick über die Ausgestaltung der Policy in einem Bereich zu erlangen. Selbst offizielle Stellen versuchen dies immer wieder vergeblich [31].

Diese Kompliziertheit und Unüberschaubarkeit der Policies hängt sicherlich z.T. mit dem föderalistischen System der Bundesrepublik zusammen, aber dies scheint nicht der alleinige Grund zu sein. Abstimmungsprobleme gibt es ja nicht nur zwischen den verschiedenen vertikalen Ebenen des politisch-administrativen Systems, sondern auch auf der horizontalen Ebene, zwischen den Ressorts und einzelnen Abteilungen.

Hierzeigt sich ein weiteres Charakteristikum der Ausgestaltung bundesdeutscher Policies. Koordination und Abstimmung wird weniger wie in Schweden durch strukturelle Steuerung ("Kontaktsystem") oder durch informelle Verhandlungen und Informationen wie in Großbritannien ("Verhandlungssystem") angestrebt, sondern eher durch rechtliche Regelungen. Selbstverständlich gibt es auch in der Bundesrepublik informelle Kontakte und offizielle wie inoffizielle "networks", aber sie sind hier viel weniger institutionalisiert und etabliert und damit auch viel weniger selbstverständlich als z.B. in Schweden [32].

Beziehungen zwischen verschiedenen Akteuren sind eher formalisiert, wie auch die Strukturen der einzelnen Institutionen weniger flexibel sind. Zwar gibt es auch hier eine große Anzahl quasi-staatlicher oder fast-staatlicher Organisationen (Quagos und Quangos), aber der Übergang zwischen den verschiedenen Organisationsformen und die Zusammenarbeit zwischen ihnen scheint nicht so unproblematisch zu sein, wie z.B. in Großbritannien.

Zentral für die hier kurz skizzierten Charakteristika ist selbstverständlich die rechtliche Orientierung und Grundlegung von Policies in der Bundesrepublik. Staatliche Aktivitäten sind anders als in weitgehender rechtlicher Durchnormierung nicht denkbar und die rechtliche Prüfung vor den Verwaltungsgerichten und ultimativ vor dem Bundesverfassungsgericht ist der zentrale Test für eine Policy. In der Praxis gibt es allerdings Anzeichen, daß diese umfangreiche rechtliche Ausgestaltung nicht zu der Klarheit und Übersichtlichkeit sowie Eindeutigkeit von Policies führt, wie dies ja eigentlich angestrebt wird, sonder sogar eher das Gegenteil erreicht. So sieht es zumindest auch ein englischer Beobachter der deutschen Verwaltung:

"Legal rules remain the vital unifying factor holding the German system together. German arrgangements constitute a mean between theoretical clarity and practical confusion. In theory the system is rendered transparent by rules, in practice it is opaque." [33]

Besondere Bedeutung hat die rechtliche Ausgestaltung von Policies im Bereich der Eingriffsdichte von Programmen und daraus folgend der Handlungsspielräume von Akteuren. Obwohl Programme fragmentiert und kompliziert sind, sind sie gleichzeitig wie gezeigt oft auch detailliert. Großes Gewicht wird auf eine eindeutige und inhaltliche Steuerung gelegt mit dem Ergebnis, daß dezentrale Problemverarbeitung eher behindert als gefördert wird [34].

Das Ergebnis all dieser Charakteristika, ergänzt durch spezifische Eigenheiten wie "Besitzstandswahrung" und "Gleichbehandlung", ist ein weitgehender Immobilismus. Je fragmentierter, komplizierter, fomalisierter und gleichzeitig detaillierter Policies werden, desto unbeweglicher und bewahrender sind sie auch. Veränderungen finden zwar statt, aber Steuerung muß oft über den langen und mühsamen Weg der Verabschiedung von Gesetzen gehen, so daß allenfalls noch inkrementale Anpassungen, aber keine gestaltenden Veränderungen mehr möglich sind.

Insgesamt können diese Charakteristika daher unter der Bezeichnung "formalisierte Regelungskultur" zusammengefaßt werden, d.h. formalisierte Beziehungen und rechtliche Regelungen nehmen eine wichtige Stellung ein. Wenn wiederum versucht wird, grundlegende gesellschaftliche Werthaltungen als Bedingungen dieses Systems zu identifizieren, ist auf der einen Seite die besondere Betonung des Konflikts (wie in Großbritannien) zu nennen, die aber durch eine weitgehende Dominanz gesellschaftlichen Mißtrauens flankiert wird [35].

12.4. Interpretation des Vergleichs

12.4.1. Kultur als beschreibende Kategorie

Die im letzten Abschnitt schon sehr pointiert und holzschnittartig zusammengefaßten Eigenschaften der Policies in den drei untersuchten Ländern können nun noch einmal "verkürzt" in einer Abbildung gegenübergestellt werden. Abb.12.1 enhält die wichtigsten Begriffe, mit denen die unterschiedlichen Policies charakterisiert werden, m.a.W. faßt sie die zentralen Schlagworte, die bei der Beschreibung immer wieder verwendet wurden, zusammen. Entscheidend ist dabei, daß diese Schlagworte (z.B. "Integration", "Fragmentierung", "Flexibilität" usw.) nicht nur in beiden hier untersuchten Problembereichen verwendet wurden, sondern auch gleichzeitig unterschiedliche Elemente der Policies bzw. der Programmstrukturen charakterisieren. So ist gezeigt worden, daß z.B. nicht nur die Programme, d.h. die Propositionen in Schweden "integriert" sind, sondern auch die Beziehungen der Akteure sowohl im Rahmen der Politikformulierung wie auch der Politikdurchführung. Ähnliches gilt wahrscheinlich auch für die Ziele der Policies, auf jeden Fall aber für die hauptsächlich verwendeten Instrumente, denn der wichtigste Typ der strukturellen Steuerung ist ja im Prinzip nichts anderes als ein Versuch der Integration. Die hier aufgeführten Schlagworte charakterisieren also nicht nur einzelne Elemente der Policies, sondern es ist zu vermuten, daß sie diese insgesamt beschreiben.

Die in Abb. 12.1 zusammengefaßten durchgehenden Charakteristika von Policies können daher als Elemente der <u>Verwaltungskultur i.w.S.</u> der betreffenden Länder aufgefaßt werden, d.h. sie beschreiben charakteristische Muster der Problemlösung in den jeweiligen Ländern. Sie fassen, in der Formulierung von Blankenburg

"patterns of behavior and configurations of societal institutions" 36)

SCHWEDEN	GROẞBRITANNIEN	BUNDESREPUBLIK DEUTSCHLAND
integriert offen übersichtlich innovativ langfristig kooperativ	fragmentiert abgeschottet unübersichtlich inkremental ad-hoc flexibel	fragmentiert detailliert kompliziert immobil status quo formalisiert
Konsens Vertrauen	Konflikt Vertrauen	Konflikt Mißtrauen
Kontaktkultur	Verhandlungskultur	Regelungskultur

Abb. 12.1 : Charakteristika der Policies in Schlagworten

zusammen und es ist zu vermuten, daß diese Charakteristika nicht nur für die Programmstrukturen der jeweiligen Länder gelten, sondern auch für Personal-, Organisations- und Prozeßstrukturen (die ja z.T. in den Policies festgelegt werden und enthalten sind).

Diese Charakteristika stellen damit deskriptive Kategorien zur Unterscheidung von Policies zur Verfügung, die vielleicht sogar zu deskriptiven Typologien weiterentwickelt werden können (Kontaktkultur, Verhandlungskultur und Regelungskultur als Typologien von Verwaltungskulturen). Sie beschreiben unterschiedliche Verwaltungskulturen, aber sie erklären diese nicht. Die Aussage "eine schwedische Policy ist integrierter, weil die schwedische Verwaltungskultur als Kontaktkultur ausgestaltet ist (bzw. die oben aufgeführten Charakteristika enthält)", wäre ein rein tautologischer Schluß. Es ist daher darauf zu achten, daß "Verwaltungskultur" nicht gleichzeitig als beschreibende und erklärende Kategorie verwendt wird. [37] Die in Abb. 12.1. zusammengefaßten Eigenschaften skizzieren deskriptive Merkmale von Verwaltungskultur i.w.S., nicht mehr.

Offensichtlich handelt es sich bei den in Abb. 12.1 zusammengefaßten Charakteristika nicht um absolute Aussagen, sondern eher um Tendenzaussagen. Policies sind in Schweden nicht immer und vollkommen integriert, aber man kann begründet vermuten, daß i.d.R. schwedische Policies integrierter als britische oder bundesdeutsche sein werden. Die in der Abbildung zusammengefaßten Charakteristika ermöglichen daher gleichzeitig Hypothesen über die wahrscheinliche Ausprägung von Policies in den entsprechenden Ländern.

Diese Eigenschaften enthalten dabei kaum neuartige oder überraschende Erkenntnisse. Man könnte sie als gesammelte "Vorurteile" über die betreffenden Länder abqualifizieren. Sie stimmen aber mit den Ergebnissen der qualitativen Fallstudien dieser Untersuchung überein und können daher als empirisch abgesicherte Hypothesen weitere Studien anleiten. Der Sinn der vorliegenden Untersuchung war ja ein explorativer, d.h. ein wissenschaftliches Problem sollte genauer definiert und einer vorläufigen Lösung näher gebracht werden. Dies ist geschehen und es bleibt weiteren Studien überlassen zu überprüfen, ob die in den beiden hier untersuchten Problembereichen identifizierten Charakteristika auch auf Policies in anderen Bereichen zutreffen. Dabei ist es sicherlich erstrebenswert, daß die hier verwendeten weitgehend qualitativen Methoden durch präzisere Definitionen und Operationalisierungen sowie - soweit wie möglich - standardisierte und quantifizierende Meßmethoden abgelöst werden.

12.4.2. Kultur als erklärende Kategorie

Von verschiedenen Autoren ist beklagt worden, daß "Kultur" in einem zu unspezifizierten Sinn sowohl als erklärende wie erklärte Variable gebraucht wird. In vergleichenden Studien wird Kultur gern als zusammenfassende Beschreibung der nicht erklärten Unterschiede benutzt, als

"descriptive term for a garbage can of unexplained variance".
(Geert Hofstede) 38)

und gleichzeitig zur Erklärung dieser Unterschiede herangezogen. Es besteht für Verwaltungskultur daher die Gefahr, daß der Begriff, ähnlich wie der der "Politischen Kultur",

"zu einem 'catch-all' verkommt, einer "Residualkategorie', in der wir ohne Rücksicht auf Ebene und Operationalisierung alle jene Hintergrundvariablen hineinstopfen, bei denen wir Erklärungskraft für die 'großen Fragen der Politikwissenschaft' vermuten". 39)

Es ist daher nochmals davor zu warnen, Verwaltungskultur i.w.S. als erklärende Kategorie einzusetzen. Wenn überhaupt, können Verwaltungskultur I, d.h. die in einer Gesellschaft vorherrschenden Werte, Einstellungen etc. relevant für öffentliche Verwaltungen und Verwaltungskultur II, d.h. die in einer (oder allen) Verwaltungen vorherrschenden Orientierungsmuster zur Erklärung der Verwaltungskultur i.w.S. herangezogen werden. In Kapitel 11 sind jeweils mögliche Zusammenhänge zwischen Ausprägungen der Policies und möglichen Unterschieden von Verwaltungskultur I und II kurz diskutiert worden, und ein grober Vergleich zwischen den im Abschnitt 4.2. referierten Hypothesen und der Zusammenfassung in Abb. 12.1 zeigt gewisse Übereinstimmungen. Wenn es gelänge, sowohl Verwaltungskultur i.e.S. und Verwaltungskultur i.w.S. quantitativ zu messen, ist zu vermuten, daß erhebliche Korrelationen auftreten würden. Damit ist allerdings das Problem der "Erklärung" noch nicht gelöst.

Policies sind sicherlich nicht allein durch kulturelle Faktoren beeinflußt, sondern mindestens auch durch die jeweiligen Merkmale des zu bewältigenden Problems, des politischen und ökonomischen Systems, sowie der jeweiligen Organisations-, Personal- und Prozeßstrukturen [40]. Diese Faktoren mögen untereinander wieder in Verbindung stehen und durch kulturelle Faktoren beeinflußt sein, aber die Vielfalt der möglichen Erklärungsfaktoren läßt einfache Erklärungen nicht zu.

Insbesondere ist in den Fallstudien mehrfach darauf hingewiesen worden, daß schon bestehende Policies als Determinanten und "constraints" neuer Policies relevant sind, da ein großer Teil staatlicher Aktivitäten auch und nicht zuletzt als Reaktion auf schon bestehende Policies (und deren eventuelle negative Folgen) aufgefaßt werden kann [41]. In der Politikwissenschaft ist darüber hinaus in diesem Zusammenhang in letzter Zeit verstärkt die Relevanz politischer Faktoren (z.B. der Parteidominanz) für die Ausgestaltung von Policies betont worden, d.h. die These der Output-Forschung, daß politische Faktoren weitgehend irrelevant sind, wurde zurückgewiesen [42]. Auch in dieser Untersuchung wird keineswegs behauptet, daß politische Faktoren keinen Einfluß auf die Ausgestaltung von Policies haben.

Trotzdem wird hier die These vertreten, daß Policies "culture bound" sind, d.h. daß die grundlegenden Werthaltungen einer Gesellschaft einen entscheidenden, aber nicht eindeutigen Einfluß auf die Ausgestaltung von Policies ausüben. Verwaltungskultur umfaßt sozusagen diejenigen Faktoren, die die verschiedenen Regierungswechsel überdauern. Dabei ist davon auszugehen, daß kulturelle Faktoren sich zwar im Laufe der Zeit ändern, daß sie aber trotzdem eine erhebliche regionale und historische Konstanz aufweisen. Ehrmann hat diese Hypothese überzeugend formuliert:

> "Problem-solving activities, taking into account the failures and successes of the past, create defined patterns of thought and of beliefs; through them future actions are led into established grooves. Hence all culture patterns must be cumulative and historical. Once established they might be able to outlive the specific societal conditions from which they had originated." 43)

Man könnte diese Auffassung der Bedingungen von Policies in Anlehnung an die Organisationssoziologie als "Kontingenztheorie des Policy-Making" bezeichnen. Die vergleichende Organisationssoziologie hat das Problem der kulturellen Bedingtheit von Organisationen ausführlich diskutiert [44]. Während es in der Organisationssoziologie darum geht, ob kontextuelle oder kulturelle Faktoren, Strukturen und Funktionen von Organisationen erklären bzw. ob kulturelle Faktoren als Elemente des Kontexts von Organisationen betrachtet werden können, wird die Organisation des Policy-Making hier weitgehend als "black box" betrachtet und es interessiert in erster Linie der Output dieser Organisation. Im Prinzip stellen sich aber für die kulturelle Erklärung von Policies die gleichen methodologischen und wissenschaftstheoretischen Probleme, wie für die Erklärung von Organisationen.

Eine in der Organisationssoziologie verbreitete Auffassung der Bedeutung kultureller Faktoren wird von Hofstede folgendermaßen zusammengefaßt:

> "... different nations have different cultural heritages which are largely invisible. The invisible part consists of values, collectively held by a majority of the population (but possibly differentiated by social class), and transferred from generation to generation through education and early life experience in family and schools and through socialisation in organizations and institutions. These values have thus grown into societal norms which, in their turn, determine to a large extent the political and organizational solutions which are feasible within that particular national culture." [45]

Im Rahmen der Organisationssoziologie sind nun in letzter Zeit einfache Modelle wie das von Hofstede oder das in Abb. 12.2. von Sorge in Anlehnung an Child/Kieser/u.a. skizzierte kritisiert worden.

environment, incl.culture → context → boundary-spanning components → structure → role → behaviour

Abb. 12.2: Ein vereinfachtes Modell der Bedeutung von Kulturen [46]

Insbesondere wird betont, daß kulturelle Faktoren keine feststehenden, stabilen und geordneten Strukturen ausmachen, sondern im Gegenteil eine Quelle von Innovation, Ungleichgewicht und Veränderung sind [47]:

"Es sei betont, daß von diesem Standpunkt aus das mit dem Begriff der Kultur genannte Feld notwendig erweitert und deren Ort und Status in der Analyse neu definiert wird. Die Kultur ist hier nicht mehr jenes Universum fleischlos gewordener und unberührbarer Werte und Normen, die letzten Endes die beobachteten Verhaltensweisen leiten, ordnen und also erklären. Bestehend aus einer Reihe von Elementen des psychischen und geistigen Lebens, mit seinen affektiven, kognitiven, intellektuellen, relationellen Komponenten, ist sie Instrument, Fähigkeit, die die Individuen erwerben, benutzen und umformen, indem sie ihre Beziehungen und ihre Tauschverhältnisse mit den anderen ausbauen und leben. Werte, Normen und Einstellungen gehören zu dieser Gesamtheit, aber ihr Status ändert sich. Sie sind hier nur Elemente, die die Fähigkeiten von Individuen und Gruppen strukturieren und von daher die individuellen und kollektiven Strategien zwar bedingen, aber nie bestimmen." 48)

Gleichzeitig wird angemerkt, daß es unmöglich ist, Kultur allein in einer der denkbaren Variablenblöcke zu verorten. Bezogen auf Policies ist zu erwarten, daß Kultur sowohl die Ausprägung der Strukturen des Policy-Making-Systems beeinflußt (Personal, Organisation, Prozeß, Programm), aber auch die zugrundeliegenden Problemstrukturen sowie die Ausgestaltung des grundlegenden politischen bzw. ökonomischen Systems. Ganz egal, welche Elemente als Determinanten von Policies identifiziert werden, so ist zu erwarten, daß sie auch wiederum kulturell bedingt sind. Damit wird aber Kultur als erklärende Variable zu einem problematischen Konzept, sie ist wie in dem bekannten Lied "here, there and everywhere" [49].

Die wissenschaftstheoretischen und methodologischen Probleme, die sich aus dieser Konstellation ergeben, können hier nicht diskutiert werden [50]. Einleuchtend ist aber, daß die Erforschung der Nachweise kultureller Faktoren und ihrer tendenziellen Relevanz, wie es in dieser Untersuchung versucht wurde, nicht zu einfachen, "praxisrelevanten" Schlußfolgerungen führen kann. Dazu ist das Beziehungsgeflecht kultureller Faktoren zu komplex und sind die gegeseitigen Abhängigkeiten zu unbestimmt.

Wenn daher aus der grundlegenden These, daß Policies "kulturbestimmt" sind, keine einfachen Schlußfolgerungen für Praktiker gezogen werden können, so ist sie dennoch vielleicht nicht ganz irrelevant für die normale, tägliche Praxis [51].

Das Wissen um die Kulturbestimmtheit von Policies und Verwaltungshandeln generell, kann zunächst zu einem besseren Verständnis des eigenen Systems führen. Die eigenen Lösungen werden "unselbstverständlich", d.h. gerade diejenigen Ideen und Strukturen, die für gegeben gehalten und nie in Frage gestellt werden, können reflektiert werden.

In diesem Zusammenhang können durch interkulturellen Vergleich dann auch andere Lösungsmöglichkeiten erkannt und als denkbar in Erwägung gezogen werden. Es wird deutlich, daß es für lange Zeit unreflektierte Strategien funktionale Äquivalente gibt, die bisher vielleicht nicht in das Aufmerksamkeitsfeld gelangt sind, d.h. die Wahlmöglichkeiten oder zumindest kreative Suchstrategien für Politiker werden vergrößert.

Schließlich werden aber auch die Bedingungen der Übertragbarkeit unterschiedlicher Lösungen ins Zentrum der Aufmerksamkeit gezogen. Es wird deutlich, daß gute Lösungen aus einem anderen Land nicht ohne weiteres übernommen und kopiert werden können, sondern daß - sollen diese Lösungen auch tatsächlich funktionieren - die Bedingungen ihres Einsatzes, d.h. die Kultur, in der sie entwickelt wurden und sich u.U. bewährt haben, mitreflektiert werden müssen.

TEIL IV ANHANG

1. Anmerkungen

Aus der in den Fußnoten aufgeführten Kurzform der zitierten Literaturstelle (Name, Jahr), kann mit Hilfe des alphabetischen Literaturverzeichnisses mühelos der Gesamttitel erschlossen werden. Wenn der Name unterstrichen ist, handelt es sich um Sekundärliteratur (siehe Anhang 2.2.), ansonsten um eine offizielle Quelle (siehe Anhang 2.1.). Die offiziellen Quellen sind wiederum nach ihrer Herkunft (Internationale Organisationen, Schweden, Großbritannien, Bundesrepublik Deutschland) geordnet.

Gelegentlich ist die Unterscheidung zwischen Primärquelle und Sekundärliteratur problematisch, z.B. wenn von Wissenschaftlern oder Instituten zusammengestellte "Reports" von internationalen Organisationen oder auch nationalen staatlichen Institutionen veröffentlicht werden. Wenn es sich nicht eindeutig um eine eigenständige wissenschaftliche Veröffentlichung handelt, bei der die jeweilige Organisation nur als Herausgeber auftritt, sind diese Veröffentlichungen hier als Primärquellen behandelt worden.

Fußnoten Kapitel 1:

1) Vgl. insbesondere Blankenburg/Krautkrämer 1977 und Blankenburg 1978a und 1978 b; Blankenburg verwendet auch den Begriff "administrative culture".

2) Ashford 1978a, S. 82. Vgl. hierzu auch Heintz 1974, S. 418: "In diesen Zusammenhang gehört auch die Vorstellung ... wonach die gesellschaftlichen Problemlösungsmodi über die Zeit hinweg relativ konstant bleiben, umgekehrt aber zwischen den verschiedenen Gesellschaften stark variieren können. Das würde heißen, daß z.B. Probleme, die sich aus der Urbanisierung ergeben, von verschiedenen Gesellschaften unterschiedlich gelöst werden und daß auch die Fähigkeit der Gesellschaften, bestimmte Probleme zu lösen, stark variiert."

3) Ashford 1978a, S. 87.

4) Vgl. dazu insbesondere Blankenburg 1978 a und 1979 a.

5) Z.B. der EG, der OECD, aber auch der Bundesregierung.

6) Z.B. des Europarates, der International Union of Local Authorities und zum Teil auch, als Bindeglied zwischen Wissenschaft und Paxis, des International Institute of Administrative Sciences.

7) Vgl. insbesondere die Übersichtsartikel von Rose 1973, Feldman 1978, Scharpf 1978a und den Sammelband von Ashford (ed.) 1978.

8) Heidenheimer/Heclo/Adams 1975, im Preface.

9) Vgl. hierzu Scharpf 1978a.

10) Grundlegend für die gesamte politikwissenschafltiche Systemtheorie sind die Werke con Almond und Easton. Zusammenfassend Almond/Powell 1978 (1. Auflage 1966) und Easton 1965. Für eine Übersicht siehe Narr 1971, S. 124 ff. und Chilcote 1981, S. 139 ff.

11) Brown 1975, S. 48 f.

Fußnoten Kapitel 2 :

1) Vgl. hierzu die Sammelbesprechung von Berg-Schlosser in PVS-Literatur 1/80, und die Diskussion über Begriff und Konzept in PVS 4/80, 1/81 und 2/81.

2) "Das schwierige Vaterland", Spiegel 3/79 - 9/79; veröffentlicht als Greiffenhagen/Greiffenhagen 1979; inzwischen in der 2. Auflage als Taschenbuch.

3) Vgl. Sontheimer 1974, S. 72 ff.; von Beyme 1979. S. 33 ff.; Böhret/Jann/Junkers/Kronenwett 1979, S. 84 ff.; inzwischen gibt es auch eigene Einführungen in die "Politische Kultur in der Bundesrepublik Deutschland", z.B. Rausch 1980;Reichel 1981a sowie ein "Handwörterbuch" Greiffenhagen/Greiffenhagen/Prätorius (Hrsg.) 1981.

4) Almond/Verba (eds.) 1980; Barnes/Kaase et.al. 1979; Allerbeck 1980; Allerbeck/Kaase/Klingenmann 1979/80; Inglehart 1977; Klages/Kmieciak (Hrsg.) 1979. Als Übersicht über die angelsächsische Literatur siehe Chilcote 1981, S. 217 ff.

5) Vgl. hierzu und zum folgenden insbesondere Berg-Schlosser 1972, S. 37 ff.; von Beyme 1972, S. 2oo ff.; Reichel 1981b.

6) Hier zitiert nach der paperback Ausgabe Almond/Verba 1965.

7) Almond/Verba 1965, S. 13.

8) Almond/Verba 1965, S. 14.

9) Almond/Powell 1978. S. 25 ff.

10) Rokeach 1969.

11) Vgl. zu dieser Zusammenfassung Berg-Schlosser 1972. S. 33.

12) Vgl. hierzu Berg-Schlosser 1972, S. 20. ff.

13) Berg-Schlosser 1972, S. 33

14) Elkins/Simeon 1979, S. 127.

15) Elkins/Simeon 1979, S. 128.

16) Vgl. hierzu Almond/Powell 1979. S. 25.

17) Ehrmann 1976, S. 9.

18) Vgl. hierzu Schissler 198o.

19) Behrmann 1972, S. 346. Siehe auch S. Greiffenhagen 1981, S. 334 ff.

20) Vgl. zum folgenden besonders von Beyme 1972, S. 199 ff.

21) Vgl. hierzu auch Berg-Schlosser 1972, S. 31 f.; vgl. aber Reichel, der ausdrücklich politische Verhaltensweisen in die Definition der politischen Kultur einbezieht. Er umschreibt politische Kultur "... als die Verteilung von politischen Kenntnissen, politischen Wertüberzeugungen, politischen Einstellungen und politischen Verhaltensweisen innerhalb der Bevölkerung einer Gesellschaft zu einem bestimmten Zeitpunkt." Reichel 1981b, S. 322 und passim.

22) Vgl. Almond/Powell 1978, S. 12 f.

23) Vgl. 3.2.

24) Vgl. hierzu Berg-Schlosser 1972, S. 30.

25) Brüggemann u.a. 1978

26) Diese "begriffliche und methodische Verwirrung" (Kurt L. Shell) spielt auch in der wissenschaftlichen Diskussion eine Rolle. So spricht Reichel in seinem Beitrag in der PVS 4/80 u.a. davon, daß "politische Kultur hierzulande für etwas steht, das nur mangelhaft vorhanden und unzureichend entwickelt ist" (Reichel 1980, p. 383), und in verschiedenen Entgegnungen wird ihm gerade diese Vermischung des analytischen Begriffs "Politische Kultur" mit einer normativen Füllung des Begriffs (z.B. demokratische oder partizipative politische Kultur) vorgehalten (vgl. Shell und Gabriel in PVS 2/81). Dazu bemerkt Shell: "Wenn es nicht gelingt, den Begriff "Kultur" von seiner deutschen elitären ("unpolitischen") Konnotation zu befreien, ist es widersinnig, ihn weiter in der Sozialwissenschaft in der Paarung "Politische Kultur" zu verwenden; und wenn wir darauf beharren, "Politische Kultur" als demokratischen Kampfbegriff zu verwenden, trägt er zur Spaltung und Isolierung der deutschen Politikwissenschaft bei, anstatt die Basis für einen fruchtbaren wissenschaftlichen Diskurs abzugeben." (Ebda. S. 198)

27) Von Beyme 1972, S. 189. Zum Konzept des "administrative Style", interpretiert als "style of administrative leaders" siehe Davies 1966.

28) Vgl. von Beyme a.a.O., S. 208.

29) Kroeber/Kluckhohn 1952, S. 181, zitiert nach Roberts 1977, S. 62.

30) Kluckhohn 1951, S. 86.

31) Auf die im Deutschen viel diskutierte Unterscheidung zwischen "Kultur" und "Zivilisation" bzw. "Gemeinschaft" und "Gesellschaft" soll hier nicht weiter eingegangen werden. Vgl. dazu Berg-Schlosser 1972, S. 30 mit weiteren Angaben.

32) Triandis 1972.

33) Triandis 1972, S. 3.

34) Es wird deutlich, daß diese Art der vergleichenden Kulturforschung, die ihr Untersuchungsobjekt als "subjective culture" definiert, und damit verbunden der Ansatz der politischen Kultur, im engen Zusammenhang steht mit dem Siegeszug der verhaltensorientierten Wissenschaft, speziell Politikwissenschaft, gegenüber mehr traditionell oder institutionell ausgerichteten Ansätzen, d.h. der sog. "behavioral revolution".

35) Geertz zitiert bei Elkins/Simeon 1979, S. 129.

36) Hofstede 198o, S. 14.

37) Hofstede 198o, S. 25.

38) Vgl. zu dieser Formulierung von Beyme 1972, S. 191 f.

39) Almond/Verba 1965, S. 12.

4o) Hofstede 198o, siehe dazu ausführlich 4.2.1.

41) Friedmann 1969, zitiert bei Ehrmann 1976, S. 9. Siehe auch Blankenburg 1981.

42) Vgl. dazu den umfassenden Übersichtsartikel von Roberts 1977.

43) Peters 1978, S. 39 f; vgl. hierzu auch Peters/Nelson (ed.) 1979.

44) Vgl. hierzu Elkins/Simeon 1979, S. 129.

45) Vgl. French/Bell 1977, S. 32.

46) Blankenburg 1978 a, S. 39.

47) Vgl. hierzu Elkins/Simeon 1979, die eine ähnliche Unterteilung vornehmen.

48) Hofstede 198o, S. 27.

49) Für eine verwandte, allerdings viel kompliziertere Konzeptionalisierung des Kulturbegriffs, insbesondere der "subjective culture" siehe Figur 2 b in Triandis 1972, S. 23. Diese Abbildung bezieht insbesondere die Kategorisierungen Parsons ein, dessen funktional-strukturelle Systemtheorie in diesem Zusammenhang eine wichtige Rolle spielt und von vielen Autoren als Ausgangspunkt ihrer Überlegungen genommen wird. Vgl. hierzu insbesondere Parsons/Shils 1962.

5o) Vgl. Hofstede 198o, S. 27 f.

51) Vgl. Hofstede 198o, S. 17.

52) McClelland 1961.

53) Noesjirwan 1977.

54) Besondere Untersuchungen über "Kultur" in diesem Bereich sind nicht zu meiner Kenntnis gelangt, sind aber sicherlich vorhanden.

55) Für Deutschland z.B. die bemerkenswerte Studie von Dahrendorf 1965.

56) Vgl. dazu ausführlich 3.3.

57) Vgl. hierzu u.a. Weinshall (ed.) 1977, insbesondere den Übersichtsartikel von Roberts; Lammers/Hickson (ed.) 1979; England/Negandi/Wilpert (ed.) 1979; einen ausgezeichnten und umfassenden Überblick über diese Studien liefert Hofstede 198o. Die umfangreichen Forschungsarbeiten auf dem Gebiet der "cross cultural studies of organisations" und die bisher vorliegenden vorläufigen Ergebnisse können hier nicht ausführlich referiert werden; eine Zusammenfassung der wichtigsten Ergebnisse wird als Anleitung der vorliegenden Untersuchung weiter unten vorgestellt werden. Vgl. 4.2.1.

58) Vgl. hierzu grundlegend Crozier 1964, S. 213 ff. Crozier führt das Modell des "vicious circle" der französischen Bürokratie ausdrücklich auf allgemeine Charakteristika der französischen Gesellschaft zurück: "Through studying bureaucracy as a cultural phenomenon, we are trying to show that, contrary to what ethnocentric tendencies lead one to believe, these processes are not uniform, and that, in any given society, they are closely linked with basic personality traits, social values, and patterns of social relationships." (ebda. S. 237). Vgl. hierzu auch Crozier/Friedberg 1979, S. 111 ff. und zusmmenfassend Hofstede 1980, S. 372 ff. Hofstede weist in diesem Zusammenhang darauf hin, daß auch die Erklärungsmuster, die in verschiedenen Ländern für Organisationen und ihre Funktionsweisen entwickelt wurden und immer noch werden, "culture bound" sind, also bestimmte nationale kulturelle Eigenarten aufweisen und daher meistens nur für den Kulturkreis "passen", für den sie entwickelt wurden. Vgl. dazu auch ders. 1979.

59) Hickson u.a. 1977, S. 354.

60) Vgl. zu dieser Kontroverse die Beiträge von Hickson u.a. Maurice und insbesondere Child/Kieser in Lammers/Hickson (ed.) 1979.

61) Vgl. hierzu auch das in diesem Zusammenhang oft gebrauchte amerikanische Sprichwort: "The last thing the fish will discover is water".

Fußnoten Kapitel 3 :

1) Vgl. zum folgenden u.a. Böhret/Jann/Junkers/Kronenwett 1979, S. 32 f. mit weiteren Angaben; zu Begriff und Inhalt der Policy-Forschung ausführlich Jann 1981a und Derlien 1981b.

2) Vgl. hierzu die 197o gegründete Zeitschrift "Policy Sciences", insbesondere die programmatischen Aufsätze von Quade, Lasswell, Jantsch und Dror in der ersten Nummer; darüber hinaus u.a. Dror 1971.

3) Vgl. zu dieser Formulierung und zu einer kritischen Darstellung auf Deutsch Schmid/Treiber 1975, S. 37 ff.; in einer früheren Fomulierung von Quade: "The intention of the policy sciences is simply to augment, by scientific decision methods and the behavioral sciences, the process that humans use in making judgements and taking decisions." (Quade 197o, S. 1). In einem neueren Lehrbuch wird diese Form der ex ante Policy analysis beschrieben als "the use of reason and evidence to choose the best policy among a number of alternatives" (MacRae/Wilde 1979, S. 12). Eine umfassende Darstellung der ursprünglichen Intentionen und Konzepte der Policy Science als "Entscheidungshilfe für die Regierung" liefert Böhret 1970. Er weist auch auf die enge Verbindung zwischen dem Programm der Policy Science und dem in Deutschland diskutierten Konzept einer Regierungslehre hin (vgl. ebda. S. 11 f.).

4) Vgl. hierzu den wegweisenden Sammelband von Ranney (ed.) 1968 und Sharkansky (ed.) 1970, insgesamt zur Entwicklung Heclo 1972 und auf Deutsch Wollmann 1979.

5) Reinermann 1979, S. 34.

6) Man könnte auch von Politikbereichsanalyse sprechen; vgl. hierzu z.B. den Sammelband von Ellwein (Hrsg.) 198o.

7) Vgl. GfP 1979; neuerdings auch Derlien 1981 a. Derlien weist auch darauf hin, daß Policy im deutschen Sprachbereich - und in der deutschen Wissenschaftsgeschichte ist zu ergänzen - einen ethymologischen Vorläufer hat in der Gestalt der Policey-Wissenschaft des frühen 19. Jahrhunderts. Dieser Weg einer materiell ausgerichteten Staatswissenschaft ist dann aber in Deutschland, u.a. wohl wegen der sich durchsetzenden stark juristischen Orientierung der Verwaltung nicht weiter verfolgt worden. Der Begriff wurde später materiell entleert, indem er auf hoheitsstaatliche Maßnahmen reduziert wurde.

8) Vgl. zu dieser Formulierung Derlien 1981 a, S. 11.

9) Scharpf unterscheidet in diesem Zusammenhang "materiell" und "strukturell/prozessual". Die strukturell-prozessuale Fragestellung scheint aber eher die spezifische Gemeinsam-

keit politik- und verwaltungswissenschaftlichen Erkenntnisinteresses zu sein. Es wird daher hier eine etwas andere Unterscheidung eingeführt. Vgl. hierzu Scharpf 1978b.

10) Z.B. Raumordnungspolitik: vgl. König/Schimanke 1979, Baestlein/Hunnius/Konukiewitz 198o; Umweltschutz: vgl. Mayntz u.a. 1978, Hucke/Müller/Wassen 198o usw.; Arbeitsmarktpolitik: verschiedene Projekte am WZB in Berlin; Regionalpolitk: vgl. Jann/Kronenwett 1979; Gesundheitspolitik: vgl. Hugger 1979.

11) Vgl. u.a. ausgehend von Easton 1965, Salisbury 1968, Rakoff/Schaefer 197o, van Meter/van Horn 1975, Scharpf 1976a und 1978b. Für eine kritische Würdigung dieser Modelle siehe Narr 1971, S. 124 ff.

12) Vgl. Almond/Powell 1978, bes. S. 10 ff. Interessanterweise haben Almond/Powell die Kategorie der "Policies", die in ihrem ursprünglichen und einflußreichen Modell aus dem Jahre 1966 noch keine Rolle spielte (die erste Auflage des Buches erschien 1966), inzwischen eingeführt und sogar zu einer der zentralen Bezugspunkte ihrer Analyse erklärt: "Indeed, if we do not apply the dual perspective of process and policy to each part of our analysis, we shall forget much of what politics is truly about." (ebda. S. 15).

13) Heidenheimer/Heclo/Adams 1975, S. 1.

14) Vgl. hierzu Jann/Kronenwett 1978. Zum funktionalen Verständnis von Politk Scharpf 1973, S. 15.

15) Vgl. zum Konzept insgesamt Offe 1973 und Scharpf 1974, S. 4 ff.

16) Ganz grob: Regierung und Verwaltung; vgl. hierzu auch das "politische Aktivsystem" bei Mayntz/Scharpf 1973.

17) "Mediating variables ", vgl. z.B. Jenkins 1978, S. 22.

18) Die auf Easton zurückgeht, vgl. Almond/Powell 1978, S.167 ff.

19) Vgl. hierzu grundlegend Mayntz 1979, Wollmann (Hrsg.) 1979, Mayntz (Hrsg.) 198o.

20) Vgl. zu dieser Unterscheidung Sharkansky 1970 und König 197o, sowie ders. 1981. Der Vollständigkeit halber soll noch darauf hingewiesen werden, daß über die bisher vorgestellten Konzepte hinaus auch andere Begriffe, Systematisierungen und Kategorisierungen denkbar und sinnvoll sind. Zum Teil sind sie in die hier genannten Elemente eingegangen, (vgl. die drei Regelungsbereiche für RV-Reform bei Mayntz/Scharpf 1973: Verfahrensweisen, Organisation, Personal; oder auch teilweise die "Ressourcen politisch-administrativer Rationalität" bei Grottian/Murswiek 1974), zum Teil nehmen sie andere Erkenntnisinteressen und damit andere Ansatzpunkte zum Ausgangspunkt, z.B. finanzielle, informationelle, organisatorische und politische Ressourcen als Grundbedingungen von Steuerungs-

fähigkeit des politisch-administrativen Systems bei Mayntz/Scharpf 1975, zum Teil definieren sie Funktionen, die vom politisch-administrativen System erfüllt werden müssen, vgl. Offe 1973 und König 1970. So läuft z.B. das hier als Policy-Making-System bezeichnete Konstrukt in angelsächsischer Literatur auch unter dem Begriff "decisional system". Gelegentlich werden die hier darin identifizierten Strukturen und Prozesse auch mit den Begriffen withinputs oder conversion structures and processes belegt (z.T. auch conversion functions). Diese weiteren Konzeptionalisierungen sollen vorerst außer acht gelassen werden, sie zeigen aber, wie relativ unverbunden bisher die theoretischen Modelle entwickelt wurden. Insbesondere ist hier soweit möglich vorläufig darauf verzichtet worden, mit dem in der Systemtheorie sonst sehr verbreiteten Begriff "Funktion" zu operieren. Der Grund hierfür liegt in erster Linie in dem wenig einheitlichen und eindeutigen Gebrauch des Funktionskonzepts (vgl. hierzu von Beyme 1972, S. 119 ff.). Es erscheint sinnvoll, die Konzeptionalisierung zunächst ohne Rückgriff auf vorab definierte Funktionen, funktionale Erfordernisse und sich daraus evtl. ergebende funktionale Äquivalenzen durchzuführen.

21) Für einen begrenzten Bereich (Politikverflechtung) sind die vom Staat zu bearbeitenden Probleme in Niveauprobleme, Niveaufixierungsprobleme, Verteilungsprobleme und Interaktionsprobleme aufgeteilt worden (vgl. Scharpf 1976b). Der Aspekt der dem Staat vorgegebenen und von diesem perzipierten Probleme wird auch in anderen Wissenschaftsdisziplinen diskutiert; insbesondere normativ in der Rechts- und Verwaltungswissenschaft (Staatsaufgaben) und sowohl normativ wie empirisch in der Ökonomie (öffentliche Aufgaben, mit Rückgriff auf public goods, externalities usw.).

22) Vgl. hierzu Jann/Kronenwett 1978 mit weiteren Angaben.

23) Denkbar wäre auch der Begriff "Ergebnisse".

24) Auf deutsch "Reaktivität des Feldes" Mayntz 1979.

25) Vgl. hierfür auch die Bezeichnung "Implementationsfeld" bei Mayntz 198oa, S. 7.

26) Vgl. hierzu u.a. König 1981, S. 5.

27) Sie kann auch u.U. als Element der Personalstruktur aufgefaßt werden, dies ist eine reine Frage der Definition.

28) Vgl. dazu Jann/Kronenwett 1979; Böhret/Jann/Kronenwett 1982.

29) So explizit Blankenburg, der einer der ersten war, der den Begriff "administrative culture" in die deutsche wissenschaftliche Diskussion eingeführt hat. Blankenburgs Fragestellung ist in erster Linie, wie Arbeitsmarktpolitik in

unterschiedlichen Ländern implementiert wird. Vgl. hierzu Blankenburg 1978a und ders. 1978b.

30) Vgl. zu dieser Argumentation Böhret/Jann/Kronenwett 1982;

31) Vgl. zu den verschiedenen Möglichkeiten der Definition von Variablen Friedrichs 1981, S. 94 f.

32) Vergleichbare Fallstudien, vgl. nächster Abschnitt.

33) Siehe die ausführliche Darstellung in 3.3.2 unten.

34) Vgl. unten 3.3.3.

35) Siehe z.B. Brunner 1979, S. 22 ff.; Blondel (ed.) 1969, S. XI ; von Beyme 1972, S. 128; Heady 1979, S. 1.

36) Die Uneinigkeit zeigt sich schon beim Namen: comparative government, comparative politics, vergleichende Regierungslehre, vergleichende Politikwissenschaft usw.

37) Rokkan 1972, S. 7.

38) Vgl. zu dieser Formulierung von Beyme 1972, S. 159.

39) Mackenzie 1969, S. 31o ff.

40) Lasswell zitiert bei Vedung 1979.

41) Vgl. Lijphart 1971 und 1975.

42) Vgl. hierzu Scharpf 1976a.

43) Zum Spannungsverhältnis zwischen Historismus und vergleichender Methode siehe von Beyme 1972, S. 131 ff.

44) Vgl. u.a. Feldman 1978, Heclo 1972, Scharpf 1978 a.

45) Vgl. z.B. Massing, der "comparative government" als "Königsweg der Politikwissenschaft" bezeichnet. Massing 1969, S. 245 .

46) Die Vorgehensweise der "most similar cases" ist nicht die einzig denkbare oder sinnvolle vergleichende Methode. Insbesondere Przeworski/Teune arbeiten als in vielen Fällen überlegenen Gegensatz die Methode des "most different system design" heraus, vgl. dies. 1969, S. 31 ff. Zum Gegensatz zwischen Übereinstimmungs- und Differenzmethode, der schon von Mills und Durkheim diskutiert wurde, siehe zusammenfassend von Beyme 1972, S. 136 ff.

47) Vgl. hierzu Przeworski/Teune 1972, S. 34 ff.; Holt/Turner 197o, S. 13; von Beyme 1972, S. 16o; zusammenfassend Lijphart 1975, S. 172 f.

48) Stretton 1969, S. 245 f., zitiert bei Lijphart 1975, S. 159 f.

49) Heady 1979, S. 6. Vgl. für eine ausführliche Begründung der These "Verwaltungswissenschaft als Teil der Politikwissenschaft" Scharpf 1973, S. 9 ff.

50) Vgl. hierzu ausführlich Heady 1979.

51) In diesem Zusammenhang ist auch die Wandlung der Bezeichnung der Disziplin in den USA von "comparative government" zu "comparative politics" zu sehen. In den Entwicklungsländern waren oft die formalen Strukturen des Regierens viel weniger relevant als informelle Strukturen und Prozesse.

52) Vgl. hierzu die schon beinahe zynische Einschätzung des Einsatzes amerikanischer Politik- und insbesondere Verwaltungswissenschaftler in den Entwicklungsländern von Siffin: Die Ratschläge
"predicated upon a certain kind of socio-political context - the kind of context which is distinguished in its absence from nearly every developing country in the world. (...) The radical difference between the US administrative context and various overseas situations were substantially ignored." (Zitiert bei Heady 1979, S. 19).

53) Zitiert bei Heady 1979, S. 15.

54) Vgl. hierzu die Zitate bei Heady 1979, S. 3.

55) Heidenheimer/Heclo/Adams 1975, Preface

56) Vgl. grundlegend Almond/Powell, 1978.

57) Blondel 1969, S. XXVf.

58) Vgl. Blondel 1969, S. XV.

59) Rose 1972, S. 16.

60) Vgl. hierzu die Bemerkung von Scharpf 1978a, S. 118:
"... we need to explore, articulate and explicate those aspects of our case studies, which seem to be potentially generalizable in such a fashion that they can easily be identified, reapplied, critizised and redefined by other researchers engaged in similar studies. Unless we explicate the inchoate and implicit theories which all of us bring to our cases and take away from them, and unless we describe the differences between our cases in a systematic and common language, the case study method will not lead us beyond more or less interesting stories more or less well told."

61) Zitiert bei Heady 1979, S. 36.

62) Sigelman zitiert bei Heady 1979, S. 27.

63) Feldman 1978, S. 290.

64) Heady 1979, S. 21 f.

65) Heady 1979, S. 42.

66) Heclo 1972, S. 89

67) Zur Notwendigkeit konzeptioneller Arbei vgl. auch Cyr/de Leon 1975, S. 383 und Scharpf 1978a,S. 118.

68) Zitiert bei Heady 1979, S. 34.

69) Ridley 1975, S. 99.

70) Ridley 1975, S. 88.

71) Ridley 1975, S. lo2.

72) Ridley 1975, S. lo2; vgl. hierzu auch Siedentopf 1977, S. 183 ff.

73) Vgl. zu einer ähnlichen Aufteilung der Zwecke vergleichender Untersuchungen Vedung 1979.

Fußnoten Kapitel 4:

1) Vgl. hierzu auch Hucke/Wollmann 1980, S. 228.

2) Hucke/Wollmann 1980, S. 230 mit weiteren Angaben.

3) Ebda. S. 231.

4) Ridley 1975, S. 93, Hervorhebungen von mir W.J.

5) Ebda.

6) Siehe unter 4.1.2.

7) In Abb. 4.2. sind die Vergleichszahlen für das Vereinigte Königreich, United Kingdom of Great Britain and Northern Ireland angegeben. Die komplizierte Zusammensetzung des UK verdeutlicht die Abbildung aus Smith/Stanyer 1976, S. 94. Im weiteren Verlauf wird sich die Analyse auf Großbritannien beschränken, daß daher auch immer in den Tabellen genannt wird (GB), da Nord-Irland aus einer Reihe von Gründen besondere Verhältnisse aufweist. Gelegentlich beziehen sich die Aussagen auch nur auf England und Wales oder auch nur England, da Schottland z.T. eine eigene Gesetzgebung und eine eigene, anders strukturierte Verwaltung aufweist. Vgl. hierzu ausführlich Kellas 1973.

8) Dazu exemplarisch Heidenheimer/Heclo/Adams 1975.

9) Dazu exemplarisch Hayward/Watson (ed.) 1978.

10) Vgl. auch Blankenburgs Probleme mit der Abgrenzung des Untersuchungsbereichs "Arbeitsmarktpolitik".

11) Feldman 1978, S. 3o1.

12) Vgl. hierzu die in Teil II zitierte Literatur, insbesondere die verschiedenen Berichte der OECD und das darin enthaltene umfangreiche Zahlenmaterial.

13) Die Zahlen beziehen sich auf den Anteil der 15-24 jährigen Arbeitslosen an den Beschäftigten der gleichen Altersgruppe. Die Zahlen für die Bundesrepublik Deutschland bis 1973 enthalten auch 14 Jährige, die für Großbritannien für den gleichen Zeitraum auch Schulabgänger. Vgl. zu den Daten OECD 1980 b, S. 14.

14) Vgl. die z.T. widersprüchlichen und nicht miteinander in Übereinstimmung zu bringenden Daten in WHO 1974, Council of Europe 1974 und 1979; vgl. aber die dort enthaltene Aussage S. 4:
"The drug problem is relatively new to Western Europe. The pattern of abuse is much the same in the member states and has developed along uniform lines."

15) Vgl. hierzu ausführlich die Fallstudien in Teil II und die dort angegebene Literatur.

16) Quelle: Council of Europe 1974 und die im Teil II zitierten Dokumente. In Großbritannien wurden in den zwanziger Jahren verschiedene gesetzliche Regelungen verabschiedet, hier ist das Datum des entscheidenden Berichts des Rolleston Committee angegeben (vgl. COI 161, 1979). In Schweden wurde 1923 die Narkotika-Verordnung eingeführt. Die erste umfassende gesetzliche Regelung kam erst 1968. Die Gesetze 1969 und 1972 umfaßten nur Strafverschärfungen.

17) Ein dritter Problembereich "Sanierung innerstädtischer Problemgebiete", der ursprünglich in die Untersuchung einbezogen werden sollte, wurde fallen gelassen als sich zeigte, daß die Probleme in den zu untersuchenden Ländern zu große Unterschiede aufwiesen.

18) Eine umfassende Übersicht über empirische Untersuchungen in diesem Bereich liefert Sheriff 1976. Auch sie unterscheidet "Attitudes towards Public Bureaucracies" S. 23 ff. und "Administrative Culture and Behaviour" S. 59 ff.; den Terminus "Administrative Culture" benutzt sie allerdings allein für den Bereich der "values, norms and attitudes of civil servants" S. 59.

18a) Almond/Verba 1965 untersuchen USA, Großbritannien, Bundesrepublik Deutschland, Italien, Mexiko; Barnes/Kaase u.a. 1979 Niederlande, Großbritannien, USA, Bundesrepublk Deutschland, Österreich; Allerbeck 1980 Großbritannien, Bundesrepublik Deutschland, Niederlande, Österreich, USA, Italien, Finland. In diesem Zusammenhang fällt auf, daß Schweden bisher in klassische Untersuchungen der politischen Kultur kaum einbezogen wurde; bei dem sonst so deutlichen Interesse am "Modell Schweden" ein etwas überraschender Befund.

19) Diese Untersuchung beschränkt sich ja auf den Bereich der Politikformulierung und klammert den Bereich der Politikdurchführung weitgehend aus.

20) Hofstede 1980.

21) Vgl. hierzu Hofstede 1980, S. 85 und 325 ff.

22) Die technische Konstruktion ist dabei unterschiedlich: z.T. werden bestimmte Fragen zusammengefaßt und aus den Antworten ein Index ermittelt, z.T. beruht der Index auf einer Faktorenanalyse bestimmter Fragen.

23) Eine weitere mögliche Verfälschung ergibt sich aus der von mir getätigten Übersetzung, der es in erster Linie um Prägnanz und Einprägsamkeit, weniger um exakte wörtliche Übereinstimmung ging.

24) Vgl. hierzu Hofstede 1980, S. 1o4 ff.

25) Hofstede selbst weist darauf hin, daß die einzelnen Länder i.d.R. nicht die extremen Ausprägungen der jeweiligen Dimensionen verkörpern und daher auch bei diesen damit verbundenen Orientierungen wahrscheinlich einen Zwischenplatz einnehmen, daß außerdem nicht unbedingt alle Konnotationen überall gelten und daß schließlich einzelne Individuen selbstverständlich von den in den jeweiligen Ländern vorherrschenden Werten abweichen. Aber trotz dieser Einschänkungen können die Hypothesen, die ja in diesem Fall aufgrund sehr geringer Unterschiede des PDI nur aufgrund des Erkenntnisinteresses dieser Studie entwickelt wurden, ein hohes Maß an Plausibilität für sich beanspruchen.

26) Ämbetsverk, vgl. dazu 5.5. und das Glossar im Anhang.

27) Vgl. dazu ausführlich Jann 1981 b.

28) Vgl. hierzu ausführlich Wagener 1979, mit weiteren Angaben.

28a) Vgl. hierzu u.a. Molin/Maansson/Strömberg 1979, S. 61 ff.; Smith/Stanyer 1976, S. 145 ff.; Russel/Smith 1974, S. 20 f.; Martens 1979, S. 42, 85 119 und 172.

29) In diesem Zusammenhang soll noch einmal darauf hingewiesen werden, daß es hier nicht um eine Kritik der von Hofstede ermittelten Indices bzw. der Art und Weise ihrer Ermittlung geht. Es wird davon ausgegangen, daß die Indexwerte tatsächlich relevante Einstellungsunterschiede zwischen Nationen und Gesellschaften abbilden.

30) Vgl. Inglehart in Barnes /Kaase ua.a. 1979, S. 324.

31) Vgl. Sisson 1966, S. 117:
"... the German official lays greater stress than we should dc on specialist knowledge, and the career of the typical administrator is made in a narrower field than is the case with us. People tend to specialize and to be promoted within the speciality. The high official faced with an awkward question feels for a specialist as Goering felt for his revolver when he heard the word 'culture'. The passion for specialization , so characteristic for the Germans and betraying their desperate hope for certainty and their basic wobbling, may increase the size but certainly cannot increase the homogeneity of the service or the facility of communications within it."

32) Beispiele für diese Art vergleichender Untersuchungen sind Chapman 1959, die Beiträge in Dogan (ed.) 1975 oder die in Verbindung mit der Fulton-Commission in England bzw. mit der Studienkommission für die Reform des öffentlichen Dienstrechts in der Bundesrepublik Deutschland enstandenen Studien, vgl. dazu Ridley (ed.) 1968 und Kaiser/Mayer/Ule (Hrsg.) 1973, Band 1 und 2.

33) Vgl. z.B. für Großbritannien Sisson 1966, Thomas 1978 die auch beide versuchen, bestimmte vergleichende Aspekte einzubringen.

34) Putnam 1976a.

35) Eine besondere Stellung nimmt in diesem Zusammenhang die Untersuchung von Armstrong 1973 ein, die in historischer Perspektive zu zeigen versucht, wie administrative Eliten und andere mit diesen verbundene Eliten die Rolle des Administrators, des Verwaltungsbeamten aufgefaßt haben. Die Studie will aber nicht nur spezifische nationale Rollenauffassungen identifizieren, sondern versucht auch die Prozesse zu erkunden, durch die diese Rollenauffassungen sich entwickelt haben. Eine zentrale Rolle kommt in diesem Zusammenhang der ökonomischen Entwicklung der untersuchten Länder zu. Da die Untersuchung in erster Linie historisch angelegt ist und eines der hier interessierenden Untersuchungsobjekte nicht umfaßt - Armstrong untersucht Frankreich, Großbritannien, Deutschland und Rußland - soll sie hier nicht weiter referiert werden.

36) Putnam 1976 b; dieser "vorläufige Bericht" wurde zuerst 1973 im British Journal of Political Science veröffentlicht(S. 257 ff.). Er ist wieder abgedruckt in Dogan (ed.) 1975. Die Fassung 1976 b in der PVS ist eine wörtliche Übersetzung dieses Artikels mit ganz geringen Änderungen, allerdings ohne daß die Quelle angegeben wird. Der vorläufige Bericht von Putnam enthält nur Einstellungsdaten aus Großbritannien, der Bundesrepublik Deutschland und Italien. Die Daten von Schweden sind inzwischen in einer speziellen Länderstudie veröffentlicht worden: Mellbourn 1979; als Vorstudie Anton/Linde/Mellbourn 1973. Da diese Studie auf den gleichen Fragebögen basiert, wie die von Putnam referierte, wurden die schwedischen Daten mit denen aus Großbritannien und der Bundesrepublik kombiniert wenn erkannbar war, daß es sich um Antworten auf die gleichen Fragen handelte. Zu diesem Zweck mußten die schwedischen Daten leicht umgerechnet werden (Bereinigung um "missing data"). Die Daten für Schweden sind z.T. auch enthalten in Eldersveld u.a. 1975, die den niederländischen Teil dieser Untersuchung referieren. Leider ist bisher die gesamte Studie noch nicht veröffentlicht worden. Der Band von Aberbach/Putnam/Rockmann 1981 behandelt in erster Linie die Unterschiede zwischen "Bürokraten" und "Politikern". Länderspezifische Unterschiede werden vernachlässigt.

37) Insgesamt wurden in jedem Land nach dem Zufallsprinzip gewonnene Samples von ungefähr 100 Parlamentariern, 100 Beamten der ranghöchsten Ebene des Staatsdienstes, 25 jüngeren vielversprechenden Karrierebeamten und schließlich 25 jüngeren Abgeordneten befragt. Bei den Interviews handelte es sich um offene strukturierte Gespräche:
"... die Fragen waren ... bewußt offen gehalten und nicht selten weiteten sich die Diskussionen auf breitgestreute Problembereiche aus. Die Fragen zielten auf den Lebenslauf des Interviewten, auf seine Meinung zu zeitgenössischen Problemen allgemeinen Interesses, auf seine Vorstellungen von den politischen Entscheidungsprozessen, auf seine Sichtweise des Verhältnisses der politischen Parteien unterein-

ander, auf seine Perzeption der sozialen Konflikte und auf seine Beurteilung der Demokratie überhaupt, auf seine Definition der Grenzen von politischer Freiheit und Gleichheit, weiter auf seine Einschätzung der politititischen Zukunft seines Landes und - als wichtigster Punkt - auf seine Interpretation der respektiven Rollen von Politikern und Beamten und auf seine Analyse der Probleme, die das Beziehungsgeflecht zwischen beiden aufwirft." (Putnam 1976 b, S. 31.)
Die Interviews wurden mit dem Tonband mitgeschnitten und anschließend ausgewertet und verkodet. Abschließend füllte jeder Interviewpartner einen standardisierten Fragebogen aus. Da die Ergebnisse der verkodeten Interviews bisher noch nicht umfassend publiziert wurden, beschränkt sich das folgende Referat in erster Linie auf die Fragen bzw. Antworten des Fragebogens.

38) Putnam 1976 b, S. 25.

39) Ebda. S. 25/26.

40) "Politischer Beamter" meint in diesem Zusammenhang natürlich nicht die besondere dienstrechtliche Stellung der Spitzenbeamten des Bundes und der Länder, sondern charakterisiert bestimmte Einstellungen und Werte gegenüber dem Verhältnis von Politk und Verwaltung. Für eine ähnliche Unterscheidung siehe Steinkemper 1974, insbesondere S. 63 ff. Dort werden für die Bundesrepublik Deutschland insgesamt vier Typen von Beamten auf einem "Bürokratenindex" unterschieden: "klassische", "kritische", "engagierte" und "politische" Bürokraten. Die einfachere Unterscheidung von Putnam erinnert sehr an "konservative" und "pluralistische" Auffassungen von Demokratie, insbesondere die grundlegende Unterscheidung zwischen "a priori" und "a posteriori" Gemeinwohl. Vgl. dazu ausführlich mit weiteren Angaben Böhret/Jann/Junkers/Kronenwett 1979, S. 239 ff.

41) Für die genaue Konstruktion der Indizes siehe Putnam 1976 b, S. 37 ff. Die prozentuale Verteilung der Zustimmungen für die Bundesrepublik Deutschland und Großbritannien sind nach den Angaben in Putnam 1976 b berechnet, indem die Kategorien "Zustimmung" und "Zustimmung unter Vorbehalt" addiert wurden, um zu eindeutigeren und griffigeren Aussagen zu kommen. Die Daten für Schweden wurden von mir auf der Grundlage der Angaben in Mellbourn 1979, S. 218 ff. errechnet (bereinigt um "missing data"). Der Aufsatz von Eldersveld u.a. 1975, der auf dem selben Datenmaterial beruht, enthält z.T. zu den selben Fragen leicht abweichende prozentuale Verteilungen, die aber das Verhältnis der Länderdaten zueinander nicht berühren.

42) Putnam a.a.O, S. 49

43) Die unveröffentlichten Ergebnisse von Wildenmann sind zitiert nach Putnam 1976 b, S. 50. Steinkemper identifiziert insgesamt 46,5 % der Beamten als "klassische Bürokraten" auf ihrer vierteiligen Skala (Steinkemper 1974, S. 66).

44) Eine solche Interpretation legen auch die Daten von Steinkemper nahe. Die klassischen Bürokraten überwiegen bei ihr in den nicht so bedeutenden Positionen. Steinkemper a.a.O.

45) Die Angaben beruhen wiederum auf Putnam 1976 b und Mellbourn 1979 bis auf die Frage 3, die dort nicht enthalten ist und nach Eldersveld u.a. 1975, S. 150 zitiert ist. Probleme international vergleichender Befragungen zeigen sich an Frage 2. In der englischen Fassung heißt sie: "The freedom of political propaganda is not an absolute freedom, and the State should carefully regulate its use" (Putnam in Dogan (ed.) 1975, S. 1o7).
Auch die schwedische Untersuchung bezieht sich auf politische Propaganda und nicht allgemein auf Meinungsäußerungen. Es ist zumindest fraglich, ob damit die in den jeweiligen Ländern gestellten Fragen überhaupt inhaltlich übereinstimmen.

46) Vgl. zu dieser Form der Darstellung Eldersveld u.a. 1975, S. 159.

47) Froman 1968, S. 44.

48) Vgl. Lowi 1964, ders. 1970, ders. 1972, ders. 1978.

49) Nach Lowi 1972, S. 321.

50) Vgl. dazu auch Scharpf 1978 a, der diese Fragestellung weitgehend übernimmt.

51) Vgl. zum folgenden Lowi 1973, S. 179.

52) Diese Kategorie ist von Lowi erst später in sein Schema eingeführt worden. Der englische Begriff "constituent" wurde hier in Ermangelung eines eindeutigen deutschen Pendants mit "konstitutiv" übersetzt.

53) Es werden nie mehr als vier Policies identifiziert. Dies ist sicherlich eine Folge der Vorliebe für Zweier-Matrixen zur Darstellung der Zusammenhänge. Es ist deutlich, daß eingefahrene Erklärungsmuster auch schon die deskriptive Typologisierung beschränken.

54) Nach Salisbury 1968, S. 169.

55) Nach Salisbury/Heinz 1970, S. 49.

56) Nach Sabatier 1975, S. 3o7.

57) Vgl. hierzu und zum folgenden die Zusammenfassung der Kritik von Anckar 1978.

58) Vgl. hierzu auch: "the meaning of regulation as distinguished from distribution was fuzzy to say the least"; Salisbury/Heinz 1970, S. 41.

59) Blondel u.a. 1969, S. 76.

60) Bzw. die Vorschläge der unabhängigen Kommissionen zur Vorbereitung von Gesetzen; vgl. hierzu ausführlich Jann 1981 b.

61) Die Lowi-Typologie wurde zu diesem Zweck etwas erweitert und differenziert, aber nicht verändert; vgl. Johannsson 1979.

62) Vgl. Damgaard 1972, S. 119.

63) Vgl. hierzu etwa Gustavsson 1980, Peters/Doughtie/McCulloch 1977, Scharpf 1978 a.

64) Vgl. 3.2.4.

65) König 1981, S. 16, der im Zusammenhang mit dem in Deutschland vorherrschenden "Medium" Recht ausdrücklich auf Verwaltungskultur verweist (ebda. S. 17).

66) Vgl. zu dieser Bestimmung des Strukturbegriffs Hegner 1976, S. 241 m.w.A. Hegner definiert in erster Linie im Rückgriff auf Luhmann:
"Mit Programmstruktur bezeichnet man den Sachverhalt, daß die normativen Regeln und faktischen Regelhaftigkeiten betreffend die Festlegungen von Entscheidungsabläufen sowie die Kriterien zur Beurteilung von Entscheidungen einander nach einem bestimmten Prinzip zugeordnet sind, welches so lange Geltung behält, wie es nicht selbst zum disponiblen Gegenstand strukturverändernder Entscheidungen wird." (ebda. S. 24o f.)

67) Derlien 1981 a, S. 9.

68) Derlien setzt beide Begriffe gleich.

69) Vgl. hierzu H. König 1981, S. 6.

70) Mayntz 198o a, S. 4.

71) So z.B. die "Phasenim politischen Prozeß" von Mayntz, 1977; die "Process Perspective on Policy" von Jenkins 1978; den "Policy Cycle" von May/Wildavsky 1978. Für eine Übersicht und Erläuterung siehe Jann 1981 a, S. 29 ff. Für eine ähnliche Aufschlüsselung von Programmen siehe auch Hogeforster/Bullinger 1979.

72) Werden zunächst die Ziele fomuliert und davon die Maßnahmen abgeleitet, wie es das rationale Entscheidungsmodell postuliert, oder werden zunächst Maßnahmen ergriffen, an die dann bestehende Ziele angepaßt werden, wie es die These der "inkrementalen Politik" vermutet? Vgl. zu dieser Diskussion ausführlicher Böhret/Jann/Junkers/Kronenwett 1979, S. 285 ff.

73) Vgl. hierzu auch Jann/Kronenwett 1979, S. 9 und S. 31 ff.

74) Vgl. hierzu auch die "Ausgestaltungsaspekte", d.h. diejenigen "Dimensionen oder Aspekte von Programmen (die) Gegenstand von Entscheidungen im Prozeß der Ausgestaltung werden", die von R. Mayntz identifiziert wurden (Mayntz 198o b, S. 78 ff.). Die von ihr genannten Aspekte (Programmziele, Rechte bzw. Pflichten der Normadressaten, Verfahrensweise, Organisatorische Regelungen, Beteiligungsmöglichkeiten, Lernmechanismen, zeitliche Geltungsdauer) können ohne Schwierigkeiten unter die hier gewählten Elemente subsumiert werden. Zur Diskussion der Elemente von Programmen siehe auch Jann 1981 a, S. 49 ff.

74a) Methodologisch gesehen handelt es sich um ein "deskriptives Schema" d.h. um "eine Serie von Begriffen in Form einer Kontrolliste für die Beobachtungen", die protokolliert werden sollen. (Zetterberg 1973, S. 117). Zu den Problemen einer solchen "dimensionalen Analyse" siehe Zetterberg 1973, S. 1o4 ff. und Friedrichs 1981, S. 1o7 ff. Zetterberg weist ausdrücklich darauf hin, daß deskriptive Schemata durchaus nicht nur theoretisch abgeleitet sein können, sondern dass besonders ergiebige Schemata ihren Ursprung in der Forschungspraxis haben:
"Zum Teil ist die Soziologie - ähnlich wie Geographie und Geologie - eine deskriptive Wissenschaft, die Gesellschaften darstellt; darum brauchen wir auch einige Freiheit in der Verwendung deskriptiver Kategorien, die in keiner Beziehung zu heute bekannten Thesen stehen." (ebda. S. 125/126.)

Vgl. hierzu auch die Bemerkung von Scheuch, daß es in interkulturell vergleichenden Studien durchaus sinnvoll sein kann, Konzepte ex ante nicht zu genau zu definieren, weil sonst unterschiedliche, national spezifische Bedeutungsinhalte verloren gehen können. (Scheuch 1973. S.222.).

75) H. König 1982, S. 57.

76) Blankenburg/Krautkrämer 1980.

77) Vgl. zum Begriff Zeh 1981, S. 328.

78 Vgl. hierzu auch die von Frido Wagener zur Beurteilung von Planungsinstrumenten (hier konkret des BROP) entwickelten Maßstäbe; Wagener 1975, S. 227.

79) Zumindest suggerieren die Begriffe "regulatives Programm" oder "Anreizprogramm", daß ein Programm nur regulative oder finanzielle Instrumente enthält. Gerade diese Hypothese soll aber überprüft werden. Vgl. zu Instrumenten unten Punkt E.

80) Diese Dimension entspricht z.T. einer von Anckar vorgeschlagenen Unterscheidung der "Reichweite" und der "Spannweite" von Programmen. Er unterscheidet dann holistische und segmentielle sowie plurale und singulare

Programme bzw. Gesetzgebung. Vgl. Anckar 1978, S. 16 f.; vgl. hierzu auch Mayntz 198o a, S. 7, die die Spannweite eines Programms in zeitlicher, räumlicher und sachlicher Hinsicht unterscheidet und insgesamt die Programmdimensionen von Dahme/Grunow/Hegner in Mayntz (Hrsg.) 1980, S.167,

81) Vgl. hierzu die Unterscheidung "innovativ/inkrementell" bei Anckar ebda.

82) Vgl. hierzu Mayntz 198o b, S. 80 f. Die oben genannten Aspekte: Form, Geltungsdauer, Ebene, Verbindlichkeit, Regelungstiefe usw. lassen sich ohne große Schwierigkeiten diesen Dimensionen zuordnen.

83) Wie und welche Probleme das PMS perzipiert, welche Rolle dabei Input-Strukturen (insbesondere Politik-Charakteristika) oder auch die internen Strukturen und Prozesse des PMS spielen (die besonderen Probleme der Selektivität oder der "non-decisions"), kann hier nicht weiter erörtert werden. Diese Probleme sind vor allem in der traditionellen Politikforschung behandelt worden, da es sich dabei auch um demokratietheoretische Probleme handelt (decision-making-Ansatz).

84) Vgl. u.a. Hellstern/Wollmann 1978, S. 11 ff.; zusammenfassend Jann/Kronenwett 1979, S. 231 ff.

85) Vgl. hierzu Bach/Hembach/Spehl 1979, S. 147.

86) Vgl. zu dieser Unterscheidung unterschiedlicher Zielebenen Böhret/Jann/Kronenwett 1982, S. 140 ff.

87) Vgl. hierzu Jann/Kronenwett 1979, S. 69.

88) Vgl. zu diesem Begriff Hucke 1977, S. 5.

89) Für die Kategorie des "Wirkungsmodells" haben wir früher auch den Begriff "Handlungsmodell" verwendet, vgl. hierzu Jann/Kronenwett 1979, S. 39 ff. und 256 ff. Mayntz spricht in diesem Zusammenhang von "Wissensvoraussetzungen", vgl. Mayntz 1980 b, S. 68 f. Es ist auch möglich "Wirkungsmodell" und "Durchführungsmodell" (vgl. den nächsten Abschnitt) als eigenständige Analysekategorien politischer Programme zu definieren und für jeden dieser Programmaspekte Ziele, Akteure und Instrumente zu identifizieren (vgl. hierzu Jann 1981 a, S. 51 ff.). Dieser Weg soll hier, um die Anzahl der zu vergleichenden Aspekte zu beschränken, nicht eingeschlagen werden.

90) Mayntz 198o a, S. 7. Allerdings ist nicht zu verkennen, daß gerade im verfassungsrechtlich sehr stark durchnormierten System der Bundesrepublik Deutschland in Bezug auf Organisationsform, Personal und prozedurale Ausgestaltung von Programmen in der Regel kein sehr großer Handlungsspielraum besteht. Darüber hinaus, und dies ist der Ansatzpunkt der Implementationsforschung, sind auch die kausalen Mechanismen, die Schlüsse über geeignete Implemen-

tationsstrukturen zulassen würden, bisher weitgehend unbekannt, sodaß die hier ausgesprochenen Annahmen fast immer implizit bleiben und ihr Plausibilitätsniveau auf der Ebene von "Daumenregeln" bzw. unreflektierten Erfahrungsgrundsätzen verbleibt.

91) Es kann argumentiert werden, daß auch Output-Ziele und interne Instrumente - siehe unter (e) - Elemente des Durchführungsmodells sind. Das ist allein eine definitorische Frage. Vgl. hierzu Jann 1981 a, S. 49 ff.

92) Vgl. oben unter 3.2.1.

93) Mayntz 1980 a, S. 9.

94) Vgl. zu dieser Unterscheidung im Bereich Organisationsstruktur König 1981, S. 21 ff.

95) Vgl. als Übersicht vor allem Schuppert 1981 a und 1981 b mit weiteren Angaben. Für die deutsche Diskussion siehe Wagener (Hrsg.) 1976.

96) Vgl. hierzu die verschiedenen Angaben bei Schuppert 1981 a, S. 154.

97) Für den ersten wegweisenden Versuch siehe Hood/Mackenzie 1975.

98) Schuppert 1981 a, S. 155; vgl. hierzu ausführlich ders. 1981 b, S. 92 ff.und passim.

99) Vgl. hierzu vor allem Schuppert 1981 b, S. 165 ff.

100) Schuppert 1981 b, S. 169.

101) Der Versuch für die Abgrenzung dieser vier Bereiche operationalisierbare Kriterien anzugeben, findet sich u.a. bei Hood/Mackenzie 1975. Vgl. auch die "Abhängigkeitsstufen" bei Wagener 1976; zum Bedeutungswandel der Begriffe siehe Schuppert 1981 a, S. 154.

102) Vgl. hierzu König 1974, S. 138 m.w.A.

1o3) Zur Systematisierung von Steuerungsinstrumenten siehe insgesamt Scharpf 1976 a; ders. 1976 b; Offe 1975, S. 85 ff.; Offe/Ronge 1976, S. 63 f.; Bohne/Hucke 1978; Mayntz 1977, S. 59 f.; dies. 1980 a, S. 5 f. und dies. 198o b, S. 48 ff.; Schmid 1980. Zusammenfassend Jann 1981 a, S. 60 ff.; vgl. auch die Liste staatlicher Steuerungsinstrumente in IuD 1980. Zur Unterscheidung zwischen internen und externen Instrumenten siehe Lundquist 1976. Zu den Problemen der Unterscheidung zwischen Instrumenten, Programm- und Policy-Typen siehe unten 4.4.

104) Aus dem bisher Gesagten geht hervor, daß die "externen Instrumente" Teil des Wirkungsmodells eines Programms sind, während die "internen Instrumente" Teil des Durchführungsmodells sind.

105) Diese einfache Dreiteilung ist vor allem in ausländischen Lehrbüchern zu finden, z.B. Andersson/Mellbourn/Skogö 1978, S. 81 ff., dort heißen die drei Typen administrative, ökonomische und propagierende Instrumente. In der deutschen Literatur sind meistens kompliziertere Systematisierungen vorherrschend. Vgl. dazu die in FN 103 aufgelistete Literatur.

106) Diese Unterteilung entspricht den grundlegenden Steuerungsmedien Autorität, Tausch und Überredung bei Lindblom 1980. Die Problematik der genaueren Definition und Abgrenzung dieser Steuerungsmedien oder -ressourcen soll hier nicht weiter behandelt werden. Eine Unterscheidung von prinzipiell vier grundlegenden Steuerungsressourcen, nämlich
- materielle, finanzielle und personelle Ressourcen,
- administrativ-rationale Ressourcen,
- Macht- und Konsensusressourcen und
- Intelligenz- und Motivationsressourcen

schlägt Schmid vor (Schmid 1980, S. 21). Diese Unterteilung hängt zusammen mit seiner aus der funktional-strukturellen Systemtheorie entwickelten Unterscheidung der Gesamtgesellschaft in vier Systeme (Produktionssystem, Allokationssystem, Integrationssystem und Entscheidungssystem) und den daraus entwickelten Steuerungstypen kollektive Leistungserbringung, allokative Steuerung, integrative Steuerung und kognitive und motivationale Steuerung. Im Prinzip geht Schmid von den gleichen Steuerungsressourcen und -typen aus wie andere Autoren auch, er ordnet sie nur anders und faßt sie auf andere Art und Weise zusammen. Es bleibt abzuwarten, wie dieser sehr interessante aber bisher noch recht abstrakte Systematisierungsversuch, der auf dem Entwurf einer umfassenden Theorie staatlicher Steuerung aufbaut, operationalisiert und dann in empirischen Untersuchungen angewendet wird.

107) Vgl. hierzu IuD 1980, S. 81/11 ff.

108) In der Finanzwissenschaft sind z.T. etwas andere Systematisierungen der finanzpolitischen Instrumente gebräuchlich, die sich auch auf die Beeinflussung gesamtwirtschaftlicher Aggregate beziehen. Wichtig sind in diesem Zusammenhang neben den Staatsausgaben und -einnahmen Volumen und Struktur der öffentlichen Haushalte, sowie die Salden der laufenden Staatsrechnung und der Gesamtrechnung einschließlich der geldpolitischen Instrumente. Vgl. hierzu u.a. Wittmann 1978, S. 44 ff.

109) Ein weiterer Spezialfall scheint das rechtsgeschäftliche Handeln der Verwaltung zu sein, z.B. in der Form privatrechtlicher oder auch öffentlichrechtlicher Verträge. Diese Variante staatlichen Handelns soll hier nicht als spezielle Kategorie verwendet werden, weil sie in erster Linie ein Spezialfall der fiananziellen Instrumente ist.

110) In der angelsächsischen Literatur wird dieser Instrumententyp neuerdings als "facilitation" bezeichnet, d.h. als Bereitstellung von "facilities" vgl. hierzu Balch 1980, S. 45.

111) Vgl. hierzu Offe 1975, S. 26 ff., der diesen Instrumententyp als "Modernste Problemlösungsstrategie des Staates" bezeichnet. Vgl. hierzu auch das Schlagwort von der "Produktivkraft Partizipation" von Nachold.

112) Vgl. hierzu Mayntz 1980 a, S. 7 f.

113) Im Rahmen der oben verwendeten Begrifflichkeit kann die interne Steuerung gegenüber den Programmakteuren als Element des Durchführungsmodells und die externe Steuerung gegenüber den Adressaten als Element des Wirkungsmodells interpretiert werden. Möglich wäre auch, die Steuerungsinstrumente nach der Organisationsform oder der "Nähe" zum Staat (Quagos, Quangos) zu unterscheiden. Diese Unterscheidung soll hier nicht verwendet werden.

114) Vgl. hierzu Lundquist 1976, S. 29 ff.; ausführlich auf Deutsch Jann 1981 a, S. 65 ff.

115) Vgl. Dahme/Grunow/Hegner in Mayntz (Hrsg.) 1980, S. 167,

116) Durch diese Dimension werden die Unterscheidungen detailliert/grob und pauschal, direkt und indirekt sowie inhaltlich und rahmensetzend zusammengefaßt. Offensichtlich bestehen zwischen diesen Dimensionen Unterschiede, aber beim jetzigen noch vorläufigen Erkenntnisstand erscheint es gerechtfertigt, diese verschiedenen Unterscheidungsmerkmale in einer etwas gröberen Dimension aufgehen zu lassen. Zur Unterscheidung von direkter und indirekter Steuerung siehe auch Mayntz 1980 b, S. 61.

117) Diese Unterscheidung stimmt weitgehend mit der zwischen Regulierung und den übrigen Steuerungsinstrumenten überein, aber nicht vollständig. So kann z.B. Strukturierung sowohl als Gebot und als Angebot auftreten. Ebenso ist Leistung als Gebot denkbar (Schulpflicht) und auch Finanzierung kann als Gebot auftreten (Disincentives), während Information wiederum nur als Angebot denkbar ist.

118) Luhmann, auf den diese Unterscheidung zurückgeht, spricht von Zweck- und Konditionalprogrammen, vgl. Luhmann 1964; hierzu auch Mayntz 1978, S. 56, aber da der Begriff "Programm" hier anders verwendet wird, soll hier von Zweck- und Konditionalsteuerung bzw. finaler und konditionaler Steuerung gesprochen werden. Vgl. hierzu umfassend K. König 1974.

119) Vgl. hierzu auch Dahme/Grunow/Hegner 1980, S. 168 ff., die im Rahmen von Anreizprogrammen eine "Motivation-" und eine "Regelungskomponente" unterscheiden. Vgl. hierzu auch Scharpf 1982, S. 276 ff.

120) Vgl. zu den methodologischen und taxonomischen Problemen Friedrichs 1981. S. 73 ff.

121) Interviewpartner waren Wissenschaftler, Ministerialbeamte und Angehörige von ausgelagerten Behörden sowie Kommissionsmitglieder in Schweden und Großbritannien. Insgesamt wurden im Rahmen einer von der DFG geförderten und einer weiteren Forschungsreise ca. 30 Interviews geführt. Die Reisen dienten darüber hinaus der Beschaffung der zentralen grauen Literatur, die z.T. in Deutschland nicht erhältlich war.

122) Substantive Policy Analysis; Vgl. Scharpf 1976 c.

Fußnoten Kapitel 5:

1) Narkotikastrafflag, 1968:64.

2) Siehe hierzu Council of Europe 1974, dort sind die wichtigsten Dokumente auf Englisch abgedruckt. Vgl. zu diesem Überblick insgesamt Prop. 1977/78:1o5 und DsS 1977: 2, die eine ausführliche Darstellung der bisherigen Entwicklung der Drogenpolitik in Schweden enthalten, sowie als umfassenden Überblick über den gesamten Bereich Socialstyrelsen 1973.

3) Vgl. unten 5.5.

4) Zum Folgenden siehe insbesondere DsS 1978:2, S. 41 ff. und Socialstyrelsen 1973, S. 188 ff.

5) Aus dem gleichen Haushaltsansatz werden auch kommunale Maßnahmen im Bereich des Alkoholismus, insbesondere die sog. Alkoholpolikliniken bezuschußt.

6) Kommunen, Kreiskommunen - z.T. auch in Zusammenarbeit - und private Organisationen.

7) Vgl. hierzu Socialministeriet 1979, S. 4 f.

8) Vgl. Abschnitt 5.3.

9) Vgl. hierzu DsS 1978:2, S. 88 ff.

1o) Vgl. a.a.O. die sowohl beim Zoll wie bei der Polizei seit Anfang der siebziger Jahre verstärkte internationale Zusammenarbeit (CCC = Customs Cooperation Council, Interpol) soll hier nicht behandelt werden.

11) DsS 1978:2, S. 15.

12) Lag om telefonavlyssning vid förundersökning om grovt narkotikabrott m.m.; 1969:36.

13) LSVP, 1966:293.

14) Vgl. hierzu u.a. Socialstyrelsen 1973, S. 2o7 ff. Seit Anfang der siebziger Jahre hat es Vorschläge verschiedener Kommissionen gegeben, dieses Gesetz zu modifizieren, und es existiert eine Arbeitsgruppe innerhalb der Ministerien, die eine Reform des Gesetzes vorbereiten soll. DsS 1978:2, S. 46 f., Prop. 1977/78: 1o5, S. 16 f.

15) Vgl. hierzu DsS 1978:2, S. 30 ff.; u.a. erschienen 1969 die Schrift "Fakta om narkotika och narkomani", hrsgg. vom Samarbetsorgan för bekämpande av narkotikamissbruk (SBN) = Zusammenaarbeitsorgan für die Bekämpfung des Drogenmißbrauchs und 1977 "Fakta om narkotika och narkotikamissbruk" hrsgg. vom Rat für gesundheitliche Aufklärung bei der Sozialbehörde (Socialstyrelsen 1977), sowie spezielle Lehrerhandbücher, Broschüren für Jugendliche usw.

16) Lgr. -69.

17) Vgl. hierzu Prop. 1977/78: lo5, S. 46 ff.

18) Vgl. u.a. Socialstyrelsen 1973, S. 294.

19) Siehe DsS 1978:2, S. 88 ff.

20) Vgl. hierzu Prop. 1977/78:lo5, S. 4 f.; DsS 1978:2, S. 14 f.; Socialstyrelsen 1977, S. 74.

21) Vgl. DsS 1978:2, S. 31.

22) Prop. 1977/78:lo5, S. 17.

23) Vgl. hierzu Prop. 1977/78:lo5, S. 4 und S. 29.

24) Vgl. ebda.

25) Vgl. ebda. und Socialstyrelsen 1973, S. 294.

26) Vgl. hierzu Socialstyrelsen 1977, S. 78 f.

27) Behandling av narkotikamissbrukater; hier zitiert als Socialstyrelsen 1973.

28) ... aber nicht muß, die Schrift ist nicht verbindlich!

29) Siehe u.a. DsS 1978:2, S. 32 f.

30) Vgl. hierzu insgesamt Prop. 1977/78, S.7 ff.; DsS 1978:2, S. 89 ff.

31) Die Vorausssetzung des einwandfreien Erkennens des Drogenmißbrauchs ist die Urinprobe. Um sie bei Häftlingen durchführen zu können, werden die gesetzlichen Voraussetzungen geschaffen. Die Maßnahmen im Bereich der Haftanstalten bzw. Kriminalfürsorge werden durch Mittel des Justizministeriums finanziert. Vgl. hierzu u.a. DsS 1978:2, S. 96 ff.

32) Vgl. Prop. 1976/77:lo8, siehe auch Prop. 1977/78:lo5, S. 19.

33) Es handelt sich um eine sog. Ein-Mann-Kommission, der "Utredare" wird aber unterstützt von fünf Sachverständigen und einem Experten. Zur Zusammensetzung der schwedischen Regierungskommissionen siehe Jann 1981b.

34) DsS 1977:8.

35) 1978 legt die Kommission einen weiteren Bericht vor über Definitionsprobleme bei Drogenuntersuchungen, vgl. DsS 1978:10.

36) In der Prop. 1977/78:lo5.

37) Vgl. hierzu und zum folgenden Prop. 1977/78:1o5, S. 32 ff.

38) Vgl. ebda.

39) Vgl. ebda.

40) Vgl. Prop. 1977/78:1o5, S. 46 ff.

41) Vgl. Prop. 1977/78:1o5, S. 42 ff.

42) Prop. 1977/78:1o5, S. 49.

43) Vgl. dazu Kapitel 8.

44) Vgl. S. 43 ff.

45) Eine Reihe der in diesem Zusammenhang interessanten Fragen sind schon im Bericht der Leitungsgruppe formuliert worden; vgl. DsS 1978:2, S. 115 ff.

46) Vgl. Maßnahme (8).

47) Zur Problematik der Abgrenzung wichtiger von unwichtigen Maßnahmen siehe Abschnitt 4.4.

48) Vgl. 4.3.1. Policy-Typen.

49) Eine weiter Möglichkeit wäre die Unterscheidung nach der Abgrenzbarkeit der profitierenden Gruppen. Dann wären Maßnahmen, die z.B. nur Drogenabhängigen zugute kommen "redistributiv", während z.B. die Aufklärung sämtlicher Schüler als "distributiv" einzuschätzen wäre. Aber auch diese Einteilung erscheint sehr problematisch zu sein, denn auch hier sind die profitierenden und "verlierenden" Gruppen nicht eindeutig abgrenzbar. So ergeben sich Fragen wie:
- profitieren nur Drogenabhängige von Behandlung?
- wird deutlicher, wer für Aufklärung aufkommt als für Behandlung?

50) Vgl. z.B. auch die Maßnahmen, die auf verstärkte Forschung, Evaluierung u.ä. zielen.

51) Siehe dazu zusammenfassend Teil III, 11.2.

52) Siehe unten S.

53) Vgl. hierzu ausführlich Jann 1981b. In der Regel wird der Regierungsvorschlag ohne Änderungen übernommen. In der politischen und wissenschaftlichen Auseinandersetzung wird daher auch gewöhnlich nur die jeweilige Porposition zitiert, z.B. "Prop. 1975/76:39 om skolans indre arbete", d.h. die 39. Proposition der Sitzungsperiode 1975/76 über die innere Arbeit der Schulen. Die korrekte Zitierweise ist allerdings "Prop. 1975/76:39 UbU 1975/76:30, rskr 1975/76:367", d.h. zu dieser Proposition gehört außerdem die Stellungnahme des

Ausschusses - veröffentlicht in der Reihe E der Reichstagsdrucksachen - in diesem Fall der Utbilnings utskott (UbU) und der Beschluß des Reichstags, veröffentlicht als riksdagsskrivelse (rskr), Reichstagsschreiben in der Reihe F der Reichstagsdrucksachen. Die Proposition wird in der Reihe B der Drucksachen veröffentlicht, die Reihe A enthält das Reichstagsprotokoll.

54) Alle Gesetze und anderen Vorschriften, die von der Regierung ausgefertigt werden, werden in der "Svensk författningssamling" (SFS), d.h. in der "schwedischen Verfassungssammlung" (besser wohl im schwedischen Gesetz- und Verordnungsblatt) veröffentlicht. Gewisse Behörden und die Kreise geben eigene Verordnungssammlungen (Författningssamlinger) heraus, in denen in erster Linie die Verordnungen der jeweiligen Behörde veröffentlicht werden.

55) Vgl. hierzu ausführlich Vinde/Petri 1975, S. 64.

56) Propositionen die einen Gesetzesvorschlag enthalten, haben in der Regel einen etwas anderen Aufbau. Nach der Zusammenfassung des hauptsächlichen Inhalts kommt als Anlage der Vorschlag des neuen Gesetzestexts von der Regierung. Im Protokoll folgt dann ein mehr allgemeines Recit, das immer eine Darstellung des geltenden Rechts und eine allgemeine Begründung der Gesetzesänderung enthält. Im Föredraganden wird dann jeder Paragraph speziell begründet.

57) Vgl. dazu S. 187 unten.

58) Aus diesem Grund sind die Programme (bzw. Propositionen) verhältnismäßig umfangreich. Man könnte daher Teile der Propositionen wie z.B.
- ein eigenständiges Gesetz,
- ein Handlungsprogramm der Polizei zur intensivierten Bekämpfung des Drogenmißbrauchs oder auch
- die Errichtung und Finanzierung von Behandlungsheimen

durchaus als eigenständige Programme betrachten. Da sie allerdings jeweils identifizierbare Teile einer größeren Einheit sind (nämlich einer Proposition) sollen sie hier nur als Teilprogramme aufgefaßt werden, obwohl sie z.T. jeweils eigene Ziele, Instrumente und finanzielle Mittel enthalten, wie auch ganz unterschiedliche Behörden und Organisationen für ihre Durchführung zuständig sind.

59) Vgl. hierzu mit ausführlichen Literaturangaben Jann 1981 b.

60) Direktiv 1977:41.

61) Vgl. hierzu und zum folgenden ausführlich DsS 1977:2.

62) Vgl. hierzu ausführlich Jann 1981b.

63) Vgl. dazu nicht zuletzt 5.5.

64) Vgl. hierzu und zum folgenden Prop. 1977/78:1o5, S. 3O f.

65) ebda.

66) Vgl. Socialstyrelsen 1977, S. 18 ff.

67) "Samhällets egna brister", S. 3O ebda.

68) ebda. S. 3O.

69) Vgl. Prop. 1977/78:1o5, ebda.

70) Vgl. Abb. 5.3.

71) In Abb.5.3. in Klammern. Die Dimensionen lassen sich nicht immer hundertprozentig voneinander trennen. So sind auch repressive Maßnahmen in dem Sinne präventiv (oder sollen es zumindest sein), daß sie den potentiellen Drogenkonsument durch die Androhung von Strafe vom Genuß der Droge abhalten wollen; ähnlich richten sie sich also auch auf die Nachfrage nach Drogen.

72) Sämtliche Angaben nach Statskontoret 198O, S. 75 ff.

73) Styrelse bedeutet eigentlich "Steuerung" oder "Leitung", so daß manchmal sowohl die Zentralbehörde "Styrelse" heißt, z.B. Socialstyrelse, wie auch das Leitungsgremium dieser Behörde; siehe auch Glossar im Anhang.

74) Im Deutschen ist diese Konstruktion am ehesten mit einem Verwaltungsrat zu vergleichen.

75) Vgl. hierzu u.a. Molin/Maansson/Strömberg 1979, S. 76 ff.

76) Das Leitungsgremium der zentralen Polizeibehörde, Rikspolistyrelsen, besteht z.B. nur aus Reichstagsmitgliedern, Molin/Maansson/Strömberg a.a.O.

77) Vgl. Statskontoret 198O, S. 3O.

78) Vgl. Lägesrapport 1979, S. 2.

79) Vgl. hierzu und zum folgenden ausführlich u.a. Brandström/ Grimlund/Ricknell 1979; Molin/Maansson/Strömberg 1979; Statskontoret 1980.

80) Im Prinzip handelt es sich daher in Schweden sowohl auf der lokalen wie auch auf der regionalen Ebene um eine Art Magistratsverfassung.

81) Statskontoret 1980, S. 77 ff.

82) Vgl. DsS 1978:2, S. 46.

83) Vgl. Maßnahme (30).

84) Vorgeschlagen wird z.B. ein zeitlich begrenzter Austausch des Personals der Sozial- und der Arbeitsmarktverwaltung, um das gegenseitige Verständnis für die jeweiligen Probleme zu erhöhen.

85) Vgl. oben unter 4.3.2. D.

86) Vgl. hierzu auch Molin/Maansson/Strömberg 1979, S. 71 , die dieses Motiv ausdrücklich betonen.

87) Praktisch gibt es keine Maßnahme, deren Implementation ohne Vorschriften und verwaltungsinterne Anweisungen auskommt. In Abb. 5.5. sind nur diejenigen Maßnahmen regulativen Steuerungsinstrumenten zugeordnet worden, bei denen verwaltungsinterne Vorschriften eine erhebliche Rolle spielen.

Fußnoten Kapitel 6:

1) Die Rationalität dieses "British Approach" in der Drogenpolitik ist im Abschnitt 6.4. (Ziele) ausführlich erläutert.

2) Zwangsweise Behandlung ist nur im Rahmen der sehr strengen Bestimmungen des Mental Health Act 1959 möglich; vgl. dazu WHO 1974, S. 47.

3) Vgl. Maßnahme (6). Die Arbeit der Drogenkliniken wird u.a. beschrieben in Edwards 1981. Vgl. auch ders. 1978. Die meisten Patienten bekommen seit einiger Zeit nicht Heroin, sondern Methadon verschrieben (für genaue Zahlen siehe COI 161, 1979, S. 24 ff.), dem von vielen Ärzten in Großbritannien erhebliche Vorteile eingeräumt werden. Methadon kann auch von normalen Ärzten verschrieben werden, unterliegt also nicht den strengsten Restriktionen des Gesetzes. Allerdings wird angeregt, solche Patienten an die Drogenkliniken zu überweisen.

4) Vgl. hierzu ausführlich unter 6.5. Akteure.

5) Dangerous Drugs (Supply to Addicts) Regulations 1968; H.M. (68) 11.

6) Vgl. hierzu Maßnahme (1)

7) Vgl. hierzu Bradshaw 1972, S. 13.

8) Dangerous Drugs (Notifications of Addicts) Regulations 1968.

9) Hotchen 1975, S. 29.

10) Vgl. hierzu COI 161, 1979, S. 16.

11) Vgl. hierzu Bradshaw 1972, S. 18; Hotchen 1975, S. 29.

12) Vgl. Ministry of Health 1965b oder auch Advisory Committee 1969.

13) Siehe dazu unten 6.5. Akteure.

14) Section 2.

15) Section 3-6.

16) U.a. Section 8, 9.

17) Section 25 in Verbindung mit Schedule 4.

18) Vgl. zum Gesetz insgesamt Bradshaw 1972 und Edwards 1981. Der Besitz, die Einfuhr, die Herstellung, der Verkauf, die Weitergabe ("trafficking") u.ä. bestimmter "gefährlicher Drogen" (dangerous drugs) sind in Großbritannien seit 1920

gesetzlich beschränkt. Die seit der Zeit kontrollierten Drogen umfassen u.a. Opium, Morphin, Heroin, Kokain und Cannabis (vgl. hierzu COI 161, 1979, S. 3 und Bradshaw 1972). Die wichtigsten Gesetze auf diesem Gebiet waren seit dem 2. Weltkrieg

- The Drugs (Prevention of Misuse) Act 1964,
- The Dangerous Drugs Act 1965
- The Dangerous Drugs Act 1967.

Diese drei Drogengesetze wurden durch den Misuse of Drugs Act 1971 ersetzt. Die schnelle Abfolge der verschiedenen Gesetze hing in erster Linie mit den Veränderungen des Drogenmißbrauchs zusammen, so daß 1964 besondere Strafen für Cannabis eingeführt wurden(außerdem gewisse Änderungen im Gefolge der Single Convention on Narcotic Drugs of 1961 der UN) sowie 1965 Amphetamine und ähnliche Drogen in die Gesetzgebung einbezogen wurden. Das Gesetz des Jahres 1967 brachte keine Neuerungen auf dem Gebiet der Strafgesetze, war aber insgesamt für die regulative Politik von Bedeutung (siehe Maßnahmen (1) bis (4)).Da es keine weitergehenden eigenen Regelungen enthielt, die unmittelbar inkraft traten, wird es hier nicht als eigenständige Maßnahme aufgeführt.

19) COI 161, 1979, S. 30.

20) Vgl. hierzu COI 161, 1979, S. 13 f. und ausführlich Hotchen 1975, passim.

21) Misuse of Drugs (Notification and Supply to Addicts) Regulations 1973.

22) Oder, im Fall anderer Professionen von Tierärzten, Apothekern, Hebammen usw.

23) Vgl. hierzu ausführlich Bradshaw 1972, S. 42 und 46; Hotchen 1975, S. 71; COI 161, 1979, S. 15 f.

24) The Misuse of Drugs (Notification of and Supply to Addicts) Regulations 1973; vgl. hierzu ausführlich Hotchen 1975, S. 71 ff.

25) Vgl. hierzu unter 6.5.

26) Vgl. dazu Stimson 1978, S. 58 und die Diskussion in West (ed.) 1978, S. 72.

27) Die Formulierung lautet:
"The Home Office has advised the police that particular types of clothes and hairstyle should never, by themselves or together, be regarded as constituting reasonable grounds to stop and search." COI 161, 1979. S. 11.
Man beachte die Formulierung "has advised". (Vgl. hierzu auch mit Zitaten über die sehr kontroverse Parlamentsdebatte zu diesem Thema Bradshaw 1972 S. 30 ff. und Mott 1981, S. 222 f.)

28) Vgl. hierzu Mott 1981.

29) Vgl. hierzu u.a. COI 161, 1979, S. 10 f.; Offenbach/Dolan in West (ed.) 1978, S. 151 f.; Kriminalistik 1979, S. 534.

30) Vgl. Kriminalistik ebda.

31) Vgl. z.B. Offenbach/Dolan: "The Home Office advise us, that..." ebda.

32) Vgl. COI 161, 1979, S. 12.

33) Zitiert in COI 161, 1979, S. 17.

34) Vgl. hierzu WHO 1979a, S. 38 f.

35) Ein Überblick über die Aktivitäten der gesundheitlichen Aufklärung wurde in einem Weißbuch der Regierung 1977 gegeben (Cmnd 7047), in dem verstärkte Anstrengungen auf dem Gebiet des Drogenmißbrauchs angekündigt wurden, allerdings ohne daß konkrete Maßnahmen erwähnt wurden. (Vgl. COI 161, 1979, S. 17 f.) Siehe 6.5. Akteure.

36) Vgl. Department of Education and Science 1977.

37) Vgl. dazu WHO 1979a, S. 39 ff.

38) Vgl. hierzu WHO 1974, S. 70 ff.

39) Vgl. hierzu COI 161, 1979, S. 16 und die Diskussion in West (ed.) 1978, S. 212 ff.

40) Customs and Excise Management Act 1979, Sections 50, 68 und 170.

41) Section 26.

42) Z.B. COI 161, 1979, S. 17 ff.

43) Z.B. die Behandlung von Drogenabhängigen in Gefängnissen, vgl. ebda. S. 20.

44) Vgl. hierzu Leigh 198o.

45) Siehe z.B. die starke Stellung der professionellen Organisationen.

46) Vgl. 6.4. Ziele.

47) Wie in Großbritannien üblich, wurden über die Zusammensetzung der Kommission und der Kriterien ihrer Auswahl keine Angaben gemacht. Inzwischen ist die Liste der Mitglieder (insgesamt 7) aber veröffentlicht (vgl. Phillipson 1970, S. 76 f.), und aus ihr geht hervor, daß es sich ausschließlich um Mediziner handelt.

48) Die Mitglieder waren fast identisch mit dem ersten Brain Committee.

49) Vgl. hierzu u.a. Phillipson 1970, S. 77 ff.; Jeffery 1970, S. 71; Bradshaw 1972, S. 15 f.

50) D.h. Innenminister.

51) Zitiert nach Phillipson 1970, S. 83. Die Kommission richtet drei Unterausschüsse ein, um die Bereiche Cannabis und LSD, Rehabilitation und Gesundheitserziehung und Öffentlichkeitsarbeit zu studieren.

52) Sie müssen von der Regierung dem Parlament vorgelegt werden und treten in Kraft, wenn das Parlament nicht innerhalb einer festgelegten Frist Einspruch erhebt.

53) Vgl. hierzu u.a. Phillipson 1970, S. 87 ff.; Hotchen 1975, S. 21 ff.

54) Abgedruckt in Phillipson (ed.) 1970, S. 90.

55) So heißt es z.B. verschiedentlich in den Memoranden "The details will be discussed with the medical professions" oder "The Minister is advised that the consensus of opinion among the psychiatrists in this field is, that ..." zitiert bei Phillipson 1970, S. 84 und 87.

56) Vgl. z.B. The Treatment and Supervision of Heroin Addiction. Precautions against Misuse of Prescriptions; abgedruckt in Phillipson (ed.) 1970, S. 96 ff.

57) Vgl. z.B. COI 161, 1979.

58) Edwards 1978, S. 23.

59) Der zuständige Minister nannte sie bei der Einbringung des neuen Gesetzes in das Unterhaus "fragmentary, inedequate and inflexible"; Bradshaw 1972, S. 20.

60) "Neue" Drogen, vgl. 6.1. Maßnahme (5).

61) Vgl. hierzu COI 161, 1979, S. 5 f.; Bradshaw 1972, S. 20; Hotchen 1973, S. 31.

62) Zum ersten Mal wird auch die Zusammensetzung dieses Gremiums etwas näher bestimmt. So legt das Gesetz fest, daß mindestens Vertreter folgender Berufsgruppen im Council vertreten sein sollten: Medizin, Zahnmedizin, Tiermedizin, Pharmacie, pharmazeutische Industrie und Drogerie.

63) Hotchen 1975, S. 32, führt allein 12 auf.

64) Z.B. Regulations über die Aufbewahrung von kontrollierten Drogen.

65) Bradshaw 1972 und Hotchen 1975.

66) Die Liste der Mitglieder des Advisory Council ist seit einiger Zeit veröffentlicht (vgl. Bradshaw 1972, S. 74 f.). Aus ihr geht hervor, daß neben den erwähnten Vertretern der verschiedenen medizinischen Professionen Pädagogen, Politiker (zwei Mitglieder des Parlaments), Industrielle - aber soweit ersichtlich keine Juristen oder Polizisten unter den Mitgliedern sind. Allerdings kann der Council Unterausschüsse einsetzen, deren Mitglieder nicht unbedingt Mitglieder des Councils sein müssen.

67) Section 31 des Misuse of Drugs Act 1971.

68) So verschiedene Sprecher im Unterhaus bei der Debatte über das neue Gesetz; Ausschnitte aus der Debatte in Bradshaw 1972, S. 24 f.

69) Die starke Stellung der Professionen d.h. der etablierten Berufsgruppen und ihrer Standesorganisationen,zeigt sich z.B. im Bereich der Pharmazie, die u.a. den gesamten Bereich der Apotheken umfaßt. Die Mitglieder dieser Berufsgruppe bestimmen u.a.
- die Ausbildungsgänge,
- die Examensstandards,
- sie führen das Register der anerkannten Mitglieder und
- sind für die Überwachung der Geschäftsräume und disziplinarische Maßnahmen (unter Aufsicht der Regierung)

zuständig (vgl. Hotchen 1975, S. 16). Es ist daher einleuchtend, daß von den Apothekern, genauso wie von Ärzten als einer "self governing profession" gesprochen wird.

70) Edwards 1981, S. 20.

71) COI 161, 1979, S. 1 f.

72) Siehe oben S.

73) Zitiert bei Phillipson 1970, S. 79.

74) Ministry of Health 1967b.

75) Eine unabhängige Kommission ähnlich dem Brain-Committee; vgl. dazu u.a. Jeffery 1970, S. 62 ff.

76) Vgl. hierzu Bschor 1980, S. 5.

77) Ministry of Health 1967a auch abgedruckt bei Phillipson (ed.) 1970, S. 85.

78) Vgl. z.B. COI 161, 1979, S. 5.

79) Edwards 1978, S. 1.

80) Die Regelungen in Wales und Schottland und auch in London sind wiederum anders, sie können hier nicht gesondert behandelt werden.

81) Vgl. hierzu u.a. Smith/Stanyer 1976, S. 118; Cross/Mallen 1978, S. 1 ff.

82) Aus diesem Grund sind in Abb. 6.4 auch beide Ebenen angeführt. Sie sind allerdings nie zusammen, sondern alternativ zuständig. Vgl. hierzu insgesamt die Übersicht in Cross/Mallen 1978, S. 18.

83) Zur Organisation des NHS siehe Brown 1975, S. 140 ff.

84) Vgl. hierzu ausführlich Brown 1975, S. 140 ff.

85) Ebda. S. 174.

86) Advisory Council 1977 a, S. 7.

87) Vgl. hierzu Annesley in SCODA 1979; SCODA 1980, S. 7 ff.; Warren/Holland in WEST (ed.) 1978, S. 129 ff.

88) In Abb. 6.4sind längst nicht alle Akteure enthalten; zu nennen wären z.B. noch Bewährungshelfer (probation officer), Arbeitsvermittlung (job shops) usw.

89) Vgl. hierzu auch Advisory Council 1977a, der einige Zusammenarbeitsmodelle nennt.

90) Zahlen nur für England nach Brown 1975, S. 143 für den NHS und Cross/Mallen 1978, S. 14 für Local Government.

91) Siehe auch oben 4.4.3.

92) Der ACMD ist offiziell dem Home Office zugeordnet, veröffentlicht aber einen Teil seiner Reports im Rahmen anderer Ministerien; z.B. wurde Advisory Council 1977a vom Department of Health and Social Services veröffentlicht und Advisory Council 1977b vom Department of Education and Science.

93) Vgl. hierzu ausführlich COI 161, 1979, S. 29 f.

94) Die Aufgabe von SCODA besteht in erster Linie in der Ermöglichung eines konstanten Erfahrungsaustausches zwischen den verschiedenen Akteuren. Für einen Überblick über die freiwilligen Organisationen und ihre Arbeit siehe Holland in West (ed.) 1978 sowie SCODA 1977, SCODA 1979, SCODA 1980. Die Aktivitäten der freiwilligen Organisationen werden von staatlicher und kommunaler Seite auf vielfältige und wenig übersichtliche Weise finanziell unterstützt.

95) Z.B. CURB, vgl. 6.1., Maßnahme (17).

96) Vgl. hierzu Stimson in West (ed.) 1978, S. 52 ff.

97) Vgl. z.B. die verschiedenen Health Memoranda.

98) H.M. (67) 16 The Treatment and Supervision of Heroin Ad-

diction, und H.M. (67) 83 The Rehabilitation and After-Care of Heroin Addicts (beide abgedruckt in Phillipson (ed.) 1970, S. 84 ff.).

99) Ebda.

100) Vgl. auch COI 161, 1979, S. 20.

101) "The measures outlined in this memorandum represent a suggested basis of rehabilitation", H.M. (67) 83.

102) "Government departments do not dictate the pattern of work in the treatment of drug dependence"; COI 161, 1979, S. 21.

103) Vgl. hierzu Edwards 1978, S. 26.

104) "Make life easier", Stimson 1978, S. 61.

Fußnoten Kapitel 7:

1) Abgedruckt in Bundesministerium für Jugend, Familie und Gesundheit (Hrsg.)1972, S. 99 ff.; zitiert als Aktionsprogramm 1970, hier S. 99.

2) Vgl. hierzu BTDrs. 7/620, S. 5 f., Aktionsprogramm 1980, S. 17 f. sowie Schramm 1980, S. 117. Ein Teil dieser Maßnahmen fällt nicht in die Zuständigkeit des Bundes. Da sie aber trotzdem in den Programmen des Bundes enthalten sind und in den Antworten des Bundes auf Anfragen im Parlament ausdrücklich erwähnt werden, sollen sie auch hier aufgeführt werden. Es ist davon auszugehen, daß die Entwicklung in den meisten Bundesländern weitgehend parallel verlief und in engem Zusammenhang stand mit den Aktivitäten und Programmen des Bundes. Siehe dazu auch unter 7.2.

3) Vgl. hierzu Aktionsprogramm 1970, S. 1o5 f., Aktionsprogramm 1980, S. 17 f., BTDrs. 7/620, S. 6 und 8/3347, S. 4.

4) Vgl. hierzu Aktionsprogramm 1970, S. 1o6 f.; Aktionsprogramm 1980, S. 24; BTDrs. 7/620, S. 6; Bundesministerium für Jugend, Familie und Gesundheit (Hrsg.) 1972, S. 112.

5) Z.B. epidemiologische Untersuchungen zur Bestandsaufnahme und Analyse der Drogensituation, Therapieforschung usw.

6) Vgl. hierzu Aktionprogramm 1970, S. 1o6 f.; Aktionsprogramm 1980, S. 28 f.; BTDrs. 7/620 S. 7.

7) Aktionsprogramm 1980, S. 3.

8) Z.B. Methadonbehandlung, Zeugnisverweigerungsrecht für Sozialarbeiter in anerkannten Drogenberatungsstellen usw.

9) BTDrs. 8/992, S. 13; vgl. auch Bundesministerium für Jugend, Familie und Gesundheit 1972 (Hrsg.), S. 124 f.

10) Vgl. hierzu BTDrs. 7/620, S. 7

11) Vgl. hierzu Pressemitteilung des Bundesministeriums für Jugend, Familie und Gesundheit vom 29.3.1972, abgedruckt in BMJFG (Hrsg.) 1972, S. 124. Zur Entwicklung und Ergebnissen der Begleitforschung siehe auch Hachmann/Bühringer 1980 mit weiteren Angaben.

12) Vgl. hierzu ausführlich Raschke/Schliehe 1979; zum Großprojekt insgesamt BTDrs. 7/620, S. 6 und 10, 8/922 S. 13 ff.; Aktionsprogramm 1980, S. 25 ff. und Aktionsprogramm 1970, S. 1o7 f., hier wird die Modellförderung allerdings noch in einer etwas anderen Form angekündigt - z.B. soll nur ambulante Behandlung gefördert werden.

13) Vgl. hierzu u.a. BTDrs. 8/922, S. 11.

14) BGBl. 1972, Teil I, S. 1.

15) Aktionsprogramm 1970, S. 1o3.

16) Vgl. hierzu BTDrs. 7/62o, S. 5; die noch heute geltenden Verordnungen sind abgedruckt in Lundt/Schiwy 1981.

17) Vgl. u.a. BTDrs. 8/3347, S. 4.

18) BTDrs. 7/178; vgl. auch Aktionsprogramm 1980, S. 18.

19) Vgl. BTDrs. 8/3347, S. 4; Aktionsprogramm 1980, S. 18; vgl. auch Aktionsprogramm 1970, S. 1o5.

20) Die entsprechenden Verordnungen und Bekanntmachungen sind abgedruckt in Lundt/Schiwy 1981, Ziff. 3/1 ff.; vgl. dazu auch Aktionsprogramm 1970, S. 1o4; BTDrs. 7/620, S. 8.

21) Vgl. BTDrs. 8/3347, S. 4; Aktionsprogramm 1980, S. 18.

22) Z.B. wird überprüft, ob Drogentote in der Kartei verzeichnet sind und auf diesem Wege auf die Dunkelziffer der Rauschgiftkriminalität geschlossen; vgl. Aktionsprogramm 1980, S. 9.

23) Vgl. hierzu Bundesministerium für Jugend, Familie und Gesundheit 1977, S. 3; Aktionsprogramm 1980, S. 26; Ministerium für Soziales, Gesundheit und Umwelt Rheinland-Pfalz 1979, S. 43 f.

24) Bundesministerium für Jugend, Familie und Gesundheit, Bundesministerium des Innern, Bundesministerium der Finanzen, Bundesministerium für Verteidigung.

25) Vgl. hierzu Aktionsprogramm 1980, S. 18; Bulletin des Presse- und Informationsamts der Bundesregierung No. 63, 1978.

26) § 143, Abs. 4 GVG.

27) Vgl. Aktionsprogramm 1980, S. 23.

28) Vgl. BTDrs. 8/3347, S. 4; Aktionsprogramm 1980, S. 5.

29) Siehe Aktionsprogramm 1980.

30) BGBl. I, S. 681.

31) Vgl. BTDrs. 8/3551, S. 1.

32) Z.B. bandenmäßiger Handel, gewerbemäßige Abgabe von Rauschgift an Jugendliche usw.

33) Gerade dieser Punkt war im Gesetzgebungsprozeß zwischen Regierung und Opposition und Bundesmehrheit sehr umstritten. Zum langen Weg der Gesetzgebung vgl. u.a. BTDrs. 8/3551, (Regierungsentwurf), BTDrs. 8/3291 (CDU-Entwurf), Plenarprotokoll 8/2oo vom 25.1. 1980, S. 15937 ff.; sowie "Das Parlament" No. 28 vom 12.7.1980 und No. 33 vom 15.8.81.

34) Wenn man einmal von der Benachteiligung der Drogenabhängigen und Drogenhändler durch verschärfte polizeiliche Aktivitäten absieht.

35) Vgl. hierzu ausführlich Raschke/Schliehe 1979.

36) BTDrs. 8/3347, S. 1.

37) Vgl. auch BTDrs. 7/620, S. 1.

38) Siehe dazu ausführlich unter 7.3.

39) Vgl. Aktionsprogramm 1970, S. 1o7.

40) Zum generellen Problem der Vergleichbarkeit der Maßnahmen siehe Abschnitt 11.1.

41) Aktionsprogramm 1970.

42) Aktionsprogramm 1980.

43) BGBl. I, S. 1

44) BGBl. I, S. 681.

45) Vgl. hierzu Lundt/Schiwy 1981.

46) JWG, BGBl. I, 1977, S. 633.

47) BSHG, BGBl. I, 1976, S. 289.

48) SchwbG, BGBl. I, 1974, S. 1oo5.

49) AFG, BGBl. I, S. 582.

50) StGB, z.B. §§ 56, 57 und 61 ff. für Stafaussetzung.

51) JGG, BGBl. I, 1974, S. 3427.

52) StVollzG, BGBl. I, S. 581; vgl. hierzu ausführlich Bundesministerium für Jugend, Familie und Gesundheit 1978, S. 153 ff.; Möllhoff 1980, S. 179 ff; Aktionsprogramm 1980, S. 26.

53) Z.B. fehlen wichtige rechtliche Festlegungen wie Gesetzliche Krankenversicherung, 2. Buch der RVO und Gesetzliche Unfallversicherung, 3. Buch der RVO.

54) Die sog. kleine Expertenkommission; vgl. Raschke/Schliehe 1979, S. 144 ff.

55) Z.B. Arbeitsgemeinschaft der Leitenden Medizinalbeamten der Länder, Arbeitsgemeinschaft der obersten Jugendbehörden der Länder, der Deutsche Bundesjugendring usw.; vgl. ebda. S. 146.

56) Im Aktionsprogramm war nur von ambulanten Diensten die Rede.

57) Vgl. BTDrs. 7/42oo, S. 265 ff. sowie verschiedene Spezialuntersuchungen in den Materialien, BTDrs. 7/42o1.

58) Z.B. im Verlauf des neuen Betäubungsmittelgesetzes im zuständigen Bundestagsausschuß.

59) Wie z.B. Polizei, freie Träger, Schulen usw.

60) Vgl. Raschke/Schliehe 1979; siehe auch die immer wieder erwähnten Probleme bei der Übernahme der Finanzierung der Behandlung von Drogenabhängigen, u.a. "Erlaß des Ministeriums für Soziales, Gesundheit und Umwelt Rheinland-Pfalz zur Kostenregelung bei der stationären Behandlung Drogenabhängiger vom 18.10. 1979" abgedruckt in Ministerium für Soziales, Gesundheit und Umwelt, 1979.

61) Aktionsprogamm 1970, S. 102.

62) Bemerkenswert ist, daß im Aktionsprogramm 1980 dieser Punkt an erster Stelle steht, während er 1970 noch an letzter Stelle aufgeführt wurde. Diese Schwerpunktverschiebung könnte als Anzeichen für die auch in anderen Politikbereichen verbreitete Vorliebe für die Problemverschiebung ins Ausland gedeutet werden.

63) Bundesminister Huber im Bundestagsprotokoll 8/200, S. 15939 (B).

64) BTDrs. 8/3551.

65) So die Antworten der Bundesländer auf eine Umfrage, vgl. Jarzina 1980, S. 134; vgl. auch ausführlich Ziegler 1980, S. 556.

66) Vgl. hierzu auch den Beschluß der Konferenz der Justizminister der Bundesländer aus dem Jahre 1978, in dem ausdrücklich betont wird, daß für die Behandlung Drogenabhängiger Justizvollzugsanstalten weder geeignet noch bestimmt sind. Zitiert in Protokoll des Bundestages 8/2oo, S. 15949 (D).

67) Bundesminister Huber ebda. S. 15939 (A).

68) Vgl. hierzu u.a. BTDrs. 8/3347, S. 9, BTProtokoll 8/2oo, S. 15940 (A).

69) Zu den unterschiedlichen Positionen in dieser Frage und zum Gang der Gesetzgebung - das Gesetz war gegen Ende der 8. Legislaturperiode einstimmig vom Bundestag verabschiedet worden, scheiterte dann im Vermittlungsausschuß und wurde im 9. Bundestag wiederum eingebracht und nach einem Kompromiß im Vermittlungsausschuß verabschiedet - siehe ausführlich Das Parlament No. 28 vom 12.7.80 und No. 33 vom 15.8.1981.

70) Bundestagsprotokoll 8/2oo, S. 15.952.

71) Ebda. S. 15.940 (B).

72) BTDrs. 7/62o, S. 2

73) Vgl. zu diesem Begriff Kreuzer 1979, S. 101 ff.

74) Natürlich kommt es in diesem Zusammenhang auch darauf an, welche Maßnahmen als wichtig gezählt werden und welche nicht, aber auch aus den verschiedenen Aufstellungen der Bundesregierung, z.B. BTDrs. 7/620, Aktionsprogramm 1970 und 1980, die ja jeweils über den gesamten Bereich der Drogenpolitik informieren sollen, geht hervor, daß die meisten aufgeführten Maßnahmen im Bereich der Kontrolle lagen.

75) Vgl. zu den unterschiedlichen Strategien Kreuzer 1979 und mit etwas anderer Begrifflichkeit Heckmann 1981.

76) Vgl. dazu ausführlich Krauthan 1980, dort auch das Protokoll eines Expertengesprächs über dieses Problem, S. 21 ff.

77) Interessanterweise wird diese offizielle Politik im Rahmen der Implementation wohl gelegentlich aufgegeben. So berichtet Kreuzer, 1979, S. 102, daß durch Privatärzte und sogar durch Gesundheitsämter geförderte Erhaltungs-Verschreibungen von Substitutionsdrogen gelegentlich zu beobachten sind und im neuesten "Landesprogramm zur Bekämpfung des Drogenmißbrauchs in Nordrhein-Westfalen" heißt es sogar offiziell:
"Mit der Bundes- und den Landesregierungen werden Absprachen erfolgen, um in engumschriebenen Grenzen unter strengsten Kautelen Versuche zu unternehmen, langjährigen Heroinabhängigen im Alter von über 26 Jahren nach mehrfachem Scheitern der drogenfreien Rehabilitation eine medikamentös abgestützte Integrationsmöglichkeit anzubieten".(8.9)

78) Zu den länderspezifischen gesetzlichen Regelungen vgl. Lundt/Schiwy 1981; zu den Möglichkeiten der Zwangsbehandlung insgesamt siehe Klein (Hrsg.), 1980, S. 217 f.

79) Vgl. hierzu u.a. Ziegler 1980, S. 556; Schmidt (Hrsg.) 1981; Deutsche Hauptstelle gegen die Suchtgefahren 1981.

80) Vgl. Aktionsprogramm 1980, S. 3.

81) Ebda. S. 5

82) Vgl. Schmidt (Hrsg.) 1980, S. 92 f.

83) Vgl. hierzu Ministerium für Soziales, Gesundheit und Umwelt, Rheinland-Pfalz, 1979, S. 30.

84) Vgl. hierzu Bumdesministerium für Jugend, Familie und Gesundheit 1978, S. 8 ff., mit einer bundesweiten Übersicht über Einrichtungen der Beratung, Behandlung und Wiedereingliederung für Drogen-, Alkohol- und Medikamentengefährdete und Abhängige. Für eine systematische Darstellung der Suchtkrankenhilfe siehe auch Ziegler 1980.

85) Vgl. Jarzina 1980, S. 129.

86) Jarzina ebda.

87) Saurbier 1980, S. 147 f.

88) Z.B. Erstkontakt und Erstmotivierung in Drogenberatungsstellen, Entgiftung und Entwöhnung in speziellen Abteilungen von psychiatrischen Krankenhäusern, Rehabilitation in Fachkrankenhäusern, Nachbetreuung in therapeutischen Wohngemeinschaften; vgl. hierzu u.a. BTDrs. 7/42oo, S. 27 5 ff. Keup 1980, S. 52 ff., Klein (Hrsg.) 1980, S. 2o4.

89) Vgl. hierzu ausführlich Möllhoff 1980, S. 179 ff.; Christiani/Stübing 1972, S. 88 ff.; Bundesministerium für Jugend, Familie und Gesundheit 1978, S. 157 ff.

90) In Rheinland-Pfalz z.B. das Landesamt für Jugend und Soziales, vgl. hierzu den Erlaß des Ministeriums für Soziales, Gesundheit und Umwelt Rheinland-Pfalz zur Kostenregelung bei der stationären Behandlung Drogenabhängiger vom 18.10.79, auszugsweise abgedruckt in Ministerium für Soziales, Gesundheit und Umwelt 1979, S. 91 f.

91) So Ziegler 1980, S. 556.

92) Vgl. 7.3.

93) Vgl. zu dieser Formulierung Kreuzer 1979, S. 1o7.

94) So wurden die Fördermittel des Bundes zum Unsicherheitsfaktor der Haushaltsplanung; vgl. Raschke/Schliehe 1979, S.162.

95) Vgl. ebda. S. 149.

96) Ebda. S. 139.

97) Z.B. Ministerium für Soziales, Gesundheit und Umwelt 1979, S. 75; Bayerisches Staatsministerium des Innern 1980, S. 30.

98) Vgl. 7.1.

99) Diese Maßnahme wird intern final gesteuert: die Polizei bekommt mehr Geld, um das Ziel "Bekämpfung des Drogenmißbrauchs" besser erreichen zu können. Insgesamt wird die Polizei natürlich konditional gesteuert und die Verstärkung der Polizei wirkt extern auch als konditionale Steuerung der Adressaten.

Fußnoten Kapitel 8:

1) 1978 waren ca. 61 % der durch Bereitschaftsarbeit Beschäftigten Jugendliche. Vgl. hierzu und zum fogenden ausführlich Prop. 1977/78:164, S. 25 ff.; siehe dazu auch Bundesminister für Bildung und Wissenschaft (Hrsg.) 1978, S. lo3 ff.; OECD 1978b,S. 128 ff.; OECD 1980, S. lol ff. Vgl. zur schwedischen Arbeitsmarktpolitik insgesamt Etlarp 1976, Hart 1978, und Meidner 1980.

2) Ursprünglich 50 %, später erhöht.

3) Vgl. hierzu OECD 1978 b, S. 130.

4) Vgl. Prop. 1979/80:145, S. 8; Ministry of Labour 1979, S. 5.

5) Vgl. Bundesminister für Bildung und Wissenschaft (Hrsg.) 1978, S. 108; Ministry of Labour 1979, S. 4; OECD 1978 b, S. 128.

6) Kriterium ist dabei, ob sie mindestens 3 Monate gearbeitet haben. Vgl. hierzu ausführlich Prop. 1977/78:164, S. 32 ff. Bundesminister für Bildung und Wissenschaft (Hrsg.) 1978, S. lo6 f.; OECD 1978 b, S. 135.

7) Vgl. Prop. 1977/78:164; Bundesminister für Bildung und Wissenschaft (Hrsg.) 1978, S. lo6 f.: OECD 1978 b, S. 136.

8) Om skolans inre arbete, vgl. auch UbU 1975/76: 30, rskr 1975/76: 367.

9) Vgl. hierzu u.a. auch Prop. 1979/80:145, S. 3 f.; OECD 1978 b, S. 131.

10) Auch "Lokala Planeringsraad" (Lokale Planungsräte) genannt.

11) Vgl. zu den Intentionen u.a. Prop. 1975/76:211, S. 231 ff.; OECD 1978 b, S. 131.

12) Die schwedische "Gymnasieskola" entspricht sowohl unserem Gymnasium sowie unserer überbetrieblichen Berufsausbildung; Vgl. hierzu u.a. Prop. 1977/78: 164, S. 16. Siehe auch Glossar.

13) Vgl. hierzu Prop. 1977/78: 164, S. 3; OECD 1978 b, S. 131 f. und Bundesminister für Bildung und Wissenschaft (Hrsg.), 1978, S. lo4 ff.

14) Vgl. hierzu Prop. 1977/78:164, S. 25 und 32; Bundesminister für Bildung und Wissenschaft (Hrsg.) 1978, S. lo6; OECD 1978 b, S. 132.

15) Vgl. Prop. 1977/78:164, S. 13/14 und 27.

16) Vgl. ebda.

17) Prop. 1977/78: 164. S. 28/29.

18) Vgl. hierzu ausführlich Prop. 1977/78: 164, S. 30 ff.

19) Vgl. hierzu Prop. 1977/78: 164, S. 34 ff.

20) Vgl. Ministry of Labour 1979, S. 5.

21) Mit der Annahme der Prop. 1978/80: 145; siehe 7.3.

22) Vgl. hierzu und zum folgenden Prop. 1979/80: 145, S. 21 ff.

23) Allerdings wird die Möglichkeit geschaffen, daß Arbeitgeber, die Jugendliche in Bereitschaftsarbeit beschäftigen und diese Arbeitsverhältnisse in Dauerarbeitsverhältnisse umwandeln, einen Zuschuß zu den Lohnkosten wie bisher für zusätzlich 6 Monate erhalten, um die Probleme der derzeit in Bereitschaftsarbeit beschäftigten Jugendlichen zu mindern.

24) Ausnahmen sind z.B. Behinderte, Flüchtlinge, Einwanderer, Versorger usw.

25) Vgl. Prop. 1979/80: 145, S. 8, 14 und 22 f.

26) Prop. 1979/80: 100, bil. 12, S. 3ol.

27) Prop. 1979/80: 145, S. 21 ff.

28) Vgl. oben unter 5.3.

29) Z.B. in der Form vorhandener Kommissionen (Utredningar) und Berichte (Betänkningar) usw.

30) Über die Arbeit der politikvorbereitenden Kommissionen in Schweden siehe ausführlich Jann 1981 b.

31) Insgesamt 14 Gutachten, darunter das erste Gutachten "Arbete aat alla" (Arbeit für alle), SOU 1975: 90 und das letze "Sysselsättningspolitik för arbete aat alla" (Beschäftigungspolitik für Arbeit für alle) SOU 1979: 24.

32) Expertengruppe für Untersuchungen von Arbeitsmarktfragen EFA (Expertengruppen för utredningsverksamhet i arbetsmarknadsfraagor) u.a. "Att utvärdera arbetsmarknadspolitik" (Arbeitsmarktpolitik einzuschätzen) SOU 1974: 29 und "Arbetsmarknadspolitik i förandring" (Arbeitsmarktpolitik im Wandel) SOU 1978: 60, mit dem Untertitel: Studien über die Wirkungen der Arbeitsmarktpolitk. EFA hat auch eine - in Zusammenarbeit mit dem IIM-Berlin erstellte - Studie über den Vergleich der Arbeitsmarktpolitik in Schweden und der Bundesrepublik Deutschland veröffentlicht, vgl. Johannesson 1980.

33) Kommittédirektiv 1978: 1 vom 19.1.1978.

34) Die Delegation hat u.a. das sog. Promemorium "Gewerbliche Ausbildung in Betrieben für freie Arbeitsplätze" (Yrkesutbildning i företag för lediga job) erarbeitet, daß dann die Grundlage für die Prop. 1979/80: 145 wurde. Ähnlich hatte eine Arbeitsgruppe des Bildungsministeriums die Grundlagen der Prop. 1975/76: 39 und 1975/76: 211 erarbeitet. Die Vorarbeiten dieser Gruppe wurden 1975 veröffentlicht: "Utbildning mm. för 16-19 aaringar", DsU 1975:18.

35) So gehen z.B. auch auf ein Schreiben dieser beiden Behörden zentrale Punkte der Prop. 1979/80: 145 zurück.

36) Als Beispiel der an einem Remissverfahren beteiligten Interessen sei hier die Liste derjenigen Oranisationen aufgeführt, die das Schreiben der Sysselsättningsutredningen vom 11.10. 1977 kommentiert haben:
- socialstyrelsen (Zentrale Sozialbehörde),
- postverket (Staatliche Postbehörde),
- statens avtalsverk (Staatliche Tarifbehörde)
- statens personalnämnd (Staatliche Personalbehörde),
- universitets- och högskoleämbetet (Universitäts- und Hochschulbehörde),
- skolöverstyrelsen (Zentrale Schulbehörde),
- arbetsmarknadsstyrelsen (Zentrale Arbeitsmarkbehörde),
- statens invandrarverk (Staatliche Einwanderbehörde),
- länsstyrelsen organisationsnämnd (Organisationsrat der Kreisverwaltungen),
- statens handikappraad (Staatlicher Rat für Behinderte),
- institutet for social forskning (Institut für Sozialforschung),
- statens ungdomsraad (Staatlicher Jugendrat),
- gymnasieutredningen (Kommission für die Sekundarstufe 2),
- Södertälje, Linköping, Malmö, Göteborg (Kommunen),
- Svenska Kommunförbundet (Schwedische Kommunalvereinigung),
- Landtstingsförbundet (Kreisvereinigung),
- Sveriges Hantverks- och industriorganisation (Schwedische Industrie- und Handelskammer),
- tjänstemannens centralorganisation (Beamtenbund),
- centralorganisationen SACO/SR (Akademikergewerkschaft),
- landsorganisationen i Sverige (Gewerkschaftsdachverband),
- Svenska arbetsgivareföreningen (Schwedische Arbeitgebervereinigung),
- arbetsmarknadens yrkesraad (Beschäftigungsrat des Arbeitsmarktes),
- kooperative förbundet (Coop),
- Sveriges Förenade Studentkaarer (Vereinigte Schwedische Studentenvereinigungen),
- Sveriges Folkhögskoleelevers Förbund(Verbund der schwesichen Volkshochschüler),
- Sveriges AMU-elevers Riksförbund (Verbund der schwedischen Arbeitsmarkt-Schüler),
- Svenska föreningen för studie- och yrkesvägledning (Schwedische Vereinigung für Studien- und Erwerbsberatung),
- moderata ungdomsörbundet (Jugendorganisation der Konservativen Partei),

- folkparties ungdomsförbund (Jugendorganisation der Volkspartei),
- Sveriges socialdemokratiska ungdomsförbund (Jugendorganisation der Sozialdemokratischen Partei),
- Svenska lantarbetareförbundet (Schwedische Landarbeiterverbund),
- delegationen för ungdomens sysselsättningsfraagor (Kommission für Beschäftigungsfragen der Jugend).

Vgl. Prop. 1977/78: 164, S. 12 ff. Die Übersetzungen sind z.T. frei und versuchen sich an das jeweilige deutsche Pendant anzulehnen.

37) So enthalten auch Gutachten von Kommissionen anderer Gebiete wichtige Aussagen zum Problem der Jugendarbeitslosigkeit, z.B. Gymnasieutredningen (U 1976: 10), Anställningsskyddskommittén (A 1977: 01) oder Studiestödsutredningen; (es handelt sich um Kommissionen für die Sekundarstufe 2, für Anstellungsschutz und für Ausbildungsförderung). Die Benennungen geben jeweils an, welchem Ministerium die Kommissionen zugeordnet sind und wann sie errichtet wurden.

38) SFS 1966: 368 mit vielen Änderungen, zu den Vorarbeiten siehe Prop. 1973: 56.

39) Es handelt sich nicht um ein Gesetz.

40) Die Kommissionsberichte als Grundlage der Remissäußerungen sind ja i.d.R. veröffentlicht und werden z.B. auch in der Presse diskutiert.

41) Prop. 1977/78: 164, S. 1.

42) Vgl. ebda. S. 23.

43) Ebda. S. 26.

44) Eine bestimmte Anzahl von Ausbildungsplätzen in der Sekundarstufe 2, Verbesserung der Beratung etc.

45) Vgl. zu dieser Zusammenstellung OECD 1978 a, S. 51 ff; Bundesminister für Bildung und Wissenschaft (Hrsg.) 1978; Bundesanstalt für Arbeit 1980 a, S. 127 ff.

46) Vgl. Prop. 1977/78: 164, S. 32.

47) Prop. 1979/80: 145, S. 12.

48) Ebda. S. 8.

49) Ebda. S. 20.

50) Vgl. hierzu ausführlich Hart 1978, S. 37 ff; Statskontoret 1980; Brändström/Grimlund/Ricknell 1979, S. 146 f.

51) Vgl. hierzu ausführlich Hart 1978, S. 88 ff. und S. 118 f.;

sowie Hanf/Hjern/Porter 1978, die die lokalen Implementationsstrukturen anhand von Graphiken umfassend erläutern.

52) Vgl. Brändström/Grimlund/Ricknell 1979, S. 79 ff.

53) Seit der Prop. 1979/80: 145 ja sogar der größte Teil.

54) Es ware also möglich zwischen direkten (z.B. Arbeitgeber) und indirekten Adressaten (z.B. arbeitslosen Jugendliche) zu unterscheiden.

Fußnoten Kapitel 9:

1) Vgl. hierzu Manpower Services Commission 1977, S. 57; Fyfe 1977, S. lo5; OECD 1978 b, S. 148; Lewis 1978, S. 135.

2) Training Services Authority, siehe 9.5.

3) Vgl. hierzu Fyfe, 1978, S. lo2 ff; Manpower Services Commission 1977, S. 25 ff und 55 ff.; Lewis 1978, S. 96 ff.

4) Vgl. Manpower Services Commission 1977, S. 55; OECD 1978 b, S. 156.

5) Vgl. ebda.

6) Vgl. hierzu Manpower Services Commission 1977, S. 58; Lewis 1978, S. 149 ff.

7) Manpower Services Commission 1977, S. 56-

8) Vgl. hierzu Manpower Services Commission 1977, S. 28 und 56 f.; Lewis 1978, S. 132 ff.; OECD 1978 b, S. 151. Das Programm wurde 1978, nachdem das YOP angelaufen war, beendet.

9) Vgl. Manpower Services Commission 1977, S. 58; OECD 1978 b, S. 144.

10) Vgl. unter 8.5.

11) Vgl. Manpower Services Commission 1977, S. 24.

12) Vgl. Manpower Services Commission 1979, S. 25; OECD 1978 b, S. 149 f.

13) Vgl. hierzu u.a. Manpower Services Commission 1977, S. 54 f.; OECD 1978 b, S. 154 ff.

14) Vgl. u.a. OECD 1978 b, S. 147 f.

15) Manpower Services Commission 1977, S. 57.

16) Vgl. Manpower Services Commission 1977, S. 27 und 57; ausführlich Lewis 1978, S. 142 ff; OECD 1978 b, S. 146 f.

17) Das Programm endete mit der Einführung des YOP im April 1978; vgl. Manpower Services Commission 1977, S. 28 und 58; Lewis 1978, S. 153 f.; OECD 1978 b, S. 145.

18) Vgl. OECD 1978 b, S. 145 f.

19) Vgl. OECD 1978 b, S. 153 f.

20) Vgl. hierzu ausführlich Manpower Services Commission 1977 und Manpower Services Commission 1979.

21) Z.B. für Materialkosten u.ä.

22) Beispielsweise Kinder ethnischer Minderheiten - in Großbritannien ein besonderes Problem.

23) Vgl. Manpower Services Commission 1979, S. 25.

24) Für eine ausführliche Darstellung der Organisation der Arbeitsmarktverwaltung in Großbritannien siehe COI 152, 1978, COI 153, 1978, Schulz 1973 und Lewis 1978, S. 1 ff.; siehe auch unten 9.5.

25) Manpower and Employment in Britain. The Role of Government; COI 152, 1978.

26) Vgl. hierzu Lewis 1978, S. 131.

27) Mukherjee 1974.

28) Manpower Service Commission 1977, S. 6. Die Mitglieder der Working Party waren Angehörige folgender Organisationen:
- Confederation of British Industry (Arbeitgeberverband),
- Trades Union Congress (Arbeitnehmer),
- Institute of Career Officers (Vereinigung der Mitarbeiter des kommunalen Career Service),
- Department of Employment,
- Department of Education and Science,
- Home Office,
- Scottish Education Department,
- Her Majesty's Inspectorate of Schools,
- Office of the Manpower Service Commission,
- Employment Service Agency,
- Training Services Agency.

Als Beobachter waren bei dem Treffen der Arbeitsgruppe ein Repräsentant des nordirischen Erziehungsministeriums und der Chief Officer of Education for Manchester dabei; vgl. Manpower Service Commission ebda.

29) Manpower Service Commission 1977, S. 3.

30) Manpower Service Commission 1979, S. 10.

31) Training for Vital Skills: a consultative document, 1976.

32) Zu den in diesem Zusammenhang seit 1967 üblichen "White Papers" und "Green Papers" vgl. Brown/Steel 1979, S. 132 f.

33) Die hier vorgelegte Zusammenstellung der auf dem Gebiet der Jugendarbeitslosigkeit einschlägigen Maßnahmen und Programme richtet sich daher nach verschiedenen "offiziösen" Quellen: Manpower Services Commission 1977; Fyfe 1977; Manpower Services Commission 1979; vgl. hierzu auch Bundesminister für Bildung und Wissenschaft (Hrsg.), 1978; Lewis 1978 und OECD 1978 b.

34) Z.B. im YOP.

35) Vgl. hierzu unter 9.5.

36) Zitiert bei Lewis 1978, S. 135.

37) Ebda. S. 132, vgl. auch Manpower Services Commission 1977, S. 28 und 56.

38) Ebda. S. 142.

39) Ebda.

40) Ebda. S. 149.

41) Manpower Services Commission 1977, S. 3.

42) Manpower Services Commission 1977, S. 7.

43) Ebda.

44) Ebda. S. 29

45) Ebda.

46) Ebda. S. 33.

47) Vgl. Manpower Services Commission 1979, S. 9.

48) Z.B. Konkurslehrlingen in unserer Terminologie.

49) Vgl. z.B. The Economist vom 12.12.1981, Sorcery among Britain's apprentices, S. 80.

50) Es handelt sich um das Special Temporary Employment Programme, STEP. Vgl. hierzu Manpower Services Commission 1979, S. 28 ff.

51) Vgl. hierzu ausführlich Lewis 1978, S. 93.

52) Die Mitglieder werden vom zuständigen Minister ernannt und zwar drei nach Konsultationen mit den Gewerkschaften, ebenso viele nach Konsultationen mit dem Arbeitgeberverband, zwei nach Konsultationen mit kommunalen Interessenverbänden und einer mit "professional educational interest". Vgl. hierzu und zum folgenden Lewis 1978, S. f ff.; COI 152, 1978 und COI 153, 1978.

53) Die SPD wurde erst im Jahre 1978 etabliert, vorher wurden diese Aufgaben von einer nicht näher bezeichneten Abteilung der Manpower Service Commission wahrgenommen.

54) Zuständig sind dafür je nachdem ob es sich um Metropolitan Counties oder um Non-Metropolitan Counties handelt, unterschiedliche Ebenen des Local Government:
- in Non-Metropolitan Counties die Behörde des County Councils,
- in Metropolitan Counties die District Councils.

Vgl. hierzu die Ausführungen bei der Behandlung der Drogenpolitik (oben 6.5.) und Cross/Mallen 1978, S. 13 ff.

55) Vgl. hierzu Lewis 1978; COI 153, 1978.

56) Lewis 1978, S. 21.

57) Lewis 1978, S. 166.

58) Die Zahl stimmt nicht ganz mit den Area Offices überein, da einige Boards, z.B. in London, für mehrere Offices zuständig sind.

59) "The board would consider and endorse plans for the area; approve or reject particular projects in the light of those plans and of national programme guidelines; advise on the allocation of resources to particular kinds of opportunities or particular projects; encourage community involvement and cooperation; and assist in any way open to them the success of the programme." (Manpower Services Commission 1977, S. 46) Auch die Größe der jeweiligen Areas ist nicht endgültig festgelegt, allerdings soll sie an die der jeweiligen "Local Education Authorities Areas" (Schuldistrikte) angepaßt sein.

60) Manpower Services Commission 1977, S. 46.

61) Neben diesen Boards, deren Funktion in erster Linie legitimierend ist und deren Zusammensetzung aufgrund der begrenzten Anzahl der Mitglieder durchaus nicht immer unumstritten ist (nicht alle Local Authorities und District Manpower Committtees sind in dem jeweiligen Board vertreten) sind weitere, eher informelle Koordinationsversuche zu erwähnen. So wird im Rahmen des YOP immer wieder die notwendige enge Zusammenarbeit mit dem Career Service, der jeweiligen Education Authority und den Local Authorities betont, und diese Zusammenarbeit scheint auf informeller Ebene, auch abseits und neben den offiziellen Boards, verhältnismäßig gut etabliert zu sein.

62) "... maximum possible delegation of authority to local levels", Manpower Services Commission 1977, S. 45.

Fußnoten Kapitel 10:

1) Vgl. z.B. Bundesanstalt für Arbeit 1980 a, S. 14; OECD 1978 b, S. 27.

2) Vgl. hierzu Schober/Jelitto 1979; Bundesanstalt für Arbeit 1980 a, S. 113 ff.; Schober/Hochgürtel 1980, S. 29 ff. und S. 35 ff. sowie BTDrs. 8/2016.

3) Vgl. u.a. Bundesanstalt für Arbeit 1980 a, S. 115 ff.; z.B. Erhöhung des "Elternfreibetrages" bei erforderlicher auswärtiger Unterbringung. Diese Freibeträge sind in den folgenden Jahren verschiedentlich erhöht worden, z.T. beschränkt auf bestimmte Arbeitsamtsbezirke.

4) Vom 11.3.1974; vgl. Bundesanstalt für Arbeit 1975, S. 37.

5) Vgl. hierzu Bundesanstalt für Arbeit 1980 a, S. 115 ff.; Schober/Hochgürtel 1980, S. 28 ff.

6) Vgl. Schober/Hochgürtel 1980, S. 40 f.; Bundesanstalt für Arbeit 1980 a, S. 118 ff.; Bundesministerium für Arbeit 1979, S. 57 f.

7) Maßnahme in Anlehnung an § 54 AFG.

8) Vgl. Schober/Hochgürtel 1980, S. 45; Bundesminister für Arbeit 1979, S. 22; Bulletin (Presse- und Informationsamt der Bundesregierung) 1974, No. 153.

9) Vgl. ebda. Im Rahmen dieser knappen Darstellung sollen jeweils nur die wichtigsten Maßnahmen erwähnt werden, Für eine detaillierte Übersicht über die verschiedenen Programme siehe neben Schober/Hochgürtel 1980, Bundesminister - für Arbeit 1979, Bundesanstalt für Arbeit 1980 a, auch noch Göttner 1979, S. 237 ff. Allerdings sind diese Übersichten jeweils nicht vollständig; auserdem führen sie z.T. Maßnahmen auf, die in anderen Programmen enthalten sind und durch diese finanziert werden (vgl. z.B. Förderung überbetrieblicher Ausbildungsstätten im Rahmen der GRW) oder erst viel später in Kraft treten (z.B. zusätzliches Förderkriterium "Ausbildungsplätze" im Rahmen der GRW, das bei Schober/Hochgürtel als Element des Programms vom 12.12. 1974 aufgezählt wird, aber erst mit dem 6. Rahmenplan vom 15.7.1977 (BTDrs. 8/759) eingeführt wird.

10) Vgl. hierzu die z.T. widersprüchlichen Angaben in BTDrs. 8/698 "Zwischenbericht über die Verwendung der den Ländern für die Errichtung zusätzlicher Ausbildungskapazitäten im Rahmen des Stufenplans zu Schwerpunkten der beruflichen Bildung zur Verfügung gestellten Mittel" BTDrs. 8/2016, S. 5, BTDrs. 8/2796, S. 1, sowie Bundesminister für Arbeit 1979, S. 31 und Schober /Hochgürtel 1980, S. 48 f.

11) Vgl. Bundesminister für Arbeit 1979, S. 25 ff.

12) Ebda. S. 28.

13) Juristische Personen des öffentlichen Rechts, Unternehmen oder Einrichtungen des privaten Rechts, die gemeinnützige Zwecke verfolgen oder sonstige Unternehmen, wenn zu erwarten ist, daß die Förderung den Arbeitsmarkt in wirtschafts- oder sozialpolitisch erwünschter Weise belebt; § 92 AFG.

14) Vgl. Bundesminister für Arbeit 1979, S. 60 f.

15) In letzer Zeit leicht überrepräsentiert, vgl. Schober/Hochgürtel 1980, S. 39; Bundesanstalt für Arbeit 1980 a, S. 120.

16) Bundesminister für Arbeit 1979, S. 33.

17) Bulletin (Presse- und Informationsamt der Bundesregierung) 1975, No. 106; vgl. Bundesminister für Arbeit 1979, S. 22; Göttner 1979, S. 253.

18) Vgl. hierzu ausführlich Göttner 1979, S. 247 ff. mit weiteren Angaben.

19) Reduzierung des Unterhaltsgeldes von 90 auf 80 % bzw. auf 58 %.

20) Vgl. hierzu Bundesanstalt für Arbeit 1980 a, S. 118.

21) Bulletin (Presse- und Informationsamt der Bundesregierung) No. 17, 1976; vgl. hierzu Schober/Hochgürtel 1979, S. 46; Göttner 1979, S. 254; Bundesanstalt für Arbeit 1980 a, S. 121 f.

22) In Anlehnung an § 40 AFG.

23) In Anlehung an §§ 50 ff. AFG.

24) APlFG vom 7.9.1976, BGBl. I, S. 2658.

25) Vgl. Aufgabenkatalog in § 14 APlFG.

26) Vgl. § 5 APlFG.

27) §§ 2 ff. APlFG.

28) Vgl. hierzu ausführlich Knopp/Kraegeloh 1978, Schober/Hochgürtel 1980. S. 32 f.; Bundesminister für Arbeit 1979, S. 30 f. Am 10.12.1980 hat das Bundesverfassungsgericht die Unvereinbarkeit des APlFG mit Art. 84 Abs. 1 GG festgestellt (das Gesetz war von der Bundesregierung als nicht zustimmungsbedürftiges Gesetz behandelt worden) und es für nichtig erklärt (vgl. BGBl. I, 1981, S. 40). Da diese Ent-

wicklung außerhalb des hier untersuchten Zeitraums fällt, wird sie in der Untersuchung nicht berücksichtigt.

29) Aufstockung der Mittel der Bundesanstalt für Arbeit, § 54 AFG.

30) § 53 AFG.

31) §§ 91 ff. AFG; die beiden letzten Maßnahmen werden zusätzlich zu den Programmitteln durch Aufstockung der Mittel der Bundesanstalt für Arbeit ermöglicht. Vgl. hierzu Schober/Hochgürtel 1980, S. 46 f.; Bundesanstalt für Arbeit 1980 a, S. 123; Göttner 1979, S. 254; Bulletin (Presse- und Informationsamt der Bundesregierung) No. 119, 1976.

32) Verlängerung der Verordnung des Bundesministeriums für Arbeit zur Förderung der beruflichen Fortbildung und Umschulung bei ungünstiger Beschäftigungslage, vgl. Maßnahme (11).

33) BTDrs. 8/2796, S. 7; vgl auch Bundesministerium für Arbeit 1979, S. 62 f. und BTDrs. 8/1758, S. 30.

34) Vgl. hierzu Bundesanstalt für Arbeit 1980 b, S. 8 ff.

35) Bulletin (Presse- und Informationsamt der Bundesregierung) No. 33, 1977; vgl. Schober/Hochgürtel 1980, S. 48; Bundesminister für Arbeit 1979, S. 22 f. und S. 31.

36) Vgl. u.a. Bulletin (Presse- und Informationsamt der Bundesregierung) No. 56, 1977, S. 511; Bundesminister für Arbeit 1979, S. 23 und Göttner 1979, S. 254, der dieses Programm allerdings fälschlicherweise als das ZIP bezeichnet.

37) Vgl. hierzu auch Bundesminister für Arbeit 1979, S. 33.

38) Vgl. Bundesminister für Arbeit 1979, S. 32; BTDrs. 8/2796, S. 3.

39) Bund-Länder-Kommission 1976 und 1977.

40) Vgl. hierzu Bundesminister für Arbeit 1979, S. 25 und 32; Schober/Hochgürtel 1980, S. 50 f.

41) Vgl. ausführlich BTDrs. 8/2796, S. 9 f.

42) Vgl. Schober/Hochgürtel 1980, S. 49.

43) Bulletin (Presse- und Informationsamt der Bundesregierung) No. 67, 1979, S. 630; vgl. dazu auch MittAB 2/79 S. 256 f. und 2/81, S. 2o2 mit weiteren Quellen sowie Bundesministerium für Arbeit 1979, S. 24 und Schober/Hochgürtel 1980, S. 48. Das Programm trat am 1.8.1979 inkraft.

44) Vgl. MittAB 2/81, S. 2o3.

45) BGBl. I, S. 1381.

46) Vgl. auch § 40 a AFG.

47) Bundesminister für Arbeit 1979, S. 57; vgl. hierzu auch MittAB 2/79, S. 257 f.: Krebs 1970 ff., E 14.

48) Vgl. § 191 AFG, vgl. auch MittAB 2/79, S. 258.

49) Der Hessische Minister für Wirtschaft und Technik 1978; der Bericht enthält auch die für 1978 geplanten Maßnahmen.

50) Vgl. hierzu und zum folgenden insbesondere Schober/Hochgürtel 1980; Bundesanstalt für Arbeit 1980 a.

51) Z.B. nach den §§ 49, 54 und 90 ff. AFG, Einarbeitungszuschuß, Eingliederungsbeihilfe und Arbeitsbeschaffung.

52) Z.B. freiwilliges 10. Hauptschuljahr, Kurse zum nachträglichen Erwerb des Hauptschulabschlusses, Einführung des 10. Pflichschuljahres an allgemeinbildenden Schulen, diverse Formen des Berufsgrundschuljahres in Sonderformen für Jugendliche ohne Hauptschulabschluß und/oder Jugendliche ohne Ausbildungsplatz.

53) Z.B. der Bund-Länder-Kommission für Bildungsplanung und Forschungsförderung, vgl. Maßnahme (25).

54) Vgl. Maßnahme (19).

55) Zumindest bei den ersten Maßnahmen, den Ergänzungen bzw. Konkretisierungen der im AFG vorgesehenen Maßnahmen ohne zusätzliche staatliche Finanzierung könnte u.U. auch von redistributiven Policies gesprochen werden (jugendliche Arbeitslose profitieren, die Gesamtheit der Arbeitnehmer als Träger der Bundesanstalt für Arbeit verliert oder "bezahlt"), aber da die Bundesanstalt für Arbeit seit 1975 auf Bundeszuschüsse angewiesen ist, um ihre Aufgaben zu erfüllen, trifft diese Charakterisierung in der Praxis nicht zu. Sie würde nur greifen, wenn der Bund überhaupt nicht finanziell an der Bundesanstalt für Arbeit beteiligt wäre.

56) BGBl. I, S. 582, mehrfach geändert.

57) BGBl. I, S. 1112, mehrfach geändert.

58) BGBl. I, S. 2658, inzwischen vom BVerfG aufgehoben, vgl. FN 28 . Auf Länderebene kommen als zentrale Elemente noch die jeweiligen Schulgesetze hinzu.

59) Vgl. hierzu Göttner 1979, S. 242. Andere Problemgruppen des Arbeitsmarktes sind durchaus im AFG erwähnt, z.B. körperlich und geistig Behinderte, Frauen, ältere Erwerbstätige; vgl. § 2 AFG.

60) Göttner 1979, S. 237.

61) Vgl. die Liste der für Jugendliche infrage kommenden Leistungen bei Göttner 1979, S. 241.

62) "Jeder der mit dem Arbeitsförderungsgesetz (AFG) zu tun hat, wird zunächst auf die Schwierigkeit stoßen, sich im Gesetz und in den mit ihm zusammenhängenden Rechtsvorschriften zurechtzufinden." So ein Kommentator in einer Einführung; Gagel 1981, S. 11.

63) Von 1969 bis 1980 insgesamt 32 Gesetze "in oft scheller Folge", ebda. S. 16.

64) Vgl. hierzu Gagel 1981, S. 16.

65) Bulletin (Presse- und Informationsamt der Bundesregierung) No. 17, 1976.

66) Einige arbeitsmarktpolitische Programme, wie z.B. das "Einmalige Sonderprogramm für Gebiete mit speziellen Strukturproblemen vom 6.2.1974" oder die verschiedenen "Sonderprogramme des Bundes und der Länder für Schwerbehinderte" (vom 1.11.1976, vom 2.1.1978 und vom 28.3.1979) wurden nicht berücksichtigt, da sie keine speziellen Maßnahmen gegen die Jugendarbeitslosigkeit enthalten.

67) Weitere Modellversuche gibt es z.B. für "Frauen in Berufen des gewerblich-technischen Bereichs", für Ausländer usw. Vgl. BTDrs. 8/3791, S. 5 f.

68) Gelegentlich gemischt mit unverhohlenen, im Laufe der Zeit allerdings immer unglaubwürdiger werdenden Drohungen, die im Gesetz vorgesehene Umlagefinanzierung tatsächlich anzuwenden:
"Wenn das tatsächliche Angebot an Ausbildungsplätzen in diesem Jahr nicht der Vorausschau des Hauptausschusses entspricht, wird die Bundesregierung alle Möglichkeiten des Gesetzes ausschöpfen, um die Ausbildungschancen der Jugendlichen zu sichern. Alle Beteiligten müssen wissen, daß die Instrumente des Ausbildungsplatzförderungsgesetzes voll eingesetzt werden, wenn ihre Aussagen zum Ausbildungsplatzangebot 1977 nicht verwirklicht werden. Dann wird die Bundesregierung den nächsten Berufsbildungsbericht zum frühest möglichen Zeitpunkt vorziehen und die Finanzierung schnellstens einleiten." (Berufsbildungsbericht 1977, S. 3)

69) ANBA 1977, S. 89o ff.; soweit bekannt hat die Bundesanstalt für Arbeit kein spezielles Programm gegen die Jugendarbeitslosigkeit veröffentlicht.

70) Bund-Länder-Kommission 1975.

71) Dieser Plan ist m.W. nicht veröffentlich, obwohl immer wieder auf ihn Bezug genommen wird, vgl. z.B. BTDrs. 8/698.

72) Bund-Länder-Kommission 1976

73) Dies. 1977.

74) Wie problematisch die Durchführung dieser Programme ist, geht u.a. aus der BTDrs. 8/698 hervor.

75) Vgl. hierzu Schober/Hochgürtel 1980. S. 50 f.

76) Von offizieller Seite wurde vom Hessischen Minister für Wirtschaft und Technik ein "Gemeinsamer Erfahrungsbericht der Länder über bereits eingeleitete Maßnahmen gegen Jugendarbeitslosigkeit für die Jahre 1976 und 1977" erstellt. Auch die Beiträge der Bundesanstalt für Arbeit 1975 und dies. 198o a sind im Prinzip nichts anderes als der Versuch von Bestandsaufnahmen.

77) BTDrs. 8/1758.

78) BTDrs. 8/439.

79) BTDrs. 8/1758, S. 1.

80) Ebda. S. 2.

81) Ebda. S. 4.

82) BTDrs. 8/2796.

83) Vgl. Bundesanstalt für Arbeit 1080 a, S. 128: "Die Vielfalt und streckenweise Uneinheitlichkeit der Maßnahmen hat nicht zuletzt ihre Ursache in den unterschiedlichen gesetzlichen Grundlagen und zersplitterten Kompetenzen. Sowohl innerhalb der einzelnen Bundesländer als auch zwischen den Ländern wäre eine bessere Koordinierung der Maßnahmen und Programme wünschenswert. Denn bei der derzeitigen Vielfalt und Uneinheitlichkeit ist nicht immer sichergestellt, daß die Programme sich in ihren Wirkungen nicht gegenseitig behindern, bzw. daß sie im Einklang mit längerfristigen bildungs- und arbeitsmarktpolitischen Grundpositionen und Zielvorstellungen stehen."

84) Sog. Edding-Kommission, vgl. "Kosten und Finanzierung der außerschulischen beruflichen Bildung", BTDrs. 7/1811.

85) Der Vorschlag der Edding-Kommission, d.h. Finanzierung der Förderung der außerschulischen Berufsbildung durch einen Fonds, der aus einer Arbeitgeber- Umlage gespeist wird, wurde im Gesetz nur zum Teil und sehr begrenzt übernommen. Neuerdings hat die Landesregierung von Nordrhein-Westfalen den Versuch unternommen, die Bekämpfung der Jugendarbeitslosigkeit durch eine "Wissenschaftliche Kommission" vorzubereiten, vgl. Ministerium für Arbeit, Gesundheit und Soziales des Landes Nordrhein-Westfalen 1979.

86) Vgl. hierzu Blankenburg/Krautkrämer 1980, S. 138 ff.

87) Vgl. z.B. Bundesanstalt für Arbeit 1975.

88) § 2 AFG.

89) Bundesminister für Arbeit 1979, S. 29; vgl. auch z.B. BTDrs. 8/3791, S. 5 ff.

90) Bundesminister Rohde im Berufsbildungsbericht 1977, S. 3.

91) Vgl. in diesem Zusammenhang auch die verschiedenen Konjunkturprogramme, in denen Maßnahmen zur Bekämpfung der Jugendarbeitslosigkeit enthalten waren.

92) Vgl. hierzu Bundesminister für Arbeit 1979, S. 17 ff.

93) "Wenn viele junge Menschen diese Belastungen (der Arbeitslosigkeit; W.J.) erfahren, dann können daraus auch Gefahren für die soziale und politische Stabilität der Gesellschaft erwachsen." Ebda. S. 2

94) "Es gilt deshalb, schon heute diejenigen zu qualifizieren, die gegen Ende dieses Jahrhunderts die wirtschaftliche Leistungsfähigkeit und soziale Stabilität zu sichern haben." Ebda. S. 29.

95) Wenn man wiederum zubilligt, daß auch Arbeitsbeschaffungsmaßnahmen diese Zieldimension enthalten.

96) Hierbei ist wiederum zu beachten, daß die länderspezifischen Maßnahmen in die Auswertung nicht eingehen und daß es generell um die Anzahl neuer oder neuartiger Maßnahmen, nicht um ihr Gewicht geht. Trotzdem scheint diese Einschätzung in der Reihenfolge des Gewichts der unterschiedlichen Maßnahmen plausibel.

97) Vgl. dazu auch die z.T. operationalisierten Angaben in den Programmen der Länder; vgl. allerdings auch die verschiedenen Bestandsaufnahmen im Bundestag (BTDrs. 8/598 und 8/2796) aus denen hervorgeht, wie unzureichend eine Erfolgskontrolle bisher noch vorgenommen wird.

98) In den Organen der Bundesanstalt jeweils ein Drittel Arbeitnehmer, Arbeitgeber und Vertreter öffentlicher Körperschaften; im BIBB 11 Vertreter von Arbeitgebern, Arbeitnehmern, der Länder sowie 5 Vertreter des Bundes, die aber 11 Stimmen führen. AFG § 192; APlFG § 16.

99) § 55 BBiG.

100) § 45 BBiG; § 41 a HwO.

101) Die Summe ergibt mehr als die Anzahl der Maßnahmen, weil einige sich an unterschiedliche Adressaten wenden.

102) Vor allem durch die vorgesehenen informellen (Berufsbildungsbericht) und strukturellen (Berufsbildungsinstitut) Steuerungsinstrumente. Es ist daher besonders interessant, daß ein Teil der vorgesehenen Instrumente nie zur Anwendung gelangt und darüber hinaus das APlFG in zwischen vom Bundesverfassungsgericht aufgehoben wurde (vgl. FN 24).

Fußnoten Kapitel 11:

1) Vgl. Abb. 4.18. ff.

2) Vgl. zum Problem der distributiven und redistributiven Politik auch Windhoff-Heretier 1982.

3) Vgl. hierzu für den Bereich Wirtschaftsförderung Scharpf/Reissert/Schnabel 1976.

4) Dies ist ja gerade der Inhalt der Definition von Politik als "autoritative Verteilung von Werten" (Easton). Das Ergebnis dieser Politik sind Policies, die daher auf der Grundlage von Verteilungswirkungen analysiert werden können.

5) Nur eine Ausprägung trifft zu; vgl. hierzu Friedrichs 1981, S. 89.

6) Die Bedeutung der subjektiven Einschätzungen wurde allerdings durch die Offenlegung der jeweils die Untersuchung leitenden Kriterien und Überlegungen versucht zu verringern.

7) Vgl. Kapitel 1.

8) So ist ja auch das Konzept der "Aktiven Arbeitsmarktpolitik" weitgehend im Rahmen der OECD entstanden. Vgl. hierzu u.a. Blankenburg 1979 a, S. 278 ff.

9) Vgl. die verschiedenen Programme im Bereich "Drogenmißbrauch" und die Bestandsaufnahmen der Friedrich-Ebert-Stiftung, der Hessischen Staatskanzlei sowie der Bundesanstalt für Arbeit im Bereich "Jugendarbeitslosigkeit": Hessische Staatskanzlei, Bundesanstalt für Arbeit 1975 und 1980 a, sowie Schober/Hochgürtel 1980; oben unter 7.3. und 10.3.

10) Auf die Identifikation von Vollzugszielen sollte in diesem Zusammenhang ja verzichtet werden; vgl. dazu oben unter 4.3.2.

11) Vgl. hierzu Böhret/Jann/Kronenwett 1982, S. 139.

12) In Schweden im Rahmen der "Jugendgarantie", in Großbritanien durch das sog. "Easter undertaking" und in der Bundesrepublik Deutschland durch die Zielsetzung der Bundesregierung, daß das jährliche Angebot an Ausbildungsplätzen die Nachfrage jeweils erheblich übertreffen sollte.

13) Blankenburg 1978 b, S. 3; vgl. auch die Definition ebda. S. 4:
"Unter 'aktiver Arbeitsmarktpolitik' sind dabei die Instrumente zu verstehen, die die Arbeitsverwaltungen in die Lage versetzen, Engpässe der Nachfrage und Überschüsse

des Angebots auf dem Arbeitsmarkt vorauszusehen und vorbeugend ebenso wie reaktiv die Anpassung von Angebot und Nachfrage auf dem Arbeitsmarkt zu verbessern."

14) Die von Johannesson/Schmid allgemein konstatierten Unterschiede der Arbeitsmarktpolitik in Schweden und der Bundesrepublik Deutschland, nach denen die schwedische Politik überwiegend auf Nachfrage- und Mobilitätsstrategien abgestellt ist, während die bundesdeutsche Arbeitsmarktpolitik eher Angebots- und Kompensationsstrategien betont (vgl. Johannesson/Schmid 1979, dies. 1980) sind im Bereich Jugendarbeitslosigkeit nicht nachzuweisen. Allerdings sei noch einmal darauf hingewiesen, daß hier nicht die quantitative Bedeutung, wie bei Johannesson/Schmid, sondern die qualitative Betonung, wie sie in Programmen deutlich wird, interessiert.

15) Vgl. hierzu z.B. die Studien der OECD 1978a, 1978 b, 1980, 1981 sowie der EG-Kommission 1977, und dies. 1980 und des International Labour Office (ILO 1979), die durch Vergleiche im Rahmen der Bildungspolitik unterstützt wurden (vgl. z.B. Bundesminister für Bildung und Wissenschaft (Hrsg.) 1975 und 1978).

16) Vgl. z.B. die Bemühungen im Rahmen des Europarats (u.a. Council of Europe 1974 und 1979), der World Health Organization (WHO 1974), und der sog. Pompidou-Gruppe, einem Zusammenschluß der EG-Länder und Schwedens (Pompidou-Group 1979) sowie der verschiedenen Bemühungen im Bereich der internationalen Polizei (Interpol) und des Zolls (CCC).

17) Single Convention on Narcotic Drugs 1961; Protocol to Amend the 1961 Single Convention on Narcotic Drugs, 1972. Zu den internationalen Abkommen und Abstimmungen siehe u.a. Aktionsprogramm 1980, S. 14; COI 161, 1979, S. 31 f.

18) Premfors 1980, S. 227.

19) Potentielle Adressaten werden abgeschreckt bzw. nicht erwünschte Akteure angezogen. Siehe zu diesem Problem ausführlich Dahme/Grunow/Hegner 1980, S. 169.

20) Vgl. Blankenburg/Krautkrämer 1980.

21) Strukturierung würde im Bereich der externen Instrumente ja eine Zusammenarbeit zwischen Drogenabhängigen und staatlichen Institutionen bedeuten. Der Gedanke ist zwar schwer vorstellbar, aber zumindest logisch nicht auszuschließen.

22) Das Steuerungsinstrument Leistung kam im Bereich der internen Steuerung nicht vor. Es wäre theoretisch denkbar, wenn man die Leistungen z.B. der Zentralregierung gegen-

über den Kommunen genauer untersucht hätte - aber auch hier ergeben sich Schwierigkeiten. Ist es z.B. Leistungserbringung, wenn in Großbritannien der National Health Service Drogenkliniken errichtet?

23) Unter "Instrumenten der Arbeitsmarktpolitik" wird oft in der Literatur etwas anderes verstanden, wie z.B. Arbeitsbeschaffungsmaßnahmen, Arbeitsvermittlung, Berufsberatung oder auch Beeinflussung der Nachfrage bzw. des Angebots von Arbeitskräften (vgl. z.B. Adam 1981). Diese Aspekte werden in der vorliegenden Arbeit entweder als einzelne Maßnahmen oder als Zieldimensionen behandelt. Instrument meint hier nur den steuerungstheoretischen Ansatz der Maßnahme.

24) In diesem Zusammenhang sei noch einmal daran erinnert, daß im Bereich "Jugendarbeitslosigkeit" die Unterscheidung zwischen Akteuren und Adressaten etwas anders getroffen wurde, so daß hier private Unternehmer z.B. auch als Adressaten der Programme aufgefaßt werden. Dies bedeutet, daß hier auch im Rahmen der externen Instrumente Strukturierung eine entscheidende Rolle spielt.

Fußnoten Kapitel 12:

1) "Political scientists have written little that could be called 'comparative public policy', and some of what has been written in that name deserves to be called something else." Feldman 1978, S. 288.

2) Feldman, a.a.O.

3) Rose 1972, S. 16.

4) Bondel (Hrsg.) 1969 a, S. XXV.

5) Blankenburg 1979 a, S. 296. Blankenburg schlägt "Verstehen as a method for comparing the incomparable" vor. Seine Auffassungen entsprechen weitgehend den hier vorgetragenen.

6) Vgl. zu den verschiedenen Möglichkeiten international vergleichende Studien zu organisieren, Rokkan 1972, S. 10.

7) In dieser Form werden die meisten Studien der internationalen Organisationen angefertigt, z.B. des Council of Europe und auch des Internationalen Instituts für Verwaltungswissenschaften (IIAS).

8) Vgl. zu dem Problem der "Kompetenz" auch Feldman 1978, S. 302, der zu einem ähnlichen Schlußkommt.

9) Vgl. hierzu auch Dahrendorfs Bemerkung in "Gesellschaft und Demokratie in Deutschland": "Die Fremde eröffnet ihre Schätze dem an bestimmten Gewohnheiten geschulten Auge eher als das Vertraute die seinen ..."; Dahrendorf 1971, S. 7.

10) Z.B. gibt es ja auch Übereinstimmungen im Bereich der Akteure: überall spielen Polizei, Zoll und Gesundheitswesen eine entscheidende Rolle, überall sind im Bereich der Jugendarbeitslosigkeit Organisationen der Arbeitsmarktpartner beteiligt.

11) Vgl. vor allem Blankenburg 1979 a.

12) Hanf/Hjern/Porter 1978, S. 323.

13) Vgl. u.a. Blankenburg 1978 a, wo Zusammenarbeit und Koordination am Beispiel der Arbeitsbeschaffung für Behinderte gezeigt wird. Siehe auch die Zusammenfassung von Blankenburg in Hart 1978, S. XVII; und Blankenburg/Krautkrämer 1977, S. 19.

14) Vgl. zu dieser sog. "Tryckfrihetsförordningen" u.a. Andersson/Mellbourn/Skogö 1978, S. 80.

15) Caulcott/Mountfield 1972, S. 52 f.

16) Hayward zitiert nach Richardson 1979, S. 350.

17) Dieser Auffassung wird von Richardson auf der Grundlage einer Fallstudie über Verkehrspolitik in Schweden widersprochen. Er geht davon aus, daß Konsens in Schweden eine entscheidende Rolle spielt und Policies nicht gleichzeitig "rationalistic", "innovative" und "consensual" sein können.

18) Anton 1969, S. 94.

19) Dieser Begriff geht auf Blankenburg/Krautkrämer zurück, die den Begriff "Kontaktsystem" zur Kennzeichnung der schwedischen Arbeitsmarktverwaltung verwendet haben. Vgl. Blankenburg/Krautkrämer 1977, S. 19 und dies. 1979, S. 68.

20) Vgl. z.B. das zweite Drogengesetz (Abschnitt 6.3.) und das YOP (Abschnitt 9.3.).

21) Committee of Inquiry into Local Government Finance 1976, zitiert bei Rhodes 1980, S. 29o. Vgl. hierzu auch die Beschreibung der britischen Zentralverwaltung bei Heclo/Wildavsky 1981, S. 4:
"Schematically, these men are arrayed in a maze of departments, ministries, boards, councils, offices and committees that defy all but the most psychedelic imagination".

22) Vgl. Leigh 1980.

23) Vgl. z.B. Brown/Steel 1979, S. 2o8:
"The habit of consultation is very strong in British administration; indeed the ease with which affected interests and relevant expertise can be co-opted into the decision process has largely compensated the lack of subject specialisation in the permanent machinery."

24) Smith/Stranger 1980, S. 168.

25) Vgl. die ausdrückliche Betonung der Überlegenheit mündlicher Kommunikation durch Haldane, abgedruckt in Thomas 1978, S. 119; vgl. auch hierzu die Beschreibung bei Heclo/Wildavsky 1981, S. 69 ff.

26) Steel 1980, S. 53. Vgl. auch die Erklärung dieses Phänomens durch den gleichen Autor:
"... the consensual nature of British society and the gradual evolution of its institutions have led to greater reliance on informal rules and procedures than in most other countries." ebda. S. 64.

27) Smith/Stanyer 1980. S. 7.

28) Vgl. hierzu z.B. auch die imponierende Anzahl von Änderungen des Ressortzuschnitts von Minsterien in Großbritannien seit 1967. Übersicht in Brown/Steel 1979, S. 267.

29) Blankenburg/Krautkrämer sprechen in diesem Zusammenhang von einem "Verhandlungssystem"; Blankenburg/Krautkrämer 1977, S. 19.

30) Vgl. hierzu Heclo/Wildavsky, die "mutual confidence" und "trust" als zentrale Elemente der britischen Administration herausstellen (Heclo/Wildavsky 1981, S. 14 ff. und passim). Vgl. auch ebda. S. 9:
"If co-ordination means the degree to which different participants take each other into account (if only to disagree), then British political administration is extraordinarily well co-ordinated."

31) Vgl. z.B. die verschiedenen Versuche im Bereich der Jugendarbeitslosigkeit.

32) Vgl. hierzu Hanf/Hjern/Porter 1978, S. 335, die zu einem ähnlichen Schluß kommen:
"The Swedish networks are much richer and more fully developed."

33) Sothern in Ridley (ed.) 1980, S. 154.

34) Vgl. die ausführlichen Darlegungen bei Wagener 1979 und 1981 b, insbesondere zu den Problembereichen "Überlastung durch Direktion" und "vertikale Fachbruderschaften".

35) Vgl. zu diesem Befund auch die Ergebnisse von Almond/Verba 1965, S. 213, Tab. ix 2 die zeigen, daß soziales Vertrauen in der Bundesrepublik im Vergleich zu den übrigen westlichen Ländern, insbesondere zu Großbritannien, sehr gering ausgeprägt ist. Bekanntlich wird die deutsche politische Kultur i.d.R. durch eine ausgeprägte Konfliktscheu charakterisiert (vgl. hierzu Greiffenhagen/Greiffenhagen 1979, S. 116 ff. mit vielen Nachweisen). Diese Konfliktscheu bedeutet allerdings nicht, daß man statt dessen Konsens sehr hoch schätzen würde. Der Gegensatz zu offener Konfliktaustragung ist in Deutschland "Harmonie" und zwar ausgehend von einem grundlegenden Freund-Feind-Denken. "Deutscher Konfliktscheu entspricht deutsche Geringschätzung des Kompromisses" (ebda. S. 124) und Greifenhagen/Greiffenhagen sprechen daher auch von "Polarisierung durch Konfliktscheu" (ebda. S. 116). Tatsächlich spielt daher Konflikt (im Sinne von Freund/Feind) in unserer politischen Kultur eine erhebliche Rolle. Er ist nur ungeliebt. Vgl. hierzu aber auch die Umfrageergebnisse von Putnam u.a., nach denen die deutschen Beamten noch viel konfliktfreudiger sind als die britischen. (Vgl. Abb. 4.15. f.)

36) Blankenburg 1979 a, S. 295.

37) Es scheint, daß Blankenburg nicht immer ganz diesem Dilemma entgeht. Administrative Culture ist für ihn sowohl eine Zusammenfassung erklärender Variablen:
"... in order to integrate explanatory variables the typological concept of 'administrative culture' is introduced" (Blankenburg 1979 a, S. 273) wie auch die Zusammenfassung der zu erklärenden Unterschiede:
"We here describe only part of the data in three countries and to the extent necessary for showing how much variance national administrative cultures show ..." ebda. S. 285.
In einer früheren Fassung des gleichen Papiers hieß es:
"We summarized the various features which make for the differences of national way of implementing 'labour market policy' by the concept of national 'adminstrative cultures'." (Blankenburg 1978 a, S. 3).

38) Hofstede 1980, S. 26.

39) Shell 1981, S. 198; vgl. hierzu auch Elkins/Simeon 1979, S. 131.

40) Vgl. hierzu die grobe Darstellung des Forschungsdesigns in Abb. 3.1. S. 40.

41) Vgl. hierzu ausführlich Premfors 1980, S. 227 ff.; siehe auch Wildavsky 1979, S. 68 ff.

42) Vgl. hierzu zusammenfassend von Beyme 1981, S. 343 ff.

43) Ehrmann 1976, S. 7.

44) Vgl. hierzu die beiden zentralen Sammelbände von Lammers/Hickson (ed.) 1979 und England/Negandhi/Wilpert (ed.) 1979 sowie die Zusammenfassung und Kritik der Diskussion bei Sorge 1980. Zur Kontingenztheorie siehe zusammenfassend Klages 1977.

45) Hofstede 1980, S. 373. Hofstede vertritt übrigens die These, daß nicht nur Organisationen "culture bound" sind, sondern auch die Theorien, die zur Erklärung und zum Verständnis von Organisationen entwickelt werden:
"... even the theories developed to explain behavior in organizations reflect the national culture of their author, and so do the methods and techniques that are suggested for the management of organizations." (Ebda. S. 372, vgl. auch ders. 1979, S. 3)

46) Sorge 1980, S. 10; vgl. hierzu u.a. auch Crozier/Friedberg 1979, S. 111 ff.

47) Vgl. hierzu Sorge 1980, S. 44.

48) Crozier/Friedberg 1979, S. 118.

49) Sorge 1980, S. 43.

50) Vgl. hierzu insgesamt Sorge 1980.

51) Vgl. zu dieser Argumentation u.a. Ashford 1978, S. 90; Blankenburg 1978 b, S. 5 und 22; Ehrmann 1976, S. 11; Teune 1978, S. 44.

2. Literaturverzeichnis

2.1. Offizielle Quellen

2.1.1. Internationale Organisationen

CEDEFOP 1978 - Europäisches Zentrum für die Förderung der Berufsbildung (CEDEFOP): Jugendarbeitslosigkeit und Berufsbildung. Ein Bericht über vordringliche Maßnahmen zur Beschäftigung und Ausbildung von Jugendlichen in der Europäischen Gemeinschaft, erstellt von Brigitte Roy, Berlin 1978,

CEDEFOP 1980 - Europäisches Zentrum für die Förderung der Berufsbildung (CEDEFOP): Jugendarbeitslosigkeit und Berufsbildung. Auswahlbiographie erstellt von Delia Güssefeld, Berlin 1980,

CEDEFOP 1981 - Europäisches Zentrum für die Förderung der Berufsbildung (CEDEFOP): Beschreibung der Berufsbildungssysteme in den Mitgliedsstaaten der Europäischen Gemeinschaft - Vergleichende Studie, Berlin 1981

CEDEFOP 1982 - European Centre for the Development of Vocational Training (CEDEFOP): Descriptions of the Vocational Training Systems, United Kingdom, by Anne M. Lewis, Berlin 1982

Council of Europe 1974 - Council of Europe, European Committee on Crime Problems: Penal Aspects of Drug Abuse, Strasbourg 1974

Council of Europe 1979 - Council of Europe, European Public Health Committee: 6th meeting; Select Committee of Experts on Treatment of Drug Dependence: 4th meeting; Final Report, Strasbourg 1979

EG-Kommission 1977 - Kommission der Europäischen Gemeinschaften: Beschäftigung Jugendlicher, Bulletin der Europäischen Gemeinschaften, Beilage 4/77, Brüssel 1977

EG-Kommission 1980 - Europäische Gemeinschaft für Kohle und Stahl, Europäische Wirtschaftsgemeinschaft, Europäische Atomgemeinschaft, Kommission: Bericht über die soziale Entwicklung Jahr 1979, Brüssel, Luxemburg 1980

ILO 1979 - International Labour Office, Training Department: Ten Years of Training. Developments in France, Federal Republic of Germany and United Kingdom, 1968-1978, Geneva 1979

Internationales Institut - Internationales Institut für Rechts- und Verwaltungssprache: Europa-Glossar der Rechts- und Verwaltungssprache, Band 14, Kommunalrecht/Local Government, Deutsch und Englisch, Berlin usw. und London o.J.

OECD 1978a - Organisation for Economic Co-operation and Development: Youth Unemployment. A Report on the High Level, Conference 15-16 December 1977, Paris 1978

OECD 1978b - Organisation for Economic Co-operation and Development: Youth Unemployment. Inventory of Measures Concerning the Employment and Unemployment of Young People, Paris 1978

OECD 1980 - Organisation for Economic Co-operation and Development: Youth Unemployment. The Causes and Consequences, Paris 1980

OECD 1981 - Organisation of Economic Co-operation and Development: Youth without Work. 3 Countries approach the Problem. Report by Shirley Williams and other Experts, Paris 1981

Pompidou Group 1979 - The Vth Ministerial Conference of the Pompidou Group, Stockholm 12-13 November 1979, Working Documents, Stockholm 1979

WHO 1974 - World Health Organisation: Problems and Programmes Related to Alcohol and Drug Dependence in 33 Countries, Report prepared by Joy Moser, Geneva 1974

WHO 1979a - World Health Organisation, Regional Office for Europe: Health education: smoking, alcoholism, drugs. Review of selected programmes for schoolchildren and parents, prepared by K. Vuylsteek, Copenhagen 1979

WHO 1979b - World Health Organisation, Regional Office for Europe: Public Health Aspects of Alcohol and Drug Dependence, Report on a WHO Conference, Copenhagen 1979

2.1.2. Schweden

Arbetsmarknadsdepartementet / Utbildingsdepartementet 1979 - Yrkesutbildning i företag för lediga jobb. Inbjudan till arbetsmarknadens parter att delta i överläggningar om nya former för inbyggd utbildning och lärlingsutbildning för arbetslös ungdom, Stockholm 1979

Arbetsmarknadskundgörelse - SFS 1966 : 368 (seitdem viele Änderungen)

DsS 1977 : 8 - Socialdepartementet, Utredning om narkotikamissbrukets omfattning (UNO): Undersökningar av narkotikavanar, Stockhom 1977

DsS 1978 : 2 - Socialdepartementet: Aatgärder mot narkotikamissbrukets. Redovisning fraan regeringens ledningsgrupp för narkotikafraagor, Stockholm 1978

DsS 1978 : 10 - Socialdepartementet, Utredning om narkotikamissbrukets omfattning (UNO): Definitionsproblemer vid narkotikaundersökningar, Stockholm 1978

DsU 1975 : 18 - Utbildningsdepartementet: Utbildning m.m. för 16-19 ärnigar, Stockholm 1975

Kommundepartementet 1981 - Samhällsguiden. Vilka regler gäller? Vart vänder man sig? En vägledning genom samhället utarbetat inom kommundepartementet, Stockholm 1981 [2]

Lägesrapport 1979 - Brottsförebyggande raadets narkotikagrupp: Lägesrapport om vissa insatser inom narkomanvaarden, Stockholm 1979

Ministry of Labour 1979 - Ministry of Labour, International Secretariat: A Summary of Measures taken in Januari 1979 to combat youth unemployment, MS Stockholm 1979

Proposition 1968 : 7 - Med förslag till narkotikastrafflag m.m., Stockholm 1968

Proposition 1972 : 67 - Med förslag till vissa aatgärder mot narkotikamissbruket m.m., Stockholm 1972

Proposition 1975 : 45 - Om riktlinjer för arbetsmarknadsutbildningen, Stockholm 1975

Proposition 1975/76 : 39 - Om skolans inre arbete, Stockholm 1975

Proposition 1975/76 : 211 - Om samordnad sysselsättnings - och regionalpolitik, Stockholm 1976

Proposition 1976/77 : 108 - Om alkoholpolitiken, Stockholm 1977

Proposition 1977/78 : 105 - Om aatgärder mot narkotikamissbruk, Stockholm 1978

Proposition 1977/78 : 164 Om aatgärder mot ungdomsarbetslöshet, Stockhom 1978

Proposition 1979/80 : 145 - Om aatgärder för att främja ungdomars utbildning i gymnasieskolan m.m., Stockholm 1980

Socialdepartementet 1979 - Narkomanvaarden i Sverige, MS. Stockholm v. 28.8.1979

Socialstyrelsen 1973 - Socialstyrelsen: Behandling av narkotikamissbrukare; Stockholm 1973 (= Socialstyrelsen redovisar 31: 1973)

Socialstyrelsen 1977 - Socialstyrelsens nämnd för hälsoupplysning: Fakta om narkotika och narkotikamissbruk; Stockholm 1977

SOU 1967 : 25 - Narkomanvaardskommitté: Narkotikaproblemet Del I, Kartläggning och vaard, Stockholm 1967

SOU 1967 : 41 - Narkomanvaardskommitté: Narkotikaproblemet Del II, Kontrollsystemet, Stockholm 1967

SOU 1969 : 52 - Narkomanvaardskommitté: Narkotikaproblemet Del III, Samordnade aatgärder, Stockholm 1969

SOU 1969 : 53 - Narkomanvaardskommitté: Narkotikaproblemet Del IV, Socialmedicinis-ka och kliniska undersökningar Stockholm 1969

SOU 1974 : 29 - Expertgruppen för utredningsverksamhet i arbetsmarknadsfraagor (EFA): Att utvärdera arbetsmarknadspolitik, Stockholm 1974

SOU 1974 : 79 - Kommitté för översyn av arbetsmarknadsutbildningen: Utbildning för arbete, Stockholm 1974

SOU 1975 : 90 - Sysselsättnungsutredningen: Arbete aat alla, Stockholm 1975

SOU 1979 : 24 - Sysselsättningsutredningen: Sysselsättningspolitik för arbete aat alla. Slutbetänkande av Sysselsättningsutredningen, Stockholm 1979

SOU 1978 : 60 - Expertgruppen för utredningsverksamhet i arbetsmarknadsfraagor (EFA): Arbetsmarknadspolitik i förandring. Studier kring arbetsmarknadspolitikens verkningar, Stockholm 1978

Statskontoret 1980 - Statskontoret: Statliga myndigheter 1980. Den statliga förvaltningens organisation, uppgifter och verksamhet, Stockholm 1980

2.1.3. Großbritannien

Advisory Committee 1968 - Advisory Committee on Drug Dependence: Cannabis, London (HMSO) 1968

Advisory Committee 1969 - Advisory Committee on Drug Dependence: The Rehabilitation of Drug Addicts, London (HMSO) 1969

Advisory Committee 1970a - Advisory Committee on Drug Dependence: Powers of Arrest and Search in Relation to Drug Offences, London (HMSO) 1970

Advisory Committee 1970b - Advisory Committee on Drug Dependence: Amphetamines and Lysergic Acid Diethylamide (LSD), London (HMSO) 1970

Advisory Council 1977a - Advisory Council on the Misuse of Drugs, Treatment and Rehabilitation Working Group: First Interim Report, London (Department of Health and Social Security) 1977

Advisory Council 1977b - Advisory Council on the Misuse of Drugs, Working Group on the Prevention of Drug Misuse: Drugs Misuse among children of School Age, London (Department of Education and Science) 1977

Advisory Council 1979 - Advisory Council on the Misuse of Drugs: Report on a Review of the Classification of controlled Drugs and of Penalties and Schedules 2nd and 4th of the Misuse of Drugs Act 1971, London (Home Office) 1979

Cmnd 7047 - Prevention and Health, Cmnd 7047, London (HMSO) 1977

COI 1, 1975 - Central Office of Information Reference Pamphlet 1: Local Government in Britain, (10. ed.), London (HMSO) 1975

COI 152, 1978 - Central Office of Information Reference Pamphlet 152: Manpower and Employment in Britain. The Role of Government, London (HMSO) 1978

COI 153, 1978 - Central Office of Information Reference Pamphlet 153: Industrial Training. (Manpower and Employment in Britain.) London (HMSO) 1978

COI 40, 1979 - Central Office of Information Reference Pamphlet 40: The Central Government of Britain, London (HMSO) 1979 (10. ed.)

COI 161, 1979 - Central Office of Information, Reference Pamphlet 161: The prevention and treatment of drug misuse in Britain, London (HMSO) 1979

Dangerous Drugs 1968a - Dangerous Drugs (Supply to Addicts) Regulations 1968; H.M. (68) 11, London 1968

Dangerous Drugs 1968b - Dangerous Drugs (Notification of Addicts) Regulations 1968, London 1968

Department of Education and Science 1977 - Health Education in Schools, London (HMSO) 1977

Department of Employment 1976 - Training for vital skills: a consultative document, London (HMSO) 1976

Manpower Services Commission 1977 - Young People and Work. Report on the feasibility of a New Programme of Opportunities for Unemployed Young People, London 1977

Manpower Services Commission 1979 - Review of the first year of Special Programmes, London 1979

Ministry of Health 1967 a - The Treatment and Supervision of Heroin Addiction, H.M. 67 (16), London 1967

Ministry of Health 1967b - A Suggested Basis of Rehabilitation, H.M. 67 (83), London 1967

Misuse of Drugs 1973 - Misuse of Drugs (Notification and Supply to Addicts) Regulations 1973, London (HMSO) 1973

SCODA 1977 - Standing Conference on Drug Abuse: Rehabilitation. Report of the Working Group, London 1977

SCODA 1979 - Standing Conference on Drug Abuse: Options for Services to Drug Users in the 1980s, London 1979

SCODA 1980 - Standing Conference on Drug Abuse: Annual Report 1979-80, London 1980

Training Services Agency 1975 - Vocational Preparation for Young People. A Discussion paper, London 1975.

2.1.4. Bundesrepublik Deutschland

Aktionsprogramm 1970 - Aktionsprogramm der Bundesregierung zur Bekämpfung des Drogen- und Rauschmittelmißbrauchs vom 12. Nov. 1970, in: Bundesminister für Jugend, Familie und Gesundheit (Hrsg.), 1972, S. 99 ff.

Aktionsprogramm 1980 - Aktionsprogramm der Bundesregierung zur Bekämpfung des Drogen- und Rauschmittelmißbrauchs vom 16. Jan. 1980 - akzentuierte Fortschreibung des gleichnamigen Aktionsprogramms vom 12. Nov. 1970, hrsgg. vom Bundesminister für Jugend, Familie und Gesundheit, Bonn 1980

Bayerisches Staatsministerium des Innern 1980 - Suchbekämpfungsprogramm. Aktionsprogramm der bayerischen Staatsregierung. 30. Sept. 1980, München 1980

Berufsbildungsbericht 1977 - Der Bundesminister für Bildung und Wissenschaft (Hrsg.): Berufsbildungsbericht 1977, Bonn 1977 (=Schriftenreihe Berufliche Bildung 4)

Berugsbildungsbericht 1981 - Der Bundesminister für Bildung und Wissenschaft (Hrsg.): Berufsbildungsbericht 1981, Bonn 1981 (= Schriftenreihe Berufliche Bildung 13)

Bund-Länder-Kommission 1975 - Bund-Länder-Kommission für Bildungsplanung: Mittelfristiger Stufenplan für das Bildungswesen bis zum Jahr 1978 (Kosten- und Finanzierungsplan), verabschiedet von der Bund-Länder-Kommission für Bildungsplanung am 9. Dez. 1974, Stuttgart 1975 (2 Bde.)

Bund-Länder-Kommission 1976 - Bund-Länder-Kommission für Bildungsplanung und Forschungsförderung: Programm zur Durchführung vordringlicher Maßnahmen zur Minderung der Beschäftigungsrisiken von Jugendlichen, vom 15. Nov. 1976, Bonn 1976

Bund-Länder-Kommission 1977 - Bund-Länder-Kommission für Bildungsplanung und Forschungsförderung: Programm zur Durchführung vordringlicher Maßnahmen zur Minderung der Beschäftigungsrisiken von Jugendlichen, Konkretisierung und Fortschreibung, vom 5. Dez. 1977, Bonn 1977

Bundesanstalt für Arbeit 1975	- Bundesanstalt für Arbeit: Bestandsaufnahme und kritische Analyse sowie Vorschläge für Maßnahmen zum Abbau der Arbeitslosigkeit Jugendlicher und zur Verbesserung der Lage auf dem Ausbildungsmarkt - Arbeitsmarktprobleme Jugendlicher, MS Nürnberg 1975
Bundesanstalt für Arbeit 1980a	- Projektgruppe "Arbeitslosigkeit Jugendlicher" in der Bundesanstalt für Arbeit: Jugendliche beim Übergang in Ausbildung und Beruf, Beiträge zur Arbeitsmarkt- und Berufsforschung 43, Nürnberg 1980
Bundesanstalt für Arbeit 1980b	- Arbeitsamt und Ausbildungsstellenmarkt. Ein Überblick über Aktivitäten der Bundesanstalt für Arbeit und ihrer Dienststellen zur Verbesserung der Situation auf dem Ausbildungsstellenmarkt, Nürnberg 1980
Bundesminister für Arbeit 1979	- Der Übergang von Jugendlichen in die Berufsausbildung und das Erwerbsleben. Bericht des Bundesministeriums für Arbeit und Sozialordnung an die Organisation für Wirtschaftliche Zusammenarbeit und Entwicklung (OECD), MS Bonn 1979
Bundesminister für Bildung und Wissenschaft (Hrsg.) 1975	- Materialien zur Bildungsplanung: Beschäftigungsprobleme Jugendlicher in ausgewählten Ländern, hrsgg. vom Bundesminister für Bildung und Wissenschaft, Bearbeiter Booz, Allen und Hamilton Inc., BMBW-Reihe: "Bildungswesen im Vergleich", Bd. 7, Bonn 1975
Bundesminister für Bildung und Wissenschaft (Hrsg.) 1978	- Materialien zur Bildungsplanung: Programme zur Bekämpfung der Jugendarbeitslosigkeit in ausgewählten Ländern, hrsgg. vom Bundesminister für Bildung und Wissenschaft, Bearbeiter ABV Management Service, BMBW-Reihe: "Bildungswesen im Vergleich", Bd. 9, Bonn 1978
Bundesminister für Jugend, Familie und Gesundheit (Hrsg.) 1972	- Dokumente zum Drogenproblem, Düsseldorf und Wien 1972
Bundesminister für Jugend, Familie und Gesundheit 1977	- Alkohol- und Drogenmißbrauch sowie Kriminalität von Kindern und Jugendlichen. Für die Bundesregierung antwortet der Bundesminister für Jugend, Familie und Gesundheit, Frau Antje Huber dem Parlament, Bonn 1977

Bundesminister für Jugend, Familie und Gesundheit 1978 - Drogenberatung - wo? Einrichtungen der Beratung, Behandlung und Wiedereingliederung für Drogen-, Alkohol- und Medikamentenabhängige in der Bundesrepublik Deutschland mit Anhang: Grundlagen und Rechtshilfen für die Beratung, Behandlung und Wiedereingliederung dieses Personenkreises, Bonn 1978,

BTDrs. 7/178 - Gesetzentwurf der Bundesregierung. Entwurf eines Zweiten Gesetzes über die Einrichtung eines Bundeskriminalpolizeiamtes (Bundeskriminalamtes), Bonn 1973

BTDrs. 7/620 - Antwort der Bundesregierung auf die Große Anfrage der Abgeordneten Rollmann, Frau Stommel, Prinz zu Sayn-Wittgenstein-Hohenstein, Burger, Dr. Götz, Kroll-Schlüter, Dr. Kempfler, Dr. Fuch und Genossen und der Fraktion der CDU/CSU - Drucksache 7/227 - betr. Drogen- und Rauschmittelmißbrauch, Bonn 1973

BTDrs. 7/1811 - Unterrichtung durch die Bundesregierung. Kosten und Finanzierung der außerschulischen beruflichen Bildung (Abschlußbericht), Bonn 1974

BTDrs. 7/42oo und 7/42o1 - Bericht über die Lage der Psychiatrie in der Bundesrepublik Deutschland. Zur psychiatrischen und psychotherapeutischen/psychosomatischen Versorgung der Bevölkerung, Bonn 1975

BTDrs. 8/439 - Antrag der Fraktion der CDU/CSU Programm zur Sicherung und Weiterentwicklung des Ausbildungsplatzangebots und zur Vorbereitung der Arbeitsmöglichkeiten Jugendlicher, Bonn 1977

BTDrs. 8/698 - Unterrichtung durch die Bundesregierung. Zwischenbericht über die Verwendung der den Ländern für die Errichtung zusätzlicher Ausbildungskapazitäten im Rahmen des Stufenplans zu Schwerpunkten der beruflichen Bildung zur Verfügung gestellten Mittel, Bonn 1977

BTDrs. 8/992 - Antwort der Bundesregierung auf die Große Anfrage der Abgeordneten Kroll-Schlüter, Burger, Frau Schleicher, Braun, Frau Geier, Dr. Reimers, Köster, Dr. Hammans, Dr. Rose, Frau Karwatzki, Dr. George, Hasinger, Geisenhofer, Höpfinger und der Fraktion der CDU/CSU, Alkohol- und Drogenmißbrauch und Kiminalität von Kindern und Jugendlichen - Drucksache 8/751 - , Bonn 1977,

BTDrs. 8/1758 - Beschlußempfehlung und Bericht des Ausschusses für Bildung und Wissenschaft (18. Ausschuß) zu dem Antrag der Fraktion der CDU/CSU - Drucksache 8/439 - Programm zur Sicherung und Weiterentwicklung des Ausbildungsplatzangebots und zur Verbreiterung der Arbeitsmöglichkeiten für Jugendliche, Bonn 1978,

BTDrs. 8/2o16 - Antwort der Bundesregierung auf die Kleine Anfrage der Abgeordneten Frau Dr. Wilms (u.a.) und der Fraktion der CDU/CSU - Drucksache 8/1986 - Berufsvorbereitende Maßnahmen nach dem Arbeitsförderungsgesetz für noch nicht berufsreife Jugendliche, Bonn 1978,

BTDrs. 8/2045 - Antrag der Fraktion der CDU/CSU - Zukunftschancen der jungen Generation, Bonn 1978,

BTDrs. 8/2796 - Unterrichtung durch die Bundesregierung. Bericht über Stand und Weiterentwicklung der Maßnahmen zur Verbesserung des Ausbildungsangebots und zur Verbreiterung der Arbeitsmöglichkeiten für Jugendliche, Bonn 1979

BTDrs. 8/3291 - Gesetzentwurf der Abgeordneten Dr. Wittmann (u.a.) und der CDU/CSU Fraktion. Entwurf eines Gesetzes zur Änderung des Betäubingsmittelgesetzes, Bonn 1979,

BTDrs. 8/3347 - Antwort der Bundesregierung auf die Kleine Anfrage der Abgeordneten Dr. Schöfberger, Lambinus, Dürr, Hayenn, Kleinert, Engelhard, Dr. Wendig, Spitzmüller und der SPD und FDP Fraktionen - Drucksache 8/3272 - Bekämpfung der Rauschgiftkriminalität, Bonn 1979,

BTDrs. 8/3551 - Gesetzentwurf der Bundesregierung. Entwurf eines Gesetzes zur Neuordnung des Betäubungsmittelrechts, Bonn 1980,

BTDrs. 8/3684 und 8/3685 - Unterrichtung durch die Bundesregierung. Bericht über Bestrebungen und Leistungen der Jugendhilfe - Fünfter Jugendbericht - Stellungnahme der Bundesregierung zum Fünften Jugendbericht (BTDrs. 8/3684), Bericht der Sachverständigenkommission (BTDrs. 8/3685), Bonn 1980

BTDrs. 8/3791 - Antwort der Bundesregierung auf die Kleine Anfrage der Abgeordneten Vogelsang (u.a.) und der SPD und FDP Fraktionen - Zur Situation und Weiterentwicklung der beruflichen Bildung. Bonn 1980,

Deutscher Bundestag 1981 - Deutscher Bundestag - Verwaltung - Abteilung wissenschaftliche Dokumentation, Parlamentsarchiv: Veröffentlichte Gesetzesmaterialien. Gesetz zur Neuordnung des Betäubungsmittelrechts vom 28.7.1981 BGBl I S. 681, Bonn 1981

Deutsche Hauptstelle gegen die Suchtgefahren (DHS) e.V. 1981 - Jahresbericht 1980, Hamm 1981,

Hessische Staatskanzlei - Gemeinsamer Erfahrungsbericht der Länder - im Auftrag der Ministerpräsidenten von der Hessischen Staatskanzlei erstellt, O.o., o.J. (unveröffentl. MS)

Ministerium für Arbeit, Gesundheit und Soziales des Landes Nordrhein/Westfahlen 1979 - Jugendliche ohne Ausbildungsvertrag. Bericht der wissenschaftlichen Kommission, Düsseldorf 1979 (= Arbeit und Beruf, Band 24)

Ministerium für Soziales, Gesundheit und Umwelt, Mainz 1979 - Bekämpfung des Drogen- und Rauschmittelmißbrauchs in Rheinland-Pfalz. Bericht des Ministeriums für Soziales, Gesundheit und Umwelt, Mainz 1979,

2.2. Sekundärliteratur

Aberbach/Putnam/ Rockman 1981	- Joel A. Aberbach, Robert D. Putnam, Bert A. Rockman: Bureaucrats and Politicians in Western Democracies, Cambridge (Mass.) 1981,
Adam 1981	- Herrmann Adam: Instrumente der Arbeitsmarktpolitik, in: aus politik und zeitgeschichte, Beilage zur Wochenzeitung Das Parlament, B 2/81, Januar 1981
Allerbeck 1980	- Klaus R. Allerbeck: Politische Ungleichheit. Ein acht Nationen Vergleich, Opladen 1980, (= Forschungsberichte des Landes Nordrhein-Westfalen, No. 2979)
Allerbeck/Kaase/ Klingenmann 1979/80	- Klaus R. Allerbeck, Max Kaase, Hans D. Klingenmann: Politische Ideologie, politische Beteiligung und politische Sozialisation, in: PVS 4/79 und 1/80
Almond/Powell 1978	- Gabriel A. Almond, G. Bingham jr. Powell: Comparative Politics. System, Process and Policy, Boston/Toronto 1978 (2nd edition)
Almond/Verba 1965	- Gabriel A. Almond, Sidney Verba: The Civic Culture, Political Attitudes and Democracy in Five Nations, Boston/Toronto 1965 (1. Ausgabe Princeton 1963),
Almond/Verba (ed.) 1980	- Gabriel A. Almond, Sidney Verba (ed.): The civic Culture revisited, Boston/ Toronto 1980
Anckar 1978	- Dag Anckar: Att klassificera lagar: Prolog till en policydiskussion, Acta Academiae Aboensis, Ser. A, Abo 1978
Anderson 1975	- Charles W. Anderson: System and Strategy in Comparative Policy Analysis: A Plea for Contextual and Experimental Knowledge, in: William B. Gwyn, George C. Edwards III (eds.): Perspectives in Public Policy-Making, New Orleans (Department of Political Science, Tulane University) 1975,
Andersson/Mellbourn/Skogö 1978	- Simon Andersson, Anders Mellbourn, Ingemar Skogö: Myndigheten i samhället, Stockholm 1978,

Anton 1969 - Thomas Anton: Policy Making and Political Culture in Sweden, in: Scandinavian Political Studies, IV/1969, S. 88 ff.

Anton 1975 - Thomas Anton: Governing greater Stockholm. A Study of Policy Development and System Change, Berkeley 1975,

Anton 1981 - Thomas Anton: Administered Politics: Elite Political Culture in Sweden, Boston 1981,

Anton/Linde/Mellbourn 1973 - Thomas Anton, Claes Linde, Anders Mellbourn: Bureaucrats in Politics: A Profile of the Swedish Administrative Elite, in: Canadian Public Adminstration, Vol. 16, 1973, S. 627 ff.

Armstrong 1973 - John A. Armstrong: The European Administrative Elite, Princeton 1973,

Ashford 1978a - Douglas E. Ashford: The Structural Analysis of Policy or Institutions do Matter, in: Douglas E. Ashford (ed.): Comparing Public Policies, Amsterdam etc. 1978 (= Sage Yearbook of Politics and Public Policy)

Ashford 1978b - Douglas E. Ashford: Political Science and Policy Studies: Towards a Structural Solution, in: Howard E. Freeman (ed.): Policy Studies Review Annual, Vol. 2, 1978, S. 138 ff.

Ashford (ed.) 1978 - Douglas E. Ashford (ed.): Comparing Public Policies, Amterdam etc. 1978 (= Sage Yearbook of Politics and Public Policy),

Ashford/Katzenstein/Pempel 1978 - Douglas E. Ashford, Peter J. Katzenstein, T.J. Pempel: Comparative Public Policy. A Cross-National Bibliography, Beverly Hills/ London 1978

Bach/Hembach/Spehl 1979 - Walter Bach, Klaus Hembach, Harald Spehl: Forschungsprojekt Regionalpolitik und regionale Entwicklungsplanung, MS Trier 1979,

Baestlein/Hunnius/Konukiewitz 1980 - Angelika Baestlein, Gerhard Hunnius, Manfred Konukiewitz: Projektbericht "Implementation räumlicher Politik", MS Berlin 1980,

Balch 1980	- George I. Balch: The Stick, the Carrot, and Other Strategies. A Theoretical Analysis of Governmental Intervention, in: John Brigham, Don W. Brown (eds.): Policy Implementation. Penalties or incentives? Beverly Hills 1980,
Barnes/Kaase u.a. 1979	- Samuel H. Barnes, Max Kaase u.a. (eds.): Political Action. Mass Participation in 5 Western Democracies, Berverly Hills 1979,
Becker 1976	- Bernd Becker: Aufgabentyp und Organisationsstruktur von Verwaltungsbehörden, in: Die Verwaltung 1976, S. 273 ff.
Behrmann 1972	- Günther C. Behrmann: Politische Sozialisation, in: Axel Görlitz (Hrsg.): Handlexikon zur Politikwissenschaft, Reinbek bei Hamburg 1972,
Behrmann 1979	- Günther C. Behrmann: Zur Einführung: Politische Sozialisationsforschung, politische Kultur und politische Bildung, in: Bundeszentrale für politische Bildung, Bonn (Hrsg.): Politische Sozialisation in entwickelten Industriegesellschaften, Bonn 1979,
Berg-Schlosser 1972	- Dirk Berg-Schlosser: Politische Kultur. Eine neue Dimension politikwissenschaftlicher Analyse, München 1972
Berg-Schlosser 1980	- Dirk Berg-Schlosser: Politische Kultur in der Bundesrepublik, in: PVS-Lit. 1/81, S. 36 ff.
Beyme 1972	- Klaus von Beyme: Die politische Theorien der Gegenwart. Eine Einführung, München 1972,
Beyme 1981	- Klaus von Beyme: Do parties matter? Der Einfluß der Parteien auf politische Entscheidungen, in: PVS 4/81, S. 343 ff.
Blankenburg 1978a	- Erhard Blankenburg: Task Contingencies and National Administrative Culture as Determinants of Labour Market Administration, Berlin 1978 (= IIM discussion paper 78-23)
Blankenburg 1978b	- Erhard Blankenburg: Mehr Steuerung durch weniger Kontrolle. Einige Lehren aus einem Ländervergleich von Arbeitsverwaltungen, Berlin 1978 (= IIM papers 78-16)

Blankenburg 1978c - Erhard Blankenburg: Gesamtprojekt: Möglichkeiten und Grenzen der Arbeitsämter "Aktive Arbeitsmarktpolitik" zu betreiben, in: Horst Hart: Labour Market Administration in Sweden, Berlin 1978 (= IIM paper 78-14a),

Blankenburg 1979a - Erhard Blankenburg: Comparing the Incomparable - Study of Employment Agencies in five Countries, in: George W. England, Anant R. Negadhi, Bernhard Wilpert (eds.): Organizational Functioning in a Cross-Cultural Perspective, Kent 1979,

Blankenburg 1979b - Erhard Blankenburg: Patterns of Legal Culture as a Variable for the Chances of Legal Innovation, MS Berlin 1979,

Blankenburg 1981 - Erhard Blankenburg: Artikel "Rechtskultur" in: Martin Greiffenhagen, Sylvia Greiffenhagen, Rainer Prätorius (Hrsg.): Handwörterbuch zur politischen Kultur der Bundesrepublik Deutschland, Opladen 1981, S. 401 ff.

Blankenburg/Krautkrämer 1977 - Erhard Blankenburg, Uta Krautkrämer: Die Handlungsspielräume der Arbeitsverwaltung, Berlin 1977, (= IIM discussion paper 77-70),

Blankenburg/Krautkrämer 1979 - Erhard Blankenburg, Uta Krautkrämer: Aktivierung lokaler Arbeitsmarktpolitik. Ein Vorschlag zur Dezentralisierung aufgrund ausländischer Erfahrungen, in: AfK 1979, S. 61 ff.,

Blankenburg/Krautkrämer 1980 - Erhard Blankenburg, Uta Krautkrämer: Das Verwaltungsprogramm als Kaskade von Rechtsvorschriften: Das Arbeitsförderungsgesetz, in: Renate Mayntz (Hrsg.): Implementation politischer Programme. Empirische Forschungsberichte, Königstein/Ts. 1980,

Blondel 1969 - Jean Blondel: An Introduction to Comparative Government, London 1969,

Blondel et.al. 1969 - Jean Blondel et. al.: Legislative Behaviour: Some Steps towards a Cross-National Measurement, in: Government and Opposition, 1969, No. 1,

Blondel (ed.) 1969 - Jean Blondel (ed.): Comparative Government. A Reader, London 1969,

Böhret 1970 - Carl Böhret: Entscheidungshilfen für die Regierung. Modelle, Instrumente, Probleme, Opladen 1970, (= Schriften zur politischen Wissenschaft, Bd. 2),

Böhret/Jann/ Junkers/Kronenwett 1979 - Carl Böhret, Werner Jann, Marie-Therese Junkers, Eva Kronenwett: Innenpolitik und politische Theorie. Ein Studienbuch, Opladen 1979,

Böhret/Jann/ Kronenwett 1980 - Carl Böhret, Werner Jann, Eva Kronenwett: Handlungsspielräume und Steuerungspotential der regionalen Wirtschaftsförderung, in: Wolfgang Bruder, Thomas Ellwein (Hrsg.): Raumordnung und staatliche Steuerungsfähigkeit, PVS-Sonderheft 10, Opladen 1980, S. 76 ff.

Böhret/Jann/ Kronenwett 1982 - Carl Böhret, Werner Jann, Eva Kronenwett: Handlungsspielräume und Steuerungspotential der regionalen Wirtschaftsförderung. Eine empirische Untersuchung anhand von Programmen in zwei Bundesländern, Baden-Baden 1982, (im Erscheinen),

Bohne/Hucke 1978 - Eberhard Bohne, Jochen Hucke: Implementation als Thema der Verwaltungswissenschaft, in: Studien zur Reform von Regierung und Verwaltung, Teil II (= Schriften des Vereins für Verwaltungsreform und Verwaltungsforschung e.V., Bonn 1978, No. 10)

Bradshaw 1972 - S. Bradshaw: Drug Misuse and the Law, Basingstoke 1972,

Brändström/Grimlund/- Ricknell 1979 Dan Brändström, Bengt E. Grimlund, Lars Ricknell: Län, landsting, kommun. Regional och lokal förvaltning i Sverige, Stockholm 1979 ³

Braun/Cravalas 1980 - Frank Braun, Brigitte Cravalas: Bibliographie Jugendarbeitslosigkeit und Ausbildungskrise. Hrsg. Bundesinstitut für Berufsbildung und Deutsches Jugendinstitut, Berlin/Bonn/München 1980, Bd. 1 und 2,

Bridges 1971 - Sir Edward Bridges: Portrait of a Profession; in: Richard A. Chapman, Andrew Dunsire (eds.): Style in Administration. Readings in Britisch Public Administration, London 1971,

Brigham/Brown (eds.) 1980 - John Brigham, Don W. Brown (eds.): Policy Implementation. Penalties or incentives? Beverly Hills 1980,

Brown 1975 - R.G.S. Brown: The Management of Welfare: A Study of British Social Service Administration, London 1975,

Brown/Steel 1979 - R.G.S. Brown, D.R. Steel: The Administrative Process in Britain, London 1979 [2]

Brüggemann u.a. 1978 - Heinz Brüggemann, Heide Gerstenberger, Wilfried Gottschalck, Ulrich K. Preuss: Über den Mangel an politischer Kultur in Deutschland, Berlin 1978,

Brunner 1979 - Georg Brunner: Vergleichende Regierungslehre, Band 1, Ein Studienbuch, Paderborn usw. 1979,

Bschor 1980 - Friedrich Bschor: Strategien der Behandlung Drogenabhängiger in Großbritannien, in: Die Berliner Ärztekammer, Heft 10, 1980, S. 1 ff.,

Castles 1976 - Francis G. Castles: Policy Innovation and Institutional Stability in Sweden, in: British Journal of Political Science, London 1976. S. 2o3 ff.

Caulcott/Mountfield 1974 - T.H. Caulcott, P. Mountfield: Decentralized Administration in Sweden, in: Public Administration 1974, S. 41 ff.

Chapman 1959 - Brian Chapman: The Profession of Government, The Public Service in Europe, London 1959,

Chapman/Dunsire (eds.) 1971 - Richard A. Chapman, Andrew Dunsire (eds.): Style in Administration. Readings in British Public Administration, London 1971,

Chester 1979 - Norman Chester: Fringe Bodies, Quangos and All That, in: Public Administration 1979, S. 51 ff.

Chilcote 1981 - Ronald H. Chilcote: Theories of Comparative Politics. The Search for a Paradigm, Boulder (Colorado) 1981,

Child/Kieser 1979 - John Child, Alfred Kieser: Organisation and Managerial Roles in British and West German Companies: An Examination of the Culture-Free Thesis, in: Cornelis J. Lammers, David J. Hickson (eds.): Organisations alike and unlike. International and interinstitutional studies in the sociology of organisations, London 1979,

Christiani/Stübing 1972 - E. Christiani, G. Stübing: Drogenmißbrauch und Drogenabhängigkeit. Ein Kompendium für Ärzte, Juristen und Angehörige der Sozial- und Erzieherberufe, Lövenich 1972,

Cross/Mallen 1978 - Martin Cross, David Mallen: Local Government and Politics, London 1978,

Crozier 1964 - Michel Crozier: The Bureaucratic Phenomenon, Chicago 1964,

Crozier/Friedberg 1979 - Michel Crozier, Erhard Friedberg: Macht und Organisation. Die Zwänge kollektiven Handelns, Königstein/Ts. 1979,

Cyr/de Leon 1975 - Arthur Cyr, Peter de Leon: Comparative Policy Analysis, in: Policy Sciences, 1975, S. 375 ff.

Dahrendorf 1971 - Ralf Dahrendorf: Gesellschaft und Demokratie in Deutschland, München 1971,

Damgaard 1972 - Erik Damgaard: Noter til diskussion af "Policy output analyse", in: Statsvetenskaplig Tidsskrift, 1972 No. 1

Davies 1966 - A.F. Davies: The Concept of Administrative Style, in: Australian Journal of Politics and History, 1966, S. 43 ff.

Derlien 1981a - Hans-Ulrich Derlien: Stand und Entwicklung der Programmforschung in der öffentlichen Verwaltung, in: Gesellschaft für Programmforschung in der öffentlichen Verwaltung e.V. (Hrsg.), München 1981,

Derlien 1981b - Hans-Ulrich Derlien: Public Policy and Decision-Making as an Approach to Analyze Public Administration, in: Klaus König, Michael Protz (Hrsg.): Tagungsbericht. Report of the International Workshop 1981: Encyclopaedia of Public Administation - An International and Integrative Conception - September 16-18, 1981, Speyer 1981, (= Speyerer Forschungsberichte 22) S. 267 ff.

Dogan (ed.) 1975 - Mattei Dogan (ed.): The Mandarins of Western Europe. The Political Role of Top Civil Servants, New York etc., 1975

Dror 1971 - Yehezkel Dror: Design for Policy Sciences, New York 1971

Dror 1973 - Yehezkel Dror: Public Policy Making Reexamined, Aylesbury 1973 (1. Ausgabe), San Francisco 1968,

Dunsire 1973 - Andrew Dunsire: Administration - the word and the science, London 1973,

Dye 1966 - Thomas R. Dye: Politics, Economics and the Public: Policy Outcomes in the American States, Chicago 1966,

Dye 1973 - Thomas R. Dye: Unterstanding Public Policy, Englewood Cliffs, N.J. 1975 ^{2}

Easton 1965 - David Easton: A Framework for Political Analysis, Englewood Cliffs N.J. 1965,

Eckstein 1966 - H. Eckstein: Division and Cohesion in Democracy - A Study of Norway, Princeton 1966,

Edwards 1978 - Griffith Edwards: Some Years On. Evolutions in the "British System", in: D.J. West (ed.): Problems of Drug Abuse in Britain, Papers presented to the Cropwood Round-Table Conference December 1977, Cambridge 1978,

Edwards 1979 - Griffith Edwards: British Policies on Opiate Addiction: Ten Years Working of the Revised Response, and Options for the Future, in: British Journal of Psychiatry 1979, S. 1 ff.,

Edwards 1981 - Griffith Edwards: The Background, in: ders. und Carol Busch (eds.): Drug Problems in Britain, A Review of Ten Years, London etc. 1981, S. 5 ff.,

Edwards/Busch (eds.) 1981 - Griffith Edwards, Carol Busch (eds.): Drug Problems in Britain. A review of 10 Years, London 1981,

Ehrmann 1976 - Henry W. Ehrmann: Comparative Legal Cultures, Englewood Cliffs N.J., 1976,

Eldersveld u.a. 1975 - Samuel J. Eldersveld, Sonja Hubée-Boonzaajder, Jan Kooiman: Elite Perceptions of the Political Process in the Netherlands, Looked at in Comparative Perspective, in: Mattei Dogan (ed.): The Mandarins of Western Europe. The Political Role of Top Civil Servants, New York etc. 1975,

Elkins/Simeon 1979 - David J. Elkins, Richard E.B. Simeon: A Cause in Search of Its Effect, or What Does Political Culture Explain? in: Comparative Politics, 1979, S. 127 ff.

Ellwein (Hrsg.) 1980 - Thomas Ellwein (Hrsg.) im Auftrag der Deutschen Vereinigung für Politische Wissenschaft: Politikfeld-Analysen 1979. Wissenschaftlicher Kongreß der DVPW, Oktober 1979 - Tagungsbericht; Opladen 1980,

Engelen-Kefer 1980 - Ursula Engelen-Kefer: Beschäftigungspolitik. Köln 1980, (= 2. überarbeitete und erweiterte Auflage),

England/Negandhi/ Wilpert (eds.) 1979 - George W. England, Anant R. Negandhi, Bernhard Wilpert (eds.): Organizational Functioning in a Cross-Cultural Perspective, Kent 1979,

Ettarp 1976 - Lars Ettarp: Arbetsmarknadspolitiken i teori og praktik, Stockholm 1976,

Feldman 1978 - Elliot J. Feldman: Comparative Public Policy. Field or Method? (Review Article), in: Comparative Politics 1978, S. 287 ff.

French/Bell 1977 - Wendell L. French, Cecil H. Bell: Organisationsentwicklung. Sozialwissenschaftliche Strategien zur Organisationsentwicklung, Bern/Stuttgart 1977, (engl. 1973),

Friedman 1969 - Leon Friedman: Legal Culture and Social Development, in: Law and Society Review, 1969, S. 19 ff.

Friedrichs 1981 - Jürgen Friedrichs: Methoden empirischer Sozialforschung, Opladen 1981 (9. Aufl.)

Froman 1968 - Lewis A. jr. Froman: The Categorization of Policy Contents, in: Austin Ranney (ed.): Political Science and Public Policy, Chicago 1968, S. 41 ff.

Fyfe 1977 - John Fyfe: Youth Unemployment: Policy and Measures being pursued in the United Kingdom, in: Berrie O. Pettman, John Fyfe (eds.): Youth Unemployment in Great Britain and the Federal Republic of Germany. Proceedings of a conference held by the International Institute of Social Economics, the Goethe Institut and the Anglo-German Foundation for the Study of Industrial Society, Bradford 1977, S. 97 ff.,

Gagel 1980 - Alexander Gagel: Einführung, in: Arbeitsförderungsgesetz mit Durchführungsverordnungen, Anordnungen der Bundesanstalt für Arbeit, Arbeitnehmerüberlassungsgesetz, Sozialgesetzbuch und weiteren Rechtsvorschriften, Textausgabe mit Sachverzeichnis, München 1981,

Gebauer (Hrsg.) 1980 - Bernhard Gebauer (Hrsg.): Drogen - eine tödliche Gefahr, mit Beiträgen von Georg Gölter u.a., Redaktion Willi Müller, Eichholz, Melle 1980, (= Werkbericht 5, Konrad-Adenauer-Stiftung),

GfP 1979 - Gesellschaft für Programmforschung in der öffentlichen Verwaltung e.V., (Broschüre), München 1979,

GfP 1981 - Gesellschaft für Programmforschung (Hrsg.): Programmforschung in der öffentlichen Verwaltung, München 1981,

Göttner 1979 - Jens-Holger Göttner: Arbeitslosigkeit und staatliche Arbeitsmarktpolitik - dargestellt am Beispiel der Jugendarbeitslosigkeit in der Bundesrepublik Deutschland sowie ausgewählter staatlicher Sonderprogramme zu deren Abbau in den Jahren 1975 und 1976, Hannover 1979, (Osnabrück, Wirtschafts- und Sozialwiss. Diss. vom 5.12.1979),

Greenstein/ Polsby (eds.) 1976 - Fred Greenstein, Nelson Polsby (eds.): Handbook of Political Science, Vol. 6: Policies and Policy-Making, Reading 1976,

Greiffenhagen 1981 - Sylvia Greiffenhagen: Artikel "Sozialisation" in: dies. und Martin Greiffenhagen, Rainer Prätorius (Hrsg.): Handwörterbuch zur politischen Kultur in der Bundesrepublik Deutschland, Opladen 1981, S. 334 ff.,

Greiffenhagen/ Greiffenhagen 1979 - Martin und Sylvia Greiffenhagen: Ein schwieriges Vaterland. Zur politischen Kultur Deutschlands, München 1979,

Greiffenhagen/ Greiffenhagen/ Prätorius (Hrsg.) 1981 - Martin und Sylvia Greiffenhagen, Rainer Prätorius (Hrsg.): Handwörterbuch zur politischen Kultur der Bundesrepublik. Ein Lehr- und Nachschlagewerk, Opladen 1981,

Grottian/Murswieck 1974 - Peter Grottian, Axel Murswieck: Zur theoretischen und empirischen Bestimmung von politisch-administrativen Handlungsspielräumen, in: dies. (Hrsg.): Handlungsspielräume der Staatsadministration, Hamburg 1974,

Gustavsson 1980 - Sverker Gustavsson: Types of Policy and Types of Politics, in: Scandinavian Political Studies Vol. 3, No. 2, 1980, S. 123 ff.,

Gustafsson/ Richardson 1980 - Gunnel Gustafsson, Jeremy Richardson: Post-Industrial Changes in Policy Style, in: Scandinavian Political Studies 3/1980, S. 21 ff.,

Hachmann/ Bühringer 1980 - Erwin Hachmann, Gerhard Bühringer: Beschreibung des einrichtungsbezogenen Informationssystems EBIS mit beispielhaften Ergebnissen aus der Erprobungsphase von 1977 bis 1979, in: Suchtgefahren 26, 1980, S. 97 ff.,

Hague/Mackenzie/ Barker (eds.) 1975 - D.C. Hague, W.J.M. Mackenzie, A. Barker (eds.): Public Policy and Private Interests, - institutions of compromise, London 1975,

Haire/Ghiselli/ Porter 1966 - Mason Haire, Edwin E. Ghiselli, Lyman W. Porter: Managerial Thinking: An International Study, New York 1966,

Hale 1973 - Norman H. Hale: Großbritannien. Landesbericht, in: Joseph H. Kaiser, Franz Mayer, Carl H. Ule (Hrsg.): Recht und System des öffentlichen Dienstes (2 Bde.), Baden-Baden 1973, (= Studienkommission für die Reform des öffentlichen Dienstrechts, Anlagebände 1 und 2), S. 93-154, Bd. 1,

Halvarson 1977 - Arne Halvarson: Sveriges Statsskick. En Faktasamling, Stockholm 1977 (5. Aufl.),

Hanf/Hjern/Porter 1979 - Kenneth Hanf, Benny Hjern, David O. Porter: Implementationsstrukturen für Fortbildungs- und Umschulungsmaßnahmen in der Bundesrepublik und Schweden, Berlin 1979, (= IIMV Papier, dp. 78-58),

Hanf/Scharpf (eds.) 1978 - Kenneth Hanf, Fritz W. Scharpf (eds.): Interorganizational Policy Making; Limits to Coordination and Central Control, London/Berverly Hills 1978,

Hart 1978 - Horst Hart: Labour Market Administration in Sweden, Berlin 1978, (=IIM paper 78-14a),

Hayward/Watson (eds.) 1975 - J. Hayward, M. Watson (eds.): Planning, Politics and Public Policy, Cambridge 1975,

Heady 1979 - Ferrel Heady: Public Administration. A comparative Perspective, (2nd revised and expanded), New York /Basel 1979,

Heckmann 1981 - Wolfgang Heckmann: Was ist, was kann Drogenpolitik? in: Das Parlament vom 15.8.81, S. 1 f.

Heclo 1972 - Hugh Heclo: Policy Analysis, in: British Journal of Political Science , 1972, S. 83 ff.,

Heclo/Wildavsky 1981 - Hugh Heclo, Aaron Wildavsky: The Private Government of Public Money. Community and Policy inside British Politics, London 1981 [2]

Hegner 1976 - Friedhart Hegner: Strukturelemente organisierter Handlungssysteme, in: Günter Büschges (Hrsg.): Organisation und Herrschaft. Klassische und moderne Studientexte zur sozialwissenschaftlichen Organisationstheorie, Reinbek bei Hamburg 1976, S. 226 ff.,

Heidenheimer/Heclo/Adams 1976 - Arnold J. Heidenheimer, Hugh Heclo, Carolyn Teich Adams: Comparative Public Policy. The Politics of Social Choice in Europe and America, London 1976,

Heintz 1978 - Peter Heintz: Interkultureller Vergleich, in: René König (Hrsg.): Handbuch der empirischen Sozialforschung, Bd. 4, Stuttgart 1978 [3], S. 4o5-425,

Hellstern/ Wollmann 1977	- Gerd-Michael Hellstern, Hellmut Wollmann: Sozialwissenschaftliche Untersuchungsregeln und Wirkungsforschung. Zur Chance kritischer Sozialwissenschaft im Rahmen staatlicher Forschungsaufträge, in: Peter Haungs (Hrsg.): Res Publica, Dolf Sternberger zum 70. Geburtstag, München 1977, S. 415 ff.,
Hickson et.al. 1977	- David J. Hickson, C.R. Hinings, C.J.M. McMillan, J.P. Schwitter: The Culture-Free Context of Organisational Structure; A Tri-National Comparison, in:Theodore D. Weinshall (ed.): Culture and Management. Selected readings, Harmondsworth 1977, S. 354 ff.,
Hofstede 1979	- Geert H. Hofstede: Heretical Propositions on Culture and Organisations, European Institute for Advanced Studies in Management, Working Paper 79 -23, Brüssel 1979,
Hofstede 1980	- Geert H. Hofstede: Culture's Consequences. International differences in work-related values, Beverly Hills 1980,
Hogeforster/ Bullinger 1979	- Jürgen Hogeforster, Dieter Bullinger: Programme als Instrumente ziel- und ergebnisorientierten Verwaltungshandelns, in: Ziel- und ergebnisorientiertes Verwaltungshandeln. Entwicklungen und Perspektiven in Regierung und Verwaltung. Sonderheft 4 der Zeitschrift "Verwaltung und Fortbildung", Köln 1979, S. 75 ff.,
Holt/Turner (eds.) 1970	- R.T. Holt, J.E. Turner (eds.): The Methodology of Comparative Research, New York 1970,
Hood/Mackenzie 1975	- C.C. Hood, W.J.M. Mackenzie: The Problem of Classifying Institutions, in: D.C. Hague, W.J.M. Mackenzie, A. Barker (eds.): Public Policy and Private Interests - institutions of compromise, London 1975, S.409 ff.,
Hotchen 1975	- J.S. Hotchen: Drug Misuse and the Law: The Regulations, London 1975,
Hucke 1977	- Jochen Hucke: Problemstrukturen und Implementation, Diskussionspapier zum 3. Arbeitstreffen des Forschungsverbunds Implementation politischer Programme in Köln, MS Köln 1977,

Hucke/Müller/Wassen 1980 - Jocken Hucke, Axel Müller, Peter Wassen: Implementation kommunaler Umweltpolitik. Mit einem Vorwort von R. Mayntz, Frankfurt usw. 1980,

Hucke/Wollmann 1980 - Jochen Hucke, Hellmut Wollmann: Methodenprobleme der Implementationsforschung, in: Renate Mayntz (Hrsg.): Implementation politischer Programme. Empirische Forschungsberichte, Königstein/Ts. 1980, S. 216 ff.

Hugger 1979 - Werner Hugger: Handlungsspielräume und Entscheidungsfähigkeit des politisch-administrativen Systems der Bundesrepublik Deutschland untersucht am Beispiel des Gesundheitswesens, Speyer 1979, (= Speyerer Forschungsberichte 10),

Inglehart 1977 - Ronald Inglehart: The Silent Revolution, Princeton 1977,

IuD 1980 - Heinrich Reinermann, Kerstin Trautwein, Klaus Umbreit: Fachordnung Staat und Verwaltung im Fachinformationssystem 11 "Recht und Verwaltung", MS Speyer, März 1980 (2. Aufl.),

Jägerskiöld 1973 - Stig Jägerskiöld: Schweden. Landesbericht, in: Joseph H. Kaiser, Franz Mayer, Carl H. Ule (Hrsg.): Recht und System des öffentlichen Dienstes (2 Bde.), Baden-Baden 1973, Bd. 2, S. 19-1oo,

Jann 1981a - Werner Jann: Kategorien der Policy-Forschung, Speyer 1981, (= Speyerer Arbeitshefte No. 37),

Jann 1981b - Werner Jann: Die Vorbereitung von Gesetzen in Schweden, in: Zeitschrift für Parlamentsfragen 3/81, S. 377 ff.

Jann/Kronenwett 1978 - Werner Jann, Eva Kronenwett: Handlungsspielräume und Entscheidungsfähigkeit des Staates untersucht am Beispiel der Implementation politischer Programme. Empirisches Untersuchungsraster, Speyer 1978, (= Speyerer Arbeitshefte No. 27),

Jann/Kronenwett 1979 - Werner Jann, Eva Kronenwett: Handlungsspielräume und Entscheidungsfähigkeit des politisch-administrativen Systems, untersucht am Beispiel der Förderung strukturschwacher Räume, Speyer 1979, (= Speyerer Forschungsberichte No. 9, 2 Bde.),

Jarzina 1980 - Eike Jarzina: Die Aktivitäten der Bundesländer zur Rauschgiftbekämpfung - Auswertung einer Umfrage, in: Bernhard Gebauer (Hrsg.): Drogen - eine tödliche Gefahr, mit Beiträgen von Georg Gölter u.a., Melle 1980 (= Werkbericht 5, Konrad-Adenauer-Stiftung),

Jeffery 1970 - Charles G. Jeffery: Drug Control in the United Kingdom, in: Richard V. Phillipson: Modern Trends in Drug Dependence and Alcoholism, London 1970, S. 60 ff.,

Jenkins 1978 - William I. Jenkins: Policy Analysis: A Political and Organizational Perspective, Oxford 1978,

Johannesson 1980 - Jan Johannesson: Arbetsmarknad och arbetsmarknadspolitik i Sverige och Västtyskland, Rapport fraan ett internationellt jämförande forskningsprojekt sammanställd av Jan Johannesson, Stockholm 1980,

Johannesson/Schmid 1979 - Jan Johannesson, Günther Schmid: The Development of Labour Market Policy in Sweden and in Germany: Competing or Convergent Models to Combat Unemployment? Berlin 1979 (= IIM paper 79-6),

Johannesson/Schmid 1980 - Jan Johannesson, Günther Schmid: The Development of Labour Market Policy in Sweden and in Germany: Competing or Convergent Models to Combat Unemployment? in: European Journal of Political Research 1980, S. 387 ff., (leicht veränderte Fassung von dies. 1979),

Johansson 1979 - Folke Johansson: Offentliga utredningars genonslag i politiska beslut, Göteborg 1979, (= Rapportserien fra Statsvetenskapliga Institutionen 1979:2),

Kaiser/Mayer/Ule (Hrsg.) 1973 - Joseph H. Kaiser, Franz Mayer, Carl H. Ule (Hrsg.): Recht und System des öffentlichen Dienstes (2 Bde.), Baden-Baden 1973, (= Studienkommission für die Reform des öffentlichen Dienstrechts, Anlagebände 1 und 2),

Kaufmann (Hrsg.) 1979 - Franz Xaver Kaufmann (Hrsg.): Bürgernahe Sozialpolitik. Planung, Organisation und Vermittlung sozialer Leistungen auf lokaler Ebene, Frankfurt/New York 1979,

Kellas 1973 - James G. Kellas: The Scottish Political System, Cambridge 1973,

Keup 1980 - Wolfram Keup: Das Drogenproblem aus medizinischer und psychotherapeutischer Sicht, in: Bernhard Gebauer (Hrsg.): Drogen - eine tödliche Gefahr, mit Beiträgen von Georg Gölter u.a., Melle 1980 (= Werkbericht 5, Konrad-Adenauer-Stiftung),

Klages 1977 - Helmut Klages: "Contingency Theory" am Scheideweg. Produktive und unproduktive Antworten auf die Proliferation eines "dominanten" Paradigmas der Organisationstheorie, in: Dieter Blaschke u.a. (Hrsg.): Sozialwissenschaftliche Forschung - Entwicklungen und Praxisorientierungen. Festgabe für Gerhard Wurzbacher zum 65. Geburtstag, Nürnberg 1977,

Klages/Kmieciak (Hrsg.) 1979 - Helmut Klages, Peter Kmieciak (Hrsg.): Wertwandel und gesellschaftlicher Wandel, Frankfurt /New York 1979,

Klein (Hrsg.) 1980 - Klaus Klein (Hrsg.): Taschenlexikon Drogen, Düsseldorf 1980,

Kluckhon 1951 - Clyde Kluckhon: The Study of Culture, in: Daniel Lerner, Harold D. Lasswell (eds.): The Policy Sciences, Stanford 1951,

Knopp/Kraegeloh 1978 - Anton Knopp, Wolfgang Kraegeloh: Berufsbildungsgesetz. Ausbildungsplatzförderungsgesetz, Köln usw. 1978,

König, H. 1981 - Herbert König: Von der politischen Erfolgskontrolle zum politischen Programmentwurf. Vorlage zur Arbeitsgruppe "Kommunale Problemverarbeitung" im Rahmen der Fachkonferenz der Deutschen Vereinigung für Politikwissenschaft am 1./2. Oktober 1981 in Essen, MS o.O. 1981,

König, H. 1982 - Herbert König: Verwaltungsführung und Strukturreform - Ansätze zu einer Neuorientierung, in: Andreas Remer (Hrsg.): Verwaltungsführung. Beiträge zu Organisation, Kooperationsstil und Personalarbeit in der öffentlichen Verwaltung, Berlin/New York 1982, S. 51 ff.,

König, K. 1970 - Klaus König: Erkenntnisinteresse der Verwaltungswissenschaft, Berlin 1970,

König, K. 1974 - Klaus König: Programmsteuerung in komplexen politischen Systemen, in: Die Verwaltung 1974, S. 137 ff.,

König, K. 1977 - Klaus König: Civil Service Reforms in Europe, Speyer 1977, (= Speyerer Arbeitshefte 17),

König, K. 1980 - Klaus König: Integrative Tendenzen in der Verwaltungswissenschaft, in: Die Verwaltung, 1980, S. 1 ff.,

König, K. 1981 - Klaus König: System und Umwelt der öffentlichen Verwaltung, in: Klaus König, Peter von Oertzen, Frido Wagener (Hrsg.): Öffentliche Verwaltung in der Bundesrepublik Deutschland, Baden-Baden 1981,

König/Schimanke 1980 - Klaus König, Dieter Schimanke: Räumliche Planungen im politisch-administrativen System der Länder, Hannover 1980, (= Veröffentlichungen der Akademie für Raumforschung und Landesplanung, Abhandlungen Bd. 81),

Krauthan 1980 - Günther Krauthan: Einführung von Methadon-Erhaltungsprogrammen in der Bundesrepublik Deutschland? Eine kritische Literaturübersicht, in: Deutsche Hauptstelle gegen die Suchtgefahren (Hrsg.): DHS Informationsdienst, No. 3/4, Dezember 1980,

Krautkrämer 1978 - Uta Krautkrämer: Labour Market Administration in the Federal Republic of Germany, Berlin 1978, (= IIM paper 78-14b)

Krebs 1970 ff. - Heinrich Krebs: Arbeitsförderungsgesetz (AFG). Kommentar, St. Augustin 1970 ff. (Loseblattsammlung),

Kreuzer 1979 - Arthur Kreuzer: Das Drogenproblem und Grundstrategien einer Drogenpolitik, in: Suchtgefahren Heft 3, 1979, S. 97 ff., (mit leichten Veränderungen unter dem Titel " Das Drogenproblem aus kriminologischer und kriminalpolitischer Sicht" abgedruckt in Bernhard Gebauer (Hrsg.): Drogen - eine tödliche Gefahr, mit Beiträgen von Georg Gölter u.a., Melle 1980 (=Werkbericht 5, Konrad- Adenauer-Stiftung),

Kriminalistik 1979 - ohne Autor, Rauschgiftbekämpfung in England, in: Kriminalistik, Heft 11, 1979, S. 534,

Kroeber/Kluckhon 1952 - A.L. Kroeber, Clyde Kluckhon : Culture: a critical review of concepts and definitions, Papers Peabody Museum, vol. 47, No. 1, 1952,

Lammers/Hickson (eds.) 1979 - Cornelis J. Lammers, David J. Hickson (eds.): Organisations alike and unlike. International studies in the sociology of organisations, London 1979,

Lehmbruch 1967 - Gerhard Lehmbruch: Proporzdemokratie, Tübingen 1967,

Leigh 1980 - David Leigh: The Frontiers of Secrecy. Closed government in Britain, London 1980,

Lenhardt (Hrsg.) 1979 - Gero Lenhardt (Hrsg.): Der hilflose Sozialstaat. Jugendarbeitslosigkeit und Politik, Frankfurt a.M. 1979,

Lewis 1978 - Janet Lewis: Labour Market Administration in Great Britain, Berlin 1978 (= IIM paper 78-14 c),

Lijphardt 1968 - Arend Lijphardt: Typologies of Democratic Systems, in: Comparative Political Studies, 1968, S. 3 ff.,

Lijphardt 1971 - Arend Lijphardt: Comparative Politics and the Comparative Method, in: American Political Science Review, 1971, S. 682 ff.,

Lijphardt 1975 - Arend Lijphardt: The Comparable Cases Strategy in Comparative Research, in: Comparative Political Studies, Vol. 8, 1975, S. 158 ff.,

Lindblom 1980 - Charles E. Lindblom: Jenseits von Markt und Staat. Eine Kritik der politischen und ökonomischen Systeme, Stuttgart 1980,

Liske/Loehr/McCamant (eds.) 1975 - Craig Liske, William Loehr, John McCamant (eds.): Comparative Public Policy. Issues, Theories and Methods, New York etc. 1975,

Lowi 1964 - Theodore Lowi: American Business, Public Policy, Case Studies ans Political Theory, in: World Politics 16, 1964, S. 677 ff.,

Lowi 1970 - Theodore Lowi: Decision making vs. policy making: Toward an antidote for technocracy, in: Public Administration Review, 1970, S. 314 ff.,

Lowi 1972 - Theodore Lowi: Four Systems of policy, politics and choice, in: Public Administration Review 1972, S. 298 ff.,

Lowi 1978 - Theodore Lowi: Public Policy and Bureaucracy in the United States and France, in; Douglas E. Ashford (ed.): Comparing Public Policies, Amsterdam etc. 1978, (= Sage Yearbook of Politics and Public Policy),

Luhmann 1963 - Niklas Luhmann: Einblicke in vergleichende Verwaltungswissenschaft, in: Der Staat, 1963, S. 494 ff.,

Luhmann 1964 - Niklas Luhmann: Lob der Routine, in: Verwaltungsarchiv 1964, S. 1 ff.,

Lundquist 1976 - Lennart Lundquist (unter Mitarbeit von Lars Engberg, Troels Frøling, Mads Jacobsen, Benedicte Maegaard Nielsen, Henrik Wichmann): Forvaltningen i det Politiske System, Kopenhagen 1976,

Lundt/Schiwy (Hrsg.) 1981 - P.V. Lundt, P. Schiwy (Hrsg.): Betäubungsmittelrecht mit Kommentar zum Betäubungsmittelgesetz. Suchtbekämpfung. Sammlung des gesamten Betäubungsmittelrechts des Bundes und der Länder einschließlich der internationalen Bestimmungen, Percha am Starnberger See 1981 ff. (Loseblattsammlung),

McClelland 1961 - D.C. McClelland: The Achieving Society, Princeton 1961,

Mackenzie 1969 - W.J.M. Mackenzie: Politics and Social Science, Harmondsworth 1969,

MacRae 1980 - Duncan MacRae jr.: Policy Analysis Methods and Governmental Functions, in: Stuart S. Nagel (ed.): Improving Policy Analysis, Beverly Hills usw. 1980, S. 129 ff.,

MacRae/Wilde 1979 - Duncan MacRae jr., James A. Wilde: Policy Analysis for Public Decisions, Belmont 1979,

Martens 1979 - Hans Martens: Centralforvaltningen i seks vestlige lande, Aarhus 1979 [2],

Massing 1969 - Otwin Massing: Vergleichende Regierungslehre (Comparative Government) - Zur Konvergenz von Soziologie und Politologie, in: Gisela Kress, Dieter Senghaas (Hrsg.): Politikwissenschaft - eine Einführung in ihre Probleme, Frankfurt a.M. 1969, S. 245 ff.

Mattern 1980 - Karl-Heinz Mattern: Die Übertragung von Kenntnissen der neueren Gesetzgebungslehre in der Fortbildung, in: Carl Böhret (Hrsg.): Gesetzgebungspraxis und Gesetzgebungslehre - Ein Erfahrungsaustausch - Speyer 1980 (= Speyerer Forschungsbericht No. 13),

May/Wildavsky (eds.) 1978 - Judith V. May, Aaron B. Wildavsky (eds.):The Policy Cycle, Beverly Hills 1978, (= Sage Yearbook in politics and public policy, Vol. 5),

Mayntz 1977 - Renate Mayntz: Die Implementation politischer Programme: Theoretische Überlegungen zu einem neuen Forschungsgebiet, in: Die Verwaltung, Heft 1/1977, S. 51 ff., (abgedruckt in: dies. (Hrsg.):Implementation politischer Programme. Empirische Forschungsberichte, Königstein/Ts. 1980,

Mayntz 1978 - Renate Mayntz: Soziologie der öffentlichen Verwaltung, Heidelberg/ Karlsruhe 1978,

Mayntz 1979 - Renate Mayntz: Regulative Politik in der Krise? in: Joachim Matthes (Hrsg.): Sozialer Wandel in Westeuropa. Verhandlungen des 19. Deutschen Soziologentages 17./20. April 1979 im Internationalen Congress Centrum (ICC) Berlin. Im Auftrag der deutschen Gesellschaft für Soziologie, Frankfurt a.M. 1979,

Mayntz 1980a - Renate Mayntz: Die Entwicklung des analytischen Paradigmas der Implementationsforschung, in: dies. (Hrsg.): Implementation politischer Programme. Empirische Forschungsberichte, Königstein/Ts. 1980, S. 1 ff.

Mayntz 1980b - Renate Mayntz: Gesetzgebung und Bürokratisierung. Wissenschsftliche Auswertung der Anhörung zu Ursachen einer Bürokratisierung in der öffentlichen Verwaltung, durchgeführt im Auftrag des Bundesministers des Innern, Bonn 1980,

Mayntz u.a. 1978 - Renate Mayntz, Hans Ulrich Derlien, Eberhard Bohne, Beate Hesse, Jochen Hucke, Axel Müller: Vollzugsprobleme der Umweltpolitik. Empirische Untersuchung der Implementation von Gesetzen im Bereich des Luftreinhaltens und des Gewässerschutzes, o.O.,o.J. (1978), (= Materialien zur Umweltforschung, hrsgg. vom Rat der Sachverständigen für Umweltfragen, Bd. 4),

Mayntz (Hrsg.) 1980 - Renate Mayntz (Hrsg.): Implementation politischer Programme. Empirische Forschungsberichte, Königstein/Ts. 1980,

Mayntz/Scharpf 1973 - Renate Mayntz, Fritz W. Scharpf: Kriterien, Voraussetzungen und Einschränkungen aktiver Politik, in: Dies. (Hrsg.): Planungsorganisation. Die Diskussion um die Reform von Regierung und Verwaltung des Bundes, München 1973, S. 115 ff.,

Mayntz/Scharpf 1975 - Renate Mayntz, Fritz W. Scharpf: Policy Making in the German Federal Bureaucracy. Amsterdam etc. 1975,

Meidner 1980 - Rudolf Meidner: Begriff, Ziel und Rahmenbedingungen des schwedischen Modells einer selektiven Arbeitsmarktpolitik, Berlin 1980, (= IIM paper 80-4),

Mellbourn 1979 - Anders Mellbourn: Byraakratins ansikten: Rollupfattningar hos svenska högre statstjänstemän, Stockholm 1979,

Meyer 1962 - Poul Meyer: Die Verwaltungsorganisation. Vergleichende Studien über die Organisation der öffentlichen Verwaltung, Göttingen 1962,

Meyer 1967 - Poul Meyer: Administrative Law and Public Administration (Denmark, Norway and Sweden), Institute of Political Science, University of Aarhus (Denmark) 1967,

Möllhoff 1980 - G. Möllhoff: Folgen in der Gemeinschaft: Zur rechtlichen und sozialmedizinischen Beurteilung von Suchterkrankungen - Frührentnertum, in: Wofram Keup (Hrsg.): Folgen der Sucht. 3. Wissenschaftliches Symposium der Deutschen Hauptstelle gegen die Suchtgefahren in Tutzing, Stuttgart/ New York 1980,

Molin/Maansson/ Strömberg 1979 - Björn Molin, Lennart Maansson, Lars Strömberg: Offentlig förvaltning, Stats- och kommunalförvaltnings struktur och funktioner, Stockholm 1979, 5. Aufl.,

Mott 1981 - Joy Mott: Criminal Involvement and Penal Response, in:Griffith Edwards, Carol Busch (eds.): Drug Problems in Britain, A Review of Ten Years, London etc. 1981, S. 217 ff.,

Mukherjee 1974 - Santosh Mukherjee: There's work to be done, London (HMSO) 1974

Nagel 1980 - Stuart S. Nagel: The Policy Studies Perspective (Book Review), in: Public Administration Review, 1980, S. 391 ff.,

Nagel (ed.) 1975 - Stuart S. Nagel (ed.): Policy Studies in America and Elsewhere, Lexington Mass. 1975,

Nagel (ed.) 1977 - Stuart S. Nagel (ed.): Policy Studies Review Annual 1977, Vol. 1, Beverly Hills 1977,

Nagel (ed.) 1980 - Stuart S. Nagel (ed.): Improving policy analysis, Berverly Hills usw. 1980,

Narr 1971 - Wolf-Dieter Narr: Theoriebegriffe und Systemtheorie (= Einführung in die moderne politische Theorie, Narr/Naschold Teil I) Stuttgart usw. 1971 [2]

Noesjirwan 1977 - J. Noesjirwan: Contrasting cultural patterns of interpersonal closeness in doctors' waiting rooms in Sydney and Jakarta, in: Journal of Cross-Culture Psychology, 1977, S. 357 ff.

Offe 1973 - Claus Offe: Krisen des Krisenmanagements: Elemente einer politischen Krisentheorie; in: Martin Jännicke (Hrsg.): Herrschaft und Krise, Opladen 1973.

Offe 1975 - Claus Offe: Berufsbildungsreform, Eine Fallstudie über Reformpolitik, Frankfurt a.M. 1975,

Offe/Ronge 1976 - Claus Offe, Volker Ronge: Thesen zur Begründung des Konzepts des "kapitalistischen Staates" und zur materialistischen Politikforschung, in: Claudio Pozzoli (Hrsg.): Rahmenbedingungen und Schranken staatlichen Handelns, Frankfurt 1976, S. 54 ff.,

Parsons/Shils 1962 - T. Parsons, E.A. Shils: Values, Motives and Actions, in: dies. (Hrsg.): Toward a General Theory of Action, Cambridge, Mass. 1962,

Peters 1978 - B. Guy Peters: The Politics of bureaucracy. A comparative perspective, New York 1978,

Peters/Doughtie/McCulloch 1977 - B. Guy Peters, John C. Doughtie, M. Cathleen McCulloch: Types of Democratic Systems and Types of Public Policy. An Empirical Examination, in: Comparative Politics, 1977, S. 327 ff.,

Peters/Nelson (eds.) 1979 - Charles Peters, Michael Nelson (eds.): The Culture of Bureaucracy, New York 1979,

Pettman/Fyfe (eds.) 1977 - Barrie O. Pettman, John Fyfe (eds.): Youth Unemployment in Great Britain and the Federal Republic of Germany. Proceedings of a Conference held by the International Institute of Social Economics, the Goethe Institut and the Anglo-German Foundation for the Study of Industrial Society, Bradford 1977,

Phillipson 1970 - Richard V. Phillipson: The Implementation of the second Report of the Interdepartmental Committee on Drug Addiction, in: ders. (ed.): Modern Trends in Drug Dependence and Alcoholism, London 1970,

Phillipson (ed.) 1970 - Richard V. Phillipson (ed.): Modern Trends in Drug Dependence and Alcoholism, London 1970,

Pippig 1982 - Gerhard Pippig: Gibt es in der Bundesrepublik Deutschland eine spezifische "Verwaltungskultur", d.h. typische Meinungen, Einstellungen und Werte von Angehörigen des öffentlichen Dienstes? Verwerten Sie vorhandene Untersuchungen, Magisterarbeit an der Hochschule für Verwaltungswissenschaften Speyer, April 1982,

Pollit u.a. (eds.) 1979 - Christopher Pollit, Lew Lewis, Josephine Negro, Jim Patten (eds.): Public Policy in Theory and Practice, Sevenoaks, Kent 1979,

Premfors 1980 - Rune Premfors: The Politics of Higher Education in a Comparative Perspective, France, Sweden, United Kingdom, Stockholm 1980,

Przeworski/Teune 1970 - Adam Przeworski, Henry Teune: The Logic of Comparative Social Inquiry, New York 1970

Punnet 1973 - R.M. Punnet: British Government and Politics, London 1973 [2],

Putnam 1973 - Robert Putnam: The Political Attitudes of Senior Civil Servants in Western Europe, in: British Journal of Political Science, 1973, S. 257 ff.,

Putnam 1976a - Robert Putnam: The Comparative Study of Political Elites, Englewood Cliffs 1976

Putnam 1976b - Robert Putnam: Die politischen Einstellungen der Ministerialbeamten in Westeuropa, in: PVS 1976, S. 23 ff.,

Quade 1970 - E.S. Quade: Why Policy Sciences? in: Policy Sciences, Vol. 1, No. 1, 1970,

Rakoff/Schaeffer 1970 - Stuart H. Rakoff, Günther F. Schaeffer: Politics, Policy and Political Science, in: Politics and Society, 1970, S. 51 ff.,

Ranney (ed.) 1968 - Austin Ranney (ed.): Political Science and Public Policy, Chicago 1968,

Raschke/Schliehe 1979 - P. Raschke, F. Schliehe: Das Instrument der Modelleinrichtung als Problem der vertikalen Politikverflechtung zwischen örtlicher und überörtlicher Ebene, in: Franz Xaver Kaufmann (Hrsg.): Bürgernahe Sozialpolitik. Planung, Organisation und Vermittlung sozialer Leistungen auf lokaler Ebene, Frankfurt a.M./New York 1979, S. 139 ff.,

Raschke/Schliehe/Schneider 1979 - P. Raschke, F. Schliehe, S. Schneider unter Mitarbeit von G. Kronenbitter: Probleme advokatorischer Handlungsorientierung am Beispiel von Modelleinrichtungen, in: Franz Xaver Kaufmann (Hrsg.): Bürgernahe Sozialpolitik. Planung, Organisation und Vermittlung sozialer Leistungen auf lokaler Ebene, Frankfurt a.M./New York 1979, S. 451 ff.,

Rausch 1980 - Heinz Rausch: Politische Kultur in der Bundesrepublik Deutschland, Berlin 1980, (= Beiträge zur Zeigeschichte Bd. 1),

Reichel 1980 - Peter Reichel: Politische Kultur - mehr als ein Schlagwort? Anmerkungen zu einem komplexen Gegenstand und fragwürdigen Begriff, in: PVS 4/80, S. 382 ff.,

Scharpf 1976b - Fritz W. Scharpf: Theorie der Politikverflechtung, in: Fritz W. Scharpf, Bernd Reissert, Fritz Schnabel: Politikverflechtung. Theorie und Empirie des kooperativen Föderalismus in der Bundesrepublik, Kronberg/Ts. 1976,

Scharpf 1976c - Fritz W. Scharpf: Does Organization Matter? Task Structure and Interaction in the Ministerial Bureaucracy, Berlin 1976 (Reprint Series of the International Institute of Management, I/76-12),

Scharpf 1978a - Fritz W. Scharpf: Comparative Policy Studies: Cases in search of systematic Theory, in: European Journal of Political Research, 1978, S. 117 ff.,

Scharpf 1978b - Fritz W. Scharpf: Politikformulierung und Implementierung als Forschungsgegenstand am IIMV: Fragestellungen und Ansätze, Berlin 1978, (discussion paper, International Institute of Management),

Scharpf 1982 - Fritz W. Scharpf: Die Implementation des Sonderprogramms im Vergleich, in: ders., Dietrich Garlichs, Frederike Maier, Hans Maier: Implementationsprobleme offensiver Arbeitsmarktpolitik. Das Sonderprogramm der Bundesregierung für Regionen mit besonderen Beschäftigungsproblemen, Frankfurt a.M./New York 1982, S. 271 ff.,

Scheuch 1973 - Erwin K. Scheuch: Entwicklungslinien bei der Analyse sozialwissenschaftlicher Daten, in: René König (Hrsg.): Handbuch der empirischen Sozialforschung, Band 1, Geschichte und Grundprobleme, Stuttgart 1973 [3], S. 161 ff.,

Schissler 1980 - Jakob Schissler: Artikel "Sozialisation" in: Peter Gutjahr-Löser, Klaus Hornung (Hrsg.): Politisch-Pädagogisches Handwörterbuch, München 1980,

Schmid 1975 - Günther Schmid: Steuerungssysteme des Arbeitsmarktes. Vergleich von Frankreich, Großbritannien, Schweden, DDR und Sowjetunion mit der Bundesrepublik Deutschland Göttingen 1975, (= Schriftenreihe der Kommission für wirtschaftlichen und sozialen Wandel No. 84),

Schmid 1980 - Günther Schmid: Steuerungstheorie des Arbeitsmarktes. Ein politisch-ökonomischer Ansatz gesellschaftlicher Steuerungs- und Entscheidungshierarchien und darauf bezogener Instrumente staatlicher Steuerung des Arbeitsmarktes, Berlin 1980, (= IIM discussion paper 80-40),

Schmid/Freiburghaus 1977 - Günther Schmid, Dieter Freiburghaus: Arbeitsmarktpolitik in Schweden und in der Bundesrepublik: Überlegungen zu einer möglichen Wende arbeitsmarktpolitischer Konzeptionen, Berlin 1977, (= IIM discussion paper 77-48),

Schmid/Treiber 1975 - Günther Schmid, Hubert Treiber: Bürokratie und Politik, Zur Struktur und Funktion der Ministerialbürokratie in der Bundesrepublik Deutschland, München 1975

Schmidt (Hrsg.) 1981 - Hans-Günther Schmidt (Hrsg.): Jahrbuch zur Frage der Suchtgefahren 1981 in Verbindung mit der Deutschen Hauptstelle gegen die Suchtgefahren, Hamburg 1981,

Schober/Hochgürtel 1980 - Karen Schober, Gerhard Hochgürtel: Bewältigung der Krise oder Verwaltung des Mangels? Die staatlichen Maßnahmen zur Bekämpfung der Jugendarbeitslosigkeit 1974-1979, Bonn 1980 (Schriftenreihe des Forschungsinstituts der Friedrich-Ebert-Stiftung. Reihe: Arbeit Bd. 5),

Schober/Jelitto 1979 - Karen Schober, Renate Jelitto: Berufsvorbereitende Maßnahmen (Teil I und II), Materialien aus der Arbeitsmarkt- und Berufsforschung, No. 4 und 5, 1979,

Schramm 1980 - Horst Schramm: Die Rauschgiftkriminalität in der Bundesrepublik Deutschland einschließlich Berlin (West), in: Bernhard Gebauer (Hrsg.): Drogen - eine tödliche Gefahr, mit Beiträgen von Georg Gölter u.a., Melle 1980, (= Werkbericht 5, Konrad-Adenauer-Stiftung),

Schulz 1973 - Helmut Schulz: Berufsbildung in Großbritannien und Frankreich. Neue Aufsätze, Köln 1973, (= Beiträge Institut der deutschen Wirtschaft 9),

Schuppert 1981a - Gunnar Folke Schuppert: "Quangos" als Trabanten des Verwaltungssystems, in: DÖV, Heft 5, 1981, S. 153 ff.,

Schuppert 1981b - Gunnar Folke Schuppert: Die Erfüllung öffentlicher Aufgaben durch verselbständigte Verwaltungseinheiten. Eine verwaltungswissenschaftliche Untersuchung, Göttingen 1981, (Erschien zuerst als jur. Hab.Schrift, Göttingen 1979),

Sharkansky 1968 - Ira Sharkansky: Spending in the American States, Chicago 1968

Sharkansky 1970 - Ira Sharkansky: Environment, Policy, Output and Impact: Problems of Theory and Method in the Analysis of Public Policy; in: dies. (ed.): Policy Analysis in Political Science, Chicago 1970, S. 61 ff.,

Sharkansky (ed.) 1970 - Ira Sharkansky (ed.): Policy Analysis in Political Science, Chicago 1970,

Shell 1981 - Kurt L. Shell: Politische Kultur - Ist der Begriff zu retten? in: PVS 2/81, S. 195 ff.,

Sheriff 1976 - Peta Sheriff: The Sociology of Public Bureaucracies 1965-1975, in: Current Sociology, Vol. 24, 1976, No. 2,

Siedentopf 1976 - Heinrich Siedentopf: Ressortzuschnitt als Gegenstand der vergleichenden Verwaltungswissenschaft, in: Die Verwaltung 1976, S. 1 ff.,

Siedentopf (Hrsg.) 1976 - Heinrich Siedentopf (Hrsg.): Verwaltungswissenschaft, Darmstadt 1976 (= Wege der Forschung, Band XLI)

Siedentopf 1977 - Heinrich Siedentopf: Spitzenpositionen auf Zeit in der öffentlichen Verwaltung - Ein Beitrag der vergleichenden Verwaltungswissenschaft, in: Klaus König, Hans-Werner Laubinger, Frido Wagener (Hrsg.): Öffentlicher Dienst. Festschrift für Carl Hermann Ule, Kön usw. 1977,

Sisson 1966 - C.H. Sisson: The Spirit of British Administration and some European Comparisons, London 1966 [2],

Smith 1974 - Gordon Smith: A Model of the Bureaucratic Culture, in: Political Studies 1974, S. 31 ff.,

Smith 1975 - T. Alexander Smith: The Comparative Policy Process, Santa Barbara, 1975,

Smith/Stanyer 1976 - Brian Clive Smith, Jeffrey Stanyer: Administrating Britain, London 1976,

Sontheimer 1974 - Kurt Sontheimer: Grundzüge des politischen Systems der Bundesrepublik Deutschland, München 1974, 4. Aufl.,

Sorge 1977 - Arndt Sorge: The Cultural Context of Organization Structure: Administrative Rationality, Constraints and Choice, in: Malcolm Warner (ed.): Organizational Choice and Constraint: Approaches to the Sociology of Enterprise Behaviour, London 1977,

Sorge 1979 - Arndt Sorge: Culture and Organisation, Berlin 1979, (= IIM discussion paper 79-29),

Sorge 1980 - Arndt Sorge: Cultured Organisation, Berlin 1980, (= IIM paper 80-9),

Steel 1979 - D. R. Steel: Britain, in: F.F. Ridley (ed.): Government and Administration in Western Europe, Oxford 1979, S. 18 ff.,

Steinkemper 1974 - Bärbel Steinkemper: Klassische und politische Bürokraten in der Ministerialverwaltung der Bundesrepublik Deutschland. Eine Darstellung sozialstruktureller Merkmale unter dem Aspekt politischer Funktionen der Verwaltung, Köln etc. 1974,

Stimson 1978 - Gerry V. Stimson: Treatment or control? Dilemmas for staff in drug dependency clinics, in: D.J. West (ed.): Problems of Drug Abuse in Britain, Papers presented to the Cropwood Round-Table Conference December 1977, Cambridge 1978

Stretton 1969 - H. Stretton: The Political Sciences: General Principles of Selection in Social Science and History, London 1969,

Teune 1978 - Henry Teune: A Logic of Comparative Policy Analysis, in: Douglas E. Ashford (ed.) Comparing Public Policies, Amsterdam 1978, (= Sage Yearbook of Politics and Public Policy),

Thomas 1978 - Rosamund Thomas: The British Philosophy of Administration, A Comparison of British and American Ideas 19oo-1939, London/ New York 1978,

Triandis (ed.) 1972 - H.C. Triandis (ed.): The analysis of subjective culture, New York 1972,

Ule 1973 - Carl H. Ule: Einleitung zu Anlagenband 4, Studienkommission zur Reform des öffentlichen Dienstrechts, Baden-Baden 1973,

van Meter/van Horn 1975 - Donald van Meter, Carl E. van Horn: The Policy Implementation Process. A Conceptual Framework, in: Administration and Society 1975, S. 455 ff.,

Vedung 1979 - Evert Vedung: Jämförande Metod, MS Uppsala 1979,

Vinde/Petri 1975 - Pierre Vinde, Gunnar Petri: Hur Sverige styres. Centralförvaltningen och statens budget, Stockholm 1975, 4. Aufl.,

Vinde/Petri 1978 - Pierre Vinde, Gunnar Petri: Swedish Government Administration. An Introduction, Stockholm 1978,

Wagener 1975 - Frido Wagener: Eignung des Bundesraumordnungsprogramms als Planungsinstrument, in: Raumforschung und Raumordnung 1975, S. 225 ff.,

Wagener 1976 - Frido Wagener: Typen der verselbständigten Erfüllung öffentlicher Aufgaben, in: ders. (Hrsg.): Verselbständigung von Verwaltungsträgern, Bonn 1976,

Wagener 1979 - Frido Wagener: Der öffentliche Dienst im Staat der Gegenwart, in: Veröffentlichungen der Vereinigung der Deutschen Staatsrechtslehrer, Heft 37, Berlin/New York 1979,

Wagener 1981a - Frido Wagener: Äußerer Aufbau von Staat und Verwaltung, in: Klaus König, Hans Joachim von Oertzen, Frido Wagener (Hrsg.): Öffentliche Verwaltung in der Bundesrepublik Deutschland, Baden-Baden 1981, S. 73 ff.,

Wagener 1981b - Frido Wagener: Entwicklungstendenzen des Verwaltungssystems im Industriestaat, in: Zeitschrift für Verwaltung (Österreich), Heft 4, 1981, S. 336 ff.,

Waldo 1981 - Dwight Waldo: Civic Culture Administration, in: Klaus König, Michael Protz (Hrsg.): Tagungsbericht. Report of the International Workshop 1981: Encyclopaedia of Public Administration - An International and Integrative Conception - September 16-18, 1981, Speyer 1981, (= Speyerer Forschungsbericht 22),

Weinshall (ed.) 1977 - Theodore D. Weinshall (ed.): Culture and Management. Selected readings. Harmondsworth 1977,

Werner 1978 - Heinz Werner: Jugendarbeitslosigkeit - ein internationales Problem. Ausmaß, Struktur, Ursachen, Maßnahmen, Folgerungen. Materialien aus der Arbeitsmarkt- und Berufsforschung No. 4 1978, Nürnberg 1978,

West (ed.) 1978 - D.J. West (ed.): Problems of Drug Abuse in Britain, Papers presented to the Cropwood Round-Table Conference December 1977, Cambridge 1978,

Wildavsky 1979 - Aaron Wildavsky: Speaking Truth to Power, The Art and Craft of Policy Analysis, Boston 1979,

Windhoff-Heretier 1982 - Adrienne Windhoff-Heretier: Soziale Gleichheit durch Umverteilung. Zum Begriff der Umverteilungspolitik und dessen politikwissenschaftlicher Einbindung, in: PVS 1/82, S. 68 ff.,

Wirt 1978 - Frederick M. Wirt: School Policy Culture and State Decentralization, in: Howard E. Freeman (ed.): Policy Studies Review Annual, Vol. 2 1978, S. 458 ff.,

Wittmann 1978 - Walter Wittmann: Öffentliche Finanzen. Einführung in die Finanzwissenschaft, Reinbek bei Hamburg 1978,

Wollmann 1979 - Hellmut Wollmann: Implementationsforschung - eine Chance für kritische Verwaltungsforschung? in: ders. (Hrsg.): Politik im Dickicht der Bürokratie. Beiträge zur Implementationsforschung, Opladen 1979 (Leviathan Sonderband 3/1979),

Wollmann/Hellstern 1978 - Hellmut Wollmann, Gerd-Michael Hellstern: Sanierungsmaßnahmen. Städtebauliche und stadtstrukturelle Wirkungen (Methodische Vorstudie), Bonn 1978, (Schriftenreihe des Bundesministers für Raumordnung, Bauwesen und Städtebau o2.o12),

Young/Mills 1979 - Ken Young, Liz Mills: Public Policy Research: A Review of Qualitative Methods; MS School for Advanced Urban Studies, University of Bristol 1979,

Zeh 1981 - Wolfgang Zeh: Untersuchungen zur Gestaltungswirkung von Bundesgesetzen, Speyer 1981, Forschungsinstitut für öffentliche Verwaltung, 2 Bde.,

Zetterberg 1973 - Hans L. Zetterberg: Theorie, Forschung und Praxis in der Soziologie, in: René König (Hrsg.): Handbuch der empirischen Sozialforschung, Band 1: Geschichte und Grundprobleme, Stuttgart 1973 [3],

Ziegler 1980 - H. Ziegler: Deutsche Hauptstelle gegen die Suchtgefahr (DHS). Einrichtungen der Suchtkrankenhilfe in der Bundesrepublik Deutschland und Arbeit der Deutschen Hauptstelle gegen die Suchtgefahren, in: Fortschritte der Medizin, Jg. 98, 1980, S. 555 ff.,

3. Glossar

Erläuterung wichtiger ausländischer Begriffe und Abkürzungen.

3.1. Schweden

Begriffe, die im Glossar erläutert werden und auf die verwiesen wird, sind jeweils unterstrichen. Der schwedische Buchstabe "å" ist mit "aa" wiedergegeben. "Ä" wurde alphabetisch wie "A" eingeordnet, nicht wie im Schwedischen üblich nach "Z".

Ämbetsverk

Sämtliche Verwaltungsaufgaben sind in Schweden aus den Ministerien (Departement) auf staatliche Oberbehörden, die sog. Ämbetsverk, ausgelagert. Insgesamt gibt es über 200 ausgelagerte Institutionen (vgl. Nämnd, Raad), von denen aber nur ca. 80 wichtige administrative Aufgaben wahrnehmen (Centrala Ämbetsverk, vgl. AMS, SÖ, Socialstyrelsen). Ämbetsverk sortieren jeweils unter ein bestimmtes Ministerium, nehmen ihre Aufgaben aber selbständig wahr. Es gibt daher keine Ministerverantwortlichkeit für Verwaltungsangelegenheiten. Die meisten Ämbetsverk werden durch einen Generaldirektor und ein aus Externen zusammengesetztes Leitungsgremium geleitet (vgl. Styrelse).

AMS = Arbetsmarknadsstyrelsen

Zentrale staatliche Behörde für Arbeitsmarktpolitik und regionale Entwicklung, d.h. insbesondere für Arbeitsvermittlung, Arbeitslosenunterstützung und Arbeitsmarktausbildung (vgl. AMU). Die regionale und lokale Organisation umfaßt Länsarbetsnämnd und Distriktarbetsnämnd einschließlich Distriktskontor. Wird durch eine aus Arbeitnehmern und Arbeitgebern zusammengesetzte Styrelse geleitet. (Entspricht in etwa der Bundesanstalt für Arbeit.)

AMU = Arbetsmarknadsutbildning

Berufsorientierte Ausbildung, die es arbeitslosen oder von Arbeitslosigkeit bedrohten Personen erleichtern soll, sich weiterzubilden, um einen dauerhaften Arbeitsplatz zu erhalten. AMU wird gemeinsam von der Arbeitsverwaltung (AMS)und der Schulverwaltung (SÖ)durchgeführt, z.T. in besonderen AMU-Zentren.

BASP = Samarbetsorganet för barnavaardsnämnd, skola och polis

Zusammenarbeitsorgan für Jugendfürsorge, Schule und Polizei, das in den Kommunen die Zusammenarbeit verschiedener Institutionen bei der Bekämpfung des Drogenmißbrauchs erleichtern und koordinieren soll. In die Zusammenarbeit sollen auch weitere staatliche, kommunale und private Organisationen einbezogen werden.

Betänkande

Bericht, Gutachten, meistens das Ergebnis einer unabhängigen Kommission, das in der Reihe SOU oder Ds veröffentlicht wird (vgl. auch Kommitté, Utredning).

BRAA = Brottsförebyggande Raadet

Rat für Verbrechensbekämpfung, der die Aufgabe hat, die Maßnahmen zur Bekämpfung von Verbrechen in allen gesellschaftlichen Bereichen anzuregen und zu koordinieren. Ist dem Justizminister zugeordnet und wird durch eine breit zusammengesetzte Styrelse geleitet (u.a. Vertreter der im Reichstag vertretenen Parteien, der Gewerkschaften, der Wissenschaft und anderen Behörden). Hat einen Unterausschuß für Drogenfragen gegründet.

CAN = Centralförbundet för alkohol- och narkotikaupplysning

Zentralverbund für Alkohol- und Drogenaufklärung. Zusammenschluß privater Organisationen, der mit staatlicher Hilfe Informationsarbeit im Bereich Alkohol- und Drogenmißbrauch durchführt.

Departement

Oberste staatliche Behörde, hier jeweils übersetzt als Ministerium. Departements sind in Schweden sehr kleine Stabsstellen mit selten mehr als 100 Mitarbeitern (einschließlich Sekretärinnen, Pförtner usw.). Alle Verwaltungsaufgaben sind auf Ämbetsverk, die Vorbereitung von Gesetzen auf Kommittés ausgelagert.

Ds = Departementsstencil

Veröffentlichungen der Ministerien. In dieser Reihe werden Vorgutachten von Kommissionen, weniger wichtige Betänkande oder auch interne Gutachten der Ministerien veröffentlicht. Jedes Ministerium hat seine eigene Reihe (z.B. das Sozialministerium DsS, das Ausbildungsministerium DsU), in der die Veröffentlichungen jährlich durchnummeriert werden (z.B. DsS 1975:3, d.h. dritte Veröffentlichung des Sozialministeriums im Jahre 1975).

EFA = Expertgruppen för utredningsverksamhet i arbetsmarknadsfraagor

Expertengruppe für Untersuchungen von Arbeitsmarktfragen. Ständige Kommission (vgl. Kommitté) mit der Aufgabe, die verschiedenen arbeitsmarktpolitischen Aktivitäten wissenschaftlich zu begleiten, indem eher theoretische, forschungsorientierte und evaluative Untersuchungen erarbeitet und veröffentlicht werden.

Gymnasieskola

Einheitsgymnasium im Anschluß an die neunjährige Grundschule. Umfaßt 24 Linien, von denen ca. 16 mehr direkt berufsbezogene

Ausbildungen vermitteln, während der Rest auf höhere Ausbildungen vorbereitet. Die Ausbildung dauert zwischen zwei und vier Jahren, abhängig von der gewählten Richtung. Die Ausbildung kann auch z.T. in Betrieben oder in Werkstätten der AMU durchgeführt werden. (Entspricht in etwa der deutschen Sekundarstufe 2 einschließlich der Berufsschulen und überbetrieblichen Ausbildungsstätten.)

h-nämnd = Nämnden för hälsoupplysning

Rat für gesundheitliche Aufklärung. Der Sozialverwaltung (vgl. Socialstyrelsen) zugeordneter (inzwischen eingegliederter) Rat mit der Aufgabe, gesundheitliche Aufklärung z.B. auch im Bereich des Drogenmißbrauchs zu betreiben.

Kommun

Allgemeine Bezeichnung sowohl für die lokalen (vgl. Primärkommun) wie regionalen selbstverwalteten Gebietskörperschaften (vgl. Landstingskommun). Wird aber umgangssprachlich in erster Linie synonym für Primärkommun gebraucht.

Kommitté

Von der Regierung eingesetzte Kommission zur Vorbereitung eines Gesetzes oder eines politischen Programms (vgl. Proposition). Eine Kommission kann aus Politikern, Wissenschaftlern, Interessenvertretern, Beamten u.a. bestehen. Sie wird durch einen Sekretär und u.U. durch Sachverständige und Experten unterstützt. Ergebnis der Arbeit eines Kommittés ist meistens ein Betänkande, das in der SOU-Reihe veröffentlicht wird (vgl. auch Utredning).

Län

Schweden ist verwaltungsmäßig in 24 staatliche Län, d.h. Regierungsbezirke oder Provinzen eingeteilt. Zentrale Verwaltungsbehörde ist die Länsstyrelse, aber die meisten Ämbetsverk verfügen über eigene regionale Behörden (z.B. Länsarbetsnämnd, Länsskolenämnd) mit eigenen Repräsentativorganen, deren regionale Einheit allerdings auch das Län ist. Die Gebiete der staatlichen Län entsprechen (mit einer Ausnahme) den selbstverwalteten Landstingskommuner (Gotlands Län ist als Primärkomune organisiert).

Landshövding

Chef der regionalen staatlichen Verwaltung, d.h. der Länsstyrelse. Der Landshövding wird staatlich ernannt und ist Vorsitzender bzw. Mitglied der meisten regionalen Leitungsorgane der Ämbetsverk (s.a. Nämnd). (Kann in der Bundesrepublik mit dem Regierungspräsidenten bzw. dem staatlichen Landrat verglichen werden.)

Landstingskommun

Selbstverwaltungsorgane auf der Ebene der Län. Entsprechen in der Bundesrepublik etwa den Kreisen (manchmal zur Abgrenzung gegen Län mit Kreiskommune übersetzt). Der alle drei Jahre gewählte Landsting wählt verschiedene Ausschüsse, die vor allem Aufgaben im Bereich Bauen und Planen und Gesundheitswesen wahrnehmen.

Länsstyrelse

Leitungsorgan der staatlichen Verwaltung auf der Ebene der Län. Die Länsstyrelse besteht aus dem staatlich ernannten Landshövding und 14 vom Landsting ernannten Mitgliedern. Gleichzeitig bezeichnet Länsstyrelse auch die gesamte staatliche Verwaltung auf der Ebene der Län, soweit sie nicht von regionalen Organen der Ämbetsverk wahrgenommen wird. Die Länsstyrelse ist vor allem für Fragen der Planung, der Steuern und der Polizei zuständig. Zwischen Länsstyrelse, Landstingskommun und den verschiedenen regionalen Nämnd der Ämbetsverk bestehen enge personelle Verflechtungen, z.B. durch die Person des Landshövding.

Nämnd

Rat oder Ausschuß. Ein Nämnd kann ein Gremium sein, daß die Regierung berät oder auch Durchführungsaufgaben wahrnimmt, z.B. h-nämnd. Gleichzeitig werden aber auch die regionalen Organisationen verschiedener Ämbetsverk Nämnd genannt (z.B. Länsarbetsnämnd, Länsskolenämnd), weil sie von einem mehr oder weniger breit zusammengesetzten Ausschuß geleitet werden. Auch die mit Verwaltungsaufgaben betrauten Ausschüsse der Landstings- und Primärkommunen heißen oft Nämnd.

Primärkommun

Unterste Selbstverwaltungsorgane, entsprechen in der Bundesrepublik den Gemeinden bzw. Städten. Die alle drei Jahre gewählten Kommunfullmäktige (Gemeinderäte) wählen die Kommunstyrelse (entspricht etwa einem Magistrat) und diverse Ausschüsse (Nämnd, z.T. auch Styrelse genannt), die jeweils auch Verwaltungsaufgaben wahrnehmen.

Prop. = Proposition

Vorschlag der Regierung im Parlament. Eine Proposition kann einen Gesetzesvorschlag enthalten, muß es aber nicht. Oft legt die Regierung in Propositionen die Grundsätze, Ziele und konkreten Aktivitäten ihrer bisherigen und zukünftigen Politik dar, wobei detaillierte Fragen der Organisation und Finanzierung geregelt werden. Propositionen können sehr umfangreich sein (mehrere hundert Seiten) und werden oft von mehreren Ministerien in Zusammenarbeit erstellt. Grundlage einer Proposition ist meistens der Bericht einer Kommission (vgl. Betänkande, Kommitté, Utredning), der von einer Reihe von interessierten Institutionen und Organisationen kommentiert wurde (Remiss). Propositionen werden nach der jeweiligen Sitzungsperiode des Parlaments fortlaufend nummeriert (z.B. Prop. 1977/78:164, d.h. die 164. Proposition der Sitzungsperiode 1977/78).

Raad

Rat oder Ausschuß. Entspricht weitgehend dem Nämnd, vgl. z.B. SUR.

Remiss

Die Vorschläge der unabhängigen Kommissionen (Betänkande), aber auch z.B. interne, innerhalb der Departements ausgearbeitete Vorschläge werden, bevor die Regierung einen eigenen Vorschlag, eine Proposition, erarbeitet, einer großen Anzahl möglicherweise interessierter Institutionen und Organisationen (sowohl öffentlichen wie privaten) zur Kommentierung vorgelegt. Dieses Remiss-Verfahren kann sehr umfangreich sein. Oft gibt es über 100 Remiss-Instanzen.

SBN = Samarbetsorgan för bekämpande av narkotikamissbruk

Zusammenarbeitsorgan zur Bekämpfung des Drogenmißbrauchs, bestehend aus Repräsentanten tangierter staatlicher Behörden (vgl. Ämbetsverk) und der Landsting- bzw. Primärkommunen. Wurde durch die Narkotikagruppe des BRAA abgelöst.

SFS = Svensk Författninssamling

Schwedisches Gesetz- und Verordnungsblatt, in dem sämtliche Gesetze und Verordnungen der Regierung sowie wichtige Verordnungen der Ämbetsverk veröffentlicht werden. Die meisten Ämbestverk verfügen darüber hinaus über eigene Författnings-samlinger.

Socialstyrelse

Zentrale staatliche Behörde im Sozialbereich. Umfaßt u.a. sowohl Sozialhilfe, Gesundheitswesen, Jugendfürsorge als auch den Bereich der Bekämpfung des Drogenmißbrauchs. Ist dem Sozialministerium zugeordnet und wird durch eine breit zusammengesetzte Styrelse geleitet.

SÖ = Skolöverstyrelse

Zentrale staatliche Behörde für den gesamten Bereich der Ausbildung außerhalb der höheren Lehranstalten. Die Skolöverstyrelse legt insbesondere die Lehrpläne fest und verteilt die staatlichen Zuschüsse an die Träger der Schulen, d.h. die Primärkommunen. Ist dem Bildungsministerium zugeordnet und wird durch eine breit zusammengesetzte Styrelse geleitet.

SOU = Statens Offentliga Utredningar

Fast alle Abschlußberichte und wichtigere Teilberichte der unabhängigen Kommissionen (vgl. Betänkande, Kommittê, Utredning) werden in dieser besonderen Reihe, die bei einem staatlichen Verlag erscheint, veröffentlicht. Die Veröffentlichungen werden jährlich fortlaufend nummeriert, d.h. SOU 1975:90 ist der 90. Bericht des Jahres 1975. Jährlich erscheinen ca. 100 Berichte.

Styrelse

Die Leitungsgremien von staatlichen Zentralbehörden, d.h. der Ämbetsverk heißen in der Regel Styrelse und bestehen aus einem Generaldirektor und verschiedenen externen Mitgliedern, z.B. Politikern und Vertretern verschiedener Interessengruppen. Oft werden aber auch die Ämbetsverk selbst als Styrelse bezeichnet, vgl. z.B. Socialstyrelse oder Skolöverstyrelse. Schließlich werden auch Ausschüsse der Kommunen Styrelse genannt, z.B. der kommunale Schulausschuß, die Skolstyrelse.

SSU = Sysselsättningsutredningen

Unabhängige Kommission (vgl. Kommittê, Utredning) zur Beschäftigungspolitik, die in den Jahren 1974-1979 in über 14 Gutachten (Betänkande) die Grundlagen der zukünftigen schwedischen Arbeitsmarktpolitik herausarbeitete und Vorschläge für verschiedene Propositionen lieferte.

SSA-Raad = Samarbetsraad Skolan Arbetsmarknad

Zusammenarbeitsorgan Schule/Arbeitsmarkt. In den Primärkommunen eingerichtete Organe zur gegenseitigen Information und Diskussion über lokale Aktivitäten im Bereich Ausbildung und Arbeitslosigkeit Jugendlicher. Sie bestehen aus Repräsentanten der Schulen, der Arbeitsvermittlung, der Arbeitgeber, der Gewerkschaften sowie möglicherweise weiteren lokalen Interessengruppen.

SUR = Statens Ungdomsraad

Der staatliche Jugendrat hat die Aufgabe, die staatlichen Aktivitäten im Bereich der Jugendarbeit, d.h. insbesondere der Unterstützung von privaten Organisationen zu überwachen und zu koordinieren. Er ist für die finanzielle Unterstützung dieser Organisationen zuständig und fördert in diesem Zusammenhang auch Aufklärungskampagnen im Bereich Drogenmißbrauch.

Utredning

Untersuchung. Die Vorbereitung staatlicher Propositionen erfolgt in Schweden i.d.R. durch unabhängige Kommissionen (vgl. Kommitté), die von der Regierung den Auftrag erhalten, eine Utredning durchzuführen. Utredning ist auch die allgemeine Bezeichnung für dieses Verfahren, so wird z.T. die jeweilige Kommission als Utredning (vgl. Sysselsättningsutredningen) bezeichnet.

Verk

Werk. Bezeichnet die auf Dienstleistungen ausgerichteten staatlichen Ämbetsverk, wie z.B. Post, Eisenbahn usw.; wird aber auch z.T. als Kurzbezeichnung für Ämbetsverk verwendet.

3.2. Großbritannien

Begriffe, die im Glossar erläutert werden und auf die verwiesen wird, sind jeweils unterstrichen. Die Erläuterungen zum Local Government beziehen sich jeweils auf England.

ACADE = Advisory Council on Alcohol and Drug Education

Privater Verein, der insbesondere die lokalen Schulbehörden im Bereich der Aufklärung und Information über die Gefahren des Drogenmißbrauchs unterstützt, z.B. durch die Bereitstellung von Material.

ACDD = Advisory Committee on Drug Dependence

Durch den Dangerous Drug Act 1967 geschaffenes Gremium, das die Regierung in allen die Drogenpolitik betreffenden Fragen beraten soll, indem es Vorschläge erarbeitet und die Entwicklung des Problems beobachtet. Besteht im Wesentlichen aus Vertretern professioneller Organisationen.

ACMD = Advisory Committee on Drug Dependence

Durch den Misuse of Drugs Act 1971 geschaffenes Nachfolgegremium des Advisory Committee on Drug Dependence mit weitgehend gleicher Aufgabenstellung und Zusammensetzung.

Act

Vom Parlament verabschiedetes Gesetz, eigentlich Act of Parliament (vgl. auch Law).

Bill

Im Parlament eingebrachter Gesetzentwurf, d.h. durch die Verabschiedung wird ein Bill zu einem Act.

COI = Central Office of Information

Organisation der Regierung, die Informationsmaterial über die Regierung erstellt und verteilt und insgesamt für die Öffentlichkeitsarbeit verantwortlich ist. Kann mit dem bundesdeutschen Presse- und Informationsamt verglichen werden.

College of Further Education

Institution der Fort- und Weiterbildung, die von den Local Education Authorities unterhalten wird. Die Colleges of Further Education werden z.T. in die Qualifizierung arbeitsloser Jugendlicher oder auch in die eher theoretischen Teile beruflicher Ausbildung einbezogen.

Council

Der gewählte Rat der jeweiligen Gebietskörperschaften, z.B. County Council oder Disrtict Council. Wird aber in der Umgangssprache oft mit der Gemeinde oder der Gemeindeverwaltung gleichgestellt.

County

Lokale bzw. regionale Verwaltungseinheiten, entspricht in etwa unserem Kreis. Counties nehmen unterschiedliche Aufgaben wahr, abhängig davon, ob sie in einem Ballungsgebiet liegen (Metropolitan County) oder in einem eher ländlichen Gebiet (Non-Metropolitan County). Sie werden von einem Council geleitet. Oft wird in diesem Zusammenhang auch von County Council gesprochen, obwohl die Verwaltung und nicht der Rat gemeint ist.

CS = Careers Service

Von den Local Authorities unterhaltene Berufsberatung und Arbeitsvermittlung für Schulabgänger.

Department

Allgemeine Bezeichnung für ein Ministerium, z.B. Department of Education and Science. Ministerien können aber auch Ministry genannt werden (z.B. früher Ministry of Social Security) oder Office (Home Office) oder Board (Board of Trade). Minister heißen Minister oder Secretary of State. Die unterschiedlichen Bezeichnungen sind allein auf Traditionen zurückzuführen.

DES = Department of Education and Science

Ministerium für Bildung und Wissenschaft.

DHSS = Department of Health and Social Security

Ministerium für Gesundheit und Soziales, 1972 aus den Ministry of Health und Ministry of Social Security entstanden.

DoE = Department of Employment

Ministerium für Arbeit, früher Ministry of Labour.

District

Unterste Ebene des Local Government (die darunter liegenden Parishes haben keine eigentlichen Verwaltungsaufgaben mehr); entspricht in etwa der bundesdeutschen Gemeinde. Districts haben unterschiedliche Aufgaben, je nach dem, ob sie in einem Ballungsgebiet liegen (Metropolitan District) oder nicht (Non-Metropolitan District). Sie werden von einem Council geleitet.

DTC = Drug Treatment Clinics

Vom National Health Service eingerichtete Zentren zur Behandlung von Drogenabhängigen.

ESA = Empoyment Service Agency

Früher eigenständige Einheit, jetzt Abteilung der Manpower Services Commission, (Employment Service Division) zuständig für die Vermittlung von Arbeitskräften.

GB = Great Britain

Teil des United Kingdom, besteht aus England, Wales und Schottland.

HEC = Health Education Council

Halbstaatliche Organisation zur Förderung der gesundheitlichen Aufklärung. Wird vom Department of Health and Social Security unterstützt.

HMSO = Her Majesty's Stationery Office

Herausgeber und Verteiler sämtlicher offizieller Dokumente des Parlaments und aller Ministerien, die in eigenen HMSO-Buchläden verkauft werden.

HO = Home Office

Innenministerium.

ITB = Industrial Training Board

Auf gesetzlicher Grundlage errichtete und durch staatliche Mittel unterstützte Organisationen, die die berufliche Bildung in der Industrie koordinieren und verbessern sollen. ITB's bestehen aus Repräsentanten der Arbeitgeber, Arbeitnehmer und dem Bereich Erziehung. Ihre wichtigsten Aufgaben sind Anhebung des Ausbildungsvolumens, Verbesserung der Ausbildungsqualität und eine gerechtere Verteilung der Ausbildungskosten. Die Ziele sollen u.a. durch ein System von "levies" (Abgaben), "grants" (Zuschüssen) und "exemptions" (Befreiung von Abgaben bei ausreichendem Angebot) erreicht werden. Darüber hinaus unternehmen die ITB's weitere Maßnahmen, v.a. Beratung von Firmen, Etablierung von besonderen Kursen und Lehrprogrammen usw. Es gibt z.Zt. 23 ITB's für über die Hälfte aller Beschäftigten.

JCC = Joint Consultative Committee

Lokale Gremien zur Zusammenarbeit verschiedener Institutionen im Bereich Drogenmißbrauch.

Law

Allgemeine Bezeichnung für Recht und Gesetz. Man unterscheidet Statute Law (vom Parlament gesetztes Recht durch Acts of Parliament) und Common Law (die Gesamtheit des aus den prinzipiell allgemein verbindlichen richterlichen Entscheidungen, d.h. Präzedenzfällen, abgeleiteten Rechts).

Local Authority

Sammelbegriff für alle Arten kommunaler Gebietskörperschaften; umfaßt meistens auch die politisch-verantwortlichen Gremien (z.B. County Council oder District Council).

Local Government

Sammelbegriff für das gesamte System der lokalen und regionalen Selbstverwaltung. Gelegentlich bezeichnet Local Government aber auch die eigentliche Kommunalverwaltung, meistens einschließlich des verantwortlichen Council.

Local Education Authority

Für das Erziehungswesen zuständige kommunale Verwaltungseinheit, d.h. Non-Metropolitan County bzw. Metropolitan District. Die Entscheidungen werden vom zuständigen Ausschuß bzw. letztendlich vom Council getroffen.

Metropolitan County

County in einer Metropolitan Area, d.h. in einem Ballungsgebiet.

Metropolitan District

District in einer Metropolitan Area.

MSC = Manpower Services Commission

Selbständige staatliche Behörde zur Wahrnehmung verschiedener Aufgaben im Rahmen der Arbeitsmarktpolitik; entspricht in etwa der bundesdeutschen Bundesanstalt für Arbeit. Die MSC ist organisatorisch in drei Bereiche untergliedert: die Training Services Agency, die Employment Services Agency und die Special Programmes Division (die beiden Agencies heißen seit 1978 jeweils Division). Die MSC wird von einem drittelparitätisch besetzten Gremium geleitet und ist dem Department of Employment zugeordnet.

NAYC = National Association of Youth Clubs

Vereinigung von Jugendzentren, die als Träger und koordinierendes Organ der Community Industries auftritt.

NHS = National Health Service

Staatliches Gesundheitswesen in Großbritannien. Der NHS wird von Regional und Area Health Authorities geleitet, die im Auftrag des Secretary of State for Health and Social Security handeln, aber gleichzeitig über eine gewisse Unabhängigkeit verfügen. Der NHS ist sowohl für die stationäre wie ambulante Versorgung zuständig.

Non-Metropolitan County

County in einer Non-Metropolitan Area, d.h. in einem Nicht-Ballungsgebiet.

Non-Metroplitan District

District in einer Non-Metropolitan Area.

Non-Statutory Organisation

Private, d.h. nicht-staatliche und gesetzlich nicht vorgeschriebene Organisationen, die auf dem Gebiet der freien Wohlfahrtspflege, z.B. im Bereich der Rehabilitation von Drogenabhängigen tätig sind und i.d.R. von staatlichen Stellen unterstütztwerden.

SCODA = Standing Conference on Drug Abuse

Zusammenschluß freiwilliger Organisationen (vgl. Non-statutory Organisations) im Bereich der Bekämpfung des Drogenmißbrauchs, die u.a. jährlich eine Übersicht über Projekte im Bereich Drogen, Alkoholmißbrauch u.ä. Problemfeldern veröffentlicht.

SPD = Special Programmes Division

Abteilung der Manpower Services Commission, die insbesondere für die Durchführung von Sonderprogrammen zuständig ist. Das Youth Opportunities Programme (YOP) wird z.B. von ihr durchgeführt.

TSA = Training Services Authority

Früher selbständige Einheit, jetzt Abteilung der Manpower Services Commission. Die TSA ist für den Bereich der Aus- und Weiterbildung im Rahmen der Arbeitsmarktpolitik zuständig. Insbesondere koordiniert sie die Arbeit der Industrial Training Boards und trägt deren administrative Kosten. Darüber hinaus regt sie weitere Ausbildungsaktivitäten an und unterstützt sie finanziell. Sie unterhält eigene Ausbildungszentren, die sog. Skillcentres.

UK = United Kingdom

Das vereinigte Königreich besteht neben Großbritannien (Great Britain) und Nord-Irland noch aus den Channel Islands (u.a. Guernsey und Jersey) sowie der Isle of Man.

Voluntary Organisation

Synonym für Non-Statutory Organisation.

GPSR Compliance

The European Union's (EU) General Product Safety Regulation (GPSR) is a set of rules that requires consumer products to be safe and our obligations to ensure this.

If you have any concerns about our products, you can contact us on ProductSafety@springernature.com

In case Publisher is established outside the EU, the EU authorized representative is:

Springer Nature Customer Service Center GmbH
Europaplatz 3
69115 Heidelberg, Germany

Batch number: 10809470

Printed by Printforce, the Netherlands